朝海浩一郎日記の原本。中央の見開き頁は一九六〇（昭和三五）年九月二五日、訪米中にディズニーランドで楽しまれる皇太子ご夫妻（現上皇・上皇后）の写真。後部座席に朝海浩一郎夫妻の姿が見える。

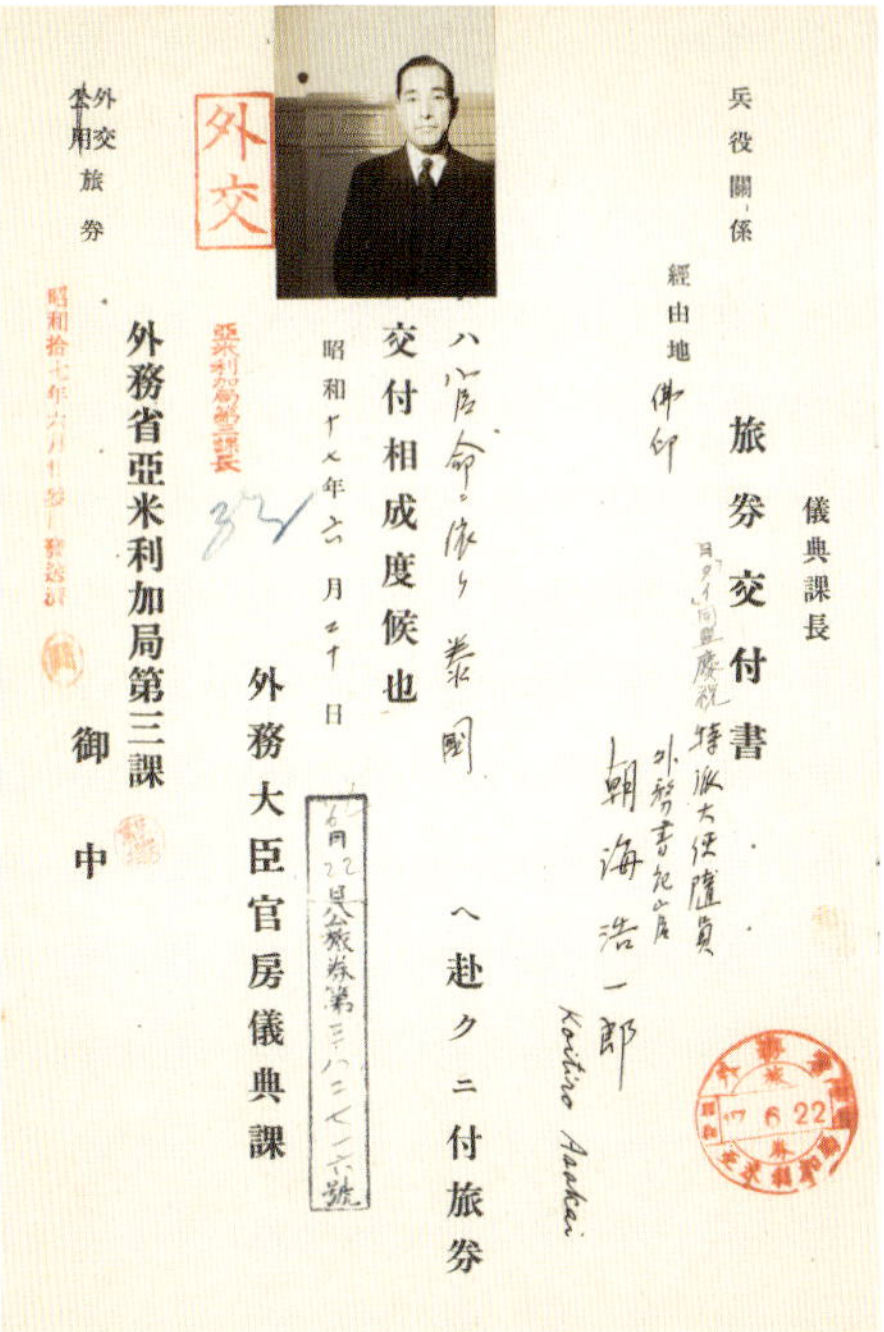

儀典課長

旅券交付書

兵役關係

經由地 佛印

日タイ同盟慶祝特派大使隨員 外務書記官

朝海浩一郎

Koitiro Asakai

ハ公命ニ依リ泰國 へ赴クニ付旅券

交付相成度候也

昭和十七年六月二十日

外務大臣官房儀典課

亞米利加局第三課長

外務省亞米利加局第三課

御中

外交 旅券

外交

一九四二（昭和一七）年六月、朝海浩一郎が日泰攻守同盟条約の慶祝答礼のためタイ国に派遣された際の旅券交付書。

朝海浩一郎日記

付・吉田茂書翰

[編] 河野康子
村上友章
井上正也
白鳥潤一郎

千倉書房

朝海浩一郎日記　目次

朝海浩一郎日記

凡例

一　本書は一九四八（昭和二三）年一月一日から一九六三年（昭和三八）年四月三〇日までの朝海浩一郎日記を翻刻したものである。日記のうち、家族・親族の記載、私的旅行の記録等個人情報が記された箇所は適宜省略した。また日記に添付された新聞記事の切り抜きも割愛した。

二　編集にあたっての方針は以下の通りである。
①　原則としてかなづかいや漢字、数字は原文のままとした。
②　傍点、圏点、本文中の（　）は原文のものである。ルビは適宜補った。
③　明白な誤字、脱字は正すか、または〔　〕で補った。ただし、人名・地名等の表記の揺らぎは原本のままとした。
④　役職や名字のみ記された人名は、原則毎年初出時にフルネームになるよう〔　〕で補った。
⑤　判読不明の箇所は●とした。
⑥　改行は原則追込み、句読点は適宜追加した。
⑦　補足説明が必要とされる箇所は、適宜注釈を加えた。

三　口絵写真（上）は読売新聞、（下）は外務省外交史料館提供。本文中の写真はいずれも朝海浩一郎著『花みづきの庭にて――ある外交官の回想』（私家版、一九八八年）より転載。

解題

朝海浩一郎日記

河野康子

一　日記の紹介と朝海浩一郎の経歴

朝海《あさかい》浩《こう》一郎《いちろう》(一九〇六~一九九五)は栃木県足利に生まれ、東京商科大学(現在の一橋大学)を卒業し外務省に入省した。英国のエディンバラ大学での在外研修を経て、駐英大使館に勤務した。その後は南京総領事館(中華民国)で領事館補として一九三六年まで勤務、帰国後は本省東亜局、情報局、戦時経済局などを歴任した[1]。

朝海浩一郎の日記は、一九二九年から一九六九年までの日記が浩一郎のご子息朝海和夫大使のもとに保管されてきたが、今回、一九四七年~一九六三年の一七年にわたる日記を翻刻し刊行することにした。翻刻を担当したのは朝海浩一郎日記研究会(河野康子、村上友章、井上正也、白鳥潤一郎)である。日記には占領から復興を経て高度成長期までの時代の一面が一人の外交官の眼を通して鮮やかに切り取られている。単なる業務日誌ではなく、接触した著名な政治家や外交官の素顔や国際会議での発言振りに加え、外交官としての日常生活を含む率直な観察が随所に見られるのも興味深い。なかでも六年にわたる駐米大使時代、朝海は三回の首脳会談（第一次岸〔信介〕訪米、第二次岸訪米、池田〔勇人〕訪米）に同席、さらに主要閣僚（藤山〔愛一郎〕外相、小坂〔善太郎〕外相等）の訪米に伴う主な会談にも同席していた。日記ではアイゼンハワー政権からケネディ政権にかけての米国政府要人の対日観や仕事振りが明らかにされ外交史研究にとって有益である。第一級の史料的価値があると言えよう。日米関係に関わる記述の他、占領史、政治史、経済史、世相・社会史の研究にとっても貴重な内容が多い。周囲の生活環境、高度成長に伴う東京の変貌振り等が克明に記録された日記は、戦後というひとつの時代を語っている点で他に類を見ない。出張旅行や国際会議への往復も記述されている。まだ大型ジェット機が就航する前の一九四九年、南回りでアジアからヨーロッパへ向った経験は読み物としても面白い。とりわけ戦後初期の日記を読むと、既に忘れられた過去の日本社会の姿が活き活きと蘇る。読み手を飽きさせない魅力である。

朝海は終戦前の一九四五年春から戦後の一九四六年末まで約一年半、日記を中断している。それは「自分の病気するあり、又当時大東亜戦争は戦況日に日に不利となり比島も却き沖縄も落ち、本土上陸は目の前に迫り自分自身の運命もどうなる明日をも知れぬ状態となったので日記をつける気力もなく、それにノートを入手することが困難であったと云ふ技術的理由（一九四七年一月一日）」も手伝っていた、という。戦後の朝海は終連（終戦連絡中央事務局）総務課長として、東京で開かれていた対日理事会をほぼ毎回傍聴し「朝海メモ」と言われる報告書をまとめたことで知られている。一九四八年一〇月第二次吉田内閣期には終連の後身となる連絡調整中央事務局長官に就任した。その後、占領終結に先だって在ロンドン事務所長として赴任した朝海は、対日感情の厳しい中で日英支払協定締結に取り組んだ。帰国後の朝海は、本省の経済局長事務取扱としてエカフェ（アジア極東経済委員会）総会、バンドン会議など、戦後外交の節目となる重要な会議を経験、その後駐比大使を経て駐米大使となった。約六年にわたる駐米大使時代の日記には、一九五〇年代後半から六〇年代初めにかけての日米関係について貿易摩擦、世銀借款等の経済外交、さらに安保改定、領土問題等を中心に豊富な証言が盛り込まれている。そこで以下、一九四七年から一九六三年までの日記の特徴を示す部分を抜萃し、その史料的価値を考えてみたい。

二　占領期——相次ぐ政権交代と終連解体

占領史研究のなかで朝海浩一郎の存在は夙に知られていた。それは一九四五年秋以降、朝海の活動拠点となった終連及び対日理事会の役割が注目されたことが大きい〔2〕。しかし今回、日記が始まる一九四七年になると、その終連が早くも解体される流れが浮上していた。後に朝海自身が回想するとおり、占領が長期化するに従って、終連を介さずに日本政府各省庁が占領当局と直接に折衝する事態となっていたのではないだろうか〔3〕。日記では第一次吉田内閣末期から2・1ストを経て片山中道連立内閣へ、さらに芦田内閣を経て第二次吉田内閣へという変転極まりない政権交代の実態が語られている。一九四七年の日記で朝海は第一次吉田内閣末期の2・1ストを次のように記している。ストそのものよりも、その中止に到る手続に対する違和感である。「政府の努力に依り解決せるに非ずしてマ元帥の一声で禁止せられたのは敗戦日本とは謂へ情けない（一九四七年一月三一日）」。続く四月総選挙では社会党が第一党となり、民主党、国民協同党との中道三党連立政権が発足した。その年の日記の最後には次のような朝海の感慨がある。「安定本部の膳〔桂之助〕、朝海の線は和田〔博雄〕、都留〔重人〕の赤いラインに染め代へられた（同年一二月三一日）」。朝海は一九四六年八月に終連総務部長となり同年一二月には経済安定本部〔安本〕連絡部長を兼務していた。翌年の片山内閣成立に伴い、安本は大幅に拡充されたが、日記では朝海の安本及び和田博雄、都留重人に対する認識が解る。終連総務課長ところで終連解体へ向う流れは既定方針となり覆すことのできない事態だったようである。

として貢献した朝海にとって解体は到底受け入れられない現実だった。

「議會のない日が続いた二年間大変の努力をした結果、もう要らぬから身の振り方を考へろと言はれた形ちである。終連がこんな取扱を受けると云ふならば終連の存在理由はその意味からないかも知れない。(同年九月二七日)」。

他方で中道連立政権も難題に見舞われる。一九四八年春には片山哲内閣の後を受けて発足した芦田均内閣が財政政策転換を迫られていた。日記では訪日したドレーパー陸軍次官と芦田首相との会談の模様が記されている。「当面の経済問題即予算均衡の問題、労働問題等を中心としドレーパー氏は米国の支援がオペレーション・ラットホールとならざる様日本自ら懸命の努力を尽すべき旨を強調(一九四八年三月二四日)」。中道政権が緊縮財政を求められる局面であった。同じ頃に来日していた国務省のジョージ・ケナンについては、「D.S.にコヴィル氏を訪ねて来邦中のケナン氏(国務省の政策企画部長)が日本側に會ふ意思があるかどうか確かめたがその意がなかった(同年三月二日)。」とのことであった。米本国に対日政策転換が生じ始めた頃である。

その後、昭電疑獄による芦田内閣総辞職を受けて第二次吉田内閣発足となったとき、朝海は突然の栄転を迎える。思いがけず連調(連絡調整中央事務局─一九四八年二月に廃止された終戦連絡中央事務局の後身)長官に抜擢され閣議への列席を経験するのである。連調長官就任に伴い総司令部中枢との接触が多くなった。第二次吉田内閣はG.S.(民政局)との関係が悪く、他方でG2(参謀二部)とは友好関係にあった。「今迄の温室の外務省と違ひ今後は忙しくならう。閣議も聞いて居らねばならぬ。次官會議にも出席の要があらう。(略)殊に此の内閣がG.S.と連絡がよくない丈に 然りである。(同年一〇月一六日)」。「夜は外相官邸にG2の高級将校連を招待したのに陪席。ウィロビー少将も出席。首相も同少将も大変な御機嫌で此の政府とG2との直接にして友好的な関係を表示して居た(同年一〇月二九日)」。

続いて解散と公務員法改正をめぐる政治過程が臨場感に満ちた筆致で語られる。吉田内閣とG．S．との緊張関係は政治運営を揺るがした。「一週間程前までは形勢は有利に展開して居るものと見たが最近様子は屯に政府側に対し非友好的に変って来、公務員法の改正外三法案は今期中に是非通せ、會期前に審議期限を附するのは賛成しない、議會の解散は政府に於ては行ひ得ず六十九条に依るの外ないと云ふ様な材料がこれである（同年一一月一二日）」。「政府とG．S．との関係は依然険悪で官房長官の言として「憲法の解釈にはL．S．が最後の発言権あり」との記事が出たり、第一新聞に吉田首相が民自党の役員會で「ホイットネー〔ホイットニー〕代将の言や流説に惑はされること勿れ」と語ったと報道され、その度びに自分とG．S．との交渉が出来て来た。幸ひに憲法論に関しては内外の輿論が現政府に有利に展開し始めて居るがG．S．との関係は悪化の一途を辿る（同年一一月二〇日）」。「翌日は日曜であったので態々十一時頃議會に登院した処、図らざりき日曜の十時と云ふのに、ホ代将は再びケーディス及〔ジャスティン・〕ウィリアムス両氏を従へ目黒の外相官邸に乗り込んで来り（同年一一月二八日）」。「その中十二時頃にはウィリアムス氏が国會へ乗り込んで来た。自分は国會で更にウィリアムス氏と接触を続け漸く明方近く本會議が開かれたが社會党は（略）遂に全員反対投票をするに至った（同年一一月二九日）」。

公務員法改正をめぐる過程では政府中枢で吉田内閣と総司令部との齟齬の解消に努めようとする朝海の姿が浮かぶ。同時に占領期という時代の一面が手に取るように解る。ところで同じ時期に日記を残した大蔵省の渡辺武は、次のように回想している。第二次吉田内閣に対する総司令部の反応は「あまりよくなかった。それまでの内閣が何事も司令部の顔色をうかがう態度であったのに対して、必ずしも司令部のいいなりにならないという印象があったようである」［4］。難関を切り抜けて年末には解散となり翌一九四九年一月、総選挙を迎える。朝海は民自党候補者の応援に奔走する。日記には橋本龍伍、佐藤栄作、麻生太賀吉、吉田茂等の各候補者の興味深い選挙区事情が語られている。なかでも吉田の選挙区では、首相が登壇し朝海が続いた後「共産党員が総理に質問ありと騒ぎ出したゝめ場内喧騒を極めた(一九四九年一月一二日)」。選挙結果は民自党の勝利と党首の落選を含む社会党の凋落であった。占領下で初めて衆院の過半数政党が出現、戦後政治の一つの転換点となったのである。

ところで連調長官時代、朝海の秘書官を勤めた大河原良雄は次のような回想を残している。「朝海さんは非常に合理主義の方だから鞄持ち的なことは全然求めないんですね。ご自分でどんどんやられる。余計なことはしないという主義に徹底した人だった。」「お酒は飲まない、煙草は飲まない。(略)夕方になるとさっさと鵠沼の家へ帰ってしまわれた」[5]。大河原の回想は、日記に垣間見える朝海の勤務振りを彷彿とさせるものがある。

三　国際会議への参加と英国勤務

一九四九年の総選挙を経て三月に入ると朝海にジュネーヴ行きの話が舞い込む。赤十字の戦争犠牲者国際會議への参加である。日記はジュネーヴまでの往復を旅行記風に描き、アジア大陸の民衆から見た敗戦国日本の姿、廃墟となったケルンなどヨーロッパ各国に残る戦争の爪痕、参戦国と中立国との生活水準の落差等を食料事情に到るまで克明に記録していた。日記のこの部分は『外交の黎明』と題して読売新聞社から出版されたが四千部を売り切ったという。当時の日本にとって海外の情報がいかに稀少であり貴重であったかが窺われよう。ジュネーヴから帰国後、朝海は一九五一年八月まで外務省研修所指導官を勤めた。閑職であったが、同年春には日英間の貿易協定交渉を担当すべく在ロンドン事務所勤務を命じられる。平和条約締結に先だって各国に在外事務所開設が進んでいた。英国勤務を伝えられたのは同年四月一一日のマッカーサー解任情報から二日後のことである。英国勤務の内定を伝えられた朝海は直ちに関西紡績業界への視察旅行に出発した。当時の日本の輸出構造は紡績が大きな比重を占め、主な輸出先はスターリング地域であった。関西では大日本紡績貝塚工場、鐘紡淀川工場、東洋紡本社を訪れ各社の社長と面談している。帰京後は日清紡の桜田武からも紡績の話を聞いている。日英間の紡績をめぐる競争が激しくなっていたのである。

しかし八月に赴任した英国で朝海が直面したのは険悪な対日感情であった。リバプールでは従軍経験のある二人の紳士の訪問を受け次のように告げられている。「自分等は戦時中日本軍の捕虜となり、泰緬鉄道の建設に酷使せられた。自分の部下が非道の目に會うのをかばはんとして何回か暴虐行為を加へられた。その当時の将兵が尚此の西北地区に三万人は居りその七十五パーセントは未だに病院で手当を受けて居る。問題は桑港に於ける過早の平和条約の單なる調印に依って解決されるものではない。英国人は日本人のこの行動を決して忘れぬであらうし又許さぬであらう。此の現実は貴下も直視せられ度い（一九五一年一〇月一九日）」。

対日平和条約をめぐる英下院の議論も厳しいものであった。「日本の不正競争を激しく論難する人ばかりで日本との平和関係回復を惡ぶ底の演説をした人は六時半頃ティーリング氏が出たのが始めてで同氏がこれを指摘して満場一寸ハッと忘れ物を思ひ出した様にシンとしたがそれからも又日本論難が続いた（同年一一月二六日）」。

翌一九五二年二月六日、国王ジョージ六世が薨去、さらに翌五三年にはエリザベス二世の戴冠式が挙行される運びとなる。日本から皇太子殿下が天皇陛下の名代として戴冠式に出席することが決まったのは五二年一一月七日のことであった。当時の英国の厳しい対日感情に配慮して、日本政府は皇太子訪英の旅程をニューヨークから大西洋航路で英国へ向う船旅とすることに決めた。朝海はニューヨークで皇太子を出迎え、皇太子へ日英関係の複雑な事情を伝える役目を命じられたのである[6]。翌五三年四月、朝海はセントラル・ステーションで皇太子一行を出迎え、三谷〔隆信〕侍従長、戸田〔康英〕侍従、黒木〔従達〕侍従等と船旅を共にする。皇太子一行の到着に先立って朝海は英国各地の訪問予定先を事前に下見しており、その中にはニューカッスルも含まれていた。しかし、その後ニューカッスルでは「日本皇太子くるナ」との新聞報道[7]が出たことから、皇太子のニューカッスル訪問は中止されている。

朝海にとって難題はスターリング地域との貿易をめぐる協定交渉であった。スターリング地域全体と日本がポンド決裁の貿易について取決めを行う交渉である。日本からの陶磁器と紡績輸出が日英間の摩擦を生じていた。朝海は英国商務省のアンソニー・パーシヴァルとの間でスターリング地域支払協定交渉に取り組んだ。しかし交渉は難航、年を越して一九五四年一月二九日にようやく議定書調印に到った。この日英取決めについて英国メディアの一部には厳しい批判があった。「新聞は不相変一流紙を除いては日英取極をBlack Pactなりとして書き立てゝ居る(一九五四年二月一日)」。

松本俊一駐英大使の着任に伴い朝海は駐英公使となり、その後同年四月九日帰国した。公使の肩書のまま本省経済局長事務取扱を命じられた朝海は、同年秋、岡崎外相に随行して南米へ出張した。その最中、朝海は吉田首相のヨーロッパ訪問に同行するよう命じられ、一〇月ロンドンで吉田首相の一行と合流する。これについて朝海自身は以下のように回想している。第五次吉田内閣末期のことである。

「マルコム・マクドナルド(ラムゼー・マクドナルド首相の息子)がシンガポールを中心に東南アジアの英国権益保護と反共政策をコーディネイトする役割をもってシンガポールへ行く。日本もそれに対応する人物をシンガポールへ派遣したい。ついては朝海おまえ行け、と(略)。幸か不幸か英国の方がマクドナルド派遣をやめてしまったので吉田も朝海のシンガポール派遣案を取止めてしまいました。」[8]

日記では「総理にこの際冗談とも本統(当)ともつかずシンガポール行を提案されたので驚愕した。(同年一〇月二五日)」と率直な感想である。

吉田首相の帰国後、政権交代で自由党が下野し一一月には民主党鳩山一郎政権が発足した。外相は重光葵であった。日記によると重光外相は「全くの側近外交。本省の幹部はすっかり棚上げ（同年一二月二五日）」であったという。

四　バンドン会議（一九五五年）から駐比大使へ

一九五五年四月、インドネシアのバンドンで第一回のアジア・アフリカ会議（A・A会議）が開かれた。日本政府代表は高碕達之助経済審議庁長官、朝海は全権公使としてA・A会議の経済委員会日本代表となりバンドンへ出かけている。日記は周恩来、ネールなどの会議における発言振りや態度など、公式記録には現われないそれぞれの素顔を伝えている。

「ネールは極めて明快な英語で質問に対しほとんど同席の輔佐者を顧みず細い数字まで挙げてテキパキと応酬して居たのは流石である。この人はつまらぬ話になるとソッポを向いて聞いて居ないことが明らかに看取された（一九五五年四月一九日）」。「ネールの話し方は先生が未開野蛮の人々に説いて聞かせる感じがする（同年四月二三日）」。「周恩来は（略）台湾問題に関し前日和平解決の声明をした関係もありネール以上に満場の注目をひく（同年四月二四日）」。

翌五六年八月、朝海は駐比大使を命ぜられる。日比賠償交渉が同年春に妥結し、賠償協定の実施へ向う時期であった。大使館が開設され、初代大使で赴任したのである。ここでもフィリピンの対日感情は厳しかった。しかしマニラ赴任後一年も経たないうちに朝海は駐米大使の打診を受けた。一九五七年四月九日、岸内閣発足後約二ヶ月の頃である。一度は辞退したものの、大野勝巳次官の説得がありワシントン行きを承諾する。このとき既に岸首相は第一次訪米を決め、マッカーサー駐日大使との予備会談に入ろうとしていた。朝海はワシントンで六月の第一次岸訪米を迎えることになったのである。

ところで朝海が異例にも駐米大使に抜擢されたのは何故だったのか。岸首相が経済外交を進める上で経済に明るい朝海を評価した、との先行研究の指摘には説得力がある。実際、朝海は一橋出身で戦前から経済畑を歩いたキャリアがあった。加えて佐藤派の後押しがあったとの報道も指摘されている[9]。これについては佐藤派よりも、むしろ佐藤栄作自身の後押しは考えられないだろうか。連調長官時代の第二次吉田内閣で官房長官だった佐藤は、総司令部への法案説明に際して朝海を同行させ、朝海は総選挙で佐藤官房長官の選挙区に応援に駆けつけていたことが日記で解っている。

五　駐米大使——その一（一九五七年〜一九五九年）

一九五七年五月二三日にワシントンに着いた朝海を待っていたのはジラード事件〔相馬が原事件〕であった。アイゼンハワー大統領に信任状を手交した際、朝海はジラード事件と対中共禁輸に触れている。その後一ヶ月も経たない六月一九日には、ワシントン入りした岸首相を迎え、首脳会談となった。六月二一日は岸・ダレス会談の最終日であったが日米共同声明が最終的に合意に漕ぎつけた。共同声明の文言をめぐりダレス国務長官と岸首相との会談に朝海、石田〔博英〕官房長官、千葉〔皓〕、田中〔弘人〕が同席していた。朝海の日記はこの時のダレスの対応を次のように伝えている。

「事務当局が徹夜で作業したコミュニケの原案について逐条に総理とダレスとの間で話し始めたがダレスさんは細部に至るまでほとんど事務当局を顧みることもなく紙片も貰はず一人でやって除け、時々部厚い条約書をリファしつゝ文句まで修正。ドラフティングが新に必要な場合は案を出してくるし、一人舞台だし、又そういう仕事を全くエンジョイして居る様に見受けられた。彼は發言する時は手許の紙片に鉛筆でドードルし乍ら心ここに非ずという様子ではあるが、適切且要領のよい發言をする。苦虫をかみつぶした様な顔はして居るが時にユーモアも忘れない（同年六月二一日）」。公式の会議録からは窺うことのできないダレスの交渉振りである。

ところで第一次岸訪米については、従来、安保と領土に世論の注目が集る傾向があった。これら二つの課題が岸の主な関心事であったことは間違いない。しかし日記を通して浮かび上がるのは岸外交のもう一つの側面である。岸の関心は安保と領土だけではなく、政府借款を軸に据えた経済外交にも現われていた。六月の岸訪米には福田赳夫衆議院議員が同行していたが、福田は到着当日の六月一九日にアメリカ財務次官バーゼスと会談し借款問題を提起していた。翌二〇日には岸ダレス会談で岸からダレスに対日借款を求め、同席したワシントン輸銀総裁から岸の滞在中に結論を出すとの発言を得ていた。さらに翌二一日には世銀のブラック総裁が福田と会談、世銀借款の導入に道筋を付けている。岸首相の帰国後七月に日本政府は世銀に対して三億一七〇〇万ドル借款を申入れたが、その内訳は電力一億六八〇〇万ドル、鉄鋼七一〇〇万ドル、道路七八〇〇万ドルであった。世銀借款は翌一九五八年以降、実を結び、日記では朝海が名神高速道路、新幹線などに世銀借款を導入する協定に調印する記述が一九六二年にかけて続くのである[10]。借款交渉を進めたのは大蔵省であり朝海自身が関わった訳ではなかったが、日記を通して浮かぶのは、経済外交としての岸外交の一面ではないだろうか。

他方で朝海自身が尽瘁したのは日米貿易摩擦をめぐる対応であった。中でも新潟県燕で生産される金属洋食器及び、繊維製品である。米国政府は一九五〇年代後半に入り、日本からの輸入急増を抑えるため日本に輸出自主規制を求める動きに転じていた。金属食器については、一九五九年になって自主規制ではなく米国政府による規制が発動されていた。朝海は「新潟県燕の金属食器輸入制限問題に関聯し燕の市長始め十人の人々がワシントンにやって来たので懇談後昼食を共にする。この問題は燕の生死に関する問題であるので騒然とした（一九五八年二月一二日）」と書いたが、翌年には「国務省で金属食器問題でマン君と会談。色々と話合ったが日本側の自主規制案は通らず米国の手による規制措置の実施となるらしい（一九五九年一〇月二日）。」という結果であった。

六　駐米大使——その二（一九六〇年〜一九六三年）

一九六〇年、大使就任四年目になる朝海は予想外の困難に直面する。安保改定であった。日記では「その他の問題（例へば安保条約の如き）は日本で交渉されるので当地は何もしないですむのは物怪の幸いである。（一九五八年一二月二六日）」となっていた。実際、安保改定交渉は東京で東郷文彦安保課長とリチャード・スナイダーの間で実務協議が進んでいる。既に同年五月には東京で改定交渉への準備が始まり九月の藤山外相訪米で正式交渉に合意していた。旧安保条約の補足ないし手直しではなく、新条約を結ぶことが決まったのである。難航した交渉がようやくまとまり一九六〇年一月、第二次岸訪米で新条約への調印が行われた。首脳会談最終日の一月二〇日には大統領の訪日と皇太子夫妻の訪米が正式に発表されたのである。日米修交一〇〇年祭を祝う相互訪問であった。皇太子夫妻訪米は前年四月ご成婚の直後から準備が進んでいた。

しかし一九六〇年六月に入り、東京の深刻な事態がワシントンに伝わり始める。大統領報道官のハガティが羽田で学生による妨害活動に遭遇した事件では「本日の夕刊紙は大見出しで事件を報じ、日本側に大統領を警戒する意思と能力がないならば大統領の訪日は中止さるべきであるという議論も出て来た（一九六〇年六月一〇日）」。アイゼンハワーの日本到着を出迎えるべく東京に向った朝海は、途中のアンカレジで日本政府が大統領訪日を辞退した、との電信を受取る。そのまま羽田に到着し、一八日には岸の私邸を訪問するが「午後になるとデモ隊が来るから直ぐなら会ふとのことで大急ぎで南平台に車を走らせた。もう警備の警察官が多数つめかけて物々しい(同年六月一八日)」。「営々として積み上げた日米の友好関係に入らんとするヒゞを思ひ、又自分の今後の任務がアメリカで全く違った態度で受取られるかと思ひ、夜眠られざるものがあった(同日)」。「安保条約の批准の交換が行はれたというので学生が外務省正門に座り込み、又ワッショワッショと外務省の構内を横行した。見て居てリディキュラスという言葉以外表現のし様もない(同年六月二三日)」。

ワシントンに帰任した朝海は、九月の皇太子夫妻訪米を迎える。大統領の訪日中止にも拘わらず実施された訪米は成功裡に終った。日記は、その後一一月の大統領選について選挙戦の実態を伝えている。「ジェット機とTVの登場で選挙がスピード化した(同年一一月八日)」とし、ケネディ当選までの推移を語る日記には当時の米国政治の一端が垣間見える。

翌一九六一年、ケネディ新政権が発足した。ケネディ大統領の最初の議会演説について、チャーチル、ドゴールに続きネールに言及したところに、その「親インド的感情(一九六一年一月三〇日)」を看取したことも日記で触れられている。その翌日にはラスク新国務長官との最初の会談を迎えた。朝海は、会談の印象を「ダレスと違ひ自分と年齢的の相違もないし、何でもお前の言うことは知って居るぞという様なダレス式の様子も見へないので取りつき易い(同年一月三一日)」と述べラスクへの好感を示していた。ところで新政権のアジア外交にとって焦点は中国とラオスであった。ラオスは内乱状態で共産軍が勢力拡大していたのである(同年三月一二日)。対日関係では日本からの繊維製品輸出問題が主な懸案であった(同年三月二八日)。六月に入ると、池田首相の訪米を迎え首脳会談が開かれる。ケネディの私有するヨット「ハニー・フィッツ号」上の会談となった。主な議題としては核実験、中国、韓国等である(同年六月二〇日)。この首脳会談では日米貿易経済合同委員会の定期開催が合意され、一一月には箱根で第一回が開かれた(同年一一月二日)。

その後国務省には大幅な人事異動があり、次官がチェスター・ボールズからG・ボールに、極東担当次官補はマコノギーからアヴェレル・ハリマンとなった(同年一一月二七日)。ハリマンは「一九〇五年ポーツマス条約の直後(略)有名なおやぢさんの〔エドワード・〕ハリマンと東京に居た由(同年一二月一三日)」。日比谷焼討ち事件の頃である。

一九六二年に入ると日米関係の課題は次第に複雑さと困難さを増す。綿花賦課金、小笠原墓参、沖縄、ヴェトナム等であった(一九六二年二月二三日)。朝海は大統領と会見した際、ロバート・ケネディの訪日後「沖縄について報告を受けた(同年三月二日)」と伝えられている。さらに朝海はケネディ政権について「米国の対中政策に微妙な変化がみえてきた。(略)私は米国の新しい動向に注意の目をそらさなかったのである。」[11]と、後に回想している。三月一六日の日記ではナショナル・ウオー・カレッジで講演したことが解るが、この講演後の質疑で朝海は米国が日本に予告無しに対中政策を転換する可能性に触れ懸念を示したのである。後にアレクシス・ジョンソンが回想録のなかで「朝海の悪夢」と書き話題になった。さらに日米関係の一方的な性格についての朝海の観察もある。ラオス情勢が五月半ば頃から険悪となり米軍がタイへ派遣される事態となった時、ハリマン次官補に面会を求めた朝海はハリマンが「日本には(略)通報する気持にもならぬのが現実」(同年五月一五日)と落胆を隠さなかった。翌々日には、米軍機が「日本に通告なしにタイへ飛んでいるとの通報」(同年五月一七日)が東京から入る。当時の日米関係の一端が窺われよう。

九月には池田内閣の新人事があり大平正芳新外相が訪米する。シアトルで大平を迎えた朝海は駐米大使の辞任を申出ると共に、一二月の第二回日米貿易経済合同委員会までは勤務することを伝えた。後任には武内龍次を推薦している(同年九月一五日)。キューバ危機の発生でワシントンに衝撃が走ったのは、その翌月であった。日記は「午後国務省に招ばれる。(略)ボール次官からブリーフィングあり。キューバ問題であった。

（同年一〇月二二日）」とし、本省宛電信の一部を引用している。フルシチョフがキューバにおけるミサイル基地撤去に同意した二八日までの経緯が詳細に語られる。緊迫感に満ちた一週間であった。

七　朝海日記の史料的価値

以上で紹介したように朝海日記全体を通して読むと、戦後史研究について約四〇年前に指摘された事情が浮かぶ。この事情は今でもまだ多少は通用するのかもしれない。つまり総司令部による日本政府に対する「外圧」は国際情勢の変化とともに比較的早い時期から緻密に分析され、研究が蓄積されてきたが、これに対して日本政府の「対応」の解明には大きな壁があったという指摘である[12]。もちろん、この指摘の後、史料公開が進み占領史研究が大きく前進したことは周知のことであろう[13]。しかしどちらかと言えば研究が占領期に留まり、その後の時代へ視野を広げるところまでは到らない傾向も残るのではないだろうか。こうした研究動向の現状を考えると、史料としての朝海日記の次のような特徴に気付く。つまり戦後という時代が一つのまとまった歴史であるとすれば、その骨格となるのは占領から高度成長への流れであることは疑う余地がない。その意味で時代の流れとしての占領から高度成長期を俯瞰する際に、朝海日記の史料的価値は一層、明瞭に浮かび上がる。これだけの時期を通して日々の活動を記録した日記史料は、他に類を見ないからである[14]。占領期が幕末・維新期にも比すべき「第二の開国期」であるとするならば、その後の高度成長期を含む戦後史の全体像を構想する為には、朝海日記が一つの手がかりを提供するに違いない。

註

1——戦前期の朝海日記については以下を参照。朝海和夫翻刻（翻刻協力　朝海浩一郎日記研究会）「朝海浩一郎日記抄」（一）、（二・完）（法政大学法学志林協会『法学志林』第一一二完第一号〜第二号、二〇一四年九月〜二〇一五年一月）

2——朝海浩一郎に関する参考文献として以下を参照。まず外務省編『初期対日占領政策　朝海浩一郎報告書』上・下（毎日新聞社、一九七八年）がある。同書の上巻には占領期について朝海を交えた座談会の会議録が収録されており、朝海メモとその時代の特徴が紹介されている。座談会の参加者は朝海の他、三沢潤生（埼玉大学教授）、渡邉昭夫（東京大学教授）、天川晃（横浜国立大学教授）。上巻では三沢潤生による解説「『朝海レポート』について」があり占領史研究のレビューが示唆に富む。さらに栗山雅子「占領期の〝外交〟（朝海浩一郎『司町閑話——一外交官の回想』一九八六年、二六六〜二九八頁）は終連と朝海の位置づけについて詳細な議論を展開している。最近の史料状況から見た朝海の評価については、以下で言及されている。座談会「『日本外交文書　占領期』第一巻、第二巻の採録文書について」（外務省外交史料館編『外交史料館報』二〇一八年三月）

3——朝海が、外務省編前掲書の座談会で回想している通りである。

4——大蔵省財政史室編『対占領軍交渉秘録　渡辺武日記』（東洋経済新報社、一九八三年）六八三頁。

5——大河原良雄『オーラル・ヒストリー日米外交』（ジャパンタイムス、二〇〇六年、六一〜六三頁）

6——前掲『司町閑話』一六三頁。

7——前掲『司町閑話』一六六頁。

8——前掲『司町閑話』一九三〜一九四頁

9——千々和泰明『大使たちの戦後日米関係』（ミネルヴァ書房、二〇一二年、三六頁）

10——浅井良夫『IMF八条国移行』（日本経済評論社、二〇一五年、二二三〜二二四頁）

11——朝海浩一郎『花みづきの庭にて——ある外交官の回想』（私家版、一九八八年、一二〇頁）

12——三沢潤生「『朝海レポート』について」（前掲外務省編）

13——その一例としては、中北浩爾『経済復興と戦後政治——日本社会党1945-1951』（東京大学出版会、一九九八年）、福永文夫『日本占領史1945-1952』（中央公論新社、二〇一四年）。なお、空井護

「書評　日米合作ドラマとしての中道政権」（『レヴァイアサン二四号』木鐸社、一九九九年）は、今日でもなお傾聴すべき占領史研究レビューであり示唆に富む。

14――先に引用した『渡辺武日記』は綿密な記述を通して占領期の日本側の対応を明らかにしているが、一九五一年までで終っている。

朝海浩一郎略歴

一九〇六年三月一五日　栃木県足利市出身
一九二八年九月　高文外交科試験合格
一九二九年三月　東京商科大学卒業
一九二九年七月　外務省在外研究員（英国）
一九三二年八月　外交官補（英国）
一九三三年五月　領事館補（中華民国・南京）
一九三六年一〇月　外務事務官（東亜局一課）
一九四〇年一二月　内閣情報局第三部第二課長
一九四一年一一月　外務省調査部五課長
一九四三年一一月　外務省通商局（戦時経済局）二課長
一九四五年九月　終戦連絡中央事務局総務部連絡課長
一九四六年三月　終戦連絡中央事務局総務部総務課長
一九四六年八月　終戦連絡中央事務局総務部長
一九四六年一二月　経済安定本部連絡部長を兼務
一九四八年一月　外務省総務局長
一九四八年一〇月　連絡調整中央事務局長官
一九四九年七月　外務省研修所指導官
一九五一年八月　ロンドン在外事務所長
一九五二年五月　特命全権公使（英国）
一九五四年五月　外務省経済局長事務取扱
一九五五年四月　Ａ・Ａ会議代表代理（インドネシア、バンドン）
一九五六年八月　特命全権大使（フィリピン）
一九五七年五月　特命全権大使（米国）
一九六三年四月　免特命全権大使（米国）
一九六三年七月　外務省顧問
一九六四年二月　外務省査察使（中近東地域）
一九六四年三月　国連貿易開発会議代表（ジュネーヴ）
一九六五年九月　ＩＡＥＡ第九回総会代表
一九六六年三月　エカフェ第二二回総会代表（ニューデリー）
一九六七年三月　エカフェ第二三回総会代表（東京）
一九六八年四月　エカフェ第二四回総会代表（キャンベラ）
一九六九年四月　エカフェ第二五回総会代表（シンガポール）
一九六九年六月　軍縮委員会代表（ジュネーヴ）
一九七〇年四月　エカフェ第二六回総会代表（バンコク）
一九七六年五月　勲一等瑞宝章
一九八一年一二月　免外務省顧問

1946
（昭和21）

1／1	昭和天皇人間宣言
4	GHQ、公職追放を指令
2／28	公職追放令公布
3／5	チャーチル英前首相が「鉄のカーテン」演説。冷戦の開始
4／10	第22回衆議院議員総選挙（日本自由党：141、日本進歩党：94、日本社会党：93ほか）
5／4	GHQ、鳩山一郎が公職追放に該当と通告
14	吉田茂、自由党総裁となることを受諾
22	第1次吉田内閣成立（～47/5/20）
7／1	米、ビキニ環礁で原爆実験（クロスロード作戦）
11／3	日本国憲法公布

▲

1947
昭和22年

▼

3／12	米トルーマン大統領、トルーマン・ドクトリンを発表
31	民主党結成（芦田均総裁）
4／20	第1回参議院議員通常選挙（日本自由党：38、日本社会党：47、民主党：28ほか）
25	第23回衆議院議員総選挙（日本自由党：131、日本社会党：143、民主党：124ほか）
5／3	日本国憲法施行
6／1	片山哲内閣成立（～48/2/10）
10／21	カシミールの帰属をめぐって第1次印パ戦争（～48/12/31）

1948
（昭和23）

1／1	関税と貿易に関する一般協定（GATT）発効
2／16	朝鮮民主主義人民共和国樹立を宣言
3／10	芦田均内閣成立（～48/10/7）
15	民主クラブと日本自由党が合同して民主自由党を結成
6／1	第1次中東戦争
7／20	韓国大統領に李承晩（韓国民主党→自由党）就任（～60/4/26）
29	ロンドンオリンピック開幕（～8/14）
8／13	大韓民国樹立宣言
9／9	朝鮮民主主義人民共和国成立（金日成首相）
10／6	昭和電工事件で西尾末広元副総理を逮捕
19	第2次吉田茂内閣成立（～49/2/16）
12／7	昭和電工事件で芦田均元首相らを逮捕

1949
（昭和24）

1／23	第24回衆議院議員総選挙（民主自由党：264、民主党：69、日本社会党：48、日本共産党：35ほか）
31	人民解放軍、北京入城
2／	第 次吉田茂内閣成立（～52 30）
3	ド ライン施行

1 9 4 7

❖**一月一日（水）元旦**　昭和四年自分が英国へ行く時に日記をつけ始め、昭和二十年春に至るまで一日も日記を欠かさずに至ったが、昭和二十年春自分の病気するあり、又当時大東亜戦争は戦況日に日に不利となり比島も却き沖縄も落ち、本土上陸は目の前に迫り自分自身の運命もどうなる明日をも知れぬ状態となったので日記をつける気力もなく、それにノートを入手することが困難であったと云ふ技術的理由も手伝って、日記は二十年春から今日に至るまで一年半余に亙って中断せられた。

その間の日本は全くよく変った。此処にはそれを記さない。記す必要もなからうし記す気にもなれぬからである。廿年夏日本降伏し、以後日本は聯合軍の占領下に入り自分は占領と同時に設立せられた終戦事務局に入り総務部総務課長から廿一年夏総務部長に抜擢せられた〔1〕。日本の姿も落ち付いて来た。どう悪くなるにしても占領軍と云ふ鉄のタガ以上にハミ出すことはない。前途も曲りなりにも安定性をとり戻して来た。自分が家族と離散し竹槍をかゝえて討死する姿は想像から去った。

自分の現在の仕事は張合がある。楽しい。重要でもある。すべての最重要な仕事が自分の手を通さねばならぬ様に努力し得る。私的生活も恵まれて妻子は何れも元気である。戦時中及戦争終了後の食糧不安も大分改善された。昭和二十二年は自分にはそんな暗い年とは思はない。経済的には前途は思はしくないが日本が更生の第一歩を踏み出し得る年であると自分は見て居る。これ日記を再び附け出した所以である。

❖**一月二日（木）**　役所に初出勤し五六の書類にサインし一時間程で終了。

❖**一月四日（土）**　午前中執務。午後大臣官邸に名刺を置き次で松平恆雄氏、木村〔篤太郎〕法相（不在）有田〔八郎〕氏（不在）の所に年始参り。更に関屋貞三郎氏、膳〔桂之助〕大臣の処にも立寄り挨拶旁々お屠蘇を頂いたり雑談をしたりで相当に能率を挙げた。

❖**一月六日（月）**　今日は中野方面に挨拶に廻った。栗原、芦野両家を訪れ久し振りに須磨〔弥吉郎〕氏邸にも赴き序でに桃園の星島〔二郎〕商工大臣邸にも名刺を置いた。

❖**一月七日（火）**　夜安定本部幹部が膳大臣に官邸に招待され新年宴會あり。自分も旧臘安定本部の連絡部長に兼任せられて居るので同部の一員として参加。

❖**一月八日（水）**　第二十三回対日理事會が本年最初の集合を明治ビルで行ったのを傍聴〔2〕。第二回理事會が四月に開催せられて以来自分は一回も欠かさず傍聴して居ることを誇りとするものである。本日は放送事業の所有権の問題と地方議會選挙及地方追放の問題が論議せられたが〔ジョージ・」アチソン氏概ね受太刀で低調であった。

❖**一月九日（木）** 大臣が対日理事會英帝国代表マクマホン・ボール氏夫妻を主賓としその他若干の米濠人を招待したのに陪席。食後自分は相当長時間に亙り同代表と歓談する機會を得たが、マ氏は学者らしい如何にもアウトスポークンな又面白い着想と意見を有して居る人物と看られ自分は少からず印象付けられた。対日理事會では多くの場合ソ聯代表を支持してアチソン氏と張り合ふので余り好い気持ちを持てなかったが、直接折〔接〕觸して見ると仲々味のある人である。十時近く散會。尾山町に泊る。尾山町の老人も幸ひ手術の経過は良好で元気である。

❖**一月一二日（日）** G.H.Q.に働いて居る出渕勝君のチーフであるライアン氏は、自分も第八軍に同氏が居る時分から知り合ひなので同夫妻と勝君を自宅に招待。

❖**一月一四日（火）** 昼関屋氏の御招待で紀尾井町の同氏邸で御馳走になる。夜は鹿島守之助氏の招宴。

❖**一月一五日（水）** 夜は膳大臣が官邸（旧外相官邸）にマクマホン・ボール氏を招んで居るのに陪席として招ばれたが生憎同氏は風邪のため来られず折角の御馳走は井阪氏その他日本人側の客が御馳走になった。シャトーブリアンも出る し大したものであった。跡見玉枝女史の席画の用意までしてあったので膳氏は大変に残念がって居た。

❖**一月一九日（日）** 今日はサンダーヴィル少佐とローズ大尉を招んで居たがどうしたものか何の前触れもなく不來。暖かな日曜であった。

❖**一月二〇日（月）** 青山のカナダ公使館に事務所を置く対日理事會英帝国代表マクマホン・ボール氏と會談した。同氏とは曽て首相の宴會で同席し再會を約して置いたのである。二時半から四時近くまで各般の問題に就て色々と話し合った。三時半には英国のおきまりのティーも出て来た（但菓子は附いて居らぬ。英国のラシオンは余り好からずか）。同代表は極めてアウトスポークンでありユーモアに富み着想も面

1――一九四五年八月二六日、外務省の外局として終戦連絡中央事務局が設置された。朝海は総務課長として一一月に来日したエドウィン・ポーレー賠償使節団代表と単独会見、対日賠償政策の概要について情報を入手しいち早く幣原内閣の閣議へ伝達したことが知られている。（外務省編『朝海浩一郎報告書　初期対日占領政策　上・下』毎日新聞社、一九七八年）

2――朝海は終連総務課長（後、総務部長）として対日理事会にほぼ毎回出席し報告書を残した。（外務省編、前掲書）

白く飄々たる風格であるが頭脳は極めて明晰。同氏との會談は極めて自分にとり有益であり且愉快なものであった。詳細は三十頁余に亙る會談覚に書き綴って置いた。イギリス語は流石に米国語よりも聞きとり易い。

❖**一月二一日（火）**　夜藍亭に厚生課のネフと云ふ大佐を日本側が招んだのに陪席として出席。

❖**一月二二日（水）**　官公廳職員の二月一日を期しての総罷業に関聯し事態は漸く騒然として来た[3]。今日は石橋〔湛山〕、膳、河合〔良成〕の三大臣が〔ウィリアム・〕マーカット代将に招ばれて此の問題に付日本政府の方針を尋ねられる。自分も同席す。総司令部側より意見の開陳あり。日本政府は之に基き午後五時新聞発表を行ふことゝなり自分は僅々一時間の裡に声明案を書き上げ首相官邸で関係閣僚に目を通して貰ひ午後五時書記官長が発表した。誠に忙しいが愉快な日であった。夜は司法大臣の宴會に出る。今週は宴會の多い日で従って尾山町泊りが多い。出渕の父[4]は予定の通り再び入院。手術を行ったが経過は極めて良好である。

❖**一月二三日（木）**　今日は対日理事會の日であるが議題がないので自分は始めて欠席した総罷業問題で司令部との連絡が忙しかったからである。尤も理事會は五分位で終わったらしい。午後アチソン大使と會見した。同大使は〔ジョージ・〕マーシャル国務長官の就任するあり近く一ヶ月の予定を以て帰国する由である。約廿分會談す。

❖**一月二五日（土）**　午前罷業問題で膳大臣と総司令部へ。マーカット氏からエバー・シャープを貰ったが贈物自体よりも同氏の自分に対する気持が嬉しかった。夜は横須賀の太田君の斡旋で同地でクラス會を開催した[5]。十三人試験をパスした中三名が死亡したり落伍したり、二人地方に勤務で八名顔を揃へて賑やかに騒いだ。

❖**一月二七日（月）**　地方長官會議（これは官選知事の最後の集まりとならう）が首相官邸で開催されたので一寸出席。

❖**一月二八日（火）**　午後毎日新聞社で幹部七八名に講話。外で折柄デモ最中の公官〔官公〕廳労組の騒ぎに壓せられて骨の折れた割合には余り調子が出なかった。講話後直ちに三井ビルにアチソン氏を訪ねた。同氏は明日約一月間の予定を以て帰国する由で仲々に多忙であるらしかった。夜は渋谷の次官官邸で寺崎〔太郎〕氏が外務省及び終連の幹部を招待したのに出席。これは同次官の送別の意味合らしかった。

❖**一月二九日（水）**　昼、スクリップス・ハワード氏始め七及八名の外国通信記者（マ元帥の招待で極東視察中）を首相が官邸に招待したのに陪席。余り大したおもてなしではなかった。総理も自由進歩社會の三党首會談などで客を待たせる程に慌しかった様である。三党首會談は纏まらず。一方官公廳労組の罷業は二月一日を期して進められ政府との話合は仲々和協に至らず。自分も数回両者の交渉の席で傍聴したが余り愉快な交渉ではない自分もほとんど連日E.S.S.〔経済科学局〕マーカット代将と接觸、情勢の観測に努め忙しい。政府の最高責任者はこの処内閣改造で追はれて重大なる罷業問題に関しマ〔ダグラス・マッカーサー〕元帥辺と接觸して居らない。

❖**一月三〇日(木)** 総司令部と内閣とを往復して仲々忙しい形勢は緊迫して居るが自分は罷業は起らぬと確信して居る。

❖**一月三一日(金)** 官公廳労組の総罷業は明日に迫った。騒然たる裡に自分は内閣でマッカーサー元帥がストライク〔キ〕禁止の声明を出したことを耳にし直ちに役所に赴き各方面と連絡を遂げる。結局これで総罷業はなし。日本の現状として罷業にはシーリングがあるとは予て自分が上司にも報告した通りであるが政府の努力に依り解決せるに非ずしてマ元帥の一声で禁止せられたのは敗戦日本とは謂へ情けない。内閣は社會党の参加拒否により変り栄えのない改造を行ふ。夜膳大臣の退任挨拶が官邸であり安定本部の幹部が一同招待されて會食す。ストに備え田園調布に泊る。

❖**二月一日(土)** 自動車を田園調布に廻し途中で役所の者四五名をピックアップして登廳、但電車は停らずに済んだ久し振りで早目に家へ帰る。

❖**二月二日(日)** 快晴である。但風が強かった。一日働く。昼食後風邪臥床中の奥村〔勝蔵〕君を鵠沼に見舞ふ。もう回復して居た。

❖**二月五日(水)** 午前中対日理事會に出席。今日はアチソン氏が帰米中のため参事官の〔マックス・〕ビショップ氏が司會して居た。問題は日本に於ける漁業権の問題であった。午後の外務懇話會。夜は小野君が宴會をしたのに招ばれる。

❖**二月六日(木)** 変り栄えのしない新内閣が吉田内閣の改造の形で出来上った。

❖**二月七日(金)** 朝「世界経済」で一時間半許り講話する。

3――全日本産業別労働組合会議(産別会議)、日本労働組合総同盟(総同盟)、官公庁労働組合が共闘して二月一日に計画していたゼネラル・ストライキ。

4――戦前期の外交官で駐米大使を経験した出淵勝次のこと。朝海夫人の隆子は出淵の長女。なお本日記では「出淵」ではなく「出渕」表記となっている。

5――朝海は一九二八(昭和三)年九月の第三七回外交科試験に合格した。同期入省は磯野勇三、小沢嘉吉、小沢成一、大野勝己、太田三郎、勝田直吉、原馨、広瀬節男、三浦文夫、山口光、山田久就、倭島英二。

夜は交通部長だった藪谷君が大阪鉄道局長に転出したのを送別する。終連部長一同出席。

❖**二月八日**（**土**） 久しく入院中だった尾山町の父、本日退院す。

❖**二月九日**（**日**） 中国代表部の沈觀鼎氏夫妻と林定平氏夫妻を招待。それに田中彦蔵氏も加わり自分等夫婦でスキ焼をやりもてなした。食後江ノ島に散歩し四時半頃迄居たが天気もよく成功であった。

❖**二月一二日**（**水**） 厚生省の労政局長吉武〔恵市〕君に夜「桂」に招待さる夜は尾山町に泊る。

❖**二月一三日**（**木**） 午後新次官岡崎〔勝男〕氏の主催で幹部會が始めて開かれた。総務局長には太田一郎君が就任した。

❖**二月一四日**（**金**） 日新化学〔住友〕に招待された四谷の近くで會食。夜は大変な雪となり自動車が新橋駅へ出るのに卅分もかゝった程であった。大分積る。列車も遅れて家へ着いたのは八時少し過ぎに新橋を出て十時半であった。

❖**二月一七日**（**月**） 昼大公使の集會たる月曜會で話しをする。夜は復員廳の吉積氏の招待で第一復員廳の人達と會合する。今週から夜は自動車が使へなくなったので宴會の帰りは大分不自由になった。

❖**二月一八日**（**火**） 夜は総務課の森君が福岡へ転任になったので送別會。

❖**二月一九日**（**水**） 対日理事會を傍聴する。本日は漁業権問題が引続き議題に残り米ソ代表の應酬あり。

❖**二月二一日**（**金**） 夜大臣が官邸に外務省と終連の幹部を招ばれた。大分御機嫌が悪かった様である。

❖**二月二三日**（**日**） 今日はG.S.〔民政局〕のカーネル・ヘーズ夫妻を自宅に招んだ。同中佐とは一昨年十一月自分がバラード大佐と旅行した際平で初対面をした。その後時々會って居た。十二時来宅。色々話しをして三時すぎに辞去した。愉快であった。お雛様を飾ったのでお客には珍しかったことゝ思ふ。

❖**二月二四日**（**月**） 午後二時柳田誠一郎氏に依頼されて世界経済で話をする。同會から帰って来て午後四時からは役所で情報部の連中に話しをする。仲々に忙しい。

❖**二月二七日**（**木**） 夜世界経済の「海運クラブ」で話しをする。約一時間気持ちよく且可成り雄辯に喋った。帰途は大変な降りでスッカリ濡れた。

❖**二月二八日**（**金**） 夜第二復員廳に招ばる。尾山町に久し振りで泊る。

❖**三月一日**（**土**） 研修所設立一周年で大塚の研修所で午後二時から挙式。自分も参加した。幣原〔喜重郎〕、松平、山川と云った先輩連が頭〔顔〕を揃へて居た。

❖三月二日(日) 今日の雛祭りにグレー中佐夫妻とその子供を招待して置いたが生憎朝から相当な降りで約束の二時には可成り降って居たので取止めと思って居たらば三時近くグレー、スペクター両氏がやって来て家族も自動車で来たが道が砂で通れぬとのこと。早速自分が橋まで出かけ、迂回して一同を案内する。グレー氏の子供のビルと俊夫その他と「口を聞かぬそして騒がしい遊び」が行はれる。一同は御雛様を見、一時間余り色々お喋りして行〔引〕き揚げた。天気が悪くて残念であった。

❖三月四日(火) 午後隆と二人で渋谷にマーカット夫人を尋ねた。大変柔〔優〕し相な老婦人で愛憎〔想〕好く迎へて呉れお茶を用意して居た。そこへ役所からマ代将も帰って来て我々二人を部屋へ案内したり何彼ともてなす。似合ひの夫婦で二人とも穏やかである。三時近くまで約一時間色々雑談し、帰りは山形次長夫人にも敬意を表した。

❖三月五日(水) 対日理事會に出席。今日はビショップ氏が司會し中国代表から議題にかけた復員問題を論議したが朱世明氏が病をおして出席。大分発言して居たが前列には七八名の中国新聞記者団が傍聴して居たのが目に立った。午後は樺山君〔資英〕の告別式に顔を出した。同君は自分の調査部五課長時代の同僚であったが胃癌で斃れたものである。

❖三月七日(金) 夜日銀の北代副総裁に「錦水」に招ばる。

❖三月九日(日) 総司令部の外交局の連中を鴨猟に招んで居るのに自分等も接待役として参加〔6〕。田中彦蔵君と千葉の新井浜へ行く。不猟で余りとれず日本人は帰りにお土産の鴨さへもなく自分は風邪を惹〔引〕いたのが唯一の土産であった。田中君を自宅に招じ同君は泊った。

❖ 三月一〇日(月) 夜大臣が華府から朝鮮へ視察に行くと云ふ「ウィルパ〔バ〕ー」代将を招んだのに陪席。仲々話しの好きな人で十時半頃まで居たので田園調布に帰宅したのは十一時頃であった。

❖三月一一日(火) 夜中国記者團の團長陳博生氏に招ばれて會食。岡崎、太田〔一郎〕、奥村の諸氏が一緒であった。日華関係を繞って相当に歓談した。

❖三月一二日(水) 正午は治安閣僚が久し振りに會食したのに陪席。午後は一ヶ月の渡米を終へて帰任したアチソン氏を訪ねて約四十分色々と当面の問題に付て會談した。

❖三月一九日(水) 対日理事會に出席。アチソン氏が久し振

6——宮内省は、埼玉と千葉に所有していた鴨場を使って、宮中に昔から伝わる鴨猟にGHQ高官を招待して情報を収集していた(高橋紘・鈴木邦彦『天皇家の密使たち』徳間書店、一九八一年、四八~五二頁)。

りに議長席に就き司會した。同氏が見た米国の日本占領観を約三十分に亙り説述。一般論から憲法論、教育論、憲法論に及び一寸面白かった。矢張り対日理事會は此の人が出席しないと活気附かぬ様である。正午の治安関係の會合に出席。対日理事會の様子を披露したがニュースであるために皆聴いて呉れた様であった。

❖**三月二〇日（木）**　世界労聯の代表者が渡日することゝなりその先覧一番乗りとして米国のC.I.O.〔産業別組織会議〕の副総裁タウンゼンド氏が来た。厚生大臣は同氏を午後首相官邸に招待してお茶の會を開いたのに自分も陪席。タ氏はガッチリした骨組みの五十過ぎた紳士である。黒人の血が混って居るらしい。自分も何れ接觸して、話を聞き度いと云ふことは通じて置いた。夜は運輸省に招ばれて「蜂竜」で宴會。

❖**三月二三日（日）**　スペクター少佐が鎌倉の自邸でお茶の會をやったので自分等夫婦も招待された。同氏が片瀬まで迎へに来て呉れた。帰りは五時半になって了った。帰宅して見たらば佐世保の三浦君が来て居た。同君は佐世保市長に立候補の気持ちがあった相であるが結局断念した由である。此の晩泊る。

❖**三月二四日（月）**　午前十一時東京からディバイン嬢〔赤十字〕及エスコートの某中尉を自分の車を提供して片瀬へ連れて来た。蓋し同嬢が最近米国へ帰ることゝなったからである。昼食後雑談をして辞去。入れ交って三浦、勝部、田村の三君を迎へ晩飯を共にした後ブリッヂ。訪問者は何れも泊った。

❖**三月二七日（木）**　午後一時半から国際聯合研究會で約一時間講演する。夜は大臣官邸でアチソン氏夫妻を主賓として會食あり陪席す。先方は同氏夫妻の外今度米国へ帰るビショップ氏夫妻、ベーカー代将夫妻、バンカー大佐、我方は松平氏夫妻、白洲〔次郎〕氏夫妻等であった。相当に愉快であった。尾山町泊り。

❖**三月二九日（土）**　昼大臣が国務省の日本課長〔Hugh〕Borton氏とDr. Bacon〔婦人〕を招んだのに陪席。

❖**三月三一日（月）**　午後から磯野君と同行し横須賀に行く。太田三郎君が同市の市長として立候補して居るからである。小学校で一席、應援兼紹介演説をやり夜は隣組の常會で又一席。一寸大衆を相手として変って居た。同君仲々有望らしい。

❖**四月一日（火）**　十時日本貿易館で輸出商品の陳列館を開いた記念の披露宴あり。日本側から貿易廳長官が主人となり、総司令部の係官を招待し日本側から多数の関係者が出席し、二三挨拶あり。簡単な昼食を行ひ羊羹入りのお土産まで出た。大したものであった。夜東京都の食料関係をやって居る田中君に招ばる。

❖**四月二日（水）** 今日は忙しい日であった。十時から対日理事會に出て十二時まで傍聴。今日は賃銀と物価関係の安定の問題を議題にかけ、参謀研究資料として総司令部から約九頁に亙るものを各代表に提示して居た。主としてマクマホン・ボール氏が盛んに発言してアチソン氏に鋭く喰い下がって居た[7]。同氏は矢張り頭のよいことでは第一人者の様である。十二時半ロバーツ氏及アンカレス夫妻を自分達夫婦で「登原」に案内してスキ焼き。今日は家を出るときは大変な雨であり風も物凄かったが、此の頃から晴天となり午後はカラリと上った。食後自分は一旦役所に帰り執務の後、五時再び隆と共にマックァーサー元帥官邸後ろのアチソン大使官邸に同氏夫人を訪ねる。御茶を御馳走になり四十分許り話しをして辞去。此の訪問は敬意を表することが目的であった。午後七時から三田綱町旧蜂須賀邸の英帝国館にマクマホン・ボール氏を訪ねる。夫婦して御招待に預ったのである。お客は味の素の鈴木氏夫妻と工業クラブの戸田氏で至って気の措けぬ御相客であり、主人側もよく務めて呉れて全く愉快であった。十時前此処を辞去し晩は尾山町に泊る。流石に疲れた。

❖**四月三日（木）** 神武天皇祭で休む。ポカ〱とした小春日和である。朝早く尾山町から帰り昼飯を早目にすませ夫婦に子供を全部連れて小田急沿線の鶴川に白洲氏を訪ねる。此の田舎の駅に同氏が出迎へて居て呉れた。駅から徒歩十五分位の山懐ろに抱かれ小高い土地に建てられた白洲氏の白壁の家の前には桃の花やら梅の花やらマグノリアの花が咲き乱れて美しかった。此の静かな田舎屋で一時間余りお茶を御馳走になって辞去。暖かいそして平和な祭日であった。春はもう曲り角まで来て居る。

❖**四月四日（金）** 昼星野氏に「かつら」に招ばる。同氏の愛婿小出君も同席。小出君の倅に関する御禮心のつもりらしい。後は外務省内輪の會合。

❖**四月一〇日（木）** 世界労連の日本視察団の一員として来邦

7——マクマホン・ボールは同日の日記に次のように記している。「私がSCAPの意見に一〇〇％賛成したのに、アチソンがこれに対して落ち着かない態度を示したことだ。〔略〕このようなアメリカの関係者の姿勢は、何よりも経済科学局と外交局との間のアプローチの違いを反映しているに違いない」（A・リックス編、竹前栄治・菊池努訳『日本占領の日々——マクマホン・ボール日記』岩波書店、一九九二年、二〇〇頁）。

中であった米国C・I・O・の副総裁タウンゼンド氏が約半月の視察を終へて今般帰国することゝなったので一時帝国ホテル同氏居室に同氏を訪ねて所感を聞く。但同氏はその日の午後二時半に飛行機で発つと云ふのでチョッキ一枚で荷造りに忙しく且同室にはソ聯のタラゾフ氏も居たことゝて余り突っ込んだそしてユックリした話しは出来なかったが、それでも日本の労働運動の特異性やら日本の労働組合が世界労連との関係を平和条約以前に持ち得るや等の問題に付て意見を聞いた。同氏は米国の赤帽組合の組合長でもある由で黒人。但人なつこしい立派な男でユックリ〳〵話し出す。會談約十五分位で辞去。

❖**四月一一日(金)**　夜は次官から来栖〔三郎〕氏以降の通商局長を官邸に招んだのに陪席。

❖**四月一四日(月)**　午後マクマホン・ボール氏と會談。一時間許り色々と時局を談じた。四時になるとお茶を飲む処は如何にも英国人らしい。

❖**四月一六日(水)**　対日理事會に出席。

❖**四月二〇日(日)**　参議院議員の選挙行はる。

❖**四月二一日(月)**　官補となるべき新入省員の口頭試問を行ったのに参加、七名を採用した。

❖**四月二二日(火)**　参議員〔院〕の選挙結果は全国区の下位の方を除いて続々と判明。出渕〔勝次〕は岩手県から首位を以て当選。これで参議院に六ヶ年の議席が確保されたわけである。早速祝電を打って置いた。夜帰宅したらば妻から長崎哲也君が急逝した旨の電報に接した旨の報告あり。愕然とした。誠に寝耳に水である。

❖**四月二四日(木)**　夜外務次官が大蔵省の幹部を招待したのに参加。

❖**四月二五日(金)**　内務省の久山君の肝入りで相川勝六氏と會食。真面目な人である。仲々面白く色々と話しがはずんだ。

❖**四月二六日(土)**　今朝の「朝日」に「出渕勝次重態」と報道されたので驚いた。直ちに尾山町留守宅と連絡。切符を何とか工面してお婆さんは午後三時十分の列車で直ちに花の巻へ赴くこととする。今日は宮内省主催の観桜會があったが出席する気にもなれぬので行かず。街は衆議員〔院〕議員の選挙の速報で有楽町辺りの新聞街は火事場の様な騒ぎである。第一党は社會党と決定。これで政局も又大分複雑化して来やうか〔8〕。

❖**四月二七日(日)**　読売の市川、時事通信の山田両君が遊びに来た。天気よし。

❖**四月二九日(火)(天長節)**　今日も休み。天気よく麗らかな日好であった。午後ローズ氏(軍籍を離れて今は文民であり第八軍の価格統制を主管して居る相だ)が同氏の父君を連れて来遊、お茶にする。父君は戦前常陸の片田舎で宣教師をして居た相である。一時間許り色〻話をして帰られた。

❖**四月三〇日（水）** 県會議員と市會議員の選挙で七時に投票所に出かけた。此の二三日は市中はメガホンやら自動車で駆け廻るやら戦場の様な騒ぎであったが今日でそれも終る。対日理事會に出席。今日は公衆衛生問題でサムス大佐が長廣舌を振った。午後三時から外相官邸でお茶の會あり。午前中曇って居たが午後は晴れて心地よい日であった。緑の芝生に青の薫風を受け乍ら主客約二時間に亙り歓談。米側からは〔ロバート・〕アイケルバーガー中将、〔コートニー・〕ウィトネー〔ホイットニー〕少将等の顔が見えた。夜農林省の木村君と會食。

❖**五月一日（木）** 総理に呼ばれた処総理が最近マ元帥と會はれた時出渕氏の容体を尋ねて居たと云ふので自分に同元帥宛総理の手紙を起草方命ぜられた。マ元帥は出渕が駐米大使のとき参謀総長であった相である。

❖**五月二日（金）** 大臣の命に依り九時半米陸軍病院に朱世明氏を見舞ふ。沈観鼎氏も自分に同伴して呉れた。朱氏は病室にまで案内して呉れ十分位同氏と話しをし見舞いをして辞去。同中将は最近帰支して交替として商震上将が月半ば頃来任する由である。夜厚生省の吉武君が労働課のデヴロール氏を招待、會食したのに自分も陪席。色々話をしたが面白かった。同氏は最近来邦したタウンゼンド氏を日本に於て案内して居た人で北鮮にも世界労連の一行と同行、ソ聯側から相当冷淡に取り相はれたらしい。労働課員であるが徹底した共産党嫌ひで言ふことは極めてハッキリして居るので面白かった。雨が激しく降り出して来たが品川駅まで車で送って貰ひ、やっと終列車に間に合ふ。

❖**五月五日（月）** 夜〔シャーウッド・〕ファイン氏を小野君が招待したのに列席。割合気持ちよく喋れた。

❖**五月六日（火）** 午後厚生省の吉武君が後楽園に労働課の関係者を招待したのに参加。今度新にマ元帥の顧問としてやって来たバッファローの神父〔ジョン・P・〕ボーランド氏やらＡＦＬ〔アメリカ労働総同盟〕のキレン氏やらが居た。〔セオドア・〕コーエン氏も最近米国から帰って来たが昔日の元気なく労働課長も更る様である。コーエン、コスタンチノのコンビは漸く変って労働課も空気を一新した観があ

8――三月三一日に帝国議会最後の衆議院解散を経て四月二五日に総選挙が行われた。結果は社会党が第一党となり、五月二日に新憲法施行式典を経て吉田内閣は退陣、五月二四日に片山哲社会党首班の中道三党連立政権が成立した。

る。米本国の空気を反映したものか、偶然の變更か。

◆**五月一〇日（土）**　マ元帥と天皇との會見が外部に洩漏した責を負って同僚の奥村〔勝蔵〕君は懲戒免官の処分に附せられることゝなり本日午前幹部會の席上同君の訣別兼陳謝の挨拶あり。新聞記者にコンフィデンスを裏切られた同君の立場は誠に気の毒なものがある。

◆**五月一八日（日）**　午前中雨。鵠沼に今度マ元帥と天皇との會談洩漏で免官になった奥村君を訪ねた[9]。正午E．S．S．のファイン氏を招待して居たが、雨なので来るまいと思って居た処午後四時頃雨も上がったのでやって来たので一寸間誤付いた。可なり風は強かったが江ノ島を散歩し遅くなったので夕食を出し歓待してファイン及びジャクソン両氏は九時すぎに引揚げた。

◆**五月二〇日（火）**　藍亭に自分が主人となって各省連絡部長の一部を招待。

◆**五月二三日（金）**　夜次官官邸に今度参議院に出た外務省の長老、松平、佐藤〔尚武〕、出渕〔勝次〕の三氏を岡崎氏が招待。出渕は健康の都合で不参。松平、佐藤両氏も議會の都合で八時半頃来られたゝめ自分と入れ違ひになりユックリ話しも出来なかった。

◆**五月二四日（土）**　午後は三浦、小野の両君と横須賀の田中君を訪れる予定にして居た処、片山〔哲〕氏が総理に指名せられ、午後五時か六時にマ元帥の処に挨拶に行くので自分に通訳をせよとのことゝなり議會に待機して居たが、五時半頃先方から日本人の通訳はお断りと云ふ御挨拶があり、結局時間をウェストしたのみに終った。

◆**五月二五日（日）**　過日お茶の會で知り合ったジョン・P・ボーランド神父が片瀬へ訪ねて来て呉れた。生憎の雨であったが労働課のダンレヴィー少佐夫妻と来訪、ボーランド博士はバッファロー労働大学の学長で米国で労働問題の解決に力を注いで居るとのことである。食事後二時間半許り同博士を中心にして色々と話しを聞く。尾山町から出渕の母もやって来た。温顔の博士が米国に於ける労働争議の調停者であることは如何にもふさはしく感ぜられる。日本に於ても僧職にある人がこう云う活動を行ひ、又行ふことを容れるだけの余裕のあることが羨やましく思はれる。食後片瀬の教會を見られて同博士が帰路に就いたのは四時過ぎであったらうか。但今日は午後雨が降り続いて余り好都合ではなかった。

◆**五月二六日（月）**　夜コーエンの代りに労働課長になったキーレン〔キレン〕氏を吉武君が招待したのに陪席。

◆**五月二七日（火）**　朝九時目黒の外相官邸で吉田〔茂〕氏の幹部に対する辞職の挨拶あり。流石に終戦以来の外務大臣とて一同名残り惜しい気がする。

❖**五月二八日（水）** 対日理事會は卅分で終る。夜は目黒で大臣が立食の送別會を開かれた。片山総理は決定したが内閣は仲々成立しない。

❖**五月三一日（土）** 正午帝国ホテルでファイン氏、ミス・ヂャクソン、ジェノー氏夫妻と落合ひ三浦君も誘って真鶴の近くの福浦村へ自動車を走らせる。気にして居た天気も大したことはなく雨にはならなかった。三時少し前福浦着、先着して居た農林省の水産局長その他の案内を受け役場で少憩の後小舟で五六町の沖合へ出て漁を見る。漁は定着網と云ふがタテ網を立てゝ、魚を追ひ込んであり、それを四五杯の小舟が捲き上げるのである。網が全部捲き上げられどんな魚が上って来るかまでが見て居てのスリルである。マンボーとか云う怪魚も網にかゝり一同を驚ろかす。五時頃岸へ帰って来たが日本人の傍観者は何れも船酔ひで元気なし。殊に自分などは余り立派な様子ではなかったが西洋人組は婦人に至るまで大元気。三浦君をして云はしむればスーペリオル・レースである。此処から湯河原に出て天野屋の別館に投宿。内山〔岩太郎〕知事も参加して大変賑やかな食卓が九時すぎまで続いた。久し振りで渓流の音を聞き温泉の気分を味ひつゝ寝に就く。

❖**六月一日（日）** 十時頃湯河原を出て小田原駅で外国人のお客さんと別れて帰路に就く。午後二時帰宅。田中君が横須賀から子供を連れて遊びに来た。片山内閣は社會党と民主党の妥協成り成立した。外務大臣は芦田均氏が就任。

❖**六月二日（月）** 役所で新旧大臣の事務引継後省員に対する挨拶あり。自由党と民主党との関係を反映して吉田、芦田両氏は二人共余りアグリアブルには見へなかった。

❖**六月六日（金）** 役所の車が軽井沢に用事があるのを利用して、軽井沢に前独乙商務参事官ティッシー氏を訪ねることゝとした。同氏とは自分が経済局に勤務中役目のことで可なり親密に往来したが、独乙降伏後河口湖から軽井沢に移ったことは聞いて居たが、数ヶ月前に見舞の手紙を出した。十二時半着。ティッシー君には予告してあったので待って居た。持参のウィスキーとコーヒーを土産にした。一時以来の歓談仲々に尽きず。

❖**六月七日（土）** 十四日帰米すると云ふのでボーランド師と令兄。同師はC.L.O.〔終戦連絡中央事務局〕の自分の役所ま

9——奥村勝蔵の漏洩事件については、豊下楢彦『昭和天皇・マッカーサー会見』岩波現代文庫、二〇〇八年、九九〜一〇〇頁、を参照。

で訪ねて来て呉れた。

❖**六月九日（月）**　芦田大臣がマーカット代将に挨拶に行ったのに随行。

❖**六月一一日（水）**　今日の対日理事會が議題がないので傍聴に行かなかった。

❖**六月一二日（木）**　地方連絡局長の會議始まる。正午は大臣官邸で立食。

❖**六月一三日（金）**　今日は横浜で第八軍の軍政部隊の責任者と二時から四時まで會合。ビーズレー大佐が司會した。自分は會議の劈頭七八分挨拶をした。午後太田と云ふ金持の庭園で占領軍側をも交へてお茶の會。夜は更に「田舎家」で御馳走になる。

❖**六月一四日（土）**　今日で會議は終る。土曜日ではあったが六時少し過ぎまで會議を司會したので流石に一寸疲れた。

❖**六月一五日（日）**　尾山町の父がカトリックの洗禮を受けると云ふので自分と和夫〔百日咳〕は留守番、隆が子供を二人連れて雨の中を尾山町へ行く。一日雨で庭の芝生の雑草採りの外はほとんど何も出来なかった。毎日カラッとしない日が続く。

❖**六月一七日（火）**　農林大臣と共に南氷洋捕鯨の許可を受けるためにマーカット代将とスケック中佐を往訪。

❖**六月一九日（木）**　夜N．R．S．〔天然資源局〕の水産部のヘリングトン氏等を招待して會食。相当賑やかであった。

❖**六月二五日（水）**　対日理事會を傍聴する。此の頃は毎日の雨で梅雨模様が続く。

❖**六月二六日（木）**　三田のＢＣハウスにマクマホン・ボール氏に招待されて簡単な昼飯を御馳走になる。同氏夫人と令嬢とは最近帰濠した。午後は大臣が官邸の芝生で新聞記者を招待し茶會。久し振りで雲の合間から薄陽が洩れて緑の芝生がまぶしかった。

❖**六月二七日（金）**　関東信越十縣の渉外課長會議が前橋で開催され横須賀の鈴木〔九萬〕局長の切望もあり自分も出席。

❖**七月一日（火）**　出渕父の容体が面白くないとのことで見舞に行った。別に寝込んで居るわけでもないが顔色は生気なく黄色味を帯びて居り衰弱も相当の胸の辺りの骨が目立つ。それでも一時間程元気相に話をして居たが疲れも見へたので辞去。帰り際に母が「知って居るの」と小声で聞いたので聞き返したところ医師の診察では肝臓の癌で最早身体にメスを入れるわけにも行かず。此の夏は恐らく越せ様かと云ふ程度だ相で母はこれを打明けられ既に覚悟して居るらしい様に見へた。自分の父を胃癌で失くした自分としてはガーンと胸を打たれた様な気がした。どうも今日の顔色は尋常でない。率直に言へば死相が表はれて居た様に思はれたがもう長いことではあるまい。帰って隆にも打明けて覚悟はさせて置いた。然し出渕当人は例の通り至って楽観で再起を確信し、今度良くなったら参議院でこうも云ってやらうやあゝもやらうと考へたり喋ったりして居るのである。母から隆に宛てた手紙に前途に希望のないにも拘らず、知らずに希望を持って居る人の傍らに居て毎日希望に充ちた様に生活することは辛いことである、と述べて居るが母はその夫にヂリヾヽと迫り来る死を眺め乍ら微笑を以て一日ヽヽを送って居る。殊〔健〕気な闘ひをして居るのは傍目で見て誠に同情に耐へない。平静に善処し得るのも信仰の力か。信仰と云えば出渕も此の頃は毎朝声を出して母に和してお祈りをして居るとのことである。

❖七月三日（木）　夜白洲次長の送別會を「登原」で行ふ。宴會が出来ぬ様になったので恐らくこれが最後であらうか。

❖七月五日（土）　マクマホン・ボール氏に芦田大臣を紹介する仲介となり自分が大臣を本日昼マ氏邸に案内した。先方からマ氏の外二人出席歓談した

❖七月一五日（火）　昼は隆と明子、自分も参加して尾山町にお爺さんを見舞ふ。衰弱も加はって来て居り元気はよくないが本人は案外気が張って居るらしい。自分と領土問題を●し乍らも論じ又再起を期待し居る気持は哀れである。

❖七月一八日（金）　夜和田安本長官が今度帰国するエギヰスト氏その他価格統制課の班長連を招待したのに陪席。帰りはやっと終列車に間に合った。

❖七月二三日（水）　対日理事會。今日はソ聯代表が農地改革問題を議題にかけて居たがこれを中心として又々アチソン氏とマクマホン・ボール氏との間に緊張した應酬あり。久し振りに活気のある集會であった。

❖七月二五日（金）　朝六時の列車で隆と新橋駅に行きエギヰスト氏及ミス・スタングと落合ひ共に旅行す。エギヰスト氏は今般帰米のことゝなったので客年日光旅行をやったのを想起しお別れに旅行することとなった。車はアルバー氏所有の四六年のダッヂとて型は新らしく力もあり乗り心地は快適である。浦和の県廳で古谷吉沢両君と落合ひ警察部長用の車を先發に立て飯能に行く。自分は大臣官邸に芦田大臣が外交部の連中を招待して居るのに参列。当夜は尾山町に泊まる。

❖七月二六日（土）　尾山町の父の病は愈々篤い。もう此の夏が越せるかどうかと処であらうと思ふ。それでも濠州問題を論じたり領土問題を語ったり元気であるし国を憂へて居ることは悲しい。大分衰弱して来た。

❖七月二七日（日）　総務部連絡課員を招待。

❖七月二九日（火）　中国総領事の林定平君夫婦に招ばれて自分等夫婦、明子と三人同氏の私邸へ行く。鱶のヒレやら包

子やらで御馳走になる。奥さんが大分世話を焼いて居た。帰りには羊羹まで御土産を貰ひ大変な御馳走であった。

❖**七月三〇日（水）** 今日の昼はR.RHODES君の家庭に招ばれた。隆へは態〻車で迎へに来て呉れた。横浜である。同君の両親は日本で長く宣教師をして居た相で穏やかな親しみある人である。心尽しの家庭料理を十分に御馳走になる。殊に食後のチョコレート、アイスクリームは忘れられない。午後から驟雨となる。自分は東京に引き返し小野君のお嬢さんの結婚式披露が上野の静〔精〕養軒で行はれたのに出席。

❖**七月三一日（木）** 来邦中のエバット濠外相が今日コンモンウェルス・ハウスに片山総理、芦田外相を引見したのに通訳として自分も陪席。會見は四十五分位続いたがエバット外相からはほとんど注目すべき発言はなく濠州のビターな対日感情に言及した位のものであった。思ふに此の會見では別に同外相としては実質的な収穫を期待して居たものでないことが判る。恐らく同外相の来訪自体が実質的な必要のためよりも今月末カンベラに於て開かるべき英帝国會議に於ける同外相の発言にウェイトを置かしめんがための目的に出でたりと推測せられた。

❖**八月一日（金）** B・コンモンウェルス・ハウスで今般エバット濠外相と同行して来邦したプリムソル少佐と約二十五分會談した。同氏は極東委員會に於ける濠代表で一月マッコイ少将の極東委員會委員が日本を視察した時国務省員バーネット氏の紹介で面識を得た。今度、エバット氏と同行して来た由を新聞で知り會見を求めて置いた処離日直前の日を割いて會って呉れた。今晩横浜から軍艦に乗り込んで二日の未明に発つと云ふことであった。流石に知り合の仲とて相当、突ッ込んで話を聞かせて呉れた。夜、今般公正取引委員會の総務部長になった黄田〔多喜夫〕君送別の宴會あり。

❖**八月一一日（月）** 議會の外交〔務〕委員會〔安東〔義良〕委員長〕で約一時間対日理事會やら日本の管理の模様の話しをする。暑い日であった。午後尾山町の父の処へ廻る。

❖**八月一六日（土）** 今度帰国するロバーツ氏を湯河原へ招待する。同氏友人のミス・ウイリヤムスと云ふのがドッヂの新しい車を提供しそれにミス・マティソンも参加。こちらは自分と三浦君、三時頃東京を出て六時に湯河原の吉沢氏と云ふ知人の宅へ泊る。此の晩は遅くまで皆と二階で涼み乍ら話し込んで了った。

❖**八月一八日（月）** アチソン氏飛行事故のためハワイ沖にて死去。本記事は十九日附「讀賣」。

❖**八月一九日（火）** パウロ出渕勝次命日。

午後三時堀内医師を伴って尾山町へ行く。思いがけずも隆や子供三人も来て居たのでギクリとしたが別に父が特に悪いと云うのではなく孫の顔月〔付〕を今日は不思議に見度がったと云ふので電話に依り片瀬からやって来たとのことであった。容体は別に悪化して居る様にも思はれなかったが午後五時頃から目に見へて悪くなって来た。自分は実父の死去を知って居るだけに出渕にも死が迎〔迫〕って来たことが看取された。直ちに不在の勝君も呼び寄せる。六時頃近い親戚は全部枕頭に集まった。

顔は全くセウスヰ〔憔悴〕し骨が高く見へる。眼は閉ぢ口で息をして居る。意識は既にない。既に死の神は目前に迫って出渕勝次の命を奪はんとする。平常から強い身体だけに自分の握った父の手からは未だ強い脈が規則正しく打たれて居る。外は蝉時雨の暑い夏であるが漸く夕方となり薄暗くなり秋でもあって涼風が入り始めた午後七時十分追ひ〳〵駆け付けた親戚一同に枕頭を看渡〔取〕られ乍ら息を引き取った。苦悶はなかった。自分のフェータルな病気を自覚して居たのか居なかったのか、自覚しても性格上、又周囲を安心させるため故意に楽観を見せたのか知り得べくもないが始終〔終始〕楽観的に此の人の本分を失はずしてその光輝ある生涯を閉ぢた。行年七十歳。カトリックの洗礼を受けて居る。洗礼名はパウロ。

❖八月二〇日（水） 外務省から次官や自分の友人が弔問に来たが未だ喪が一般に知らせてないので来る人は少ない。予ての手筈通り十時納棺。一時に最後の告別を行ひ黒い棺には最後の盃がかけられ釘が打ちこまれる。丁度棺をかつぎ出した処へ参議院から松平、佐藤両氏が駆けつけて来た。最後の対面が出来なかったが此の両氏は故人の親友でもあり故人も會へなかったことは残念であらう。松平氏の眼には大きな泪が宿って居た。此の「四十年間不易ノ友」（父の遺書に依る）は静かに動き出した霊柩車に最後の敬礼を何時までも何時までも送って居た。桐ヶ谷の火葬場で茶毘に附し帰宅。

❖八月二一日（木） 今日の新聞に始めて死去の旨が報道せられたので大分見舞客がやって来た。自分は午前松平氏の宅に立寄り出渕の遺書を家人に手交して来た。出渕は友人としては松平、佐藤、田中の三氏に遺書を遺した。何れも第一回手術、若くは第二回手術を受くる直前に死を覚悟し置き認めたものを封緘したものであった。自分に対する遺書は昭和廿一年十一月十六日附で出渕が第二回の手術を受ける前に書いたものであった。一日接客で忙し。夜はカトリック信者のみの通夜なので今日は早く引き揚げた。

❖八月二二日（金） 遺骨を中心に外務大臣、参議院等各方面から贈られたウズ高い花環の中に故人の写真（曾て親善使節として濠州に赴いた時帰途比律賓で撮った）がほゝ笑んで居る。夜は近親の通夜。堀田〔正昭〕、守島〔伍郎〕などの外務省の人も加はり故人を偲んで夏の夜の天幕の下で話しは仲々に尽きなかった。

❖**八月二三日（土）**　午前八時半勅使（鈴木氏）が来邸。それが終ると直ちに田園調布の教會に移動を始める。葬儀は九時半から始まる。葬儀委員長は松平氏。

厳粛なる御ミサが終わりガブリエル神父のお話あり。出渕の心境　出渕の神に対する態度等立派な日本語で約十五分お話あり。満場粛として声なく誠に相応しいお話であった。祈祷式後一般の告別式に移る。葬儀委員は幣原〔喜重郎〕、永井、有田〔八郎〕、佐藤、堀内〔謙介〕と云った何れも故人とゆかりの深い霞ヶ関の先輩連であった。一般告別式と葬儀を通じて七百名に近い人が此の遠路と眞夏の暑い最中に参列せられたことは全く遺族として難有《ママ》いことであった。故人と同級の中山氏などはやせた痛々しい身体を杖に託して禮拝せられた。十二時葬儀を終り一旦帰邸。小憩の後、雑司ヶ谷の出渕邸墓地に車を連ねお骨を埋めた。石碑も用意してあり表面には「パウロ出渕勝次之墓」とある。お水を注ぎ一クワ宛土塊を入れて禮拝。出渕勝次はお隣の出渕きよ子マリアの傍に永遠の休みを求めたのであった。

大風一過の出渕邸で善後の始末を更に勝氏と打合さしてから隆と俊夫を伴ひ帰宅。葬儀は先ず〳〵支障なく終わったのである。

❖**八月二六日（火）**　カトリックでもお祭りあり。隆は明子を連れて朝早くから田園調布へ行く。夜は出淵家で勝さんが主人となり會食あり。男は葛西、八角、佐藤、●村の諸氏、女は菊池未亡人、渡辺、阿部、芦野、池田各夫人。それに勝氏夫妻、自分達夫妻で勝さんが功労者に御馳走をすると云ふ趣旨であった。遅くまで故人を偲んで●話出づ。

❖**八月三一日（日）**　以下はエバット外相来訪の前後に病床の父が看護に来て居た隆子にディクテートさしたものである。

「全面的降伏の冷厳なる事実と憲法の中に交戦権を明かに放棄する規定を設けた事は我々国民の一日も忘れる事の出来ない事である。然るに国會その他の方面に於てやゝもすれば之と抵触するが如き言説を耳にしそれがやゝもすれば外国側の感情を刺戟しつゝあるを見て私は甚だ遺憾とするものである。

濠国外相エバットは余り大した人間とは思はれないがともかく大英帝国會議を前に控へてマッカーサーと會談するために来るのであるから彼の来訪はすこぶる注意を要すべき現象である。朝海君の如くマクマホン・ボールと既に親交あり、曾ては●自ら英国に留学した関係上エバット外相との會見は相当重大であると思ふ。この機會に私は

（1）再軍備等と云ふことはオクビにも出すべきでない。
（2）古い領土に未練を残しては絶対にならんと思ふ。
（3）復員者はぞく〴〵帰って来て領土は圧縮せられ困ることは困るが再び移民として海外発展を考へてはならない。
（4）戦前の海外発展の悪夢から徹底的に覚めて我々日本人の進むべき道は誠にせまくるしくて困るが四大島に外ならぬのである。同時に我々は如何なる角度から考へても優秀なる民族であると思ふ。文化国家として立ち上る機會は多くあると思ふ。憚り乍ら人口八百万の羊飼の又その中には相当多数罪人の血の通ってゐる濠州人等は実は教へて貰いたいことが沢山ある。

之より濠州を極く簡単に常識的に述べて見度いと思ふ。濠州と云ふ国はそのスペースから云へば殆ど北米合衆国と似て居る。然るに此の国は不肖の神の子であって人間の生存して居るのはスープ皿の様な格好をした周囲の地点にすぎないのである。如何に濠州人がジタバタしても千万に達するのは前途遼遠である。然も不思議な事にはこのスープ皿の様な国は川が海岸の方から流れて次第に消えて行く誠に厄介な国である。唯不思議なことには牧羊と小麦の耕作には極めて適して居る。神は羊毛を着用せしめるために濠州なるものを我々人類に與へたのであると云っても決して過言ではない。その仕事をやることは濠州人の天職であると思ふ。

今や日濠の経済関係を開発するに当って日本人として我輩の考へてゐる事は濠州は極端なる排外的の国である。英本国でさへも排斥して居るのである。況んや日本人や支那人等については蛇蝎とまでは行かなくても彼等と家を並べて働かうなどと云ふ気にはなり得ざる国民である。徹頭徹尾の労働主義の国で近頃ではレーバーに非ざれば人に非ずと云った国である。そこで日本人は濠州人に対して移民のイの字も口にしてはいけない。よく世の中にあることで自分の欲せざることに於ては気を引いて見度いと云ふことである。

日本は国が圧縮されて人間が殖へて困るでせう等と云はれた場合、立場等何等考慮することなく日本人程移民をやって人の国に働いて馬鹿を見た国はない。見方に依ってはハワイの移民の加州の移民、ブラジルの移民、ペルー等相当の効果をあげた様であるが実は之に依って失った事は頗る少くなかった。日本人が移民として成功した所はその近場であった満州だけであった。

第二に濠州人の中には色々の動きからして濠州に対して必ずしも利害関係の深くない処の太平洋の島々に対する日

本人の興味を引かせよう等とするテアヒもあるかも知れない。之等に絶対に引っかゝってはならぬ。左様なテリトリアル・クエッションを出す者があったら日本は全面的に降伏したのである。四ッの島以外には生存し得ざる国となったのである。我等は新しい国家として発達するのにその点を明かにして置き度い。

第三、されば と云って実に不可解なるは濠州の一部に依って傳へられる捕鯨事業に対する反対論である。日本は既に交戦権を放棄したのである。鯨を取るのは食糧危機打開の外に他に意味がないのである。何の手品もあったものではない。濠州からドン〳〵適当な管理官を乗せて日本人の捕鯨技術を見せるがよろしい。下手だと思った[ら]直して遣れば好い。日本にはアツガンと云ふものがある。日本人は魚類の料理には独特の長所を持って居る。鯨の尻尾の一部分で刺身をこしらへて南十字星の下で昼寝でもした方がよいではないか。世の中に不思議なことは多くあるが最早徹底的に亡者になった海軍が再び鯨取りに化けて濠州に現はれる等のことはない。今日太平洋戦争に於て赫々たる戦果を挙げた濠州人は最早つまらぬ取越苦労をせぬがよい。

私の見る処では日濠両国の間には太い綱があると思ふ。その中の一つは濠州人以外に出来ないと云ふ羊毛と今一つは日本人が既に工夫に工夫をこらしてある程度の成績を齎した綿糸紡績業及び人絹紡績業その他テキスタイル事業である。天は人類に二物を與へず。天は濠州に羊の毛を大量に作る事は與えて居るが季候の関係上我国に於けるウール・インダストリーの如きものは望めないのである。之は全面的降伏事実と比較することの出来る冷厳なる事実である。従来濠州羊毛の得意先であったフランスとドイツは非常な経済的難局にぶつかって居るのである。私としては濠州がエコノミック・ベーシスの上に羊毛を土台とする経済操作を考へて貰ひ度いと思ふ。巨額とは云はないがクレヂット等も考へられると思ふ。

次は羊の肉の問題である。我々日本人は戦争に敗けた国民であって最早スプリング・ラムを喰べ様とは思はない。それは新婚のプリンセス・エリザベスの食ふものである。然し羊一匹殺すとどうしてもタングが出来る。濠州のソルテッド・タングは相当大きなものである。我々はそれを貰い度い、ハム、ベーコン、コンビーフ等我々は食料として何でも貰い度い。之も考へて貰い度い。

次は小麦のことである。濠州の小麦は米国に比べて遜色ない。濠州人が喰べ切れないで困って居る。経済組織も救済組織も未だ勢はない欧州諸国では定めし困って居ることと思ふ。その点日本は大体仕掛が出来て居る。何とか濠州の余剰小麦の一部を日本に提供する途がないものであらうか。

永い間太平洋戦争で赫々たる武勲を樹てた濠州人。それに依って一挙に世界の大国となった濠州人は「世界は一つである。殊に経済的には到底離れることの出来ない一つである」と考へて明朝横浜のウワーフを立てば何の障害なしに濠州人の誇りとするあの大きな橋の下を潜りシドニー港に入港するのである。濠州人は将来の日本との関係を考へて深く思を此処に置くべきである。

私は先年グッドウキル・ミッションとして濠州に出かけ非常な歓迎を受けて常に感謝して居る。今度の戦争で不幸にも多数の濠州人を殺したことは誠にすまなかったと思ふ。又その殺し方が残酷であったと思ふ。然し之等の日本人は必ず神に依って裁かれるときが来ると思ふ。ポート・ダーウキンと云ふ砂だらけの都會は日本飛行機の破壊力よりも航続力を試験するために屢〻爆撃したが第二の紐育と云はれるシドニーが幸にして被害を受けなかった。又文化的に世界に大きな足跡を残したメルボルン（マックマホン・ボールに対する世辞）〔が〕攻撃されなかったことは幸であった。

神は日濠両国の関係を永久に持続せしめるためにその御はからひであったと思ふ。五，六割以上のカトリックを有する濠州人に対しては之と真に協力して行き度いと云ふカトリックもあるのだ。広大なる太平洋は之より神の恩恵に依り人類の活躍する所とならう。

北米合衆国がその重大なる役割を演ずることは当然すぎる程当然であるが南方に於て濠州の負担すべき責任は頗る重大であると思ふ。イギリスのライフ・ラインはケープ・タウンに於て終熄しエジプトから撤兵したイギリス、印度をすてたイギリス、この変りに変って来た世の中の動きに於て濠州の新なる太平洋国として義務は実に大なるものである etc.」

（昭和二二年七月二十二日於尾山町。口述を隆子速記。本稿は記事のままで訂正加筆していない。従って文脈の多少通じない処もあるがその儘として置いた。死去の約一ヶ月前で相当頭は混濁して居たらしいがそれでもこれはかなりハッキリと父の考を出して居る様に思はれる。これがまとまった考への恐らく最後であらう。）

❖ **九月三日（水）** 夜は首相官邸に米窪〔満亮〕新労働相がg.h.q.の係官を招待し労働省発足の祝をしたのに参加。

❖ **九月六日（土）** 約十四年前自分が英国から支那に転任を命じられ赴任の途中シベリアを一緒に旅行した一米商人にフロリアと云ふ人があった。その名前を未だに覚へて居た処今般の貿易商の名前の中に〔ジョージ・〕フロリアと云ふのを発見し早速所在を突きとめ帝都ホテルに連絡した処アルヴィン・フロリアと云ふ当人の子供であったことを発見。

二世の方も自分のことを聞いて居たと見へて早速會見することゝなりホテルに尋ねて行った。年齢は卅位のスマートな如何にも商人らしい男であった。色々雑談をし自分の片瀬の家へも来て貰ふこととして再會を約して辞去。

❖**九月八日（月）**　午後二時大蔵省の局課長に外交情勢を講話。

❖**九月一二日（金）**　昨日の雨も上る。今日は朝早く大阪に赴き大阪事務局に顔を出し福島君と色々話しをする。同君と昼食後日新化学の人事部長佐々木〔祝雄〕君の案内で同會社の工場を視察し終わって住吉までドライヴ。旧住友一家の人の住所で現在は會社の寮に使用して居る由の場所に泊る。夜は會社の首脳者も二三名顔を出し佐々木君も加はって御馳走があった。

❖**九月一三日（土）**　午前中大阪鉄道局に局長の藪谷氏を訪ね敬意を表し、次で映画を見たり午後は甲子園に職業野球を見に行ったりで一日ノンビリする。

❖**九月一四日（日）**　神戸から急行で名古屋に赴く。名古屋に一時半頃着く。雨であった颱風模様である。局長の倭島〔英二〕君の官舎に落付き歓談した。夜は同君の自慢のコックに自慢する価値のある大した料理を同君宅で馳走になる。雨激し。

❖**九月一五日（月）**　倭島君は公務で二見に行く。自分は局員の案内で商工會議所の商品展示會やら事務局の模様やらを視察し倭島夫人に別れを告げて一時半の列車で東京へ。

❖**九月一七日（水）**　役所に出勤。対日理事會に出る。今日は〔ウィリアム・J〕シーボルト米代表とキスレンコ・ソ聯代表とが手続問題で論戦し一寸面白かった。

❖**九月二〇日（土）**　約十四年前の旅行の同行者フロリア君の子供――と云っても卅二三であるが――を誘ひ自動車で自分の宅へ来、家族に紹介。昼食を共にし午後は鎌倉に案内した。

❖**九月二七日（土）**　今週は終連を内閣につけると云ふG.S.の提案を中心にして忙しい。そして議會のない日が続いた二年間大変の努力をした結果、もう要らぬから身の振り方を考へろと言はれた形ちである。終連がこんな取扱を受けると云ふならば終連の存在理由はその意味からないかも知れない。午後三時中国の林君夫妻の立派な車に乗り横須賀の終連に行く。田中君の案内で浦賀ドックやら久里浜の夕景を見乍ら横須賀市から二十分余りドライヴした。北下浦とか云ふ閑静な海辺の宿屋に泊まる。対岸は千葉県である。三崎の燈台の灯が点滅するのが見へた。十三日位の月で海の音を聞き乍ら林君夫妻、田中君夫妻、それに自分と歓談した。

❖**九月三〇日（火）**　隆と久し振りにマーカット夫人を渋谷に訪問。お茶を御馳走になる。子供の話が出たらば同夫人は大変同情して呉れて大分頂戴物をして恐縮した。夜は帝国ホテルにコーヴィル氏に招待され久し振りで外交的な集會に出席した。同氏は戦前外交官として東京に駐在して居た。同客は井上園子及夫君、米国人三名程であった。九時まで歓談。自分等は終列車の都合で早めに辞去。

❖一〇月一日(水)　対日理事會に出席した。

❖一〇月二日(木)　今日は忙しい日であった。昼飯は新任した英帝国代表のパトリック・ショウ氏に招待される。大臣も来て居られた。ショウ氏は未だ三十代と思はれる白面の青年外交官である。三時渋谷代田に隆と共にC.P.C.のスペンサー氏夫人を訪れる。四時すぎまで大に同夫人に喋りまくられた。それから急いで車をお茶の水の文化アパートに飛ばしてヘーズ夫人を訪問。折柄ヘーズ氏も司令部から帰って来て色々話す。六時半から帝国ホテルでフロリア氏に食事に招ばれ九時の終列車で帰るまで能率よく一日の用事を果した。

❖一〇月四日(土)　終連機構問題で毎日不愉快な日が続く。終連の消滅は既定の事実であるらしい。二年間の業績を修めた終連の末路としては一寸淋しい気がする。

❖一〇月一〇日(金)　大臣が珍らしく幹部を官邸に招待。幹部は大に気焔を上げて稍々大臣にキャング・アップした嫌があった。

❖一〇月一一日(土)　雙十節の祝の心算であらう中国大使館で午後四時半から茶會あり。今年は南京からの注意があった由で結局極く内輪の招宴とした由で去年のそれの如く盛大なものではなかった。参衆両院の若干の議員、各省の大臣、次官等が招ばれて居た様である。自分は林定平君の指名で招ばれたらしい。結構な御馳走あり。商震上将が大に接待に努めて居た。

❖一〇月一五日(水)　対日理事會で為替問題が論議せられたのを傍聴。午後C.I.D.〔犯罪捜査部〕のノーブル氏夫妻を北鎌倉に案内し途中隆も片瀬でピック・アップして「わかな」と云ふ山の中腹の料亭で「うなぎ」を喰べる。同氏夫妻大いに悦んで居た様である。

❖一〇月一六日(木)　福田篤泰君に頼まれ立川市の婦人會で講演をやる。結局午後は全部潰れて了った。

❖一〇月一八日(土)　午後大臣官邸で外務省局部課長のお茶の會あり。

❖一〇月二二日(水)　大臣、佛国大使ペシコフ将軍、濠州代表ショウ氏等を招待したのに陪席。

❖一〇月二三日(木)　昼、プレスクラブにG2〔参謀第二部〕のノーブル氏に招ばれた。

❖一〇月二四日(金)　夜帝国劇場で貿易廳が渡日貿易事業

者を招んだのに陪席。「お夏狂乱」(こんなものを出すのはどうか)とヴァレーの「コッペリア」をやって居た。

❖**一〇月二八日(火)** ウインストン中佐が今度南氷洋の捕鯨船隊の監督官として出かけて行くと云ふので同中佐を自宅に昼食に招んで色々歓談。来月匆々出發して四月にならねば帰らぬ相である。

❖**一〇月二九日(水)** 対日理事會あり。今日はソ聯地区からの引揚問題を議題にかけてシーボルト氏から盛んにソ聯代表を追ひこんで居た。

❖**一一月一一日(火)** 休戦記念日である。午後一時頃中国の武官王越武大佐夫妻を案内して自宅で會食。天気がよいので江ノ島へも出かけて四時半頃までゆっくりして行った。

❖**一一月一二日(水)** 対日理事會は日本の教育問題に付論議あり。今日は朝の列車が四十分も遅れたので大分ヤキモキさせられた。新橋駅から直接明治ビルに車を飛ばせてやっと間に合った。

❖**一一月一四日(金)** 鵠沼に住んで居ると云ふI.N.S.［International News Service］の若い記者リッチ君を自宅に招んだ。夜七時頃来、歓談した。

❖**一一月二〇日(木)** 生憎の雨降りであるが今日は役所の隣りの會館で鶴見君の結婚式があり隆と出席。松平氏夫妻の媒酌であった。三時からは三越七階のカソリック・クラブで伊東令嬢の結婚式あり。隆と立會ふ。明子がブライドのトレインを引いた。式後工業クラブでお茶の會。

❖**一一月二五日(火)** 対日理事會は教育改革問題でシーボルト議長とキスレンコ少将との間に應酬あり。キ氏の發言は恐らく対日理事會始まって以来最も長いソ聯代表の発言と思はれ相当興味があった。

❖**一二月四日(木)** 板橋の関東信越軍政本部でスプリンクルと云ふ大佐が主催して米日の合同會議あり。此の地方の軍政隊長と日本側県知事が出席會議を行った。自分も一席挨拶をした。同大佐は上機嫌であった。夜は大臣官邸で外務省の局部長主たる課長が立食の御招待に預る。

❖**一二月六日(土)** 夜大臣官邸に［ハーバート・］ノーマン氏夫妻(加奈陀代表)、ヘーズ夫妻。スウープ氏等を招んだのに隆と共に出席。少し悪かったと思はれたが食後東京に泊らず早めに片瀬へ引き揚げた。

❖**一二月一〇日(水)** 本日の対日理事會は特に議題なく直ちに散會した。久し振りの雨であった。

❖**一二月一五日(月)** 設営部から特調に出向いて居る矢口君外十名許り自分の名儀で忘年會に招んだ。皆㐂んで居た様であった。

❖一二月一六日（火） 夜外交局のバッネット〔バーネット〕君に渋谷の自宅に隆と招待された。日本側としては外に来栖、加瀬〔俊一〕、川崎と云った連中が見へた。バッネット君やゴーヴィル君やその他日本で生まれたり前に日本に住んで居たと云ふ様な人が多かった様に見へた。十一時近くまで仲々に賑やかなパーティであった。今晩は夫婦で尾山町に厄介になる。尾山町で勝君夫妻と一時頃まで話し込んだ。

❖一二月一七日（水） 朝起きて見たらば雪であった。可なり降り積んで居た。今年の雪は早い様である。九時に役所で新入の試験●〔官〕を考査するので自分も試験官となり眠い目をコスって駆け付けた。次官が委員長で今年は六名採用に決まる。午後二時、工業クラブで佐藤尚武氏を委員長とする日本国際連合協會の発會式あり。夜は各省から終連に来て居る課長連を自分の名で忘年會に招待。

❖一二月一八日（木） 夜自宅に本村、田付〔景一〕、勝野の三君を招待。大いに喜んでくれた様である。

❖一二月一九日（金） 昼ノーブル氏と會食。午後今日は明〔命〕日なので雑司ヶ谷に墓参する。夜次官官邸で外務省幹部を招待しての忘年會あり。出席した。

❖一二月二七日（土） 一週間振りで役所へ出る。午前中忙しかった。午後三時頃から五時過ぎまで役所の七階で組合のダンス會あり。出席。夜は目黒の一ダンス・ホールに赤六、久松両嬢を誘ひ出して久し振りに踊った。

❖一二月三〇日（火） 外務省で研究をして居た講和条約の内容がワールド・リポートに素破抜かれた責任をとり外務次官及び幹部の中最近就任した西村〔熊雄〕条約、與謝野〔秀〕情報を除く大野〔勝巳〕管理、太田〔一郎〕総務、法華津〔考太〕調査の三人が更迭することゝなり、自分は思ひがけずも太田君の後任として総務局長に就任方命ぜられた。寝耳に水で意外であった。今夜は岡崎次官官邸で新旧次官、総務局長の事務引継旁々會食あり。

❖一二月三一日（水） 昭和二十二年を回顧して見ると自分にとって大きなニュースは（1）出渕父の死去（2）社會党内閣の成立（3）終連の解消（4）年末に総務局長へ就任等であった。出渕父の死は覚悟して居た処であるが自分はよき相談相手を失って淋しい。参議院に入れたのであるからもう少し生かして置きたかった。社會党内閣が成立したことは日本の政治にとり画期的であるばかりでなくこれを契機として終連、殊に自分が完全に枢機から離れて浮び上ったことと云ふ点で意味が多い。安定本部の膳、朝海の線は和田〔博雄〕、都留〔重人〕の赤いラインに染め代へられた。終連の解消話は九月自分が関西出張中耳にし大急ぎで帰って来たのであるが爾後割り切れぬ気持で経緯を見送って居たが自分は総理廳へ来て呉れとの名指しあったがどうしても受ける気になれず断った。このため昭和二十三年からお役を離れ新聞、雑誌類も配布を受けず自動車も奪はれるかと思ふと一寸暗然たる気持にならざるを得なかったが、年末突如として総務局長が舞い込んで来て此の方の心配はケシ飛んだ。気分を新にして昭和二十三年に邁進して行かんとする。昨年度家族の者に病人が一人も出なかったことは殊に嬉ばしいことであった。

	7 / 1	米、ビキニ環礁で原爆実験（クロスロード作戦）
	11 / 3	日本国憲法公布
1947（昭和22）	3 / 12	米トルーマン大統領、トルーマン・ドクトリンを発表
	31	民主党結成（芦田均総裁）
	4 / 20	第1回参議院議員通常選挙（日本自由党：38、日本社会党：47、民主党：28ほか）
	25	第23回衆議院議員総選挙（日本自由党：131、日本社会党：143、民主党：124ほか）
	5 / 3	日本国憲法施行
	6 / 1	片山哲内閣成立（～48/2/10）
	10 / 21	カシミールの帰属をめぐって第1次印パ戦争（～48/12/31）
1948 昭和23年	1 / 1	関税と貿易に関する一般協定（GATT）発効
	2 / 16	朝鮮民主主義人民共和国樹立を宣言
	3 / 10	芦田均内閣成立（～48/10/7）
	15	民主クラブと日本自由党が合同して民主自由党を結成
	6 / 1	第1次中東戦争
	7 / 20	韓国大統領に李承晩（韓国民主党→自由党）就任（～60/4/26）
	29	ロンドンオリンピック開幕（～8/14）
	8 / 13	大韓民国樹立宣言
	9 / 9	朝鮮民主主義人民共和国成立（金日成首相）
	10 / 6	昭和電工事件で西尾末広元副総理を逮捕
	19	第2次吉田茂内閣成立（～49/2/16）
	12 / 7	昭和電工事件で芦田均元首相らを逮捕
1949（昭和24）	1 / 23	第24回衆議院議員総選挙（民主自由党：264、民主党：69、日本社会党：48、日本共産党：35ほか）
	31	人民解放軍、北京入城
	2 / 16	第3次吉田茂内閣成立（～52/10/30）
	3 / 7	ドッジ・ライン施行
	4 / 4	北大西洋条約調印。NATO発足
	8 / 29	ソ連、初の核実験に成功
	9 / 7	ドイツ連邦共和国（西独）発足
	15	西独首相にコンラート・アデナウワー（キリスト教民主同盟）就任（～63/10/16）
	10 / 1	中華人民共和国成立。主席に毛沢東就任（～59/4/27）
	7	ドイツ民主共和国（東ドイツ）成立

1948

❖**一月一日（木）** 元旦。麗らかな正月である家族五人と出淵のお婆ちゃまと本年の幸福を希〔祈〕念しつゝ雑煮を祝ふ。

❖**一月五日（月）** 五日迄毎日休んで家でユックリした天気も上々で風もない日が続き余り寒からず絶好のお正月であった。リーダーズ・ダイジェス〔ト〕を読んで日和〔向〕ぼっこをして静養。四日に白洲〔次郎〕氏宅へ正月の挨拶に出かけたのみであった。

❖**一月六日（火）** 午後七階の食堂で大臣以下高等官の正月の挨拶交換會あり。

❖**一月七日（水）** 本年度最初の対日理事會。別に議題はなかったが手続問題を中心として約四十五分間〔ウィリアム・〕シーボルト氏とキスレンコ代表との間に可なり激しい應酬が展開せられ正月匆々のピッカリングである。昼休みに幹部に対し自分が暮に読んだ〔ジェイムズ・〕バーンズ氏の「スピーキング・フランクリー」の要約を一時間余り報告した。

❖**一月八日（木）** 昼、木村〔篤太郎〕前法相宅へ司法省の天野氏共々正月の挨拶に赴き食事を御馳走になった。夜は外交局のバーネット氏に自宅に招ばれる。国務省西北〔北東〕アジア課長の〔ジョン・〕アリソン氏が滞邦中なので同氏を主賓としたもので日本側は曽禰〔益〕、木村、広瀬、近藤それに自分等。先方は外交部及横浜総領事館の若い連中で何れも日本語が出来気持ちのよい人々であった。主客約廿名で相当に騒いだ。今夜は尾山町に厄介になる。

❖**一月一一日（日）** 温い日曜であった。

❖**一月一二日（月）** 霞関會《かすみがせきかい》の先輩連に「スピーキング・フランクリー」の要約を話す。

❖**一月一五日（木）** 今日から地方事務局長を召集して會議。

❖**一月一六日（金）** 會議を続行。午後大臣官邸でお茶の會。夜は會食。

❖**一月一七日（土）** 大船の「あかね」に林定平氏夫妻と小生夫妻と會食。鰻を御馳走した林氏夫妻は食後自分等の家に立寄り卅分許り歓談して行った。自分の総務局長の身分は未だに決定しない。

❖**一月二五日（日）** 此の週特記すべきことなし。未確定の身分を持て余して居るのみである。

❖**一月二九日（木）** 乙津君も部長附をレリーヴし様とするし久松嬢は辞めるので四時半から部長室に肉を取り寄せてスキ焼をし両人をもてなす。食後興が出たので二人を連れて目黒のダンスホールに赴く。此の日正午頃急に幹部が次官に召集されたので集合すると大臣は結局懸案の外務異動を実行することに肚を決め司令部の了解も得たので一両日中に発令のことゝなるとの話であった。これで自分の総務局長と云ふ身分も本決りとなり自分は暫らく無職でブラ〱するのではないかと思はれたがその心配はなくなったわけである。

❖**一月三〇日（金）** 朝世界経済調査會で一時間許りバーンズの著書の紹介をする。午後読売の論説委員にも繰り返した。

❖**一月三一日（土）** 今日を以て終連は解体〔1〕。自分の正式辞令も発表せられた。十時新旧幹部の最後の幹部會。正午自分は総務部員を集め転任の挨拶をした。正午は終連幹部最後の會食あり皆何となく送別の気持で多少の淋しさと上機嫌さとを持ち各部屋でそれ〴〵盃を挙げたり土曜とは云へ年末の様な気分であった。

❖**二月二日（月）** 新次官とG．S．〔民政局〕のマーカム氏を訪問。早速外務省新機構問題を論議した。今後は同セクションとの連絡も強化したい。夜は次官官邸で新次官が外務省の旧幹部一同を招待したので列席。

❖**二月三日（火）** 昼は各所に挨拶廻り日本側と総司令部と両方あるから忙しい。夜は松平〔恒雄〕議長が岡崎〔勝男〕旧次官を招んだのに磯野〔勇三〕君と共に陪席。渋谷の先きの私邸で行はれた。

❖**二月四日（水）** 新幹部の最初の會食が行はれた。午後E．S．S．〔経済科学局〕に〔ウイリアム・F・〕マーカット代将を訪ね挨拶を行ひ十五六分會談した。実に三四ヶ月振りである。同代将は愛憎〔想〕よく迎へて呉れ水曜日の午後で暇も多少あった故か自席を離れて足を机に挙げノンビリと話しが出来た。こんなことは多忙な同氏には珍らしいことである。今後の連絡強化を依頼して辞去。帰りにライダー中佐の部屋ものぞいて引き揚げた。夜は吉沢〔清次郎〕氏が次長として終連の旧幹部新調整局の新幹部を招んだのに列席。

❖**二月五日（木）** 午後総務局長として最初の新聞記者會見を行ひ新局長としての抱負の一端を述べて置いた。今日は今週になって始めての宴會のない夜であった。疲れたので早寝。

❖**二月六日（金）** 毎日新任のことゝて何彼と忙しい日が続き今日は昼は一日追はれた。昼の連絡部長會議は自分が今迄司會して居たものであるが今月から石黒〔四郎〕君が調整局長として司會、自分はノンビリと並び大名である。夜は商工大臣がその官邸にE．S．S．の連中を招んだのに夫婦で出席。東焼やら、ダンス・パーティーやらあり。E．S．S．の幹部処は余り姿を見せなかったがそれでもアルバー、

1——終戦連絡中央事務局は一九四八年二月一日廃止された。その後、朝海はGS（民政局）やESS（経済科学局）との連絡強化に向かう。

〔ジェームズ・〕キレンと云った顔が見へた。

❖二月七日(土) 土曜日であるが夜は宴會で遅くなった。

❖二月八日(日) 今週は流石に疲れたので今日の日曜はスッカリ寝坊した。今日は小春日和の暖い日であった。もう日中は春の気配を感ずる。

❖二月一二日(木) 午前E.S.に国務省のメーナード氏を訪ねる。隆宛に華府の知人からのメッセーヂを持参して呉れたからである。

❖二月一三日(金) 正午、大雲のお婆さんの七周年の法事に参列。夜はパトリック・ショウ氏に招ばれる。英国大使夫人その他英・豪・加人約十名位当方から徳川〔家正〕氏、吉沢次官夫妻等出席。食事は七時四十五分から始まったので散會は十時半頃であった。田園調布に泊れないので片瀬までドライヴ。十二時少し前に帰着した。

❖二月一四日(土) 車で役所に行く。平常の時間に片瀬を出て平常より五分乃至十分位早く着いた。四時のお茶に勝部君に招ばれたD.S.〔外交部〕のローレンス、ベーンの二人が来て居た。今日は一日雨で寒い日であった。

❖二月一七日(火) 外務省機構問題でG.S.のマーカム氏と會談。

❖二月一八日(水) 対日理事會にソ聯代表から「片山内閣辞職の原因と後継内閣の性格」を議題にかけたので傍聴席には多数の日本人がつめかけた。恐らく対日理事會始まって以来の大人数であったろうと思はれたが、シーボルト氏は余り相手にならず比較的簡単に十七分で散會して了った。

❖二月一九日(木) 十時G.S.にヘーズ氏と會見。一時議會緑風會で三時まで最近の国際情勢に関する講話を行い、三時ノーブル夫人を訪ねた。ノーブル氏は既に朝鮮に赴任し同夫人も近々朝鮮に赴く由である。六時帝国ホテルでC.C.S.〔民間通信局〕の副局長アレン夫妻を訪ね六時半からはコーヴィル氏に招ばれて居るのでホテルで會食。日本側は吉沢次官夫妻も居た。主客併せて十二名位、歓談した。九時十四分辞去。

❖二月二〇日(金) 九時半、マーカット少将と定例會見。一時半から霞関會の人々に一時間余講演。夜は中国代表部の林君に美味しい支那飯の御馳走になる。横須賀の田中君、外務省中国班の連中も一緒であった。

❖二月二一日(土) 昨年夏来邦したフロリア君が又やって来たのでホテルで會ふ。総務局長室は三階の旧総務部長室に移ることゝなったので自分も手伝って引越しをやる。

❖二月二九日(日) C.C.S.のアレン氏夫妻が約束の通り来訪。昼食をしお雛様を見せ陽も出て来たので江ノ島に案内し、鎌倉にも足を伸して五時近くまで御突合ひした。人の好い老人である。

❖**三月一日（月）**　D.S.のメーナード氏に夫婦で帝国ホテルに招待された。寒い日で白いものがチラチラしたが積らずに止む。夜は参議院の佐藤〔尚武〕議長が外務省幹部を招んでくれた。場所は議會。外交委員會の人々が陪席して居た。

❖**三月二日（火）**　D.S.にコヴィル氏を訪ねて来邦中の〔ジョージ・〕ケナン氏（国務省の政策企画部長）が日本側に會ふ意思があるかどうか確かめたがその意がなかった。夜は「世界経済」に一万田〔尚登〕氏の御招待あり。

❖**三月三日（水）**　対日理事會は久し振りで米ソ代表の激しい應酬があり面白かった。問題は「日本の新政府について」でキスレンコ代表は首相に指名された芦田〔均〕氏は追放せらるべき人物なりとて長々と辯じたが、シーボルト氏は通訳を途中で遮り発言を辞さず、対日理事會は個人的の批評を行ふべき場所に非ずとして巧みに途中でインターフェヤーすればキスレンコ代表は議長は他国代表の正当なる発言を阻止せんとするものであると迫り一時間余に亙り執拗な押問答が繰り返されたが結局物分れに終る。今日のシーボルト氏のアラートな議長振りはソ聯の発言が時局柄組閣を目に前に控へて極めて機微な影響を及ぼすだけに適切であった。三時から工業クラブでヂョージタウン大学の副総長であるRew. Edmund Walshの講話あり。同師は約一時間に亙り極めて有辯に「日本の将来」と題し日本は暗いアジアの地平線に於ける唯一の明るい地点であると述べ、之を西欧文明の西のアウトポストとするか膨張する共産主義の太平洋に於ける国境線たらしめるかは米国のステーツマンシップに依ることが多いと結んだ。極めて興味ある話であった。四時から五時半までマレラ大司教の茶會が同じ場所であり、故出渕勝次は駐米大使中同大学から勲章を授けられて居るので自分等夫婦は同師に會ひそのことを話した処、同師は出渕の名前まで言ひ覚へて居た様であった司令部の人達も大分来て居り〔エドマンド・〕ウェルシュ師の話がよかった丈けに日本人は肩身の広い思ひをして対等のリセプションにでも臨んだ様なノビ〱した気持になれた。

❖**三月五日（金）**　夜、勝君と共に鹿島守之助氏邸に招ばれた。

❖**三月九日（火）**　昼、交詢社で話し。追放組の代議士連であった。

❖**三月一一日（木）**　D.S.のロレンス君に招待されて食事。ケナン氏と同行した〔マーシャル・〕グリーン氏（先きに〔ジョセフ・〕グルー大使の秘書として東京に居た自分も一二度會ったことがある）も居り日本側は吉沢、松本、●●、近藤の諸氏。当夜は次官官邸に泊る。

❖**三月一二日（金）**　朝早く総理大臣に招ばれて官邸へ行く〔2〕。栗栖〔赳夫〕氏もやって来て安本の所謂大量辞職問題に付協議したが栗栖氏の優柔不断には呆れて物が言へず。その足で司令部に行き午後のマーカット少将と栗栖氏の會見を打ち合わせた。夜は次官邸に次官がD.S.の総務課を招んだのに自分も女房役として出席 先方はコヴィル、バーネット、ローレンス、エドワース、グリーン、〔リチャード・〕フィンで当夜は今度暇〔賜〕暇帰国するバーネット君の送別會に行ったものであった。流石に二日続いたので一寸疲れた。官邸泊り。

❖**三月二〇日（土）** 此の週はほとんど雨。春雨である。電気と水道には有難いが余り晴れ〴〵しない。今日はマーカット少将を総理の目黒の官邸に案内し両者の會見あり。自分も同室に立會を許された。二人共に御機嫌であった。同少将に同乗して都心へ帰る。春雨未だ止まず。

❖**三月二二日（月）** 十一時研修所でバーンズのスピーキング・フランクリーを紹介。毎日寒くて雨降りがつづく。

❖**三月二三日（火）** 夜首相官邸から連絡あり。明日総理が〔ウィリアム・〕ドレーパー氏と會見するから同行する様にとの事である。これは有難いことである。

❖**三月二四日（水）** 朝目黒の官邸へ駆け付け総理と同車のG.H.Q.の五階へ行く。総理とドレーパー次官との會見は十時半から十一時四十分まで続いた。先方は一行のジョンストン氏とファイス氏が同席して居た。当面の経済問題即予算均衡の問題、労働問題等を中心としドレーパー氏は米国の支援がオペレーション・ラットホールとならざる様日本自ら懸命の努力を尽すべき旨を強調し、その態度は可なり厳しかったが和気と或る程度のディプロマチック・ナイスティは存在した。ド氏は打見た処五十前後。眉毛の濃い、見るからに精力的な事務家と見へた。同席のジョンストン氏、ファイス氏何れも好々爺たり。今日は午後七時まで此の會見の議事録を作成するのにかゝったが仕事をしたあとの気持ちは楽しいものである。

❖**三月二五日（木）** 今朝の新聞には昨日の両者の會見が簡単ではあるが大々的に取り扱はれて居る。

❖**三月三一日（水）** 対日理事會であるが最近は議題もないので今日も出席せず。正午から時事通信社主催の會合で四五十名を前にして講話した。午後三時日蝕観測のため来邦したと云ふジョンストン氏と云ふのが尋ねて来た。聞けば曽てフレンヅ・スクールで勝君や隆を知って居るとのことであった。歓談暫時此の次の日曜に片瀬へ来訪を勧めた。

❖**四月一日（木）** 午後「安本」で外資導入の委員會あり。総裁たる首相の外、栗栖長官その他も出席。従来の司令部との話合の経過報告があった。夜は山地土佐太郎氏の招宴に出席。

❖**四月二日（金）** 午前E.S.S.でマーカット少将と會見。

❖**四月三日（土）** 神武天皇祭で休み。G.S.のヘーズ氏夫妻と約束してあるので早起きし新橋駅に八時に集合。同氏の新しいセダンでドライヴ。古沢君も同行して埼玉縣の正丸峠から秩父へ抜ける目的である。ヘーズ氏は六、七月頃帰国する由で同氏とは占領当初からの知り合である丈けに残念である。藤沢へ着いたらば雨はスッカリ上り大森は晴れて居た。

❖**四月四日（日）** フレンヅで隆の同窓だったと云ふジョンストンと云ふ男の人が今回禮文島の日蝕観測隊と共に日本に来たと云ふので数日前自分に電話をかけてよこしたので招待して置いた。今日は昨日の雨は忘れた様な好天気となり一時頃ジープで同氏が来訪。食事を共にし午後は江ノ島へ行き更に鶴岡八幡宮やら大佛やらを案内した。鎌倉は花祭りで桜の花は七分通り咲いて美しかった。ジョンストン氏は各地で映画をかつぎ出し入念に写真をとって㐂んで居た様である。五時頃辞去。

❖**四月六日（火）** 夜フレンチ・ミッションのユーレー氏に自宅に招ばれた。参事官のスイバン氏も来て居た自分が正客で北原君も招ばれた二人でミ［ム］ッシュー、ミエストルとやられ恐縮した。大分御手厚い接待であった。

❖**四月七日（水）** 地方長官會議が工業クラブで開催されて居り今日はその第二日目で午後一時から自分が招ばれ（尤も次官の代り）約一時間最近の国際情勢やら米国の動きに付て説明を加へた。気持ちよく喋れたが終り際に——尤もほとんど話は済んで居たが——労働課のキレン氏がこれも約束の講話のため入室でて来たので最後がシリ切れになったのは残念であった。

❖**四月一三日（火）** 五時半司令部へ出かけたら栗栖問題でマ少将や［シャーウッド・］ファイン氏に話し込まれ一寸問題が大きくなったので吉沢氏を私邸に訪ねて報告。折角の明日の阪神方面出張が一寸気掛りとなった。雨降りである。終列車で帰り大急ぎで明日の準備。

❖**四月一四日（水）** 大船から急行に乗る。曇天ではあるが降り出しはしない。同行は「世界経済」の渋沢氏と吉川氏で自分の定例會議に於ける講演が賣り物と云ふわけである。三時廿分尾張一ノ宮に着。此処の経済界の有志に一席喋り食事を馳走になり二次會は汁粉の甘いのをエンジョイして同夜は此処に泊る。雨も降り出したし隣りの部屋で闇屋らしい風体の男の麻雀の音で余り安眠とれず。

2——片山内閣の総辞職によって三月一〇日に芦田均内閣が発足した。

❖**四月一五日(木)** 雨である。自動車で附近の毛織物の工場を見学しそのまゝ名古屋に向ふ。正午豊田産業で豊田氏司會の下に名古屋の実業界の有力者十名前後を相手にして話しをし、三時の列車で京都に向ふ。幸ひ雨も上った。京都では三浦君が出迎へて呉れた。一行「好富」に泊る。夜の食事は終連の高岡君が一同を招待して呉れた。

❖**四月一六日(金)** 早朝、南禅寺から平安神宮の附近を散歩する。南禅寺の新緑は美しかった。平安神宮の桜は盛りはすぎて居たがそれでも尚美しかった。正午から商工會議所で世界経済の會員に講話し二時から三時まで會議所の一般會員にも話しをした後、三浦君の案内で桂離宮、嵐山苔寺、御室の仁和寺を廻る。桂離宮の素晴らしい庭園それとは反対な苔寺の自然美等頭の塵を洗った様な気がした。

❖**四月一七日(土)** 早く起きて神戸に行く。同地の米国領事ジェンキンス氏とは南京で知り合の仲なので敬意を表するためである。生憎土曜日は役所が休みの日なので危く會へない処であったが巧く連絡が付いて十時半事務所で會見。南京以来の一別以来の色々の古い懐談あり。同君は昔と同じガッチリした身体付きの余り愛想のない話し振りの人で大して変って居ない。自分のために同氏夫人と私宅で昼食の用意がしてあるとのことであったが自分には昼大阪の約束があり好意を謝して辞去。終連提供の自動車で大阪に向ふ。昼食後大阪ビルで講演。終ってからは更に「大毎」の幹部二三十名にも話しをして京都に引き揚げ今日は三浦君の官邸(京都の北で叡山電車の沿線にある)で厄介になる。同君官邸は立派に設営してあり庭園も立派なものである。

❖**四月一八日(日)** 三浦君の案内で渋沢君と共々三千院にドライヴ。此処は山のこととて気温も低く八重桜が今を盛りと咲き乱れ石楠花の花も美しく彩られて都の春は今たけなわと思はれた。午後は京都の官民が占領軍有志を醍醐に花見に招待して居るので自分も列席。醍醐寺やその庭園は結構又云はむ方なし。殊に寺の建築は神社作りを立〔取〕り入れた特異のものの様に見へた。天気がよいので自分は裏の山にも一時間許り登って来た。お茶を頂ひてから鳥養〔利三郎京都大学〕総長の官舎に敬意を表し更に嵯峨の旧竹内栖鳳氏の別墅《ママ》に案内され宴會に出席。十時頃此処を辞去。十日頃の月明を浴びて嵯峨野を走らせれば想は「小督」の物語りに及ぶのは当然である。十一時半京都発の列車に三浦君と小川君が見送って呉れたのは恐縮であった。列車は予想以上に混んで居り持出しの補助椅子で一應腰は卸したがほとんど眠れず。

❖**四月一九日(月)** 一應役所に出勤。少し早目に引き揚げた。

❖**四月二一日(水)** マーカム氏と外務省機構問題で懇談。午後三時ミセス・マーケットを自宅に訪問。旅行に誘ふ 夜は次官邸でビープラット、メーヨール両氏を招待。筑紫丸で帰国した外交官の荷物の取扱に関聯しての両氏の尽力を謝するためである。次官邸に泊る。

❖**四月二三日(金)** 連日の雨が漸く上った。午前中マーケット少将やらコーヘン氏を訪ねて仲々忙しかった。

❖**四月二五日(日)** 朝八時マーケット夫人と第一ホテルで落合ひ、自分達夫婦とそれにマ夫人の友人の日本人に嫁した独乙人と車を飯能に走らせる。今日は雲一つない快晴である。飯能から吾野に出て正丸峠に登る。峠で車を降り少憩。絶景を賞でる。武甲山系の深い谷々に春は今や酣はで八重桜と白いボケの花が入り乱れ鳥の声も旺んである。麓の新緑は美しく既に春から初夏のたたずまひである

❖**四月二七日(火)** 連絡調整局になってから最初の地方局長會議が開催せられたので自分も午前中三十分程顔を出して喋った。夜は高松宮〔宣仁〕邸を借りて曽禰〔益〕君が局長連を招待したのに陪席。

❖**四月二八日(水)** 対日理事會にはシヨウ氏から海上保安廳の問題を取り上げて居たので出席。久し振りに議題のあった理事會であったが米代表とソ連代表の間に例によって激しい應酬ありシーボルト氏はキスレンコ少将の発言を二回迄、議題外なりとして中止せしめる等相当にもめた。昼はアンバサダー・ホテルの披露に招ばれる。

❖**四月二九日(木)** 天長節で休み。

❖**四月三〇日(金)** 午後マーケット少将と會見。午後は大同レーヨンの社長松本氏の宅へ招ばれ同氏の金蒔絵その他のコレクションを見せて貰った。大変なものである。

❖**五月一日(土)** 午後は土曜でもあり野球を見に行く。代田まで應立戦を見に行ったが慶應は2-1で破れた。

❖**五月二日(日)** 今日からサマー・タイムである。これは大賛成だ。議論ばかりして居た日本人がやっと実行に移したわけである[3]。D.S.のマーフキン氏夫妻を招待したので一時頃やって来た。今回は趣向を変へて「魚米」に天ぷらをやらせて見た。食後は江ノ島を案内したが夫人が最近日本に来たばかりで万事に非常に興味を持って居る様なので張り合があった。

❖**五月三日(月)** 今日も憲法發布《ママ》記念日で休み。但天気は降ったり止んだりで余り香しからず。

3——サマー・タイム制はGHQの指導で導入され、一九四八年五月二日から九月一一日まで初めて実施された。しかし、同制度は睡眠不足や過重労働を招くとして世論に不評であったため、一九五一年九月に打ち切られた。

❖**五月五日（水）** 午後商大へ行く〔4〕。国立まで自動車で約五十分かゝる。途中府中の大国魂神社は闇祭りの日で大変な賑はひであった。国立の学生四五十名は何れも外交官志望の由なので大平〔善梧〕教授の斡旋で自分から約卅分話しを又卅分質疑應答をした。久し振りの静かな学園は気持ちがよかった。新緑も美しかった。

❖**五月七日（金）** 夜商大の友人朝鮮の張君に誘はれて會食。食後は更に與謝野〔秀〕君と共に次官官邸に赴き次官が参議院、衆議院の外務省出身者を招んで居るのに参加した。

❖**五月八日（土）** 役所からの帰り招待もあったので新宿から電車に乗り鶴川の白洲氏を訪れ雑談。夕食を馳走になって帰る。田舎の初夏は美しい但泥濘と小雨で余り気持ちは晴れなかった。

❖**五月一三日（木）** 夜次官がG.S.の連中を招んだのに隆と共に出席。今日はヘーズ夫妻、〔ジャスティン・〕ウィリアムス夫妻、マーカム氏、フィッシャー嬢と、何れも最近帰国予定の由で一種の送別會であった。女中が居ないので家へドライヴして帰ったので十二時過ぎ帰宅。

❖**五月一四日（金）** D.S.のフィン夫妻を三時から三越劇場の「忠臣蔵」に招待。隆も片瀬から出て来た。

❖**五月一五日（土）** 昼は三宅君が自宅にエッカースレー氏（濠ミッション）を招んだのに陪席。食後後楽園へ慶法戦を見に出かけたが満員のため入れなかった。

❖**五月一七日（月）** 霞関會の先輩連に一時間許り話しをする。

❖**五月二〇日（木）** 午後は上倉氏の案内で二子玉川の菅原電機工場を見学。

❖**五月二三日（日）** 十二時半D.S.のゴヴィル氏が約束の通り訪ねて来て呉れた。ドッヂの素晴らしい車で定刻に江ノ島の應切〔接〕に姿を見せたのも如何にも外交官らしい。魚米の「天ぷら」で隆と共におもてなし。三時半頃まで歓談し折から雨も小止みとなったので鎌倉までドライヴした。

❖**五月二五日（火）** 三時十四分の列車で小田原に行く。法務廳の久山氏の依頼で国家警察の責任官に湯本の一旅館で国際情勢の話を一席やり（場所は真面目な話には感心しないが）食事を馳走になり一風呂浴びて九時二十分同地を辞去ドライヴして帰宅十時十分には家に帰れた。

❖**五月二六日（水）** 夜吉次、宇野、椎名と云った商大同期の連中が椎名君の馳走になった。久し振りで学生時代の歓談尽きず。

❖**五月二九日（土）** 七時から大臣官邸で大臣が印度大使のラマ・ラウ氏夫妻を招待したのに隆と共に陪食。折からの夕立で庭園での會食はお流れとなったが雨もやがて上がって初夏の新緑は晴々しかった。客には中村吉右衛門、松本幸四郎両氏夫妻もあり高松宮妃〔喜久子〕殿下も参加。仲々面白い顔ぶれであった。明日は日曜であったが車の都合で今日は夫婦で次官邸に御厄介になる。

❖**五月三〇日（日）** 朝早く次官邸を引揚げ片瀬へ帰る。一日好天気。慶明戦をラヂオで聞く。

❖**六月一日（火）** 夜濠洲のシオウ氏夫妻に招待される久し振りでスモーキングを着て出かけた。芦田首相夫妻、〔アルバリー・〕ガスコイン大使夫妻、ラマラウ大使夫妻等が来て居た。十時すぎ散會。今晩は勝氏宅に厄介になる。

❖**六月四日（金）** 米下院で経済再建予算（日本分約一億弗と云はれる）が拒否されたとの報道あり。マーカット少将、〔シャーウッド・〕ファイン氏等と會見。天気も漸く定まったらしく初夏の強い日射しが照り初める。此の頃はサマー・タイムのお陰で家でユックリ食事してから散歩してもまだ日が当って居る。

❖**六月五日（土）** 昼、静〔精〕養軒に須磨未千秋君の結婚式に出る。午後三時半ファイン氏及その友人の婦人を誘ひ萩原〔徹〕君と自分熱海に出かける。下田へ行かうと云ふのである。七時前熱海に著〔着〕き矢吹と云ふ人の邸に泊る。此処は以前郷誠之助氏の別荘だった由で緑の芝生を隔てゝ前面に海を眺めて居り部屋も立派である。トワイライトが次第に消へて行くのを楽しみ乍らそして海面に漁火の数が次第に殖へて行くのを眺め乍ら部屋の電燈を消して何時迄も話し込む。

❖**六月八日（火）** カーディナル・スペルマンが十数名の一行と共に来邦したので午後三時から上智大学で歓迎會あり。日本側からは芦田総理も出席。マレラ大司教の顔も見へた。丸い温顔に笑をたたえたカーディナルは廿分位話したであらうか。その後ラヂオ説教で有名な由のフルトン・シーンと云ふ一行中のお坊さんの熱辯が廿分位ゐあって満場を感激せしめた。終って同大前の校庭で茶會あり。今日は隆も片瀬から出て来た。

❖**六月九日（水）** 磯野君がC．P．C〔民間財産管理局〕の関係官を多摩川沿いの一庭園に招んで茶會をやったのに参加。仲々盛會であった。夜は次官官邸で呉へ赴任する板垣君の送別會あり。

❖**六月一〇日（木）** 午後議會参議院の外交委員會で外務省設置法案の審議あり。自分も大分答辯をした。暑い日であった。夜は次官がE．S．Sの連中を官邸に招んで居りほとんど知らぬ人なので自分が紹介役を努めた。次官夫妻、自

4——東京商科大学（後の一橋大学）。朝海は一九二九年東京商科大学を卒業。

分達夫婦に対しお客さんはライダー夫妻、メーナード夫妻、コーヘン、ファイン、ピッケールの諸氏で盛會であった。此の日は自分達は次官官邸に泊めて貰った。

❖六月一二日（土）　板垣、松井〔明〕、永井、徳永の諸氏を自宅に招んで晩食。

❖六月一四日（月）　七時半帝国ホテルでD.S.のローレンス氏の宴會あり夫婦で招ばれる。外国人側はシーボルト氏夫妻始めD.S.の首脳部日本側は高松宮夫妻、団、吉沢、加納と云った人達で何れも今夜はタキシード。食事中には音楽も奏せられてすっかり正式。久し振りで外交官らしい晩餐會であった。今晩は尾山町に厄介になる。

❖六月一五日（火）　夜松平参議院議長の官邸（旧李王邸）に招ばれる。同氏が駐英大使の時代に部下で働いた外務省の若い連中が十五六名招ばれたのである。ゴルフの話、昔の英国時代の話等で華が咲く。

❖六月一六日（水）　昼林総領事邸に招ばれる。御手料理と云ふ同夫妻の支那飯に夫婦で御馳走になる。殊に押への麺が美味しかった。次で三時半から東劇を案内した。予て打合せてあったので吉右衛門丈の楽屋に案内し十分許り話しをしてから「大森参七」、「平假名盛衰記」、「本蔵下屋敷」、「勢獅子」等八時までユックリ観劇。同総領事夫妻――少くとも林君――は大にエンジョイして呉れた様であった。

❖六月一七日（木）　午後から参議院で外務委員會が外務省設置法案を審議したのに出席。外務省が広く人材を内外から抜擢せよとの伊達〔源一郎〕氏の発言に対し自分も此の機會に率直に述べたしと前提し日本の外交官がデモクラチックに任命せられて居ること、人材抜擢はやゝもすれば名のみで実の伴はぬこと等二十分位喋った。相当思ひ切って発言し伊達氏も「あなたの言は外務省をデフェンドしすぎる」と言って居たが多少愉快であった。余り御無理御尤もよりは此の位発言した方が宜しからう。

❖六月二二日（火）　大臣官邸で大臣が外務省の幹部を招んで會食。久し振りの好天気で夜の芝生が美しかった。

❖六月二三日（水）　LARA〔Licensed Agencies for Relief in Asia〕のフェルゼッカー神父がライアン夫妻と片瀬を訪ねると云ふので東京から御案内。三時頃家へ着いた。同神父はLARAの物資を沢山担ぎ込んで呉れた。面白い人で肩がこらない。女学校やらコンヴエントを視察し四時頃辞去した。

❖六月二六日（土）　子供三人本日午後三時頃片瀬の教會で洗礼を受ける。久しい間の懸案であったが、周囲の状況と子供の気持ちと指針を失った子供に拠り処を興へることは必要であると云ふ自分の気持ちもあり結局洗礼を許すこととした。

❖六月二八日（月）　四時半。シーボルト夫人に夫婦で敬意を表しに行く。五時過ぎ、その足で英帝国館にショウ氏夫妻を訪ねた。

❖**六月二九日（火）**　午後刑事部長の藤田君の招待もあり外務省の有志と共に警視廳を見学。殺人の現場写眞などは見て余り気持ちのよいものではない。夜は七時から松平議長がD.S.の連中を招んで居るのに陪席。お客さんはシーボルト、コヴィル、ドラムライト、ローレンス、フィン、ベーンの諸氏が夫人同伴。当方は佐藤（尚）、松本（滝）〔滝蔵〕と云った顔触れ。十時頃まで此の品の好い會が続いた。自分達夫婦は次官官邸に泊る。

❖**七月三日（土）**　ヘーズ氏夫妻は今般帰国することとなったので今日十時片瀬へやって来た。土曜日ではあるが休んで一緒に三浦半島へドライヴする。油壷で昼食。此の辺の入江は諾威《ノルウエー》のフヨルドを思はせ美しい。午後夫妻は自分の家で小憩の後東京へ帰る。海へ入る。

❖**七月六日（火）**　一時から三時まで研修所で目下滞邦中のエドモンド・ブランデン氏の話を聞く。氏はこれが英国のポーエト・ローリエト〔桂冠詩人〕かと思はれる程気取らない身なりに構はぬ。そして率直に云ふに身長も高からず風采の揚らぬ人であったが、今日はその第一講で英国の風物を講じ英国人気質を講じ自分にも昔が思い出されて面白かった。英国の現代人をインタクトに保って居るものは昔に変らぬ英国人のスポーツ好きでこれにより相互の接觸が深い。又牧師さんが教養深くこれが田舎で知識教養の中心となって人を指導して行く等、一時間余に亘り話しがある。自分は終ってから車で神田まで送り届けた。霞ヶ関の焼跡のプールの水を入れ換へたので暇を見ては毎日泳ぎに行くこととした。三十分あれば十分の運動が出来る。最近身体の調子非常によし。読書の能率もよく挙る。最近読んで面白かったのはライフに連載された〔ウィンストン・〕チャーチルのメモアールで話は別に新しいこともないけれどもその立派な英語による叙述と美しい写眞とが極めて興味深い。

❖**七月八日（木）**　午後シーボルト氏が緒付〔根付《ねつけ》〕に興味を有して居るとのことで牛込の橋本氏邸に案内した。自分のみ同氏邸で晩の馳走になった。

❖**七月九日（金）**　十二時半ホテルに次官その他と共にD.S.のローレンス氏に招ばれた。エール大学の言語学の教授のラウ氏が来て居るのでその紹介のためであった。外国人に対する英語教授に付て興味のある話しがあった。ラウ氏の研究室では耳にする外国語の教授に主力を尽し成績を挙げて居るとのことである。

❖**七月一三日（火）**　一時から三時まで研修所でブランデン教授の講義を聴く。今日はイングリッシュ・キャリクターと云ふ小題で英国人の代表として、〔ジェフリー・〕チョウサー、ウォルター・ラレー〔ローリー〕、クリストファア・レン、ウエリントン等の人物を挙げて居た。辺幅を飾らぬ同教授には好感が持てた。

❖**七月一八日（日）** D.S.のフィン氏夫妻と江の島口で十一時に落ち合ひこちらも夫婦で箱根へドライヴ。芦の湖離宮跡の芝生で昼食。天気もスッカリ夏らしく回復。帰りは熱海へ降り熱海から江ノ島へ帰ったのは四時すぎであった。自分はフィン君を引ッぱって江ノ島の岩陰で二人で泳いだ。六時半頃夕食。フィン君に浴衣を着せ打ち寛ろいで會食。色々遠慮のない話や冗談などを言い交しつゝ同氏夫妻が引き揚げたのは八時半頃であったらうか。空には若い月がかゝって居た。

❖**七月二〇日（火）** ローズ氏の招待もあり俊夫、明子も加へた夫婦で横浜駅に四時半に行き同氏の父君の自動車にピックアップして貰ふ。伊勢崎町やデペンデント・ハウジングを見るのに子供等が退屈してはと云ふので途中PXに立寄りポップ・コーンを買って呉れたりした。同氏宅で色々と御馳走になり子供達は夜餐のアイスクリームやらケーキやらも腹一杯に頂いて食後はムーヴィまで見せて貰ひローズ君の運転する自動車で送り届けて貰った。子供は大悦びであった。

❖**七月二二日（木）** 横須賀の事務局長をして居る田中君が病篤しとの報で見舞に行った。もう元気を回復して居り大したことはないとの由で安心した。鎌倉経由で帰宅。海へ入る。

❖**七月二三日（金）** G.S.のネピア少佐に會ったり、E.S.Sにマーケット少将を訪ねたりD.S.にフィン氏を訪れたり多忙であった。午後は例に依って焼跡のプールで一運動。七時から総理が官邸に濠州の議員団七八名の一行を招んで居るのに妻と共に出席。日本側からは総理夫妻、次官夫妻、高井前大使夫妻等が出る。此の一行は〔ダグラス・〕マッカーサー元帥の招待で日本に来その民主化の進み工合を視察するのが目的とのことで一昨日は陛下との謁見もあったが會見を拒否した人も二人あったとか。然し本日の晩餐では和やかに歓談が行はれ食後は平岡養一氏の木琴の独奏もあった。食事中大変な雷雨があった。今年の梅雨は雷が鳴っても仲々に上らない。

❖**七月二四日（土）** マーカット少将のお客さんのシヤトルから来たと云ふ御夫婦を案内して午前中宮城を参観。黒田式部官の案内で実験室やら雅楽堂、廟、馬車、御料の自動車等も見てお客さんは満足して居た様である。

❖**八月四日（水）** 夜九時半上野発上越線で新津に赴く。此の列車は急行であり二等もあるのでこれを択んだ。目的は小野幸太郎君支援のため酒田方面に赴くにある[5]。幸ひに列車は空いて居た。途中で事故があったゝめ新津には二時間位ゐ遅れて着いたゝめ連絡を失し十一時頃同地発。羽越線で左手に日本海の海水浴景を見乍ら鶴岡に着いたのは三時すぎて居た。四時から同地小学校の講堂で商工會議所主催の講演會に臨む。時間が悪いので大した入りではなかった。終って湯田川と云ふ二三哩《マイル》隔てた山懐ろの温泉地に行き投宿。夜は湯田川でも一席町の連中を相手に講演。然るべく小野君の提灯も持って寝たのは十二時すぎ。前夜は夜行であるし流石に少し疲れた。

❖**八月五日（木）** 湯田川を発、鶴岡の「松文」と云ふ工場で女の職工さんを二三百人前にして話をした。それから車を走らせて庄内平野を余目の町へ行く。同地で教員組合が夏季講習會をやって居るのである。暑い盛り一時間余り講演した。それから直ちに自動車で酒田の町へ行く途中の庄内の農地の耕地整理された模様は素晴らしかった。酒田の町は奇麗な町である。此処は小野君の郷里。少憩の後直ちに商工會議所の講堂で講演。時局柄外務省の総務局長と云ふ名が招んだものであらうか定刻前から続々と人が講堂に詰めかけ自分が登壇する頃は場内整理を行ひ、それでも入場出来ずに帰った人もあった由である。八時から九時頃まで満身ビッショリ汗になり乍らも身動きもしない聴衆を前にして自分も思はず調子が出て熱辯を揮った。

❖**八月六日（金）** 酒田を小野君と共に発、ローカルの汽車で羽越境の温海と云ふ温泉に行き此処で午後四時すぎまで休憩。五時すぎの列車で新潟に向ひ新潟から夜行の急行で東京に帰る。列車は割合空いて居た。

❖**八月七日（土）** 朝上野着。役所で直ちに仕事をする。

❖**八月一〇日（火）** 別府〔節彌〕君[6]がダブリンから数日後に帰国することゝなるが彼は司令部の忌諱に触れて居るので上陸匆々逮捕されることゝなった。色ゝ努力したが巧く行かぬ。気の毒である。夜は伊東〔隆治外務政務〕次官が歴代の通商局長と関係者を招んだのに陪席。

❖**八月一二日（木）** 別府問題で検事総長と打合せたり司令部のネピア少佐と打合せたりで可なり忙しい。

5――人事院設置以前であり、国家公務員の選挙応援は禁止されていなかった。

6――ダブリン総領事。連合国軍最高司令官の指令に基づき、現地米国領事から引き渡し請求があったにも関わらず、財産、文書その他を引き渡さなかったため、勅令三一一号（占領目的阻害行為処罰令）違反で起訴された。

❖**八月一九日（木）**　パウロ出渕逝いて一年。一週忌のミサが田園調布の教會で行はれた。あの日も暑い日であったが今日も朝から陽がカン〳〵照り付け教會の庭の樹には蝉の声が聞へる。御ミサが終ってから車を連ねて雑司ヶ谷の墓地に御詣りする。お墓も整理された。夜は田園調布の勝氏宅に招ばれたので一同と共に出かけ御馳走になり八角氏や佐藤氏と共に故人を語りつゝ夏の夕を過した。自分のみ片瀬へ帰る。

❖**八月二一日（土）**　今日は林定平氏夫妻を片瀬へ招んだのでその案内に林君の宅へ行った処自分は昼の食事を御馳走になった。今日は生憎張群氏が羽田に着くと云ふので林君はその出迎へに行かねばならず林氏の夫人と郭と云ふ婦人の副領事とが片瀬へ来て呉れた。海に入ったりボートに乗ったりでおもてなしをしたが東京に約束がある由で晩の食事を匆々に済まして六時頃帰った。

❖**八月二二日（日）**　フェルゼーカー神父さんが出渕勝一家をジープに乗せて訪ねて来たので家の子供と一日海で遊ぶ。

❖**八月二三日（月）**　予て正田（文）〔文右衛門〕氏の依頼もあり館林で講演のため今日午後二時半の東武で館林に赴く。電車は相当の混雑であったが時間通り走ったので余り長くも感じなかった。金山の正田氏宅を訪ね、お湯に入り晩飯を馳走になり、夜は町内の有志が四五人御高話拝聴に罷り出でたり。寝たのは十時頃であった。立派な隠居用の部屋に泊めて貰ふ。

❖**八月二四日（火）**　正田氏夫妻と八時半頃家を出て北校までブラ〳〵朝の空気を吸ひ乍ら歩く。今日は北校でここでは自分は小学校三年まで勉強したので思ひ出は深い。校庭は今尚自分の昔の記憶を蘇らせて呉れた。卒業の年に吾々が植へたヒマラヤ杉がこんなに大きくなりましたと同窓だった田部井君が指し示して呉れた杉は亭々として空をついて居た。自分等も思へば年を老ったものである人生の半ば以上は既に歩まれた。講堂で九時半から一時間余国勢〔際〕情勢の話をしたが気持ちよく喋れた。講堂の歴代の校長の額の中に●●先生●江先生等の温顔あり。昔を偲ばしむ。十二時半此処を辞去し正田氏に見送られて館林出發。帰りは大変な混雑であった。五時頃片瀬の海へ飛び込んでホッとした。

❖**八月二五日（水）**　一日外交官試験の国際情勢の口述でタイ・アップされた。

❖**八月二六日（木）**　中外の韮沢と毎日の名取と云ふ若い記者が午後遊びに来たので海へ案内した。雨ではあったが海は静かだし暖かであったのでエンジョイした。今年の夏は雨が多く涼しくて余り景気がよくなかった。

❖**八月二八日（土）**　午後三時から中日文化協會が参議院議長

官舎に折柄来邦中の張群氏一行を招んだのに一寸顔を出した。一行中の邵毓麟氏は自分が南京中情報司の日本科長であり又横浜では総領事をして居たので自分もよく知って居る。久し振りの挨拶を交した。此の會から直ぐ四時明治ビルで急遽臨時に開催せられた対日理事會の會合に赴く。今日の會合はソ聯代表が公務員法の改正に関聯し召集を求めたものであり傍聴席は土曜の午後と云ふ時間にも拘らず満員。例に依って米ソ代表の激論あり。五時半漸く散會した。

❖**八月三一日(火)**　昼官邸で大臣が張群氏夫妻を主賓とし中国代表部の商震上将夫妻、沈〔覲鼎〕氏夫妻、邵毓麟氏を招んだのに陪席。三時半頃まで歓談が尽きなかった。自分は張群氏が外交部長時代に南京に在勤して居たがそれをリマインドした処が憶ひ出した様であった。邵君とも久し振りの話がはずんだ。

❖**九月二日(木)**　小石川の野間邸でタイ主催のシャム実業団歓迎會あり。シャム側一行の外に司令部の関係官の部下も見へ仲々盛會であった。暑い夜であった。

❖**九月一〇日(金)**　日本クラブの外交協會で講演。その外記者會やら何やらで一日喋り通した様な気がして少しく疲れた。

❖**九月一一日(土)**　昼E.S.S.の〔セオドア・〕コーエン氏に成増の自宅に招ばれた。隆も同道。相客は勝部君夫妻、横山氏。

❖**九月一四日(火)**　日本クラブで外交協會に頼まれ講演。

❖**九月一五日(水)**　大毎エコノミストの依頼で長野へ講演に行く。八時半上野發の列車は大変な混雑であったが局長附の塚田君の努力で席だけは確保。暑かったし余りエンジョイアブルではなかった。長野著〔着〕は三時半。宿屋で休んで居る中にポツ〱雨が降り出した。七時半頃から此の市の有志四五十名に講話。

❖**九月二〇日(月)**　亡き小沢君の四十九日の法要が故人の自宅で行はれたので外務省の親しい連中が参列した。

❖**九月二二日(水)**　フィン氏に誘はれ同氏宅で隆と共に昼食し終って午後三時半から東劇で文楽を看る。忠臣蔵の一部。最後の本蔵下屋敷が長すぎてダルであったが人形と浄瑠璃の渾然と融け合った境地は流石であった。

❖**九月二九日(水)**　ダブリンの前総領事であった別府君の公判が東京地方裁判所の刑事で第一回行はる。江里口裁判所係りで自分達も午前十時から午後四時まで傍聴した。占領軍指令違反の罪に問はれたものである。

❖**一〇月二日(土)**　午前中は総理の命を受け安定本部長官人選の問題(栗栖氏は遂に収容せられた)で司令部と連絡したり

仲々忙しかったがそれも見通しが付いたので午後はリーグ戦の見物に出かけた。

❖**一〇月四日(月)** 夜内山神奈川県知事に招ばれる。外務省の幹部が一同招待に預り大変な御馳走であった。

❖**一〇月七日(木)** 栗栖の逮捕で片息になって居た芦田内閣は西尾〔末廣〕の刑務所入《ママ》りで遂に崩壊[7]。本日二時の閣議で正式に決定を見た。午後はリーグ戦見物。

❖**一〇月九日(土)** 午後D.S.のローレンス氏を招待。江ノ島附近を散歩して自宅で食事。同氏は最近シンガポールに転勤となった由。

❖**一〇月一〇日(日)** 外務省職員組合が暁星中学の講堂を借りて藝能大會をやるので自分も狩り出され日曜乍ら俊夫を連れて出席。「二十の扉」に出る。司會はラヂオでおなじみの藤倉アナウンサーで吉沢次官自分の外、永井、田付〔景一〕、藤田、田村と云った顔触れ。出題が外務省に関係のあるものと云ふので限定されて居るため卅分の間鐘は遂に鳴らず。一同大いに自慢する。帰りは子供に映画を見せ様としたのだったが満員のため意を果さず。

❖**一〇月一一日(月)** 双十節の祝ひが中国代表部で行はれる。日本人は今日招ばれた。今年はお料理はお粗末であったがお客さんは大分多い様であった。

❖**一〇月一三日(水)** セントポールで小林〔辰〕〔辰四郎〕君と會食。夜は毎日新聞の招待で次官、與謝野〔秀〕と共に招ばる。芦田内閣投出後の収拾は未だに着かぬ。

❖**一〇月一四日(木)** 此の夜遂に次の内閣の首班は吉田〔茂〕氏と決定する。

❖**一〇月一五日(金)** 久し振りで米国から帰って来たマーケット少将と會談。昼はリーグ戦見物に逃げ出した。吉田氏は組閣で忙しいらしい。

❖**一〇月一六日(土)** 今朝の新聞には切抜の如く自分が連調の長官に或は又内閣の官房次長に就任が報道せられた。役所へ行くと二三の友人がそれは断った方がよからうとか虚心坦懐に受けろとか色〻注意をして呉れたが十時頃荻外荘の岡崎〔勝男〕氏から電話あり。新聞記事の方が少し早く出たがあの通りで受けて呉れぬかと云ふのである。吉沢次官とも相談し総理官邸で岡崎氏と會ひ官房次長と云ふポストはポリティカルなポストであり自分は今ポリティックに飛び込む意思はないからこれはも少し考へさせて呉れろと答へ即答を避け一時役所に帰り友人の意見を聞いたり情報を求めたりしたりが気持は仲々に纏まらぬ。蓋し自分としては此の地位に乗り出すことにより色々と新しい仕事も出来、又人にも知られるので結構と思ふが一幕芝居で終った後は路頭に迷ふのでは困るのである。

竜土町で恐らくは外務省の最後の幹部會をやって居ると

内閣から呼び出しがあり再び岡崎氏と會見。自分は対案として官房次長のポストは断る。さりとて官房次長を二名とし一名に渉外事務を処理させ乍ら連調の長官を別に置いては連調の長官が浮んで了ふ。依って官房次長は一名とし内政専門にし渉外事務を連調の長官に任せると云ふのであれば長官のポストを引き受け様と返事をした。岡崎氏は官房長官の佐藤栄作氏と吉田首相にも相談して返事しやうとのことで自分はそのまゝ上野で行はれて居る宮内省の雅楽の會に出席。占領軍の将校が来て居たが余り知った顔は見へなかった。雅楽を聞いて居ても気持ちは余り静まらず。隆を新橋駅で下して再び総理官邸へ行く。新聞記者が受けたか受けたかとウルサく聞く。

結局岡崎氏が総理とも相談の上の返事と云ふのは前記の自分の条件で可であると云ふのである。そこで自分も勿論受けるより外なく快諾を約して辞去〔8〕。総理は今日は大磯に引き揚げ静養すると云ふので用事もなし自分も引き揚げた。空には大きな十五夜の月がかゝって居る。今迄の温室の外務省と違ひ今後は忙しくならう。閣議も聞いて居らねばならぬ。次官會議にも出席の要があらう。家へ帰れぬことも一週間に何度かあらうことを覚悟しなければならぬ。水泳よ野球見物よさよならと云ふ処である。その代り地位は責任がある。仕事も困難である。殊に此の内閣がG.S.と連絡がよくない丈に〔9〕然りである。又自分の行動も一幕芝居に終るかも知れない。栄転ではあらうが満員列車に揺られ乍ら色々に考へつゝ藤沢駅に着いて了った。

❖**一〇月一七日(日)** 今後は余り休めないと思ふから今日の日曜は一日ユックリ休み子供と遊んだ。組閣の方は未だゴタ〱して居り吉田総理は大磯の休養を切り上げて本日東京へ帰った。新聞記者が一人訪ねて来たのもソロ〱自分の忙しさのハーヴィンガー〔前兆〕と思へた。

❖**一〇月一八日(月)** 今日から内閣の組閣本部に詰めることゝした。自分の連調長官任命の辞令も正式に發令された

7——昭和電工社長の日野原節三が復興金融金庫から融資を受けるために政府高官に贈賄していた昭電疑獄事件が表面化し、栗栖安本長官、西尾前副総理といった関係者が次々と逮捕され、芦田内閣は総辞職を決意した。

8——連絡調整中央事務局は終戦連絡中央事務局の後継機関として一九四八年二月に総務庁へ移管された。朝海は第二次吉田内閣で連調長官に就任、閣議に列席することになった。

9——総司令部民政局は吉田を保守と見ており、第二次吉田内閣との連絡には齟齬があったようである。

ので公に動き出す。正午には初の次官會議に出席する。次官會議は佐藤官房長官が主宰するがその右手に自分が坐り一躍各省次官の上位に出たので多少擽ったい気もする。組閣本部に於ける人事の往来繁くその度毎に寫眞班や新聞記者団が動揺して物々しい。天幕やヨシズ張りの各新聞社の官邸前の関門もお祭り騒ぎに気分を添へ一種の空気を醸し出す。米国の四年に一回の大統領候補者選出の各党の大會のお祭り気分と一脈似たものがあらうと想像された。自分の使命と自分の顔も次第に覚へられ日本側の折衝から総司令部との連絡に話が移行するに伴ひ次第に自分も焦点の中心となり初め官邸の出入に当り新聞記者に取りまかれて動けなくなったこともあるし熱心な記者は司令部にまで尾行して来る者もある。ゴタ〱の裡に一日を送り。夜兎も角片瀬まで帰れた。仲々これからは通ひ切れまいと思ふ。

❖**一〇月一九日（火）** 内閣の認証式が行はれたので今日は忙しかった。先づ午前九時総司令部に総理に随行してE.S.S.のマーカット少将を訪ねた。同少将は総理に対しE.S.S.の首脳者を紹介し約四十分程挨拶を兼ね歓談あり。正午自分はG.S.のネピア少佐に招ばれた処此処で安本長官に擬せられた永田〔清〕教授の資格問題に関するマ元帥から総理宛の書簡の手交を受けた。この書簡により組閣本部は再び話を再検討せざるを得なくなり、自分は、午後はベーカー氏、マーカット少将等とも會談の結果、結局蔵相が安本長官を兼任することに決定。至急認証式を運ぶことゝなり此処に揉みに揉んだ閣僚も最終的に決定を見、五時半認証式。新閣僚一同は七時頃嬉し相に目は寫眞班のフラッシュを浴びて皆眩し相に、総理官邸に帰って来た。直ちに初閣議を開き記念撮影を行ふ。連調長官は官房長官及次長と共に閣議に出席し得る閣僚以外の官吏である。二十分程で型の如く閣議を終へ別室で祝盃を挙げて多忙にして嬉しい一日を終る。

❖**一〇月二〇日（水）** 午前中は昨日の余波で比較的暇だったので連調に赴き局員一同に新任の挨拶をし外務省総務局員にお別れの辞を述べ午後は吉田、芦田、新旧大臣の挨拶に出、又吉沢旧次官と共にD.S.にシーボルト氏を訪ねた。

❖**一〇月二一日（木）** 本日から当分毎日の様に閣議を開催することに決定された。午前十時外相官邸で初の外国人新聞記者會見あり。マイルス・ヴォーン氏始め十五六名の記者が出席、総理から新任の挨拶と協力を願ふ旨の如才のない言葉があり。慎重を期してか一問一答は日本語で行はれたので自分が一々通訳した。日本の治安維持のための警察力の問題、新政府の施政方針等に付て色々質問があったが適宜答辯あり。自分の通訳も大過がなかったと思ふ。ヴォーンの打電振りも極めて正確且友好的であった。此の會見は先づ九十点の合格であったと思はれた。此の辺から民自党は逐次極右政党と云ふレッテルをはがして行くべきであらう。

閣議では自分から組閣の際に総司令部との関係で飛んで居たデマは何れも根拠のないことを述べ閣僚に確信を与へることを意図した。正午濠州人の新聞記者で出渕〔勝次〕が親善使節団長として曽て濠州に赴いた際に随行したラッソー氏（P. V. Russo）が自分等夫婦をプレス・クラブに招待して呉れたのに出席。面會人やら事務やらで多忙の午後を送るうち夜となり、七時からD.S.のマーフィン氏に招ばれて居たので夫婦で出席。相客はD.S.のウォーカー夫婦、ヘーデン夫妻等であり天然色の幻燈を見せて呉れその中には此の春マーフィン氏夫妻が江ノ島へ来たとき撮った自分等の姿も出て来て面白かった。今日は竜土町の次長官舎泊り。

❖**一〇月二二日（金）**　午前中官邸。これからは原則として官邸で執務することゝならう。前の官房次長室を連調長官室として標札を出したし自分の出入の度びに登退廳のシルシが明滅することになる。内閣の課長連にも新任の挨拶をした。午後は連調に赴く。此処の四階の長官室も立派なものでこれをほとんど一日空室にして置くのは惜しい気がする。午後三時霞クラブの記者連と初の會見を行ふ。相当に気焔を揚げた。夜は「毎日」の宴會に出る。帰りは月を見乍らブラ〳〵若干の散歩をして竜土町泊り。

❖**一〇月二三日（土）**　昼は最初の連調の幹部會に出席。長官邸で開催。地方から出て来た二三の局長も参加。午後小閑を利し神宮球場で三十分許りグリーンの芝生を見つゝ野球を見物。五時総司令部で政務次官の任命に関する連絡を行ひ承認を得、夜は山口県知事田中〔龍夫〕氏の招宴に列席。山口県出身の周東〔英雄〕新大臣、吉武〔恵市〕前次官等の顔が見へた。帰りは自動車で片瀬へ帰る。これからは月火木金は東京泊り水・土・日を片瀬に泊ることゝした。久し振りで見た夜の江ノ島と片瀬の海は全く自分をホッとさせ、此の土地の静けさと空気のよさが沁み〴〵と有り難く感じさせられた。何だか長い間東京に滞在した様な気がする。子供も全部既に寝て居た。一同と遅くまで色々な話しをして大分遅くなって寝に就く。

❖**一〇月二六日（火）**　午後曽禰君と横浜に赴きウォーカー中将に新任及び離任の挨拶をし更に自分は第八軍の軍政部にワッツ大佐、ローズ、ジョンソン等の諸氏を訪ね、東京に引き返す。夜は外相官邸で総理主催の閣僚の晩餐會あり。自分も出席。食後は至急解散論等に花が咲き自分もスッカリ民自党と繋がりが出たと云ふ感じが強い。今日は昼要請に依りG.S.に〔コートニー・〕ホイットネー代将と會見。その結果は新聞に広く報道せられた。

❖**一〇月二七日（水）** 午前中マーカット少将と會談。従来の金曜の定期會見を水曜に変更した。週の始めに連絡を図り度い趣旨である。水曜日なので今日は片瀬へ帰る。

❖**一〇月二八日（木）** 副官のバンカー大佐を訪問。挨拶をする。夜中邨氏の招待で築地クラブで會食。

❖**一〇月二九日（金）** G2の〔チャールズ・〕ウィロビー少将に挨拶。G.S.を訪ねたり、パージの委員會に出たり参議院議長と會談したり新聞記者會見を行ったり忙しい日であった。夜は外相官邸にG2の高級将校連を招待したのに陪席。ウィロビー少将も出席。首相も同少将も大変な御機嫌で此の政府とG2との直接にして友好的な関係を表示して居た。自分も官邸へ帰って寝たのは十一時を過ぎて居た。

❖**一〇月三一日（日）** 日曜ではあるが「産業経済」の韮沢君の結婚式に招ばれて居るので正午上野の静〔精〕養軒へ行く。

❖**一一月一日（月）** 夜茅場町で大正十二年開成中学を同期で卒業した者のクラス會があり出かける。三四十名集まり珍らしい盛會であった。卒業してから廿五年は近く紅顔の美少年も頭は白くなったりハゲたりでこれは〱である。勿論途中で二三回會った連中もあるがほんとに二十何年振りの顔も見へる。銀行の重役もあり自宅で商賣をして居る人もあり大学の教授もありで皆何れも相当に格好をつけて居たが自分は連調長官に新任のことと て半分は自分の新任祝の様になったのも嬉しかった。此処を途中で切り上げて渋谷で民自党が閣僚を招待して居る會合に臨む。党の人たちにも二三紹介せられた。自分もスッカリ民自党に踏み込んだ感が沁み〲とした。竜土町の官邸へ泊る。官邸も漸次設営が出来た。

❖**一一月二日（火）** 午後ホイットネー代将と佐藤官房長官同道で會見〔10〕。議會に提出すべき法案の問題で意見をきく。夜はG.S.の課長級を奥さん附で総理が招待したのに陪席。G.S.は自分の責任でもあり総理の好ましと思って居らぬ関係もあり巧く行く様に大分気骨を折らされた。然し無事に友好的に宴を閉ぢ自分達夫婦は車で片瀬へ帰る。

❖**一一月三日（水）** 明治節で休みであるが午後外相官邸で園遊會があり外国人を招んで居るので昨日の車を利用して午後又東京へ行く。生憎雨模様であったが幸ひ降らなかったので庭園にも出られた。可なり盛會であった。

❖**一一月四日（木）** 閣議があったり総司令部へ出かけたり田村町の事務所にも顔を出さねばならず。可なり多忙である。夜次官官邸で新旧次官が外務省幹部を招いたのに一寸顔を出してから外相官邸にE.S.S.の連中を招んで居るのに陪席。

❖一一月六日（土）　土曜日の午後ではあったがマッコーイ氏に會ったりネピア少佐、ホイットニー代将に會ったりで大忙しであった。午後四時半から六時半までD．S．のフィン氏がローレンス氏送別のコクテイルをやって居るのに顔をだし、更にそれがすんでから再び外相官邸で用事をすませ十時半頃帰宅した。

❖一一月七日（日）　日曜で午前中は家庭サービス。天気がよいので子供を自転車に乗せて散歩。但午後から臨時閣議があるので東京行。議會は明日再開されるので忙しい。

❖一一月八日（月）　一日忙しい。夜官邸で総理廳の課長連を招ぶ。長官官邸で最初のお客さんである。

❖一一月九日（火）　佐藤官房長官と共にホイットニー代将を訪問。懇談を遂げた。今日も忙し。議會に出かけたり総理廳へ行ったり終連で打合せたりで暇なし。

❖一一月一〇日（水）　夜初台のネピア少佐に夫婦で招ばれた。蜂谷氏夫妻も相客、相当な御馳走もあり主人の歓待も如才なく十分に歓談を尽した。

❖一一月一一日（木）　今日は休戦記念日で司令部は休みであるがこちらは相変らず忙しかった。夜は長官官邸に夫婦でローレンス氏の送別會をひらく。吉沢氏夫妻、フィン夫妻の外、コヴィル氏も来て歓談。長官官邸を使用しての最初の外国人のお客さんであった。但給仕人余り気がきかず。

❖一一月一二日（金）　終日忙し。一週間程前までは形勢は有利に展開して居るものと見たが最近様子は屯に政府側に対し非友好的に変って来、公務員法の改正外三法案は今期中に是非通せ、會期前に審議期限を附するのは賛成しない、議會の解散は政府に於ては行ひ得ず六十九条に依るの外ないと云ふ様な材料がこれである。自分は全く不愉快なポリティックと司令部の吉田内閣に対するイヂメ工合に嫌気がさして来た。

❖一一月一三日（土）　総理も週末で大事な議會を控へ乍ら大磯へプイと引き揚げて了ったので自分も一週間振りで片瀬へ帰る。この一週間風呂にも入って居らない。今日の新聞は昨日の戦争裁判の記事で一杯である。東条〔英機〕始め八名の絞首刑が發表された。

❖一一月一六日（火）　夜首相が外相官邸で各新聞社政治部長を招んで居るのに陪席。

❖一一月一八日（木）　帝国ホテルにD．S．のエドワーズ氏が

10――朝海は、官房長官の佐藤栄作に同行して総司令部民政局を訪れ法案説明を行っていた。これが機縁となり、その後朝海は佐藤との親交を深める。

宴會をやったのに隆と共に招ばれる。仲々御馳走があったがお客さまはコミであった。

❖一一月二〇日（土）　片瀬へ帰る。今週は漸く大分暇が出来たし宴會等もオーガナイズされた形ちでコンフロントされる様になった。政府とG.S.との関係は依然険悪で官房長官の言として「憲法の解釈にはL.S.が最後の発言権あり」との記事が出たり、第一新聞に吉田首相が民自党の役員會で「ホイットネー代将の言や流説に惑はされること勿れ」と語ったと報道され、その度びに自分とG.S.との交渉が出来て来た。幸ひに憲法論に関しては内外の輿論が現政府に有利に展開し始めて居るがG.S.との関係は悪化の一途を辿る[11]。

❖一一月二一日（日）　外務省と終連の運動會があったが疲れたので自宅で子供と遊ぶ。ラヂヲの野球中継を聞き乍らノンビリ過した。

❖一一月二二日（月）　昼林君と中国の女の副領事郭さんを官邸に招んだので隆も出席。近藤鶴代政務次官も招んだ。夜は明日が休日なので帰宅。

❖一一月二三日（火）　新嘗祭なので自宅で休養。

❖一一月二五日（木）　感謝祭とて米側は休み。夜はD.S.のスピンクス氏夫妻に大森の自宅へ招ばれた。松井・奈良〔靖彦〕君が相客でターキーの御馳走あり。

❖一一月二六日（金）　夜官邸へ連調の課長を招待。

❖一一月二七日（土）　一日雨である。ホイットニー代将と〔チャールズ・〕ケーディス氏が朝外相官邸に総理を訪ねて来て興党と反対党との妥協に関する提案を行った。今日はこれがきっかけとなり自分は可なり忙しくその間総理は必ずしも自分の努力を買はず十一時半自分とホイットネー代将との會見により朝の総理の會談を確かめた処が解散を月末にやると云ふ処が喰ひ違って居ることが判明。これを自分から総理に報告したので総理は愈々不機嫌となったので自分も勝手にしろと思ひ土曜日でもあり片瀬へ引き揚げて了った。

❖一一月二八日（日）　翌日は日曜であったので態々十一時頃議會に登院した処、図らざりき日曜の十時と云ふのに、ホ代将は再びケーディス及〔ジャスティン・〕ウィリアムス両氏を従へ目黒の外相官邸に乗り込んで来り。総理は前日の會見の話もあり此の日は早朝から自分を會談に立ち會はさうとして秘書官に探させたがとう〳〵捉まらず。そのため大変不機嫌であった。

❖一一月二九日（月）　臨時国會は本月末を以て終る。総司令部の仲介に依る輿野党間の協定に基き公務員法改正は本日中に衆議院を通過しなければならない。與野党は揉みにも揉んで運営委員會の議は尽きず。本會議は何時開かれるか深更に至るも見当が付かない。公務員法改正案法の修正に対する政府の見解を齎らして総司令部に〔ハーバート・〕フーヴァー氏を訪れたのは九時半。又十時半には議事促進のテコ入れを求めるべく再び植原〔悦二郎〕氏と共にウィリアムス氏を訪ねたり。その中十二時頃にはウィリアムス氏が国會へ乗り込んで来た[12]。自分は国會で更にウィリアムス氏と接触を続け漸く明方近く本會議が開かれたが社會党はどうせ此の法案は民自党と民主党が通すものと見、自らはヴォート・ゲッティングを狙って遂に全員反対投票をするに至った。議院内で他の閣僚と朝飯をすませ竜土町の官邸へ一度小憩のため引き揚げたのは九時であった。自分にとっては最初の珍らしいそして呆れた議會徹夜の光景であった。

❖**一二月一日（水）** 国會は第四国會に入る。十一時〔昭和〕天皇をお招きして開院式あり。今日は颱風一過。仕事もないので概ね官邸で読書。夜は商工大臣が閣僚を官邸に招いて天プラの御馳走あり陪席す。

❖**一二月二日（木）** 官邸に濠州使節団のエッカースレー夫妻、ジェミソン夫妻を招待して會食。

❖**一二月三日（金）** 人事委員會で揉んで居る新給與ベーシスは政府案の法案が総司令部からO.K.を貰ったので自分も珍らしい朗報にホッとして重荷を卸した形であった。

❖**一二月五日（日）** 片瀬で静養。昼食にフェルゼッカー神父来る。

❖**一二月二五日（土）** クリスマス。日記は久しく中断された。余りに忙しかったからである。土日から今まで自宅に帰れなかった。議會で日を送ったのである。首相官邸と議會と総司令部とが自分の仕事をする場所であった。何しろ少数党であり乍ら議會を切り抜け不信任案を出させて解散し様とするのであるから、憲法第七条が使へぬ限り多数党のマーシーの下にあらざるを得ず、これを乗り切るためには

11――少数与党の第二次吉田内閣は早期解散を目指し、憲法第七条による解散を模索するが、総司令部は憲法第六九条による解散以外を認めなかった。一二月二三日深夜に及び、六九条と七条との併記による解散となった。

12――公務員法改正は片山内閣期以来の課題となっていたが、第二次吉田内閣では野党が法案の審議未了を画策していた。総司令部が斡旋に乗り出し民政局のウィリアムスが国会に直接出かけて法案通過を図った。朝海の日記では国会で朝海がウィリアムスと折衝、法案通過に到った経緯が解る。

総司令部のテコ入れ以外には途がない。このテコ入れに対し多数党の方から又工作が総司令部に対して行はれる。此処に今般の議會の醜態さと不見識さと複雑さとがあり、それだけに渉外事務も多忙を極めた。国會では四時五時まで仕事がなく夕方から深更にかけて忙しくなる。給與法案が通ったり不信任案が通ったりしたときは徹夜か少くとも徹夜に近く又疲労の極に達した。それでも二十三日夜懸案の国會解散が行はれ二十四日残務を整理し二十五日夜自動車で小雨の中を空気の清い片瀬へ帰り総司令部の友人等から貰ったクリスマスの贈物を子供の前に拡げ久し振りで子供から歓迎を受けたときは全く三週間余の疲れを忘れた。これから暫らくは静養する心算であるが年が改まったならば友人の選挙應援に行き度い考へである。

❖ **一二月二七日（月）** 昼長官官邸に外務省の幹部連を招待し會食。夜は白木屋の七階へ乙津君に久松、赤名、太田の諸嬢を誘ってダンスに行く。

❖ **一二月二八日（火）** 本年最後の閣議あり。夜は官邸で連調の幹部會で忘年會をやる。おミキが上って夜の二時頃まで歌を唱ったりブリッヂをしたりで歓を尽す。

❖ **一二月二九日（水）** 今日も総司令部との連絡で可なり忙しかった。夜帰宅す。

❖ **一二月三一日（金）** 大晦日で今日は休む。一日ウスら寒い日であった。家庭サーヴィスで一日を送り一九四八年を送る。今年は日本にとっても占領第三年を送り極めて平穏な年であったし自分にとっても余り身の廻りに変化は乏しかった。二月に終連の解体と共に外務省の総務局長となり吉沢次官と気持ちよく仕事をして十月に及んだが急に昭電疑獄で芦田内閣の倒壊となり第二次吉田内閣が成立し自分はその内閣の官房次長兼連調長官を頼まれた。然し官房次長の方は考へた末辞退し連調に長官として臨むことを引き受けたのである。総務部長から外務省の総務局長となり更に連調の長官となり余りに早いそして順調なペースで少し誇らしいが此の先きが思ひやられぬこともない。兎も角乗りかかった船のことであるから全力を挙げ又新しい知己を開拓して進んで行くより外はない。局面は大分政治的になって来たが仕事の性質は昔と異ならずなれたものであるから苦労はない。但議會中の気苦労は別であった。要するに一九四八年は極めて順潮で順風満帆の調子であった。来るべき年が公私共に多幸であらんことを祈って一九四八年昭和二十三年を送らんとする。

1948（昭和23）	2／16	[illegible]
	3／10	芦田均内閣成立（～48/10/7）
	15	民主クラブと日本自由党が合同して民主自由党を結成
	6／1	第1次中東戦争
	7／20	韓国大統領に李承晩（韓国民主党→自由党）就任（～60/4/26）
	29	ロンドンオリンピック開幕（～8/14）
	8／13	大韓民国樹立宣言
	9／9	朝鮮民主主義人民共和国成立（金日成首相）
	10／6	昭和電工事件で西尾末広元副総理を逮捕
	19	第2次吉田茂内閣成立（～49/2/16）
▲	12／7	昭和電工事件で芦田均元首相らを逮捕

1949 昭和24年	1／23	第24回衆議院議員総選挙（民主自由党：264、民主党：69、日本社会党：48、日本共産党：35ほか）
	31	人民解放軍、北京入城
	2／16	第3次吉田茂内閣成立（～52/10/30）
▼	3／7	ドッジ・ライン施行
	4／4	北大西洋条約調印。NATO発足
	8／29	ソ連、初の核実験に成功
	9／7	ドイツ連邦共和国（西独）発足
	15	西独首相にコンラート・アデナウワー（キリスト教民主同盟）就任（～63/10/16）
	10／1	中華人民共和国成立。主席に毛沢東就任（～59/4/27）
	7	ドイツ民主共和国（東ドイツ）成立

1950（昭和25）	1／6	英、中華人民共和国を承認し、台湾の国民党政府と断交
	3	民主自由党と民主党の一部が合同して自由党結成（吉田自由党）。民主党と国民協同党が合同して国民民主党結成
	6／4	第2回参議院議員通常選挙（自由党：76、日本社会党：61、緑風会：50、国民民主党：29ほか）
	25	朝鮮戦争勃発
	7／8	マッカーサー、日本政府に警察予備隊の創設を指示
	8／10	警察予備隊発足
	9／15	朝鮮戦争で仁川上陸作戦
	10／20	朝鮮戦争で連合軍が平壌を占領
	25	朝鮮戦争に中国人民志願軍が参戦
1951（昭和26）	4／11	トルーマン大統領は対立したマッカーサーGHQ最高司令官を解任
	6／21	ユネスコ、日本の正式加盟を承認
	9／	[illegible]

1 9 4 9

❖一月一日（土）　元日は雨天である。今日は一日家に居たかったが目黒の外相官邸でリセプションがあるので自分も総理〔吉田茂〕に挨拶はせずばならず又部下の禮も受けた方がよいと思ひ、出かけた。型の通りの馳走で帰りに總司令部に立寄り四時頃帰宅。

❖一月二日（日）　今日は日曜でもあり昨日の埋め合せをした様な好天気でもあるので妻と共々子供を連れて鵠沼へ散歩。太陽の直射で汗ばむ程の日和であった。帰路鵠沼から海岸伝ひに帰って来たらば海辺にジープが停って居り、それは自分達を訪ねて来たスピンクス氏夫妻であった。自宅に案内して歓談。一時間余で同氏夫妻は辞去。午後は訪客で過ぎる。

❖一月三日（月）　休まうと思った処四十八時間公務員勤務の問題で総理官邸に呼び出され次官會議に出席。但帰りは官房長官の大磯行きの自動車に便乗したので三時頃帰宅。

❖一月四日（火）　今日から正式に出勤。廳員の年賀を受ける。夜は四時半頃から夫婦で子供を連れ横濱のローズ氏宅に招待され御馳走になり子供は大喜びであった。和夫が美味しいパンなので何枚もお代りをした。

❖一月五日（水）　対日理事會に於て久し振りに討論あり。ソ聯代表が「警察制度に付て」議題を掲げた。それを傍聴したり〔ウィリアム・〕マーケット少将に會ったり仲々忙しかった。明日からの出張の準備に追はれた。

❖一月六日（木）　大河原〔良雄〕君と同道九州、四国方面の旅行に發つ。大船から急行に乗車。夜京都へ著〔着〕く。京都からは折柄遊説中の吉田〔茂〕総理の車が連結されたので此れに乗換へた。倉敷に著〔着〕いたのは夜半の十二時で寒かった。暖い吉田車は捨て難かったが予定もあり、此処で下車。駅前の橋本竜伍〔龍伍〕君の選挙事務所に泊る。

❖一月七日（金）　正午倉敷の商工會議所で外交情勢の懇談會を行ふ。候補者橋本君は奥地に入って奮闘中なので候補者はなし。従って選挙運動の建前は採らず。此処を終って高梁川を遡った高梁と云ふ小町まで一時間余ドライヴ。此処で又懇談會をやったが時間に誤解あり早く始めて早く倉敷へ帰る予定が狂ひ七時開會まで寒い部屋で待たされたには閉口した。倉敷には十二時頃帰著〔着〕。東京が恋しかった。

❖一月八日（土）　朝の普通列車で倉敷を後にし佐藤栄作氏應援のため山口縣へ向ふ。三等のことであるから座席は固いしスチームがないため足が冷へ込み意気揚らず。九時間位も普通列車にゴト〳〵揺られて光駅に到著〔着〕。此処では二回候補者の個人演説に出たが候補者が居たので應援も張り合があった。殊に室積の公會堂では七、八百人も聴衆あり何れも佐藤ファンらしく友好的な気分が溢れて居り気持ちよく喋れた。今晩は室積の佐藤氏後援者の家に泊る。

❖**一月九日（日）** 昨夜遅かったが早朝五時半頃起床、佐藤氏のバンド・ワーゴンに便乗して隣の光駅に向ふ。佐藤氏は駅頭で街頭演説。自分は更に西に向ふ。門司で乗り換へ飯塚に著〔着〕いたのは午後三時頃であった。此の晩は二回此の地から立候補して居る麻生太賀吉氏の應援演説をやる。二回目の演説會は炭鉱夫のクラブで行ったが人数はやっと二十名内外。名実共にお寒いものであった。

❖**一月一〇日（月）** 博多の結城君の好意で差し廻して呉れた自動車で飯塚發。山越しをして博多に向ふ。博多で結城君の招待を受け午後は太宰府を見物。梅には少しく早かった。午後の列車で別府に向ふ。小倉で乗り換の一時間を利用し同地の如水會員たる横山富士銀行支店長等が四五名自分を歓迎して呉れた。日豊線に乗り換へ別府に著〔着〕いたのは十一時であった。亀ノ井ホテルに泊る。気持ち好い部屋であった。温泉も落ち付いて心持がよかった。

❖**一月一一日（火）** 午前中自動車で大分に向ひ軍政部やら県廳やらに顔を出し正午は別府で県知事の招宴に出席。午後は別府の街を散歩。此の町は爆撃を受けなかったので美しい。午後五時船で別府發高松に向ふ。十三夜の月を浴びた瀬戸内海は美しかった。疲れて居たので七時頃寝台に入った。

❖**一月一二日（水）** 朝六時高松着。一時間半許り話をして列車を把まへ高知に向ふ。高知着は四時に近かった。総理の宿舎を訪ね敬意を表す。総理は既に二日程前から此の地に着いて居た。早速隣接の伊能町と云ふ処で総理の演説會があるのに同行。此の地は共産党の本拠である相で相当騒がしいことが予想された。自分は総理登壇、演説の後を承けたゝめもうアンタイ・クライマックスであるのと共産党員が総理に質問ありと騒ぎ出したゝめ場内喧騒を極め十五分間位喋ったが余り聞きとれなかったことゝ思ふ。こんな経験は始めてであるがこれも選挙に伴ふ一の経験であらうか。

❖**一月一三日（木）** 下関附近の寒い旅行に比して何と暖い日か。南国土佐は既に陽春の東京の気候で今日は市街の散歩に外套を脱いだ位である。午後四時頃まで宿屋でノンビリ日なたボッコしたり高知の城に上がって市中を見下したりで暮す。高知は小ヂンマリした奇麗な町であったが戦災により昔の俤は偲べない。自分が此処へ来たのは十一年前であった。午後から商工會議所で一席喋り夜は早寝。旅行中体重が増した様である。

❖**一月一四日（金）** 朝高知發、総理の特別車で高松に向ふ。途中小歩危大歩危の景勝を賞で連絡船もその侭特別車を船に積み込んだので乗り換の手数もなく一同客車中に収まったまゝ。内海を渡って宇野へ着く。京都へ着いたのは十一時すぎて居た。自分は一行と一時別れて京都に泊るので下車。武田君の家へ厄介になった。

❖一月一六日（日）　京都始發の列車に乗る。特別車に岐阜で乗り換へる。此の特別車は豊橋で総理をピック・アップした。大船で乗り換へ此の大旅行を終へて帰宅した。楽しかった。

❖一月一九日（水）　上野駅八時半發。讀賣の上野、毎日の名取両君と共に長野へ行く。蓋し長野一区から立候補して居る倉石忠雄氏を應援のためである。長野に着いたのは午後三時半。藤屋ホテルで小憩後夜は同氏の個人演説會に出る。夜ともなると附近の連山に雪が積って居るだけに此の盆地は底冷へがする。演説會場は吹きさらしで寒いこと。それでも熱心な聴衆が約百名位集って居た。

❖一月二〇日（木）　今日は一日倉石氏の街頭演説を手伝ふこととし六時半の早朝からトラックに便乗して平穏の温泉地帯に分け入る。周囲の連山はすべて雪を被って居りトラックの通る道も眞白に雪をおいて居る処がある。風は身を切る様に冷め度い。自分は約九ヶ所で各々十分前後の同候補の演説をしたが温泉街の狭い道でトラックを停めて喋り出すと宿屋の窓々から顔がのぞき出す。案外屋外演説と云ふものは効果がある様である。最後には長丘村と延徳の二個所でかけもちの個人演説會をやり奮闘、湯田中の望山荘と云ふ宿屋へ引き揚げたのは一時であった。それから温泉に入り就寝。

❖一月二一日（金）　長野を十一時半發。夢の如くに空いた列車で夕方上野へ帰着。疲れたので今夜は官邸に泊る。

❖一月二二日（土）　午前中役所で仕事をすまし午後藤沢まで車を使ひ岡崎〔勝男〕氏の選挙事務所を見舞ひ車を馳せて寒川附近で街頭演説中の岡崎氏とも會見。夜は八時から片瀬の役場での個人演説會に應援として出席。

❖一月二三日（日）　総選挙の日。麗らかな小春日和。自分も午後一票を岡崎勝男君に投じた。此の日全国の投票率は七割余とかで素晴らしい成績であった。

❖一月二四日（月）　民自党の壓倒的勝利。櫛の歯をひくが如く二百七十名の絶対多数を獲得。共産党も三十六名の議席を奪って内外の予想を覆した。民主党は第二位、社會党は五十余名を獲得したにすぎず惨敗し御大の片山〔哲〕氏始め多数の著名人が落ちた。自分は今日は一日総司令部に電話で情勢を刻々に報道し忙しかった。

❖一月二七日（木）　法王廳使節のマレラ大司教十五年間の日本滞在を終へ今般濠州に転任となったので今日昼松平〔恒雄〕参院議長が送別會を開催。自分も陪席した。急にスピーチの通訳をやらされて間誤付いた。

❖一月三〇日（日）　昼ネピア少佐夫妻が會食に片瀬に来た。此の週は選挙の直後の週で週の後半代議士もボツ〱上京して来たが戦機は未だ熟さず吉田首相の閣僚選任も未だ表面に出でず。

❖**二月一日（火）** 正午自分の官邸に出渕母と勝さん、隆を招びマレラさんの送別會を行ふ。同大司教は大変悦んで呉れた。健康を祝して別れる。夜は今度次長を辞めて外務省に移った山田君の送別。

❖**二月二日（水）** 夜は麻生〔太賀吉〕氏の宅に招ばれた。同氏の應援に出かけたお礼と云ふことであらう。

❖**二月三日（木）** 官邸に小林辰四郎君と一瀬君を招待し久しぶりにエヂンバラの思ひ出を語りつゝ歓談した。

❖**二月四日（金）** 午後隆と共に帝国ホテルに〔ハーバート・〕フーヴァー夫人を訪ね敬意を表しお茶の御馳走になった。尚本日は〔ケネス・〕ロイヤル陸軍長官に随行して来訪したビショップ氏〔現在国務省北東〔アジア〕課長〕の薦めに依り同君をD.S.〔外交部〕に訪ね四、五十分程当面の諸問題に付意見を陳べて置いた。

❖**二月五日（土）** 夜自宅に鵠沼、片瀬方面から通勤する外務省員約十名程が集って会合。愉快であった。

❖**二月六日（日）** 午前中鵠沼で名士十数名に講演。昼は横濱のローズ君を自宅に招待した。

❖**二月九日（水）** 官邸にミセス・ホイットマンと若松夫人を招ぶ。

❖**二月一〇日（木）** 官邸に外務省の先輩で曾て自分の上長なりし人々の若干を招んだ。日高、吉沢〔清次郎〕、井口〔貞夫〕、芦野、山形、渋沢、上村の諸氏。賑やかに歓談した。今日はチラ〱白いものが降り出したが大したことはなく幾ばくもなく夕方には上った。夜は太田〔一郎〕君が次官就任の挨拶に外務省幹部を招んだのに自分も参加。

❖**二月一一日（金）** 今日は総選挙後初の国會が召集される日であるので久し振りで国會に出席、議長副議長が選挙され次で吉田茂氏が型の如く三百五十何票の投票を得て首相に選任された。共産党も堂々と顔を並べ議場は緊張して居た。

❖**二月一四日（月）** 夜昭和四年大学出の會合あり四、五十名出席し盛會であった。

❖**二月一五日（火）** 夜、今度選挙で出て来た外務省出身者、岡崎、若松〔虎雄〕、仲内〔憲治〕、北沢〔直吉〕、福田〔篤泰〕の五氏を官邸に招いて当選祝ひの會食をやる。何れも民自党員である。

❖**二月一六日（水）** 新内閣は組閣で忙しいが今回の場合は前回の組閣とは異り連調長官はほとんど利用せられず自分も主として田村町の事務所で執務した程であった〔1〕。

❖**二月一七日（木）** 昼、官邸に知り合いの民自党代議士たる倉石、近藤、小峯〔柳多〕、吉武〔恵市〕の四氏を招いて會食。

❖**二月一八日（金）** 昼、官邸に正田貞一郎〔2〕、英三郎《ひでさぶろう》〔3〕、文右衛門、得一郎の諸氏を招いて會食。夜は大分縣知事の細田〔徳寿〕氏を招待した。

❖**二月一九日（土）** 昼、妻と明子を伴ひ林定平氏の自由ヶ丘の新居を訪れ昼飯の馳走になったがそのまゝ夜の食事もして行って呉れとのことで固辞したが是非にとの招待、依って一度引き揚げてから再び晩飯の御馳走になった。帰りは疲れたので車で帰る。

❖**二月二〇日（日）** スピンクス氏夫妻と奈良〔靖彦〕君を昼飯に招待。食後大磯方面へジープでドライヴしたが急に風が出て来て面白くなかった。

❖**二月二一日（月）** 午後官房長官の新任挨拶に同行して総司令部にフーヴァー氏と〔コートニー・〕ホイットネー代将を訪ねる。

❖**二月二四日（木）** 午後お茶の水のホイットニー代将宅を訪れ同夫人に隆と共に敬意を表す。三十分位居た。お愛想のよい奥さんであった。夜は〔アルヴィン・〕フロリア氏宅に招ばる。同氏の父君即十何年か前、自分が英国から南京へ赴任の途中シベリア鉄道の車中で知り合ひになったジョージ・フロリア氏である。流石に十六年の歳月が流れたので当時の精力的なシュリュードの感じのするフロリア氏は温顔な眼鏡をかけたお爺さんになって居たが赫ら顔で元気相であった。久し振りなので思はず玄関口で抱き合ってその後の積る話しに時間の経つのを忘れた。再會を約して九時すぎ隆と共に辞去。

❖**二月二七日（日）** ネピア夫妻が子供を連れて訪ねて来た。飾り立てたお雛様を見せ食後は江ノ島に案内した。

❖**三月一日（火）** 朝、商工、大蔵、運輸、安本、労働各大臣と共にマーケット少将及幕僚を訪問。予算問題で會見、自分が通訳したが数字が出て来て相当閉口したが先づ〳〵と云ふ処であった。

❖**三月二日（水）** フロリア父君と息子を官邸に招待會食した。何か欲しいものがあれば買って送るとのことで相当の注文をした。

❖**三月七日（月）** 連調整理問題に関し総理の眞意を尋ねるべく大磯に赴く。大磯の総理別邸は裏手に松林を控へ遥かに海岸を見晴らした日向りのよい邸であった。昨夜の咳のため未だ臥床中との事で庭づたいに海岸に出て一時間程散歩する。暖い日ざしで外套が邪魔になる位であった。松林には雲雀の囀るのが聞へた。一時間程経って引っ返して再び刺を通ずると會って下さるとのことで今までの時間と労が無汰〔駄〕にならなかったので嬉しかった。もう総理は床の上に起き上がって居り自分に苺や紅茶を勧めて呉れた。要談二十分間で連調大規模整理の方針を聞いて辞去する。夜官邸で郷氏を招んで會食。

❖**三月一四日（月）** 朝起きる。寒いと思ったらば雪が積って居る。相当な降りであった。今年の初雪であるし又最後であらう雪である。少し億劫であるが鶴川に行き泥濘に閉口し乍ら白洲〔次郎〕氏を訪れ産業貿易省問題等で懇談〔4〕。その侭同行して東京に出る。夜は毎日新聞の記者四、五名を招いて會食。

❖**三月一五日（火）** 夜運輸大臣が閣僚や党幹部を官邸に招んだのに陪席。

❖**三月一七日（木）** 夜、岡崎、太田〔一郎〕、大野〔勝巳〕の諸氏と共に山地土佐太郎氏宅に招ばる。

❖**三月二二日（火）** 午後L.S.〔法務局〕の〔アルバート・〕カーペンター大佐に呼ばれた。今回壽府で開催される赤十字関係、陸戦法規関係の国際會議に日本側から二名オブザーヴァーが出席するが日本側は全権団の人選に付余り熱心でないから日本政府に注意すると云ふのである〔5〕。同大佐とL.S.の〔ジョージ・〕ヘーゲンと云ふ人が同行する由であった。夜、開成會の連中七、八名を官邸に招いて會食。終って八時半頃ネピア少佐宅へ行く。同氏夫人の誕生日でG.S.〔民政局〕のお歴々が集まり會食して居た。十時半頃まで歓談尽きず。

❖**三月二三日（水）** 昼、金生村の星川氏、馬越氏を官邸に招いて會食。

❖**三月二四日（木）** 民自党の植原〔悦二郎〕、星島〔二郎〕、広川〔弘禅〕、周東〔英雄〕、佐藤氏と同行し総司令部に〔ジョセフ・〕ドッヂ氏を尋ね自分が通訳となり二時間半許り予算問題で話した。民自党の公約が総倒れとなって了ったからである。流石に少し疲れた。午後L.S.に呼ばれて又行く。L.S.は自分に興味を持ったらしい。色々質問がある。一種の口頭試問であらうか。外務省は萩原〔徹〕君と自分を候補者に出し外に厚生省から一人と云ふことらしい。自分と

1——連絡調整中央事務局は一九四九年六月の外務省設置法で廃止が決まった。

2——正田貞一郎は美智子上皇后の祖父。群馬県館林出身の財界人。館林製粉株式会社（のち日清製粉）創立者。

3——正田英三郎は貞一郎の三男。美智子上皇后の父。朝海浩一郎は栃木県足利出身で、母方の長家を通して正田家とは親戚関係にあった。

4——通商産業省は同年五月二五日に商工省を改組して発足したが、白洲は改組の推進役であった。

5——赤十字の戦争犠牲者保護国際会議が六月ジュネーヴで開催された。朝海は総司令部顧問として出席。

しては（1）総司令部で自分と接触して居る人の面〔思〕惑（2）日本側の考へ（3）終連解体を控へての旅行が困ると云ふ三点を指摘しつゝ會議の重要性は認識し得ると述べて置いた。夜は久松氏と白木屋ビルの七階でダンス。

◆**三月二五日（金）** 午前再びL・S・にバッシン氏を尋ねた。同氏から総司令部としては日本人代表の一人として自分を選定したことを告げられた。連調の解体を控へての旅行ではあるが外交官らしい資格で外へ行ける絶好の機會である。何れにせよ先方の言ひ渡しにはほとんど諾否の自由はない勢ひである。四月十一日印度洋経由飛行機で赴欧、會議は壽府で四月二十一日より開催。約一ヶ月會議に出席後米国経由で帰日する。往復約二ヶ月の予定だ相である。午後一時米国病院でX光線や血液検査、注射等を受ける。もう決まった様なものである。あと二週間あるのみ公私の準備に慌しくなることは必定である。夜は星川氏の招待で向島で騒ぐ。期せずして自分の送別會となったわけである。

◆**三月二六日（土）** 民自党幹部とドッヂ氏との第二次會見に参加。今日の通訳の出来栄えは余りよくなかった様な気がする。

◆**三月二九日（火）** 夜濠州のエカスレー氏に招ばれた。夫婦で出席。日英會談時代の英国書記官をして居たソーブリッヂ氏が今般又日本に来任して来たが今晩久し振りで會った。

◆**三月三一日（木）** 総司令部との接触やら注射を受けたりフロリア君の援助でOSS〔Overseas Supply Store〕で買物をしたり日も少くなるに伴ひ急に忙しくなり気持もせはしい。米国で會いたいと思ふ友人連にも手紙を書いた。大急ぎで大井の三越製縫所へ洋服の仮縫ひに行く。

◆**四月一日（金）** 役所では訪問客や電話に悩まされるので六本木の官邸に閉ぢこもり赤十字関係の条約の勉強をし始めた。

◆**四月四日（月）** 午後洋服屋へ假縫いに行く。どうやら出張までには間に合ひ相である。夜は中国の沈覲鼎氏の會食。岡崎、太田等の諸君と同席。宴會に出たり仕事をしたり仲々忙しい。

◆**四月五日（火）** 羽田へイエロー・フィヴァーの注射に行く。此の注射は印度へ行くため必要であり此処より外では打てない由である。正午は赤十字で島津忠承氏の會食。三時から関屋貞三郎氏邸でY・M・C・A関係者が集まり未引揚邦人の問題に付一時間程話を聞き、夜は吉次、宇野君等大学同期生の送別會に臨む。夜は更に官舎へ帰ってから勉強である。

◆**四月六日（水）** スヰスの公使館にデュボア氏を訪ね挨拶をし議會に赴き関係諸氏にも旅行の挨拶。午後は斎藤〔惣一〕

援護庁長官家で未復員の状況やら戦犯の話を聞く。

❖**四月七日(木)** 司令部各方面に旅行の挨拶。注射。旅券の査証で各国外交領事代表を歴訪したりで一日をすごす。

❖**四月八日(金)** 夜は一行のヘーゲン氏が自宅に一行を招待して呉れたのに隆と共に出席。昼、総理が一行を官邸に昼食に招んで下さる。夜は中国の林君が自宅に自分の送別會を開いて呉れた。

❖**四月九日(土)** ヘーゲン氏と打合わせたり金策をしたり昼食に瑞西のデュボア氏に招ばれたり洋服の仕立を受取ったり東奔西走。気も又慌しくなり出發気分に迫られる。もう日がない。夜遅く自動車で片瀬へ帰る。

❖**四月一〇日(日)** 最後の日曜である。後始末をしたり準備をしたり忙しいが少し余裕が出来た。昼は吉次君の送別會に招ばれ同君宅で會食。夜は家族一同とゆっくりした。

❖**四月一二日(火)** 昨晩は竜土町に寝て今日は八時十五分東急ホテルに車を駆る。バスで羽田の空港に行く。此処で所定の手続をして居る中にカーペンター氏夫妻、ヘーゲン氏等も着く。皆家族やL.S.の人が見送りに来て居た。飛行機の出発までは時間があったのでこれならば隆や子供や役所の連中に見送りに来て貰ったほうが格好がついたかも知れない。自分がボンやり立って居たのでカーペンター氏が奥さんはどうしたと肩を叩く。待つ程にハワイ方面からPAAの四発が着く。結局寫眞を撮ったり別れを告げたりで離陸は十一時十五分程であった。昨日の悪天候に比し今日は雲もなく絶好の飛行日和と見へた。飛行機旅行は四、五年前のタイへ親善旅行した以来である[6]。美しい箱庭的な日本の景色を下に見て九州を抜けたのは二時半ごろであったらうか。海洋へ出てから飛行機がズッとステディになり、美しい二人のスチュワーデスのサーヴィスを受け午ら連日の出發準備もありウトウトとする。

考へて見れば不思議なものである。四年前まではアメリカのB29に爆撃を受けて居た自分が米国人と共に米国機に乗って國際會議に出席のため欧洲に行くのである。世界は変化して已まない様に自分の周囲の状勢も変化して止まない。又こんなに早く外国へ出る機会が自分に恵まれ様とも思はなかった。恐らく一生外へは出られまいかとも考へて居た自分であった。

水が段々黄色く濁り出し上海の近いこと思はせる飛行機は次第に高度を落とし始める。広漠たる陸のストレッチは黄色い菜の花畑と青い麦畑の弁慶縞で目の届く限り涯ても

6 —— 一九四二年六月、日泰攻守同盟条約慶祝答礼でタイ王国に派遣されたことを指すと思われる。

なく続いて居る。五時半竜華の飛行場に着、支那の旅券係と税関の可なり長い検査が終る。芹〔鮎〕沢〔巌〕氏と自分の旅券は受取証と引換えに取り上げられ明朝飛行機出発前に渡すと云はれたことが他の米国人旅券と相異した点であった。バスでカセーホテルに向ふ。飛行機が着陸した途端に支那の臭ひがしたが、ホテルに向ふ道端の光景は昔と少しも変わらない中共が南京の対岸に現れても中国に大きな変化が起らうとして居てもアウトワードには昼の上海の顔には少しの変化も見られない。新聞社の前に立止って「和平か渡河作戦か」と書いた新聞記事に立ち止って居る人は少い。但車が右側通行になったことと警察官の服装に多少の相違が見へたことは大きな変化であった。黄包車と●●車と入れ乱れ人が人道から車道にまでハミ出し喧噪の内をバスは可なりのスピードで走らせるのでホテルに着いたらば流石に可なり疲れた。立派な部屋に藍沢〔鮎沢〕氏と同室、但、金は一文もないから荷物を持ってきて呉れたボーイにチップさへもやれないで藍沢〔鮎沢〕氏と顔を見合わせて苦笑いしたものである。

バスの窓から日本の賠償を取扱って居る役所の看板を見る。日没迄藍沢〔鮎沢〕氏とバンドから旧日本総領事館附近を散歩する。此の辺は昔自分のフリークエントした処で感無量である。総領事館の新館は「聯合国」と云ふ標札が出て居る。United Nationsが使用して居るのである。横手の旧館即旧領事館警察が出入して居た口には「海軍第一補給総站」の標札が出て居り裏手の桟橋には昔出雲や日清汽船の船が纜《もや》って居たものであるが、中国軍艦が一隻と商船二隻が横付けになって居り近くの広場で若い兵隊が頻りに行進の稽古をして居るのを見る。波止場を見乍ら感は尽きず低徊去るに忍びなかったが怪しまれても困ると思ひ立去る。帰りは更に虹口地区から北四川路付近の旧日本人権益地区を歩いた。此処は信濃屋、此処は辰巳屋とその跡は偲べるが勿論支那人が支那人式に商賣をして居るのを見るのみ、旧日本人クラブの前も通った。此の付近を歩くと全く日本が馬鹿な戦争をして大事な権益を根こそぎ失ったことが判る。

目まぐるしい自動車と人力車と三輪車の交錯と慌しい人の波と臭ひに疲れ切って一時間余の散歩も終り七時ホテルに帰り晩飯。この立派なホテルに滞在客はないのか食堂は我々の一行とパンアムの同行客が四、五名。大きな部屋に点々として食事をして居るのみ。淋しいこと限り無い。外の支那街の雑踏に比して何と大きな対照であらうか。これもインフレーションに依る外国居留民への打撃の現はれであらうか。一行五名の晩飯代は六十万弗でこんな豪奢な食事をするのは一生一代のことであらうとて一同心から笑ふ夜ホテルの窓から黄埔に浮ぶ満月を見る。上海は自分が最初渡欧のとき見た処とその後昭和十年前後に見た処と現在のそれとに比し大きく変化して居る様である。外国勢力殊に英国の影響が目に見へて薄らいで居るかと思はれる。そして米国勢力は少くとも外観的には英国勢力をリプレースして居る様にも見へない。但車馬の通行が左側から右側に切りかはったのは英国勢力の米国勢力への切り替へであるかも知れない。

❖**四月一三日（水）** 十時上海を出る。出發に際して又面倒臭い検査あり。検査所に居た一支那人役人は「日本人か」と友好的な様子で話しかけて来たがオフィシャルにはかなり厳重な態度であり藍沢〔鮎沢〕氏のごとき殊に一人招び込まれて荷物の詳細な取調を受けて居た。飛行機は海の遠望できる位の陸地の上を飛ぶ。支那の内地を飛ぶのは始めてである。温州らしい上空をかすめる中に段々雲が出て来て何も見へなくなる。南下する程に段々と温かくなって来る。香港に着いたのは二時（ローカルタイム三時）であった。此処で小憩の後カルカッタに飛ぶわけであるが天候を待つ。五時頃まで待って結局飛ばない。今日は香港泊りと云ふことに決定。九龍のホテルは何処も一杯で上海とは又著しい対比をなす。自分等二人は三人の印度人客と九竜ホテルの應接に追ひ込まれ急造のベッドに泊る。南国の夕方は何時迄もトワイライトが明るいので夕食後九竜の町を散歩する。美しいアーケードの商店街にはあらゆる商品が所狭きまでに飾り立ててある。英国式のバスの疾駆する大通りには榕樹が所〻に茂ってそれが青いアーク燈に照らされて美しい。渡し場の近くから対岸の香港島の夜景を見る。藍沢〔鮎沢〕氏との話は又日本のした馬鹿な戦争に及ばざるを得ないのである。九竜ホテルは日本軍の司令部のあったペニンシュラ・ホテルの裏手にあり日本占領中は横濱ホテルと呼ばれた相である。マネーヂャーの不愛想に比し自分等が食堂に入ると日本語で「いらっしゃい」と声をかけたボーイが居た。食事中一人のボーイが遠慮をし乍ら「日本人か」と覚束ない日本語で訊ねて来た。日本軍占領中日本人との接触で日本語を覚へた。日本へ行き度いと思って居たけれどももうその機会は失はれて将来そう云ふ機會はあり相もない。中国は二つに分かれて居る。どちらが好いか自分等には共産軍の経験はないから判らないがただ共産軍には腐敗がないと云ふことを聞いて居る。などと人柄のよさ相な若い給仕が話して居り自分が日本はもう壊了であると述べたら気の毒相に慢〻的に再建され様と答へて居た。終戦後始めての日本人で珍しかったのであらう。夜ホテルのダンス音楽で仲〻眠れず。ベッドも固いし余り愉快な泊りではなかった。

❖**四月一四日（木）**　十時香港を發バンコックに向ふ。海を越すとジャングルになるのであらうが概ね雲の中である。四時半（ローカル・タイム二時半）にドムアンの飛行場に着く。高度が高かったので耳が痛く着陸してもヂーンと鳴って居て不愉快極まりなくそれに蒸暑いので閉口した。黒い事務服では暑くてたまらない。着陸の時は猛烈なスコールで飛行機は二、三回着陸の姿勢をとっては又エンヂンをかけて飛び上がる。あとで訊いたらば猛烈なスコールのため飛行場の見通しがきかなかったためだ相である。飛行場が池の様に水溜りになるし雨が凄いので一丁ばかりの税関へ行くのに自動車を飛行機の桟橋に横付けにして旅客を運ぶ始末であった。税関の控室で休憩中バナナが食卓に山の様にでたので存分に食べて美味かった。三時半ドムアンの飛行場を發。イラワジ河辺りが間もなく眼下に見へ一面のジャングルである。此の辺で不時着したらば無事に着いても命はあるまい。飛行機は雲中を飛ぶ。悪気流で前後に揺れる。今迄の旅行の中で最悪の航空である。「ベルトを締めよ」の明りが何回か表示される。飛行機の高度は高い。半島を横切るとベンガル湾の上を飛ぶ。段ヽ日は暮れて行く。高度が高いから雄大な涯のないベンガル湾が青ヽと見渡す限りに拡って居る。海の真上の高くない箇所に綿をチ切った様な雲がそこここに浮んで居る。ベンガル湾は漸く暮れ始めて遠く下の西の方に眞っ赤な日が雲を赤く染めて沈んで行く。何とそれは雄大な日没の景色であらう。海は湖水の様に穏やかに見へるし機も今は全くステディーに滑るが如く進んで行く。南国の特徴とて日没後も何時迄も何時迄もトワイライトが続いて飛行機の機体が紫色に又黒ずんで見へる。その中、東の空、下の方にポッカリ月の浮んで居るのに気が付いた。思へば遠く来つるかなの感強し。九時頃カルカッタの燈火が見へ夜中巧みに著〔着〕陸。税関の厳重な検査あり。但心なしか首脳者らしい者一、二名の自分達に対する態度は親切であり二度も「アテンドされて居るか」と聞かれた。通過者であるに拘らず何処でも税関では時間がかかる。バスでダムダムの飛行場からカルカッタの市に走り今日はグランド・ホテルに投宿。名前はカルカッタの一流ホテルかも知れないが余り泊り心地の良い宿屋ではない。

❖**四月一五日（金）**　南の国では夜が遅くなり勝ちであるのに明けるのは早い。而も窓が明け放してあるので騒音が耳に入る。昨夜は暑くて余りよく眠れなかったが今夜はからす（日本のからすと少し様子が違う様であるが）の喧しい鳴声で目を覚した。昼食後二台のタキシーで街の見物をした。イ〔ヒ〕ンヅーの寺やら裏町やら動物園を見たが裏街のスラムには嫌になった。カーペンター夫人がこんなにひどいのはヒリピンでも見た事がないと驚いて居た。案内人が色〻なものを見せる心算か地面に薪を積んで印度人の婦人二人を火葬にする処に案内した。十二、三の印度少女の眠った様に死んで居た顔に〔が〕妙に目に浮かぶ。Black hole of Calcutta のあとも見る。印度では牛が聖獣であるから街の至る処に横行したりゴロゴロして居る。此処まで来て飛行機はバスラに著〔着〕陸しそのためイラクの査証が必要であることを發見。大急ぎで措置をとったが一同此処に二、三日逗留するのでは堪らぬと心配である。

❖**四月一六日（土）** 例によってカラスの鳴き声で目を覚ます。カッと眞夏の太陽の強い光線である。湿度も強い。心地よい夕風に吹かれ乍ら街を散歩したりホテルの前面の大広場を歩いたりするのが一日中の一番の楽しみであり此の時間はどうしても九時頃からである。従って就寝は十一時をこす。朝は早くから陽が上るし騒音で五時頃には目が覚める。従って睡眠は不足になる。此処に午睡が自然の要求として必要となって来るわけであらう。ホテルの前を歩くと乞食に閉口する。靴みがきの子供がウルサク纏はり付き一寸立止らうものならば道具を取り出して強引に靴を磨き始めるのである。ホテルのボーイもすべてチップ。此の間にあってほとんど無一文で切り抜けて行かうと云ふのであるから我々の苦心は大変なものである。鮎沢氏が小使を預けて呉れとヘーゲン氏に文句を云ふのも無理はない。物に頓着しないヘーゲン氏が食堂のボーイ達の前に自分等のチップ用として五ルピーの札を出して呉れたがこれが自分等の持つチップ、ハングリーのホテルに於ける唯一の武器であるから辛い。早く此処を退散し度い〔と〕考へて居た処最悪の事態は遂に起きた。ボンベーのイラク代表者に対し發送した一行の旅券中米国人関係のものは査証を受けたが日本人のものは査証を拒否されたのである。かくては旅行を継続することが出来ない。此の暑い不愉快なカルカッタに金なしでストランドしては何としても措置のとり様がない。昔ならば此処は日本の総領事館の所在地であったが国力を失った日本人としては心細きこと限りがない。カーペンター氏夫妻は今晩八時の飛行機で欧州に赴くこととしヘーゲン氏は同行してカルカッタに赴き同地で今一度イラクの領事と接触することになった。そのため自分達は二人でカルカッタのグランド・ホテルに居残ることとなる。カルカッタは通過であるから今日で滞留の期間が切れる。警察の了解を求めて置かねばならない。汎米《パンアム》会社が自分達のホテル代を支払ふことを確約せしめて置かねばならぬ。旅券はカラチに送られて居る。日本人のステータスはない。すべてに於て心細い。そして敗戦感を満喫せしめられる滞在である。ダムダムの飛行場に米国人三名を見送った鮎沢氏と自分の意気揚らざる。そして若しヘーゲン氏がカラチで査証をとれなければどうしたら好いかと不安に満ちた様子は全くボンボヤージを云って呉れた日本の人達にはみせられない姿であった。

❖**四月一七日（日）** イースター・サンデーでホテルの食事の上にはイースター・エッグスが載せられてあった。焦慮不安の一日であった。ヘーゲン氏は今早朝カラチに着く筈であるが生憎今日は日曜であるから何の程度イラクの領事と接触できるか疑問である。鮎沢氏と午前中はホテルの部屋でゴロゴロ寝る。此の頃は横になれば眠るカルカッタ・ハビットがついたと二人で笑った。金はヘーゲン氏が十五米弗《ドル》置いて行ったから先ずチップには事欠かさぬが自分達の支払いをパン・アムが保証することを自分達がパン・アムから取り付けて欲しいと云い出した。余り愉快でない。外へ気晴らしに出ると暑いし乞食につきまとはれる。午後は時間潰しに近くの映画へ米画を見に行く。ニュースに久し振りにブリティッシュ・ムーヴィートーン、ニュースを見、英国語を聞きピカデリー・サーカスを見る。夕方は同じ様なホテルの二ルピー半の食事を食べ夕方の散歩。南の夕方のみは楽しい。前の公園の芝生に寝そべりＧＲＡＮＤの赤いネオンを見乍らボンヤリと時間を潰して就寝。

❖**四月一八日（月）** 午前パン・アムの代表者と警察へ行き滞留延期の手続をする。警察だけでは用の足りぬことは日本と同じと見へて午後からは旅券事務所と云ふのへ行く。二時半から四時近くまで係官の前に腰かけて措置振りを見る。別に質問を受けるわけではないがお陰で印度の事務所の事務処理振りが見学出来た。此処は内務省に所属するのだ相で課長が係長と云ふのであらう三人机を並べ他に属官やら文書の持ち運び人らしいのが七、八名机を置いて居る。一番上席らしい男はデップリ肥った眼鏡をかけた勿体らしい男、二番目はよく日本の役所の戸籍簿にも見受けられるタイプでやせた神経質な眼鏡ごしに人をジロジロ見る五十前後のじいさん。今一人は色も日本人並みの黒さ、パキパキした若手の事務官らしい男。来る人を片っ端から明快に片付ける。同じ書類を右へ廻したり左へ渡したり、給仕を招んで他へ持ち運ばせたり仕事は仲ヽ結論に来ない。ゆっくりした点とパン・アムの言ひ分を正式の書類にして要求したりする点、日本の役所と変りはない。ただ違ふ点は不愛想ではあるけれども不親切でないと云ふ点であらう。自分達が待って居る間カラチの情勢を確めるべくパン・アムに電話をかける必要が出来た。電話を借〔貸〕して呉れと云ふと主任の「戸籍係り」氏は別に嫌う顔もせずに忙しい部屋に一つしかない電話をかして呉れる。自分達の滞留延期願を書き込むため別の机で書き込んで居ると自分等の借りたペンが終わるまで一人の書記は自分の書く手を奪はれて辛棒強く待って居るのである。

❖**四月一九日（火）** パン・アムから連絡ありカラチでイラクの代表者から査証が貰へ相であるから今日午後八時の飛行機でカラチへ向け出發する様にとのことである。カラチからの前途が余りはっきりしないが何れにするもカルカッタを離れることは難有《ママ》い。からすの鳴き声と牛と乞食と雑踏とに分〔別〕かれるべく飛行場に向ふ。飛行場行きのバスの出發点までタキシーを走らせたが運転手の助手がかなり巧みな日本語で日本人かと尋ねて来た。さうだと答へると自分は戦争中昭南〔7〕で日本人とつき合った、自分は戦争が好きだと云ふのである。出發の際の警察、税関の取調べも友好的であった。自分等が旅券官の前で応答して居る所へやって来て「ああ矢張り日本人だった」と横から口を出す役人が居る。日本へ来たことがあるかと尋ねたらば日本もゴタゴタして居るから未だ尋ねる時期ではなからうと愉快相に答へる。自分等の手荷物はほとんど検査もせず機上の人となる。午後の飛行機は今迄の様なSleeperetteではないからギッチリ人が詰まって居り寝台式には椅子がリクラインしない。八時離陸。デリーに着いたのは真夜中の十二時。小憩の後直ちに飛び出し三時間にして新興独立国のパキスタン首都カラチに着。下弦の月が飛行機の銀翼に輝か〔や〕いて夜の南国の街は昼間と違ひ夜気が心持よく冷やかである。此処でも税関吏の態度は極めて友好的であり主任らしい男が日本の復興状況はどうかと訊ねたのでこちらからも日本に関係があるのかと訊き返したところ彼れは戦争中日本人とつき合ったと簡単に答へた。戦争中と云ふ言葉が遠慮がちに表現された。別れぎわに手をさし伸べた処彼も椅子を離れて自分の処へやって来て固く手を握って呉れた。落ちぶれてシミジミと他人の親切が判るのである。日本は大東亜に数ゝの悪行を残したけれども印度やパキスタンの人ゝにインプレッションを残す様な何等かの善行も幸ひにして吾人の先人は行って居たのかも知れない。飛行場からカラチの街へバスを走らせる間眞暗な夜気をついて香って来る強い南国特有の樹木の香りを胸一杯に吸い込み乍ら何とはなしに日本の国の過去と将来を思って胸が込み上げて来た。くらやみから見てもカラチは大分カルカッタとは様子が違う様である。砂地に灌木が生ひ茂ってそれが涯てしもなく続いて居るらしい。飛行場へ出迎へに来て呉れたヘーゲン氏が今は涼しいが太陽が上ったら期

7——戦時中におけるシンガポールの日本名。

待して見て呉れと言って笑ふ。Beach ●●● Hotelに旅装を解く。カルカッタで予想して居た様な悪いホテルではない。裏手に海の入江の様になった河があり遥かにカラチの港も望見し得る。午前中トルコ帽を被った御者の馬車に乗り一同市中を見物する。此の街は確かにカルカッタとは違う。十時頃ともなれば強烈な日がギラ〱と輝やいてホテルの周囲の砂地は焼け付く様である。カルカッタの湿度の多い暑さとは又違ふ暑さである。街も回教の街である。モスクの尖塔、トルコ帽の通行人、その間を頸か前脚に鈴をつけたラクダがリン〱と印象的な音を立て乍ら去って行く。カルカッタは聖牛の町である。カラチは駱駝とロバの町である。此の街はカルカッタの富裕豪壮な建物には比すべきもないがカルカッタより清潔であり町を歩いても乞食の群に悩まされることは少い。但パキスタンを樹ててから周囲から回教徒が避難のため流れ込んで居り、此等の人の住んで居る場所と此等の人々の様子とは全くミゼラブルらしい。午前中見物を終へ午後は昨夜の疲れもあり休息。夕方は八時頃になると漸く凌ぎ易くなりそよ風が吹いて来る。それでも寝苦しくて余り眠れなかった。心配して居たカラチ領事の査証はヘーゲン氏の努力と米国代理大使の催促で入手し得た。飛行機の座席の都合さへ付けば明早朝出發である。

❖**四月二〇日（水）** 朝晩は余程涼しいが日中はたまらない。午前中ヘーゲン氏とパン・アムへ席の角〔確〕保に行く。三人の席がとれた。これで明日はブラッセルまで伸ばせるのでやっと安心。扇風機を掛けて昼寝したので扁桃腺を腫らしたのと下痢の気味で頭が重い。午後は一日床の上で昼寝。夜目下パキスタンに滞在中の日本人の商業使節団の一行六名がペレス・ホテルに居ると云ふので訪ねて行った。こんな異国で日本人に會ふとは思ひがけなかった。主人側が我々にレモネードを御馳走してくれたので二度迄●●。夜床に入ると間もなく起こされた。二時である。二時半ホテルをバスが出る。流石に此の時刻は街もヒッソリして居るし夜気も冷ややかである。型の如く荷物の検査あり。我々のは極めて簡単にして友好的。一人の税関吏が外交旅券を保持して居ないのかと訊ねたので平和会議前だから未だだと答へた処笑ってbest of luckと述べて居た。飛行機は五時離陸。燈火の点滅するカラチの街を下に見乍ら一気にペルチスタンに向ふ。次の着陸地バスラまでは五時間半の飛行時間である。東に飛ぶに従って時差の関係であらう仲丶夜が明けぬ。カラチを出てから三時間位して飛行機の翼を朝日が照し始めた。実飛行時間五時間で飛行機はバスラに着く。此の間窓から下を見ると白く黄色く雲を砂漠の反射らしく熱気がむせ返る様である。バスラに降りると上から見ると此の地域は黄色い砂漠の中の唯一の川と樹木の町の様であったが心地よい涼風が吹いて驚かされた。一時間余小憩時間は時差の関係で十時半なるべき処が八時であった。一行は此の査証のみは十分によく見て貰い度いと笑ふ。又飛行機に乗り次の着陸地ダマスカスに向ふ。途中は依然として黄色と白の雰囲気とそれから来る熱気の印象のみ。自分はカラチで食傷りしたものか下痢して元気なく此の辺から全くへばり込んで下界を見る積りもなくなって了ひただグッタリと寝込んだが寝ても頭が痛いので閉口した。ダマスカスまで砂漠の上を飛んで来たのであらうがダマスカスに近づくと周囲の余り高くもなさ相な山ゝが何れも雪を頂いて居るのに驚いた。間違いではないかと見直した位である。ダマスカスに著〔着〕くと九月頃の軽井沢に降り立った様に高原の風が上着を着ても寒い位であった。海抜は六百フィート位であると云ふが様子は高原と相似たり。空は飽く迄も澄み空気は清冽。周囲の芝地らしい地帯は青と緑である。但一定の箇所からさきは線を画した様に黄色い砂漠の色である。シリアの顕官らしいのが飛行機で離陸するのか一個小隊ばかりの兵隊が整列して居る。バスラから此処までの実飛行時間は三時間半であるが時差の関係で実際上は此れほど手間どっても居らぬのである。身体の調子はいよいよ悪い。

又一時間程機上に人となりイスタンブルへ向ふ。同地着は三時間後であった。イスタンブルではもう相当に涼しく雨催ひで風も伴ひ寒くさへあった。慌てて上着のボタンをしめ外して居たネクタイをしめる。飛行場の人ゝは何れも外套を着、休憩室にはスティムが入って居た。旅券の査証等は至って簡単に次の着陸地たるブラッセルに向ったのは一時間後位であった。身体の関係で余り下界も楽しめなかったが機は海の上を飛んでスピードをかけ出した。ダーダネルス海峡であらう。これから実飛行時間ブラッセルまで七時間で最も長い期間である。アスピリンを飲んで寝込む。ブラッセルに着いたらば何時の間にか日はトップリと暮れて居たがその筈である。ローカル・タイムにしても夜の一時である。飛行機は東へ東へと飛ぶので時間をセーヴしそのため今日の一日は恐らく五、六時間長かったのではなからうかと思ふが之を利して飛行したので自分はスッカリ疲れた。実飛行時間は実に一九時間余。一日にしてカラチからブラッセル。東洋から西洋の人となったわけである。昭和四年自分が始めて英国へ赴いた頃七月十日日本を出て九月上旬倫敦《ロンドン》に着いたのに比してそれは何と大きな変化であらうか。人の短い一生の間は変化は大きく起り得ることを痛感した。今ブラッセルの地に足を踏んで二十四時間前にはカラチで就寝の鈴を聞いて居たことがほとんど信じられないのである。
旅券の検査があったが自分達日本人二人は殊に別室で調べられた。調べられたと云ふよりは訓令と照合せしめられたと云ふ語が適当であらう。官吏の態度は極めて鄭重であった。　蓋し此の地には米国官吏（東京のD．S．を通じて）から自分達の一行の通過がノーティファイしてあるのである。これがため通過査証は東京で受けて来なかった。簡単に照合を終る。荷物の検査も此の税関の役人が外交旅券だからと税関吏に告げた。人のよさ相なおじいさんの税関吏は自分等に旅券は外交旅券になって居らぬではないかと述べ一応上司に相談したらしいが検査は形ばかりで通る。シリアも同様に査証なしで国務省から佛国方面への通報と云ふ方法によったが取調後通過客に旅券を返還する際自分達日本人が眞先に呼ばれ（概ね各地で最後であったが）最先に飛行機に乗り込んで他の旅客を驚かしめたし自分達も少し驚かされた。恐らく国務省の指図によって自分等を外交旅券保持者並みに扱ったものであらうか。荷物が足りないためゴタゴタして飛行場にでたのは結局午前二時頃。二時半ホテル・パレスに着。湯に入って疲れ切って寝たのは三時であった。

❖**四月二二日（金）**　ゆっくり起き前面のスケアーを眺めカフェ・オレをエンジョイしてから鮎沢氏とトラムで王室庭園や日本の五重塔のある方面へ散歩に行く。街は清潔であるし空気は清澄で気持ちがよい。涼しい割には花が早く八重桜が満開の処もあった。食事後はヘーゲン氏も加はってホテルの近くを散策したがPlace Rogir［プラース・ロジェー］付近の繁華街の商店は大したものである。欲しいものは何でもある。食物は豊富、衣服も比較的安い値段で豊富に陳列されてある。ありとあらゆる品物が豊富にそしてスマートに並べ立てられてある。ベルギーの通貨が瑞典や瑞西のそれと並んで今や欧州に於ける通貨の一であることも容易に頷ける。ルクセンブルグの公使館に赴いて査証をとってから食事。食後佛国映画で時間を潰して夜の十二時少し過ぎガール・デュ・ノールから壽府へ向けて出發。豪華なワーゴン・リであり客も混んで居ないと見へて一人で部屋を占有出来た。停車場の空気、列車の出發も亦旅行の雰囲気を出すためにはなくてならないオサへの様である。久し振りに昔の欧州での旅行を思ひ出す。

❖**四月二三日（土）**　ルクセンブルグは夜中の三時頃にすぎて目を覚ましたらばメッツであった。列車はローレンを抜けアルサスを通る。佛国の豊かな農業地帯を羨しく見て居る裡にストラスブールを通って十二時半頃バールに着。瑞西《スイス》の官憲は荷物は無検査で通して呉れた。列車の乗換まで時間があるのでバールの町を見物。

❖四月二五日（月） 今日も雨である。ブラッセルで紛失した一行の荷物二個が壽府へ着いた旨の通報あり。㐂ばし。これには自分の金が入って居る。部屋に降り込められて全く退屈した。午後三時急に會議の総會が開催せられると云ふので出かける。會議は川向ふのGrand-Théâtreで開催されて居る。各国全権は続々と詰めかけて居る。會場は天井がガラス張りとなって居るため會場は極めて明るい。天井の両側には万国旗が賑やかに飾ってあるが勿論日本の国旗は見当らない。會場の席は七人並び毎に通路がハサマり四ブロック。深さは十列。各国の列〔並〕び順序はA.B.C.順でもないので一寸見当が付き兼ねた。正面一段高く議長席一段下って速記及通訳の席。両側と背後とが傍聴席であり傍聴席の全面議場の最後列、議場より少しく上った箇所にオブザーヴァーの席が設けられて居り自分達四人がその席を占める。最初此の會議に参加を拒否したチェコ、ポーランド等の諸国もオブザーヴァーを派遣することゝなったので會議開催前カメラが我等の席に二、三回向けられた。久し振りの国際會議の空気である。日本は何と久しい間こう云ふ空気に接しなかったことであらう。議長たる瑞西代表の〔マックス・〕プチピエール氏が開會を宣し各條約に共通な條文の審議方法に対して提案を行ふ。次で濠州代表のホヂソン氏（彼は議長不在の場合議長の席をとることゝなって居る）が登壇して賛成演説を行ふ。背は余り高くないがガッチリした髪の白い顔の赫黒い精悍な顔をして居る。脚が悪いのでステッキを借りて登壇、相当長く喋る。次で印度代表が極めて簡単に發言し次で英国代表で曾ての駐日大使たりしサー・ロバート・クレーギー氏が登壇、英国の提案を説明した。同使ももう相当の年配であらう。可なり老けたし白髪も殖へた様であるが元気相である。大した波瀾もなく一時間足らずで散會となる。此の調子では此の會議、仲〻に長びき相である。出る時、曾ての伊太利の駐日大使アウリラ〔テ〕イ氏の顔を見かけた。未だ彼れはこんな席で伊太利を代表して居るのかと一寸驚ろかされた。又此の會議の事務総長は瑞西の外務省のミケリ氏であるが彼れは戦争中東京に在勤し、自分も通商局時代何回か接触があったので挨拶をして置いた。

❖四月二七日（水） 午前十時から共同委員會の會議がホールで開催されたのに出席。今日は共通の条項中第二条の討議が行はれた。今迄の會議は組織の段階であるから満場一致で異見なしにやって来た様であるが、昨日あたりから相当議論も出始めた様である。こう云ふ赤十字の人道的會議であっても国際會議である以上東と西との対立、現実の国際関係は冷酷に表はれて来る。今日の問題は主として国際的規模に至らざる内乱の場合にも本条約を適用するか否か即反乱者に捕虜たるの待遇を與ふる等の措置を講ずるかの点であって、ストックホルムの原案は肯定して居るのである。之に対し深刻な内乱に悩んで居る中国、ビルマ等の諸国の代表が登壇し反対し、ソ聯、モナコ代表等は全面的に原案を支持した。ソ聯代表は平服、若年で此の人のみがソ聯語でやったゝめ二国の通訳が行はれた。之に対し折衷的態度を採る国として米国、カナダ等の諸国あり。米国は反乱軍他が此の条約の適用を受け得るための一定の条件を主張し、カナダも略々同趣旨を述べた。英国代表のクレーギー氏も人道的な面もあるがヂユリディカルな規準のあることを指摘し、最後に濠代表のホヂソン氏も登壇して反乱軍が条約適用の対象となるに際しての規準を説明する処があり午前十時から一時まで相当面白い議論であった。昼は目下アヌシーに出張中のメーナード氏と會ひ會食。夜は街の散歩。

❖**四月二八日(木)** 十時から●會室で総會あり。本日はオブザアバーを何の程度に入れるかと云ふ問題が論議されたが出来得る限り門戸を開放せよと云ふ瑞西や伊太利の主張に対し、原案では広過ぎると云ふ国(英国)とあり、結局挙手の採決で多数決で余り広くしすぎないことに決定。

午後は委員會には出ずに附近の散歩。

❖**四月二九日(金)** 午前十時から一時まで會議。會議場まではホテルから散歩して十五分位かゝる。朝食後の運動に丁度よい。そろ〳〵日課が板について来て楽しいし張合もある。合同委員會で共通条項の討議が行はれ英ソ等の全権が夫々發言し余り露骨な反駁はないけれども意見の相違が所ゝに表はれる。午後はY.M.C.A.にTracy Strong氏を尋ねて日本の戦犯問題や未復員問題に関し協力を求めた。今日は一日雨降りでわびしい。ヘーゲン氏と打合せの結果自分達一日の諸雑費として二弗、外に洗濯代、一日七十五仙《セント》のお手当が決定。宿泊料と食事は思ひのまゝ従って食事は毎回街へ出て豪遊を極める。夜ババリアへ行って食事をする。昔壽府に滞在当時盛んに食事に来たものであり石井菊次郎、杉村、佐藤氏等の漫画は片隅ではあるが依然として掲げられてあるが三人の中二人は故人、又その代表した国が常任理事国中の大国であったものが今や国際會議に参加も出来ない。辛くもオブザーヴァーを送り得る程度であることは侘びしい。十五年の歳月の裡にかくも激しく国運は隆替するものであらうか。バヴァリアを出ると外は粛条たる雨である。

❖**四月三〇日(土)** 土曜日であるが土曜日は会議はない。今日も雨である。街へ出て百法《フラン》奮發してレンコートを購ふ。午前中本屋をのぞいてたりで日をすごし午後は新聞を讀んだり昼寝をしたり。夜は一行五名で近くの伊太利料理を喰べに行く。

❖**五月一日（日）**　外交會議の代表国がセント・ジョセフ教會のミサに招ばれて居るので自分一人Place des Eaux-Vivesの教會へ行く。司會は法皇廳の全権Monseigneur Filippo Bernardiniと云ふ人で九時半から十一時まで荘重なミサあり。ミサ中Les petits chanteurs de la Cote D'Azertが唱はれる。五月になったと云ふのに実に寒い。日本の二月の陽気である。部屋内はスティームが通してある。今日は雨こそ止んだが風は冷くモン・ブラン橋を渡ると寒風が身体に叩き付ける様であり湖水の水も相当荒れて居る。春のこととてマロニエの花も咲いて居る。チュリップも美しいが此の陽気では春未だしの感強し。昼は藍沢〔鮎沢〕氏の友人と云ふピカードと云ふ人が昼飯に招んで呉れたので出かける。相当郊外である。国際聯合の欧州支部に勤めて居る英国人だ相で御馳走も久し振りで英国の家族式のものであった。此の辺は野は緑に木々は高く天気がよければ美しい所であらうが毎日の雨天曇天には閉口した。今日はメー・デーとて労働者の行列がある。ソシアリストらしい、赤い旗は持って居たがインターナショナルは歌はぬ。秩序も整然。楽隊を先頭にピクニックにでも行く様に行進する。五月の最初の日とて街では女や子供が谷間の白百合の小さな束を通行人に賣り人々は多くこの小さな束を手にして歩いて居た。午後は四時からホテルに当地に在住して居る前田護郎君に倉地氏夫妻をお茶に招んでこちらの話やら日本の話やら歓談。

❖**五月二日（月）**　午前午後會議に出る。午前の合同委員會は利益保護国の問題等を扱ひ議論も活潑で面白かった。午後は委員會に出て見たが、伊太利の代表が捕虜の待遇問題で自分の二ヶ年間の日本抑留生活云々と論じ、まるで此の国が過般の戦争で当初から民主国家と共に枢軸国家に対抗して居た様な印象を與へた。此の国の代表の厚かましさに別に憤る必要はない。たゞ日本がこんな国と眞面目に生死を共にする盟約関係に入って、ブッ倒れた自分自身の愚かさに憤りと悲しみを深くするのみである。又同じ會議で英国代表が捕虜特に盲目になれる者のレハビリテーションに付て論じた。此の字句はストックホルム會議で特に英国の赤十字代表の意見で挿入を見たとのことであるが、本日は英国代表が切々胸に訴へるが如き發言を行ひ満場を傾聴せしめ、英国の人道的精神をインプレスせしめるに役立たせた如くである。此の辺のコツは英国は仲々巧みである。伊太利代表は右發言が終るとたまりかねた様に感激した口調で英国を支持した。彼は常に佛語で喋って居たが此の時はブロークンな英語で喋り、大に劇的効果を挙げて居た様である。

❖**五月三日（火）**　午前、會議。正午は藍沢〔鮎沢〕氏と共に

Tracy Strong氏に食事に招ばれた。瑞典人でY.M.C.A.の書記長をして居る由のCedergrenと云ふ人も同席して居た。二人とも温厚な好紳士である。食事後更に〔トレーシー・〕ストロング氏の事務室で日本人復員問題、戦犯問題等に付懇談し従来のY.M.C.A.の努力を謝し今後の援助を願って置いた。こう云ふ立派な人に接するのは気持のよいものである。午後は一日報告書の整理に費す。

❖**五月四日（水）** 午前中會議。今日で共同委員會の第一讀會は終る。午後は凍結された瑞西法を利用する問題で事務総長のミケリ氏に會ふ。色々親切にして呉れたし東京の模様も興味を以て訊ねて居た。少し白髪が殖へた様であるが温厚な外交官である。夜は散歩。七時すぎまで薄明るい。

❖**五月六日（金）** 又雨であるが今日は面白い題目（国際的規模に至らざる国内紛争にも赤十字条約を適用するかの問題）が分科會で取り上げられて居るので雨の中を電車で一人でバチコン、エレクトラルに行く。會議は面白かった。午後特記すべきこともなし。

❖**五月八日（日）** 今日も好天気である。雲さへもなくてモン・ブランの眞白な姿がホテルからよく見へる。午前十時半赤十字會議へヴァチカンの代表として来たお坊さん（アメリカ人らしい）の好意で一行五名、その他二、三人のお客さんと近郊へドライヴに行く。

❖**五月九日（月）** 午前、午後會議に出る。ホテルでの合間には報告を書く〔の〕で可なり忙しい。天気はよい。夜は藍沢〔鮎沢〕氏の友人のニューリン教授と米国人の家庭へ食事に招ばる。

❖**五月一〇日（火）** 會議、午後六時からボドマー氏夫妻とリセプションが壽府郊外三粁《キロメートル》位の処にある宏壮な邸宅で行はれ會議出席の全権団が招ばれて居た。場所はグラン・コロニー。此処からはラク・レマンが眼下に見へ対岸にはユラの山々が夕方の光りを浴びて美しい。知り合も居ないし余り長居をしても意味はないし、日本人に話しかける人も居らぬし藍沢〔鮎沢〕氏と共に早々と切り上げ、山から湖水のへりまで二粁位歩いた。気持ちがよかった。クレーギー氏も来て居たが一寸話しをした。その際“Now you understand for conversions”と云ふ言葉が出たが余り嬉しい気はしなかった。又、ヘーゲン氏と自分と印度の代表と會談して居た際、自分から自分が日本を代表して居るのではなく此の人だと話した処印度人代表は笑って人に代表された経験は自分等にもあると述べて居たのは面白かった。

❖**五月一二日（木）** 一日會議で忙しかった。日本から最初の手紙を受取る。嬉しかった。子供も皆元気らしい。夜食事から帰って来たらば下の應接室に英国代表のクレーギー氏が居て自分の姿を見て今日は自分も暇だから部屋へ話しに来ないかと云ふのである。そこで九時から十時頃まで色々話しこんだ。吉田さんの噂、松平、有田〔八郎〕氏等の話、日英會議の思ひ出。佛印に関する提案を行って国交の断絶を防がうとしたが若しあの時の話が纏って居たらば果して戦争は防げたであらうかと云った話。クレーギー氏が日本へ着任した時はヒューゲンセン事件が未解決だったので、ドッズ氏（参事官）が船へ迎へにやって来て英国は日本と国交を絶つかも知れぬと云ふ電報を示したので、自分は国交改善に来たのに不思議な巡り合せだと思い乍ら荷造りを二、三週間解かずに居ったと云う話。日本人は生来残酷な民族とは思へぬのに、どうしてあゝ云ふアトロシティをしたか、忠君愛国のためなら手段を択ばぬと云ふ軍の教育の然らしめたものと思ふと云ふ話。自分の最近の著書Behind Japan's Maskを読んだかと云ふ話からその翻訳話を自分から持ち出した。此の好紳士はスッカリ好々爺にもなって飄々乎とした処が出て来た様である。愉快な雑談を終り、最後に自分から自分の壽府に来たことに付ては未復員者や戦犯者の家族から非常な期待を持たれて居ることを述べ、色々懇請した処同氏は一々首肯して居た。そして此の度の會議で英国のデレゲーションで出来ることがあったら支援して上げやうと述べて呉れた。

❖**五月一三日（金）** 今日も午前、午後會議で追はれた。午後は七時近くまで勉強。少し疲れた。然しプラダルヂャンで美味い飯を喰って元気回復。

❖**五月一六日（月）** 午前午後會議に出る。午後の會議でインドネシアの代表が戦争中の日本占領軍の土着民取扱振りが非人道的であることを指摘して居たのが不愉快であった。日本を攻撃することはノー・ハームでありこれにより英米諸国をインプレスすることが出来るならば安いものである。

❖**五月一七日（火）** 一日會議と報告書き。それに買物の整理でソロ〳〵引揚支度もしなければならない。

❖**五月一八日（水）** 今日も雨。案外此の土地の気候は大陸的である。暑い様な日があるかと思へば、翌日はセーターを着なければならぬ日もある。夜法皇廳の全権団四名をスキャプ全権団がホテルに招ぶ。ベルナルディニと云ふベルンに居るお坊さんが首席である。マレラさんの前任として濠州に居たしマレラさんと米国にも一緒に居て出渕〔勝次〕も知って居る相である。十時半頃まで歓談。我々と遊んで呉れるのはお坊さんだけらしい。

❖**五月一九日（木）** 一日會議に出席。特記すべきことなし。

❖**五月二一日（土）** 日本に在勤して居るデュ・ボア氏の母堂とファザー・エグリの弟さんとを夫々ローザンヌとベルンに訪ねるべく鮎沢氏と一緒に出かける九時の列車で出發。幸ひ天気は好い。

❖**五月二三日（月）**　出發が迫ったので慌しいが會議に出る。家から手紙が来ないこと既に二十日になるので心配し出した。どうしたこと〔か〕強い字句で詰問の手紙を妻に出して置いた。

❖**五月二五日（水）**　午前中は會議に出る。総會が開催されて居たので會議後瑞典の大使に利益提供に関するお禮を述べたりクレーギー氏にも別れの挨拶をしたし法皇廰のキリオン師にも挨拶したし、事務総長のミケリ氏にも顔を出して置いた。午後は町の散歩。久し振りによく晴れた。結局鮎沢氏のみモーラル・リアーマメントの會議やらY.M.C.A.の會議にも出席するため居残ることゝなり自分等は二、三日中に引揚げるときまる。

❖**五月二九日（日）**　朝九時八分の列車で一ヶ月余滞在した壽府に別れを告げて出發。天気はよい。

❖**五月三〇日（月）**　起床する。朝飯は前のカールトンと云ふ宿屋でする。エクセルシヨールもカールトンも米軍が接収して居るらしく一般の現地人には入れぬ様である。

❖**六月一日（水）**　早朝に起床。廃都の様なケルンを發ったのが六時十分過ぎであった。七時半頃には曾ての政治の中心たりしアアヘンに着く。此処も国境の町であるだけにほとんどやられて居る。停車場も見る影もない。プラットフォームに立って居る男に聞けば建物がないので人口も半減した相である。此処から白耳義へ入る景色は美しかった。国境は丘陵になって居ると見へ列車は機関車を増結して走る。美しい森が左右に見へる。峠を越すとベルギーである。税関の検査は入った時と同様に簡単であった。直ぐ食堂車が連結されたので朝の食事をしたが立派な朝食で独乙とは違ふ。車窓から見る美しい牧場には牛が放牧されて居るのも独乙では見られなかった。建物も美しい。リエージュの町辺りは破壊された跡があるが大したことはない。欧州では戦勝国と中立国と戦敗国とが僅かの距離に所在して居るので旅行者は甲の国を見た記憶の新たな内に乙の国を見て両者を比較し得る。瑞西や白耳義を独乙と比較して如何に戦争が悲惨なものであるかゞ一目に判るのである。一時間時計を遅らせた関係でブラッセルに着いたのは十時少しすぎであった。駅前の美しいグランド・ホテルに投宿する。丁度四十日振りである。ホテルの前の公園には太陽の光りが強く反射して時のすぎたことを思はせ又米国人の観光客が此の前の滞在のときよりはメッキリ殖へた様であった。昼食後飛行機の座席角〔確〕保に出かけ取ったとばかり即断して居た英国の査証のとれて居らぬことを発見。慌てて英国の領事館に駆け付けたが査証係りは二、三週間かかるとて懇請を受取らない。ヘーゲン氏と又米国の領事を訪ねて仲介を頼んだり。結局下手をすると倫敦では飛行機から出られ相もないことになった。此処まで来たのにそしてあれだけ楽しみにして居た倫敦であるのに壽府に滞在中手続をとらなかった愚かしさについて自分自身を責めざるを得ない。全く査証では歎かはしいことのみである。夜は支那飯を食べに出かけた。全く浮かない。ボンヤリ歩いて居て自動車に轢かれ相にさへなる。

❖**六月二日（木）**　朝早速米国の領事を訪ねる。同領事が問題をもっと高い所で取り上げて呉れることになった。ボン・マルシェで総理のための土産品の買物をしたりで時間を潰す。その中正午頃米国の領事から電話ありパスポートの査証がとれたとのことである。こんな嬉しいことはなかった。早速午後は飛行機の角〔確〕保に行く。飛行機もとれて夕方出發ときまる。六時頃パラース・ホテルの附近で夕食し八時頃までホテルのロビーで休む。迎への自動車に乗り予定の通り十時十五分離陸、十一時前にもう眼下に英国の燈火が見へ出す。一時間余で美しい倫敦の燈火が一面に下に見へ出した。着陸して型の如く役人の質問、大したことなし。自分の方から終戦後日本人は恐らく自分が二度目であらうと余計なことまで話したものでスッカリ仕事が終ってから此の老人官吏は税関で荷物の検査に立ち會って居る自分の処へやって来て色々話しかける。税関の検査は英国は八釜しかったものであるがほとんど開けても見ず通った。飛行會社の世話役たるスチワーデスが明快な英語（或は気取った英語）を喋るのも英国へ来たと云ふ感じであるしポーターがコックネーで應酬するのも倫敦である。角〔確〕保してあったパーク・レーン・ホテルまで深夜の大通りを四、五十分走ってホテルに着いたのは一時頃であった。相当なホテルではあるが本館は満員で別館に泊る。別館は狭いしバスも付いて居ないが已むを得ない。明日を期待しつゝ眠る。

❖**六月三日（金）**　朝起きる。小雨である。尤もこれも倫敦らしくてよいのかも知れないが行動には不自由である。一日昔の場所を歩き廻る心算である。そして歩き廻った順序とりとめはないが思ひ出づるまゝ

（1）ホテルの部屋には石鹸はないし浴用のタオルがない。
Owing to restriction imposed by the Board of Trade, no possible to supply bath towels to guests と書いてある。但便所には紙はある。

（2）朝飯は二人で七志《シリング》位とられたが大して貧弱なものではなかった。玉子も出たしマーモ〔マ〕レードもあった。砂糖が極く少量、ポリジに申訳程のミルクが付く（壽府のカフェ・オレの比ではない）。

（3）外へ出る。赤いバスが通って居る。昔のまゝである。タキシーも昔程の旧い型はないが様式は同じである。

バスの二階の露き出しになって居るのはなくなった様である。それから往来のバスの停留場に簡単なシェッドを作って人が列を作り乍ら雨をよけて居る。

（4）昼飯はピカディリーのスコットでしたがメニューには下の方にEach meal is limited to three courses, maximum charges 5/- when oyster form a course 9/- と書いてある。そして貧弱なマトンが出て来てそれをケルンのエクセルシヨールの場合の如く英語を外国語として喋る給仕人が勿体らしく捌いて食卓にのせる。それでもスコットのテーブルの数多い中で肉にありついたのは最初に来た三十人とか四十人の客であると給仕は言って居た。但客の数は見受けた処余り多からず給仕人が手持不沙汰の体に見へた。まづいビター・ビーアを飲んだりチーズを喰べたり結構勘定は一磅《ポンド》十志（チップを入れて）位になった。ヘーゲン氏が壽府の半分位の値打しかない食事を二倍の料金をとって喰べさせると言って笑った。昔の倫敦を知る人には想像も付かない。来て居るお客さんの服装も物腰も全く昔の面影はない。夜の食事はベーカー・ストリートで認めたがこれも空腹を充たす程度。机の上の布巾なども何度も洗って薄くなり貧相なものであった。

（5）その服装であるが男女共にシャビーである。殊の女の人の服装は瑞西あたりから見ると格段に落ちる。イギリス男もズボンがヨレ〳〵であったり、レーンコートがピカ〳〵して居て昔の気取った様子は見えない。こちらも昔と違って気が楽であるし、相手の身ぎたないのは尚更に気を楽にする。矢張り服装の貧相なのは一應人の尊敬を薄らげるものか昔何となく一目置けた英国人が当方が敗戦国民であるに拘らず同等的に見へる。英国へ来て昔の英国人を考へ失望したとも云へる。今や英国は中流の下位の人達の大きなマスなのである。何と言っても戦争がこたえて居る。一生懸命に生きて行かうと云ふ努力はして居るが到底昔の隆盛を取り戻すことは困難と見る。此う云ふ大衆を基礎にして自分は来年の総選挙も労働党のものではないかと見た。何と云っても自分の知って居る英国と英国は大きく相違した様である。

（6）商品は奇麗に飾ってあるが余りアトラクトされない。そして値段も高い様である。尤も瑞西から来て眼が肥えて居るためかも知れない。日本から来て直接ならば色々目に付くのであらう。何れにするも一般に高價であって而も冴えない。これはと思う商品には輸出用と卸賣用で小賣はしないと書いてあったりする。

午前中飛行機の角〔確〕保をし八日出發ときまったのでエディンバラ行きを計画した。折柄ホイットサンの休日にひっかゝるので極めてまづいが、そして一〇七志の往復の自腹は痛いが思ひ切って決行。この位は昔を偲ばせて貰はうと一人合点をする。ホテルや食事代は何処に居ても官費であるから同じである。

座席の角〔確〕保を済ませキングス・クロスからカフレーへ行って見る。今から二十年前始めて英国へ来たとき成田君の紹介で二、三ヶ月過ごした所である。列車は相も変らず汽関車を逆に付け、客車も廊下なしの区切り車。天井にはガスが付いて居てトンネルに入るとガスの度を強める。昔と少しも変らないし進歩のあともない。カフッレーまで四十五分位かゝるのも昔と同じである。コンフヰルドからクルースヒルのゴルフコースを左に見てカフレーに着く。此の辺は大分家が立てこんで居るし道も少し違った様ではあるが大した変りはない。昔の家を訪ねて見ると外部が大分奇麗になって居たので人が変ったナと想像したが果してその通り。昔郵便局をやって居たお婆さんが此の家を買ひとった由でお婆さんは自分を覚へて居たらしい。ミセス・マーチンと云ふ。無遠慮であったが二階の昔の自分の部屋を見せて貰ったり應接をのぞいたり。中庭を見たり。此の中庭で自分が讀書中忽然として火が燃え始め大騒ぎをしたことを思ひ出す。お婆さんの話ではハミルトン氏は再婚してまだ生きて居るとか。ミス・エリオットは死んだ。ロティは結婚して〔ケ〕ンブリッジに居る由。ギースラー夫人も死んだ。ブレンダ・ギルは結婚した等ゝ。話は尽きなかった。自分も昔を思ひ出して去り難い気がしたが三十分程で引き返す。二十年の歳月流れ茫々として夢の如し。

倫敦に帰ってから昔の場所を散歩する。曰くピカディリー、曰くトテナム・コート（阿●●やトキワ・ホテルの昔も偲ぶ）。オックスフォード・サーカスからグロヴナー・スケヤーにも行く。大使官邸にはブラインドが卸されて居た。此のスケヤー〔スクエア〕の樹木はもう少し茂って居たと思ふが大分減ってその代りスッカリ明るい感じがする。旧日本大使官邸に寄せて反対の側を眺めて居るルーズヴェルト氏の銅像が立って居る。ポートマン、スケヤーの三十七番地にも行って見た。何処かで事務所にでも使って居るのであらうが標札がないので判らぬ。此の辺は大使館の若い連中のウロ〳〵した処である。低徊去るに偲びない。此処からウイグモアst.を通り日本人クラブのあったカヴェンディッシュsq.に行く。バスの様子が判らぬので小雨の中を概ね歩いた。スヰスコテヂの自分の昔の下宿へも前まで行って見たが思ひ出した。此処からポートマンsq.まで毎日通ったものである。ベーカールー・ラインの地下鉄にも乗った。ピカディリーからトラフォルガルsq.に抜け議會からウェストミンスター辺りを歩くと矢張りオーステリチーで食物は不悪《ママ》くとも米国人の観光客が英国を訪ねて来る所以が判る様である。テームス河にかかった橋の欄干にもたれ乍らボンヤリ議會の建物を見て居る。三ヶ月が薄く光り始めた。するとビッグ・ベンの鐘が丁度九時を打ち始めた。英国である。自分は英国に居るのだと夢の様である。リージェントst.の豪奢な建物の櫛比した通りをバスの二階の最先端に腰かけ乍らゆく。此のことは曾て自分が日本で夢に見た光景であった。此の夢が実現して居るのである。

今日見た倫敦の街の爆撃に依る被害は大したことではない様であるがそれでも所々に建物の並びに大きな空地が出来て例へばオックスフォードst.でも一寸様子が異った様に思はれる場所がある。こう云ふ箇所は所々にあるが何れも局部的であり大したことはない。尤もシティでは相当被害があったとのことであるが。何れにするも損害の箇所が少いのでスッカリ土塊も跡片付けしてあって道路に泥が押し出すこともないし概ね破壊個所を囲ってあるから凄惨な気は起らない。

今日は九時半頃まで外を歩いて居た。エキサイトメントと追憶の日であった。昔を想起し而もその昔なるものは自分が若かったそして日本が堂々の陣容を張って居た時分のことゝて感慨は無量である。近来こんなに色々な感情がこみ上げて来たことはない。エディンバラのラドラム氏に電報を出し、又、ボーンマスのグレグ夫人に生きて居るか否か判らないが葉書を出して置いた。日本の新聞社へも「オーステリティの英国から」と云ふ寄稿を投函。但その内容は壽府に於てタイムスから取ったものが多い。

❖**六月四日（土）**　キングス・クロスに行く。今日は好天気である。九時五十分發のフライイング・スコッツマンのデュプリケートで行く。月曜日がホイットサンの休暇であり明日曜には鉄道のストライクがあったりするので大変な混雑と思って居たがコンパートメントには二人のみ。六人収容の立派なクッション附のコンパートメントで三等である。此の汽車はほとんど止らない。ヨークとニューカッスルに停車したゞけで四百哩《マイル》を八時間半で走った。途中の景色は典型的な英国風景で眞青なグリーンの上に羊や牛の放牧してあり緩い小川と森の景色である。トウヰード・マスからベリックにかゝる鉄橋の附近の景色が殊にインプレッシヴであった。二十年前悲壮な決意をして雨のそぼ降る中をトヰードを渡ってスコットランドに入って来たことを思ひ出す。

エディンバラはレーンコートを着ても寒い位である。例の豪壮なお城とスコットの塔とアーサーズ・シートと見倣れた景色で懐しさがこみ上げて来る。駅の近くのローヤル・ホテルと云ふのに荷物を置き直ちに二階作りの電車で33ワリストン・クレセントへ行って見る。町の様子が少しばかり変って居る。グレアム氏の家が変って居るかどうか案内を乞ふとオースチンが出て来た。グレアム夫人は長の病気で寝込んで居る相だが床に起き上って色々と話しをした。病人のことでもあり長居は無用と思ひ自分の昔の部屋などを見せて貰って病気の回復を述べて辞去。カレドニアン・ホテルでオーケストラ・チャーヂを二志六片《ペンス》もとられる豪奢な食事（食事の総額は法律で五志に抑へられて居るが曰くチャージ、曰くオーケストラ・チャーヂ曰くサーチャーヂ曰くチップで結局十五志位とられた）をしプリンセスst.を歩き大学にもブラ〱散歩してホテルに帰る。

❖**六月五日（日）**　起床早々ラドラム教授とクルックシャンク女史に連絡をとる。午前中はポートベロやブレーズヒル。プレストン・フキールドとトラムの二階から昔を偲び明日の座席も角〔確〕保して午後三時〔コ〕ストーフキンのクルックシャンク女史を訪れる。お母さんが亡くなったので一人で家に居る。一生健康であったが最近病気して弱った。物價が高いが自分はもう六十を越したのでシヴィル・サーヴィスから退き仲々恩給だけでは苦しいと云ふ様な話しからマダム・ワタナベは一九四〇年二月子宮癌で死んだ。自分も時々病気見舞をしたが死後は遺言でムスメが殊に愛したゲーロッホに夫のハリソン氏と自分が出かけて灰をバラ撒いて来た。その時に傍路にあって灰を受けた樹を自分は持ち帰って庭に植えた。今は此の樹が大きくなって居る。ハリソン氏はムスメの死後すっかり世俗の事に興味を失ひ招待しても返事さへもない様になって居ると此の文人の女史はセンサイ〔繊細〕な表情で眼に心なしか涙を浮べつゝ親友の死を語るのである。一時間半許りお茶を飲んで話し合ひ此処を辞去しラドラム博士の邸へ行く。自分の姿を遠くから認めて同氏は家から出て来て迎へて来〔呉〕れた。元気ではあるが流石に二十年の歳月が流れて居ることとて頭はメッキリ白くなったし可成りやせて見えた。夫人も出て来た。夫人はほとんど昔と変らない。娘さんも出て来て一別以来の話から東京の様子、一ノ瀬、小林等々の噂と尽きず。簡単な夕食を御馳走になり近くのケンプスミス教授（引退）の邸へ行く。ラドラムとは姻戚関係になって居る相である。此処でコーヒーを御馳走になり乍ら三十分程歓談し、ラドラム氏博士に又會う日まで健康であることを希望しつゝ堅く握手して別れた。同氏は来年七十才。九時半であるが北国の宵は長く空はまだ明るい。トラムの車掌がlovely night, Sirと強い訛のある英語で話しかける様に美しい宵であったのでアーサーズ・シートにかゝる半月を眺め乍らマーチモンド・サークルのトラムで一周し今夜の宿のカレドニアン・ホテルに泊る。

❖**六月六日（月）** 十時の急行で倫敦へ帰る。今日はホイット・マンデーで休日である。天気は途中一度も雨が降らなかった位の好天気で英国には珍らしいサン・シャインで途中でチョッキが邪魔になる位であった。連日十一時から十二時頃までブラ〱して居るので蓋し睡眠不足となり、今日は車窓から景色を眺めてはつい居眠りをして了ふことが多かった。汽車は六人一杯になる位で可なり混んで居た。休日であるが素晴らしい英国の自動車道路にほとんど自動車の影を見せないのもオーステリティの英国である。六時半倫敦に着いてグロヴナー・ハウス・ホテルに投宿。相当な部屋である。此処は一九三〇年の倫敦海軍會議以来日本人には馴染みの深いホテルである。昔と余り変らないが應接のあたりは大部モダーンになった様である。ハイドパークには休日のことゝて大変な人出がして居りそれに伴ふ紙屑その他も大変な散り方であり英国人の高い道徳水準も少し怪しいところがある様である。疲れたので早めに就寝。

❖**六月七日（火）** 朝起きて見たらば恐らくどうかなって了ったのであらうと思はれたグレグ夫人から手紙あり是非来て呉れとのことに慌てゝ汽車の時間をチェッ〔ク〕・アップした処、十時半に早い列車があるので駆け付けた。ウオータールーの停車場へ行く途中紳士らしい人に道を聞く。自分も実は南阿から来たのだが同じ見当だから一緒に行かうと云って、此の人は日本人はもう自由に出歩けるのかなどゝ非常に水準の高い質問をしたが、自分から日本に行ったことがあるかと質問したのに対し、ない、但昨日日本のガヴァナーだった人の娘と會食したと云ふ話で一寸ガッカリした。

❖**六月八日（水）** ヘーゲン氏と荷造りをすませピカディリーの航空會社へ行き今日のシートを確認してから二人でバスでシティに行く。戦争に依る破壊の状況を見るためである。セント・ポールスの大伽藍附近を見たがこれは相当に壊されて居り此の伽藍が助かったのは奇跡的の様に見へる。但壊された跡始末はよく附いて居り瓦礫の堆積や放任は見受けられない。流石に戦勝国である相違である。トテナム・コートの床屋で相当ブレーキをかけたに拘らず五志位の理髪代をとられたので予算に狂ひを来たしたので、リッチモンド行きは止めてハンマースミス辺りにバスで出かけ橋の上からボートの通るのを眺めつゝ時間を潰し倫敦に帰る。エア・ターミナルでヘーゲン氏と落合ひ飛行場へ行く。税関、その他至って簡単に済んで八時半頃離陸した。此の飛行機は汎米會社得意のダブル・デッカーで七十人位乗れる最新式の旅客機で下部はラウンジでコクテイルがサーヴ出来る様になって居る豪奢なものである。英国の西海岸を抜ける。何時迄も薄明りで下の景色は美しい。やがて海を越してからアイルランドの上空にかゝりシャノンの飛行場に着き此処で晩飯を喰べたが米国方面の天候が悪いため出發の時間が遅れるとのことで一同待合室で時間を潰す。眠くはなるし退屈であった。やっと三時近くなって〔九日の記述に続く〕

❖六月九日（木） 飛行機は逆風に備へてガソリンをドッサリ積み込んで離陸、自分も毛布をかぶって寝る。目が覚める。海の上である。朝の十一時頃であるが未だに朝飯が出ないと思ったらば時差が夏時間を差引いても五時間あるのである。然し飛行機はアイルランドで小憩したゝめかニュー・ファウンドランドのガンダーにも着陸せずに一気にボストンの上空から紐育に突っ込んで行く。紐育のアイドル・ワイルドの飛行場に着いたのは十一時頃であったらうか。税関、移民官の取調何れも簡単に済んだがアテにして居たフロリア氏が居ない。止むを得ずバスに乗り込んで兎も角紐育へ行く。紐育迄は四、五十分かゝったらうか。今日は天気は変らないが空気がヘージーなため飛行機からは壮大なスカイ・スクレーバースの林立は見られなかった。紐育のエアー・ターミナルに着く。荷物は牽引しなければならぬし、何処へ行ったらよいか判らぬ。フロリア氏の電話番号を確める方法はないし、電話のかけ方さへも判らない。パン・アメリカンの係の男をつかまへ、事情を話し電話室まで行き番号を探し出しやっと連絡をつけた。此の間飛行場から僅々二十五仙で切り抜けたのであるから相当の努力と旅行馴れを示すものとして我乍ら感心せざるを得ない。その中フロリア氏が飛んで来た。同氏は汎米會社の誤った情報に基いてアイドル・ワイルドからラガルディアに迎へに出たのだ相である。兎も角嬉しい。息子のスタンレーが車を持って居るので荷物も積み込んでロング・ビーチの同氏宅へ走らせる。途中イースト・リヴァーのトンネルも潜り往復の自動車が六列位になって走って居る立派なドライヴ・ウェーを走らせ乍ら約一時間で海岸に近い同氏の立派な住宅に着、フロリア夫人にも挨拶して旅装を解く。晩飯は同家の人々、一同とアドラー氏夫人（フロリア氏の甥とか云ふ）と共にすませ、終って海岸を散歩し更にアドラー氏のフラットに行きテレヴィジョンを見る。鮮明な画面と明瞭な言葉で大にエンジョヰした。〔ドワイト・〕アイゼンハウワーの「クルセード・イン・ユーロップ」の解説と画面も面白かったし音楽も聞いたし野球も拳闘も見た。居乍らにして映画館へ赴いたり運動場へ出かけたりの感である。これでは耳だけのラヂオは誠につまらないものとならう。

十一時頃辞去してフロリア氏宅へ帰る。流石に疲れた。

❖六月一〇日（金）　何時かライフで讀んだロング・アイランドの列車に乗る。ローカル・トレインで余り奇麗ではないが速力は早い。ペンシルヴェニアの停車場からフロリア氏の事務所までは徒歩で行ける。エンパイア・ステートやその他の摩天楼が附近に聳え立って居る。午前中はエア・ターミナルに赴き切符の角〔確〕保で時間を過して了ふ。大きな数多いカウンターに客が集って各地へ行く飛行機の角〔確〕保やら問合せやらをして居るのである。米国国内に豊富な飛行機の利用價値を持って居る此の国で航空事業が進歩するのも当然である。午後はロバーツ氏、ネヴィル師等と連絡したが何れも電話連絡付かず、〔チャールズ・〕ケーディス氏が紐育へ居ると云ふヘーズ氏からの連絡があったのでそこへ訪ねて行く。マンハッタンの南の端れである。ウオールst.も見た。豪壮な建物が櫛比して居る。同氏はある法律事務所でパートナーとして仕事をして居るらしいが、飛ぶ鳥を落す勢ひであった此の人も職を辞して紐育に居れば一介の米国人にすぎない。流石に自分が訪ねて行ったので悦んで呉れた様である。色ゝ歓談したり、当時の打明話をしたり更に附近のカフェで盃を挙げ、同氏は自分をマディソン・アヴェニューまで送って来て呉れて辞退する自分の手の中に無理に二十弗紙幣をつかませた。そしてお互に再會を約して別れたが東京で又會ふかも知れないと自分の言ったことに対しては否定的な態度を示して居た。フロリア氏がラヂオ・シティに案内して呉れた。ついぞショウなどと云ふものは見たことがなかったので最新の米国のショウは殊に面白かった。映画のエドワード・ザ・サンもほんとの英語が使はれて居たので興味が深かった。此処を出て夜の紐育を散歩する。タイムス・スケヤーの夜景も見たが成程噂に聞いて居た通り素晴らしい夜の景色ではあった。一寸ピカディリーは比較にならない。ペンシルヴェニアの駅を十二時頃に出たのでロング・ビーチに着いたのは一時頃であった。

❖六月一一日（土）　午前中フロリア氏の援助を受けてショッピング。色々なものを買った。レディスのストアにも行ったが婦人連がひしめいて居る。何れも大した身装りではないことは自分が米国と云ふものを予想して居て外れた点である。下町のおかみさんと云った身づくろひの人達が此のFifth AV.の相当な商店でゴミゴミして居るのである。外へ出る。暑い。埃りっぽい。眼にゴミが入る。ヂュネーヴと違ひカラーは黒くなる。舗道は紙屑で眞白——と云っては大袈裟かも知れないがそれに近い。各種の人種が入り交り歩き乍ら英語でない言葉も大分耳にした。自分の存在などは問題にして居らないし従ってこちらも気安い気持ちである。

午後四時頃まで買物に時間をとり近くのカフェでカウンターに腰かけつゝ簡単に食事をしロングビーチに帰る。そして買物の整理。一部は飛行便で桑港に送ることとし一部はＡＰＯ〔空軍郵便局〕で郵送することとした。夜は又アドラー氏宅でテレヴィジョンを見せて貰ふ。

❖**六月一二日（日）** 午前中静養。正午はミヤコで日本人が十名近く集まるからとのミヤコの主人の塚田氏の話で同●町へ行く。日曜は流石に紐育も静かである。此処には約十人許りの日本人が集って居たが何れも長く此の土地に居る人々である。こちらからも話しをしたし先方からも色々な話しがあり、四時半頃まで會合が続いたが余り長くなるので此の辺で切り上げ自分は上出と云ふ人に案内して貰ってロックフェラー・センターの建物を見せて貰ひ又エンパイヤ・ステート・ビルの頂上に上った。途中エレヴェーターを一回乗り換へる。一弗十仙の観覧料を要する。此の頂上から紐育港を見、自由の女神の像を望見し、ブルックリンを眺め紐育の鳥瞰図を得た。ロング・ビーチに帰ったのは八時頃であった。フロリア氏夫妻と海岸を散歩し、レストランで食事をして帰宅。

❖**六月一三日（月）** 十一時半、ラガルディア飛行場を發。荷物が飛行機發の十分前位まで着かないので心配させられた。国際飛行に比し旅券の検査もなければ税関の取調もないので国内旅行は如何にも簡単であることが感じられた。双發の飛行機であるが華府には紐育から日に四五十回も飛行機が出る。紐育のスカイ・スクレーパースを下に見る。エンパイア・ステートの中階から上の方は軽く雲がかかって居た。機上でまどろむ中にスチュワーデスに起された。一時間しかかゝらない。下は美しい川と緑地である。十二時半飛行場に着いたが心待ちにして居た出迎への人は誰れも居ないのには閉口した。此処からは紐育の飛行場の様に都心へ行くバスのサーヴィスもない。タキシーはあるが何の位とられるか見当はつかないので乗れない。さりとて重い荷物は持って居るで全く閉口したしつくづく貧乏な外国旅行がイヤになって日本へ帰りたくなった。兎も角荷物を一時預けにして附近のバスの停留場へ行く。バスに乗る。乗る途端に乗客は金を箱に入れる。いくら入れるのか判らぬ。十仙であった。やっとポトマックを渡って都心に着く。これから旅券の滞在期間延長の問題でヘーゲン氏と落合ふのである。落合場所は同氏の兄さんの居るコングレス・オフィスである。同氏の兄さんはミネソタ出身のコングレスマンである。此処からは遠くないことを確かめてタキシーに乗る。やっと所定の場所に着いてヘーゲン氏に會った。此処からミセス・コンに電話をかけ約束を作る。タキシーで来たらば訳はないと呑気なことを言ふ。ヘーゲン議員の招待で議會の食堂で會食。食後トラムでミセス・コンの家へ行く。此処のトラムはシングル・デックでバスの様な格好をして居る。相当な勢ひで飛ばす。軌道をきしむ騒音の余りないのが不思議である。電車賃に穴のあいたトークンと云ふのを買って入れ物の中に抛り込む。下りる時も余り田舎者振りを發揮してはと思ひ、見て居るとステップを一段下へ降りて待って居ると運転手が操作してドアが開くのである。車掌は居ない。途中で不安になって下車したりしたが兎も角漸くのことでコン夫人宅へ辿り着く。同夫人は快よく迎へて呉れ相互に色々の話しがあり此処からザートマンさんとも話しをしたが此の婦人は病気入院中の由で會へず。暫らく話しをしたり、電話をかけて貰ったりして居るうちにジョン・ジョンストン氏が食事に来て呉れとて車で迎へに来た。同氏の家へ行くと途中、マサチュセッツ・アヴェニュも通り旧日本大使館の前も通る。今は極東委員會が使用して居りその看板が出て居る。出渕勝次が居た処であるし隆も五、六年生活した処である。自分の僚友も出入して居た処である。今の自分の姿に比べて何と悲しいことか。此処からロック・クリークを通り都心に近い処にもこんな幽遠な処があるのかと感心し乍ら同氏の宅に着き食事。食事後は庭に椅子を持ち出し涼み乍ら談話。蛍がチカ〳〵と森を飛んで居る。ワシントンはもう大分暑い。その中そこへフレンズで隆の友人だったと云ふミセス・デヴィス (Helen Jennings) と云ふ人が夫婦で訪ねて来て呉れた。九時半頃此処を辞してホテルへ帰る。今日の泊りは最近ミセス・コンはスタットラーとか何とか云って大変自分を驚ろかしたが自分の事情を聞いてからY.M.C.A.のホステルで二弗余位で泊れると云ふ処を色々電話をかけて呉れたが何れも満員。結局ジョンストン氏の斡旋で四弗のマルチニックと云ふホテルに落着いた。暑くて寝苦しかった。

❖**六月一四日(火)** 附近のドラッグ・ストアでトーストとミルクと云ふ典型的な食事をしてから徒歩でコングレスへ行きヘーゲン氏と會ひヘーゲン議員の部屋で働いて居るスコッティと云ふお爺さんに案内されて下院と上院とを傍聴した。下院ではルーズベルトの子息が何やら宣誓して皆から頻りに握手を求められて居た。議員は椅子があるのみで机を要しないから従って議場も日本のそれより狭い。野次こそなかれガヤ〳〵して居て演説者の話が聞きとり憎い。上院では労働法案を審議中で〔ロバート・〕タフト氏の顔も見へた。ミネソタ出身の上院議員と云ふのが頻りに喋りまくって居る。時々その許しを受けて他の人が演説者の言論にチャレンヂして行って両者の間に應酬がある。此の人とタフト氏との間に二、三應酬が行はれて居た。議場の二階の周囲はすべて傍聴席で多彩な傍聴者で飾られて居た。一應傍聴してからドームの内部の像や絵画を見物し、議院内のカフテリアで昼食をすませ次で国務省に行く。国務省は昔はホワイト・ハウスの隣りにあったが今は少し離れた処にある。近代的な建物ではあるが余りインプレッシヴではない。此処でビシップ氏と〔マーシャル・〕グリーン氏に會った。書類を渡したり総理その他から〔ジョセフ・〕グルー氏その他に宛てられた書簡を伝達し雑談暫時で辞去。夜は隆子の学友でチェニングスさんと云ひ今はMrs. Davisとなって居る人の家へ招待され夫婦でエンターテインして呉れた。食後は八時半からメージャー・リーグのワシントン・セネタースとセント・ルヰス、ブラウンスの試合に案内して呉れた。前者は目下アメリカン・リーグの第四位。後者はテイル・エンドとて試合としては面白くないかも知れぬがプロの試合とて興味あり。但両チーム何れにも日本で名の知れたプレーヤーは居ない。球場は大して広くない様に見へたがそれでも左右は夫々四〇八、三二八呎《フィート》あり中央は四〇八呎あり高く緑色の塀がめぐらしてあり。此の塀を飛び越す大本塁打も出た。昼間の暑さは去ってソヨ風が肌に心地よく電気もついて夜間試合の用意は出来た。テレヴィジョンも盛んにフィルドに向けトレインされて居る。日本の様に暑い最中をやって除けるのでなく飽く迄も興行であるから人の来易い時期を狙って居るわけである。ピーナツ賣りやホットドッグ賣りの声が喧ましい。地元のチームは先づ守ることになって居りセント・ルイスか先攻第一回に本塁打を含む三本の安打で四点を挙げて収ふ。地元のファンの声援の甲斐もなくワシントン・チームは六対二で破れた。試合時間は一時間半位かゝって居た。別にプレーに付き特に気の付いた点もないがボールのスピード、打ったボールの猛烈さ、待つよりは積極的に打って出る態度の外は外野手の球捌きが特に目立った。ピッチャーや内野手になると敵味方共に上手さが相殺されてよく判らぬが外野に至るとその巧みさが日本のプロ選手に比べてよく判る。実にその処理が素早く恐らく二塁打三塁打にならうと思はれるのを塁打で喰ひ止めて了ふ。内野手への返球がスピードあり、又正確な点も目についた。十二分にエンジョイしてホテルに帰る。

❖**六月一五日（水）** 十時コン女史を訪れる。其処へオサリヴァンとウッドコックと云ふ二人の婦人が来て呉れて今日はフレンヅ・スクールの車で案内して呉れると云ふのである。二人とも品のよいお婆さんである。先づトリニティに行く。閑静な場所に建てられた立派な学校である。ケミストリーを教へて居たと云ふ隆子を知って居る先生〔シスター〕が色々と案内して呉れる。ディーンにも挨拶した。此処から国務省に廻り〔ジョン・〕アリソン氏に會ってから四人でザーツマン女史の家を借りて昼食。森の中の閑静な住宅地に此の人の家があり此処で小憩の後、フレンヅ・スクールを視察しヂョージ・タウンの大学へも行った。丁度エドモンド・ウオルシュ氏は陸軍省に會議に行かれた由で會へず大学内部を見せて貰って引き揚げる。此処からポトマックを望んだ景色は美しい。更にポトマックの桜、リンカン・メモリアル等一巡して引き揚げ夜はジョン・ジョンストンが食事に招んで呉れ食後彼が日本へ行ったとき撮った天然色の映画を見せて呉れたがよく出来て居た。自動車でキャピトル・ヒルやホワイト・ハウスの夜景を案内して呉れた。同君には色々世話になった

❖**六月一六日（木）**　朝雨であるが間もなく上った。十時コント・ヴァノンに連れて行って呉れると云ふのである。今日はマウン女史を訪ね其処へ車でオサリバン女史も来て今日はマウント・ヴァノンに連れて行って呉れると云ふのである。立派な道を二十哩位走らせるとマウント・バーノンに来る。應鷹に使用してある土地と前面のポトマック河と緑に茂った樹木が印象的であった。帰りにレストランで昼食をすませ三時頃華府に帰着。それから町外れの移民事務所へ行く。蓋し自分の旅券の有効期限の関係上米国滞在が昨日でエキスパイヤーして居るのである。幸ひヘーゲン議員の口添もあったので簡単にすむ。又出国にはインカム・タクスを支払ったと云ふ証明書が要ると云ふのでタキシーで更に都心のインカム・タクス・オフィスに行き証明書を貰ふ。これも比較的簡単ではあったが知らぬ案内の土地をあっちの役所、こっちの役所と駆け廻されて閉口した。それからパン・アメリカンに赴き廿四日桑港發の飛行機の座席を角〔確〕保する。これで用もすんだのでコン女史のフラットに落付いて雑談し附近のカフ〔ェ〕テリアで夕飯をすませすぐ横の映画館へ出かけ、終って同女史に十分のお禮を述べてホテルに帰る。此の土地は時に触れ折に触れ隆が語る場所なので自分は来たことはないけれども印象付けられる。但日本全盛時代の話しが頭に残って居るので自分の姿はみぢめであり悲しい。アイst.からホテルへトボ〱引き揚げる自分の様子は意気の揚らないものであった。早く日本へ帰りたくなったのである。

❖**六月一七日（金）**　心配して居たリムジーンも予定の通りホテルへ迎へに来て呉れたので十一時發飛行場へ行く。飛行機は約一時間遅れた。双發の旅客機でシカゴへ行く途中、チャールストン、シンシナチ、インディアナポリスに降りる。上空から見た此等の都市は何れも樹木の多い美しい都市であった。シカゴに着いたのは四五時頃（時差一時間あり）此の飛行は今迄になく気分の悪くなるストレッチであった。

❖**六月二六日（日）**　午前十二時十五分ウェークをあとにする。

〔羽田へ〕著〔着〕陸したのは九時少し前、隆が子供を連れて迎へに来て居た。役所からは木村、田付〔景一〕両君が出て呉れた。飛行機のステップを降りる処で眩し相に新聞社の写真班のフラッシュを浴びて型の如く税関の検査を終り出迎えの人ゝと挨拶し差回して呉れた自動車で片瀬へ向ふ。

❖**六月二七日（月）** 役所に出る。省内で帰朝の挨拶。午後は總司令部各方面を廻り夜は増田〔甲子七〕官房長官の招宴あり。

❖**六月二八日（火）** 昼外務省幹部に食事をしつゝ報告。總司令部への挨拶。

❖**六月二九日（水）** 放送局で録音を行ふ。アナウンサーと約十五分対談。これは四日家庭訪問の時間に放送される。出来栄え我れ乍ら相当なものなり。

❖**六月三〇日（木）** 總司令部の色ゝな人達に挨拶に行ったり報告をしたり。此の頃までには英語の報告は堂に入ったもの。林総領事も留守中自分を訪ねて呉れたので挨拶。同氏の中共進出後の立場は相当に困難らしい。同情にたえない。毎日挨拶廻りと報告で追はれる。

❖**七月一日（金）** 夜は讀賣講堂で約一時間帰朝の講演を行ふ。

❖**七月三日（日）** 雨である。未だ梅雨は斎らぬらしい。午前中壽府や米国で厄介になった人への礼状書き。大分能率を挙げた。幸ひ全部役所負担で航空便で出して呉れるとのこと。

❖**七月四日（月）** 午前七時四十五分の家庭訪問の時間に自分の録音が放送せられた。大して悪い出来ではないと思った。十二時半課長會議に出て話をする。夜は佐藤栄作氏の宴會。此の週は講演と宴會で暮した。一日に同じ話を三回位喋るのである。

❖**七月五日（火）** 地方の連絡局長の會議があり此処で一席。松平議長を訪ねて又一席。夜は橋本氏の招宴。

❖**七月六日（水）** 引揚援護庁で一席。電通でも一席。

❖**七月七日（木）** 開成高等学校へ行き全校の生徒に講演。曽禰校長が此の先輩に見倣へと云ふ紹介には恐縮した。自分が登壇するとワーッと云ふ友好的な叫び声と拍手が暫く止まない。

❖**七月八日（金）** 午前「世界経済」で話しをし、終ってから研修所へ行って取り敢ず就任の挨拶をした[8]。午後は大蔵省の幹部に話しをする。

❖**七月九日（土）** 霞関會で講演。夜は大臣秘書官連中に内閣

8――朝海は一九四九年七月から一九五一年七月まで外務省研修所指導官を務めた。

で話しをした。

❖七月一一日（月）　午前中通産省で話。正午は霞関會の大公使會で話。夜はメーナード氏が今般ベースに転勤になると云ふので同氏邸でコクテイル。

❖七月一二日（火）　工業クラブで話。午後は銀座で「政界ジープ」のため座談會。夜は開成會に一寸顔を出し又膳〔桂之助〕氏の歓迎會に出た。同氏がライン・ワインを抜いて歓迎して呉れた。

❖七月一三日（水）　今日も二、三回話しをする。

❖七月一四日（木）　葉山の御用邸へ行く。鎌倉まで自動車を差廻して下さる。十時頃から両陛下〔昭和天皇・香淳皇后〕がお出ましになり自分の約一時間半の話しを極めて熱心にお聞き取りあり。自分の冗談話しには時々声を軽く出して笑はれた。侍従二名と女官二名とが陪席を差許されて居たが自分が在留一世邦人の祖国を念ふ熱情に付お話しし始めた頃、女官の一人がハンケチを顔にあてこみ上げて来るらしい感情をグッと押へ、押へかねてかすかに忍び泣の声をもらして居たのには流石に自分も声がつまって唾をのみ込む風を装ひつゝ言葉を途切らさざるを得なかった。上海を見た印象では陛下の前で如何かと思ったが率直に馬鹿らしい戦争をして元も子もなくしたことが沁み〴〵と感じられたと申し上げた。お話後約三十分独乙の様子と比べて日本はどうか、英国の皇室に付て何か話しがあるか等々の御質問あり。自分も遠慮申上げず見聞を率直に話したのである。東京で「日清製粉」で話し更に秀次郎の友人相木、山崎、清田、岩田君等と會食。

❖七月一五日（金）　昼小林君と會食。エディンバラの話しをする。一時から研修所で話し、夜は勧業銀行で話。

❖七月一六日（土）　検事総長の依頼で検事連に話し。午後は早目に引き上げ海へ入る。

❖七月一七日（日）　午前引地クラブで話、正午は自転車で辻堂の加賀美君宅に招ばれた。

❖七月一八日（月）　正午森下氏に依頼され交詢社で話。夜は佐藤清氏が自分と出渕勝君等を招いて會食。途中警察官の挨拶と云ったお景物もあり。

❖七月一九日（火）　午後我孫子君に頼まれ「ぐれいん・くらぶ」で話。夜は交詢社の上毛會で話。福井〔盛太〕検事総長の依頼による。自分も最近メムバーに入った。

❖七月二〇日（水）　役所へ出かける前の一時間半、片瀬の女学校で先生方二、三十名を前にして話。正午は工業クラブの會員で早稲田出身者の組織する會合に出て話。夜は開成年度會。

❖七月二一日（木）　午前研修所で話し。正午は鉄道クラブ。午後は東京都長官始め副知事連に話し。

❖**七月二二日（金）** 午後の清話會の話しを終へて直ちに列車で熱海に赴き市役所主催の夏季大学が七時からあるのに講師として出席。一時間半許り気持ちよく喋れた。夜は伊豆山の第一ホテルに泊る。

❖**七月二三日（土）** 熱海を朝起ちその侭雷門から館林に赴く。館林では正田氏宅に小憩の後二時から南校で講演會。暑さの折柄ではあったが題目がよいので相当つめかけて居た。色々な人に紹介された。一時間半許り話しをし更に町長主催の館林有力者の歓迎會に臨んだ。信用組合の二階に館林町の有力者がほとんど全部出席し五、六十名は居たであらう。自分に対し歓迎の辞も述べられ自分も挨拶を行った。自分の万歳も三唱せられ郷土の歓迎振りは相当なものであった。

❖**七月二四日（日）** 正田氏の自動車で足利へ行く。

❖**七月二七日（水）** ロータリーの例會へ招ばれた。十五分で旅行の印象を話して呉れと云ふのである。好い加減に話しをした。午後は湯本氏に頼まれ日本経済研究所で話す。夜はヘーゲン氏に誘はれ程ケ谷のカントリー・クラブへ行く。蓋し八軍のM.G.ティームでカーペンター氏の話しを聞き度いと云ふのでヘーゲン氏夫妻と自分等夫婦も同客として招ばれたわけである。カクティルを飲み乍ら色々な人と話しをし、カフェテリアの夕食で自分達夫婦も本日はお客とあってヂェネラルが二人も居るメイン・テーブルに据えられた。食事後別室に席が設けられカーペンター氏が壽府會議の印象を三、四十分間話しをしヘーゲン氏も自分も紹介せられた。これは顔見知りを作るのに好い機會と思はれた。

❖**七月二八日（木）** 午後北海道クラブ。夜は倭島〔英二〕君のため駒沢小学校で一席。

❖**七月二九日（金）** 午前から夕方まで家の廻りの片附けをやる。夜九時横濱發の急行で米原へ赴く。米原から福井に行かうと云ふのである。石田左近氏に頼まれ同氏も同車。

❖**七月三〇日（土）** 米原に五時半頃着。

❖**七月三一日（日）** 今日は武生で講演會の予定。

❖**八月一日（月）** 福井を九時半の急行で京都に發。

❖**八月二日（火）** 午前連絡官會議を成田君が主催して居るのに出席。

❖**八月四日（木）** 讀賣新聞の論説委員に一時間許り話し。午後から柏木君の依頼で「東京海上」の社員組合で話しをし、夜は旧連調の幹部相集まり連調會を竜土町で行ふ。

❖**八月九日（火）** 役所へ顔を出し、溜って居た庶務を捌き夜は運輸次官の秋山君に招ばれた。同君が〔シャーウッド・〕ファイン君を招んだのに陪席。

❖**八月一〇日（水）** 昼田中君の依頼で横須賀の婦人會へ講演

に行く。

❖**八月一三日（土）** 朝九時上野を急行で發、西那須へ行く。高瀬傳氏に依頼され太田原の町の夏季講習に講師として出席のためである。

❖**八月二七日（土）** 朝の列車で花ノ巻駅から北へ行く。

❖**九月七日（水）** 正午フロリア氏が訪ねて来て會食。雑談して五時すぎまで居た。大分涼風が立ったがまだ日中は仲々暑い。一週間に三回位しか東京へは行かない。然し眞夏と違ひ水浴びも出来ぬとなると家に居るのも一寸気がさすものである。さりとて役所へ出かけても用事はない。困った浪人生活である。

❖**九月九日（金）** 昼、コレスポンデンス・クラブで濠州のジェンキンス氏と會食。

❖**九月一二日（月）** 葛西勝彌氏死去したので告別式に顔を出す。

❖**九月一四日（水）** 栃木県庁主催の講演會とあって今日から出張。

❖**九月一五日（木）** 自轉車で㐂連川へ行く。

❖**九月一六日（金）** 佐野で両毛線をすてゝ二里ばかり奥の赤見という町へ行く。

❖**九月二四日（土）** 役所で一寸仕事をし午後は久し振りに神宮球場へリーグ戦を見に行く。

❖**九月二五日（日）** 鎌倉のマーフィン氏夫妻に招ばれて夫婦で行く。国務省から来たテイラーと云ふ人を主賓としていた。昼食を馳走になる。快い秋晴れの日であった。

❖**九月二七日（火）** 昼明正中学で講演。午後は目黒の外相官邸にフロリア氏を案内。吉田大臣に紹介し一時間位お茶を飲みつゝ話がはずんだ。

❖**九月二八日（水）** 昼片瀬へコヴィル氏を招ぶ。夜小田急で代々木八幡へ行き水産関係者の會合に出席。

❖**九月二九日（木）** 今度濠州代表の〔パトリック・〕ショウ氏が代りホヂソン氏が来任するので今日は昼飯にショウ氏が自分を招んで呉れた。自分一人をお客さんにしたインフォーマルな會合であった。夜は扶桑金属會社で講演。

❖**九月三〇日（金）** 大磯に池田成彬氏を訪ね欧州旅行の報告をした。昼の食事をも御馳走になり歓談尽きず三時頃辞去した。愉快であった。こういう立派な人は何時までも生かして置き度い。

❖**一〇月一日（土）** フロリア氏今日帰米したが時間の連絡が悪くて見送れなかったのは残念であった。

❖**一〇月六日（木）** 国務省の監察官テイラー氏を研修所へ招いて話を聞いた。

❖一〇月七日（金）「大正海上」の依頼でこれから月に一回国際情勢の講義をすることにした。今日はその第一回の皮切り。

❖一〇月一三日（木）昼はロータリーで卅分程話し又商工會議所でも一時間余話した。

❖一〇月一四日（金）県廳で講演。夜はバーネット君の家へ招ばれた。

❖一〇月一五日（土）警察と教育委員會とで講演。

❖一〇月一六日（日）十二時大阪發の特急で帰京。

❖一〇月一八日（火）大平〔善梧〕君に頼まれて国立〔9〕の大学特別講座に出ることとなり「日本の管理」という題で前後三回行うこととした。

❖一〇月一九日（水）国立での第二回講座。今日は雨の故か昨日も二十名位であったが五、六名しか出席しない。余り人気のある講座でないことは確かである。

❖一〇月二〇日（木）福島の参議院議員油井氏に頼まれ福島へ講演に行く。午後商工會議所のエコノミストで一席。後は油井氏の案内で飯坂温泉に赴き花水館に泊る。

❖一〇月二一日（金）午後の汽車で帰京。

❖一〇月二四日（月）夜妻と共にショウ氏に招ばれたので出席。同氏は今度帰濠するのである。日本側から吉田、川村、太田、外国人としては〔アルバリー・〕ガスコイン夫妻、印度書記官等の顔が見えた。十一時頃まで歓談。此の晩は竜土町に泊る。

❖一〇月二七日（木）研修所貿易班の生徒二十名を引率して関西方面の工場見学に行く。

❖一〇月二八日（金）秋晴れの好天気となった。午前中東洋紡見学。

❖一〇月二九日（土）電車で名古屋に出、乗換へて神宮駅へ赴き日本車輌を見学。

❖一〇月三〇日（日）今朝は朝の列車で京都に向う。

❖一一月一日（火）午前中西陣の川嶋織物やレース工場を視察。

❖一一月二日（水）柊屋を引き拂ひ電車で山崎の日本紡を見学。

❖一一月八日（火）十二時半の特急で東京に帰る。

❖一一月一〇日（木）昼田中〔龍夫〕知事（山口）と會食。

9――東京商科大学（その後の一橋大学）のこと。朝海は一九二九年に同大を卒業している。大平善梧（一九〇五～八九年）は朝海の同級生であり、東京商科大学で国際法講座の教授を務めていた。

❖一一月一一日（金）　讀賣新聞社から發行する運びとなっている自分の著書もプルーフが出来たので發行までは程遠からずと思はれる。本日校正を終った。題目を何とつけるか、市川君は「淋しい代表」とつけようというのだがこれは余り感心しないので「特権なき代表」とつけ様と思う。頁数は二百頁位にならう。夜「大正海上」で第二次国際情勢に関する講義。

❖一一月一二日（土）　秩父織物組合の依頼で午前上野駅から熊谷経由で行く。

❖一一月一五日（火）　朝の新聞で参議院議長の松平恒雄氏が喪くなったことを知り荏原町の同氏宅に赴いて夫人や一郎氏にお悔みを述べた。同氏とは最近福島県から出張の帰途郡山から同車して色々とお話しをしたし、一週間程前濠州代表のショウ氏を招び自分も陪席の予定であったものだ。

夜研修生の旅行解散會あり。終って又お通夜に出かけた。

❖一一月一六日（水）　隆と共に松平邸に赴き十一時の出棺を御見送りする。

❖一一月一七日（木）　本日松平氏の葬儀が参議院議長公舎で行はれた。

❖一一月二四日（木）　此の頃はほとんど毎日研修所へ通う。夜はサンクス・ギヴィング・デーとあって昨年と同様スピンクス氏夫妻に大森の家へ招ばれた。他に松井夫妻、奈良〔靖彦〕君、宇野女史等が来て居た。ターキーの御馳走になる。

❖一一月二六日（土）　本夏葉山の御用邸で両陛下にお話しを申上げたところ大変面白いという御意見らしく、その旨を第一皇女の照宮様（現東久邇氏夫人）〔10〕にお話しされたらしい。照宮様は自分に會いたいという御希望だった相で過日芳沢氏（謙）〔謙吉〕邸でお茶の會が開かれ照ノ宮様もお出になり自分も招ばれたのであるが自分は先約があり行けなかった。然るに二十四日芳沢不二子孃が自分を訪れ照ノ宮様と拙宅へ訪ねたいとのことであった。そこでそれは余り恐縮と存じ本日自分等夫婦は芳沢孃の案内で午後三時鳥居坂の東久邇氏邸を訪れた。邸は広大であるが玄関先きを残して焼けて了った。但玄関といっても何十坪かあり平民のバラック建築よりは広い。門を入ると左手に三人子供が遊んでいる。

❖一一月二七日（日）　正午林氏夫婦が子供を連れて来た。會食。林氏も中国の赤化に伴いその立場は全く困難となってきた様である。これで米国が赤色政権を承認するとなれば林氏が中共に切り換えなければ辞職するの外はない〔11〕。林氏は切り換えの意思はないらしいし又赤くなった故国へ帰る気持もないらしい。日本軍に追はれて重慶で久しく苦労した林氏が日本降伏後日本に来て一、二年は総領事としてやっと一息ついたと思ったらば又この状態である。林さんもこんなに早く破局が来るとは思はなかったと淋し相であった。林さんを励ましたり又ある意味では林さんにも励まされて話しははずんだ。此の頃は妻子の招び寄せで中国代表部職員の家屋も同居者等でゴッタ返しだ相で、林さんに言はせれば「今や日本こそは東洋に於て一番安定した国」である。

❖**一一月二八日（月）** 夜ベーティ博士をかこんで竜土町で島津、石黒、千葉、湯河といった連中がスコットランドの會をやった。

❖**一二月三日（土）** 又雨である。今日は正午に〔リチャード・〕フィンの夫妻とマーフィン夫妻が食事に来て四時頃まで歓談。

❖**一二月五日（月）** 午後は今度米国へ行くこととなった奈良君と共々法眼〔晋作〕君を病院に見舞う。思ったより元気に見受けられた。

❖**一二月一二日（月）** 所長の訓話があるので朝九時までに大塚へ行く。此の頃は朝十分程田村町に顔を出し必要な連絡を遂げ九時半のバスで大塚に赴き正午食事後退所ということにしている。

❖**一二月一四日（水）** 連日の好天気が今日は朝から雨。而も東久邇宮の照宮さまがお出で下さる日とて生憎であった。十一時第一ホテルにフェルゼッカー神父を訪ね同神父のステーション・ワーゴンで鳥居坂に照宮様をお迎えし芳沢嬢も乗って四人雨の中を藤沢へ走らせる。幸い途中で雨は上がり始めた。一時近く片瀬に着、照宮様を中心として三時頃まで食事後の會談が行はれたが宮様はお静かで余り喋られなかった。帰りは自分も再び同車し途中で横浜のララの倉庫にも立寄り多少の荷物も積んで鳥居坂へお送りしたのは五時少しすぎて居た。自分はそれから神父様にも別れて研修所の忘年會が所内で行はれたのに臨む。

❖**一二月一八日（日）** ヘーゲン氏夫妻とバッシン氏夫妻を招待、今日は好〔快〕晴とて四人を江ノ島に案内したがエン

10——照宮（東久邇）成子内親王（一九二五〜六一年）。昭和天皇の第一皇女。一九四三年に東久邇宮稔彦王の長男である盛厚王と結婚、戦後皇籍を離脱した。

11——中国共産党は一〇月一日に北京で中華人民共和国中央人民政府の成立を宣言し、この頃四川省、貴州省、雲南省にまたがる西南地域で最後の大規模な戦い（西南戦役）が行われていた。

ジョイアブルであった。

❖**一二月二四日（土）** クリスマス・イヴ。クリスマス・トリーを買って子供等と楽しくクリスマスを過ごす。マーカット夫人、林氏、フェルゼッカー神父等からの豊かな贈物も子供等を㐂ばした。

❖**一二月二五日（日）** クリスマス。快晴。一日ゆっくりする。

夕方マーフィン夫妻がプレゼントを持って立寄る。

❖**一二月二七日（火）** 夜次官が官邸に外務省幹部の一部と研修所職員を招んで忘年會。

❖**一二月二八日（水）** 午後は白木屋へ行きロバーツ氏が送ってくれたケアー物資を受取る。重くて閉口した。夜はヘーゲン氏の宅へ招ばれた。夫婦、日本側は主として法務廳関係者で主客合して五、六十名に及ぶ大パーティで五時半から十時頃まで歓談。

❖**一二月三一日（土）** 昭和二十四年を送る。自分の身の廻りを中心として見たとき今年は又多事な年であった。

（1）案じて居た総選挙は一月民自党の圧倒的勝利に終り、自分の地位も安定したかに見へた。ところが此の多数を背景とした政府は行政整理にとりかかり、連調の廃止という全く思ひがけぬ事態が生じて来た。不愉快な大磯通いも一、二度した。総理の起床するのを待ちつゝ冬晴れの海浜をうかぬ顔付きで歩いたことも忘れられない。第三次吉田内閣の成立に当っては自分とG.S.の線とは全く無視せられ、連調は実質上二、三月の頃には消滅するやうに措置せられて行った。かくして不愉快な日が続いたとき

（2）壽府出張。三月下旬リーガル・セクションから壽府行きの提案に接した。最初は余り気乗りしなかったが結局こういう機會に接したことは難有《ママ》かった。旅行後この旅行を顧みて見ると愈々この機會に接したことはよかったと思う。新しい欧洲を見たし、初めての米国も見学したし従って人の欧米行きも静観し得るし、著書も出来て見聞を拡めたし。プラスの面が多い。唯一のマイナスはこのため米国行き外交官の選から洩れたことであるが。欧洲へ行かなかったとしても果して選に入ったかどうか今の外務省のレヂームからすれば疑問であるから結局外遊は仕合せであった。

（3）講演、著書。外遊中の自分の見聞記は大々的に毎日と讀賣の両新聞に報道せられたし、外遊後各地で恐らく百回を越へる講演をやったこともプラスであった。自分の名前は各方面に相当に知られた。著書も「外交の黎明」と云う題目で讀賣から發刊の運びになって、外遊記録を作らせ乍ら印税を頂戴するとい

う一石二鳥を果した[12]。

（4）研修所行き。自分の外遊中に連調は廃止せられ外務省内の一局として余喘を保つことになり自分は研修所指導官として貿易班を受持つことになった。今までの同輩たりし太田〔一郎〕君から命令を受けるのも余り嬉しくないし自動車はなくなる、部下はいないで急に気勢が落ちた。従って研修所へも余り行かず、原稿書きやら講演旅行で日を送り研修所にも迷惑をかけたが十月貿易班が関西に見学旅行をしたとき彼等を引率した時分から漸く油が乗り出しその後は毎日大塚に赴き研修生を指導した。これは一つは次第次第に部下のないステータスにもなれて来たし、公務員の試験で上級官吏は試験を受けて任命されるようになるし、結局現在のノンビリした自分が気楽であることが判って来た等の関係による。要するに焦りがなくなりノンビリして来たのである。

（5）家庭。家庭的にも恵まれた。一同全部健康である。俊夫、明子、和夫何れも極めて優秀な成績を年末には獲得した。殊に明子は組中の最上位を得た。経済的にも小船君や上倉君等と連絡がついたので大分楽になった。生活は此の頃は金さへあれば全く何でも手に入る。壽府に赴いた際無理して弗貨で色々な買物をしたことは年末には全く認識不足であったことが判ったほどである。一方家も大分改善され本年早々から計画された洋間の増築も自分の外遊直前に着工され外遊後帰宅して見たらば八分通り完成していたのには㐂ばされた。ピアノも買ったし年末には庭園の大々的修理も行った。出張旅費（外遊の）や講演料や印税等がものを云ったのである。今までに比すれば生活にやゝゆとりが出て来たといえよう。

なほ讀賣新聞社が掲げた本年度の十問題は、

1 法隆寺金堂の炎上古橋の相つぐ世界新記録
2 湯川博士にノーベル賞
3 三鷹事件
4 シールス来る
5 下山事件
6 一月総選挙と吉田内閣成立
7 シャウプ税制勧告

---

12 ――朝海浩一郎『外交の黎明 ジュネーヴ会議に使して』読売新聞社、一九五〇年。同書は一九五〇年一月一〇日に定価一五〇円で発行された。

8　法隆寺金堂の炎上
9　行政整理
10　単一為替レート設定
であった。

　何れにするも連調長官はお払い箱になり躍進躍進に終止符を打って研修所行きの閑職にはついたが外遊もあったし、増築も行はれたし子供は元気だし先ず幸福であった昭和二十四年を送れるのである。

1949（昭和24）		社会党：48、日本共産党：35ほか）
	31	人民解放軍、北京入城
	2／16	第3次吉田茂内閣成立（～52/10/30）
	3／7	ドッジ・ライン施行
	4／4	北大西洋条約調印。NATO発足
	8／29	ソ連、初の核実験に成功
	9／7	ドイツ連邦共和国（西独）発足
	15	西独首相にコンラート・アデナウワー（キリスト教民主同盟）就任（～63/10/16）
	10／1	中華人民共和国成立。主席に毛沢東就任（～59/4/27）
	7	ドイツ民主共和国（東ドイツ）成立
1950 昭和25年	1／6	英、中華人民共和国を承認し、台湾の国民党政府と断交
	3	民主自由党と民主党の一部が合同して自由党結成（吉田自由党）。民主党と国民協同党が合同して国民民主党結成
	6／4	第2回参議院議員通常選挙（自由党：76、日本社会党：61、緑風会：50、国民民主党：29ほか）
	25	朝鮮戦争勃発
	7／8	マッカーサー、日本政府に警察予備隊の創設を指示
	8／10	警察予備隊発足
	9／15	朝鮮戦争で仁川上陸作戦
	10／20	朝鮮戦争で連合軍が平壌を占領
	25	朝鮮戦争に中国人民志願軍が参戦
1951（昭和26）	4／11	トルーマン大統領は対立したマッカーサーGHQ最高司令官を解任
	6／21	ユネスコ、日本の正式加盟を承認
	9／8	サンフランシスコ講和条約、日米安全保障条約調印
	10／26	英首相にウィンストン・チャーチル（保守党）就任（～55/4/5）
1952（昭和27）	1／4	英、スエズ運河を封鎖
	18	李承晩、海洋主権宣言。李承晩ラインを設定
	2／6	英国王ジョージ6世が崩御、エリザベス2世が即位
	8	国民民主党の再編により改進党結成（重光葵総裁）
	10	トカラ列島日本復帰
	26	英、核保有を宣言
	28	日米行政協定調印
	4／28	講和条約が発効し、日本は主権を回復。GHQ廃止
	5／[illegible]	皇居外苑でデモ隊と警[illegible]（血のメーデー事件）
	7／[illegible]	[illegible]

1950

❖**一月一日(日)**　ゆっくり寝込む。今日は朝から雨で静かな元旦である。コタツに入って新聞を讀んだり子供と遊んだり。来客はローズさんが子供たちにプレゼントを持って来てくれたこと。今年は暫らくぶりで昔に返って年賀郵便が若干舞い込んで来たし、こちらからも二、三十枚出して置いた。夜は雨の音を聞きつゝ皆でラヂオを聞いたり双六をしたり。

❖**一月二日(月)**　雨は上った。曇り模様であるが寒くはないので自転車で十一時頃家を出て湘南道路を走らせ、大磯に吉田〔茂〕総理と池田成彬氏の年賀に行く。自分の書いた渡欧米の印象記は「外交の黎明」と云う題で讀賣新聞社から発行されたが、一般に賣出されるのは製本の都合で一月中旬となるとのことであったが、幸い旧年末に二十部ばかりその見本が出来上ったので吉田、池田の両氏に一部づつ持参した。吉田氏は不在。池田氏には一寸會って来た。帰宅したのは三時に近く流石に一寸疲れた。夜は子供と遊ぶ。

❖**一月一五日(日)**　人事院の試験が行はれた[1]。自分は大使館参事官なので受験の要はないので止めようかと思ったが結局受験した。「一般行政」であるから今日一日ですむ。外務次官を志望して置いた。暗いうちに起き出して駿河台の明治大学へ行く。寒い教場で八時半から試験が始まる。九十題位出た。二十何題である「あなたの部下とあなたの意見が違う場合(1)自分の意見を通す(2)部下の云うことを聞く(3)同僚(部下の)を集めて意見を闘はす(4)とっくり意見を聞く(5)自分の意見と部下の意見とを二つ最上司にリアーする。どれが正解かというのである。恐らく(1)は誤りかもしれないが場合によってはこれが大切である。軍部の首脳者が少壮軍人に引きずられたのはよい例である。自分は(4)に×を附して置いた。然し設問の「意見が違うとき」というのは(4)の過程を通じて判明したことであらうかも知れぬから正解であるかどうか疑問である。問題に対する質問は許されない。又「組織が完全であるとき部課長の権限が増したときその直接タッチする仕事の量がどうなるか、(1)殖へる(2)減る(3)変らない(4)関係がない(5)一概に言へない、の一つに×印をつける」のである。どんなに完全なのか、どういう仕事なのかの説明はない。これもどれが正解か判らぬ。

「あなたの長官が二、三週間もかゝる仕事を二、三日でやって来いと言った(1)直ちに増員を要求する。(2)出来ぬと答へる(3)手をつけて経過を時、報告する(4)やって見て最後に出来なかった分を説明つきで返上する(5)同僚に手伝って貰ふ、のどれに×をつけるか」はまだよいとして「あなたの部下が懲戒免官に値する様な事を仕出かした(1)直ちに上司に報告する(2)事実を審理する(3)前例を調べる(4)法律関係を調べる(5)・・・」というのである。どれに着手するかというのであるが恐らく此の措置に時間上多少の前後はあるかも知れないが同時に此等の措置をとらない人があったとしたら寧ろ非常識である。

　時間の制限はないから九時に始めて自分は五時近くやった。途中で冷い辨当を腰掛の上で味気なく喰べる。こんな年をしてこの地位まで行ってこんな問題に頭を悩まして居る自分の姿はみぢめなものであったが、みぢめならば受けなければよい。戦争中竹槍訓練をした。多くの人は竹槍が如何にしてタンクに対抗し得るかという疑問を持ったが、敢て声を出さず竹槍を揮って軍部の強壓をさけた。この試験でもどうしてこれが識見を試すことになり得やうという疑問が出るが所詮竹槍のときの疑問と同じで疑問を出して見たところで始まらない。而も人事院は問題の極度に洩れることを恐れて回収したし、所謂正解なるものも外部には發表しない。恐らく輿論の批判を恐れるからであらう。こんな不愉快極まる独裁はない。

　冷たい夜空の下を帰宅する。それでも第二次試験を受けない自分としてはホッとしてシコリを卸した気持ちである。

❖**一月一八日(水)**　午前中周東〔英雄〕氏とN.R.S.〔天然資源局〕のヘリングトン氏と會見。朝鮮沖で日本漁船拿捕に関する問題である。周東氏は底曳協會長として自分は個人的資格で仕事をした。

❖**一月二〇日(金)**　午前中俊夫をつれて隆と栄光中学へ行く。校長さんのフォス先生に會うためである。横須賀駅へ田中氏夫妻が出迎へて来れた。車で行く。三十分余もフォス氏と話しをした。午後は田中夫妻の案内で「サイカヤ」のエクスポートバザーで十七弗《ドル》ばかりの買物をした。よい天気であった。

❖**一月二一日(土)**　九時五十分の日光行の列車で宇都宮へ行く。

❖**一月二三日(月)**　夜は小林(辰)〔辰四郎〕君に招ばれて御馳走になる。

❖**一月二七日(金)**　〔ジョージ・〕フロリア氏がアドラー氏と共に又やって来た。今日は昼アメリカン・クラブで會食しつゝ色々歓談。アルヴィン〔・フロリア〕が代って帰米するとのこと。今週は風邪のためほとんど役所へは行かず。今

1――国家公務員法の改正によって任用・昇進は競争試験によることとされ、同法付則第九条に基づき、課長補佐以上次官に至るまで公開競争試験が行われた。

日から顔を出した。

❖**一月二九日（日）** 昼といっても二時にパッシン氏に招ばれて隆と共にワシントン・ハイツへ行く。藤山君の夫妻が相客であった。

❖**一月三〇日（月）** 午前中玉川の日本電気を参観。午後は南林間の大和学園で一時間余講演。

❖**二月一日（水）** 夜エッカスレー夫妻に招ばれて夫妻で行く。三十名余りのお客さんで伊太利人ありフランス人あり。今までの會合は概ね第三国人を交へない宴會であったものが少し様子を異にした。終列車で帰る。此の頃は十一時頃東京發の列車があるので遅くても帰れる。

❖**二月三日（金）**「大正海上」で月例の国際情勢の講義。

❖**二月七日（火）** 七時半大船發の急行で京都へ行く。三浦君の家へ泊る。同君は折柄激戦中の京都市長戦にまきこまれて忙しかった。心全く選挙にありの形。

❖**二月八日（水）** 今日は京都は市長選挙の日とて仲〻騒しかった。

❖**二月九日（木）** 朝の列車で雨の中を帰京。

❖**二月一〇日（金）** 夜は本村、石黒、田付〔景一〕、勝野と旧連調の幹部を料亭に招んで會食。食後竜土町の官舎でブリッヂ。楽しかった。今晩は此処に泊る。連調長官の時代を思ひ出した。

❖**二月一二日（日）** 今日はスピンクス氏を招んで居たが荒天のため来なかった。

❖**二月一四日（火）** 研修所でローズ氏の父君に講演して貰った。昼はフロリア氏とアメリカン・クラブで會食。夜はチェンキンス氏と丸ノ内ホテルでコクテール。

❖**二月一七日（金）** 川崎造船の山口氏と會食。泉山三六氏も現はれた。久し振りで藝者の出る宴會に出た。新橋で二次會までやったので帰は遅くなり無理な酒とが〔で〕頭がビン〳〵痛んだ。

❖**二月二一日（火）** 一時から巣鴨の拘置所で一時間半許り講演した。三、四回M.P.が鎖をガチャつかせて鍵を開けて行く程にやがて高いコンクリートのへいを囲らした庭に出て来る。庭の中央に貧相なオーディトリアムがあり其処が講演場である。壇上で見て居るとカーキの外套を着た同じ様な人〻がゾロ〳〵M.P.に看守されつゝ入場して来る。小屋は埃りと臭い人いきれで一杯になる。恐らく軍人であったらうと思はれる人の紹介で話を始める。日本人の残虐行為に関する世界の反響を語るとき少しくデリケートではあるが此の人〻には身近い。カトリック全権団の好意について話しをした辺では満場シンミリとした様に感じられた。話し終ってから五十少し前位の人と白髪でやせた老人とが「朝海君暫らく」と壇に近寄って来た。見覚へのある顔であるが一寸思い出せない。先方から名乗りを上げた。「僕は上海に居た下川です」と言う。上海で司法領事をして居た下川君を思い出した。五年喰ったのだ相である。頭は白髪の老人は有野学氏であったのには驚ろかされた。頭はスッカリ白くなり頬もこけてやせ衰へた老人である。どんな形勢になっているか。子供が外務省に居るが宜敷くと言うのである。返すべき言葉もない。ただ世界の状勢は急激に動いて居るから気を落さぬ様にと慰めたのみ。傍にはMPが待っているので長話しも出来ずそのまゝ右と左に分れた。右はカーキー一色で牢獄への途、自分は左に自由への途を進み得る。カーキーの一群は羨し相に自分の姿を見送るのである。夕方、白洲〔次郎〕氏の家に立寄り歓談、夕食を御馳走になる。

❖**二月二三日(木)** 今日は試験をする身である。外交官試験英語の口述が人事院で行はれた。英語の受験者総数廿九名。出来は余りよい方ではないと思はれた。たゞ女子の受験者二名中一名は今日の唯一の最高点九〇を獲得した。午前十時から三時までかかった。夜は夫婦で吉沢清次郎氏宅に招ばれた。相客は長江神父、奥村夫人、帰りは十二時に近かった。

❖**二月二七日(月)** 八時半大船發の列車で四国へ行く。松山で渉外課長の會議があるというので高松君に依頼されたためである。

❖**三月三日(金)** 自動車が迎へに来てくれた。高松へ行く。田舎では米ソ戦近し、というので何のために働くかと切〔刹〕那主義になる人も出てくるし、ある県廳では県廳員である共産主義者を首切ったところ俺達の天下は近い、天下を取ったらば知事は二十年、副知事は十五年の重労働だと脅かされ、県当局では慌てゝ彼れを組合に戻し、仕事はさせぬが給料を支給しているとのことである。自分の講演はこう云う根拠のない悲観論の打破に重点を置いた。

❖**三月七日(火)** 一週間振りで役所に出勤。雑務を処理。

❖**三月八日(水)** 乙津、久松、赤六、三君を支那飯に誘い白木屋ホールでダンス。

❖**三月一〇日(金)** 午後隆と共ヽ東久邇〔稔彦〕氏邸へ行く。雛祭りに外国人を招んで居るというので御相伴である。七、八名の米国人の外三笠宮〔崇仁〕御夫妻、東久邇氏夫人〔大妃殿下〕等も来て居られた。終って自分は大正海上の講演會。

❖**三月一一日(土)** 八時の列車で大磯へ行く。総理私邸に著〔着〕いたのは九時に近かった。門はデモ隊の来襲に備へてか堅く閉されていたが自分の訪問は予告されて居たゝめ快く通された。日当りのよい部屋で波の音を聞きつつ色々御話をしたり聞いたり一時間位いお邪魔し、帰りは玄関までお別〔送〕り下すった。時に顔を出して置いた方がよいと思ったからである。

❖**三月一三日（月）**　夜十二年卒業の開成會が平和ビルであり大分遅くなった。

❖**三月二七日（月）**　朝の列車で清水へ行く。「日本軽金属」の蒲原の工場を視察のためである。午後は此の工場を参観。戦争中は花形として闊歩した此のアルミの工場も今は年産（日本全体）を一万トンに制限されているため巨躯を持てあまし気味といった形である。工場から宿舎へ向う途中「日本軽金属」が寮として買収したという田中光顕伯の旧邸を見る。ガッチリした建物であるが寝室などは鉄壁で囲まれているのだ相で余り嬉しくない。但庭は京都式にサビがあって味のあるものだった。今晩は一行は興津の同會社の寮で厄介になる。解散式をも兼ねて大分賑やかであった。

❖**三月二八日（火）**　清水、静岡間で貨物が脱線てん覆したので清水の駅は大変な混雑である。今日は「日本軽金属」の清水の工場を見学。赤いボーキサイトが眞白なアルミナの粉に変る。そのアルミナを莫大な電気を消費してアルミニュームにするのである。アルミニュームを輸出するのは電気を輸出するに等しいというのは至言である。帰りは三保の松原も見物して清水始發の列車に乗る。

❖**三月三〇日（木）**　貿易班の卒業式が行はれた。九ヶ月の研修を終へて一同今日で大塚通いを打切るのである。式後茶菓とお酒で大分メートルが揚る。

❖**四月三日（月）**　試験を通った外交官の訓練を自分が引受けることになり、十二名の入所式が本日行はれた。正午は飯田橋の大神宮で星川氏の結婚式。

❖**四月四日（火）**　夕方は「大正海上」の定例講演。

❖**四月八日（土）**　夜行で西下。山陰講演旅行である。

❖**四月一〇日（月）**　午前中服部君の案内で呉工廠の跡を見る。大和を建造したという巨大な船台も見た。広大な工廠の無惨な破壊の跡を見てて今更にわびしさに胸の迫るのを覚へた。

❖**四月一一日（火）**　広島では色々と原子爆弾に依る攻撃の悲惨な話しを聞いた。商工會議所の福間という理事はボク朴〔朴訥〕な口調で、「それこそは全く地獄というものはあんなものを言うのでせう。死体は性別も分らず赤銅色に焼けこげて苦悶の姿勢で累積して居る」等ゝと語り出す。今一人の會議所の役員は「自分は当日出勤が遅れて助かった。自分の同僚は概ね死んだけれども中に助かった者の一人で自分の動静を案じて見舞に来て呉れた人がある。いづくんぞ知らん彼はラヂオアクティヴな光線でそれから間もなく死ぬべく運命付けられて居たのである」と語る。爆撃後子供の屍体を尋ねて焼け跡を掘り返して居た幸いにも助かった母親がラジオアクティヴな空気に触れて間もなく死んだ話も聞いた。広島では米ソ間の空気の険悪を聞いて疎開を始めた人もあるというが手痛い戦禍を受けた人を考へればこれも早まったりとのみ笑へないのである。日本が再び戦争に捲きこまれぬよう米ソ双方にコミットすることを避けねばならぬとする考へは広島で話を聞けば当然に起きて来る。問題はこれを共産党が利用して居る点にある。

❖**四月一二日（水）** 今日は壽府に向けて東京を出發してから丁度一年目である。十二時に広島駅から東藤君と共に省営バスで島根縣の浜田に抜ける。

❖**四月一九日（水）** 久し振りで研修所へ。色々雑務が溜っていた。それでも一日慌しい思いをしただけで片附いて了う程度であった。午後は外相官邸で園遊會あり。総司令部の人達が大分来ていたので久し振りに挨拶を交した人も少くなかった。数日前の鐸木君の例もあり今日の外務省員は何れもストライプドパンツで時間も定刻すぎ総理が引き揚げるまでお努めして居た。自分の身が可愛いと役人はこれほどまでに卑屈になる。

❖**四月二六日（水）** 正午、国警の會議で一時間余国際情勢を喋る。

❖**五月二日（火）** 午後足利へ行く。

❖**五月一〇日（水）** 午前二十分程総理が研修所を視察された。

❖**五月一四日（日）** 尚自分の著書「外交の黎明」は自分の手では左記の通り処分した。此の本は讀賣で四千部刷ったが予想外に賣れ既に手持はなくなった相である。尚次の諸氏に寄贈した計三十七部 吉田、池田、白洲、與謝埜、外務省、霞関會、木村、川村、河野、ヘーゲン、丸山、名取、市川、西村、稲垣、児玉（謙次）、周東、村瀬、正田、中川、小野、小林、石田、山口、久保田、工藤、和田、福井、佐々木、伊東、穂積、三浦、菅原（U.S.A.）、フィン、吉沢、関屋、諏訪（足利）

河野12、村瀬（大正海上）55、上倉60、周東25、正田（得）20、中川24、小野20、小林（辰）10、石田20、山口（川重）10、工藤（日赤）10、和田20、福井3、佐々木（日新）10、伊東15、川村100、穂積（栃木県）15、三浦10、足利事務所10、〔計〕449

❖**五月一九日（金）** 伊沢氏が旅行で伊東に行ったのと打合せて八時の列車で藤沢發伊東へ着いたのは十時頃。

❖**五月二一日（日）** 十一時廿分大船發の急行で官補を引率して関西に赴く。奈良、京都の日本古美術を見学し併せて大阪の産業施設をも見学しようというのである。列車は幸い余り混雑せず。名古屋で乗換へ、関西線で奈良に赴く。六時半頃着き夕方の奈良の町を散歩しつつ此の日の宿の「ひよし」館というのに投宿。皆若いし元気あり。楽し相であった。

❖**五月二二日（月）** 雲一つない初夏の天気である。但大陸的な気候なのか朝は手足が一寸冷へた。八時のバスで先づ法隆寺へ向う。

❖**五月二三日（火）** 近畿鉄道を西大寺と八木で乗り換へる。

❖**五月二五日（木）** 奈良を發、京都へ向う。

❖**五月二六日（金）** 午前中西陣の川島織物を視察。午後は東寺を見学。平安初期の佛像を見る。東寺から西本願寺に出て伏見城から移して来たという飛雲閣、日暮門を見て桃山時代の建築を偲ぶ。夜は新京極を散歩。

❖**五月二七日（土）** 午前中修学院の離宮を拝観。国宝的施設を見学して感ずることはその保存という点である。戦争前や戦争中は国庫の補助もあったらうし、寺院も田畑を所有して居たため、収入あり保有にも苦心しなかったであらうが、敗戦以来神社の収入も少く寺院の田畑も失はれた。東大寺のように大佛さんを抱へたところはよい相であるが、法隆寺の火事で責任をとって文部大臣は辞め、国宝の保護が線香花火的に論議せられた。然し色々な建物——例へば室生の寺の如き——を見ても火炎に対する防衛的措置はほとんど講じられて居らない。

❖**五月二九日（月）** 午前中は日本電池と日本レースを見学し午後は自由行動。

❖**五月三〇日（火）** 午前中桂離宮見学。

❖**五月三一日（水）** 午前六日間の宿であった公務員宿舎を引拂って大阪へ向う。途中山崎で大日本紡〔績〕を見学。昼食は工場長の案内で駅前の千利休の茶室で御馳走になる〔2〕。此の建物は国宝だ相である。午後は大阪日本アルミの工場を視察。

❖**六月一日（木）** 午前中尼ヶ崎の扶桑金属の鉄管製作を視察し、午後は日新化学へ行く。夜は日新化学の重役の御招待で御馳走。一行は本日で解散。

❖**六月二日（金）** 朝八時の急行で大阪發。途中は降ったり止んだりの天気。三週間振りで帰宅。

❖**六月四日（日）** 参議院議員選挙の日であるが雨天である。

❖**六月五日（月）** 大分溜って居る庶務を捌く。参議員〔院〕選挙の結果が判明し出す。外務省関係者としては曽根〔益〕、杉原〔荒太〕の両君が成功したらしい。

❖**六月九日（金）** 夜大正海上で月例の講演。

❖**六月一四日（水）** 関屋貞三郎氏が逝去されたので、本日神田のＹＷＣＡでクリスト教による葬儀が行はれた。各方面の名士が多数出席して故人生前の接触面の広さが偲ばれた。

❖**六月一五日(木)** 午後川崎の東芝で一時間半程講話。

❖**六月一七日(土)** 京都の森氏が上京したので此の機會に研修生一同鎌倉へ行く。連日の雨がはれて今日は久し振りに日の光りを見る。

❖**六月一九日(月)** 午前、生徒を伴れて役所前の映画館で「きけわだつみの声」を見る[3]。反戦映画でビルマ戦線を中心として相当深刻に描いてある。途中一、二ヶ所に明るい場面を入れて息を抜かせれば更によからう。傑作といへる。共産党が若い学生を基地反対で煽るには好個の宣伝映画でもある。此の週はほとんど隔日に雨が降ったり日が照ったりで日ましに暑くはなるけれども典型的の梅雨がつづく。

❖**六月二五日(日)** 十一時藤沢駅でアドラー氏と會う。同氏の車で箱根へドライヴ。和夫を伴れた。天気は幸いに好い。新緑の箱根を走る。アドラー氏は一時間ばかり家に立寄る。此の日北鮮軍が南鮮へ侵入したというニュースをラヂオで聞く。

❖**六月三〇日(金)** 此の週は朝鮮問題で毎日緊張した日が続く。福岡には警戒警報まで發令された相である。〔ダグラス・〕マッカーサー元帥も飛行機で前線の視察をする。米国の態度は予想以上に強硬である。事態の平和的収拾が希望される。今日は午後研修所の若い者を相手に野球で汗を流す。

❖**七月二日(日)** 研修生一同が訪ねて来る。今日は大変な風で海水浴開きも生憎で海も白波が立っていたが一同を江ノ島の岩蔭へ案内して泳いだが此処は幸いに波も立たず大分泳げた。それから西浜へ戻り砂上で野球。一同眞赤に陽にやけた。夕食は一同食卓を囲んで喰べる。後はピアノを弾いたり唄ったりで十時頃まで楽しく騒いだ。

❖**七月六日(木)** 午後は吾妻橋の朝日ビールを見学。

❖**七月七日(金)** 東京はうだる様な暑さであるが早退もならず今日は大正海上で月例の国際情勢の講話をした。今朝は

2――大山崎村の妙喜庵にある茶室「待庵」は、千利休が建てた唯一の現存する茶室と言われている。

3――原作の『きけ わだつみのこえ』は、戦没した日本の学徒兵の遺書を集めた遺稿集であり、一九四九年一〇月に東大協同組合出版部から出版された。東宝映画が製作した『日本戦歿学生の手記 きけ、わだつみの声』はインパール作戦が舞台となっている。

プレジデント・クリーヴランドで〔アルヴィン・〕フロリア氏が来たので横濱港へ九時頃出迎へた。白と藍色にスマートに塗り分けたクリーヴランドの巨体が岸壁に横付けになっているのを見ると一寸外国へ行って見度い気分にかられる。

❖**七月一〇日（月）** 米国行きの留学生出發。クラスも十二名が四名欠けて急に淋しくなった感じである。

❖**七月一三日（木）** 貿易班の連中がオバートン氏の帰米を送別したささやかな會合を持ったのに参加。久しぶりに貿易班の人々とも會合して愉快であった。

❖**七月一五日（土）** 午後三浦君を招き、徳永、吉村両君も招待して自宅でブリッヂ。

❖**七月一六日（日）** 日曜、快晴であるが風が強い。今年の夏は強風で穏やかな海で泳ぎをエンジョイすることはほとんどない。午後林定平氏夫妻が子供さんを連れてやって来た。こちらも子供をつれて西浜で泳ぐ。晩食を共にし夜はヴェランダに椅子を出して花火に興じ八時半頃林氏は辞去した。

❖**七月二〇日（木）** 毎日一時頃研修所を引き揚げて三時頃帰宅。和夫と海で遊ぶのが日課である。

❖**七月二八日（金）** 夜は小田急沿線の梅ヶ丘で手島君の父君に招待さる。フランス人が中心であり外に松井、田付君等来りルーリングランゲーヂは佛語で余り気勢揚らず。今日は久し振りの雨で旱天に慈雨の観あり。但降りすぎて出水の騒ぎも起きる。

❖**七月三一日（月）** 今日は研修所の終業式であったが昨日平塚附近で貨車列車が脱線テン覆したゝめ東海道線は混乱に陥り二時間もかゝり汗ダクで東京に着いたため修業式は間に合はず。フロリア氏の案内で隆はオーバーシーズ・ストアスで買物。

❖**八月一日（火）** アドラー氏が飛行機で帰国するので羽田で見送る。午後は佐藤辨護士と相談をしたり夜は井口〔貞夫〕氏に招待さる。

❖**八月二日（水）** 午前中子供二人を連れて横濱へ行き天然色漫画のガリバー旅行記を見る。

❖**八月三日（木）** 照宮〔成子〕さまに招ばれて葉山へ行く。芳沢嬢と逗子駅で落ち合って御用邸の別邸へ行く。此処は現在の御用邸が出来るまで大正天皇がお使いになり天皇は此処で崩御された由。相変らず平民的な照宮さまに御接待され天気は悪かったが御用邸の裏口から浜へ出て泳ぐ。砂が白く海の色が眞青で雨中ではあったが楽しかった。晩御飯を御馳走になり辞去。

❖**八月四日（金）** 久し振りに東京に出て雑務を果し、且は午後は大正海上での月例講演を行う。

❖八月七日（月）　朝の列車で上野へ行く。九時四十分上野發の準急で軽井沢へ行く。此の列車はとても混んで居て立チン棒である。幸い天気はよい。一時半すぎ軽井沢に着、大蔵班の教官の大島君と班員が迎へに来て呉れた。大蔵班が此処で夏季合宿をしているのである。三笠ホテル附近の宿舎前田郷へ行く。裏手には渓流もあり涼しい場所だ。軽井沢を散歩すると昨年のヂュネーヴの郊外の景色を思い出す。此の町が外国人に好かれるのも何となしに日本離れのした雄大な景色の故であらう。午後は涼しいところで昼寝。夜は松永氏も尋ねて来て大蔵班の連中一同と宿舎で會食。仲々御馳走があった。

❖八月八日（火）　午前中一時間ばかり自分から一同に講話。終って九時半頃一同辨当持参で碓氷峠へハイキング。一時間ばかりの登り道。仲々に楽しかった。頂上で昼飯。自分は午後二時發の草軽軽便鉄道で草津に向う。軽鉄のことと
て線路の幅は狭いし枕木も所々朽ちている。玩具の様な電気機関車に引っぱられた無蓋貨車に腰掛けが並べられてあるのに腰を下し一同に別れて草津へ向う。上越線で上野に帰着。途中暑いので閉口した。

❖八月一一日（金）　研修所の職員を招待。幸い雨も降らず陽がさし始めた。岩蔭で泳いだり野球をしたり。

❖八月一三日（日）　秀次郎の友人柏木、堀両君が来訪。海で泳ぐ。今日は日曜であり、天気も申分ないので大変な人出であった。

❖八月一四日（月）　久し振りに上京して溜めた用事を全部片附けて気持ちがよい。それでも夕方までには帰宅してザンブリ海へ入った。

❖八月一七日（木）　十五、十六、十七、最近天気は尻上りに好調で朝からカンカン照りつける。

❖八月一八日（金）　横濱九時半發の「つばめ」で大阪へ行く。池田市主催の夏季大学に講師として出席するためである。

❖八月一九日（土）　電車で大阪へ出、更にタキシーで天王寺の駅へ行く。

❖八月二三日（水）　早朝帰宅した。

❖八月二四日（木）　奥村さんの子供が泊りに来たり出淵勝さんが子供を連れて遊びに来たり仲々賑やか。

❖八月二五日（金）　久し振りで役所に顔を出し色々懸案を片附ける。周東安本長官から會見を求められて居たので官邸に赴いた。同氏が會長をしている底曳協會の非公式な相談役に就任を求められた。熟考をして回答を約し辞去。

❖八月二九日（火）　役所に顔を出して雑務を処理。夜はフロリア氏邸で食事。

❖八月三〇日（水）　総理の秘書から直ぐ目黒へ来る様にとの電話で駆けつけたところが間違いと判明。腹が立った。

帰って又海で一泳ぎ。流石に一寸寒い。

❖**九月一日（金）** 久し振りで研修所に顔を出して所員やら学生やらと會う。夜は大正海上の月例の講演の後周東氏の招待で水産協會がヘリントン氏を招んだのに参加。大分帰宅は遅くなった。

❖**九月八日（金）** 周東安本長官の招待で外国人を招んで居るのに夫婦づれで参加。八芳園とて目黒にあり。昔大久保彦左衛門の邸で久原房之助の邸であった相だ。大した顔触は集まらなかったが五時半から八時半頃まで涼み乍ら立食。

❖**九月一四日（木）** 朝の急行で京都へ行く。観光に関する講演のためである。六時半頃京都着。森氏や京大の学生連に出迎へられ柊屋に投宿。

❖**九月一六日（土）** 午後から京都市主催の講演會に出る。高山〔義三〕市長、田中伊三次、矢代といった顔触れであった。夜七時半の急行で引き揚げる。

❖**一〇月一日（日）－六日（金）** 毎日変ったことなし。午前中研修所。午後はリーグ戦の見物が多い。六日の夕は大正海上で月例の講演。この講演も引き受けてから丁度一年経つ。最初は面倒臭かったが自分の勉強にもなるしお手当もあるしで最近は楽しみになった。

❖**一〇月七日（土）** 早朝起床。八時東京集合で塩原へ行く。底曳協會がN.R.S.のヘリングトン氏を招待したのである。水産の長官も自分の車で行ったから、二台車を連ね自分はヘリングトン氏の車にN.R.S.の二世通訳・水田君と共に乗り込む。

❖**一〇月一二日（木）** 中興院様〔浩一郎の父、嘉吉郎〕命日、逝いて丁度十年である。お線香を上げて冥福を祈る。午後音羽の護国寺で池田成彬氏告別式あり。

❖**一〇月一六日（月）** 周東氏と同道してN.R.S.にヘリングトン氏を訪ねた。先般の旅行以来すっかり話しよくなった。

❖**一〇月二一日（土）** 午後は旧外務省焼跡で対人事課の野球試合あり。研修所側奮はず惨敗す。

❖**一〇月二五日（水）** 夜D.S.〔外交部〕のガードナーという人にお茶に招ばれる。細野君の紹介。D.S.の人達が来て居たがこの一、二年の間にすっかり顔が変って了って知らぬ人ばかり。

❖**一〇月二六日（木）** 夜は今度大蔵班が研修所を卒業するので大蔵大臣官邸で同省の官房長が松永氏と自分をお礼の意味で招んで呉れた。久し振りの夜の宴會であった。

❖**一〇月二七日（金）** 朝九時の藤沢發列車で箱根へ行く。天気は上々。研修所の学生と足柄のフジ・フヰルムを見学のためである。小田原の工場でレンズの研磨等を見てからバスで同社の足柄工場へ行く。暗室の中で仕事をして居るのが他の工場で見られぬ特異のものであった。夜は同社の寮で一同御厄介になる。大変な御馳走になる。

❖**一〇月二八日**(土) 八時半頃寮を出て歩き始める。帰宅して身仕度を変へてから東京に行きフロリア氏の晩飯會に出席。

❖**一〇月三一日**(火) 三部の卒業式あり。

❖**一一月一日**(水) 大蔵班卒業式あり。自分は此の班の指導官をして居た。引き続き昼卒業生関係者の會食あり。

❖**一一月二日**(木) 昼は勧銀の小野君がフロリア氏をアラスカに招んだのに陪席。御馳走であった。夜は大正海上の月例講演會。

❖**一一月三日**(金) 文化の日で休みであったが東京へ出かけフロリア氏の紐育行きを三増君と共に見送る。飛行機で羽田から發った。

❖**一一月四日**(土) 暖い絶好の秋晴れ。ヘリングトン〔漁政課長〕と東京から自宅までドライヴ。紅葉が陽に映へて美しかった。三浦、徳永君も招んであったので三時半頃からブリッヂ。同氏は夜九時半頃引き揚げた。

❖**一一月五日**(日) 夜来の雨が上がって暖い好晴の日曜日であった。

❖**一一月六日**(月) 一時商大へ行き国際情勢の話を二時間して来た。二、三十名生徒が出席。雨が降って居たが緑の松を背景として紅と黄の紅葉が美しかった。

❖**一一月七日**(火) 夜築地の「錦水」で天羽〔英二〕氏が原君を送別したのに自分も陪席、御馳走になった。

❖**一一月一〇日**(金) 此の頃は時々裏手の広場で生徒とバドミントンを闘はせる。好い運動で結構汗をかく。昼和田康之助君を「花長」の御座敷テンプラに招んだのに同席。午後は研修所としての同君送別會あり。

❖**一一月一三日**(月) 午後一時から晩秋の国立で二時間程学生に国際情勢の講義をする。

❖**一一月一四日**(火) 松平恆雄逝いて一年。今日は洗足の同氏邸で一〔周〕忌の焼香あり。自分も四時頃お線香を上げに行く。吉田、幣原〔喜重郎〕の諸氏の顔も見へた。

❖**一一月一五日**(水) 午後一時から学生と共に三越劇場文学座の「道遠けれど」を見に行く。

❖**一一月一六日**(木) 周東氏と同行してN.R.S.のヘリンドクトン〔ヘリングトン〕氏と會見。底曳協會に対する自分の協力は週一回若は二回行はれて居るが漁区の拡張は生やさしい問題ではない。

❖**一一月一八日**(土) 自分は底曳協會に九州出張を要請されたので、その前に今日ヘリントン〔ヘリングトン〕氏とも會い懇談した。土曜日なので昼で引き揚げる。夜は大変な豪雨となった。

❖一一月二〇日（月） 国立で第三回目国際事情の終講をやる。午後は底曳で一問題あり。ゴタ〳〵し余り遅くなったので會食して遅く帰宅。

❖一一月二一日（火） 午後一時から研修所で一時間半許り合同講義。自分の国際情勢であった。夜は明日からの旅行準備。

❖一一月二二日（水） 昨夜は豪雨であったが今日はカラリと晴れてすがすがしい晩秋の日和である。八時五十二分大船發の急行で底曳協會の加藤氏と同行、九州方面へ行くのが目的。

❖一一月二三日（木） 早朝、下ノ関着。関係者の出迎へを受け旅館の「岡崎」というのによろけ込み朝風呂に入り身体を浄め床を敷いて貰って一寝入。やっと気分が少し落付いたので十時頃會場へ行く。業者四、五十名が集って居た。何れも自分の仕事のことと〔て〕眞剣である。此処で漁区拡張の見通しに付説明をする。正午一同と會食をし、午後は下関漁港や大洋漁業の倉庫等を見せて貰い三時頃宿屋へ引き揚げて静養。

❖一一月二四日（金） 天気はよい。下ノ関八時半頃の列車で福岡へ向け發。博多は岩井ホテルという清潔なホテルに投宿。昼食後腹工合もあり少憩。午後二時から徳水會館で業者五、六十名の集會で一時間程話した。色々と質問も出る。

❖一一月二五日（土） 八時頃の列車で博多を發。普通列車で一々停りながら長崎へ向う。二時頃長崎に着く。業界代表者が盛大に出迎へて呉れる。直ちに一會館で講話。

❖一一月二六日（日） 浦上の原爆中心地へも行って見た。「大洋漁業」の案内で一時頃自動車で此処を發ち諫早経由で雲仙へ行く。

❖一一月三〇日（木） 仕事が溜って居たので大忙し。午前中海外在勤者夫人二十名程を対象とするクラスの最初の會合に出席。夜は周東氏の依頼でN．R．S．のヘリントン氏等と「ひさご」で會食。

❖一二月一日（金） 午後四時頃ヘリントン氏が来て呉れと云うので吉報かと胸を躍らせて行ったところ、残念乍ら国際情勢のため漁区の拡張は延期になったというのである。此の問題では大分カタを入れて居たので自分もガッカリした。早速協會に引き揚げ周東氏に書面で報告をし自分は五時から大正海上の月例の講演會にのぞむ。帰りは大変な雨でスッカリ濡れた。

❖一二月四日（月） 今日から研修所で在外勤務者夫人のクラスが始まる。自分は英語班十二、三名の世話をすることとなる。

❖一二月五日（火） 午後から研修所で第三回の国際情勢の終講をやる。

❖一二月六日（水） 午後は折柄の快晴に霞ヶ関のグラウンドで新劇の某劇団を相手として野球。研修生側見事に負ける。

❖一二月八日（金） 夜、中西君の依頼で紡績関係の課長連十二、三名に講話。場所は柳橋よし町の浜田屋。二次會まで出席したので大分遅くなって帰宅。

❖一二月一一日（月） 今日はほんとの悪日であった。午後隆がO. S. S.〔Overseas Supply Store〕でショッピングしたのを手伝って四時少しすぎ東京駅から湘南電車に乗った。品川をすぎて間もなく斜め横の紳士が鞄を網棚から盗まれたと言って騒ぎ出し車掌もやって来た。自分はフト網棚を見上げると自分の鞄がない。そのときの気分と言ったらば全く形容し難く忘れられない。鞄の中には又運の悪いことには富士紡株二百株と実印が在中し〔て〕いた。車を二、三台探して見たが勿論見付かるわけはない。全く後味の悪い気持ちで藤沢で下車。駅前の交番に届けて置いた。

❖一二月一八日（月） 夜旧高松宮邸で塚田氏がパーヂ解除の祝いに食事をしたのに招ばれて出かける。芳沢、村田、渋沢、等政界財界のお歴々が十二、三名集って居たので若いのは自分と大野〔勝巳〕君位のものであったが仲々面白かった。食事も酒といひ、クリスマス・ケーキといひ仲々スマートであったし、御主人のもてなし方もアカぬけがして居た。

❖一二月一九日（火） 午前中N. R. S.の會議に出かける。日本水産業の再建に関する総司令部と日本側有力者の會議であった。

❖一二月二一日（木） 夜、興銀理事の中山〔素平〕君、代議士の中村君と自分とを小田切君が招待、御馳走して呉れる。愉快に語る。

❖一二月二二日（金） 午後四時から研修所で忘年會。これで自分は研修所二回目の忘年會である。去年の忘年會は松永氏がスッカリ酔ったのを思ひ出す。

❖一二月二四日（日） 好天気。ヘリントンとクロッカー両氏と十時頃藤沢で落合ひ十国峠から富士山を見に行く。此の両氏が富士の寫眞を撮るのが目的である。

❖一二月二六日（火） 午前役所に出て雑務を果し、正午白木屋で買物をして居る隆と落合い食事。午後一時頃研修生一同が訪ねて来た。附近の空地にバドミントンのネットを張って四時すぎまで遊ぶ。日が当って楽しかった。

❖一二月三一日（日） 今日も快晴。家の廻りの片附けをしたり。

昭和二十五年を回顧する。この年は公の事件としては朝鮮動乱始め特記すべきことが多多あり。恐らく世界第三次大戦に突入せんとする時代の一つの契機を劃するものと思はれた。コールド・ウオアは今やシューティング・ウオアとなったのである。第三次大戦はその序の口が始まったと云っても或は過言ではなからう。勿論政治家や有識者は理性を以って此の破局を喰ひ止めることは不可能でないと言はざるを得ないし又それが可能であることを切望する。けれども客観的状勢は希望的観測とは相離れて進んで行く様である。私的の面に於ては本年は極めて平穏であり呑気な年であった。終戦後五ヶ年のうち見方によっては我が最良の年であるかも知れない。研修所の指導官としての地位には変更がなく三月貿易班を送ってから四月外交官補の養成を開始し仕事にハリもあり、呑気でもある。規律のため毎日研修所へ行くが午前十時頃仕事を始め夏場は正午で切り上げて帰宅、海で泳いだし夏休みも堂々とれる。秋からはバドミントンに熱をあげて午後は生徒を相手に汗をかく。生活にも困らない。九月以降周東氏の懇請で水産界の手伝ひをして居るのも内職となる一方、ある程度身体を忙しくして却ってよいことである。役所の仕事とはほとんど縁を切った生活である。

家の者も皆元気。俊夫は懸案の栄光学園へ入学出来、曲りなりにもCオナースをとって何とかやって居る。明子・和夫の成績も上の部である。健康何れも可。自分も仕事を愉快に且時々は然るべく出張もやって愉快に朝鮮動乱で壓され乍らも楽しく生活して居る。旅行と云へば春の二週間の山陰旅行と初夏の研修生を引率しての関西旅行と晩秋の雲仙阿蘇旅行とは此の年度に於ける最も楽しい旅行であったといへやう。何れにするも自分の生活にとっては最も変化のない、然し気持の闊達になれる学校の先生の生活であった。

なほ讀賣新聞は読者の投票によるとして本年度日本に於けるニュースの順位を左の通り掲げた。

1 日共幹部の追放
2 警察予備隊発足
3 日米対抗水上競技
4 金閣寺の焼失
5 追放解除
6 参議院選挙
7 ジェーン台風
8 三鷹事件の判決
9 ノン・プロ野球世界選手権大會
10 孝宮御結婚

1950（昭和25）

1／6	英、中華人民共和国を承認し、台湾の国民党政府と断交
3	民主自由党と民主党の一部が合同して自由党結成（吉田自由党）。民主党と国民協同党が合同して国民民主党結成
6／4	第2回参議院議員通常選挙（自由党：76、日本社会党：61、緑風会：50、国民民主党：29ほか）
25	朝鮮戦争勃発
7／8	マッカーサー、日本政府に警察予備隊の創設を指示
8／10	警察予備隊発足
9／15	朝鮮戦争で仁川上陸作戦
10／20	朝鮮戦争で連合軍が平壌を占領
25	朝鮮戦争に中国人民志願軍が参戦

▲

1951 昭和26年

4／11	トルーマン大統領は対立したマッカーサーGHQ最高司令官を解任
6／21	ユネスコ、日本の正式加盟を承認
9／8	サンフランシスコ講和条約、日米安全保障条約調印
10／26	英首相にウィンストン・チャーチル（保守党）就任（～55/4/5）

▼

1952（昭和27）

1／4	英、スエズ運河を封鎖
18	李承晩、海洋主権宣言。李承晩ラインを設定
2／6	英国王ジョージ6世が崩御、エリザベス2世が即位
8	国民民主党の再編により改進党結成（重光葵総裁）
10	トカラ列島日本復帰
26	英、核保有を宣言
28	日米行政協定調印
4／28	講和条約が発効し、日本は主権を回復。GHQ廃止
5／1	皇居外苑でデモ隊と警察が衝突（血のメーデー事件）
7／19	ヘルシンキオリンピック開幕（～8/3）。日本代表の参加は16年ぶり
8／1	保安庁設置
13	日本、IMF（国際通貨基金）に加盟
10／1	第25回衆議院議員総選挙（自由党：240、改進党：85、社会党右派：57、社会党左派：54ほか）
3	英、初の核実験に成功
15	警察予備隊を保安隊に改組
30	第4次吉田茂内閣成立（～53/5/21）
11／1	米、初の水爆実験に成功

1953

1／20	米大統領にドワイト・アイゼンハワー（共和党）就任（～61/1/20）

1951

❖一月二日（火）　今日も快晴但し朝は相当に寒く恐らく此の冬一番寒い朝であったらう。午前小村君が年賀に来た。昼頃海へ出て見たが波は穏やか陽はうら〳〵と輝いてほんとに平和な春―チセプチィヴリーに平和な春である。富士山も遠くに霞みつゝ全貌を現はして居る。午後は子供と遊ぶ。通産省の大河原〔良雄〕君が年賀に来た。夜は子供と卓を囲んでゲーム。

❖一月五日（金）　夕方本省から電話あり昭和十八會の若い連中が同期の斉木千九郎君（ヘーグへ行く）の送別會をやるから出て呉れとのことで霞ヶ関まで出かけて行く。

❖一月八日（月）　今日から役所へ行く。

❖一月一〇日（水）　雪が降り出したが大したことはない。初雪である。今日は外交官試験で午前中十二、三名の志願者の英語の口頭試験を人事院でやった。千葉〔皓〕君同席。

❖一月一一日（木）　午前午後口述試験の試験をやったので流石に少し疲れた。

❖一月一二日（金）　午前中アドラー氏を訪ねたり〔W・C・〕へリングトン氏に會ったり、午後は好天気で無風なので研修所でバドミントンに大汗をかき夕方は大正海上の国際情勢講話例會に臨む。

❖一月一四日（日）　午後今度海牙へ行く斉木君の送別會を自宅で開き同期生の柘植、安井君の外大河原君も招び食後ブリッヂも始まり仲ゝ賑やかであった。

❖一月一七日（水）　夜六時から次官官邸で外務省幹部のブフェあり新年顔合せの心算であったらう。久し振りで皆と顔を合せた。自分はブリッヂの組に誘はれたので十時近くまで遊んだ。

❖一月一八日（木）　満鉄アパートでヘリントン氏が幻燈を使って講演をしたのに招待されて出席。

❖一月二五日（木）　昼帝国ホテルでヘリントン氏と會食。午後二時からN.R.S.〔天然資源局〕の會議に出る。

❖一月二七日（土）　午前中N.R.S.會議。今日は通訳を半分自分が手伝ったので大分能率が上った。自分の勉強にもなった心算である。午後は研修所へ行き二部の生徒が局勢を相手にバドミントンの大會をやったのに参加。日が暖かく射して和やかな日であった。試合後汁粉の御馳走。

❖一月三一日（水）　十一時から三部の卒業式。此のクラスは自分が四月から親しく指導しただけに情も出て来て別れるとなると淋しい。自分から挨拶後、卒業証書の授與、所長訓示あり。式を閉ぢ終って記念撮影。午後二時から生徒主催の謝恩會あり。終って四時頃から暖い日射しを浴びて最後のバドミントンに一汗かく。此のクラスを養成してから学校の先生の生徒に対する恩情というものが判る様な気がした。

❖二月一日（木） 本省で第二部卒業生八名と會同、人事課長と次官に挨拶に行く。そして人事課長から配属も言ひ渡され此等の若人の働き場も決定する。自分は各人と一、握手をしその奮斗を祈って別れた。

❖二月八日（木） 昼「アラスカ」でヘリントン氏と會食。同氏今度帰米なのでその送別を意味した。はじめは一寸取り付き憎い人であったが交際して見れば眞面目な人である。総司令部は人がどん〳〵減りその補充は行はれないようである。夜は小舟君が北野君と自分を日本橋の西洋料理に招んだ。

❖二月一〇日（土） 午後一時松島氏の案内で引地クラブで講話。

❖二月一二日（月） 午後二時から水産部で最終の會議に出席。夜は次官官邸で井口〔貞夫〕氏が新任披露のブフェを行ったのに出席。

❖二月一四日（水） 夕方は工業クラブでヘリントン氏が水産界の人達を招待してのリセプション。自分も出席。帰宅した頃にはそろ〳〵雪が積り出して居た。

❖二月二〇日（火） 夜は六時放送協會へ赴き明日の座談會の録音をする。「アジアはどう動くか」という題で平沢〔和重〕君が司會者となり自分の外新聞記者の向後〔英一〕君中国研究家の森〔次郎〕君と合計四人。三十分の座談會であり自分は三、四回、一回二、三分の程度で喋ったと思う。アジアの重要性、佛印の政策、インドの態度等に論及した。三十分は長いと思ったが喋って見るとまたゝく間に過ぎてしまい、あれも言はうこれも述べようと考へて居たことがほとんど半分も喋れず物足りなかった様な気がした。

❖二月二一日（水） 昼「大正海上」で月例以外の特別の講演を行い午後は底曳協會へ顔を出したりヘリントン氏を総司令部に訪ねて挨拶をしたり。夜は三増君と會食しつゝラヂオの聞ける場所で而も東京駅に近いところを探し廻り、結局八重洲口附近のオデン屋に飛び込み、お座敷でなく家人の居る茶ノ間にお膳を並べさせて七時半から昨日の座談會の録音を聞きつゝ食事。自分の出来栄はまア〳〵及第と思はれたのは自ぼれかひが目か。八時半の夜行で神戸へ行く。列車は余り混雑しないので快適に旅行。

❖二月二二日（木） 三ノ宮駅で下車。連調の者の出迎へを受け一応「菊水」でヒゲを剃ったり朝飯を認めたりして十時半から県廳で話しをし午後は商工會議所で講話。夜は目下此処の支局長に来ている松田君（毎日）の招宴に出た。流石に昨夜の夜行もあり疲れた。

❖二月二三日（金） 大隈君等の見送りを受け元町から急行電車で京都へ行く。京都で連調の出張所員の出迎へを受け昼食後、商工會議所で一時間半程講話。前知事の木村〔淳〕氏が司會した。半公開の會合であったが気持ちよく喋れた。講演後暖い京の街をブラ〳〵と一時間程散歩。京都駅で稲田氏と會い、宇治へ行く。宇治は亀石旅館に投宿。宇治川の原流に臨んだ静かな宿屋で清潔でもあった。

❖**二月二四日（土）** 宇治から大阪へ出る。商工會議所で一時間許り話しをし、終って大阪工業會の昼食會に臨み一時間許り喋り午後三時から大毎に挨拶に立寄り三十分程話した。夜は大毎加藤君の招待で食後島君の案内で鶴家で踊った。

❖**二月二五日（日）** 雨が降って居るが寒くはない。八時四十分の急行で帰京。

❖**三月三日（土）** フロリア氏が今夜深更帰米するので三田の同氏宅でバンカ商會の一同と共に會食。自分は九時半頃辞去した。

❖**三月七日（水）** 夜石黒君が外交局のウエルボーン氏夫妻、バイイング氏夫妻等を招んで居るのに自分達夫婦も招ばれて出席。場所は弁慶橋の紀尾井寮。帰宅は十二時に近かった。

❖**三月二一日（水）** 英国も在外事務所の開設に同意し日本側は初代所長を入念に人選中と伝へられ新聞には頻りに自分の名前が最有力と報道される。現在の生活を根本的に揺り動かすことは辛いが英国ならば人聞きはよい。此のところ、どちらへ転んでもよしという自分の心境。

❖**三月二七日（火）** 上野駅で食事をして役所へ一寸顔を出す。

❖**三月三〇日（金）** 夜霞関會で福田、石黒君等とブリッヂ。終列車までやったが余り興湧かず従って手も付かず。

❖**三月三一日（土）** 夜は英国行きに備へて色〻の整理をする。

❖**四月二日（月）** 大蔵班が八、九名入所したので本日入所式。自分が指導官になる。

❖**四月三日（火）** 今日は第二部が入所した。本年度外交官試験合格者は二十名でそのうち十三名が英語である。午後から早速授業。

❖**四月四日（水）** 午後四時から目黒の外相官邸で昨年度外交官試験合格と本年度の合格者を大臣がお茶に招んで下さる。官邸には桜が目の覚める様に咲き乱れていた。所長と共に自分も出席。大臣仲〻の上機嫌であった。

❖**四月五日（木）** 早朝起床して九時の研修所の授業に馳〔駆〕けつける。最初の時間とて外国人教師の紹介をしなければならぬ関係があるからである。仲〻忙しい。

❖**四月六日（金）** 「大正海上」の月例の講演會。終ると同社社長の山根〔春衛〕氏が顔を出して講演會に出て居た橋氏と共に「山口」に招待された。午後八時半の夜行で京都へ出發。米国人が飲んだくれて閉口した。

❖**四月一一日（水）** 三時から五時まで外相官邸で園遊會。生憎午後から雨が降り出したので一同官邸内に閉ぢ込められる。宴たけなわの最中四時頃であったらうか「〔ダグラス・〕マッカーサー元帥が〔ハリー・〕トルーマン大統領に解職された」という話が伝はり出した[1]。心なしか雨による以上に総司令部の高官の人はほとんど姿を見せて居らない。此の話しは單に噂ではなく、ラヂオでもアナウンスされたと伝へられて人々はあちらこちらにかたまってヒソ〳〵と此の話で持ち切りである。晴天のへきれきとは此のことであらう。六時頃自分達夫婦は此処を辞して旧高松宮邸へ行き別府〔節彌〕夫妻がアイルランド人ムルドーン氏夫妻を呼んで居るのに陪席。帰りは大分遅くなった。

❖**四月一二日（木）** 今朝の新聞は「マ」元帥解職問題が大きく報道されている。「マ」元帥の日本第一主義がトルーマン大統領にも容れられなかったし、米の友邦殊に英国の憂慮するところであったのであらう。講和条約調印を前にして「マ」元帥の解職は日本にとって手痛いことである。

❖**四月一三日（金）** 久し振りの快晴。午後五時頃来て呉れとの次官の伝言が一時頃にあった。てっきり英国行き決定と思ったところ、まだ英国から正式に回答があったわけではなく、外務省としては自分を英国へやることに内定して居ると告げられた[2]。五月頃から日英通商交渉[3]が行はれるから、その仕事に関係して呉れとも言はれた。英国行き実現は急のことではなさ相であるが兎も角行くことは決定したわけである。井口氏等と共に山地氏の宴會に出席。御馳走になる。

❖**四月一六日（月）** マ元帥が今日羽田から帰米。大変な見送りであったらしい。

❖**四月一九日（木）** 夜横浜駅で別府夫妻等と落合ってスタンダード・オイルのムルドーン氏夫妻の宅へ行く。石油會社の人五、六名、カトリックの神父三名日本人七、八人の気

1――この日マッカーサーはトルーマン大統領に解任された。日記では解任の第一報が流れた当時の状況が分かるだけでなく解任理由に関する朝海の見解が興味深い。

2――朝海は一九五一年八月、在ロンドン事務所長となりロンドンに赴任。当時の日英関係は、日本からの綿製品と陶磁器輸出をめぐり英国国内の業者との間で貿易摩擦が問題となっていた。加えて対日平和条約締結についても英国内には不満があった。

3――一九五一年五月から始まる日英支払協定改訂交渉のことか。

持のよい會合であった。帰宅は終列車となる。

❖**四月二三日（月）**　〔ジェームズ・〕バーナム教授の講演會を讀賣新聞社が主催して同社の講堂で催す。一時に行く。荒畑寒村なる男が「印度から帰って」という題で一時間以上もクラダぬ話しをしてバーナム教授の講演を聴きに来た聴衆をウンザリさせる。自分も外に約束があるため同教授の講演は廿分位ゐしか聴けなかった。極めて明快な英語でゆっくりと話した。寫眞で見かけた程神経質な顔には見へなかった。

❖**四月三〇日（月）**　昼霞関會に顔を出して久し振りの先輩十数氏を前にして十五、六分喋る。夜洋服屋が来てロンドン行きの支度。

❖**五月一日（火）**　午前中役所で英国行のスタフ〔スタッフ〕の人事問題で人事課長と話合う。

❖**五月八日（火）**　午前三越で洋服の假縫。午後五時から一時間大正海上で月例の講演會。終る時分には大分雨が降って来た。六時から英国大使館の財務官〔H・H・〕トーマス氏のお茶の會が大使館内の同氏官邸で行はれるのに自分も出席。日英支拂協定〔4〕の交渉が最近東京で行はれるため英蘭《イングランド》銀行の副支配人〔フレデリック・〕ロインズ氏が最近東京へやって来たので紹介の意味のコクテイル・パーティであった。吉田〔茂〕総理も一寸顔を出して居た。

❖**五月九日（水）**　正午アメリカン・クラブで英国商工會議所の主催の昼餐會あり。日本側から木内〔信胤〕、自分、伊東、柿坪が出席。自分達の英国行きに関聯してのパーティかと思はれたが木内氏が最上席の様であった。司會者は會頭のヂャーデン・マテソン社のポロック氏。午後は研修生を相手にしてテニス。夜はエカスレー夫妻に招待さる。夜終列車で帰宅。

❖**五月一〇日（木）**　午後一時半頃第二部研修生の教場から小火を出し、消防車の出動を見た程であった。そのため午後はゴタ〱して帰宅も遅れた。

❖**五月一一日（金）**　午前中昨日の小火の始末で追はれる。夜は日清製粉の正田〔秀〕〔英三郎《ひでさぶろう》〕氏の招待。自分の外奈良〔靖彦〕、大森〔誠一〕も連れて共ゝ小麦関係の話しを聞く。

❖**五月一二日（土）**　午後赤坂離宮で雅楽の會合あり。外交団やら、総司令部職員等が招待されて居た。天気はよし。新緑の森を背景にして雅びやなか赤い古式の衣裳を着けた楽人の舞と太鼓の音とは印象的であった。

❖**五月一三日（日）**　午前十時半頃大磯に吉田首相を訪ねて英国行の内命に接したことに関聯して挨拶をし卅分程雑談した。天気がよくもう歩くと額に汗がにぢみ出す。

❖**五月一五日（火）**　六時少し前隆と自宅を出て東京へ行く。

〔ジョージ・〕クラットン英代理大使の招宴に列席するためである。七時半からのディナーには日本人としては林〔譲治〕（議長）、三谷〔隆信〕、武内〔龍次〕等の顔が見へた。英国側は大使館員、若い日本語の官補らしいのが二、三人フットマンの代りの役目をして居たのが自分の在英大使館時代を思はせた。十時頃散會。自分達は三年町の官舎に泊る。

❖**五月一六日（水）** 雨の東京を八時の急行で發。大森官補を帯同して大阪に赴く。蓋し大阪に於ける紡績業者と懇談のためである[5]。大阪著〔着〕、「高島」という宿に投宿。鐘紡の社長、武藤〔絲治〕氏も顔を出して御接待あり。

❖**五月一七日（木）** 鐘紡が車を提供して呉れたので大日本紡貝塚の工場を見学。近代的な立派な工場である。一生懸命見学したので研修所時代の見学よりはよく判った様な気がする。午後は鐘紡の淀川工場を視る。前者は紡績、織布であるのに対し、後者は捺染等の加工を行って居る。

❖**五月一八日（金）** 午後一時半頃から鐘紡淀川工場で約一時間武藤社長の話を聞き、更に東洋紡本社に阿部〔孝次郎〕社長を訪ね今後の連絡方法に付協議。終って大日本紡に赴き原〔吉平〕社長から一時間話を聞く。極めて有益で業者の意向をよく聞くことが出来た。難かしい日英の競争である。午後六時頃から「鶴家」で三大紡主催の役宴あり。此処を辞去し又「高島」へ帰り一時間程騒いで十時の夜行「銀河」で帰る。三大紡から結構なお土産まで頂いた。

❖**五月一九日（土）** 朝帰宅。少憩してから役所に顔を出し雑務を処理。

❖**五月二二日（火）** 昼日清紡の桜田〔武〕氏と大川端の粋な料亭で會食。紡績の話を聞き午後は伊原〔隆〕、奈良の諸君と英国行に関聯して打合せをする。午後五時から日英協會の発會式が工業クラブで行はれたので隆と共に出席。仲ゝ盛大であった。

❖**五月二三日（水）** 上野春性院で故堀内干城氏の告別式ありお線香を上ぐ。

4——日英支払協定改訂交渉は五月に東京で始まり八月調印された。この改訂で日英貿易支払に関するドル・クローズが撤廃され貿易額は大幅に伸びた。

5——朝海は英国への赴任が内定した後、精力的に関西の紡績業者を視察し懇談している。日記では朝海が鐘紡、大日紡、東洋紡の社長を始め紡績業関係者と会い工場を視察する様子が分かる。当時、日本からの輸出全体の約二八%を綿製品が占めており、紡績は復興期の日本にとって最も重要な輸出産業の一つであった。その輸出先はスターリング地域であった。

❖五月二四日（木）　昼アメリカン・クラブでブンゲ商會のレフルシ氏の招宴あり。奈良君を帯同して出かける。夜は蔵相官邸で大蔵次官が外務次官や華府行に内定した武内君や自分を招び大蔵省側から華府行きの渡辺〔武〕君ロンドン行きの伊原君等が出席。仲ゝ此の頃は約束が多くなって来た。

❖五月二五日（金）　昼貴島桃隆君と食事。

❖五月二六日（土）　午前久し振りに総司令部に〔ウィリアム・〕マーカット少将を訪ねた（最近米国から帰って来た）。卅分余り雑談したが同少将も首脳部総退陣の折柄一寸居心地が悪いという形かも知れない。昼殖田氏宅に赴き法事に関聯しお線香を上げ。二時半から外務省が外交局と野球試合をドーリトル球場で行ったのに参加。仲ゝ立派な球場である。大きなボールを使用したが体力の相違で我方は少しも打てず十三対三で大敗。

❖五月二七日（日）　夜三浦、田中、徳永の三君来りブリッヂ。

❖五月二八日（月）　夜は英国大使館のトマス氏に招ばれた。遅くなったので三年町の官舎に泊る。

❖六月一日（金）　更に一同は大徳寺に向ったが自分は途中で一同と別れ單身電車で京都駅に向ひ神戸に行く。神戸では川崎重工業の人に迎へられて同社に赴き山口常務に會ひ會社の首脳者も出て来て話しを聞いてからドックで建造中の船を見学。夜は山口氏の招待で「本菊水」で食事。同夜は此処に泊る。稲田氏も意外の様子であった。

❖六月二日（土）　朝日本毛織の専務の永井氏と肥塚氏とが車を持って迎へに来て呉れた。神戸連調の大隈君と共に同社の加古川工場へドライヴ。途中須磨、舞子附近の景色は絶景であった。加古川工場で昼食後同工場を見学し更に川向うの同社印南工場も視察して帰路は広野のゴルフ・コースに立寄りクラブ・ハウスで冷いビールを引っかけて少憩。神戸へ着いてから花隈で大変な御馳走になり毛織のお土産までも頂いて九時少し前辞去。十時の大阪発「彗星」の二等寝台にもぐり込み、京都から隆も乗車して来てゆっくりと久し振りに寝台の気分を味ひつゝ東上。

❖六月五日（火）　昼運輸次官の秋山〔龍〕君と海運の話を聞きつゝ會食。伊原君も参加、仲ゝ有益であった。夜は田代氏の紹介で講道館の嘉納〔履正〕館長その他講道館の首脳者と交詢社で會食。柔道が英国でも盛んなのでそれとの将来の連絡についての援助を頼まれた。

❖六月六日（水）　昼中野の芦野氏宅へ赴いた。送別會で御馳走になる。芦野夫妻が主人で出渕母も参加。自分はそれから研修所で残務を整理し、夜は隆と共に澁谷のパシフィック・クラブへ行く。鹿島守之助氏夫妻が送別會をして呉れたのである。お婿さんの渥美〔健夫〕夫妻と加藤〔匡〕〔匡夫〕

夫妻も参加。食後此の料亭の女主人公たる千葉早智子氏のお琴を聞く。六段と千鳥、久しぶりにノンビリした楽しい気分になったものである。千葉氏は隆が在米当時吉田晴風氏と共に訪米したことがある相である。

❖**六月八日（金）** 午後五時から大正海上の月例例會で一時間話しをした。今日が最後の講義であったので村瀬〔逸三〕氏から鄭重な挨拶あり。三●會（此の講演を聞いて居る會）を代表して槁氏から謝辞あり。御餞別まで頂き、話が終ってからサンドウィッチも出て来て雑談に打ちくつろぐ。自分が此の會で毎月話しを始めてから一年半以上に及んだ。此の會は自分自身のため勉強になったのみならず経済的にも助けとなった。毎月日本橋へ通う毎に四季の変化日の短くなったり長くなったり、寒かったり暑かったりをしみじみ感じさせられたものであった。村瀬君の鄭重な取扱ひにも感謝せざるを得なかった。六時半頃和やかな気持で此処を辞して駿河台のスピンクス氏邸のコクティル會に臨む。外務次官以下外務省の首脳者が招ばれていた。

❖**六月一一日（月）** プレー後冷いビールを馳走になり風呂にも入って吉次君の車で東京へ行き隆と共に勝部〔俊男〕夫妻の送別會。英国大使館の〔アーサー・〕ド・ラ・マー書記官夫妻が来ていた。

❖**六月一二日（火）** 林定平夫妻を「花長」に招ぶ。夜クラス會が自分を三年町の官舎で送別して呉れた。仲ゝ賑やかであった。現在九名東京に居るわけである。

❖**六月一三日（水）** 午前中フェルゼッカー神父、日高氏、須磨氏等を訪ねた。夜は濠州の商務官メンジース氏夫妻に招ばる。武内、勝部、北原〔秀雄〕の夫妻も招ばれていた。

❖**六月一五日（金）** 昼香上銀行〔香港上海銀行〕支配人のステーシー氏に招ばる。井口次官、西山〔昭〕、石田〔正〕（理財局長）等が居た。夜は鵠沼在住者（外務省員）の送別會が竜土町で行はる。

❖**六月一七日（日）** 今日は朝からカラリと晴れた。九時頃家を出て鎌倉の重光氏邸へ行く一時間位挨拶旁ゝ話をして辞去。

❖**六月一八日（月）** 昼「アラスカ」で西村〔勘一〕、本村、田付〔景一〕の三君を招待　會食。

❖**六月二〇日（水）** 午前、木村篤太郎氏を室町の事務所に訪ねて挨拶。昼は六本木にジャーデンのポロック氏に招ばれる。夜は研修所の事務の送別會。

❖**六月二一日（木）** 昼「ときわ」で村瀬氏の肝入りによる旧三井系の貿易商社代表者二、三十名を集めての自分を中心とした懇談會あり。御馳走もあり御土産もあり仲ゝ鄭重なものであった。夜は昭和廿五年度の研修生の送別會が竜土町で行はれた。自分がロンドンに行き河野〔七郎〕君はビルマ行を予定され、生徒のうち塚本はインドネシアに大森は英国に、小村〔康一〕、手島〔冷志〕、大鷹〔正〕は米国に留学の予定である。愉快に九時頃まで歓談した。

❖**六月二三日（土）** 朝プレス・クラブにデーリー・ヘラルドのヘッセル・ティルトマンを訪ね二、三十分會談。次で村瀬君を會社に訪ね、昼は工業クラブで膳〔桂之助〕氏の御馳走になったが同氏はほとんど失明に近く痛ゝしく見受けられた。身体もこれでは影響されざるを得ざるべく或はこれがお目にかゝれる最後かとも見受けられ淋しかった。午後は役所で「英国社會史」を大分能率を舉げた。夜は佐藤栄作氏宅で御馳走になり讀賣の筒井、市川、上野等が同席した。

❖**六月二五日（月）** 午前十時ロンドン・タイムス特派員のフランク・ホーレー氏と會う。急にプレス・クラブの約束を急に自宅に變更したり、足が痛い相だけれども寝巻で自分の訪問を受けたり凡そ英国人らしからぬ男である。午前中N.R.S.でネヴィル氏に會い、昼は奈良君の親友野間氏に芳蘭亭で御馳走になる。夜は如水會館で国際聯合の商大学生の會合あり出席。天羽〔英二〕加瀬〔俊一〕等の諸氏の顔が見えた。

❖**六月二六日（火）** 午後通産省で事務打合を行う。

❖**六月二七日（水）** 久し振りで来日したフロリア氏と會う。昼はエッカスレー夫妻とメンジース夫妻を隆と共に「花長」でエンターテイン。

❖**六月二八日（木）** 昼「ときわ」で村瀬君が戦争前三井物産のロンドン支店長をして居た松本季三志氏をも招んで呉れ同氏から色々話しを聞いた。午後船舶関係で今般デパーチになった人達のお祝ひのカクテール・パーティあり。夜は東京銀行太田、堀江〔薫雄〕両氏の送別會が「蜂竜」で行はる。

❖**六月三〇日（土）** 英国からの事務所設置同意の回答がやっと来たので自分の名前が愈々正式に持ち出される。出發も遠くはあるまいと思はれる。

❖**七月三日（火）** 夕方毎日新聞で英、米その他の在外事務所に行く人ゝの送別コクティルあり。自分も出席。

❖**七月四日（水）** 今日は夕方米国の独立祭を祝う〔ウィリアム・〕シーボルト氏のコクティルがあったが、一日休んで書き物を讀んだりトランクの清掃をしたり。

❖**七月五日（木）** 昼日英協會のことで徳川家正氏と會談。夜はネヴィル（N.R.S.）を招び、兼ねては自分の送別という ことで底曳協會の會食が向島の八百松で行はれた。十時半の急行で奈良君を連れて西下。紡績協会の人達と正式に話合うためである[6]。

❖**七月六日（金）**　朝大阪著〔着〕。正午は紡績協會理事長阿部氏（東洋紡社長）の司會する在阪紡績関係有力者の参加した昼食會あり。食後懇談暫時。午後は綿輸出組合との懇談會。夜は同組合の「坂口」の招宴。二次會は今度敷島紡の社長になった塚田氏の「大和家」への招待に出席。久し振りで「大和家」のヘラヘラ節を聴き、座は急に陽気になり十二時近くまでダンスをしたり大騒ぎ。夜は東邦ホテルに泊る。

❖**七月七日（土）**　午前鐘紡の住道工場を見学。昼は鐘紡武藤社長に敬意を表し此処で食事。午後から商工會議所で貿易業者と懇談。夜は染色同業會の青楓クラブに於ける招待に出席。鶴家にも顔を出し、九時の列車で東京へ引き揚げる。

❖**七月一一日（水）**　夜英国大使館のド・ラ・マー氏夫妻が自分達夫婦をコクテイルに招んでくれた。自分を中心にしたものだ相だが任命前のこととて In honor of とは正式に言へなかった由。

❖**七月一二日（木）**　昼工業クラブで先般リコンスチチュートされた日英協會の第一回の昼食會あり座長は〔ヴィア・〕レッドマン氏、〔ジョージ・〕クラットンの顔も見へた。自分は簡單に紹介されて挨拶する手順であったが任命前とあってメイン・テーブルにはすえられたけれども名前はメンションされず。英国留学生となった五名が紹介され、ゲストの小泉信三氏の講演あり。夕方は泳ぐ。

❖**七月一三日（金）**　正午横濱港へ。ヂエネラル・コリンスで渡米の外務省関係留学生を見送る。大変な人出であった。女子も四、五十名交って居た。初めての外国行きに胸を躍らせ昂奮したらしい若い人々の顔を見ると廿何年前横浜を諏訪丸で出たことを想ひ出す。夜はレッドマンの晩飯。

❖**七月一七日（火）**　午前谷正之氏を大森のお宅に訪ね卅分余挨拶旁々雑談。午後は有田〔八郎〕氏を代田のお宅に訪ねた。夜専門部同期生七、八名集って京橋で送別會をして呉れた。そこから目黒の外相官邸に赴き廿六年度研修生の送別會にも顔を出す。

❖**七月一八日（水）**　西班牙の公使館が接収されたとき三浦〔文夫〕君の相手になった当時の米大使館員〔ナイルス・〕ボンド氏は目下D.S.の参事官をして居るが三浦君在京の機會に同君を帝国ホテルに招んだのに自分も同席。二人とも終戦以来始めての再會とて和やかに歓談。

❖**七月一九日（木）**　ジャパン・ニュースのジェンキンス氏夫妻が自分達夫婦と奈良君とを昼飯に招待。夜は東洋棉花の送別會に出席。久し振りに美しい、そして夏向きの藝妓の

6――翌一九五二年、日英米紡績業者会議（民間会議）が予定されていた。この会議へ向けた準備のための打ち合わせか。

踊りを楽しむ。

❖七月二三日（月）　昼船舶関係の會合。夕方は泳ぐ。夏本格的なり。

❖七月二四日（火）　午前中泳ぐ。通産省から英国行に決定したのは鈴木〔義雄〕君となる。同君とは終連で一緒に居たこともあり好都合である。夜は英国の商務公使〔N・S・〕ローバーツ氏に招ばる。

❖七月二六日（木）　十時総理官邸で益谷〔秀次〕氏に會う。昼は人事、會計両課長に森〔治樹〕、北原の両君を招待して會食。夜は前研修所貿易班の連中が一同で送別會をして呉れた。

❖七月二七日（金）　午後研修所へ挨拶に行く。

❖七月三〇日（月）　今日も午後早く役所を切り上げて泳ぐ。

❖七月三一日（火）　午前正田（文）〔文右衛門〕氏を訪問。昼三井船舶の一井〔保造〕社長の招宴。午後石井（光）〔光次郎〕氏を電通ビルに訪ねた。自分達の出發は本月廿七日。ＢＯＡＣ〔英国海外航空〕に依ることゝした。伊原君が米国廻りを希望して一寸ゴタ付いたが結局解決。出發の日取が決まるとソロ〳〵忙しくなって来た。

❖八月一日（水）　午前田中〔耕太郎〕最高裁長官に挨拶。昼は伊原、鐸木〔義雄〕、奈良〔靖彦〕、立花、大森〔誠一〕とロンドン行の連中を招んで會食。夜は小金井氏の送別會に出る。

❖八月三日（金）　午前林〔譲治〕国會議長を往訪。昼は伊藤忠の招待。

❖八月四日（土）　午前逗子に上村〔伸一〕氏夫妻を訪ねた。午後二時から中国ミッションで代表団対外務省のテニス。先方は団長何〔応欽〕将軍始め当方は結局自分が代表者となり試合。外務側は大敗。自分もダブルスに出たが敗れた。コートはよし。ボールはよし。コカコラ等の接待が存分にあって大に一同エンジョイした。

❖八月九日（木）　蔵相官邸で池田〔勇人〕氏が自分と伊原君を送別して呉れた。

❖八月一〇日（金）　午前次官に呼ばれて次官室へ行く。嫌なことを聞いた。吉田氏が自分の任命に反対して居るというのである。然し英国から回答のあった此の際今更變更も出来ぬ。兎に角赴任して呉れ。然し此の間の事情は含んで居て貰い度いという。言外に他の在外事務所（ボン）辺りへ何れ転出するかも知れぬという意味が含められる。面白くない話である。一ヶ月前にこんな話を聞いて居ればロンドン行等は辞退したであらうが、現状に於ては醜悪なパブリシチーなしには自分のロンドン行は取止められない。次官の好意を謝して辞去。西村〔熊雄〕氏とも相談した。午後は約束もあり隆と共に大森に芦田〔均〕御夫妻を訪ね更に渋谷に松平〔恆雄〕未亡人も訪ねた。その足で少し遅かったが鶴川の白洲〔次郎〕氏をも訪ね意見を聞いて見た。帰宅は十時頃。不愉快な一日であった。

❖**八月一一日(土)** 午後東京へ出かける。「柳水」で周東〔英雄〕氏が送別會をして呉れた。

❖**八月一四日(火)** 正午十五門會の送別會が増子、藤井両君の世話役で開催。盛會であったので感激した。十二時から一時までで此処を辞去し一時からクラットン氏がマシュース氏夫妻を送別して居る宴席に参加。午後は天羽、川村の諸氏にも會ひ　夜は朝日新聞増田君による送別宴に臨む。打水した庭先きから満月に近い月を美しく見る。

❖**八月一五日(水)** 八時少しすぎの湘南電車で御殿場に行く。富士紡の岡崎君と立花が同行。御殿場の駅に着いたのは十時半頃で富士紡小山工場の工場長が迎えに来て呉れた。駅前の料亭で小憩の後十一時すぎ自動車で秩父宮山荘に向う。山荘までは二、三哩《マイル》ある。早速殿下の御室に招じ入れられ昼食をも御馳走になりつゝ一時間半位お話をした。御手作りの由である玉蜀黍のスープも美味であった。話が途切れると自ら話題を持ち出される態度、給仕人に用命するお言葉付等洗練されたマナーである。深い感銘を受けお庭から富士の雄大な景色をも展望させて頂く。此処は昔井上準之助氏の山荘だった相で、庭の芝生もよくお手入が行きとどいて居た。但殿下の御健康はまだ回復して居る様には見受けられなかった。午後小山工場を見学し、會社の貴賓館で御馳走になり帰京。

❖**八月一六日(木)** 阿●●氏の野崎商會との會食。午後は各方面の挨拶廻りに能率を上げる。此の頃は毎日の如く来客、挨拶廻り、送別會で忙しく夜も遅く仕事も大分溜る。

❖**八月一七日(金)** 佐藤醇造君の案内で品川の専賣局工場を見学。煙草工場の視察は始めてであったので面白かった。昼は相木君等秀次郎の昔の学友四人程の送別會。夜は松井眞君が五反田の「盤若園〔苑〕」に招んで呉れたがフラッド・ライトした夜の芝生が美しかった。

❖**八月一八日(土)** 午前中隆と共に周東夫人、井口夫人等を訪ね、昼は出渕母、子供諸共出渕君がピータースに招んで呉れる。子供が御馳走に喜んだものである。終って一同雑司ヶ谷にパウロ出渕の墓詣り。石塔に水をかける。暑い日であった。夜は日本鋼管社長の招宴。

❖**八月一九日(日)** 高島菊次郎。天羽夫人等が訪ねて来られる。昼頃長氏一家が送別に来て呉れたので海へ案内し、又昼食を共にした。

❖**八月二〇日(月)** 昼佐藤〔尚武〕議長が自分の外、大野〔勝巳〕千葉君も招いて水入らずの食事。色ゝ庶務と挨拶廻りで忙し。出發気分になって来た。

❖**八月二一日（火）** 昼クラットン代理大使が自分、伊原、鍔木の夫妻と奈良君を招んで呉れた。次官夫妻も出席。先方からはロバーツ、トマス、ドラマー等の夫妻が出て賑やかに且スマートな昼食で行を盛んにして呉れた。食後クラットン氏がトーストを挙げ自分の英国行きを祝って呉れたので一寸面喰ったが自分も即席乍ら立ち上って簡単に挨拶を述べた。午後はトラヴェラース・チェックにサインをしたりで婦人連も交へて大忙し。そのうち沛然たる豪雨となりすっかり涼しくなる。夜は井口氏が次官邸でロンドン行の人々を夫人同伴でブフェに御招待。外務省の幹部が出席。水入らずで愉快な會合であった。

❖**八月二二日（水）** 英大使館にロバーツ氏を訪ねて懇談且紹介状を貰う。親切な老人である。終ってD・S・にシーボルト氏を訪ね挨拶。昼は隆と共にスピンクス氏夫妻の食事に招ばる。夜は吉次氏宅で隆や子供までも含めて送別會を開いて呉れた。大変な御馳走で子供は大喜びであった。

❖**八月二四日（金）** 午前中省内幹部に挨拶、総理は今日午後までは箱根から降りて目黒に居たが遂に會へなかった（よい辻占か悪い辻占か知らないが）。昼は帝国ホテルで国務省から台湾へ出張途中立寄った由のバーネット君と會食。二時間位色〻と話したが面白かった。同君は終戦直後日本へ来た際、自分は人の紹介で會見。主として賠償問題につき論議したがその際のことを思ひ出して呉れて自分との會見を希望したらしく、久し振りの再會であった。

❖**八月二五日（土）** 午前中役所へ出て最後の準備をし庶務の指図を終り、午後帰宅。長い日本の生活だけに違った環境に飛び込むのは億くうである。

❖**八月二七日（月）** 四時にはもう車が家の前に着いた。四時半お婆さまや女中とも最後の別れを告げて家族と共に車中の人となり暁の東海道を疾駆。湘南電車はまだ動き出さない。羽田に着いたのは五時四十分頃であった。出發の手続をすませる。見送人もボツ〳〵やって来た。親戚としては出渕や長崎栄子、大雲の子供たち、林定平氏夫妻も日光の避暑地から予定を繰り上げて来て呉れたのは嬉しかった。英大使館のロバーツ氏、ドラマー氏も早朝なので英国人には珍らしくヒゲも剃らずに駆け付けて呉れたのは嬉しかった。本省幹部からは木村〔四郎七〕君の顔が見へた。新旧研修生も概ね来て呉れた。底曳の山崎、加藤両氏の顔の見へたのも意外であった。見送りは断り度いと思いつゝも又見送られるとその友情には感激せざるを得ない。

予定の通り七時離陸。暫らくは雲上に聳へた富士の頂上が見へたがそれも間もなく消へる。途中沖縄で給油のため卅分程休む。機上から見ると汽船の赤さびた残骸が浅瀬にのし上げて居るのが見へる。在りし日の沖縄戦で沈められた日本船か、それとも特攻機の攻撃を受けた米船か。機上ではブリッヂをやりつゝ時間を過し三時半頃(時差の関係で日本時間四時半頃)香港に着。ミラマールホテルというのに投宿。二年前の香港の宿を思い出す。暑いので閉口、シャワーをとって小憩。ホテルで食事後或る米商社員の案内で夜は香港の夜景を見物、対岸の香港島に行きドライヴ。すっかり涼しくなる。リパルス・ベイ・ホテルでリフレッシュメントを飲み帰館。

❖**八月二八日・二九日(火・水)** 七時に飛行機は出発するので早朝起床。香港からバンコックに向う。ギラ〳〵した太陽の照りつけるバンコックの飛行場には同地の事務所長をして居る鈴木〔耕一〕君夫妻が所員と共に出迎へて呉れた。先年着いたときよりは立派になった飛行場で少憩の後再び機上に。機上で昼食をして次の着陸地はラングーン。此の附近のジャングル地帯を機上から眺めるのは不相変壮観であった。カルカッタには夕方着。西山君が所員と共に出迎へて呉れた。少憩の後、印度半島を横断して飛行機はカラチに飛ぶ。カラチからバスラに夜行してバスラに着いたのは早朝であったが問題の土地アバダンの町の燈火を機上から臨んだのはバスラ着の直前であった。バスラで飛行機に一寸故障あり。二、三時間遅れて出発。九時すぎになったであらうか。バスラからはカイロに出るのだが飛行機は見渡す限りの沙漠と荒地のむせ返る様な熱気の上を飛んで行く。月の世界の荒虚を思はせる様な下界の景色である。カイロに近附くと赤い荒れた沙漠の地肌に無気味な様に青い紅海が見え間もなく紅海から沙漠の中を一直線に水の線が走って居ると見へたスエズ運河が見へ出す。

一直線の水路が尽くるところ湖水が見へるが湖水の先きは雲表に連って見へないから地中海岸は望めない。カイロで少憩し地中海上を飛んでローマに向う。途中ヴェス・ヴィアスの火口がのぞける程度の山の近くを飛び眼下に展開されたイタリアの青い海とネープルスの美しさをカプリの島を指呼したのが印象的であった。ローマに着いたのは日没である。最初の欧洲の都會であったが飛行場のレストランには蠅が多くて閉口したのは余り感心しなかった。ローマを七時頃出發。飛行機は一路ロンドンに向う。ゆっくり寝込む。やがて飛行場(クロイドンではなくロンドンの西郊にある)に着いたのは十二時をすぎて居た。

飛行場には英国外務省のMilwardという若い書記官(日本にも居て八高の教授をして居た由。日本語も出来る)が鄭重に出迎へて呉れ、直ちに貴賓室に案内、移民官や税関の取調べもなく簡單に旅券を検査したのみで通過。新聞記者が三名程會見を求めたので十分程會ったが記者の態度の紳士的であるのも好ましかった。英国外務省は優秀な車を二台我々のために提供して呉れたので、ミルワード氏の案内でそれに乗って夫々の宿舎即Kensington Palace Mansion, Park Lane Hotel, Grovenor House Hotelに辿り着く。自分が就寝したのは二時をすぎて居たであらうか。流石に疲れた。先年欧洲旅行の際は飛行機ではあったが途中香港、カルカッタ、カルチ等に数日泊ったので疲れも少かったが今度の場合は香港から一気に飛ばしたのでほんとに一瞬にして東洋から西洋への観が強く、グロヴナーに泊って矢張り信ぜられない感じである。

❖**八月三〇日(木)** それでも八時には起床。どんより曇った天気で早くもロンドンらし。陽気は日本の十月頃を思はせ、もうソロ〳〵冬が始まるかと思はれる。次ぎから次ぎへと新聞記者と寫眞班とが詰めかけて来て同じ質問に同じ答辯をくりかへす。昼飯は一同でピカディリーの支那飯へ行く。矢張り日本人には米の飯が恋しい。午後も接客やグロヴナー・ハウスのスヰトの部屋の設営やらで追はれる。夜は河瀬氏の案内でピカディリーのスペイン料理へ。グロヴナー・ハウスではパークに面したほとんど最高級の部屋をとって呉れた。自分は若干の負担分を拂ってベッド・ルームに居るわけだがホテルから見れば豪勢なお客さんである。ホテルのマネジャーが自分をExcellencyと呼ぶのも擽ったい気持のものである。此のエクセレンシー、此の部屋では一寸チップが嵩むので閉口である。

❖**八月三一日(金)** 午前中外国人登録所へ出かけたり。外務省で〔極東担当外務〕次官補の〔ロバート・〕スコット氏や日本課長〔チャールズ・〕ジョンストン氏に會う。ミルワード氏の案内に依る。ダウニング街十番の外務省内は大英帝国の外交を扱って居らうが閑古鳥の鳴く様に表面は静まり返って居る。昼ナショナル・シティの副支配人へイデン氏がシティの銀行に招待して呉れた。午後接客。ボーイ・スカウトで招聘されて居る三島氏や京都の日本レースの岩井〔盛次〕社長が訪ねて来て呉れ、米国から廻って来た黄田〔多喜夫〕君も交って會食。夜のピカディリーを散歩して帰館。

ロンドンは外見昔と相変らず。今日のシティの散歩によってもドッシリした昔乍らの感じはそのまゝである。

(1) ホテルや、レストランに居るのだからオーステリティもよく判らないが話に聞いたほどのことはなく腹も一杯になる。味の悪いのは昔からのことである。

(2) 町を通っても衣料品等は相当に豊富であるし値段も余り高くて手の届かぬということもなさ相である。

(3) 服装も大して貧相とは思はぬが、これは二年前と比べてよくなったのか、或は二年前はスヰスから来たが今度は日本から直行して来た故かも知れない。

(4) 但黒い服に縞ズボンの服装はシティでも少くなった

様である。尤もスコット帽子屋の前に山高帽の御者を乗せた馬車が居るし、シティでも山高帽の男を見た。外務省のスコット氏さへも簡單な服で應接に出て来た。

（5）自動車の数は昔に比し確かに少くなった。

（6）昔はピカディリーを歩き廻ると賣春婦に声をかけられたものであるが、今はほとんどそのことがない。

（7）應答にO．K．という言葉が時として用いられるのもアメリカの影響である。

❖**九月一日（土）** シッティング・ルームに机や椅子が入り少し事務所らしくなった。昼飯はベーカー・ストリートの「カタト」でイタリア飯。此の料理店は不相変昔のまゝである。ポートマン・スケヤーの大使館跡をバスの上から望見して感慨に耽る。午後は松浦君の案内でクリックル・ウッドに家を検分に行く。場所もサク漠たるところであるし建物も安建築であるはあるがこんなところが手頃なのかも知れない。夜は冷凍會議に来て居る三名の日本人と會食。店開き早々に絶間なき来客である。

❖**九月二日（日）** 日本を出てから一週間であるがもう二、三ヶ月も過ぎた遠い昔の感じがする。夜は朝日（島田）、共同（小野）の両特派員が我々を歓迎して呉れる。

❖**九月三日（月）** 正午〔アンソニー・グスタフ・ド・〕ロスチャイルド氏がシティの事務所に我々四名を昼食に招待して呉れた。食事も英国現在の標準から見れば大したものであったが殊に事務室や食堂が豪華な英国式にドッシリとしたものであった。チャーチルの甥というロード・スペンサー・チャーチルとも會う。午後来訪客で忙殺。ジャパン・アソシエーションのチェアマンのスコット氏も訪ねて来た。

❖**九月四日（火）** 午前中瑞西公使館に代理公使を訪ねる。ペルナートといひ戦争中日本に居たとのこと。日本人に會って懐し相であった。外交團領事團とは交渉を持たないけれども瑞西と米国は例外にしたということに〔を〕英国外務省にも話して置いた。十一時米大使館に所員三名と共に挨拶に行き極東問題担当官〔アーサー・〕リングワルト氏に會い自分は〔ジェームズ・〕ペンフィルド、ジェンキンスの諸氏にも挨拶。昼はレスターsq.の支那料理店で島田、小野の特派員、U．P．のガード氏支那人記者王君等と會食。

❖**九月五日（水）** 十時半寫眞屋がやって来て二、三十分色々とポーズして撮らされた。昼食は日本に関心のある下院保守党のM．P．〔下院議員〕〔ウィリアム・〕ティーリング氏と共にする。新聞記者のロバーツ君が仲介。R．A．クラブで歓談した。クラブの雰囲気は如何にも英国らしかった。近眼で一口喋る毎に神経痛か何かで口を歪めるティーリング氏はそれでも好感の持てる紳士である。夜は三井鉱山の栗本という炭鉱視察の日本人の一行が来て居るのをロード・ストラボルギ夫妻がサヴォナ・ホテルに招待したのに出席。九時からの晩飯であったが自由にシャンペンが座を流れて大変な御馳走であった。但牛肉はなし鶏はある。円卓を囲んで自分はストラボルギ夫人の右手に席を与へられ同夫人が自分をYour Excellencyと頻りに呼ぶには一寸閉口させられた。外務省や供給省からも人が来て居た。ストラボルギ卿は着席したまゝであったが非公式乍ら挨拶をしその前半は自分の歓迎であったので自分も着席したまゝ乍ら挨拶し、栗本氏も挨拶。日本の平和条約のためにトーストし和気が場に流れたのである。自分退席の時はストラボルギ卿は自分をホテル玄関口まで送り出して敬意を表して呉れ、何だかほんとに外交代表になった様な気持である。就寝は十二時になる。

❖ **九月七日(金)** 昼は香上〔香港上海〕銀行の支配人が招待。夜はチョコレート會議がロンドンに開かれるというので森永の重役二人がやって来たのと會食。日本人が色々な名儀で来英して来るのに気付く。

❖ **九月一〇日(月)** 昼ハイド・パーク・ホテルで三井鉱山の栗本氏一行が自分等を招待して呉れた。別室を角〔確〕保し大変な御馳走であった。夜はランカスター・ハウスにオーヴァシーストレードのSecretaryのBot[t]omley氏主催の蚕業使節団のリセプションあり。日本からは吉田氏を団長として片倉製糸の中沢氏等十数名が派遣されて居た。〔アーサー・〕ボトムレー氏は自分が會う最初の労働党の大臣であったがまだ若い元気な人である。自分が英国へ来て最初のこれがリセプションであると述べたところ大ち〔い〕に御世辞を述べて居た。そのうち〔クレメント・〕アトリー夫人もやって来た。自分は係りの人から特に群集中から探し出されアトリー夫人に接見された。夫人の接見した部屋は奥の小部屋で余人は入れずレストリクトされた人のみ入るを許されていたが、其処へ行って二、三分話しも握手もした。感じのよい人である。待遇は正に外交官的であった。これも(1)日本との平和条約が調印されたし、(2)日本の漁業の国際的地位の高いことが自分のこの待遇となって反映されたものと思い気をよくする。帰りはよい気分でグリーン・パークを散歩してホテルに帰り一同にも此の話しをしたものである。

❖ **九月一一日(火)** 昼レスターsq.でガード氏その他新聞記者諸君と會食。午後は又相当新聞記者が来訪。此の頃は日本の平和条約調印が終ったので日本が又チープ・レーバーで世界のマーケットを荒しはしないかという危惧の新聞記事が屡々現はれる。それに関聯し新聞記者の来訪も多いのである。

❖**九月一二日(水)** 午前午後新聞記者その他の来訪者多し。夜はカフェ・ロイヤルで蚕業使節団の一行が自分等を招待して呉れた。食後も色々と話しがはずんで面白かった。

❖**九月一三日(木)** 午後昔大使館で使って居たミセス・ベリーが訪ねて来て呉れた。

❖**九月一四日(金)** 夜は支那飯を喰べ内閣から来た小山氏を中心として會合。

❖**九月一八日(火)** サヴォイ・ホテルでBoggarと云う人が自分を招んで呉れた。〔F・S・G・〕ピゴット少将の外ブランデン氏も来て居た。Sir Alexander Maxwell、ロイターのエディターMr. Cole等も列席。自分を主賓にして呉れて大変香りの高い會合であった。夜はヂャーデンのJohn Scott氏が同氏宅に伊原君と自分を招待Blue Funnel LineのSir John Nicholsonも同席した。

❖**九月一九日(水)** 夜グレート・イースタンのホテルで川瀬氏が滞英三十何年かになったというのでお祝いの會を開いた。日本人有力者を招んだ。川瀬氏の感慨話を聞く。日英関係の長い変転の歴史を見て来た人である。

❖**九月二一日(金)** 昼はM.P.のティーリング氏をグロヴナーに招び伊原君も加はり食事を共にしつゝ、昨日発表された十月廿五日総選挙の話を中心に懇談する。同氏はブライトン出身であるから金城湯池である。夜〔ジョージ・〕セール氏が懇談したいというのでヴィクトリア附近の同氏フラットに赴く。生憎コックがウヰーンに休暇をとりに行ったとのことであったが(何と英国的であることよ)相当の御馳走あり。秩父宮の懐旧談、重光〔葵〕、谷〔正之〕氏の話、日本のアトロシティの話等十時すぎまで大変面白く懇談した。

❖**九月二二日(土)** 外務省を訪れ外務次官補スコット氏と會見。総選挙という事態に伴ふ対日条約批准の見通し、日本と最恵国待遇の問題、大使館敷地問題につき會談。午後はリージェント・パークで鈴木大森の外「朝日」の島田君も加はりダブルのテニス。面白かった。夜は目下倫敦に居る五名の留学生を支那飯に招んで接待した。

❖**九月二四日(月)** メーダ・ヴェールにエドワーヅ未亡人を見舞ひ総理その他のお悔みを述べる。まだ夫君が死んだばかりで未亡人はその死が信ぜられぬと言はれた。足も不自由で痛ゝしい。日本を訪問した時分が花であったと述懐される。夜は森永製菓の一行が自分等をセント・アーミンス・ホテルに招待。

❖**九月二六日(水)** 磯野君と取引関係のあるダービーという會社の重役三人にサヴオイのグリルに招待された。午後はシティにサー・エドワード・クローを訪ねる。もう七十をすぎたお爺さんと思はれるが大元氣。わざ〱玄関まで見送って来てくれた。総じて日本の代表者に対する礼儀である。

❖**九月二七日**（**木**）　日銀の立君が来任したので會食。

❖**九月二八日**（**金**）　午後オーストレリア・ハウスにWaller氏を訪ねた。エッカースレーの紹介による。

❖**九月二九日**（**土**）　午後五時からリーヂェントパークでダブルのテニスをやり夜は「チョイ」に小山、前田〔郵政省〕亙理の諸氏を招いて會食。

❖**一〇月一日**（**月**）　午後ロード・〔ウィリアム・〕センピルに會う。如何にも軍人らしいキビ〱したタイプの人。夜「日ノ出家」で御馳走。久し振りに鳥のスキ焼を喰べた。

❖**一〇月二日**（**火**）　昼スタンダード・オイルのマルドーン氏の義兄と空軍クラブで會食Willisという人である。午後はヴィクトリア・アルバート・ミュゼアムでジャパン・ソサエティ主催の講演會あり。講師はケンブリッヂ大学の日本語講師E. B. Coadel氏で"Impression of post-war Japan"という題で一時間近く話しあり。三十才前後の若い教授で好感が持てた。日本は米国に近いが一般の人は一種のアイソレーションに悩んで居る。それは欧洲殊に英国とのアイソレーションであって英国を知り度い気持が強い等々極めて日本に好意的な話しであった。聴衆は六、七十名婦人が多かった。老人が大多数で自分の横に座ってゐた人は一九〇〇から一九一七年日本に居たというしある宣教師も十何年日本に住んだことがあり山陰の都市の名前を言って居た。會議の空気は日英同盟を思はせる様に友好的でありそれだけにカビ臭く外の英国一般の空気とは調和しないものがある。講演後の質問で一人の若い男が立ち上って日本のチープ・レーバーと競争の問題を指摘し講師の話が甘すぎることを言外に含ませたが此の質問は意見の表示と見たのか司會者のマースデン中佐は黙殺して了った。レディ・クレメンティ、サー・エドワード・クロー等の顔も見へた。友好的雰囲気は有り難いがもう少し清新の気が欲しい様の気もする。尚当日は日本政府の代表者が出席した最初の會合とあって自分等は相当に人目をひいたし講師の紹介に先立ちM.P.のティーリング氏の我々に対する歓迎の簡単な挨拶があった。

❖**一〇月五日**（**金**）　夜はピカディリーの西班牙料理店で朝日の中村、協〔共〕同の萩原両君を招びそれに島田、水野君等も加はり賑やかに會食。

❖**一〇月六日**（**土**）　ピゴット少将との約束で十一時五十二分ウォータールー発の列車でCranleighへ行く天気は上々Guilfordで又支線に乗り換えクランレーへ着いたのは一時少しすぎであった。同少将は駅まで伊原君と自分を出迎へて呉れた。駅から一哩程の美しい並木道を通って同少将宅へ着いた。百姓家を二軒つなぎ合せ、モダーンな施設と美しい調度で飾ったのが同氏の家であり、庭園も広くオークが此の家の名前Oak Cottageにふさわしく高々と聳えてゐる。部屋は一室を除いては日本の絵画や調度品装飾品で飾り立てゝあり此の人と日本の関係の深さを思はせる。夫人、令嬢も出て来て御接待、昼食後は同少将の案内で久しぶりの陽光を浴び乍ら美しいサレーの田舎を散歩。裏手のメドーでブラック・ベリーを摘んで口にし乍ら色々と話しをし、四時のお茶まで御馳走になり五時半のクランレー発列車で手厚いおもてなしに感謝しつゝロンドンへ向う。ロンドンでは本省から来た北原君と會食。

❖**一〇月七日（日）** 日曜であるが早起きして九時半リヴァプールst.発の列車でハリッチに行く。大森君も随行してヘーグの在外事務所長會議に行かうといふのである。船は和蘭船で十一時頃出帆。フック・オブ・ホランドに着いたのは午後七時頃日は暮れてゐた。久しぶりの又旅行気分が出る。ヘーグ着は八時すぎてゐたが下田〔武三〕君が出迎へてくれて同君宅で晩飯後Scheveningen（ヘーグから四哩位ある）のKurlausという大きなホテルに泊る。時季はシーズン外であるし静かである。ホテルの裏は静かな英蘭海峡の海である。

❖**一〇月八日（月）** 七時半頃ヘーグに帰着。下田君官邸で夕食を御馳走になる。

❖**一〇月九日（火）** 朝、裏の海岸を散歩。昼食は下田君にスケベニンゲンの支那料理を御馳走になる。ストックホルムの結城〔司郎次〕君やブラッセルの與謝野〔秀〕君も出て来て久しぶりの歓談。午後はミウゼを見たり市中見物。

❖**一〇月一〇日（水）** パリから萩原〔徹〕君もやって来たので午前中も會議。午後自分は平和宮に徐謨氏（判事をしてゐる）を訪ねた。かつて自分南京在勤時代、次官をしてゐたのであるが和蘭は既に中国を承認して居ないけれども判事の籍はあるらしい。自分の来訪が突然だったので大変喜んでくれた。自分も力を落さぬ様激励して別れたが徐氏は途中まで送り出して呉れた。午後は引きつゞき會議。夜も食事後雑談歓談に花がさく。

❖**一〇月一一日（木）** 下田君の好意を謝し辞去して十四時半ヘーグの飛行場といってもアム〔ス〕ターダムの飛行場といった方がよいかも知れぬ―に向う。飛行機は一時間程出発が遅れたがそれでも一時間半足らずでロンドンに着いてしまう。役所で事務を整理。夜は日本から来た木内君の一行を招待。

❖**一〇月一二日（金）** 昼は香上の支配人グレー氏が木内、立、自分等を招びその外マーカンタイル、やバンク・オブ・インディア等日本関係の銀行家十、二三名も出て来てシティのAbercrombie, Roomで會食。食後自分はスタンフォード・ヒルのSt. Ignatius CollegeにFather Evansを訪ねて子供の教育に関し相談。色々親切に教へて呉れた。夜も衆議院の前尾〔繁三郎〕氏、京都新聞白石社長等々と「マルティネッ」のスペイン飯。

❖**一〇月一三日（土）** 十一時頃ホテルでB.B.C.のリゲット氏の出迎へを受けB.B.C.へ行き十二時十五分から二十七分位まで十二、三分間「英国のこのごろ」という題で日本語放送をした。日本ではN.H.K.から中継放送される予定になって居る。自分は（1）英国の最近の風俗（2）対日感情は必ずしもよくない（3）但親日家も少くない（4）選挙戦の模様（5）キングの病気等をテーマにして喋った。始めユックリしたので終りは時間が窮屈になり早口になったかも知れぬ。リゲット氏はお世辞かも知れないが内容も喋り方も誉めて呉れた。

夜天理教の教祖中山〔正善〕氏と會食。

❖**一〇月一五日（月）** 午後はコーンウォール・ガーデンスにトレヴァー・ジョーンズ氏夫妻を訪ねた。在日三十余年。最後には長崎でインターンされて骨と皮ばかりになった相である。自分は東京商科大学で教はったことがある。一時間近くお茶を御馳走になり、この老教授の健康を祈って辞去。夜は専賣局から煙草會議に来た人々と會食。

❖**一〇月一六日（火）** 午前ペル・メルにロード・ハンケーを訪ねた。七十五才だ相だが元気なお爺さんで赤々と燃えるストーヴを前にして重光氏の話等一時間近く歓談した。午後は外務省にスコット氏を訪ねて事務所問題に付難問に迫られて居る点を指摘しその意見を求めた。夜衆議院の前尾氏、輸出入銀行の加藤寛一君等と會食。

❖**一〇月一七日（水）** 正午グロヴナー・ハウスで外務省の日本係ロバーツ君と曽て日本に勤務した〔H・C・〕ヘーンワース君を招待し會食。事務所問題は幸ひベルグレーヴの家屋所有者デューク・オブ・ウェストミンスターのソリシターと当方のソリシター間に話がついて契約に調印しデポジットも支拂いホッと一安心。但自分が建物の上層部に住むことに肚を決める。但さうなると月末に家族に来られては困るので大急ぎで出発延期の電報を打って置いた。家では一寸驚ろいたも知れない。夜はJapan Associationがハイドパーク・ホテルで自分等を歓迎するリセプションを開催。日本関係の実業家百五、六十名位が参集した。自分と鈴木立花の両君とは八時四十五分のユーストン発の列車でマンチェスターに向う。途中Creweという駅で乗り換へしたりしてマンチェスターに着いたのは夜の二時頃であった。ミッドランド・ホテルのスヰートの豪華な部屋に泊る。可なり古風なホテルである。

❖**一〇月一八日（木）** 朝九時にコトン・ボードのSir Raymond Streatが訪ねて来て朝食を共にした後別室で一時間位懇談。終って昨年日本へコトン・ミッションで出かけた人々（Sir Cuthbert Clegg, Mr. Winter Boltonその他）とコトン・ボードで懇談。昼食はミッドランド・ホテルでサー・レイモンドが主人役でマンチェスターの商工會議所會頭等も加はって行はれ午後は再びコトン・ボードで政策委員會の連中と自分と約二時間に亙りディスカッションあり。一寸苦しい答辯もやらざるを得なかったが兎も角自分では合格したと思って居る。夕方ホッと一息ついてバスの二階からマンチェスターの街を見物し、夜は又ミッドランドでサー・レイモンドの極く内輪の會食あり。最初は雑談に花が咲いたがリキュール時分から先方は口を揃えて早く何とか日英の話をしないとオルタネートの方法を考へざるを得なくなると凄味を利かせ出したが余り何度も繰り返すので興はさめるし余り田舎っぽくて凄味より嫌味の方が強くなって了った。好い加減のところで悪いアト味を噛みしめつゝ鈴木、立花両君と共に辞去。マンチェスターへ来て始めて英国人のむき出しの対日感情に触れたことゝ鄭重だけれど相当にしつこい英国人の国民性（それは可なり嫌な面でもある）にも触れた気がしたのである。同時に日本はマンチェスターから見ると世界の大国だという感じがすると鈴木君と共に笑った。

❖**一〇月一九日（金）** 午前サー・レイモンドに名刺を置き米国の領事館をも訪ねて十一時頃の列車でリバプールに行く。リバプールではアデルフィ・ホテルというこれも同地一のホテルに投宿。午後はノンビリと市中見物。夜はブルー・ファンネルのSir John Nicholsonの招宴あり。七時半の招宴であったところ、七時にニコルソン氏の紹介で二人の紳士が訪ねて来たので會ったところ、一人は戦争中大佐であり一人は准将であった相だが態度がスティフでどうもおかしいと思って居たところ、次の通り語った。「貴下は最初の日本政府の代表として此の地をお客として訪問されたので、こんなことを言ふのは愉快ではないが自分等は戦時中日本軍の捕虜となり、泰緬鉄道の建設に酷使せられた。自分の部下が非道の目に會うのをかばはんとして何回か暴虐行為を加へられた。その当時の将兵が尚此の西北地区に三万人は居りその七十五パーセントは未だに病院で手当を受けて居る。問題は桑港に於ける過早の平和条約の單なる調印に依って解決されるものではない。英国人は日本人のこの行動を決して忘れぬであらうし又許さぬであらう。此の現実は貴下も直視せられ度い」というのである[7]。残虐行為を記録する部厚いアルバムも持参して二三頁まくって見せたが自分は手にはとらなかった。たゞ日本政府に申出の空気を傳達することを約して約三十分で會見は終ったが、その態度はスティフではあったが紳士的、帰りには兎も角握手はして別れた。マンチェスターでのVeiled threat、リヴ〔ァ〕プールでのリプレゼンテーション、これで並の旅の「楽しさ」は満喫したわけであった。

❖**一〇月二〇日（土）** 午前十時の急行でリバプール発二時頃ロンドンに着いた。英国の選総挙を視察するため来英した議員団一行六名が着いて居たので早速それとの應待。

❖**一〇月二一日（日）** 今朝三時でサマー・タイムは終った。流石に今日は連日の疲れで午前中は静養、午後は懸案を整理したり、小麦會議の勉強をしたり久しぶりの太陽なのでハイド・パークに出て奈良君の報告を受ける。夜日本から総選挙を視察に来た水田〔三喜男〕氏を團長とする計五名の代議士が来訪したのでピカディリーのスペイン料理で會食。

❖**一〇月二二日（月）** 今日は選挙管理委員會の牧野〔良三〕委員長が来英。グロヴナーで昼食をしつゝ會談。夜自分は代議士の一行を案内して予ての約束の通りティーリング氏をブライトンに訪ねた。ブライトンの公會堂は大変な人出であり我々日本人も可なり人目を惹いたらしい。ティーリング氏の熱辯が終ってから時間もないので十時ブライトン発の電車で帰倫。

❖**一〇月二三日（火）** 午前オーストレリア・ハウスにMr. Wallerを訪ね、午後は米国大使館のリングワルト氏と會談。夜はジャパン・ソサエティがピカディリーのCriterionで我々の歓迎茶會を催して呉れたのに出席。先方はジャパン・ソサエティのカウンシルの歓迎でDuke of Buccleuch, Lord Hankey, Sir Charles Selgman, George Sale, Gen. Piggott, Lady Swattling, Lady Sempill等三四十名出席。仲々親切に歓迎して呉れた。次でピカディリーで来英中の加瀬〔俊一〕君と會食。

❖**一〇月二四日（水）** 午前又濠洲を訪ねてDeputy High Commissionerと會談。昼はカフェロイヤルでパーシバル氏の招待あり。夜は議員諸氏と支那料理。

❖**一〇月二五日（木）** 英国総選挙といっても静かなものである。日本で見る様な街頭演説もないし平常と変らない物静かさ。但夜は違う。木内君と會食後ピカディリーに出て見る。投票は九時まで行はれて居るので未だ結果は判らないがクライテリオンの二階にテレグラフの速報電光サインがあり保守労働自由その他の当選者数が示される様になって居り中央のエロスも板で囲って混雑による破壊をさけて居る。人はあとからあとからと詰めかけてバスは身動きならず行列をして居る。更にトラファルガー広場へ行くと此処も大変な人出で時々爆竹で気勢を揚げるため此の広場をネグラにして居る鳥が眠りを破られてチィチィ〳〵大変な騒ぎである。出身のカレヂ・カラーやカレヂの帽子をかぶった若い者が何とはなしに声を揚げたり、歌を唄ったり、女がはしゃいでネルソンの塔の台座によぢ登ったり平生たしなみ深い英国人にとって総選挙当日の夜はお祭り騒ぎである。十一時頃宿へ帰るとホテルのロビィにテレヴィジョンのセットを備へ付けて居り、今ワトフォードで労働党の前代議士が辛くも当選したという第一報が入ったところであった。

❖**一〇月二六日（金）** 早朝起床。ヴィクトリアのエァー・ターミナルへ行く。リスボンで開催される小麦會議に代表として任命されたからである。九時半B.O.A.C.機で離陸。快適な旅行をして二時少し前に明るい南国らしいポルトガルの飛行場に到着。リスボンのGrande Hotel Duao Nayoeoというのに旅装を解き、午後はブラ〳〵市中を見物したり港を見たり、広場で通行人を眺めつゝカフェを飲んだりでゆっくりした気分になる。

❖**一〇月二七日（土）** 日本からの代表代理（農林省技官）は未だ着かない。

❖**一〇月二九日（月）** 午前中勉強。昼は唯一の邦人路川君も加へて會食。午後はタイムスが届けられたので本省へ総選挙の結果に関する報告を書いた。夜雨になった。松本君も来着。

❖**一〇月三〇日（火）** Instituto Superior Técnicoで国際小麦會議が始まる[8]。午前十時頃三人でタキシーを飛ばし登録を終へる十一時から開會。英国の〔F・シード・〕アンダーソン氏が議長で開會を宣しポルトガルの経済大臣が一場の演説を行う。次で輸入国を代表して白国代表が輸出国を代表して濠洲代表が夫々挨拶をし午前の會議を終る。午後も引きつづき三時から六時まで會議を続けて相当能率を挙げた。この合議は第七回目の會議で日本は加盟以来最初の會議である。四十数ヶ国から一三〇名の代表が出席した。久しぶりの国際會議であったが流石に少し疲れた。

7——第二次大戦中、日本軍はタイ＝ビルマ国境に援蒋ルート遮断とインパール作戦のため鉄道建設工事を行ったが、その際、イギリス人捕虜を建設工事に従事させ饑餓と虐待による多くの負傷者、死者を出していた。これが戦後英国国内の反日感情を強めた。その関連で対日平和条約締結についても英国国内には時期尚早論があった。

8——小麦の価格安定化を図るための国際小麦協定が一九四九年に成立しており、日本は一九五一年八月に同協定に加入し、初めて国際小麦会議に参加した。国際小麦協定の事務局はロンドンに本部があった。

❖一〇月三一日(水) 引きつづき本日も會議。午前は carrying charge の問題をめぐって輸出国と輸入国の間に論戦あり。昼はポルトガル経済大臣主催の昼餐會あり。自分の横にはポルトガル語とスペイン語のみしか判らぬミセスに座らせれて全く閉口したが好意の持てる婦人ではあった。午後三時から一行は三台のポルトガル政府提供のバスを連ねて観光。リスボンから卅キロ程の古都 Sintra へ行く。

❖一一月一日(木) 今日は午前午後熱心に會議が続けられた。輸入国は英国が先鋒となりキャリイング・チャージ問題を第三国の裁定に附さうという決議案を出し、輸出国側は6セント以上に上げぬという保障を與へて輸入国側の足並を乱さんとする虚々実々の駆引あり。午後採決となり自分は英国案にはアブステインし輸出国案には賛成した。夜葡国代表団主催のカクテイルあり。リスボンの朝夕は可なり寒いが日中は日の当るところでは暑い位である。

❖一一月二日(金) 本省からの事務費の送金が磅《ポンド》であったゝめ、バンク・エスピリト・サントスでエスクードで取るのに手間取りほとんど午前午後を潰してしまった。午後會議は終了。日本は別に発言もしない代表であったが終了したので流石にホッとした。宿屋で残務を整理し八時五分のワゴン・リで唯一の邦人である路川氏に送られて自分奈良の外に農林省から来た松本君、松本君と一緒に遊びに来て居る上田(日綿)君等と共々マドリッドに向う。

❖一一月六日(火) 正午は英国議會でインター・パリアメント・ユニオンの日本代表議士一行招宴に出席。ハウス・オブ・コンモンスのテレスに臨んだ小部屋で會食。先方は Molson, Lord Reading(外務政務次官), Teeling, Scott 等の諸氏出席。和やかな両者の挨拶あり。議會は本日は〔ウィンストン・〕チャーチルの演説があるというので相当の人出。先方も忙し相であったので早目に辞去した。夜サー・レイモンドと二人散歩し乍ら紡績問題につき懇談。

❖一一月七日(水) 朝ケンシントンのエア・ターミナス〔ル〕まで牧野良三氏を見送る。正午はフリート st. のロイタースにチャンセラー氏の食事に招ばる。マンチェスター・ガーディアンのスコット氏、デーリーメールのロザミア卿〔ヴィアー・ハームズワース〕等業界の錚々たる連中が十名近く来て居り仲々よい會合であった。午後は事務所設営に時間を消す。大分進行して電話も架設されたのは有難い。夜はセント・アーミンス・ホテルで明日離英の代議士連の招宴あり。大分賑やかであった。

❖一一月八日(木) 朝 st.アーミンスに代議士団を見送る。夜は労働問題研究に来英した日本の有力會社の勤労部長級の人物を食事に招待。千客万来である。

❖一一月一二日(月)　午前中新事務所へ行く。もうほとんど整備を終り数日中には引っこせる。夜は九大学長〔総長〕の菊池〔勇夫〕氏と伊藤忠の野沢氏を招いて會食。

❖一一月一四日(水)　昼セールさんに招ばれた。夜はレディスウェーズリングがケンシントンの自宅にお茶に招んで呉れた。立派なお宅であった。

❖一一月一五日(木)　今日はグロヴナーから引越す。着英以来七十五日間泊った。事務所に使ったスヰートの部屋はガランとして空家の様になった。住みなれたホテルで設備もよいが矢張りホテルの出入は窮屈であった。自分は今晩はミュースに泊る。まだカーペットもカーテンも出来ないがベッドだけは入れた。瓦斯ストーヴも入って割合●暖かに眠れた。

❖一一月一六日(金)　夜は米国総領事館のジェンキンスのカクティルに招ばれた。久しぶりの米国人の會で言葉も調子が出ず。天気も悪し余り元気なし。

❖一一月一七日(土)　十一時四十五分の列車でギルフォードへ行く。ピゴットさんに招ばれたからである。ギルフォードまで出迎へて呉れた。サー・エドワード・クローも一緒。ギルフォード氏の車でクランレーへ行く。今日はピゴット氏の父君が日本政府の招聘を受けてティルベリーからP.O.の船で始めて日本へ向った縁りの日だ相で御招待に預ったのである。昼飯を馳走になり歓談やら、ビジネス・トークやらの後お茶も出る。夜の食事を終へて九時半の終列車で辞去し様としたところが道が洪水で車が通らぬとのこと。已むなく今晩はピゴットさんの部屋に御厄介になる。クランレーにはまだ電気がなく瓦斯燈である。静かな田舎の一夜をこの徹底した親日の紳士の家にご厄介になる。

❖一一月一八日(日)　十時半にクランレーを辞去。昼頃ロンドンに帰着。雨で不景気。少し風邪気なので熱い風呂に入り夕方はピゴット氏の「断たれたきづな」を讀む。夜は東銀の堀江氏と會食。

❖一一月一九日(月)　夕方ブリティシュ・ミゥゼアムのBasil Gray氏が八代教授を中心としたコクティルをやったのに一寸顔を出し、夜は自転車関係で来英中の人々と會食。

❖一一月二〇日(火)　昼グロヴナーにセール氏を招んで會食。午後役所に奥むめを〔お〕、田中、山川、田辺、久保といった婦人連が挨拶に来た。英国政府の招聘で英国の社會事業を見学しに来たものである。六時半から八時まで英外務省局長のコクティル・パーティで一行が紹介される。夜は来英中の交通公社の高田〔寛〕氏、前国鉄総裁の加賀山〔之雄〕氏と會食。

❖一一月二二日(木)　ロード・セムピルをグロヴナーに招んで會食。夜は加賀山君の招待。

❖一一月二三日(金)　小此木為二氏が来英中だが同氏は専門部で自分の英語の先生をして居た関係あり昔の英語の教師ジョーンス夫妻とリー氏をも招んでグロヴナーでお茶の會を行う。

❖一一月二五日(日)　夜は来英中の婦人団一行(奥、田中、山川の諸氏)をレスカー・スケヤーの支那料理に招んだ。

❖一一月二六日(月)　午後から下院で対日条約の討議が行はれたので伊原君と傍聴した。午後三時半から十時半まで行はれ此の間議員は出たり入ったりであったがこちらは二人便所へも立てず空腹にはなるし相当の苦労であったがそれでも日本が中心になったのであるから面白かった。政務次官Nuttingと反対党のヤンガー氏の演説に次いで十数名の議員が討論を行ったが、何れも日本の不正競争を激しく論難する人ばかりで日本との平和関係回復を喜ぶ底の演説をした人は六時半頃ティーリング氏が出たのが始めてで同氏がこれを指摘して満場一寸ハッと忘れ物を思ひ出した様にシンとしたがそれからも又日本論難が続いた。日本に同情的な発言をしたのはティーリング氏の外Astor、Paton、Clement、Daviesの四氏位のものであった。エリス・スミス氏の提案した対日条約六ヶ月棚上げ案は勿論壓倒的に否決されたけれども此の壓倒的票差は日本との平和関係回復を熱望する意思の表はれと見るよりは寧ろ已むを得ざる必然の条約をパスさせたというだけの意味に解せらるべきであらう。東と西との間に挿まって居る日本の政治的地位なり日本の民主国家群に加入したことの意味なりは掘り下げられず専ら経済面のみ取り上げられ僅かにモリソン氏が最後に一寸日本赤化の危険も楽観視すべからざることに言及した程度であった。同情論を述べた四氏のうち政府側及条約締結の責任者とクレメント・デーヴィス氏を除いては三氏とも或は満洲事変調査のためリットン・ミッションの一員として日本に赴いたとか要するに日本の実情視察のため日本に赴いたとか戦後日本の実情を知って居る人であったことも指摘されねばならない。中国は依然として友好的空気の中でノスタルヂックに思い出されて居りモリソン氏の如き日本の国聯加入を拒否すべしとの主張に対しこういう主張は英国の中国国聯加入要求支持を弱めるから反対であると論じていた。もう午後の六時七時頃には聞きあきたunfair competitionでもう沢山と云う気がした。わびしい気持ちでそれでもティーリング氏にコングラチュレーションの握手をして貰いピカディリーに出て簡単に夕食をすませ、役所に帰り相当長文の電報を起草し就寝は一時頃になった。

❖一一月二七日(火)　昼グロヴナーで香上のグレー、メービー両氏と来英中の堀越〔禎三〕氏を招いて會食。夜は高瀬〔荘太郎〕博士が来英中なので共に食事をした。

❖一一月二八日（水） 明日家族が来るが幸ひ船で出した荷物も本日着いたので早速当座の設営に必要な品物をとり出しエルシーに準備させる。飛行機は予定の通り東京を出て西へ西へと飛んで居るらしい。バチェラー最後の晩。

❖一一月二九日（木） 家へ送り届けると直ぐ上院へ駆けつける。対日条約の論議傍聴のためであった。三時半から六時まで討論が行はれたが下院では主として日本の競争という見地から問題がとり上げられたが上院では本条約が日本との平和を齎らすという政治的観点から論議が行はれ又選挙区のことを心配せず、曽ての日英外交に活躍した政治家なり外交官なりが発言したゝめ會議の空気は極めて友好的であり殊にLord Hankey, Lord Hawke, Lord Barnby, 然りLord Hankeyもwistfullyに日英同盟の昔を想起してゐた。Lord StansgateとLord Balfourが日本を辛辣に批判したがこれとても下院の議員の様に日本の繊維品や陶器の見本を高く手に捧げて日本を痛罵するといった様のものではなかった。何れにしても少しく心暖まる気持でウェストミンスターを辞する。尚自分の傍聴は問題が問題だけに相当目立ったらしくハンケー、センピル、ストラボルギの諸氏は何れも自分のところにやって来て握手を求めた。

❖一二月一日（土） 九時四十五分の列車でウォータールー発、隆と和夫とクランレーへ行く。ピゴットさんは例によって駅まで出迎へて呉れた。オーク・コテヂでピゴット夫人にも紹介され此処で昼食。歓談後、ユーハーストのもとピゴット氏の住んで居た家へ行く。此処にはMr. & Mrs. Fahieが住んで居りへー夫人は駐日初代大使として十何年の久しきに●（最初は公使）日本に在勤したサー・クロード・マクドナルドの令孫だ相である。此処で少し話をしてから、チェームス氏の宅に立寄りお茶の御馳走になり、五時少しすぎの列車でクランレー発ギルフォードで乗り換へて着倫したのは七時頃であった。

❖一二月四日（火） 四時ヴィクトリア・アルバアート・ミウゼアムでピゴット氏夫妻と落合ひ、お茶をのんで歓談。五時半からジャパン・ソサエティが此の場所で講演會を催した。演者はDr.ヒルバラーという人で昔の日本の田舎に於て信ぜられて居た子供に関する迷信を幻燈入りで説明。とも角外国のこんな細いところまで研究したことは篤学の至りである。隆は着物を着て行ったので大分目立った。ピゴット氏が講演者に感謝の挨拶をしたとき隆にも簡單に言及。又講演者が若干の点について日本人に説明を求めたので已むなく隆も立ち上って簡單に喋った。夜は伊原君も加へてグロヴナーにMacDonald氏（ウォアミンスターの校長で日本の兵学校で四、五年教官もして居った由で自分達子供の入学の問題で大分好意的であった）を招き四人で會食旁々学校問題につき懇談。

❖一二月五日（水） 自分はロード・スタンスゲートに招ばれて上院の食堂で會食。自分一人を正客とし鄭重であった。此の人は過日の対日条約問題で大分日本に対し痛烈な批判を加へた人であるが會って見ると人のよい好々爺。日本に大分手荒かったではないかと訊ねたらば、いやその心算はないたゞ再武装をしたり特定の国と協定して安全保障を求めようとするやり方は採らないと述べて居た。禮儀の正しい議論もしっかりした人で日本にもこういう労働党の議員が早く出て来て欲しいものである。

❖一二月六日（木） 隆子は俊夫を連れてスタンフォード・ヒルのセント・イグネシアスに行く。自分は正午はLord Killearnの夫妻に上院の食堂へ招ばれた。同氏の上院に於ける日本に関する演説をコングラチュレートしたところ大変鄭重な返事があり且この食事に招ばれた。相客として米国の書記官ペンフィルド氏夫妻等も居た。午後は朝海、伊原、鈴木の夫人連スエーズリング夫人主催のジャパン・ソサエティ婦人會のお茶に招ばれる。

❖一二月七日（金） 横濱で知り合ったスタンダード・オイルのマルドーン氏が今回カイロに轉任になったというので本日グロヴナーで隆も交へ三人で會食。愉快だった。夜は来英中の小瀧〔彬〕君と小林〔元〕君とを招待。

❖一二月一〇日（月） 夜ローヤル・アカデミニにサー・ゼエラルド・ケリーのコクティル。八代教授のための會合であった。

❖一二月一二日（水） 昼ストラボルギ夫妻をグロヴナーに招待隆と共に會食。夜は立〔正嘉〕氏の招待でクラリッヂのグリル。

❖一二月一三日（木） ボード・オヴ・トレードの〔アンソニー・〕パーシヴァル〔9〕夫妻をグロヴナーに招待、會食。この日は霧がはげしく夜自動車の立往生が続出したらしい殊に北の郊外が激しく何年振りのひどいフォグだとのこと。子供が室内に霧が入ってモヤ〱するので驚ろいてゐた。

❖一二月一四日（金） 昼グロヴナーにBoggon夫妻Piggott夫妻Warrington-●夫妻Jamesの諸氏を招いて會食。午後はケムスレー御夫妻が我々と滞英中の婦人団を自宅に招待してお茶。家具と立派な絵画を見せて呉れる機會を持たせたいという先方の好意であった。

❖一二月一七日（月） 昼は米大使館のリングワルト氏に招待される。事務所の地階が食堂で此処は流石に材料が豊富。おいしいビフテキを御馳走になる。午後のお茶はウヰーンのハウスホールドの長たるLord Charle〔s〕Hamilton が自分達夫婦をお茶に招んでくれた。ピゴット氏の斡旋に基く。

如何にも貴族らしいロードであり大に努めてくれた場所はSt. James内のアンバサダース・コート。

❖一二月二〇日(木)　午前中st.アーミンスに嘉納、田代の諸氏に名刺を返し、シティにスコット氏を訪ねた。昼はユーナイテッド・サーヴィス・クラブでロバート・ハンケーの昼食あり自分達夫婦を主賓とし先方も御夫婦、それにピゴット氏が加はって居た。

午後はウィンブルドンに法王廳使節を訪ねお茶の御馳走になる。夜は久しぶりに約束なし。

❖一二月二一日(金)　昼st.ステーブンス・クラブで下院議員ジョン・ティルニー氏(秩父宮親友)と會食。夜はヴィクトリアの小泉氏の道場で来英中の醍醐〔敏郎〕君が英国人の柔道家に稽古をつけて居るのを見学。紅毛へき眼の異人が柔道着をつけてカンバスに手をついて礼をする様子を見て居ると英国内に居るという気がしなくなる。夜の食事は柔道の一行とリゲット、バーンス両氏を加へて「チョイ」で會食。

❖一二月二三日(日)　早朝に起床し眞暗の中を田中夫人を宿にピックアップし隆と三人車を飛行場に走らせる。八時離陸の飛行機で田中夫人がフランスへ行くのを見送る。一旦自宅へ引きかへしてから九時半田代氏をピックアップし家族全部とクランレーに赴く。自分がドライヴ、サレーの田舎道はドライヴに快適であった。十一時半頃クランレーに着きピゴット氏御夫妻の御招待に預る。それから田代氏をロンドンに送り届け、嘉納氏一行に挨拶をして自宅へ帰る。流石に今日は少し疲れた。

❖一二月二四日(月)　クリスマス・イーヴ。午前中役所に一寸顔を出し、カベンディシュ・スケヤーの明子の学校に挨拶に赴きセルフリッヂで大変な人波にもまれ乍ら買物。昼は西村の紹介の佐賀県會議長田中氏を自宅に招んで食事。

❖一二月二七日(木)　午前中二日休んだあとの庶務をすませ午後二時四十五分ユーストン発の列車でマンチェスターへ行く同地着は七時頃。雨が横なぐりに降って寒かった。ミッドランド・ホテルに投宿。早く寝る。

❖一二月二八日(金)　午前中ロバーツ氏(東京)宛手紙を起草したり、昼食はサー・レイモンド・ストリートとホテルで會食。午後三時の列車でクルー乗換帰倫。ロンドンも小雨であり又寒くもあった。

9——パーシヴァル(A.E. Percival)は英国商務省(the Board of Trade)の次官補。紡績、陶器をめぐる日英貿易摩擦で朝海のカウンター・パートであった。一九五三年一二月から始まる日英通商協定交渉で英国代表として交渉に当たった。

❖**一二月二九日（土）** 小此木先生と米国の学生討論會へ行く途中立寄った斉藤という十八のお嬢さんを昼食に招ぶ。午後は子供と共にマダム・タソーの蝋人形をベーカー街へ見に行く。

❖**一二月三一日（月）** 大晦日も何もない。英国は平常の通り。夜は子供と一緒にすごす。これで昭和廿六年も暮れた。本年を回顧すると、朝鮮事変の未解決が一番大きな問題であるが自分の身辺を中心とすれば本年は矢張り多事の年の一つとして残らう。本年前半は研修所生活で何の変哲もなくノンビリとやって居たが暫くして英国行が内定。内定してから随分長く日本に居た。この期間も悪い期間ではなかった。然し久しぶりの海外行きとて何とはなしに面倒臭いし名残惜しい気がせぬでもなかった。英国へ出発する直前に聞いたバッド・ニュースは不愉快極まるもので自分の英国での前途を暗くした。八月末英国へ来てからベルグレーヴに設営を略々終るまでの四ヶ月はほんとに苦労した。着英当初からクリスマス時分にやっとセトル・ダウンするだらうと見当をつけて置いたがその通り。まづ〱家族も来たし一應設営も終って一同と楽しく新年を迎へるわけである。子供と一緒にロンドンに居ることに時々奇異の感じを打たれる。廿年前一人者として暮してゐた自分がどうしてバスの二階から子供と一緒にロンドンを見物し、ヘースティングスに子供とドライヴすることを予想したらうか。その子供の学校も決まったので一安心。出発前のモヤ〱が依然として解消されぬことが不愉快であり将来を不安定なものとするけれどもこれも止むを得ない。大体三月頃の外交再開までという肚で萬事を想定して進めば別に慌てる必要もあるまい。

「日本から英国」への切換へでゴタ〱と慌しい年であったが来年は何処で正月を迎へるかそろ〱前途が典型的の外交官らしく予測し難くなって来た。

	25	朝鮮戦争勃発
	7／8	マッカーサー、日本政府に警察予備隊の創設を指示
	8／10	警察予備隊発足
	9／15	朝鮮戦争で仁川上陸作戦
	10／20	朝鮮戦争で連合軍が平壌を占領
	25	朝鮮戦争に中国人民志願軍が参戦
1951（昭和26）▲	4／11	トルーマン大統領は対立したマッカーサーGHQ最高司令官を解任
	6／21	ユネスコ、日本の正式加盟を承認
	9／8	サンフランシスコ講和条約、日米安全保障条約調印
	10／26	英首相にウィンストン・チャーチル（保守党）就任（～55/4/5）
1952 昭和27年 ▼	1／4	英、スエズ運河を封鎖
	18	李承晩、海洋主権宣言。李承晩ラインを設定
	2／6	英国王ジョージ6世が崩御、エリザベス2世が即位
	8	国民民主党の再編により改進党結成（重光葵総裁）
	10	トカラ列島日本復帰
	26	英、核保有を宣言
	28	日米行政協定調印
	4／28	講和条約が発効し、日本は主権を回復。GHQ廃止
	5／1	皇居外苑でデモ隊と警察が衝突（血のメーデー事件）
	7／19	ヘルシンキオリンピック開幕（～8/3）。日本代表の参加は16年ぶり
	8／1	保安庁設置
	13	日本、IMF（国際通貨基金）に加盟
	10／1	第25回衆議院議員総選挙（自由党：240、改進党：85、社会党右派：57、社会党左派：54ほか）
	3	英、初の核実験に成功
	15	警察予備隊を保安隊に改組
	30	第4次吉田茂内閣成立（～53/5/21）
	11／1	米、初の水爆実験に成功
1953（昭和28）	1／20	米大統領にドワイト・アイゼンハワー（共和党）就任（～61/1/20）
	3／5	スターリン死去
	14	ソ連最高指導者にニキータ・フルシチョフ就任（～61/10/14）
	30	皇太子明仁、欧米14ヵ国を訪問（～53/10/12）
	4／1[illegible]	第2[illegible]回衆議院議員総選[illegible]党吉田派：199、自由[illegible]：35、[illegible]進党：76、社会党左[illegible]：72、社会党右派：66ほか）

1952

❖**一月一日（火）** 平常の通り起床。別に一日でも英国では変ったことはない。それでも昨日から幸に日本人のコックが来て呉れることになったので、一寸正月らしい感じのする料理を作って呉れた。事務所の正面には「日ノ丸」を掲げさせ、十時にBBCのリゲット氏の案内で俊夫と和夫を連れてストラントの放送局へ行く。空は眞青に晴れて珍らしい快晴である。BBCから日本に向け十五分程放送した。正月三日に再放送〔日本で〕される由である。内容は（イ）英国は正月といっても日本の様な正月の感じはしない、（ロ）今日は珍らしい快晴で青空を背景に事務所には大日章旗がひるがへって人目をそばだたしめて居る、（ハ）英国の対日感情は必ずしもよくなく対日条約審議のときにこれが表はれた、（ニ）但下院でも日本に曽て行ったことのある人三名は非常に理解のある言論を述べた又、（ホ）上院でも日本に同情ある發言者が多かった、（ヘ）このことは日本が過去に築いた遺産が残って居ると同じわけで今後はこの遺産が失はれぬ様後〔恒〕産を作らねばならぬ、（ト）ミス・ネトルトンが我々の世話をしてくれ草津の人の同氏に対する厚情が自分等にめぐって来たわけであるが日本の人も在留英国人に好意を示して日英関係を早く昔の様にしたいものである、という様な筋であった。思へば八月末日本を出發してからこうして所員一同が家族連れで會合するまでには随分苦労をしたものであるが苦労も回想して見れば楽しいものである。子供達の遊ぶのを見てほんとに嬉しい感じがした。かくして元旦は暮れた。

❖**一月二日（水）** 今日から出勤。昼は大同毛織の専務安藤という人を自宅に招待。コックが来てから最初の招待である。コックが来たので隆も大分楽になり、交際のため出歩くにも子供が余り困らなくなったのは有難い。

❖**一月三日（木）** 外務次官補の〔ロバート・〕スコット氏に夫婦で夜リッチモンドの自宅に招ばれた。先方も夫妻と奥さんのお母さん、それに新任の日本課長〔ジョン・〕ピルチャー氏夫妻、自分達が正客で子供さん二人が給仕してくれるという誠に家庭的な會食で気取らぬパーティであったので却ってアプレシエートした。恐らく昔の外務次官補ならこんな形のエンターティンメントはせずもっと気取った形をとったかも知れない。家は古めかしいいかにも英国式の建物で部屋も石炭や薪をスコット氏自身でくべて如何にも寒い。然しそれだけに人間的の親しさを我々は感じたのである。

❖**一月四日（金）** 夜は〔ジョージ・〕セールさんに自宅に招ばれた。久しぶりにスモーキング。セール氏とホステスとしてアルフレッド・セール夫人の外ロード〔・ウィリアム・〕センピル夫妻ともう一組。センピル氏はスコットランドのキルトでやって来た。これもよいものである。食後テレヴィジョンを見る。

❖一月五日（土） 昼は東京からやって来て明日東京へ帰るというポロック氏を伊原〔隆〕君と共にクロヴナー・ハウスに招ぶ。夜は日銀の立〔正嘉〕、湯川〔盛夫〕両君と川瀬氏を自宅に招んだ。

❖一月七日（月） 夜はケントのブロムレーに外務省の〔H・C・〕ヘーンワース氏夫妻に招ばれた。東京に在勤して最近帰って来た人であるが家は案外質素であり我々の話題は昔と違い我々の生活に即した話題が多いのは却て気持がよい。

❖一月八日（火） 昼アーミー・ネービー・クラブで〔フランシス・S・G・〕ピゴットさんに招ばれる。相客は「トルース」の主筆コーリン・ブルックス氏とアシュトン・グワトキン氏であった。午後はジャパン・ソサエティの講演會でブリッチッシュ・ミウゼアムのバシル・グレー氏が日本の襖絵について講演。日本に行ったことのない人であるが蘊蓄を傾けた。こういう珍らしい人もあるのである。研修所の研鑽はこういうときに役に立つ。

❖一月九日（水） 昼シティの船会社ランバート・ブラザースの会長スティール氏に招ばれた。重役五、六名出席でもてなしてくれたが重役が相互にサーヴする遣り方はフレンドリーであり却て鄭重な雰囲気をかもし出して面白いと思った。夜は同胞會の新年宴會。三十名位出席して「チョイ」で開かれた。食事後挨拶をした。

❖一月一二日（土） 珍らしい快晴である。夜は在留の新聞記者一同を自宅に招待した。

❖一月一六日（水） 匆々に役所に引き返し外務省日本課長のピルチャー氏と落合ひ二人でロンドン空港に松平康昌氏を出迎へた。天気の好い日である。予定の通り午前十時頃同氏は米国から入港。

❖一月一八日（金） 今日は訪客で忙しかった松平氏が来て英国関係の挨拶につき打合せる。セール氏新聞記者（今朝の新聞に吉田〔茂〕首相が国民政府承認のステートメントを出してゐる）[1]。O・M・グリーン、ロード・センピン〔ル〕等、昼はグロヴナーでスコット、ピルチャー両氏に松平氏を招んで會食。夜はケントにある〔アンソニー・〕パーシヴァル氏の宅へ招ばれた。伊太利大使館の商務官夫妻というのが来て

1――対日平和条約の発効が近づくなかで、日本が中国大陸の共産党政権と台湾の国民党政権のいずれと講和条約を締結するかをめぐって、米英両国間の意見が対立していた。

居た。お食事も簡單。部屋も寒くて余り装飾のない部屋。但これでよいので別に見栄を飾る必要はないと思う。

❖**一月一九日（土）** 十一時頃ロンドン發クランレーへ夫婦で行く松平氏も一緒。十二時半クランレー着ピゴット御夫妻の御馳走あり歓談しばし、終って附近の景色〔勝〕地をドライブ。寒かった。春は未だ来らず。午後のお茶まで御馳走になって五時頃辞去。七時近く事務所に帰ったが事務所には子供が入口で待って居た。

❖**一月二一日（月）** 此の週は松平康昌氏のおつき合ひで忙しかった。昼はクラリッヂへ夫婦でロード・アームストロング夫妻に招ばれる。夫妻共に温厚な気取らぬ人、ノーサムバーランドから来た相で徳川頼貞氏の親友だ相である。ピゴット氏夫妻、スエーズリング夫人等も相客で食後日本の有力者に寄せ書きなどをして和気藹々裡に散會。

❖**一月二二日（火）** 夜は六時から外務省でロード・〔ジェラルド・アイザックス・〕レディング主催の松平氏歓迎コクテイル。日本関係者が顔を並べて居た。英側の松平氏歓迎は手厚いものである。恐らく東京の英大使館から連絡があったことゝ松平氏の現在の地位とマツダイラという名前が何といっても英国人には●れ込んであるからである。此の席から大急ぎで脱け出してグロヴナーでサー・ジョン・ニコルソン、サー・ジョン・マソン（スワイヤー）下院議員、〔チャールズ・〕フレッチャーの諸氏と會食。フレッチャー氏は保守党議員マンチェスターの近くから選出されて居り過日議會で対日条約を審議したとき大分日本攻撃を行った人である。ボソ〱と話すので聞き憎かったが面白い意見も出た。但非常な親支家であるらしい。

❖**一月二三日（水）** セール氏が松平氏を自宅に招んだのに陪食。夜はジャパン・アソシエーションがクロヴナハウスで松平氏歓迎の晩さん會を開く。司会のサー・エトワード〔エドワード〕・クローの挨拶あり。極東関係のシティの実業家の錚々たる連中が顔を出してゐた。

❖**一月二四日（木）** 昼自分主催でク〔グ〕ロヴナーに一室を角〔確〕保し宴會。ロード・クロード・ハミルトン、ロード・〔モーリス・〕ハンケー、ピゴット氏の外日本側三、四名和やかな會合であった。

❖**一月二五日（金）** 昼はグロヴナーにロード&レディ・キラーンを招待。ロード・キラーンは日本に在勤したこともあり（大使はクロード・マクドナルドで同氏は三席第四席がネヴィル・ヘンダソンであった由）日本とも係りは深い。松平氏の義兄たる徳川家正氏の親友であるので招んだ。夜は約束なし。今日はテレヴィジョンが備へ付いたので夜は見物、面白し。これでは子供の勉強には差し支へるかも知れない。但よい英語のヒアリング勉強になる。

❖一月二六日（土）　昼自宅に水産関係者の日本人数名を招待。午後は雑務の整理。夜はセント・アーミンスで日本人會。所謂同胞會でないので出席者も二十名位。事務所員六名の外は新聞記者五名というのが一番多いブロックである。

❖一月二八日（月）　昼グロヴナーでU. P. のガード君と會食。夜はヘーンワース氏夫妻と松平氏を自宅に招待して日本料理。

❖一月三〇日（水）　五時から七時までジャパン・ソサエティの松平氏歓迎のお茶の會あり。會長の〔ロバート・〕クレーギー氏風邪で不参のためピゴット氏夫妻が代理。英国側は四、五十名来たらうか。本日は日英同盟締結の記念日だ相でピゴット氏の長文の寄稿がタイムスに出て居たので同氏も嬉し相。夜は大急ぎで着物をきがえてロード・センピルの夕食へ行く。同氏夫妻と相客は最近まで駐ソ英大使をして居たデヴィッド・ケリー氏夫妻、自分等夫妻の方が上席へ座って恐縮した。

❖一月三一日（木）　自分はティルニー氏〔実業家〕に招待され、隆は松平さんと一緒に上院へロード・キラーン夫妻の食事に招ばれた。午後は郵船社長の浅尾〔新甫〕氏が来英したので挨拶に来た。福神漬ウニ等を托かって来たので日本のものが大分豊富になったので嬉しい。

❖二月一日（金）　松平さんを案内して午前中ウィンザーへ、寒くて途中から雪が降り出し見物はそこ〳〵にすませてロンドンへ帰る。昼はセール氏がシティの日本関係有力者を集めて浅尾氏歓迎の會合を開いたのに参加。午後外務省で十五分ばかりスコット氏と會見。

❖二月二日（土）　昼は〔ウィリアム・〕ディーリング氏がカールトン・クラブ（このクラブは保守党議員のみのクラブだ相である）で松平氏を招待。Duke of Argyllその外保守党の議員四、五名が参加。夜はセント・アーミンスで松平さんがセール、ピゴット、クローの諸氏に自分達を招いてお別れの會食。同氏は流石に手慣れて居たので我々の厄介も余りかけず。又自分としても此の機會に英側に顔を広くしたし、お別れは名残惜しい感じがする。

❖二月三日（日）　松平氏を飛行場まで見送り。

❖二月四日（月）　昼竹田〔恒徳〕（旧宮様）氏がオスロのオリムピックへ行く途中立寄ったので自宅へ招待。

❖二月五日（火）　議會の傍聴に行く。今日は〔アンソニー・〕イーデン外相の外交演説あり。終って質問仲々面白かった。役所へ帰り六時頃發電。夜は外務省の日本関係官〔ジョン・〕ピルチャー、〔ロバート・〕スコット、ピータース、ロバーツの諸君を招待日本食で歓迎。十一時まで歓談した。

❖二月六日（水）　午前十時五十分頃キング〔ジョージ6世〕薨

去のニュースを聞き驚ろいた。直ちに事務所の日章旗を半旗にして掲揚し午後は外務省を訪ねて日本政府の弔意を表する。夜ラヂオもテレヴィジョンも娯楽物は一切なし。

❖**二月七日（木）** 午後諸般の状況に顧みてバッキンガム宮殿に参入。警衛の警官にアンバサダーかと聞かれてエンバラスされたが兎も角も宮殿内に入ってMarshal of the Diplomatic CorpsのMaj-Gen. Salisbury-Jonesに対し弔意を表しクラーレンス・ハウスとマーボロー・ハウスでも記帳をして置いた。

❖**二月八日（金）** ＢＢＣの依頼でキングの薨去に関し日本向に放送した。今日は新しいクヰーンのプロクラメーションの日とて交通遮断の場所が多く自動車が通れぬので二十分ばかり案内のリゲット君と共に歩かされ大股の同君と一緒に頑張ったので閉口した。十一時から十分許り対日放送、話し乍ら感激して言葉が出ずに閉口した。かくてはならじと胸を静めること数度。この放送の出来は余りよくなかったと思う。正午は浅尾《ママ》（郵船社長）とグロヴナーで會食。

（二月八日放送）本日は

「本日はラヂオを通じて悲しいお話をしなければなりません。それは勿論日本でももう皆様御存知のキング・ジョーヂ陛下の薨去であります。私は昨年英国に着任して間もなく十月半ば頃英国の印象を皆様に宛て放送しましたがその際ジオーヂ六世陛下が御病気で手術をされたときの英国国民の心配の模様をお傳へしました。キングの御容体がお悪いとの報に三々五々英国民が宮殿の前に集まり御容体發表の掲示が鉄門に張り出されたところ群衆は我れがちに前に出て掲示を讀まうとして混乱を起したことは未だに私の記憶に新しいところで英国の王室と国民との美しいつながりに胸をうたれたものであります。

その後キングは順調に回復して居られたらしく数ヶ月前には全快後の御一家団らんの寫眞も新聞に出ましたし最近エリザベス女王陛下がエディンバラ公と共にオーストレリア御訪問の際もキングはクヰーンと共に飛行場までお見送りになり元気なお姿はニュース映画にも又テレヴィジョンにも出て英国民を安心させたものでありました。

従って一昨日のキングのサンドリンガムの御別邸に於ける薨去のニュースは全世界に対してのみならず英国民ととっても青天のへきれきともいうべき驚くべきそして悲しい出来事でありました。私の事務所には当日ある英国人が要談に来て居りその人は十時五十分頃辞去して外へ出ましたが英国人には珍らしくアタフタと引き返して今事務所の外で立番中の警察官に聞いたがキングがなくなられた相だ一寸お知らせすると言って又顔の色をかへて出て行きました。事務所に働いてゐる二人の英国人タイピストも直ぐラヂオにスヰッチを入れてニュースを聞きましたが聞き終るとハンケチを顔にあててソッと涙をぬぐって居たのに気がつきました。

タキシーの運転手は車を徐行させて何も知らぬ道行く人々にこの悲しむべきニュースを傳へます。

セントポール大寺院の鐘は君主薨去の際の旧き傳統に従って十一時五十分から二時間に亙ってなりつゞけました。

私はこのニュースに接して直ぐ日本政府事務所の日章旗を半旗にしましたが附近に所在して居るスペイン、ベルギー、メキシコ、アルゼンチン等の大使館からも十一時半頃には半旗にした夫々の国旗が続々と掲揚されて英国王室と英国民に対する各国の同情が表示されたのであります。

平和条約がまだ効力を發生して居ないので日本は国際法上はまだ英国と敵対関係にある。そこでキングの薨去に際し日本側はどういう態度をとるだらうかについて他の国と違って興味があったのでせう。二、三の新聞社から日本は半旗を掲げるかなどゝ大分ぶしつけな質問がありました。勿論日本の英国に対する同情とお悔みの念は形式論に関係なく決して他の国に劣るものではないと思うのであります。

私は昨日バッキンガムの宮殿に伺候致しました。宮殿の鉄門の前には多数の英国人が集まって無表情にそして押しだまって哀愁にとざされた宮殿の内部を見つめて居ります。余りの不意に言うべき言葉もないというところであります。

首相官邸ダウニング街十番地も平生に見られぬ人だかりでした。此の国民的不幸に際し共に相悲しむために何とはなしに指導者たる〔ウィンストン・〕チャーチル氏の顔が見たいという気持が自然に發露したものでありませう。首相官邸の近くには又英国の議會があります。議會の建物の最高部であるヴィクトリア・タワーにもユニオン・ジャックが全英の悲しみを表敬するかの様にハタ〱と半旗でひるがへって居るのを見ました。

議會といへばキングの薨去で議會はなくなったことになります。何となれば議員が英国総選挙後忠誓を誓ったのは亡くなられたキングに対して行ったわけで新しい忠誠の誓をクヰーンに対して行った後でなければ上院も下院も仕事をすることが出来ません。議會では議長から始まり次にチャーチル首相とつぎつぎに議員が忠誓〔誠〕の誓をして居り今日あたりで議員全員が終ることになりませう。

ロンドン目抜の繁華街であるピカディリー・サーカスも六日の夜は全く人通りがなくたゞ街燈が光りを放つのみで広告燈はすべて消されました。ピカディリー・サーカスがこんなに人通りのなくなったことは空襲当時以来始めてのことだ相です。

リーズというところでは補欠選挙を七日にひかへて選挙

運動の眞最中このニュースに接したが保守党候補者も労働党候補者も別に強制されずして運動員やラウドスピーカーの車を街から全部ひき揚げて一日静粛を保って哀悼の意を表した相であります。

昔はキングが亡くなると次ぎのキングが王位を継承するまで王位空虚の期間があることがあり法律上非常に困難な事態を生じたことがあります。現在の英法では「キングは死なず」という格言がある位でキングがなくなられるとほとんど間髪を入れずに枢密顧問官が會合して王位の継承者につき布告をすることになって居ります。今回の場合も顧問官の王位継承會議は薨去の当日即ち六日の午後五時に開かれクヰーン・エリザベス二世の王位継承の布告に署名がなされたと聞いて居ります。此の布告は美しい制服に身をかためた傳達官に依り古式に則りロンドンの一定の街角で一般民衆に対し高々と讀み上げられるのであります。

昨日はキング薨去の際のお年の数だけの大砲即ち五十六發の大砲が發射されていんいんとロンドン市中に鳴りひびきました。キング・ジョーヂ六世陛下の治世はここに終りをつげたのであります。私共は謹んで英国全体の悲しみに対して哀悼の意を表したいと存ずるのであります。」

❖**二月九日（土）** 昼浅尾社長の一行を自宅に招待、會食。夜は同氏がク〔グ〕ロヴナーに在英の知人一同を招待したのに参加。

❖**二月一〇日（日）** 夜はＹＭＣＡの斉藤〔惣一〕氏が目下ジュネーヴで會議中であるが二、三日の予定で来英したので招待。

❖**二月一一日（月）** 午後斉藤氏を帯同して外務省のスコット氏に會いに行ったがその際キングの御遺骸が砲車に搭せられてキングス・クロスからウェストミンスターに向うのに會った。簡單な行列であった。

❖**二月一二日（火）** 午前中イスラエルの公使に會う。昼はグロヴナーで浅尾氏一行とエドワード・クロー、チャールス・セリグマン、セール氏等も交へて會食。夜は又斉藤氏と同氏の友人であるサー・フランク・ウィリス夫妻等を交へてグロヴナーでお茶の會を催した。

❖**二月一四日（木）** ティーリング氏の好意で自分等夫婦、伊原〔隆〕、鈴木〔義雄〕夫妻と共に特別の口からlying-in-Stateのウェストミンスター・ホールに赴いた。早朝からキングに最後の敬意を表する人で普通三、四時間も列につらならなければならぬ。

❖**二月一五日（金）** キング御葬儀の日である。自分は外交団席の切符二枚を送られたので八時少しすぎ隆と徒歩でバッキンガム宮殿の前からセント・ゼームス宮殿にぬける。子供等はグロヴナー・ハウスが沿道なので、此処に一部屋を角〔確〕保し所員家族一同が此処へ行く。隆とセント・ゼームスに行って見るともう軍隊が堵列してゐるので目的地のカールトン・テレスまで行けるか怪しかったが幸いに道路を横断し得てテレスへ行く。此処は外交團に角〔確〕保されて居る席とて流石に人も少く見よいし丁度通路が此処からセント・ジェームスの方へ四つ角のところなので誠に結構。

九時頃であった。既に先頭の軍隊は此処よりセント・ゼームスよりに整列して居た。

九時半行列が動き出したが荘麗なものであった。陸海空の多数な楽隊と行列がすぎると王冠に被はれたキングの柩そのあとには四人のロイアル・デュークがつづき、そのあとからクヰーン・エリザベスの美しいお馬車が續く。外国君主の馬車がそれに續いて、佛国の大使館やら外国から特派された顕官が見へる。全部の行列が通過し終るまでは一時間近くかゝった。今日は役所は休み。

❖**二月一九日（火）** グロヴナーのグリルでハンケーさん、ピゴットさんと會食。この人達との話は肩がこらなくて一番楽しい。

❖**二月二一日（木）** フロリア氏とアドラー氏が日本から帰米の途立寄ったというので會合。サヴォイに自分等夫婦で招ばれた。今日は曽禰〔益〕君が社会党の松沢〔兼人〕という代議士と山下〔栄二〕という前代議士を伴れてやって来た。ソシアリスト・インターナショナルの會合に出席のためだ相だ。午後は法王廳の代表者〔ウィリアム・〕ゴドフリー大司教が先日自分の訪ねたのに対する答礼だといって来訪して下すった。

❖**二月二二日（金）** 夜曽祢君の一行を自宅に招んだ。此の週は仕事も至って閑散。

❖**二月二五日（月）** 昼広島大の先生で一年間スペインに居た土井氏と會食。

❖**二月二六日（火）** 午後は三時からキングの逝去で中断された外交演説あり。反対党から〔ハーバート・〕モリソン氏がチャーチル個人に対する不信任案の説明をする。之に対しチャーチル首相が答へ、次で〔アナイリン・〕ベバン氏のデマゴーグ的大雄辯あり七時少しすぎ大物は登場がすんだので自分は役所へ引き揚げ電報を打った。

❖**二月二七日（水）** 午後曽祢君の一行をロンドン飛行場に送る。三時頃同君等と別れて大森〔誠一〕君を同乗させオックスフォードにドライヴ。五時頃着いたが丁度授業の終った時分なのかそれこそ雲霞の如き学生の自転車群に會って閉口した。MITRE HOTELに投宿。古い如何にも昔の英国式のホテルで小さい階子段を幾つも昇ったり降りたり、歩く度びにミシミシする。恐らく何百年前の建物なのであらう。七時に学生の代表が迎へに来てくれホテルで御馳走になり講演は八時半頃からRhodes Hallというので行はれた。クラブは曽ての駐米英国大使〔James〕Bryceの名をとってブライス・クラブ。牛津《オックスフォード》の各カレヂの有志五、六十名集まったらうか。日本の話しは戦後始めてだ相である。米国人、濠州人、エジプト人、印度人等仲々多数である。約四十五分位気持ちよく喋れた。原稿が目の高さの台に載せられるので都合がよい。終って一同順次に銀のカップになみ〳〵と酒をついであるのを廻して相互の健康を祝した。このカップは不思議にも一九三〇年五月十日時の駐英大使松平〔恆雄〕氏の寄贈したもので同氏の名前が彫りつけてあった。一廻りすんでから質疑應答が二、三十分あり。自分も久しぶりに若返って愉快であった。

❖**二月二九日（金）**　昼Tavistock SquareのFriends' International Centreで講演をする。司會者はSilcockという温厚な紳士で戦前戦後日本へ行ったことがある相である。四十分位喋ったが少し時間が窮屈であったゝめ余り調子は良からずと思はれた。午後外務省でピルチャー君に會い　夜は勧銀の北村氏や河上という人を招いて會食。

❖**三月四日（火）**　昼ピルチャー君が新任の駐日陸軍武官〔ラルフ・〕ネヴィル大佐夫妻を自宅に招んだのに陪席。夜は自分の家へ三共製薬の鈴木〔万平〕社長一行を招んだ。

❖**三月五日（水）**　夜モーラント夫妻に自宅に招ばれた。同君は目下は外務省から内閣にローンされてゐる由。

❖**三月七日（金）**　スピンドラー君が目下英国へ来てゐるので電話をかけてくれたのでグロヴナーで會食。同君とは自分が経済二課長時代に大分往来あり。目下独大蔵省銀行為替局長の由でお互ひに旧友の消息を訪ね合ったものである。

❖**三月一〇日（月）**　正午日銀の立君事務所を訪ねて見た。大分設営が出来た。同君の御馳走になり午後は外務省にピルチャー君を訪ねて會談。

❖**三月一一日（火）**　社会党の松沢〔兼人〕代議士と北大の松田氏と共に自分が運転してウィンザーへ行く。好天気。

❖**三月一四日（金）**　昼今度日本へ赴任する陸軍武官ネヴィル氏夫妻を中心としてピルチャー、ウェストレーク夫妻をグロヴナーに招ぶ。午後五時半の飛行機で在欧事務所長会議に出席のためブラッセルへ向う。ブラッセルに着いたのは八時すぎであった〔時差一時間〕飛行場へ出迎へが居た相であるがそれに會へずに單身メトロポール・ホテルへ行く。丁度ホテルで所長連が會食して居た。即井上〔孝治郎〕、結城〔司郎次〕、萩原〔徹〕、與謝野〔秀〕、矢口〔麓蔵〕、下田〔武三〕、寺岡〔洪平〕、田付〔景一〕の諸君で地許の在外事務所所員も顔を出して居た。自分もそれに参加十二時頃まで歓談した。

❖**三月二〇日（木）** 昼ブラウン氏、ボイス夫人を自宅に招待。

❖**三月二二日（土）** 正午鮎沢君と共に同行した労働組合の女工代表さん二人を自宅に招んで會食。夜はオルドウィッチにスコット夫妻を招待して観劇。

❖**三月二三日（日）** 夜はロンドン港に入って来た三井船舶の貨物船朝霧山丸の船長及高級船員四、五名を自宅に招待。

❖**三月二四日（月）** 昼グロヴナーに第一物産の伊藤氏日本板ガラスの社長等を招待して會食。夜は午後五時頃ロンドン港に入港して居る朝霧山丸船長のアット・ホームに所員一同家族連れで出かける。サレー・ドックに入港してしきりに硫黄の積卸しをしてゐた。これからキューバに砂糖積込のため出かける由。スキ焼、汁粉等御馳走になり日本気分を満喫。

❖**三月二五日（火）** 昼は曽て東京で知り合だったブレーン君の夫妻をグロヴナーに招待。同君は現在外務省のインスペクターの由。大に旧交を温めた。

❖**三月二七日（木）** ユーナイテッド・サーヴィス・クラブでロード・ハンケー、ピゴット少将等と會食。夜は不二越鉱業の社長二口〔孫一〕氏等を招待。

❖**三月二八日（金）** 外務省に赴いて今回日本側が決定した三千萬磅《ポンド》を英蘭銀行に予托〔託〕の件について色々發表を打合せた。万事滞りなく進行し自分とイーデン外相間の公文交換もすんで安心した。

❖**三月二九日（土）** 午前中昨日の英蘭銀行への予入問題に関する反響等を本省に打電し午後三時ブラウン氏のハンマースミスの宅に招待されテームス河を一眸に収め得る窓から牛津剣橋《ケンブリッジ》レースを観戦する。

❖**三月三一日（月）** 夜帰米する米大使館の〔アーサー・〕リングワルト氏と支那料理屋で會食。

❖**四月一日（火）** ロード・ハンケーの誕生日とてシガー一箱贈って置いた。昼野村財閥の野村氏とグロヴナーで會食。夜はジャパン・ソサエティの會合あり。今日はブランデン教授が司會しフレーザー氏が歌舞妓〔伎〕の話をした。終ってウオアトミンスターのマクドナルド氏夫妻の招待で會食。大急ぎで食事後御両人はリアルトに自分と伊原君の招待した「羅生門」を見に行った。

❖**四月二日（水）** 昼ソーシャリスト・インターナショナルの會合に来た堂森〔芳夫〕参議院議員をグロヴナーに招待。夜もバイブル・ソサエティの坂田〔祐〕氏等とグロブナーで仲々忙し。

❖**四月三日（木）** 昼グロヴナーへ目下賜暇帰英中の〔H・H・〕トーマス氏と伊原君と色々関係のあったサーペル、フェルプス両君を招んで會食。

❖**四月四日（金）** 昼自宅へロード・センピル夫妻を招び刺身と鰻でもてなした。二人ともよく日本食を喰べたのには驚ろいた。

❖**四月五日（土）** 昼ブリストルに入港中の我妻山丸の船長等を招び午後は野村氏やら参議院の佐多〔忠隆〕、山崎氏等をウィンザーに案内。夜も食事に招待した。

❖**四月七日（月）** 日本で語学教授をしてゐたパロット君が訪ねて来たので昼食事。

❖**四月八日（火）** 昼カフェ・ロイヤルにジャパン・ソサエティのカウンシル・メンバーズやら今年で同會で講演した人々を招いて食事。Piggott, Blunden, Fresser, Stanry, Smallwood, Robinson, Bleakley, Hil●gh, Hudson, Marsden, Grey, Ashton - Gwatkin, Jenynsといった人々を招んだ。一寸主の挨拶をしピゴット、ブランデン氏からも答辞あり。条約發効も間近いこととて和気藹々の會であったのは嬉しかった。

❖**四月九日（水）** 昼グロヴナーで映画関係のブッシュ氏を招待。夜は小西代議士と住友の永田氏を招んだ。

❖**四月一五日（火）** 昼ナショナル・シティのハッチャー氏が外為の杉原氏を招んだのに陪席。夜はピカディリーで映画関係者と會食したが席次も低く話も合はず面白くなかった。

❖**四月一六日（水）** グロヴナーに来英中の大島堅造氏と杉原氏、それにグレー〔香上〕、ホーキンス、モノフォードの諸氏を招んだ。

❖**四月一七日（木）** 小麦會議がウェストミンスターのチャーチ・ハウスで開かれた。リスボン會議で顔を合せた各国の代表と又顔を合せたわけである。アゼンダは予定よりも進んだゝめ自分は既に午後の會合で發言を求め約十分日本の立場を演説した。夜はカールトン・ガーデンで食糧大臣ロイド・ジョージ氏のリセプション。終って自宅で日本から来た前谷、昌谷、古田の三君に藤崎〔萬里〕、奈良〔靖彦〕君を招いて會食した。

❖**四月一八日（金）** 昼はバークレーのグリルでブリークレー氏と會食。夜は小麦會議議長の〔F・シード・〕アンダーソン氏のリセプション。

❖**四月二〇日（日）** 小麦會議の連中を案内してケムブリッヂにドライヴ。夜は支那飯で社会党の堂森、藤原〔道子〕、佐多等の諸氏を招待。

❖**四月二二日（火）** カナダ、ハイ・コミッショナー主催の小麦會議各国全権団招待のコクテイル。夜の食事には上智大学教授在日十六年とかの〔フランツ・〕ボッシュ神父を招待。子供と共に日本食、同神父の日本語のうまいのには驚ろいた。

❖**四月二三日（水）** 昼、ケムブリッヂの研究生で今後日本の農業を研究に行くと傳へられるマッキーワン氏とストーリー氏とを食事に招待。夜は愛知県の副知事を招待。このところ千客万来で忙し。

❖**四月二四日(木)**　新聞記者や寫眞班やら講和を控へて来訪繁し。

❖**四月二五日(金)**　昼M.P.〔下院議員〕で副郵政大臣の〔ディヴィッド・〕ガマンス氏に議會に招ばれる。昔日本に居たことありジャパン・ソサエティの會員で面白相な爺さん。食事後上院議場に案内されて色々珍らしい話を聞いた。曰くビショップの坐る席にのみ肘かけがついて居るのは床に酔ひ倒れぬため、カーペットから足を踏み外すとオーダー、オーダーと怒鳴られる。カーペットの間が列の間隔である。オッポジション・リーダーはクヰーンの俸給を受けて居る。ウールサックとウールの四百年前に於ける重要性。左だとか右だとかの観念はスピーカーの席から見ての話で左側は反対党故概ね急進かくて左翼右翼と転じた。チャールス一世が議員を逮捕しようとした以来王様は許可なくして議院に入れぬ。議員が議場に出入するに際し敬礼するのはスピーカーに対してではなくその椅子に刻まれて居る十字架に対するものでカトリックたりし昔からの傳統である。メースはクラブの形を模したものである等々面白かった。

　夜鈴木味ノ素の社長道面〔豊信〕氏に招ばれ隆と共にWindhamに"Love of Four Colonels"を見に行く。独乙の占領に関係して居る英米佛ソ四国の将校の性質を画いたもので面白かったらしいが残念乍ら言葉の方は余り判らなかった。

❖**四月二六日(土)**　午後新任官補を車でウィンザーに案内し夜は労組の英国視察團四名を自宅に招待。

❖**四月二七日(日)**　午前明日の条約發効に備へての事務。

❖**四月二八日(月)**　平和条約發効の日。タイムスやガーディアンに二段抜きで記事が出、両紙とも夫々社説を掲げたのは一寸意外であった。昨夜から今日にかけて新聞記者の電話がひっきりなしであった。午前九時日章旗を掲げさせたら新聞社の寫眞班が出たり入ったりで久しぶりにガーデアンの言ふ様に今日は「日本デー」であった。昼はグロヴナーへ小麦會議に来て居る米国の代表団を招待。午後五時頃NHKから電話がかゝって来てワシントン、ロンドン、パリの三者の電話インタヴューあり。それが終ると自分は外務省のピルチャー氏に迎へられ外務省差廻しの車で外務省はサー・ウィリアム・ストラング氏を訪ね吉田首相からイーデン外相宛のメッセーヂを傳達すると共に国交回復の挨拶を述べこれで外交関係回復のフォーマリティーが終ってホット一安心した。ティーリング、ピゴット、クロー、ストリートの諸氏から祝電やら祝辞やらを受取る。忙しいエクサイティングな忘れ難い一日であった。

❖四月二九日（火）　十一時ＢＢＣのリゲット君に會い十二時から日本向け放送した。サー・ジョージ・サンソムのＢＢＣへの寄稿が日本訳して讀み上げられてから自分が四、五分話した。その足で直ちにピカディリーのカフェ・ロイヤルへ。此処には天長節と平和回復を祝して日本人居留民を招んで置いた。総勢三十名位陛下の健康を祝して乾杯。三時半カナダのハイ・コミッショナーを訪れて挨拶。外交回復後挨拶に出かけた最初の外国代表者であった。四時イスラエルの代理公使が訪ねて来た。大分外交官らしくなって来た。七時半からグロヴナー・ハウスでジャパン・ソサエティの有力者を招んで會食。天長節と国交回復を祝した心づもり。出席者は下に出て居る切抜の通り。（他レディ・アームストロングが抜けて居る）。我方は館員全部夫人同伴で出席。自分の挨拶。クレーギー、ハンケー両氏の答辞。終って自分が司会者となり来賓の男子全部とレディ・スエーズリングから一言づゝ挨拶して貰った。十時少しすぎ和気あいあい裡に散會。自分もホッとした気持であった。

❖四月三〇日（水）　昼日本行武官のネヴィル夫人が食事の會合を催したのに参加。午後はスキスの公使を往訪。

❖五月一日（木）　午前メキシコ大使を往訪。午後はパキスタンのハイコミショナーを訪ねたが、（１）日本へは昔訪れて頼母しく感じた、（２）日本品の安いのは有り難いことだ、（３）誰が東亜の指導勢力になるかは明かだ、等々フレンドリーに打寛きお茶まで用意させてもてなしてくれた。午後日本のメーデーに暴動が勃發して外国人にも暴行が加へられた旨のニュースが入って来た。折角の天長節と独立とで目出度い目出度いがすっかりふっとんでしまった形。

❖五月二日（金）　午前佛国大使〔ルネ・〕マッシグリ氏を往訪。この人は自分が官補時代の軍縮會議[2]に事務総長をしてゐた。昼グロヴナに憲法記念日を祝して米国公使ホルムス氏その他館員三、四名を招んで會食。自分から挨拶。如何に占領軍と日本人とが協力したかという話をしようとしたのが少し書き足さねばならなかった。午後アルゼンチン大使往訪。夜七時半からグロヴナーで外務省の日本関係者を招待。夫人同伴ブラック・タイで會食。スコット次官輔が休暇中なのでピルチャー氏、トーマス、ヘンワース、ウェストレークの諸氏が出た。自分から挨拶。ピルチャー答辞でこれも打とけた會合であった。

❖五月三日（土）　憲法記念日なので休み。鈴木君と午前中はテニス。但雨に降られた。午後は小麦會議のお客さんをウィンザーに案内した。

❖五月四日（日）　ジャパン・ソサエティのストーリー君が今度オーストレリアに行くというのでサレーの自宅で送別の

昼食あり（立食）。隆と車で出かける。雨は降って居たが郊外のドライヴは美しかった。

❖**五月五日（月）** 昼小麦會議へ来たカナダの全權團。シャープ、ウィルソン氏等十数名をグロヴナーに招んで會食。午後はアイルランドの大使〔フレデリック・〕ボーランド氏を往訪。往年別府〔節彌〕君がダブリンに勤務してゐたとき同君を知って居た由である。夜はアルバート・ホールへ柔道の大會を見に行く。

❖**五月六日（火）** 午後ジャパン・ソサエティの會合。夜は朝日の島田君の送別会を自宅で開いた。

❖**五月七日（水）** 昼はポストのジョーンズ君と會食。夜は官補連を自宅に招ぶ。

❖**五月八日（木）** 小麦會議へ出る。本日でほとんど終了。結局結論に至らず。然しこの会議には大分時間をとられたので閉會となってホッとした。

❖**五月九日（金）** 午前メキシコ大使答訪に来た。午後はドワイヤンのブラジル大使を往訪。

❖**五月一一日（日）** とうとう風邪で寝込んでしまい、これからの一週間頭が上らず十八日漸く郊外へドライヴ出来た。そのためロイターの招待、ピゴットさんの招待、クレーギーさんの招待から自分の国交回復を祝したシティの人々の招待等すべてお流れとなって了いヨークシャーへドライヴして講演に出かける計画も駄目になってしまった。恨めしき一週間であったがまだ完全には直らない。

❖**五月二〇日（火）** 萩原夫妻下田夫妻とグロヴナーで會食。午後米大使館のリングワルト氏の案内でビルマへ赴任途中の〔ウィリアム・〕シーボルト氏が訪ねて来てくれた。午後外務省にスコット氏を訪ねて英国商社の支那撤退問題等につき懇談。夜は萩原下田夫妻を自宅に招んで食事後ブリッヂ。

❖**五月二一日（水）** 昼グロヴナーにシーボルト氏リングワルト氏を招んで會食。歓談。夜は萩原君夫妻をダッチェスに招待。出しものは“The Deep Blue Sea”でTerence Rattiganの新作。面白かった。

❖**五月二二日（木）** ティーリング氏の案内で昼カトリックのクラブで同氏が日本の話をしたのに同席。自分も質問の時間に若干喋った。夜は妻と共にハイド・パーク・ホテルに英国映画界のサー・デヴィド・カニンガム夫妻に招待さる。

2——朝海は中国勤務中の一九三二年九月に外交官補、一九三三年五月に領事官補（中華民国、南京）となった。官補時代の軍縮会議とは、一九三二～三三年に第一回、一九三四年の第二回が開催された国際連盟のジュネーヴ軍縮会議か。

主賓は川﨑多〔長政〕氏。

❖**五月二三日（金）** 昼グロヴナーで昔駐日武官補佐官をし、後にロイターの特派員たりしケネデー氏と會食。共同の水野君も招んだ。夜は自宅で日本人旅行者招待。

❖**五月二七日（火）** 正午ティーリング氏の肝入〔煎〕りで議會で自分を中心とした會食あり。スタンスゲート卿、アスター氏、スタダート・スコット氏、ティルニー氏等参集。夜はサー・チャールス・セリグマン邸に招ばれる。着物を着かへた。相客はアドミラル夫妻とエコノミストの主筆夫妻。

❖**五月二八日（水）** アーミー・ネーヴィ・クラブでピゴットさんが主人役の「元老會」あり。午後は自分の事務室を二階に移した。今までの部屋には新に家具を入れて大使の受入態勢成る。

❖**五月二九日（木）** 昼堂森、佐多、藤原等の参議員を自宅に招待。此の頃は仕事の調子を下して全く閑散。

❖**六月三日（火）** 役所へ行く。昼は毎日の社長本田〔親男〕氏と吉田留太郎氏が来倫したのでグロヴナーに招んだ。

❖**六月四日（水）** 午前〔アンソニー・〕パーシヴァル君と會見。支那との貿易問題につき會談。十一時半頃サー・レイモンド・ストリート来訪、紡績問題で懇談。昼はワルドルフ・ホテルにO・M・グリーン君の仲介でオブザーバーの人達と會食。社長は名門のアスター氏。自分も一寸喋って、あと質問に答へた。午後はスコット君と會見。エジプト問題を論ず。電報を五、六本かいてほんとに忙しい日であった。夜はブラウンスホテルでハドソン教授と會食。

❖**六月五日（木）** スコット君の好意で外務省の同氏の窓から家族と共にトルーピング・ザ・カラーを見る。一時間余に亙って美しい制服の兵隊が君主としての女王さんの閲兵を受けたが印象的であった。夜は外務省のリッチモンド君に招ばれた。

❖**六月七日（土）** 午後車をクランレーに駆ってピゴットさんの庭でテニス。三セットばかりやって大にエンジョイした。夜は小滝〔彬〕君等捕鯨會議に出席の連中を自宅に招んだ。

❖**六月八日（日）** 日曜、〔松本俊一〕大使着英。夜八時半頃エアポートに出迎へ。雨の降る面白くない日であった。飛行機は少し遅れて十時頃着いた。中山〔昭〕、伊達〔宗起〕の両君が随行。大使は長途の旅行にも不拘大変元氣。飛行機のタラップを降りたところで先づ自分と握手を交す。それから貴賓室で型の如く館員や出迎の居留民、英外務省員等と挨拶を交した後グロヴナー・ハウスに落ちつく。自分等もそこで暫らく話をしてから辞去。自分も直ぐ更迭することはないらしい〔3〕。

❖**六月九日（月）** 大使初登廳。人数も殖えたし設営に忙し。

❖**六月一一日（水）** 十一時半からスパニシュ・プレースで死んだ駐英和蘭《オランダ》大使のマスあり隆と共に出席。ちなみに席次は六十一番。午後は大使と共に官邸の検分。

❖**六月一二日（木）** 昼上院食堂にストラボルギ卿夫妻に招ばれる。大した食事ではなかったがロード・ウールトンやロード・レザース等と一寸話を交すことが出来たのは面白かった。午後五時大使をジャパン・ソサエティに同伴する。大使は初めてソサエティのプレジデントとなり自分はピゴットさんと共にヴァイス・チェアマンに選ばる。

❖**六月一三日（金）** 大使初めて外務省を訪問しサー・ウィリアム・ストラングに會う。夜は日本人新聞記者を自分がグロヴナーに招び大使も參加して歓談。

❖**六月一四日（土）** 昼、西〔春彦〕前次官と會食。夜は名古屋の観光団と會食。

❖**六月一五日（日）** 西氏夫妻が北英国へ旅行するというのでユーストンの停車場まで送った。

❖**六月一七日（火）** デヴィド・ケリーを中心としたカトリックのリセプションに行く大分立派な人が来て居た。

❖**六月一八日（水）** 午前外務省へ。午後は滞英中の関根氏等三名の判事を招待。

❖**六月一九日（木）** サー・レイモンド・ストリートを大使に招待旁々會食。

❖**六月二一日（土）** 大使の車で自分等夫婦三人。十一時頃大使館を出てサセックスに初夏の風をきって車を走らせる。サー・ロバート・クレーギーに招ばれたのである。一時近くポッシングウォース・マナーに着く。此の辺は全くの田舎で附近の景色は美しく、サウスダウンも遠くに見へる。クレーギー氏の邸宅は堂々たる城廓〔郭〕の如し。その庭園も広く見渡す限り自己の庭園且農園だ相で乳牛も群れてゐる。相客はロード・ハンケー夫妻、セリグマン夫妻、ディーリング氏等で日本通の會合とて水入らずに打解けた。庭園を散歩し三時半頃辞去。途中お茶を飲み英国式になったと笑ひつゝ帰倫。楽しい會食であった。

❖**六月二二日（日）** 前東京大使館参事官のトーマス氏夫妻に招ばれ車でサレーの同氏宅へ行く。食事後は附近のRoyal Horticultural Society の美しい庭園へ行き花や樹木を観賞した。天気はよかったが帰路車は大変なシャワーの中を走らねばならなかった。

❖**六月二四日（火）** 大使信任状捧呈の日十一時四十五分頃三

3――朝海は、松本駐英大使の発令に伴い、五月に駐英特命全権公使となっていた。

台の馬車を整へた式部長官のソールス・ベリー・ジョーンス少将が迎へにやって来た。先づ最初の車に大使と式部長官、次の車に自分等四名、三台目に他の四名、館員は八名である。馬車は金色に飾った古風のもの。馬車に乗るときステップが体重で可なり傾くので一寸注意しなければならなかった。十二時大使館を出た車はベングレーヴ広場を一廻りしてハイドパーク・コーナーに出る。警察官が騎馬で先駆しH.P.コーナーの交通巡査もトラフィックを止める観光の米国人が寫眞機を向けて居るのも見られた。八分位ゐでバッキンガム宮殿に到着。近衛兵が捧げ銃で行列を迎へる。玄関には儀典課長や式部官が二三名出迎へる。控への美しい広間で少憩。儀典課長のチーク氏から謁見に際しての心得説明あり。暫くして扉が左右に排されるとクヰーンの姿が見へた。デューク・オブ・エディンバラは軽い黄疸で本日は参列しない。先づ大使を中央に挿んで式部長官と陪席のサー・ウィリアム・ストラングがクヰーンの部屋に進み出て敬礼。そこで扉は閉され内部からクヰーンの割合に調子の高い声と大使の低い声が洩れる。四、五分型の如く會話が終ってから随員の紹介あり。扉が再び開いて自分を先頭として一人づゝクヰーンの前に進み出で大使の紹介で握手を賜はり(無言但クヰーンの方は格好がつかないためか極く低声で何か喋って居られた)辞去。式は極めて敏速にすんだ。それでも十五分位はかゝったらうか。クヰーンは毛皮のハーフ・コートを召し美しい。背は思ったより更に低い様に見かけられた。再び行列を整へ大使館に帰館。これで形式的な重荷を卸す。大使は今日から英政府や外交団への挨拶廻りで忙し。午後自分は隆と共にウィンブルドンへ行く。代理大使当時招待状を同クラブから受けて居たのでセンター・コートのロイヤル・エンクロシュアの角〔確〕保した席からゆっくり観戦出来たのは楽しかった。

❖**六月二五日(水)** 昼グロヴナーで今度来任した東京銀行の山崎〔幸一郎〕氏と松平一郎氏を招んで會食。夜は小瀧君の肝入〔煎〕りで三菱重工業の丹羽氏がサヴォイに大使始め館員を招待。

❖**六月二六日(木)** 六時からカトリック・クラブのリセプションに出。夜はサー・デヴィッド・カニンガムに招ばれてエリアルトに「虎の尾」の試寫を見る。これは勧進帳を映画化したもの。一寸面白かったが富樫と弁慶の問答、字幕は大に活躍したがこの辺を外国人に了解させるのは難しからう。一時間余日本人には楽しかった。セール氏ピゴット氏等ジャパン・ソサエティのお歴々も来て居た。

❖**六月二七日(金)** 夜十時半頃大使夫人が着英されたので妻と共に飛行場に出迎へた。大分疲れて居られた様である。

❖**六月二八日(土)** セブン・オークスのオユーイング氏夫人

宅でジャパン・ソサエティの園遊會あり。大使も出席。今日はロンドンには珍らしい暑い日で汗が流れ出した。ケンシントン・ガーデンで〔華氏〕八十五度。英国ではテリブルな暑さである。

❖**六月三〇日（月）** 夜深作氏夫妻招待。

❖**七月一日（火）** 朝鮮問題の討論が議會で行はれたので三時から六時頃まで傍聴。今日はセルウヰン・ロイドが過般の極東行につき報告の後討論、ノエル・ベーカーとチャーチルが應酬、夜は採決が行はれた相で政府は三十票の差で勝った。自分等は夜は三井の天城丸が入港したので食事に招ばれ船長のすき焼を御馳走になる。

❖**七月二日（水）** 開催中の小麦會議のコクティルが夜議長〔F・シード・〕アンダソン氏の主催で行はれた。

❖**七月四日（金）** レディ・スエーズリングの招待で大使と共にウィムブルドンへ行く。

❖**七月五日（土）** 夜は西前次官夫妻に大使も加はってクライテリオンに「クヰーン・エリザベス」を見に行く。

❖**七月六日（日）** 大使と共にピゴットさんの家へ招ばれ昼食。食後、庭に椅子を持ち出して小憩歓談。風がサレーの野にそよいで心地よかった。午後は鈴木君夫妻もやって来て多数と面白くテニス　八時頃帰宅待ち兼ねた子供と「チョイ」へ。

❖**七月七日（月）** 昼はセンピル卿が大使を上院の食堂に招待。最近日本から帰って来たロード・キラーンも同席。夜自分はピルチャー君宅のコクティルへ行く。秋山龍君のためのコクティル。

❖**七月八日（火）** 大使が来英中の渋沢〔敬三〕氏を招んだのに参加。夜はレディ・スエーズリングのコクテイル。余り知って居る人なし。

❖**七月九日（水）** カフェ・ロイヤルでパーシバル君と會食。秋山君を主賓としたもの。午後伊原君が日本から帰って来たのでその帰来報告を聞く。

❖**七月一〇日（木）** 四時から六時までバッキンガム宮殿のガーデン・パーティ。六、七千の人が招ばれて居た相である。隆は着物で行く。パーティ終ってからアルバート・ミュゼアムへ駆けつけてジャパン・ソサエティの會合に出る。自分はヴァイス・チェアマンになって居る（もう一人のヴァイスはピゴット氏）。

❖**七月一一日（金）** 昼アームストロング夫人及令息夫妻をグロヴナーに招び會食。夜は五時半から七時半まで上院でスタンスゲート夫妻が万国議員聯盟の関係でコクティルをしたのに隆と共に出席。夜は立君の渋沢氏招宴がリッツで行はれたのに出席。

❖七月一二日（土） 代議士の小林氏と佐久間氏夫妻（朝日）をウィンザーに案内。ウィンザーは大変な人出であった。夜はこの人々を招待會食。

❖七月一四日（月） 労働省の日本関係官がI．L．Oの日本代表者の一部の来英の機會にコクテイルをやったのに出席。

❖七月一五日（火） 正午役所へピルチャー君が訪ねて来て要談。

❖七月一六日（水） ブラッカー氏とクヰーンス・レストランで會食。ピゴット氏も来て居た。夜は九時頃バッキンガムの宮殿で外交團のイーヴニング・プレゼンテーションあり。九時半頃クヰーンがデュークと共に出て来られ並んだ外交團の間を通り抜けられる。日本婦人は何れも日本服。大使がクヰーンと一寸話をされる。ブッフェの用意もあり十一時頃クヰーンが引っ込まれたので自分等も辞去。

❖七月一七日（木） 夜鈴木夫人の親戚で目下来英中の志賀直哉氏を招んで會食。

❖七月一八日（金） 上院の食堂で大使と共にロード・ストラボルギ夫妻に招ばる。相客中に〔クレメント・〕アトリー夫妻が居たので面白かった。

❖七月一九日（土） 夜はセールさんのところで食事後グローヴのミセス・オ・ユイングのジャパン・ソサエティのためのダンス・パーティに夫妻で行く。今夜奈良君とタンブリッヂ泊。

❖七月二一日（月） 昼、日本へ行く希望のミルワードという神学生を食事に招待。夜は片瀬に居住する中路氏や大和銀行の頭取を招んで會食。

❖七月二三日（水） 昼バークレー・ホテルでハンケー、ピゴット、松本、自分の四名で會食。この會は所謂元老ランチで今日は大使の新加入という形であった。午後外務省にスコット君を訪ねて話しをした。色々有益であった。電信が四本出た。夕方はジャパン・アソシエーションのグロヴナーでの大使歓迎宴へ行く。シティの日本関係有力者が集まり大変な盛會であった。百五十名から二百名位居たらうか。サー・エドワード・クローが司會し挨拶あり仲々よかった。大使の答辞も適切。更に来賓のレディング侯、アソシエーションの副會長スコットの挨拶等あり八時から十時すぎまで和気に溢れたよい會合であった。クローさんの演説とレディング侯の演説の中に自分の名前も出て来て一應面目を施した。

❖七月二四日（木） 昼大使がティーリング氏に下院の食堂に招ばれ會食。自分も同席。M．P．五、六名が来て居た。

❖七月二五日（金） 昼大使と共にグロヴナーで敷島紡の室賀〔国威〕氏を招待。夕方米大使館の〔ジェームズ・〕ペンフキルド参事官のコクテイルに出席。夜は鈴木夫妻に自宅へ招ばれた。志賀直哉氏同席。

❖**七月二六日**（**土**）　午後正金の山崎、松平両氏と共にゴルフ。夜は両氏と奈良君を自宅に招んで會食。

❖**七月二七日**（**日**）　午前山崎松平奈良の三君とギルフォードの近くのブラムレーというコースでゴルフ。自分は当らず。此処で昼食後、クランレーへ赴きピゴットさんのお茶を御馳走になり遅くまでテニス。流石に遊び疲れた。

❖**七月二九日**（**火**）　昼大使と自分等夫婦。Marshal of Diplomatic Corp の Maj-Gen. Salisbury Jones 夫妻をマクドールに招んで會食。先日の親任状捧呈のお礼の意味。

❖**七月三〇日**（**水**）　オリムピックのフォアのクルーがやって来たので今日は自分が車でヘンレーのコースを案内し同地で食事。リアンダー・クラブ（會員が千五百名も居る由）も見せて貰った。夜は志賀直哉、浜田〔庄司〕、柳〔宗悦〕、バーナード・リーチと會食。

❖**七月三一日**（**木**）　午前パーシバルと會見。夜は郵政省の松井君を招待。

❖**八月一一日**（**月**）　役所へ行き書類の溜ったのを整理。大に忙し。

❖**八月一二日**（**火**）　レッスリングの八田〔一朗〕君とリゲット君とを招待會食。このところ休暇後の事務と引越の用意で忙し。

❖**八月一三日**（**水**）　今度日本へ行く牛津のラグビー・チームの主将が挨拶に来た。

❖**八月一四日**（**木**）　昼カフェ・ロイヤルでパーシバル君と會食。午後は供給次官を訪ねる、夜はオデオンの試寫會へ行く。

❖**八月一五日**（**金**）　ハミルトン・テレスの百一番へ引っ越す。

❖**八月一六日**（**土**）　引越し後のゴタ〳〵。午前中郵船平安丸に挨拶に行く夜は船長始め数名を自宅に招んだ。

❖**八月一九日**（**火**）　夜郵船の第一船平安丸に招ばれてスキ焼を御馳走になる。神戸肉で美味しかった。

❖**八月二〇日**（**水**）　夜は徳川家正氏二女の関根夫人を自宅に招待。

❖**八月二二日**（**金**）　午前午後カヴェンディシュ・コースでゴルフ。大に休暇気分。但六時半ホテルでサー・レイモンド・ストリートと會いホテルの傍の公園を約一時間散歩し乍ら来るべき棉業會談[4]の打合せを遂げ更に食事を共にし九時近く同氏はマンチェスターへ引き揚げる。自分はそれから大急ぎで十一時頃まで自室で電信案を起草。ほんとに仕事をしに来た感じがした。電信内容亦自信あり軽い興奮を覚へた。

❖**八月二七日**（**水**）　このところ午後は概ね休んでゴルフ行脚。

大分腕を上げた。今日は前財務官の原口氏をゼラード・クロスに案内した。

❖**八月二八日（木）**　新任の官補等を自宅に招んで會食。

❖**八月三〇日（土）**　昼水泳の監督としてヘルシンキに来た安倍煒太郎と食事。午後はゴルフ。夜は今度スェーデンに転任になった大森君を招待。丁度今日は在外事務所長として所員と共に着英した一周年に当るので一年前の辛かった昔を想起しつゝ歓談。

❖**八月三一日（日）**　大森君をロンドン・エアポートで見送る。午後は伊達君とクルース・ヒルでゴルフ。夜は鉄道関係の日本人を印度料理に招んだ。

❖**九月一日（月）**　昼松本大使が高石眞五郎氏を招んだのに陪席。夜は帝銀の支店がシティに開設されたので披露のコクティルあり出席す。

❖**九月二日（火）**　夜自宅にロンドンに駐在してゐる日本人特派員六名を招んだ。

❖**九月三日（水）**　オクスフォードのラグビー・チームが今度朝日新聞に招ばれて日本へ行くので今日大使主催のコクティル・パーティがグロヴナーであり、終って内輪の會食が大使の招待であった。

❖**九月四日（木）**　午後ファーンボローのエア・ショウを見に行く。デルタ型の最新機やキャンベラジェット機や音より早い飛行機を見せられてほんとに我々の頭の遅れてゐたことを痛感させられた様な気がした。航空界に於ける日本の遅れは一寸取り返しがつかないだらう。

❖**九月五日（金）**　夕方外務省が招んだ日本人新聞記者のためのコクティルがカールトン・ハウス・テレスであり出席。日本関係者の多くが顔を出して和気に満ちた會合であった。

❖**九月八日（月）**　東京から来たジャパン・ニュース紙のゴードン・ジェンキンス夫妻とグロヴナーで會食。夜は大使が航空関係者を柳田〔誠二郎〕氏に會はせるためのコクティル。柳田氏は會後自分の宅へ来て會食。

❖**九月九日（火）**　昼グロヴナーでオブザーバー紙のアスター氏とＯ・Ｍ・グリーン氏を招いて會食。大使も参加。

❖**九月一〇日（水）**　昼ピカディリー96で柳田氏の招待。

❖**九月一一日（木）**　昼来英中の柳、浜田両氏を両氏の旧友のピルチャー氏に會はせるためカフェ・ロイヤルで會食。夜はピゴット夫妻、ジュリエットにレディ・アームストロングを早い晩飯に招待し一同揃って“Under the sycamore tree”を観に行く。この劇は自分の記憶では一年もつゞいて居ると思う。蟻が動作をしつゝ人間の生活を風刺したものだが劇の最後は殊に難解でガッカリした。車でピゴット夫妻をクランレーに送りとどけた。

❖**九月一二日（金）** 昼B.C.の招待で来英した留学生十名を自宅に招んで立食。学校の助教授クラス。婦人二名あり。自然科学関係者多し。

❖**九月一四日（日）** 原〔吉平〕、堀〔文平〕、武藤〔絲治〕、桜田〔武〕氏等二十名余の紡績全権団が飛行場で夜十時頃着英。出迎へた。飛行場にはサー・レイモンド・ストリートも出迎へて居た。

❖**九月一五日（月）** 棉業会談の代表団が午後大使館へ挨拶に来た。夜は自邸に都留、豊崎君等を招いて會食。

❖**九月一六日（火）** 昼安積君（フレンヅの會合で来英）とシルコック夫妻、ブレイスウェイト夫人等を招いて會食。午後は綿業使節團と打合せ會議。夜大使の全権団招宴がグロヴナーで行はれた。

❖**九月一七日（水）** 昼自分等夫婦で〔ヴィア・〕レッドマン夫妻、〔ジョージ・〕クラットン、トーマス夫人（トーマス君は赴日した）をグロヴナーに招待。日本を偲ぶ會食を行う。

❖**九月一八日（木）** 昼研修所のサージェント君が訪ねて来たので會食。一寸帰英し又日本へ帰る由。夜は日本課（外務省）の連中を一同招待ピルチャー、マーテン、ピータース、ロバーツと我方四人で交歓した。

❖**九月二〇日（土）** 棉業會議支援のため車で鈴木君と共にバクストンに赴く。バクストンに着いてから時間もあったので一ラウンドやった。夜棉業全権と連絡。

❖**九月二一日（日）** 午前九時頃と夜八時頃二回オールド・ホールからパレス・ホテルに車を駆って連絡することゝした。今日は日曜というのに會議がつづけられてゐる。自分は午後は桜田氏とゴルフ。夕方は鈴木君とドライヴして近郊の秋色を探った。

❖**九月二二日（月）** 會議の進行状況日本側に不利ならず。日英會談でなく多くの国を加へた會議となったゝめ焦点がぼけて日本に圧力を加へることはほとんど不可能となった。自分は然るべく會議とは離れつゝも密接な連絡をとってゐる。

❖**九月二三日（火）** 例によって午前一回と夜一回パレス・ホテルにリエゾンに行き、午前中隈なく新聞に眼を通し午後はゴルフとドライヴ。

4――九月に国際綿織物会議（民間会議）が英国のロンドンとバクストンで開催された。日本、英国、米国の紡績業者代表団による会議。クオータ制で英米の妥協ができず不調だったとされる（細谷千博、イアン・ニッシュ監修『日英交流史 二 政治・外交Ⅱ』東京大学出版会、二〇〇〇年、二一三頁）。

❖**九月二五日（木）** 午前ゴルフ。午後は堀君と共に車でバクストンから十数哩《マイル》のデューク・オヴ・デ・ウオンシャーの邸宅と庭園を見に行く豪壮なものである。内部の絵画のコレクションも大したものである。今日で棉業會談終る。しめくゝりのためパレスへ出かけてストリートと十二、三分會談し會談に関する印象を十数枚電報案に起草して忙しく且楽しく會義を終った。

❖**九月二六日（金）** 八時半雨と風のバクストンを引き揚げる。午後二時頃ロンドン着。早速大使館で大使に報告し溜った仕事を片づける夜は来客あり。

❖**九月二七日（土）** 萩原君と日清紡の桜田氏とゴルフ。夜は大使が全権団をサヴォナに招ぶ。

❖**九月二八日（日）** 紡績の原、阿部、堀の三氏を車でロンドンを案内。夜はドウチェスターで紡績側の招待あり。

❖**九月二九日（月）** 米国人記者で日本に居るグリフィン君が訪ねて来たので昼會食。夜は紡績全権の堀、阿部〔孝次郎〕、原、武藤、桜田等の諸氏を自宅に招んで賑やかにバクストンを語り乍ら日本食。一同も日本酒が出たし悦んでくれたと思ふ。

❖**九月三〇日（火）** 昼はサー・エドワード・クローがアセニアム・クラブに紡績全権団の二名を招んだのに陪席。夜は紡績の全権随員七、八名を自宅に招ぶ。このところ仲々忙し。

❖**一〇月一日（水）** 夜参議院の杉原〔荒太〕氏が滞英中なので招待。今日は日本の総選挙とて話題が政局に一しきりはずむ。

❖**一〇月二日（木）** 日本の総選挙は自由党が過半数を制し得たが党内が如何にまとまるか、共産党は一挙に全議席を失ったのは驚くべきことであった。

❖**一〇月三日（金）** M.R.A.の三井〔高維〕氏を昼食に招ぶ。夕方は大使が航空ミッション〔稲生〔光吉〕氏團長〕のため、グロヴナーでコクテイル・パーティ。

❖**一〇月四日（土）** セント・オーバンに岩佐〔凱実〕君〔富士銀行〕とゴルフ。夜は同君を食事に招んだ。

❖**一〇月五日（日）** 午前ゴルフ。午後はピゴットさんの家でテニスとお茶。

❖**一〇月九日（木）** 夜カフェ・ロイヤルで共同の岩本氏をチャンセラー氏が招待したのに陪席。和やかな仲々よい會合であった。

❖**一〇月一〇日（金）** A.P.の支局長が岩本氏を招んだのに陪席。午後は好晴に誘はれてゴルフ。このところ政局の関係もあり出先は至って閑散。

❖**一〇月一三日（月）** 共同の岩本君とロイターのコール君を

招んで會食。

❖一〇月一四日（火） 昼は米大使館のリングワルト氏夫妻とマーヴィン氏夫妻を招んで會食。

❖一〇月一六日（木） セント・アーミンス・ホテルで日本人會あり十数名であった人数が五十何名かに達し大変にぎやかな會合であった。

❖一〇月一七日（金） 夜はロンドン港に入って居る氷川丸の船長がジャパン・ソサエティのカウンシル・メムバースの男のみを招んで招待。スキ焼。この船は客の収容設備もあり食堂には御莚を敷き提灯を飾り、和気あいあり裡に歓を尽す。クレーギー、センピル、クロー、ピゴット、セールといった人達主客併せて三十名余の會合で楽しかった。

❖一〇月二一日（火） 夜バタフキルドのスコット夫妻にナイトブリッヂの同氏宅へ招ばれる。隆も一緒。この人には着任匆々の際招ばれたことあり。

❖一〇月二二日（水） 夜ヘンワース夫妻、ウェストレーク夫妻を自宅に招び藤崎君も加へて會食。

❖一〇月二三日（木） 午後はゴルフ。夜は最近帰任するレッドマン氏のコクテイルに招ばる。日本関係者が出席してゐた。

❖一〇月二四日（金） 昼大使がレッドマン夫妻を日本食に招待したのに陪席。夜はリングワルトのコクテイルに招ばれたりピータースのミュースへ食事に出かけたり忙し。

❖一〇月二八日（火） 午前中商務省でパーシヴァル君と会見。夜はクローさんとセールさんに伊原君を交へ會食後ブリッヂ。面白かった。

❖一〇月三一日（金） 夜ユネスコの會議にパリに来た鈴木氏が立寄ったので會食。

❖一一月三日（月） 「文化の日」とあって休み。快晴なので朝から藤崎君とミル・ヒルのコースでゴルフ。夜はグロヴナーで大使がジャパン・ソサエティの會員を招待。主客併せると四百名に近からうと思はれる大コクテイル・パーティで盛會であった。終って自分達夫婦はセールさんの夕食に招ばる。食後十時から眞珠湾攻撃の記録映画のテレヴィジョンを見る。凄壮なものであった。往時を偲ぶ。但場所はセール氏邸であることが一寸工合が悪かった。

❖一一月四日（火） 午後はジャパン・ソサエティのカウンシル會合あり。終ってピゴットは自分等の家に宿泊。

❖一一月五日（水） 米国大統領選は［ドワイト・］アイゼンハワーの大勝というニュースが早朝に入る。夜は羊毛會議に出席のため来英した肥塚、伊東、音川の諸氏を自宅に招ぶ。

❖一一月六日（木） 昼アセンアムでサー・クラーレンス・サッドの招待あり。夜は自宅にスコット夫婦、モーランド夫婦を招んで會食。大事な客なので一寸疲れた。

❖一一月七日(金) 夜は鈴木君の弟さんやら旅行者を三、四名コミにして招待。本日公電で皇太子殿下がコロネーションに来られることが決定したと入電あり[5]。

❖一一月八日(土) 午前外務省でスコットと會見。午後は郵船の安部氏とゴルフ。

❖一一月九日(日) 正金の山崎、松平両君とゴルフ。

❖一一月一〇日(月) 立太子式とて国旗を掲げ大使館は午後は休みなのでゴルフ。

❖一一月一一日(火) 昼邦人来客とグロヴナーで會食。午後はピゴット夫妻とお茶。終って、アルバート・ミュゼアムでジャパン・ソサエティの講演會。盆栽の話。講演者は日本へ行ったことがない由で驚ろいた。

❖一一月一二日(水) ロード・ハンケー、ピゴット少将と大使に自分。今回はハンケーさんの主催でユーナイテッド・サーヴィス・クラブで會食。歓談した。夜はサー・レーモンド・ストリート夫妻を食事に招待終って四人でリリックに芝居を見に行く。

❖一一月一三日(木) 昼牛津大のハドソン氏とエコノミストのグールド・アダムス〔経済部主筆〕を招んで自宅で會食。インテリの會合であった。

❖一一月一四日(金) 今日から昼十二時から一時までハノーヴァー・スケヤーでフランス語のレッスンをとることに決めた。一週二回 一回十二志《シリング》六片《ペンス》とられるが物にしたいものだ。午後は外務省にピルチャー君を訪ねる要談。

❖一一月一八日(火) 昼は「ア・レアティク」で支那飯。本省の英国課長になる山中〔俊夫〕君を主賓。ピルチャー、マーテン、ロバーツ等英国日本課員を招んだ。

❖一一月一九日(水) 昼カニンガム夫妻とケネディ夫妻を招待會食。

❖一一月二〇日(木) 午後五時十五分の列車でユーストン發商務省のパーシヴァル君と共にストーク0/T〔ストーク・オン・トレント〕へ出張する。英国で汽車に乗るのはウオアミンスター行以来で久しぶりの感じがする。ストークへ着いたのは八時すぎ。陶業聯盟のクラブハウスで會長のウェントワース・シールズ氏と一、二時間會談。駅に誰も出迎へに来なかったし日本的なゲーシャパーティもなく却て簡單で清潔な感じがした。

❖一一月二一日(金) ストークは雨まじりの雪であった。但積る程には非ず。十時半の會議の始まる前にアーヴィング氏の案内で同氏の経營する會社パラゴン陶器の陳列所を見た[6]。コロネーション・スーヴラアが大分出来てゐた。アーヴィング氏が英国製のティカップと日本の模造品を見せる。模造品は寸分違はぬ模様である。価格は三分ノ一だ相だ。嬉しくないマル・プラクティスである。會議はクラブの楼上で十時半から十二時半まで行はれ七、八名出席面白かった。午後一時の列車でストーク辞去。駅前に羔業中興の祖であるジョサイア・ウェヂウッドの銅像のあるのもこの町と羔業との密接な関係を物語ってゐた。雨のロンドンに着いたのは四時半頃。

❖**一一月二三日（日）** 一日ストーク出張の報告書作成で自宅で忙しかった。

❖**一一月二五日（火）** 昼ジョーンズ氏夫妻（前商大講師）を招待會食。夜は隣りの米大使館員マーヴィン君夫妻に招待さる。支那火鍋子で美味しかった。

❖**一一月二八日（金）** 昼大使がスコット、ピルチャー、サーペルを招んだのに陪席。場所コックドール。伊原サーペル間の外債問題話合解決を機會とした。

❖**一一月三〇日（日）** 昼ゴルフ。夜は東銀山崎氏の御招待。子供も一緒、楽しい支那食。

❖**一二月二日（火）** 大使夫妻パリへ向け出發一週間の予定である。夜はジャパン・ソサエティで〔ジョージ・〕アレン教授の日本の経済に関する話あり。但同教授戦後の日本のことは余り知らぬので話が面白くなかった。

❖**一二月三日（水）** 午後ジャパン・ソサエティ・カウンシル・メンバーズのみの茶會あり。御定連が出席。夜は外務省の〔J・P・〕ウォータフヰルド夫妻、〔R・H・〕エリングウォース夫妻を招待會食。前者は曽て東京に勤務し後者は又東京へ帰る由。

❖**一二月四日（木）** 昼今度ジェンキンスの部下として東京へ行くPotterという新聞記者を昼食に招待。夜はティーリングの食事に議會に招ばれた。食後政府不信任案が出てゐたのでのぞく。ベバンと〔ハリー・〕クルックシャンクの應酬を聞いた。可なり激しいやりとりがあるが、ウィティで余裕がある。三十分位傍聴。政府党が廿何票かの差で野党の不信任案を蹴ったところで帰る。

❖**一二月五日（金）** 昼はピゴットとクラブで會食。夜は三井

5——明仁皇太子殿下は英国政府の招きにより、一九五三年のエリザベス女王戴冠式に天皇陛下の名代として出席することが決まった。

6——当時、英国では日本からの綿織物と共に陶磁器の輸出増加も強く懸念されていた。とりわけ英国パラゴン社の陶器は日本からの陶器輸出と競合しており、英国は日本産陶器輸出に関する不正慣行を批判していた。

船舶の進藤氏を招んだ。

❖**一二月八日（月）**　霧の中を東京から藤山愛一郎氏と森村氏が来たので夜スコットで會食。

❖**一二月九日（火）**　昼はベルギーから来た今度埃及公使に転出の與謝野氏夫妻とジャパン・タイムズの東ヶ崎〔潔〕君を招んで會食。夜は與謝野君を中心としてブリッヂ。

❖**一二月一一日（木）**　夜はジョン・スコットの夫妻とクロー・ジェンクス夫人等を招んで自宅で會食。

❖**一二月一二日（金）**　夜はセールに招ばれ食事とそしてブリッヂ。十二時すぎまで面白かった。

❖**一二月一三日（土）**　夜は大阪と神戸の商工會議所會頭杉〔道助〕、宮碕〔彦一郎〕両氏と前商工次官の岡松〔成太郎〕君を招んで會食。

❖**一二月一六日（火）**　昼はロンドン大学の日本関係者を昼食に招んだ。Allen、〔Charles Ralph〕Boxer、Daniels、Gardner、Simonといった人達で何れも熱心な研究家。ボクサー氏は戦争当時士官で香港陥落の際日本側と折衝した人だが巧みな日本語を話す。夜は伊原君の新フラットに招かれてブリッヂ。

❖**一二月一七日（水）**　昼U.P.のガード君を招んで食事。夜は大使がグロヴナーでジャパン・アソシエーションの人々を招いてコクテイルを行った。

❖**一二月一八日（木）**　昼ピゴット氏と會食。午後外務省へ行きピルチャー君と會見。全部仕事を片付けて明日からの旅行準備。

❖**一二月二四日（水）**　クリスマス・イーヴ。午前中出勤して四、五日休んだため溜った庶務を整理。今年は本年中に来英した日本人旅行者が礼の心算でクリスマス・カードを呉れたので大変な数となり子供が應接に四方に紐を張り廻して飾ったが飾り切れぬ程であった。このカードがドッと整理を要求するのでこれも忙しかった。午後は休〔役〕所は休みなのでカード整理ですごす。夜はクリスマスカロルを聞いて早寝。

❖**一二月二七日（土）**　土曜日とて午前中役所へ顔を出し事務を執ったりクリスマス・カードの返事を書いたり。午後は車を駆って一同とクランレーへ行ったが相当なフォグで視界は利かず。一時間位クランレーでお茶を御馳走になってロンドンへ帰ったが途中のフォグで車のスピードを二十哩位に落さねばならず窓から顔を出したりパトネー附近で道を間違へたり。三時間近くもかゝって帰宅。幸いロンドン市内のフォグは大したこともなかった。

❖**一二月二八日（日）**　午後はジョーンズさんのお茶に招ばれた。

❖**一二月二九日（月）**　正午大使が今度日本へ商用で行くセー

ルさんを招待したのに自分も参加。ピルチャー君も同席。

❖**一二月三〇日（火）** 午後外務省にスコット君を訪ね會談電信を二、三本書いた。夜はセールさんとクローさんを招びスキ焼き。終って伊原君も加はっての四人でブリッヂ。

❖**一二月三一日（水）** 大晦日だが別に何の慌しさもなし。但大使館では何となしに忙しい気がする。大使もロード・レディングを訪ねて會談。自分も懸案や書債をすっかり片附けてサバ〳〵した。夜は若い官補連を自宅に招いてソバの眞似事とすしをつまんであとビッグベンの鐘の放送を聞きつゝブリッヂ　Auld Lang Syne！

これで本年も終った。本年は公、私に於て比較的平凡な年であったと云へるかも知れぬ。大きなことといえばキング・ジョーヂの急逝とこの年に講和条約が發効したことであらう。自分等の生活も全く組織化されて楽しい。在外事務所は四月末に大使館となり自分がシャルヂェとなって暫らく事務をとり六月に松本大使を迎へた。自分の責任も軽くなったし館員も殖へ又給與も在外事務所時代と比すべくもなくなったのですべてに於て余裕が出て来た。自分のモヤ〳〵したnon grata事件もどうやら好轉、年末には吉田さんから直筆で可なり鄭重な御手紙を頂いたりしてこのところ一寸気をよくした形。

❖一九三二(昭和七)年、外交官補に任官した朝海は、エジンバラ大学での研修を終えるとロンドンの在英日本大使館に勤務した。写真の着衣は、当時の日本の外交官の大礼服で、英国王室の行事に出席するため、折々、着用の必要があった。

	5／1	皇居外苑でデモ隊と警察が衝突（血のメーデー事件）
	7／19	ヘルシンキオリンピック開幕（～8/3）。日本代表の参加は16年ぶり
	8／1	保安庁設置
	13	日本、IMF（国際通貨基金）に加盟
	10／1	第25回衆議院議員総選挙（自由党：240、改進党：85、社会党右派：57、社会党左派：54ほか）
	3	英、初の核実験に成功
	15	警察予備隊を保安隊に改組
	30	第4次吉田茂内閣成立（～53/5/21）
▲	11／1	米、初の水爆実験に成功
1953 **昭和28年** ▼	1／20	米大統領にドワイト・アイゼンハワー（共和党）就任（～61/1/20）
	3／5	スターリン死去
	14	ソ連最高指導者にニキータ・フルシチョフ就任（～61/10/14）
	30	皇太子明仁、欧米14ヵ国を訪問（～53/10/12）
	4／19	第26回衆議院議員総選挙（自由党吉田派：199、自由党鳩山派：35、改進党：76、社会党左派：72、社会党右派：66ほか）
	24	第3回参議院議員通常選挙（自由党吉田派：93、自由党鳩山派：2、改進党：15、日本社会党左派：40、日本社会党右派：26、緑風会：34ほか）
	5／21	第5次吉田茂内閣成立（～54/12/7）
	6／2	英エリザベス2世戴冠式
	7／27	朝鮮戦争休戦
	8／8	ソ連、水爆保有を宣言
	10／1	米韓相互防衛条約調印
	12／25	奄美群島日本復帰
1954（昭和29）	3／1	第五福竜丸事件
	7／1	自衛隊発足
	9／26	吉田茂首相、欧米訪問（～54/11/17）
	10／13	岡崎勝男外相等、ブラジル・サンパウロ市400年祭に出席
	11／24	自由党鳩山派と改進党が合同して日本民主党を結成
	12／10	第1次鳩山一郎内閣成立（～55/3/19）
1955（昭和30）	2／8	ソ連マレンコフ首相辞任
	27	第27回衆議院議員総選挙（日本民主党：185、自由党：112、社会党左派：89、社会党右派：67ほか）
	3／[illegible]	第2[illegible]鳩山一郎内閣成立（[illegible]～11/22）

1　9　5　3

❖**一月一日（木）** 正月元旦だが別に日本の様な気はしない。但ストック・エクスチェンジは休みだ相である。大使館も国旗を掲げて本日は休み。十二時から二時まで大使官邸に邦人が奥さん同伴で集って慶祝。日本から送らせた数ノ子、餅、はんぺん等も出て大分正月の気分が出た。去年の在外事務所時代よりは流石に日本らしい正月であった。自宅には伊原〔隆〕、鈴木〔義雄〕、山崎〔幸一郎〕（東銀）の子供さんを招んで明子も日本服を着て楽しく遊ぶ。

❖**一月二日（金）** 今日は出勤。夜は〔ロバート・〕クレーギー氏のグロヴナー。スケヤーの新居でジャパン・ソサエティのカウンシル會合あり。クヰーンの肖像寫眞をロンドンのジャパン・ソサエティから東京の日英協會へ送ることに決定。寫眞もクレーギー氏が決めた。夜最高検の岸本〔義広〕検事、巣山氏等を招待會食。

❖**一月三日（土）** 昼はBBCへ招待されて居た神谷君（N.H.K.）が任期満ちて帰国するので同君と後任の藤倉君とBBCのリゲット君を自宅に招待。夜はクレーギーさんのコクテイルに一寸顔を出した。

❖**一月四日（日）** 朝大使館からの電話で秩父宮〔雍仁〕殿下が鵠沼で薨去されたことを知る。大に驚ろいた。最近の宮家事務官からの便りでは御元気の様に承知してゐたが。自分は時々英国新聞の切抜で御興味ありと思はれるものをお送りしてゐたが事務官を通じ度々アプレシエーションの便りを頂いてゐたのに。

❖**一月五日（月）** 午前中外務省で〔ジョン・〕ピルチャー君と東宮殿下御来英問題で打合せる〔1〕。昼はグロヴナーに今度日本へ赴任する参事官ハルフォード氏の外〔ロバート・〕スコット、ピルチャー、日本側から大使も出て會食。夜は〔エドワード・〕クローさんに招ばれてゐたが秩父宮の御不幸でこれは断った。

❖**一月六日（火）** 夜は庶務関係の館員を招んで會食。

❖**一月七日（水）** 鈴木君一家と賑やかにハンマースミスの劇場へシンデレラを観に行く。面白かった。クリスマスと正月のパントマイムはほんとに子供を楽しませる。

❖**一月八日（木）** 日本へ訪問するケムブリッヂ大のFather D'arcyを昼食に招待、會談。

❖**一月九日（金）** 昼はストークの陶業者と會食。午後はピーターパンを子供と一緒に見に行く。

❖**一月一〇日（土）** 島〔重信〕君が東京から来着。夜は大使官邸で食事。今夜はまた相当なフォグであった。

❖**一月一一日（日）** 島君を夜自宅に招んだ。

❖**一月一二日（月）** 三時〔フランシス・S・G・〕ピゴット氏と皇太子〔明仁〕殿下御滞英のプログラムを作成、原案を得た。夜島君とコヴントガーデンのオペラ。トリスタンとイソルデ。

❖一月一三日（火） 昼ピゴットさんと會食。夜はジャパン・ソサエティの講演會後自宅に深田〔宏〕、秋山〔光路〕、野見山〔修二〕の官補を招待。

❖一月一五日（木） 午前ジョルダンの大使が来訪（大使はパリ會議のため不在）。昼はシティの人々と會食のためパーマストン・レストランへ行く。夜はM.R.A.のブフェあり。

❖一月一六日（金） 夜大同毛織の栗原社長外二名を自宅に招待。

❖一月一九日（月） 昼サヴオイで近く日本へ行く七十何才かの老人Wallachという人と食事をする。夜は萩原〔徹〕、結城〔司郎次〕、油橋〔重遠〕の諸君を招んで會食。今晩ピゴット氏泊る。

❖一月二〇日（火） 午前外務省でピルチャー君に會う。昼はカフェ・ロイヤルに大谷光暢氏夫妻を招んで會食。夜はコヴェント・ガーデンへ萩原、結城君をバレーに招んだ。

❖一月二一日（水） 昼ティーリングとBeamishの両氏をグロヴナに招んで會食。大使も参加さる。賑やかであった。夜は官邸に大使（昨日パリから帰英）が大谷氏夫妻を招んだのに陪席。これも面白い一夕であった。

❖一月二二日（木） 夜ハンマースミスのリリックにサー・ジョン・ニコルソン夫妻と観劇。出しものは「リチャード二世」。隆も自分も十分に味はうと坪内〔逍遥〕さんの日本語訳を読んでから更に英文を研究して来たので大に楽しめた。

❖一月二三日（金） ウォータールーの駅に大谷法主夫妻を見送る。今日は久しぶりに夜約束のない日とて風邪気味でもありゆっくりテレヴィジョンを楽ん《ママ》で早寝。

❖一月二四日（土） 一時B.B.C.に赴き藤倉アナンサーとの対談約八分録音する。日本では二月一日からテレヴィの放送でその際この録音を利用するのだ相である。面白い番組は何かテレヴィの子供に対する影響等について論じて置いた。

❖一月二五日（日） ゴールデン・アローで増田甲子七氏夫妻と令嬢が着英したので出迎へた。

❖一月二六日（月） 夜大使官邸で増田夫妻を大使夫妻が招んだのに陪席。

❖一月二七日（火） 夜自分等がDrury Laneへ招

1――明仁皇太子殿下は天皇の名代として英国エリザベス二世の戴冠式に出席することが前年秋に決まっていた。日記では朝海が旧友の知日家であるピゴットやハンキーの協力を得ながら準備に万全を期した様子が分かる。

待。

❖一月二八日（水） 午前中外務省でピルチャー君と會い、昼は大使がキラーンと〔ウィリアム・〕セムピルを招んだのに陪席。夜は久しぶりに約束のない日であった。

❖一月二九日（木） ピゴット氏とクラブで會食。タイムスのProf. Rushbrook Williams と會うのが目的であった。夜は中山泰平君が滞英中なので同君を中心とし銀行家（日本人）連を招んで會食。

❖一月三〇日（金） 夜は東銀山崎氏の招待で大使夫妻と共にサヴオイ。

❖二月一日（日） 好天気。日曜。増田夫妻を案内してクランレーへピゴットさんのお茶に行く。

❖二月二日（月） インドネシアに行くモーランド夫妻を大使夫妻が昼官邸でスキ焼き。

❖二月三日（火） 夜ジャパン・ソサエティで講演。昨年日本へ行った牛津《オックスフォード》ラグビーの主将ブラード君の日本印象話あり。面白かったが日本という国が一ラグビー・チームの訪問にケタ外れの歓迎をし却て歓迎されるチームが真意を推しかねる程度に至る非常識が情けなかった。夜橘〔敬一〕君送別の小宴を自宅で行う。

❖二月四日（水） サー・エドワード・クローのコクテイル。終って大使邸で郵船社長浅尾〔新甫〕氏、大阪商船社長伊藤〔武雄〕氏を招んでの會食に臨む。

❖二月五日（木） 台湾中立化問題に関し三時半から五時半頃まで議會で討論あり。〔ハーバート・〕モリソンが反対党を代表して米国第七艦隊の一方的台湾保護案につき危惧の念を表明したのに対し〔アンソニー・〕イーデン外相が政府の立場を辯明した。夜は八時半からエンパイヤのプリミエーに隆と共に行く。

❖二月六日（金） 昼エヂプトから帰った〔モーリス・〕ハンケー氏も加はりピゴット氏がアーミー・ネービー・クラブに大使と自分を招ぶ。皇太子殿下プログラムにつき打合せを遂げた。大使は六時ロンドン飛行場発米国経由で一時帰朝の途についたので飛行場まで見送る。

❖二月七日（土） 昼商船社長がカフェ・ロイヤルに招宴。

❖二月九日（月） 昼郵船の浅尾社長をカフェ・ロイヤルに招待同氏は東京の日英協會有力者であるので今日はセンピル、〔チャールズ・〕セリグマン、ピゴット、スコット、ブレークリー等のジャパン・ソサエティ関係者を招んだ。午後外務省で〔ロバート・〕スコット次官補と會見。台湾問題に関する英側政策の説明を求め長文の電信を本省に送って置いた。併せて当国空気についての観測も報告して置いた。この二年で代理大使期間中の職責は果した心算。

❖二月一〇日（火） 夜〔アンソニー・〕パーシバル夫人を自分等夫婦でキングスウェーのストルに招待。

❖二月一一日（水） 夜大阪商船社長伊藤氏の一行（目下大阪商船は同盟加入問題でロンドンで交渉中）を晩飯に招待。

❖二月一二日（木） 此の頃は毎日大した雪ではないが粉雪が降り少閑を利してゴルフをやることも出来ない。

❖二月一六日（月） 昼近く日本へ行くU.P.の記者ガード君を中心に日本人新聞記者若手をグロヴナーのグリルに招んだ。

❖二月一七日（火） 昼カフェ・ロイヤルに警視総監サー・ハロルド・スコット氏を招ぶ。同氏の外ハンケー、ピルチャー、ピゴットも同席。皇太子殿下来英の警衛関係を頭に置いての集會であったが懇話したのみで大した話はなし。夜は江商の高見氏、参議院の小林氏等を自宅に招ぶ。

❖二月一八日（水） 夜塩野義製薬の塩野〔義三郎〕氏等を招待。このところ仲々忙がし。

❖二月一九日（木） 夜〔ジョージ・〕クラットンに自宅にコクテイルに招ばれた。

❖二月二〇日（金） ヴィクトリアの駅に白洲〔次郎〕氏を出迎へる。クラリッヂェスに泊る。午前中ホテルで歓談。

❖二月二一日（土） 久しぶりで藤崎〔萬里〕君とゴルフ。夜は市川房枝。小松芳喬氏等を自宅に招んだ。

❖二月二二日（日） 午前ドライヴ。午後はシェクスピアを能率を挙げた。

❖二月二四日（火） 夜自宅に読売、朝日、産経、中部日本の新任記者を招待した。

❖二月二五日（水） 此の頃は来客が少いし夜の約束もなく至って呑気。昼は概ねハイゲートで九ホールス。ゴルフをやる余裕もある。大分春めいて来て外套も要らぬ位ゐ。バッキンガム・パレスの庭にしとやかにスノウドロップが頭を出し始めた。自宅の庭でも鳥の囀るのがとても賑やかになって春の来たことを思はせる。庭の一隅にも一個スノードロップが顔を出してゐる。

❖二月二六日（木） 白洲氏を案内して外務省へ行く。

❖二月二七日（金） 大使が三週間ぶりで帰任されたのでロンドン・エア・ポートまで出迎へに行く。元気で帰英さる。東京での英大使館の評判は悪からざる由で結構と思った。

❖二月二八日（土） トウッテナムでイングランドとフランスのマッチあり。英国でラグビーを見たことがないので見に行く。白洲氏も出かけた。

❖三月一日（日） 読書。〔アーノルド・〕トインビー教授の新著〝The West and the World〟を読む。リース・レクチュアとして放送したものを纏め上げたもので面白かった。

❖**三月三日（火）**　昼〔ジョージ・〕セール、クロー両氏とサヴォイで會食。セールの日本印象談を聞く。夜ジャパン・ソサエティで講演。ハドソン教授の「神武天皇」で一寸時代ものであった。然しこういう研究家が居ることは驚くべきものである。夜白洲氏に随行して来て居る阿部君と會食しブリッヂ。

❖**三月四日（水）**　ジャパン・ソサエティのお茶の會あり仲々の盛會であった。〔ヨシフ・〕スターリン病篤しの報が伝はる。

❖**三月五日（木）**　昼今度日本からバーレン方面へ転任になった〔H・H・〕トマス君夫妻を昼食に招んだ。昼は香上〔香港上海銀行〕の支配人グレー氏夫妻を招ぶ。山崎夫妻、松平〔一郎〕君も招んだ。スターリンの死後どうなるか後継者は誰かで今日一日噂で暮れた形。

❖**三月六日（金）**　スターリンは今暁一時頃か遂に死んだ。今日の新聞は大変な見出しで大大々的に報道して居る。自分は反響を本省に報告せねばならぬので十一時半スコット君を外務省に訪ねた。昼はセンピルさんと會食。午後は又五、六本電信を書いて大忙しであった。それでも仕事をしたという愉快な気持でハンマースミスに隆と俊夫と三人「キング・リア」を観に行く。

❖**三月七日（土）**　スターリン死後の継承者は〔ゲオルギー・〕マレンコフと決定した旨報道される。午前中仲々忙し。午後は若い官補と久しぶりにテニス。三時から四時半まで大使官邸で砂原美知子さんの歌を聴く。

❖**三月八日（日）**　若い官補や子供等とベルグレーヴでテニス。

❖**三月九日（月）**　午後二時半タイムスの論説委員Prof. Rushbrook Williamsと會見。スターリン死去の及ぼす影響について同教授の所見を訊ね、要点は本省にも電信で報告した。確かに参考になったらうと思う。午後は旅行も迫って居るので懸案を片附けるので大忙し。夜はソーム・ジェニンス君に招ばれてブルックス・クラブで會食。昔日本の武官をして居た〔C・R・〕ウッドラフ氏やアシュトン・グワトキン氏も一緒。立派なクラブで打とけた會合であった。夜はテレヴィジョンでVictory at Seaを見る。これは凄惨で子供には見せぬ様にとの予告もあり舞台はペリリューであったので豫め日本側の反対をレヂスターするため藤崎君は外務省に自分は米大使館に〔アーサー・〕リングワルト君の注意を喚起して置いたもの。

❖**三月一〇日（火）**　昼グロヴナーでロード・ハンケー、ピゴットを相手方とし当方大使と自分、ゲンローランチ。色々皇太子来英の打合せをする。夜は日東紡の内藤〔圓治〕社長を自宅に招んだ。今晩ピゴット泊る。

❖**三月一一日（水）**　朝八時自宅発ピゴットと二人で北の旅に上る。皇太子旅行のルート検分のためである。天気は上々で大にエンジョイした。Ａ１の道をとったのでドン〴〵飛ばした。昼食にはドンカスターに着いてしまった。予定のニューカッスルには六時頃でなく四時に着き大分時間が余る。ステーション・ホテルに投宿。お茶をのんでからタイン河にかゝった橋をピゴットさんと眺め乍ら散歩をしたり歓談をしたり。

❖**三月一二日（木）** 午前中ピゴットさんがマメに市長（不在）を訪ねたりして居る暇を利し附近のGosforthという郊外へ車を駆って一ラウンド楽しむ。正午少しすぎニューカッスルを発。天気は悪からず。ゆっくりと荒涼たるCheviot Hillを車《ママ》らせる。HawickからSelkirkに出で同地から五、六哩《マイル》へだたったDuke of Buccleuchの居城たるBowhillに行く。広荘な庭園。豪奢な建物である。新婚のダルキース伯夫妻が住んで居るらしい。居間で温顔のデュークのお茶の接待を受け乍ら皇太子御来英の打合せを行う。

❖**三月一三日（金）** ピゴットさんが仕事をして居る間にプレストン・フィルドで一ラウンド廻って来た。こゝは学生時代常に御厄介になって居たところ。ブレア・アソルのアソル公居城へのドライヴ道は堂々たるもの。居城は博物館になって一般に公開されて居る由。此処でデュークと先代デュークの未亡人たるミセス・キャンベル・プレストン及キャンベル・プレストン氏にお茶を御馳走になり邸内を巡す。遠くに山を巡らし日は漸く暮れ様として流石にハイランドの寒さが身にしみ出した。北国なので少し寒い。広大な庭園の一隅に陛下が皇太子のとき来英、御手植された樹がもう可なり大きくなり亭々とそびえて居た。

❖**三月一五日（日）** 十時アームストロング邸に赴き部屋の検分。大体誰が何処に泊るか決定。ピゴットさんは十二時近くまで使用人と打合せ。その間自分は応接室で新聞を読んだり今度の旅行の報告を書いたり。新聞によると吉田内閣瓦解して総選挙になるとのこと。

❖**三月一七日（火）** 昼。Ｍ.Ｒ.Ａ.の會合に引っぱり出されて昼食。今日は日本人新聞記者が招待されて居りそのおつき合ひであったが先方多人数。結局食後に御挨拶もやらされた。夜は着物を着かえてチャタム・ダイニング・クラブのピカディリー・クライテリオンに於ける會合に臨む。今日はピゴットさんが司會し食後四十分程自分から日本の話しをする。気持ちよく喋れた。部屋も大きすぎないので声も透った心算。Teeling, Sempill, Ashton-Gwatkin, という人達から質問あり。聴衆は三十名乃至四十名であったが立派なそして高級な會合であった。

❖**三月一八日（水）** 夜はジャパン・ソサエティのカウンシルの會合がクレーギーさんのフラットで行はれたので出席。自分からも皇太子来英のプログラムを発表して置いた。

◆**三月一九日（木）**　昼マーカンタイル・バンクに赴き支配人のモーフォードと會い日英実業家クラブに関する打合せをしてから銀行の幹部四、五人と會食。五時に外務省でスコット君と會見。夜はシティのスコット氏に招ばれたので妻と共にGrocers' Hall（立派なホールで同業者の建てたクラブの様なものか）に行く。ロンドンの子供の厚生のための資金募集の會食會であった。食後内相の［デイヴィッド・］マックスウェル・ファイフ氏外数名の演説やらトーストあり。英国人が如何にしてこういう事業をハンドルして行くかを知り得て面白かった。

◆**三月二〇日（金）**　本省から電報あり。天皇陛下がクキーン・メリーの御容体を心配して居られるとのことで十時半マールボロー・ハウスにLord Claud Hamiltonを訪ねて見舞の辞を申入れて置いた。午後ハンマースミスに赴いてケンブリッヂがレース・コースをひくのを見学。久しぶりで懐し。

◆**三月二三日（月）**　自宅で帝人の社員でヂュネーヴの労働會議に出席した人二名を招待。

◆**三月二四日（火）**　昼帝銀の子安君とサヴォイで會食。午後はセールと車でウインザーに出かけ皇太子の馬を下検分に行く。夜クローさんの宅でクロー、セール、藤崎の三人とブリッヂ。自分は成績香しからず。

◆**三月二五日（水）**　昼タイムスの主筆Sir. William Haley外報主筆Prof. Rushbrook Williams氏等を大使がブラウンスに招いて會食。ハンケー、ピゴットの両氏も出席。昨夜遅く太皇太后が死去されたことが発表された。もう高齢でもあり予期されてゐたこととて驚くべきニュースではないが街には半旗が出された。戴冠式の予定には変更がないらしい。自分は大使と手分けしセント・ジェームス宮殿（デューク・オブ・グロスター）とケンジントン（プリンセス・アリス）に記帳に赴いた。

◆**三月二六日（木）**　昼今度商用で日本へ行くというサー・ジョン・ニコルソンとブラウンス・ホテルで會食。此の頃はアイルランド旅行に関聯し自動車をアイルランドに運び込む手続で一寸忙し。費用も存外かかるのでこの旅行一寸賢明でなかったかも知れぬ。

◆**三月二七日（金）**　昼米大使館のリングワルト君と會食。夜はイタリヤへ転任になった野見山［修一］君を送別のため若い連中を招き、ブリッヂ。

◆**三月三〇日（月）**　十一時サー・デヴィド・ケリー（前英駐ソ大使）と會って大忙ぎで會談後十一時半から隆と俊夫を連れてウエストミンスターでライイング・イン・ステートを参観。外交團切符を持って居るので列を作ることなくヤードの方から特別扱いで参入。敬意を表した。フランス語のレッスンの後東京から飛んで来た東条〔猛猪〕君（大蔵省為替局長）と村井〔七郎〕君のため自宅で昼食午後は休暇の準備のためやら仕事のためやらで忙しかった。

❖**三月三一日（火）** 早朝起床。七時少しすぎにはリバプールに途をとって車を飛ばす。途中で昼飯。今夜の出帆は十時だが自動車は三時半までにプリンセスドックに持って来てくれというのである。二時少しすぎリバプールに着。ＡＡの役員に車積込の手配をし一同で高架電車に乗りリバプールのドックを上から見学。この電車の中でサー・ジョン・ニコルソンに會った〔の〕には驚ろかされた。

❖**四月七日（火）** 今日から出勤。平常に復す。

❖**四月九日（木）** 午前外務省にスコット君を訪ね朝鮮休戦の模様につき會談。昼は大使の東条君招待。四時半から五時半までケンジントンの新官舎に日本人新聞記者を招んだのに出席。

❖**四月一一日（土）** 昼東京から来たブッシュ君とグロヴナーで會食。午後は新官邸に館員夫妻が招待されて御披露旁々お茶。

❖**四月一二日（日）** 十時すぎロンドン発ウォージングの〔サー・デイヴィッド・〕カニンガム夫妻を訪ね昼食の御馳走になる。

❖**四月一三日（月）** 夜大使がケンジントンの新官邸にアームストロング夫妻、ピゴット夫妻を招んだのに同席。両夫人とも家具やカーテンの選定に尽力してくれたお礼のため。官邸も一応基本は出来上った。

❖**四月一四日（火）** 夜ポスト・ウオア・ジャパンという題で、ジャパン・ソサエティの講演會で喋った。四十五分位話したらうか。気持ちよく喋れた。講演後人口問題をどうする。日本の醜い政争をどう思うか。日本の前途は楽観か悲観か等々の質問あり。セール氏にチェアをとって貰った。

❖**四月一五日（水）** 昼フランスから来て居る湯川〔盛夫〕参事官を大使が招んだのに陪席。夜は日本から着いた官補四人を自宅に招んで會食。この連中は昭和四、五年に産れたというから自分が英国へ始めて来たとき生まれたわけである。歳月の移り変り速かなり庭のマグノリアの下でビールを飲み乍ら歓談。

❖**四月一六日（木）** 昼大使がマンチェスター・ガーディアンの首脳者をブラウンス・ホテルに招ぶ。夜は奈良〔靖彦〕君のプレス・セクレタリー就任挨拶がカフェ・ロイヤルで行はる。その後自分の家で東条、宮川という大蔵省の訪英組をもてなす。仲々忙し。

❖**四月一七日（金）** 一日準備で忙し。六時ロンドン・エア・ポートに家族と藤崎君の見送りを受けて着。七時離陸。夜行のPresidentというパンアムの飛行機でニューヨークに向う[2]。

❖**四月一八日（土）**　ニューヨーク着は予定より早く風の工合でガンダーに着陸しなかったので六時廿分に着いた。総領事館の八木君が出迎へに来てくれた。ワルドルフ・アストリアに落付き、顔を洗ってから同君の車で市中見物。八木君と昼食後ラヂオ。シティでお上りさん然と映画とショウを見物。

❖**四月一九日（日）**　午前附近を散歩。ショウウインドウ見物。昼十二時半の列車でペンシルヴェニア駅発八木君に見送られてプルマンで華府に向う。英国の景色とは矢張り相違あり。グリーンの芝生でなく樹の多いことに気がついた。家屋も煉瓦づみでなく木造にペイントしてあるものが目立った。途中の景色をエンジョイしつゝ列車は予定より二、三十分遅れて五時すぎワシントンに到着。駅には武内〔龍次〕君夫妻、宮崎〔章〕、沢木〔正男〕、中沢〔明〕の諸君が出迎へてくれた。武内君とマウ〔ン〕ト・ヴァノンにドライヴ。三年前の貧乏旅行を想起して今の身の上を有難く思った。カールトン・ホテルで夜は御馳走になる。上村〔伸一〕夫妻、武内夫妻、渡辺〔武〕夫妻、宮崎夫妻、本野〔盛幸〕君と大に賑やかであった。此処では大声で食堂で歓談して居る日本人を見る客の眼が極めて好意的であることに気がつく。今晩はロックリークパーク内の武内君の官舎に厄介になる。隣りはダレスの家だとかで静かなまるで山間の山荘にある気がした。

❖**四月二〇日（月）**　鳥のさえずる声で目を覚す。附近を散歩。立派な家が多い。大使館に行く。官邸も出渕一家が此処で五、六年も起居して居たかと思うと死んだ岳父を想起してなつかしかった。官邸内はほとんど荒されて居らぬ。場所も申し分なし。現在の日本にすぎたる財産であらうか。官邸の表口と裏門には八重桜が盛りはすぎたが豪奢に咲き乱れて居た。戦争中何年か日本人を送迎しなかった八重桜である。十一時頃ウッドコックさんと連絡。同氏の家でザートロン夫人、ジョンストン氏とも會い隆の宜敷を伝へる。コーヒーを御馳走になり一時間近く歓談。昼は大使の御馳走。午後〔ウィリアム・〕マーカット少将と連絡をとったが東京に行き不在とのこと。秘書が懐かし相であった。総じて日本に占領軍として勤務して居た人々は日本での生活をなつかしがり日本大使館と連絡のつくことを希望して居る由である。友好関係開拓の豊かなグラウンドがあることは羨しい。午後は武内君の案内でアート・ガラリーを見物。五時の飛行機でワシントンに帰る。一時間で着く。島津君の官邸に厄介になる。

❖**四月二一日（火）**　午前総領事館へ顔を出す。エンパイヤ・

ステートの七十何階かにあり六十階までエレヴェターがノンストップでブッとばすので耳がいたくなる。午後二時からヤンキー・ステディアムで野球あり。ヤンキースがボストンレッドソックスと対戦したのを見る。この日少閑を利してFather Cofewarm Nevillを訪ねた。七十を越した老人とは見へぬ元気な神父さんであった。日本の選挙の結果がそろ〳〵判る。自由党は一九九票とったらしい。アメリカの新聞は大体㐂んで居る様である。

❖**四月二二日（水）** 七時少しすぎに島津君と共にセントラル・ステーションに出向く。皇太子殿下出迎へのためである。七時五十五分の定刻にカナダから列車が入って来たので最後尾の車に伺候する。三谷〔隆信〕侍従長や松井〔明〕君とも挨拶を交す。オートバイの警察官が派手にサイレンを鳴らして通りを走らせ一同車を連ねてピエールというホテルで少憩。殿下はこゝで〔エリザベス・〕ヴァイニング夫人とも挨拶を交して居られた。少憩後十時半に一行九名に自分。見送りを受けつゝクキーン・エリザベスに乗船。船中で騒がしい米国記者に囲まれて殿下のステートメントあり。一時出帆。食卓では殿下を中心に右手に三谷氏左手に自分が据えられた。

❖**四月二三日（木）** 一同寝坊。八万何千トンかの巨船とてほとんど動揺せず。快適である。食堂も休憩室も豪奢なものである。

❖**四月二四日（金）** のんびり朝食。昼も夜も御馳走。夜はスモーキングに着かえる。晩飯後はプロメナード・デックにある劇場で映画。ニュース映画に日本を出る殿下の姿が映り、満場何とはなしにざわめく。それ以外には別に船客も皇太子の同船を意識しないものゝ如くである。太平洋を越したときとは大分違ふらしい。

❖**四月二五日（土）** 快晴。船は廿ノット位の快速でオン・タイムに走って居る。午前中同船の日本人新聞記者を廿名近くライティング・ルームに召集して自分から一時間ばかり日程や心得の説明をした。

❖**四月二六日（日）** 天気はよいが可なりウネリあり。流石の巨船も一寸ローリングしてゐる。夜は必ず映画室へ行く。毎日ブラ〳〵しつゝ美味い食事を喰べるので少し肥った。

2——朝海はエリザベス二世の戴冠式に出席予定の皇太子をニューヨークで出迎えた。ニューヨークから英国までの船中で皇太子に英国事情を説明する目的であった。当時の英国の対日感情が悪かったことが背景にあった（朝海浩一郎『司町閑話——一外交官の回想』朝海浩一郎回想録編集部、一九八六年、一六三〜一六七頁）。

❖**四月二七日（月）**　船の時間で十時半頃　即フランス時間で十一時半に船は巨体をシエルブールに横付けにした。此処では八百名かの一等船客が下船した。主として米国人であらう。これから欧州大陸を観光して戴冠式の頃英国へ来るという寸法か。シエルブールの副知事の案内でシエルブールの町と絵画館を観た。パリから高橋〔通敏〕参事官が出迎へて居た。船は四時半出帆悠々サウサムプトンに向う。

皇太子殿下とは約六日間身近くお目にかゝり殊に食卓では常にお傍で食事した。最初は気の知れた侍従のグループに自分が飛び込んだので御迷惑であったかも知れないが英国に近づくにつれて少しは慣れられたと思う。英国から来たというので最初はそれとなく自分の服装などにも注意して居られたことは確かだ。

十九の青年にしては確かに物なれたもの。船客のあしらいなども無理に威厳をとりつくろって居るというところもなし。オド〳〵したところは少しもなし。極めて自然にふるまはれつゝも立派である。これなら英国でも合格点をとることは疑いない。お附の侍従の戸田〔康英〕君や黒木〔従達〕君と「矢張り育ちだ」、感心したものである。カナダに於ける閲兵の如きもその御経験はなし。周囲では心配した相であるが御本人は平然とやってのけて周囲を安心させたとのこと。

廿六日夜一等船客の主なる人廿名位を招んでコクテイルをやられたが殿下は然るべく最後にお姿を消したあたり仲々鮮かであった。

服装は仲々おしやれらしく巧みに洋服を着こなしてゐる。顔の色は余りさえないのでがっちりと健康体という風には思はれぬ。寧ろヒ弱の方ではなからうか。神経も細相。食卓でも判らぬ話は何だ〳〵と横から興味深く聞かれる。映画を見乍ら自分から「駆潜艇・・」と話しをしたら「駆潜艇とは何か」「何を武器にして潜水艦を退治るのか」などゝ子供らしい質問も出るし食堂でフルーツの山をほじり乍ら好物のオレンヂを探し出す姿などはまだ〳〵子供である。

非常に慎重で気を配るところは陛下に似て居られるのだらう。自分がクヰーンと御會見のことを申上げたらその翌日から細目を色々お質ねになる。何だか委して置くのが心配でならぬという形である。チャンスをとったり危いことはやらぬ。馬の障害飛びも馬の先生が苦心して段々にあの程度まで持って行ったのだ相である。

船は予定の通り十一時には桟橋に横づけとなる。新聞記者が上って来相なので一般室で麻雀をやって居られた殿下を慌てゝ自室へ収める。間もなく大使始めドヤ〳〵と乗船して来た。殿下の部屋で御紹介あり。直ぐ甲板に待ち受けた寫眞班との會見あり随行する。可なり大きな部屋であったが彌次馬も加はってか大変な人出。殿下を中心に囲んだ我々にフラッシュがたかれて予想されて居た以上の歓迎である。ニューカッスルの事件がパブリシティをよんだものであらう。

十九の子供には可愛想なオーディールで見て居た婦人船客が子供だのに可愛想だと洩らした相である。簡單に英文でステートメントを読み上げられたが、昂奮したうちでも可なり落付きがあり我々も安心した。

この騒ぎも十二時すぎには収まって静かになる。今晩は船に泊る。奈良君が自室に訪ねて来て英国王室や政府の態度の冷淡さを歎いて「日本へ帰りたくなった」と利用価値のなくなった小国日本の地位を慨歎するのである。自分も昂奮した故か仲々寝つかれなかった。

❖**四月二八日（火）** 早朝船内で朝食をすませ七時半頃下船。桟橋でニュース映画のカメラを浴びて八時五十五分の臨港列車でウオータールーに向う。予定の如く十時半同駅着。以下は自分が本省に電報した殿下到着の際の報告電である。

「ウオータールー・ステーションには女王のお使としてEarl of Selkirk政府の代表として外務省儀典課長が出迎へこの外ロード・ハンケー、サー・ロバート・クレーギー、サー・エドワード・クローがお出迎へした。（赤ジュータンにおぢいさん連中の白い毛髪が印象的であった）臨港列車のついた十一番フォームの殿下乗用車が着く部分は一区画を設け赤いじうたんが敷かれていた。在留邦人も通路をへだてた十二番フォームでお迎えした。この場合ニューヨーク等では期せずして邦人の万歳が湧き上るのであるが英国の国柄と現在の日英関係が無意識に邦人にも反映したものかロンドンでは叫び声は揚らなかった。たゞたまりかねた在留民の子供数名が用意の日章旗の小旗を無言乍らはげしく打ちふったのに対し、殿下も自動車に乗る前に特にそちらに対し片手を揚げて御會釈された。ロンドンで日章旗の小旗がふられたのは戦後始めてのことであらう[3]。その後ゴタ〳〵と不必要な儀礼の交換やムダな會話をせず敏速に御乗車。列車到着後四分で停車場をクリヤした。」

自分も荷物をまとめて一先づ落付いた大使官邸から自分の邸へ引き揚げ、山の様に溜った新聞やら書類やらの整理に着手。これは大変なことだ。夜は大使館の幹部のみ御相

3——皇太子訪英の頃、英国の対日感情は極めて悪かったが、その一因は、戦時下の日本軍によるイギリス人捕虜への残虐行為にあった。

伴で殿下を囲み随員と共に官邸で食事。殿下は日本食は余りキーンでないらしい。婦人としては大使夫人と自分の妻が列席した。

❖**四月二九日（水）** 午前十一時殿下のお伴をしてバッキンガムへ記帳に行く。丁度衛兵が派手に交代して居たので面白相に見て居られた。多くの人はこれに気をとられて殿下のお着に気がつかなかったらしいが退出のときは相当人が集ってゐた。夜は天長節のリセプションあり今年のそれは殿下も居られるし盛大に行った。可なり広範囲に招待が出され、招待した人は概ね出席した。政府から〔ラブ・〕バトラー、〔ジェラルド・アイザックス・〕レディング侯、スコットの顔も見へた。六時から七時半まで殿下も立ち通しで余り苦にもされぬ様に思はれた。自分もとにかくこの難関が切り抜けられたのでホッとした気になる。

❖**四月三〇日（木）** 一時、ダウニング街十番で首相の午さん會あり。これは最初イーデンの會食であったのがイーデン病気となり その後誰か他の大臣がやるとのことであったが恐らく輿論の一部が露骨な反日気運を見せたのでそれを牽制する意味もあってか〔ウィンストン・〕チャーチルの招待に変った。列席者は堂々たる顔触れ。この模様は自分が起草した左記の電報を再録する。

「(三)本日昼食會の顔ぶれは英側苦心の結果であることは大使館側より事前に客の顔ぶれ如何を何回か外務省に照會したが未確定とで返事を得ず。食事の僅々一時間前にリストを我方に送って来たことからして想像される。この名のうち政府側及保守党の要人、日本縁故者は別として(イ)労働党から〔クレメント・〕アトリー、チューター・イードが顔を出し(ロ)新聞関係から反日紙の急先鋒ロード・ビーバーブルック外ロード・ロ〔ザ〕ミア、ロード・ケムスー等、が招待されて居たことにも言論界の空気を緩和しようとする政府の意図が伺はれた。(ハ)労働組合の代表的存在であるロード・シトリン、〔トム・〕オーブライエン、チウソンの三人を含めてあったことも意味は深長なりと看取された。

(四)最近 ナイトになったチャーチルは至って健康相に見受けられ殿下に話して何くれと気をつかったが最近殊に耳が遠くなった関係もあり殿下の低声が聞きとれず殿下は耳のそばに顔をよせて御會話。却て孫がおぢいちゃんと會話をして居る様な和やかさがあった。

(五)食後双方のトーストが終ってからこれは全く打合せ外のことであったがチャーチルが約十分間即席の演説をした。立上って約一分間発言せず議場を静まらせてから

(イ)殿下は非常に幸福な青年で明るい前途を持ってゐる。

(ロ)我々は意が違うと随分はげしく争うが国の利益とい

うことになれば一致する　そして殿下を歓迎する。（ハ）殿下の滞英が興味あり且教育的であるべきことを切望する。英国人のWay of Lifeを学ばれたい。（ニ）英国と日本は君主を有して居るという点で共通のボンドを持ってゐる。（ホ）英国では君主はreignするがgovernはしないしKing can do no wrong〔国王は悪をなしえず〕という格言も心にとめて頂きたい。間違ったことをやればそれは政府の責任だし事実政府は間違ってゐるということを言う人が多いかも知れぬ（満場遠慮し乍らも笑声）。（ヘ）このテーブルに飾られた一対の青銅の馬の置物は自分の母が一八九四年日本から持ち帰って来たもので自分も愛好して居る。各国がこの様な美術品を制作し軍備に金を費はないですむ様になりたいものだ

等々説き、僅かこれだけのスピーチで殿下に対する敵意を表示した新聞が政府の眞意を示して居らぬことを明らかにし、青年に対する一応の訓示をも垂れ、列席の日本側が今までの英国の空気に多少不快を感じて居たのを一挙に一掃したあたり、その手際はこの人でなければやれぬことである。

このスピーチは予定して居ないことなので殿下は少し心配されたがチャーチルは殿下が御答辞を述べぬ様押しとどめ又トーストの際もしきりに大使に殿下がチャーチルのトーストをやらぬ様に念押してゐた相である。

この演説は簡単に朝海から殿下にも念のため通訳したが別室で次官補のスコットは朝海に対しあの演説を殿下がお判りになったかどうかは実は要点でなくあの席にはあの演説を聞かせたい人が二、三居たのだと内話した。

（六）食後別室に退いてからチャーチルは「クレム」とアトリー前首相を身近に呼んで同氏を殿下に御紹介。アトリーは殿下の横に座って数分會談あり。次でオーブライエンを招んで殿下のお相手をさせ次でビーバーブルックを殿下のお隣りに座らせた。この辺チャーチルは極めて何気なく自然に行って居たが無計画な紹介でないことは勿論である。ロード・シトリンはチャーチル、アトリー、ビーバーブルックの三人が殿下を囲んで居るのを見て「こんな光景はこういう機會でないと見られない。この三人が仲よく並んで居る寫眞は新聞に出たら大変な特種とならう」と笑った。

（七）少憩後殿下はアトリー、〔A・V・〕アレキサンダー、ビーバーブルック等と握手をし首相は官邸表口の寫眞班の雲集するところで殿下を送り出した。二階の食堂から階下に至る階子段には歴代英国宰相の肖像が掲げてあり殿下はこれを御覧なり御興味深げであった。

チャーチルは殿下と共に楷子段を降り乍ら「英国人は殿

下の滞英がハピーであることを希望してゐる。それと異る様なことがお耳に入ってもtake no notice of it」と何気なさ相に附言することを忘れなかったのである。

◆**五月一日（金）** 殿下一行はハトフィルドにデハビランドの工場を見に行かれたので今日は一日遅れた事務をとり返すのに追はれた。

◆**五月二日（土）** ハンケーさん夫妻の食事。殿下の一行は小人数に限られたので心配したハンケーさんがOverblowのパーティを自分の娘のミセス・ベンを主人役にして自分達のために催した。近くのホテルで會食後ハンケーさん邸の殿下一行と合流。今日は心配した天気も回復。グローリアスな英国の春日和となり、陽を浴び乍ら芝生の上で歓談。サウスタウンを遠く眺めて美しい景色であった。ハンケーさん御自慢の「天ノ川」も今を盛りと咲きみだれてゐた。お孫さんのお嬢さん四、五人可愛くカーテシーして殿下に挨拶。殿下も内わのこととてほんとに打くつろいだ様子であった。誠心誠意のおもてなしであった。自分は仕事の関係もあり一人でロンドンに引き返す。新しい車のハンバー・スナイプをドライヴしたが馬力の強い快調の車で楽しかった。

◆**五月三日（日）** 快晴、午後居留民のための殿下を迎へる大使主催の園遊會が官邸で行はれた。夜は日曜ながら東京から来て居る新聞寫眞の連中約二十五、六名を支那飯に招んだ。今日一日は朝から夜まで陽が照りかゞやき英国は一速とびに冬から夏が来たかたちである。夜は殿下と共に来た新聞記者連を支那飯に招待。

◆**五月四日（月）** 午後殿下の一行はシティ御見学。これは大使と伊原君が随行。夕方ジャパン・アソシエーションのコクテイルあり。終って直ぐ着物をきかえ（ホワイト・タイにフルドレス）でハイドパーク・ホテルへ行く。ジャパン・ソサエティの歓迎晩さん會である。収容能力は二百五十名だ相で限度まで人が来てゐた。例の如き常連の外それ以外の會員の顔も見へる。

　メイン・テーブルには殿下を中心として大使夫妻、クレーギー夫妻、レディ・スエーズリング、センピル夫妻、クローさん、〔チャールズ・〕セリグマン夫妻、自分達夫妻、三谷、松井両氏〔デイヴィッド・〕ガマンス夫妻等が坐った。和気は満場にあふれる。食後大使がクヰーンのトースト。クレーギーが陛下のトースト。クレーギーが又殿下のトースト。殿下のジャパン・ソサエティへのトースト。ガマンスの答辞とあり。クレーギーが（イ）自分は五、六才の頃殿下が葉山の海岸で海洋生物に興味を持たれたときから知ってゐる。（ロ）新日本と英国はその進む道が必ずやコンバーヂするであらう。(ハ)日本が殿下を送って来たことを英国人は多として居る等々演説。殿下も英語でこの家族的雰囲気で歓迎を受け嬉しいことを述べ、ガマンス氏も終始面白く滞日三年の愉快な思出を語って満場を㐂ばせた。

終って若手の人が殿下に紹介せられ又殿下は一同の間を縫って一々會釈して引揚げあとは歓談し暫時の後それ〴〵引きとった。

❖**五月五日(火)** 正午、大使が随行してバッキンガムで殿下がクヰーン〔エリザベス二世〕と會見した。自分は旅行の荷造りやら事務の整理やらで忙しかった。午後ダーシー神父の日本からの帰来談をポートマン・スケヤーで聞き自分も一寸喋った。十時十五分発のキングスクロス発のThe Night Scotsmanで殿下の一行と共にエディンバラへ。

❖**五月六日(水)** 六時半エディンバラに着いたがそのまゝ寝台車は取り離されて七時半まで就寝。同時刻に殿下始め一同下車。宿舎のジョーヂ・ホテルに赴く。十時十五分市長(Lord Provost)来訪。殿下に敬意を表した。十一時には車二台を連ねポリス・カーをパイロットにして式に向い、バックルー公邸に着いたのは予定の通り十二時半であった。此処で食事。先方はバックルー公、ダルキース伯夫妻、サー・ジョン・マキーワン(夫人はサー・フランシス・リンドレー氏の娘さん)、ロード・ヘーグ(有名なヘーグ元帥の息)で豪壮な食堂で會食。終って部屋の絵画等を観賞し素晴らしい景色を緑の芝生に降り出て遠望。陽が照りそそいで寫眞班は大㐂びであった。更にデュークとダルキース伯が夫々ジープをドライヴして所領の山林を見るべく荒地を車を走らせる。道のない様なところを馳せ上り高地から展望して面白かった。帰館後お茶の接待あり。帰路ディークが狩犬を召集しピンクの服装をした狩猟者を二人交へ殿下のため一駆け駆けさせた。エディンバラに着いたのは七時頃。少し疲れたが一同満足した訪問で、デュークの接待は誠意がこもってゐた。

❖**五月七日(木)** 好天気。殿下はサイト・シーイングなので自分は午前午後昔なつかしきプレストンフィルドでゴルフ。三本しかクラブを持参しなかったがよく当った。終始陽があたって楽しかった。夜はホテルで殿下のためスコットランドのカントリー・ダンスあり。

❖**五月八日(金)** 九時出発車を連ね、警察のパイロット・カーを先頭にして出発。快晴である。クヰーンスフェリーからパースに出て目に泌みる様な新緑(英国は緑の国であるがこんなに陽を浴びた美しい様は見たことがない)を楽しみつゝピットロッホリーに着。少憩の後直ちにDuke of Athollの昼さん會に臨む。当方出席者は殿下の外 三谷、小生、松井、戸田それにピゴット、サイモン。先方からはデュークの外Mr. and Mrs. Campbell Preston, 次のジュークになるイワン・マレー、Countess Erroll等々であった。食事前カッスルを案内して陛下が一九二一年摂政宮殿下としてお出でのとき先代のデュークが頂いた花瓶を手にして寫眞班の活動あり。

食事の際はデュークの手兵という形の二名のパイパースがAtholl Highlanderの曲を吹きならす。この盛装したパイパースは食事中殿下と主人の背後に立って居り時々隣室に入ってパイプを吹鳴して居た。食後デュークの挨拶あり。

終ってさんさんたる陽光を浴びて陛下のお手植になったブナの木の傍に殿下のお手植あり。又日本の落葉松と英国固有の松の交配したものが、この城内で見事に茂って居る由なので、この種の木も日英親交の印しとして植えられた。終って自分とピゴット、戸田の三人は一路車を飛ばしてロスベリーへ行く。一行はピットロリー泊り。新しいスナイプを飛ばして快晴のスコットランドとノーザンバーランドのドライヴは楽しかった。ロスベリー着は夜の九時頃となり隆もハンケー夫妻もピゴット夫人も先着してゐた。

❖**五月九日（土）**　快晴。素晴らしい。今日は総理と松平夫人に宛てジャパン・ソサエティ以後の状況を報告して一日忙しい。午後は附近をドライヴ。新緑観賞。皇太子の一行はオッターバーンを通過したとの警察の情報を耳にしてアームストロング夫妻は玄関口に出てお迎への準備をする。玄関口の旗台には高々と日章旗が上ってゐる。一分二分緊張の空気。警察官もニューカッスル事件もあり三名警戒に当る。アームストロング夫人が緊張の余りどうしたのだらうと待ち遠相につぶやく。と間もなく遠くに自動車のエンジンの音が聞えて　カヴアルケードが入って来た。自分がロードの夫妻を紹介。アームストロング氏から同邸の使用人で七十年も勤めてゐるというクロージアというおぢいさんも嬉し相に紹介された。夜は内輪の會食が殿下を中心として和やかに展開アームストロング氏が邸内の御案内をした。

❖**五月一〇日（日）**　午前、車を駆ってモーペスのコースでゴルフ。

❖**五月一一日（月）**　午前中ドクター・サトウとゴルフ。午後は殿下を中心としてダブルスが二時間ばかり行はれてからおいしいお茶。松本〔俊一〕大使夫妻もロンドンからドライヴして来られた。夜はアームストロング卿が附近の貴顕紳士を招いて殿下を中心としての會食　ホワイト・タイに勲章をつけた。

❖**五月一二日（火）**　午前松井君とゴルフ。午後は殿下を中心としてローン・テニス　自分は可なり当つて楽しかった。夕方は隆とアニックまでノーサムバーランドの荒野をドライヴ。十分にホリデーを楽しんだ。夜は殿下のために若い女性も招んでダンス。

❖**五月一三日(水)** 好天気。八時半にクラブサイドを辞去。自分がスナイプのハンドルを握ってA1道路を飛ばす。五時前にはロンドンに着いた。ほとんど四十哩平均で飛ばしたことになる(途中昼飯のため少憩)。懸案に目を通して忙しかった。

❖**五月一四日(木)** 一日多忙。それでも夕方までには溜った仕事を片附けたし、外務省でスコット君とも會見、佛印や朝鮮休戦の模様についても情報を求めた。同君は今度在米英大使館の公使として栄転の由なのでこれが次官補としての最後の自分との會見となった。自分が在外事務所長来任以来よく世話を見てくれたし大使館となってからも時々情報を求めに行ったが何時も快く且率直に話をしてくれて助かった。自分の任務は彼のために大分プラスがついたことは疑いないので礼も述べて置いた。而も同君は戦争中日本軍の捕虜となってゐたのである。夜上村〔伸一〕夫妻(トルコ大使として米国から赴任)を自宅に招いて會食。

❖**五月一五日(金)** 朝、飛行場へ上村夫妻を隆と共に見送る。大使は本日クラサイドから帰倫。皇太子はまだ北に滞在。仕事は比較的のんびり。

❖**五月一七日(日)** 夜キングスXの駅に皇太子を出迎へる。

❖**五月一八日(月)** 皇太子はオックスフォードに行かれる。日本から来た小泉〔信三〕氏夫妻も同行。一寸一休みで息を吐く。

❖**五月二〇日(水)** 昼カフェ・ロイヤルに吉川随員を中心とし英外務省員で昔東京で吉川君と友人だった人々を招ぶ。午後ピゴットさんを乗せて車でオックスフォードに行く。夕方マイターに到着。生憎皇太子は風邪をひかれて約束は全部取消し。自分はピゴットさんと共に皇太子が厄介になって居るユニヴァシティ・カレヂのマスターGoodhart氏夫妻邸で晩飯の御馳走になる。同氏夫妻も皇太子の約束取消を残念がって居た。

❖**五月二一日(木)** 皇太子は約束を取消し午前中にロンドンへ御帰りになったので自分もエイト・ウヰークのエイトを見るわけにもゆかずドライヴ。バックした。陽があたって楽しいドライヴではあった。

❖**五月二二日(金)** ジャパン・ソサエティの講演会に殿下が顔を出されるわけであったが取消されスエーズリング夫人のコクテイルも殿下がお出でにならず淋しかった。

❖**五月二三日(土)** 午後殿下はお出でにならなかったが切符もあり隆と共にローズにクリケットを見に出かけた。クリケットの雰囲気を知るためである。

❖**五月二四日(日)** 午前中ブラムレーでゴルフ。午後ピゴットさん邸で殿下のための園遊會あり。快晴のこととて成功であった。新緑は素晴らしい。午後他の来客も加はってテニスに興じた。終って田付〔景一〕、藤崎●●●の●君とセヴン・オークスに行く。こゝに大使のサマー・ハウスあり。目下誰も使用して居ないので勿体ないというので泊ることにした。途中ギルフォードの街中の坂で車がエンコして修理に手間どりセヴンオークスに着いたのは十二時であった。空腹でもあった。

❖**五月二五日（月）** ホイトサンの休暇なのでミセス・オウユイングの紹介でウィルダネクラブで四人でゴルフ。帰路又々藤崎君の車がエンコして途中ホテルで休憩。ロンドンから救援に来て貰って八時すぎロンドンに帰った。田付君はこのためオランダへ帰る飛行機をミスす。

❖**五月二六日（火）** 午後新任の次官補〔W・デニス・〕アレン君を外務省に訪ねる。夜は讀賣の眞杉女史を招んだ。

❖**五月二七日（水）** 夜 官邸で大使が米国へ行くスコット夫妻と後任のアレン夫妻それにピルチャー夫妻を加へた會食あり自分等も出席。

❖**五月二八日（木）** 昼 三井夫妻とM.R.A.のストロング夫妻を招ぶ。午後はベルギーの永井君とゴルフ。

❖**五月二九日（金）** 小泉氏〔信三〕夫妻を昼食に招ぶ。相手として今後香港へ行くブランデン夫妻。慶應で娘が勉強して居るブラッガー夫妻を招んだ。午後小泉氏夫妻と車を駆ってGen. KnoxのBinfieldの園遊會へ行く。皇太子さまは四時半お着。生憎ノックス氏は●●であった。美しい芝生に咲き乱れた花を歓賞しつゝ午後をすごす。夜は三谷、松井両氏をもてなすべく大使と共にストレタムに「コール・ミイ・マダム」を見に行く。役者はほとんどコリシアムのそれと同じ。二度目であったが面白かった。

❖**五月三〇日（土）** 昼滞英中の加納〔久朗〕夫妻を自宅に招んだ。

❖**六月二日（火）** 戴冠式。自分達たちのグループは六時から七時までの間にアベイの十一番口に行かねばならぬので五時すぎには起床。隆と共にコーベットのハンバーで駆け付ける。昨夜から可なり寒く雨が時々降って居たので前夜来徹夜で沿道にしゃがみ込んで居た人々には気の毒であった。エンバンクメント辺りから車は牛歩となりアベイに着いたのは七時廿分程前であった。自分等の席はアベイに入る謂はゞ沿道でネーヴになって居る。本堂の中央に椅子が設けられて式は此処で行はれるのだが、途中に間仕切りがあり入口を通して以外には見えない。ネーヴの両側のギラリーは段々に人で埋まって行く。貴族が夫人と共にアーミンに眞紅のローブを引きコロネットを手に持って式場に入って行く。眞紅のローブと役員の制服が水色のカーペットに反映して美しい対照をする。こんな早い時間に来て退屈すると思ったが知り合ひの貴族の顔やそのうち松本大使夫妻も現はれたりして結構退屈しなかった。そうかうするうちに予定の如く八時五十分。王室縁戚に当る貴族の一團が通る。次に外国特派使節が夫々いくつかの團となって通って行く。最初の一團はノルウェー、ギリシヤ、デンマークの王族で皇太子殿下は米の〔ジョージ・〕マーシャル将軍、佛の〔ジョルジュ・〕ビドー、ソ聯の〔ヤコフ・〕マリクと一緒であった。落付いた足取りでゆっくりと歩いて居られたが上背の低いので一寸貧弱な感じであった。それでも日本人として確りやって貰いたいという気がした。この行列は仲々に各国各様で面白かった。東洋諸国は多く自国の礼装をしてゐた。次でPrince Royal, Duchess of Glocester, Duchess of Kent のきらびやかな行列が十時十五分頃通りすぎ、十時三十二分にはクヰーン・マザーがプリンセス・マーガレットとゆっくり通りすぎて満場は漸く主役の出現にウォーム・アップされた形となる。

　次で十一時十五分クヰーンが待ち受けた行列に参加され美しい行列がネーヴを通って式場に入って行くのである。貴族のローブもあればビショップの僧服もあり武官の赤い服と羽毛の前立もあればヨーメンの緋の中世服もありこれ等が整然とゆっくりグループをなして目の前を通りすぎて行く美しさは流石に英国人が熱狂するだけの見物ではあった。式場に入れられてから式が終るまでの約二時間。ネーヴに並んで居る人々にはつんぼ桟敷に居る形であったがそれでも配布された次第書に内部の儀式の模様が詳細に書いてありマイクロフォンの設備も完備してあるのでそれと対照して儀式を現実にフォロウすることが出来た。カンタベリー大僧正が、“Sirs, I here present unto you Queen Elizabeth, Your undoubted Queen. Wherefore, all you who are come this day to do your Homage and Service, are you willing to do the same?” と三回くり返す声もハッキリと聞えたし入口を通して内部の動きも不明瞭乍ら眺められた。この大僧正の問に対し一同繰り返し“God save Queen Elizabeth.”とその都度答えそれが終るとラッパが吹鳴された。

　又Oathの際大僧正がMadame, is your Majesty willing to take the Oath? と尋ねたのに際しクヰーンが明確にI am willingとすき通る様な声で答へたのも聞えた。アノインティングの儀式もすんで王冠がクヰーンの頭上に載せられると列席の貴族及夫人何れも一斉に夫々コロネットを冠りアベイからは賑やかに鐘がつき出された。

　それからエディンバラ公から初まるホメーヂあり。ゴッド・セーヴ・アワ・クヰーンの国歌を"Land of Hope and Glory"の奏楽の裡にクヰーン及王族の一行は入御の際と同様にネーヴを通って退出。

自分等のグループはクヰーンが街を練るための行列に入って出発するまでは動けず。四時頃車を取寄せてホッとして空腹のまゝ帰宅。外は可なり寒く且雨も降ってアベイのお客さんにボーイスカウトが一々傘をさしかける程の生憎の天気であった。

戴冠式を見ての印象はこれが伝統の盛儀であることは勿論だがエッセンシアルには貴族の戴冠式である。それにも不拘、英国一般が深い敬愛の念を王室に対して持って居るし、王室も色々な機會に大衆と接触することを忘れない。貴族的な戴冠式後に一般の群れて居る大通りを一時間余練り歩くことはこのためである。

又英国が戴冠式を機會に或は宴會で或は會議で或は戴冠の式それ自体に於てコモンウェルス各国を英本国に引きつけん冪く努力をして居ることが顕著に判る。戴冠式は又英聯邦結合のよき機會として利用されてゐる。

❖**六月三日（水）**　戴冠式の翌日だが出勤。流石に少し疲れたしホッとした気持ちである。午後はハムステッドで来訪した大野〔勝巳〕君（郵政次官）とテニス。夜は同君を食事に招待。

❖**六月四日（木）**　戴冠式で皇太子附になったキャプテン・ロイドが三谷、松井の両氏と自分等夫婦をクラリッヂスに招んだ。この日はクヰーンのステートバンケットがあり皇太子のみ招ばれてゐるのでロイドがオーバーフローのパーティをもてなしたというわけであらう。

❖**六月五日（金）**　三井氏夫妻と午後コバムの近くの〔ジョージ・〕アレン教授宅にお茶に招ばれた。ロンドンから僅か十七哩とかいうがうつさうたる森の中に建てられた質素な家であった。大都會の近くにこんな閑静な場所があるのは羨しい。

❖**六月六日（土）**　午後大使が皇太子に随行した新聞記者のためにカフェ・ロイヤルでコクテイル・パーティ。

❖**六月七日（日）**　午前大使官邸で殿下がお手植をされそれに子供が出かけて一々御挨拶した。夜は官邸で大使館員一同のためブフェあり。

❖**六月八日（月）**　午後外務省で〔W・デニス・〕アレン君と会見。朝鮮休戦が成立し相なので様子を聴きに行ったのである。夜コヴエント・ガーデンでオペラ。クヰーンがデューク・オブ・エディンバラその他と御出席になるのでホワイト・タイ。出しものは「グロリアナ」というエリザベスII世を中心とした新作物の歌劇。舞台上の一隅で古風なオーケストラが奏でられるところが印象的であった以外はつまらぬ歌劇で退屈したし歌い手の声量も貧弱であった。帰宅は十二時頃になった。

❖**六月九日（火）** 殿下から前日署名入りのお寫眞と御紋章入りの煙草入（テーブル用）を頂いたので午前中御挨拶に官邸に赴いた。午後二時ヴィクトリア駅発ゴールデン・アローでフォークストンに行かれるので大使と共にお見送り。好天気であった。殿下も一ヶ月余の滞英が短かったという様な御感想を洩らされた。フォークストンで佛国船に乗り込まれるのを見送って甲板上でお別れの挨拶を述べ、三谷、松井その他の諸氏にも別れを告げて帰路は自動車でロンドンに帰った。

❖**六月一〇日（水）** 午後外務省にピルチャー君を訪ねて皇太子御滞英中の協力に謝意を表した。流石に我々もホッとした気持だし少し疲れた。夕方ジャパン・ソサエティの総會あり。予定の如くクレーギーがチェアマンに選任された。

❖**六月一一日（木）** トルーピング・ザ・カラーあり。但今年は観兵式場自体は見られず。バッキンガム宮殿の前でクヰーンがウィンストンに乗ってマルを打たせて行く行列を観覧。この座席券十志《シリング》で英国としては座席をコロネーションとこれとで二重に利用したわけである。仲々抜目がない。戴冠式の行はれたアベイ内の観覧料も十志とる。昼はドウチェスターで外国新聞記者協會が来英中の〔ジャワハルラール・〕ネール印度首相をお客として昼さん會。自分も韮沢君に招ばれて食事、ネール氏は四十分程喋ったが原稿なしで立派な英語の演説であった。夜滞倫中の徳川夢声氏夫妻を自宅に招待した。

❖**六月一二日（金）** 昼フィリッピン公使のロメロ氏が今度ブライトンで開かれる航空會議のフィリッピン代表だというので大使と共に會食。夜が「讀賣」の主催で戴冠式へ招かれて来た青年代表北川洋子さんを自宅に招き子供も参加して會食。明日はもう日本へ帰るという。慌たゞしい旅行で日本では恐らく羨望の的かも知れぬが当地から見てゐると全く気の毒である。

❖**六月一三日（土）** 夜大使館の若い書記官連を自宅に招び小泉信三氏夫妻をも招んで小泉氏の話を若い者に聞かせた。

❖**六月一四日（日）** 子供とテニスとボート（リージェント・パーク）午後はフィリピンの公使館でロメロが来英中の〔ジョアキン・M・〕エリサリデ外相を中心としたコクテイルをやり自分等夫婦もフィリピンがICAO〔国際民間航空機関〕の會議で日本加入に反対をして居ることもあり無理して出席。席上鄭天錫氏とも會った。同氏は自分南京在勤中司法行政部長であった。その後駐英大使となり英国の国府否認以来英国に忘〔亡〕命してゐる。夜奈良君の送別會を自宅で催して伊原、鈴木両君の夫妻を招待。

❖六月一五日（月）　ブライトンのＩＣＡＯに全権に任命されたので藤崎君と車で行く。

❖六月一六日（火）　午前ゴルフ。午後事務総長に挨拶したり第一回の総會に出たり。日本の加入が今度の會議で決定されるというので少しばかり忙しいがそれでも楽しい旅行である。夜コクテイル。

❖六月一七日（水）　午前ゴルフ。午後は會議。會議が終ってから夕方の海岸をロッテングティーンからレウイスの方面までドライヴ。この辺の景色は素晴らしい。

❖六月一八日（木）　ロンドンまでドライヴ（二時間かゝる）して引き返し午後ビルマの大使と會って要談。自宅に泊る。

❖六月一九日（金）　午後日本の問題が執行委員會にかゝるというので昼までにブライトンに引き返す。午後は議場に待機して居たが非公開の執行委員會は日本の加入問題の項に及んで日本の代表を呼び入れた。自分は議場の視線を浴びつゝ着席。但し発言の機會はなし。夕方ロンドンに帰る。

❖六月二〇日（土）　昼大使が奈良君の送別會をやったのに参加。夜は松島鹿作氏を自宅に招いた。食後子供も参加してモル附近のイルミネーションを見る。大変な人出で車はベルグレーヴに捨てゝ徒歩でモルに出かけたものである。

❖六月二一日（日）　奈良君を九時ロンドン・エアポートに見送る。

❖六月二二日（月）　午前十一時ブライトンへカーで出発好天気。食後今日は日本関係の議題はないので藤崎君とゴルフを楽しむ。夕方はシーフォードまでドライヴ。これは楽しい會議である。

❖六月二三日（火）　午前例によりゴルフ。素晴らしき快晴。コースから海を遠望した景色は仲々である。午後は執行委員會を傍聴。日本加入の問題が審議されたが順調に簡單にすんだ。日本の加入はこれで決定した様なものである。午後は余りに天気もよし。プールで泳いだ。このプールは市営の屋内のものであるが設備の行き届いて居ることにはほんとに羨しくなった。これに比べて何と日本の海岸地の諸設備の足りないことか。夜はパレス・ピアを一同で散歩。十三日位の月が海に光りを落して美しかった。

❖六月二四日（水）　午前ゴルフ。午後は執行委員會に出た。

❖六月二五日（木）　イフィルドに出かけて午前も午後もゴルフ。夜は他の諸君がデハヴィランドの招待により飛行機に乗るため出かけたので自分一人。

❖六月二六日（金）　夜はダンドレー・ホテルで〔アラン・〕レノックス・ボイド交通相が各国首席代表を招待しての會食あり。タイの代表からタイは「日本から攻撃を受けた国」に非ずと解する旨の回訓が来たと自分に話しあり。一安心した。

❖**七月一日(水)** 愈々、本日日本加入の問題が上程されることになった。十一ヶ国は全部賛成投票をしてくれねば困るがセイロンの代表が出席しないという悲報(?)が入ってガッカリ。せっかく追い込んだ獲物に逃げられた様な気がした。ところがセイロンとも連絡がついたらしく議長は各国のロール・コールをとり出した。A、B、C順に始める。五十二ヶ国中四十九国が賛成。朝鮮とドミニカがアブステインしセイロンが欠席(但文書を以て加入に賛成の意思表示あり)。ここに日本の加入の原則が決定したので自分は議長にさしまねかれて登壇。予定原稿に基き演説。満場大分緊張して聴いた。後アメリカ代表の宿舎に礼に赴き、引き揚げ流石にホッとした。すべて順調に使命を達成した嬉しさである。

❖**七月二日(木)** 午前ゴルフ。午後はBBCやUNOの依頼で放送を吹き込む英語と日本語両方であった。それから又ゴルフ。

❖**七月三日(金)** 三週間滞在し楽しかったブライトンを引きあげる。途中アイフィルドで三ラウンドみっちりゴルフを藤崎君と楽しんで夜ロンドンに帰着。流石に疲れた。

❖**七月五日(日)** 今日はピゴットさんの家へテニスに招ばれてゐたが少し熱っぽく卅八度もあったので隆と子供が出かけて自分は静養。寝乍ら大陸旅行のプログラムを立てた。

❖**七月六日(月)** 静養。

❖**七月七日(火)** 夜運輸省の荒木〔茂久二〕航空局長を招んでブライトン會議を偲びつゝ會食。

❖**七月八日(水)** 正午小泉氏夫妻を招んで食事。天気がよいので庭の芝生に椅子を持ち出して陽光を楽しんだ。夜ウォータールーの駅へ今度米国へ公使参事官として転任になったスコット君夫妻を見送る。

❖**七月九日(木)** 午後　商務省でパーシヴァル君に會ったり米大使館のリングワルト君と急に會ったり忙し。　英支実業家の間に貿易取極が出来たとの報道に関してゞである。

❖**七月一〇日(金)** 小泉氏夫妻を飛行場に見送る。夜大使官邸で小泉氏夫妻送別の會合あり。

❖**七月一一日(土)** 昼セント・オーバンスの近くの田舎にコヴィル君夫妻を訪ねる。子供も一緒で昼食の御馳走になる。大きな田舎の建物。庭園も素晴らしく広い陽に当り乍ら久しぶりで歓談した。同君はもう国務省を辞めてゐる。

❖**七月一二日(日)** キャプテン・ケネデーのリッチモンドの家へお茶に招ばれる。天気が悪くて生憎であった。

❖**七月一三日(月)** 午後富士製鉄の永野〔重雄〕氏をゴルフに案内。夜は大使官邸で大使の同氏招宴あり。

❖**七月一四日(火)** 午前ガーディアンのガイ・ウィント氏が

訪ねて来て〔ラヴレンチー・〕ベリア失脚後のソ聯の状況につき電報種をとる。昼は永野氏に随行して来た勝部〔俊男〕君を食事に招待。午後は外務省でソ聯担当の次官補メーソン氏に會ってベリアの失脚を如何に見るか聞く。會見は結合して二十頁近い電信を本省に打って置いた。夕方はウェスト・インディア・ドックに始めてロンドンに入港した大阪商船のアンデス丸がカクテイルをやったのに出席。

❖**七月一五日（水）** 昼シティの日本人諸氏と會食。午後はゴルフ。

❖**七月一六日（木）** 小麦會議始まる。夕方カールトン・テレスで議長〔F・シード・〕アンダーソン氏のカクテイルあり。大分見慣なれた顔が出席する。夜は商大の高橋〔泰蔵〕教授を主賓としシティの商大出身者五、六名を自宅に招待。

❖**七月一八日（土）** 午後ピゴットさんの宅でテニス。

❖**七月一九日（日）** パーシバル君をケントの宅に訪問。子供と共に（但和夫は風邪気のため自宅で静養）同君の広い芝生で太陽を浴び乍ら遊んで昼食。お茶まで御馳走になって引揚げた。夜はニュース映画と「チョイ」。

❖**七月二〇日（月）** 小麦會議も今回は日本にとり大した議題はないので余り出席せず。不勉強と肚をきめた。夜日本人来客を接待。

❖**七月二一日（火）** 午後議會へ外交討議を傍聴に行く。政府側はチャーチル、イーデン共に病気なのでバトラーが演説。この人らしい重厚さはあったが何分にもヒモ付きの外交演説とてやり憎相であった。アトリーが起って質問した。夜は古谷君（刑事部長）の一行を接待。

❖**七月二二日（水）** 午前パーシバル君を往訪して日英貿易が片貿易でスターリングが赤字を出してゐる問題につき訓令に基き會談し〔4〕、話しが終って外に出たならば裏手のテームズにポートのパジエントが展開されてゐるのでそれをチョッと見物。昼はユーナイテッド・サーヴィス・クラブで元老ランチ。ハンケーさんが主人役であった。夜はロード・レディング夫妻を主賓とし大使官邸で會食あり。

❖**七月二三日（木）** 昼米大使館のリングワルト君と亡命してゐる前支那大使鄭天錫君とグロヴナーに招待會食。夜は官邸に大使が来英した河上〔丈太郎〕社党総裁〔委員長〕夫妻と曽禰〔益〕君を招んだのに陪席。このところ宴會つづきで少し疲れた。

❖**七月二四日（金）** 夜は来英した中山〔伊知郎〕商大学長を中心としロンドンの如水會員（十三、四名居る）を自宅に招び立食で歓談〔5〕。仲々。楽しかった。

❖**七月二六日（日）** 午後ピゴットさんを訪問。テニス。

❖**七月二九日（水）** 大陸旅行に出発。

❖**七月三〇日（木）** パリはブローニュの森から入って行き流

石に緊張した。車は直ぐガラーヂに入れ徒歩で近くにある大使館に赴き大使や高橋〔通敏〕君に挨拶。金も十分に交換し高橋君の車で各所を一巡した。夜は子供と共に近くのレストランでフランス料理を楽しむ。

❖**七月三一日(金)** パリ滞在。高橋君の貸した車でエッフェル塔へ上ったり、ナポレオンの墓へ行ったりノートル・ダムを見たり。ルーブルも参観し、流石に少し疲れたので夕方はホテルで休む。夜は西村〔熊雄〕大使夫妻に自分等夫婦のみ招ばれ子供は高橋君に世話して貰って気の毒であった。大使夫妻にレストランに案内されてから官邸(美しく修繕された)で十一時頃まで話しこんで辞去。子供は帰って寝てゐた。

❖**八月二日(日)** ジュネーヴに着いたのは三時頃であった。市中を見物。国連諸機関の建物も外部から参観して湖畔ボー・リヴァヂ・ホテル附近で少憩。この地は約四年前に総司令部係官のお供をして来たことがあったが当時は全くの貧乏旅行で四年後子供連れでカーでスヰスに来られ様とは夢にも思はなかった。

❖**八月一〇日(月)** 午前中寺岡〔洪平〕君がボンから来るのを待ったゝめ出発は十二時近くなった。寫眞器も同君の世話で入手。エークス・ラ・シャペルに出る。道は一本通で並木が植えられてあり美しい。外交史上有名なエークス・ラ・シャペルの町も美しい面影はあるが破壊は甚しい。

❖**八月一一日(火)** 午前中大使館の車で市中見物。ウォータルーの古戦場まで行く。昼は大使の御馳走の予定と聞いたが結局永井君夫妻にボアの料理店で御馳走になる。

❖**八月一三日(木)** 役所に出勤。溜った仕事を片附ける。これが休暇後のウワーストパートである。午後はそれでも藤崎君と久しぶりにゴルフ。暑い日で〔華氏〕九十度にもなった。夜は掛けるものなし位で寝られる程。ロンドンには珍らしい。

❖**八月一四日(金)** 午後商務省でパーシバル君と会見、要談をする。夜はセールさんの宅でブリッヂ。クローさん伊原君が相手であったが余り興が乗らなかった。

❖**八月一六日(日)** ピゴットさんの家でテニス。面白かった。

4——当時の日英貿易では日本とスターリング地域との貿易不均衡、日本のポンド不足等が課題となっていた。

5——如水会は東京商科大学(及び後身の一橋大学)の同窓会。朝海の財界人脈は如水会のネットワークによるところが大きかったようである。

❖八月一七日(月)　前支那大使の鄭天錫氏と同氏のクラブで會食。

❖八月一八日(火)　夜自宅に河合良成氏夫妻を招待。

❖八月二〇日(木)　シティで日本人支店長と會食。夕方は日本の武官をしてゐる〔ラルフ・〕ネヴィル氏が一時賜暇で帰ってゐるのでコクテイルに招ばれた。

❖八月二一日(金)　グロヴナーで昼ネヴィル、ピルチャー両君と會食。

❖八月二二日(土)　昼シャムから賜暇帰国途中のスピンクス夫妻を自宅に招ぶ。

❖八月二五日(火)　午前役所で英陶業聯監のウコントワース・シールズ氏と會談。昼は公邸で大使が今度日本へ行くセールさんを招んだのに陪食。

❖八月二七日(木)　昼飯にウエバーさんの紹介で来英したFather Learyを招ぶ。夜は滞倫中の日本人旅行者五、六名を自宅に招待。

❖八月二八日(金)　夜は二年前の八月廿九日に着英したことを記念して伊原夫妻、鈴木夫妻を自宅に招待。會食して歓談総人数六名の在外事務所員のうち上の三人が残ったわけで三人ともまだ当分は英国に居たい気持ち。

❖九月二日(水)　日本から来て居る学生のサ〔ッ〕カー・ティームが英国の大学生と試合をするので俊夫も和夫も出かける。自分等夫婦は大使官邸で郵船安部氏夫妻の送別会に出かける。

❖九月三日(木)　ブラウンス・ホテルに日本のI.L.O會議に出かける英国全権團を大使が招んだのに列席。夜は官邸でフットボール・チームのためのコクテイルあり。

❖九月五日(土)　毎日暇で呑気にゴルフやテニスをやって●●のサンシャインをエンジョイする。夜隆と共に米国から皇太子を迎へに来てゐる武内君を案内して芝居へ行く。

❖九月六日(日)　武内君を案内してブルックマンス・パークで一日ゴルフ。秋晴れの素晴らしい天気で、一日陽がてり輝いて居た。夜は自宅でブリッヂ。

❖九月七日(月)　午後四時半皇太子殿下がスヰスから米国へ飛行の途次数時間ロンドン・エア・ポートに立寄られたので大使その他と共にお出迎え。天気もよいのでハンプトン・コートへ御案内。次で殿下の御希望でピカディリーから大使官邸までドライヴ。八時頃夕闇の飛行場から御出発になった。

❖九月八日(火)　夜　今村忠助代議士を自宅に招待會食。

❖九月一〇日(木)　毎日素晴らしき秋晴れがつゞき仕事も閑散なのでゴルフ。今日は夜石黒忠篤氏等を大使が官邸に招んだのに同席。

❖**九月一一日（金）** 夜帰国の阿部郵船支店長夫妻と中島後任支店長夫妻を自宅に招いて會食。

❖**九月一二日（土）** 今日は土曜日なので藤崎君の家族と共にMarlowに行き同地から船でテームズを下る。

❖**九月一三日（日）** 藤崎君と組んで東銀の山崎、松平両君とゴルフの試合をやる。

❖**九月一五日（火）** ブリティシュ・カウンシルのマックパイン夫妻が最近東京へ行くのを招待。夕方ジャパン・ソサエティのカウンシル會合がアルバート・ミウゼアムで開かれた。夜はグロヴナー・ハウスに濠洲代表として戦後日本に来て居たPatrick Shaw夫妻が寿府《ジュネーブ》から帰国の途立寄ったのを招待。三、四年ぶりかで會ひ昔話しをしつゝ面白かった。

❖**九月一七日（木）** 今日は悪日。来英した代議士連中をクライテリオンに招んで大使に代り（目下壽府出張中）招待して帰館したらば藤崎君が電信を持って来た。自分に帰朝命令を出すから含んで置いて貰いたいというのである〔6〕。横すべりは予期せぬでもなかったが帰朝とは一寸意外で全くゲッソリ。経済の基礎も十分に確立して居らぬ。午後カムスターダムから来英した有田〔八郎〕夫妻、山下〔春江〕代議士を飛行場に出迎へる。夜は大使官邸で自分が大使に代り有田氏一行をもてなしたが帰朝命令で気も浮かず。元気なし。食欲も減退。

❖**九月一八日（金）** 昼大使官邸に自分が主人となり有田氏を主賓としハンケー、ピゴット、〔ジョージ・〕アレン、ピルチャー等を招待會食。有田氏とハンケー卿は食後も熱心に戦犯問題について意見を交換してゐた。夜はHer Majestyに有田氏一行を招待Paint Your Wagonで米国西部を背景とし賑やに歌ひ踊る。まことに楽しいものであったが時々フッと淋しく離英のことが頭をかすめて浮かぬ気になるのは已むを得なかった。

❖**九月一九日（土）** 大屋晋三氏夫妻と岡田〔喜久治〕（参院議員）氏夫妻をアイフィルドに案内してゴルフ。大屋夫人もクラブを振ってフォア・ボールでやったが一同余りにコースが空いてゐるので吃驚してゐた。夜は自分の宅へ招待して會食。

❖**九月二〇日（日）** ピゴットさんの家へ午後一同招待され楽しくテニス。天気よくエンジョイした。ピゴットさんに転任の可能性を打明けた。

6——朝海は一九五三年九月帰朝命令を受ける見通しとなったが同年末からロンドンで日英支払協定交渉が行われることとなり、その結果帰朝は約二ヵ月延期された。

❖九月二一日（月）　昼大屋氏一行の参議員〔院〕議員をクライテリオンに招待會食。

❖九月二三日（水）　夜カラチへ行く菊池〔菊地清明〕官補夫妻と新来の浅羽官補夫妻を招待。

❖九月二四日（木）　夜電波會議に来て居る長谷氏の一行を招待。

❖九月二五日（金）　独乙から芦田〔均〕氏が秘書の榊原君と共にノースホルトに飛来したのを出迎へる。夜はピカディリーで芦田氏と會食。

❖九月二七日（日）　鈴木氏一家、藤崎氏一家と自分等一同三台の車を連ね辨当持参でドライヴに出かける。夜は芦田氏と榊原君を自宅に招んで夕食。

❖九月二八日（月）　夕ピカディリーで来訪した三木武夫氏、平沢和重氏等と會食。このところ千客万来である。

❖九月三〇日（水）　芦田氏と共にマーゲートに労働党の大會を見に行く。同地には十時半頃着。丁度モーガン・フィリップが話しをして居た。巧い工合にストラボルギ夫妻に會ひ、昼飯はst.ヂヨーヂ・ホテルで招待され、この席で芦田氏はアトリーやビバン〔ベバン〕にも會へて満足された様だ。食後同地発途中カンタベリーの寺院を見物。ロンドンには夕方帰着。大使は本日寿府の出張から帰英したので簡單に食事に招待され終って自分等夫婦で芦田、榊原の両氏をサヴィルに招待。

❖一〇月一日（木）　十月一日で外務大異動があったが幸いに自分の帰朝はまだアナウンスされてゐなかった。少し生き延びた観あり。大使とゆっくり相談する。昼はシティ日本人會が芦田氏を歓迎の會食をし自分も出席。MRAが芦田氏をお茶に招んだのにも同席し夕方役所で米国へ向け出発の芦田氏と別れた。夜は山崎夫妻の招待でリリックへ行く。

❖一〇月二日（金）　夜官邸で来英の議員、星島〔二郎〕、小沢〔佐重喜〕、川崎〔秀二〕等の諸氏を大使がもてなすのに同席。

❖一〇月四日（日）　ピゴットさんのところで午後は楽しくテニス。天気よし。

❖一〇月五日（月）　滞英中の原田〔健〕氏〔駐伊大使夫妻〕をコリシアムに案内。

❖一〇月六日（火）　昼佐藤藤佐氏〔検事総長〕の一行三名をピカディリーに案内して會食。夜は如水會の會合が「エシアティク」で行はれたのに参加十二、三名出席した。

❖一〇月八日（木）　テレグラフ社のLord Camroseに大使と共に招ばれた。同社の幹部五、六名が出席してゐたが〔ウィリアム・〕カムローズ仲々気取って威張って居り余り感じがよくなかった。古い型の傲岸型の英国人。こういうのは話してゐても気色が悪い。

❖一〇月九日（金）　渡日する陶業聯盟のウエントワース・シールズ君夫妻のための會食を大使がブラウンス・ホテルで催したのに隆と共に出席。歓談がはずんで面白かった。

❖一〇月一〇日（土）　昼セント・ベネデクトにオーチャード神父とクレメント・ヘイス神父を訪ねて自分の転任に伴う子供の退校につき挨拶して来た。

❖一〇月一一日（日）　夜は呉羽紡の社長井上〔富三〕氏を自宅に招待。

❖一〇月一三日（火）　夜ジャパン・ソサエティの講演會。雨降りであるがこれが最後の出席と思はれたので隆と共に出かける。

❖一〇月一四日（水）　夜七時半からグリーン・ストリートのアライド・サークルで食事。終ってクラブ員五、六十名を前にして日本の現況を話した。約四十分。質問が二十分位あった。気持ちよく喋れた。講演もなれると苦にならぬ。自分はこのクラブの名誉會員に推された。

❖一〇月一八日（日）　正金の山崎、松平両君と藤崎君四人でアイフィルドへゴルフに行く。夜は山崎氏宅で會食。

❖一〇月二〇日（火）　夜パーシヴァル夫妻とマルチネで會食後（これは自分等が主人）あとはパ夫妻が主人になってサヴォイ劇場へ行く。

❖一〇月二一日（水）　昼朝日の森氏夫妻に送別の食事に招ばれる。午後はLady FreisleのCheyne Rowの英国式な保守的な家庭のお茶に招ばれた。アライド・サークルに於ける自分の講演が縁となったものである。

❖一〇月二二日（木）　夜藤崎夫妻を送別のためウェストミンスター劇場へ行く。

❖一〇月二三日（金）　この週間は正に観劇デー。但昼間は週末にN.Y.K.から発送するための荷造りで仲々忙しい。今日はマルチネでヂディとピゴット一家三人を招び會食。

❖一〇月二四日（土）　久しぶりに薄陽が射したので鈴木君一家とハムステッドでテニス。夜は藤崎夫妻と共に鈴木君の家へ招ばれて御馳走になる。

❖一〇月二五日（日）　倭島〔英二〕をウインザー見物とゴルフに案内。

❖一〇月二六日（月）　昼、マルチネでコヴィル夫妻と會食。

❖一〇月二七日（火）　夜倭島君を案内してアンナ・ニーグルの〝Glorious Days〟を見に行く。

❖一〇月二八日（水）　昼ブラウンスホテルで大使が藤崎君夫妻を中心として送別の食事。夜はアームストロング夫人主催の自分等のための送別會コクテイルあり。ハンケーさん、クレーギーさん、クローさん等気のおけぬ人達の和やかな集りであった。つゞいてク〔グ〕ロヴナーの立君の催した送別會に出席。仲々忙し。

❖一〇月二九日（木）　夜九時半からバッキンガム宮殿のEvening presentationに隆と共に出席。昨年と同じ様にBlue Room。今年は昨年よりも早くクヰーンが退出されたので自分等も十一時頃辞去。外には月がかかって寒むざむとした晩秋の夜であった。最後のコートとて一寸感慨が深い。

❖一〇月三一日（土）　経済関係の資料が集ったので今日は天気も悪し一日落付いて書類で勉強を始める。遅まき乍ら東京へ着いてからの忙しさを少しでも軽減したいためである。

❖一一月一日（日）　池田〔勇人〕氏が米国から着英したので飛行場に出迎へた。今日は同じ飛行場から藤崎君も出発。雨が降ってイヤな一日であった。

❖一一月二日（月）　夜七時半ジャパン・ソサエティの自分のための送別會あり。カウンシルのメムバーズが中心となっての會であった。半数は日本人。そのうち大部分は大使館員（大使はローマの大公使會議のため欠）。主なる人としてはクレーギー夫妻、クローさん、アームストロング夫人、スエーズリング夫人等でクレーギー氏が座長となった。總人数は六十名位であったらうか。デザート・コースに入ってからピゴットさんから結構な送別の言葉があり自分が十分程それに答へた。

❖一一月三日（火）　今日は文化の日とて大使館は休み。自分は代理大使の資格で十時すぎ上院に於ける開院式に臨む。外交團席次は六十番であった。クヰーンは十一時出御。クラウンを頭上に載せて居られた。クヰーンのスピーチは十七、八分つゞいたらうか。それこそ明快なクヰーンズ・イングリッシュであった。昼は池田氏を大使官邸で接待。

❖一一月四日（水）　今日は約束を断って一日経済局関係書類を勉強。日英會談がロンドンで最近開かれるかも知れぬ形勢となったので自分の出発が予定の如く出来るかどうか念のため大使も帰任されたので本省へ照會した。

❖一一月五日（木）　シティの定例日本人會食に出席。送別された。夕方はクローさんがコクテイルを催してくれた。知合ひ参集楽し。コクテイルの後伊原夫妻が「ミラベル」という料理店で鈴木夫妻も加へて水入らず美味しい楽しい食事。雑談に花が咲いた。外へ出たらば可なりの霧であった。

❖一一月六日（金）　夜クライテリオンでロンドン如水會員による自分のための送別會あり。これも大陸出張中の中島君を除いて全員参集してくれた。

❖一一月七日（土）　O.S.Kの船でほとんど最終的に荷物が出た。家の中は急に片づいた様になる。高野君も参事官として来英。昼は土田〔豊〕氏と會食。同氏は戦犯釈放問題で来英したもの。夜はピルチャー君が自宅で自分のための送別コクテイルを開いてくれた。

❖一一月八日（日） 一日調書を勉強。夜はテレヴイジョン。

❖一一月九日（月） 注射。子供は隆と共にLord Mayor's showに見に行く。自分は寺西君が幹事役の新聞記者主催の送別會へ行く。場所はスコット。夜大使官邸で大使夫妻が内外人を集めて自分等夫婦のためにリセプションを開いて送別して下さる。 ジャパン・ソサエティの人達が参集。盛會であった。

❖一一月一〇日（火） 昼はガスコイン氏夫妻にセント・ジョーンス・ウッドの同氏宅に招ばる。相客はクラットンであった。夜はDudgeというシティのストックブローカーの母堂でグエストという人が主人役となりDorchester Hotel盛大な晩さん會あり大した會合であった。

❖一一月一一日（水） 日英通商會談が月末から開かれるので自分の離英は暫らく延期を許可する旨の本省来電があった。のんびりしたり気の抜けた形でもある。

❖一一月一二日（木） 夜 官邸で自分のための會食あり。Craigie夫妻、Hankey夫妻、Swaythling, Crowe, The Piggotts, The Scotts, ●-Ewing, Teeling等参集（Sempill遅参。Chancellor欠席）八時から十時半まで和気あいあいたるものがあった。自分の離英が暫らく延びたゝめ気が抜けた観もあったが兎も角 これが最後のアポイントメントなのでこれを果してホッとした。

❖一一月一三日（金） ベルギーから永井君夫妻が来英したので夜自宅で簡單に食事後ヴォデヴィルへ芝居を見に行く。

❖一一月一五日（日） ピゴット家を訪問。これが最後になるプランであったが自分の離英が延期になったのでどうなるか。オースティンで出かける。天気はやゝ寒いけれども悪からず。

❖一一月一六日（月） 子安君が日本へ帰りニューヨークの飯野氏が倫敦へ来たので夜、自宅で會食。

❖一一月一九日（木） 新に来た高野〔藤吉〕君が加藤〔匡夫〕君、高島〔益郎〕君の夫妻を自宅に招んで會食。ロンドンの大使館も一、二年で大分顔ぶれを変えて来た。

❖一一月二〇日（金） 夜、ユーナテッド・ハント・クラブでニコルソンが自分の送別のための會食をしてくれた。スコットが同席。同君とは着英以来の馴染でもあり楽しい會合であった。

❖一一月二三日（月） 夜 大使官邸で大蔵省関係者Sir. Leslie Rowanや今度の日英會談に出席するアレキサンダー・サーペルといった連中を夫人と共に大使が官邸で御招待。

❖一一月二四日（火） 急に思ひ立ちココムの話を聞くべく一時のゴルデン・アローでパリに向う。ドーヴァに出ずにフォークストンから海峡を越した。今夏の家族連れの旅行を思い出したが冬の旅は余り楽しくない。カレーで立派なフランスの急行に乗り換へたが日はトップリと暮れて景色などは観賞し得べくもない。コンパートメントを一人で占領してガール・デュ・ノールに着。少し遅れて夜の十時半頃出迎へた湯川君には少し気の毒であった。

❖**一一月二五日（水）** 午前中大使館でココムの状況につき説明を聞く。午後は委員會に出かけて実際に討論の状況を聴いたが米国の代表がしきりにボール・ベアリングの禁輸問題を論じてゐた。此処で議論を聞いてゐると戦争は既に始まって居るとの感強し。午後六時半の飛行機で帰英し様としたところロンドンはフォグが強い由で夕方の飛行機はすべて取消された。已むなくル・ブールジュの飛行場から都心にとって帰し夜行列車に切りかえる。列車は十時少し前出発。同じ様な取消客のため可なり混んでゐた。ダルカークに着いたのは夜半の二時に近く（英国時間では一時）。英国船には幸いバースもあったので五時半まで一寝入出来た。

❖**一一月二六日（木）** 朝九時ロンドン着。自宅で少憩。

❖**一一月二七日（金）** 昼は郵船の重役有吉〔義弥〕氏と會食。夜は大使館員が十四、五名食事後来訪。ブリッヂで大に賑った。

❖**一一月二八日（土）** 家族一同ブリティシュ・ミウゼアムを見学。マダム・タソーも訪れた。本日日英會談に関する本省訓電接到〔7〕。仲々忙し。

❖**一一月二九日（日）** 午前會談に備へて勉強。午後は天気もよいのでハムステッドで鈴木君の家族や子供と二時間ばかりテニス。陽もさしたし暖かく楽しかった。夜は又一仕事とそしてテレヴィジョン。

❖**一一月三〇日（月）** 東条、牛場〔信彦〕君等五名の一行着倫。會議は迫って来た。

❖**一二月一日（火）** 午前東京から来た一行と事務打會せ。作戦をねったり自分の冒頭の挨拶を脱稿したり。昼は自分が東京から来た人をお客さんにし主客十四、五名でクライテリオンで食事。午後は又打合せ。流石に少しく疲れた。夜は新聞記者を自宅に招んで會談の準備振りをブリーフし旁々懇談。

❖**一二月二日（水）** 午前、午後打合せ。夜は會議関係者を大使が御招待あり。

❖**一二月三日（木）** 本日トレヂュリー〔財務省〕のボード・ルームという由緒のある部屋（エドワード二世かゞ常に臨席して座ったという椅子が今でも保存してある）で會議が始まる。先方は経済大臣の〔レジナルド・〕モードリング氏始め十四、五名。Armstrong、Sempill、Percival等関係省から出席。

我方も大使始め十四、五名出席。十五分ばかり新聞社の寫眞班やらでゴタ〳〵して十一時半開會。モードリング氏から歓迎の挨拶あり。大使が之に答へて後自分が直ちにビジネスに入って日本側の見解を約廿分讀んだ。気持ちよくやれた心算。之に対し英側は何れ自国の見解を述べる旨約して散會。夜は相互の顔合せの意味でランカスター・ハウスでモードリングのコクテイル。

❖**一二月四日（金）** 午前の會議は先方の都合で午後になる。今日はやりとりがあると予想されるので一寸緊張した気になる。昨日はパーシバルが自分の陳述が終ってから「今日は歯医者の第一日でたゞ口を開けて診察したのみで第二日目から痛い治療が始まる」と言って居たが至言。今日はアームストロングから日本側の主張を反駁しつゝ英の見解を述べた。右に対し自分から即座に再反駁を加へて四時すぎ會談を終る。面白かったし自分としては調子よく喋れた心算である。夜は流石にホッとして自宅でノンビリ。

❖**一二月八日（火）** 會議がないのでトウイケナムのグラウンドへオックスフォードとケムブリッジの試合を見に行く。會議の代表團で総見したわけである。六対六の引分に終ったが仲々熱狂して面白かった。

❖**一二月一一日（金）** 十一時から第三回の會合あり。今日はアームストロングから英側の言分を述べたのに対し自分から即座に二、三の点を反駁して仲々緊張した且面白い會合であった。

❖**一二月一二日（土）** 大使御夫妻の自分等送別の意味かへイマーケットに観劇に招待された。終ってコクドオールで御馳走になる。

❖**一二月一三日（日）** 午後のマチネーには全権團の一行をドルリーレーンの"King and I"に招待した

❖**一二月一五日（火）** 夜　パーシバル夫妻とスコットで會食。終ってフェニックスに"Sleeping Prince"を見に行った。

❖**一二月一六日（水）** 大使が官邸に労働党の領袖〔ヒュー・〕ゲイッケル、ネエス〔ケネス〕・ヤンガー、〔ジョン・〕ペートンの諸氏を招んだに出席。立派な人々である。歓談した。

7――日英支払協定改定交渉は一二月三日ロンドンで開始された。支払協定期限が一二月で切れるので日本政府は英国政府との交渉を決定し、スターリング地域との貿易不均衡是正、ポンド不足の打開に重点を置いた。英国は日本のスターリング地域からの輸入増加を主張、年内妥結は困難な情勢となった。当時、スターリング地域は日本の貿易額の約三分の一を占めており極めて重要な貿易相手であった。

❖一二月一七日（木）　今日は午後三時からトレジュリーでアームストロング、サーペルを相手とし当方は伊原君と四人で會談。英側は新提案を出して来て攻勢に転じて来た。四時から第四回総会あり。アームストロングから日本はス地域から二億三千万磅《ポンド》の輸入をすべきだと主張。この外各省係官より日本に対する注文交々申入れあり。自分は之に対し即座に反駁なり回答なりを約廿分に亘り行って可なり緊張した會合であった。會議の前途は長引くことがハッキリした年内妥結は到底無理。夜はパーシバル宅に東条、牛場両君と共に夫婦で招ばれた。心ず〔づ〕くしのもてなしあり。食後トーニーがギターをひいて接待に務め一同ほの〴〵とした気持で別れを告げて外へ出たらば大変な霧。五、六哩はほとんど歩行のスピードに等しかった。

❖一二月一八日（金）　ダウニング街十一番でチャンセラーが大使と全権團を招待。但チャンセラー〔財務大臣〕は十五、六分顔を見せただけでモードリングが主人役であり英側は関係省の次官、次官補級が出席してゐた。夜は荷造りで忙し。

❖一二月二〇日（日）　天気よし。一同を車に乗せてウェストミンスター・ブリッヂ、ホース・ガード、シティ等約一時間半最後のロンドン見物。十一時すぎから鈴木君の一家と車を連ねてヘンレーにドライヴ。

❖一二月二一日（月）　八時少しすぎにはホテルへコーヴェットが迎へに来た。天気はよいので出発には差支なさ相。エア・ポートには見送り人は辞退したので小人数が来集。大使夫人も来て下すった。予定より少し遅れてローマへ飛び立って行った。何だか気が抜けた様な感じがする。サンパウロの万黒夫妻が帰朝の途次見物に来た。夜は同君を交へてのブリッヂを牧村君の家でやった

❖一二月二二日（火）　大使がブリティッシュ・カウンシルの長で今度訪日するヂェネラル・〔ロナルド・フォーブス・〕アダムスというのを招んだのに陪席。〔W・デニス・〕アレンやピルチャーも出席賑やかであった。午後伊原君と共に先方はアームストロング、サーペル、四人會談をつゞける。堂々廻りして仲々結論に達せず。夜は官邸で大使が會談日英関係者を招待。英側からはソーニクロス、ロード・レディング等も顔を出した。

❖一二月二三日（水）　昼はアームストロングとサーペルが自分と伊原君をカールトン・グリルに招んでくれた。仕事を抜きの歓談。夜は万黒夫妻を自分がマルティネツに招待。あとはブリッヂ。

❖一二月二四日（木）　快晴のクリスマスイヴ。この頃の出勤はホテルからサーペンタインまで車に乗りサーペンタインからハイド・パーク内を散歩して役所へ行くこととしてゐ

るが快適である。昨日の朝はヴイジビリティ五十碼位の深い霧であったが今日は素晴らしき快晴で陽が当って居る。會談も峠にさしかゝったので東京へ数本の報告電報を出し請訓電報も発出。午後は近郊をドライヴ。夜は東京からの一行とサーカスをオリムピアへ見に行く。

❖**一二月二五日(金)** クリスマス。幸い山崎氏に誘はれたのでブラムレーのコースへゴルフをやりに行く。

❖**一二月二六日(土)** ボナシング・デー。快晴 鈴木、加藤の両君とテムプルでゴルフ。夜は所在なきまゝに大賀君を誘って映画「ジュリアス・シーザー」を見に行き晩飯はヴィクトリアの駅で簡單にすませる。

❖**一二月二七日(日)** 快晴。大賀君を誘いお茶の用意をし附近でサンドウィッチを買ってドライヴと行く。

❖**一二月二八日(月)** 夜は鈴木君宅へ招ばれて食事を御馳走になりブリッヂ。

❖**一二月二九日(火)** トレヂュリーとの會見はまだ閣議(バトラーはオーストレリアへ行くので最後の閣議)で日本の問題を審議中とあって簡單に散會。夜は郵船の中島君が會談関係者をサヴォイに招んでくれた。

❖**一二月三〇日(水)** 午後四時トレヂュリーで第六回の総会。アームストロングは濠洲に出張したのでサーペルが司會。英国から提案が出て来たが日本からの輸入に関する障害の緩和をイムプライするものであり且貿易のターゲットフィギュアも著しく現実的となったので日本側一同大に気をよくした。提案の検討を約して散會。使命大半達成せりの感強く嬉しい。夜は伊原君宅で御馳走になりブリッヂ。

本日は午後のトレヂュリーとの會議の外に午前中は外務省に〔デニス・〕アレンとピルチャーを訪ね約一時間日英関係につき忌憚のない意見の交換を遂げた。ピルチャー君は一月一日から日本部の廃止と共に転出する由で最後の會見であった。又佛印の状況についてもアレンの意見を聞き、これ等を電報して本省へ報告。會談関係の電報発出と相俟って忙しい日であった。

❖**一二月三一日(木)** 午前午後とも内部の會議。夜は大使官邸で年越しそばを御馳走になり今日は早寝。

一九五三年を送る。今年も自分にとっては一エポックを画した。それは自分の帰朝命令が九月に発出されたからである。自分としては全く意外であった。英国も二年になるし転出は予想せぬでもなかったけれども日本へ帰り然も本省の局長やらをやらされるとは予想もしなかったゞけに事情が判らぬうちは多少のショックを感じ、これはもう辞めよという謎かとも忖度した。このため私的には大動揺。子供の学校も始末せねばならぬし荷造りもしなければならず九月から十一月まで全く慌だしい日がつゞいた。

本年は戴冠式のあったメモラブルな年で自分等夫婦もアベイの中の外交團ギャラリーからこの盛儀に接するという極めて幸運な星をひきあてた。このことのため皇太子さまが日本からお出でになり自分は皇太子の滞英のプログラム作成を主管し忙しかった。大使とハンケー、ピゴット、それに自分の四人でこのプログラムは作られ就中ピゴットさんの努力は高く買はれねばならぬが又この人の現実と背致〔馳〕した親日感が逆効果を来しマイナスを稼いだことも争はれぬ。

皇太子様出迎へにワシントンからニューヨークに赴いたことも楽しいことであった。殊に華府の大使館は出渕一家が長く居た所であるだけに感〔慨〕が深かった。この皇太子の来英と年末の日英會談とが自分の背負った大仕事であった。日英金融會談は未だ海のものとも山のものとも判断がつかないがこの仕事を引き受けたことは色々な意味で自分のプラスになったと思うし帰朝を目前に控へてのパブリシティであることも悪くなかったかも知れない。

公的には本年は戴冠式とスターリンの死去とベリアの失脚と吉田内閣継続位が在英日本人から見ての大ニュースであったらう。

今年のクリスマスと正月は久しぶりに家族と離れて淋しいものであった。家族と別れて生活出来ぬとなると今後の外交官生活もそろ〳〵考へ直す時期に来てゐるのかも知れぬ。経済の方は今年一年在英し十月頃帰朝するのが延びたので大分状況が有利になった。日本へ冷蔵庫や車を持って帰れるのも大きなアセットである。

	4／19	第26回衆議院議員総選挙（自由党吉田派：199、自由党鳩山派：35、改進党：76、社会党左派：72、社会党右派：66ほか）
	24	第3回参議院議員通常選挙（自由党吉田派：93、自由党鳩山派：2、改進党：15、日本社会党左派：40、日本社会党右派：26、緑風会：34ほか）
	5／21	第5次吉田茂内閣成立（～54/12/7）
	6／2	英エリザベス2世戴冠式
	7／27	朝鮮戦争休戦
	8／8	ソ連、水爆保有を宣言
	10／1	米韓相互防衛条約調印
▲	12／25	奄美群島日本復帰
1954 **昭和29年** ▼	3／1	第五福竜丸事件
	7／1	自衛隊発足
	9／26	吉田茂首相、欧米訪問（～54/11/17）
	10／13	岡崎勝男外相等、ブラジル・サンパウロ市400年祭に出席
	11／24	自由党鳩山派と改進党が合同して日本民主党を結成
	12／10	第1次鳩山一郎内閣成立（～55/3/19）
1955（昭和30）	2／8	ソ連マレンコフ首相辞任
	27	第27回衆議院議員総選挙（日本民主党：185、自由党：112、社会党左派：89、社会党右派：67ほか）
	3／19	第2次鳩山一郎内閣成立（～11/22）
	4／7	英首相にアンソニー・イーデン（保守党）就任（～57/1/10）
	18	インドネシアのバンドンでアジア・アフリカ会議開催
	5／14	ワルシャワ条約機構結成
	9／10	日本、GATTに正式加盟
	10／13	右派と左派が合同し、日本社会党再統一
	11／12	西ドイツ再軍備開始
	14	日米原子力協定調印
	15	自由党と日本民主党が合同し、自由民主党結成（保守合同）。55年体制の幕開け
	22	第3次鳩山一郎内閣成立（～56/12/23）
1956（昭和31）	1／27	東ドイツ、ワルシャワ条約機構に加盟
	2／25	フルシチョフがスターリン批判
	5／9	日比賠償協定締結
	15	日ソ漁業条約調印
	7／[illegible]	第4[illegible]参議院議員通常選挙（自由民主党：122、日本社会党：80、緑風会：31ほか）

1954

❖**一月一日(金)** 午前中全権団員集って打合せ。十一時トレヂュリー〔財務省〕で會議〔1〕。サーペル司令した。昼は大使公邸で正月のリセプション。館員及民留居〔居留民〕の有力者が集って日本酒とお雑煮をお祝いする。居留民の数が多くなったことは驚べき程で日英関係の正常化が望まれる。夜は須之部〔量三〕君と共にローブという天然色の映画を見に行く。

❖**一月二日(土)** 午前中 英側と會議。會議は順調に進行してゐる。

❖**一月三日(日)** 牛場〔信彦〕、加藤〔匡夫〕、脇村の三君とウォルトン・ヒースへゴルフをやりに行く。午前中は風こそ強いがよい天気であったけれども午後から風は愈々強く雪とミゾレ交りになり余り楽しくなかった。このコースは昔 松平〔恒雄〕大使のお供をして来たことがあり 一流のコース。殊にグリーンがよく手入れしてあった。夜は藤瀬〔五郎〕君宅で一同御馳走になりストーヴの傍で冷えこんだ身体を温めた。

❖**一月四日(月)** 夜 加瀬〔俊一《しゅんいち》〕新駐独大使夫妻を大使夫妻が公邸に招ばれたのに陪席。隆からはまだ便りが来ぬが代りに俊夫から手紙あり。道を歩く人の服装のお粗末なのと家の小さいのに驚ろいてゐるらしい。

❖**一月五日(火)** 夜商務省のレヴィン君邸で牛場君と共に御馳走になる。日本から帰って来たサー・ノーマン・ロバーツ夫妻も同席。

❖**一月六日(水)** 午後英側と會議。一寸内容がもつれて腹が立った。夜はサヴォイへ日本銀行家連中に全権団が招ばれた。

❖**一月七日(木)** 昼は加瀬氏と會食。夜は伊原〔隆〕、磯田〔好祐〕両君と「ピカディリー」へ芝居を見に行く。

❖**一月八日(金)** 午後サーペル君が石油問題で来訪。この問題が會談のスタンブリングブロックであったが今日の會談でどうやら打開の途がついてホッとした気持になる。

❖**一月九日(土)** 夜、スカラ座へパントマイム(ピーターパン)を見に行く。今日は〔アンソニー・〕パーシバル君の家の假装會へ招ばれて居たのだが風邪気味なので止めた。毎日寒い日がつゞく。

❖**一月一〇日(日)** 帝銀の飯野氏とゴルフ。天気がよいので楽しめた。午後ジョーンズ先生にお茶に招ばれた心算で行ったところ手紙の不着で先方は予期せず 一寸お気の毒であった。早々に引き揚げる。夜はハミルトン、テレスでテレヴィジョンを見る。このテレヴィジョンは伊原君に四十磅《ポンド》で償〔譲〕り、代りに華府の松山君に頼んで二百十五、六弗《ドル》で米国製のテレヴィジョンを購って貰うこととした。万事米国式の方が日本では好都合と思はれたからである。

❖**一月一二日（火）**　夜鈴木〔義雄〕君宅にカルタをとりに招ばれた。立〔正嘉〕夫妻、牛場君等が同席。昨年を思い出す。子供が居ないので淋しいがそれでも楽しかった。隆子から第一信あり。家の拡張工事は未だ許可さへもとって居らぬらしい。荷物はボツ〱船が着いてゐる。羽田の税関はとても親切で奈良〔靖彦〕、橘〔敬一〕、岩城、乙津の諸君が出迎へてくれたとある。

❖**一月一三日（水）**　午後英側と會合。今日で大体しめくゝりがつき今週末あたりに交渉妥結と考へて居たところサーペルは全く新しい提案を出して来、今まで我方の主張した二一一でバランスのとれた輸入輸出ということが危くなって来た。自分も相当文句を云ひPersonal faithを疑ふか疑はぬかというきわどいところにまで及んで今までの會合のうち尤もビターなものであった。今晩は一晩中不愉快になった。

❖**一月一四日（木）**　皮肉にも英側を帰国前に會談最後に招んだ心算で居たところ、昨日の論戦の翌日に本日の招宴とはなった。自分が主人でトレヂュリーのサーペル以下、商務省の〔アンソニー・〕パーシバル以下を招んだ。日本側は全権団全部出席。場所はクライテリオン。昼飯なので簡素にせよと命じて置いたのが徹底しないで少し田舎式であった。夜は大使が全権団一同を官邸に招んで下さる。これも送別會の予定であったがさうはならなかった。

❖**一月一五日（金）**　少閑を得たので牛場君とサンデー・ロッヂでゴルフ。大風なので余り当らなかった。夜は伊原君が全権団数名を「アシアティク」に招んでから七時半カジノで"Wish You were here"という米国式のミュジカル・コメディを観せてくれた。

❖**一月一六日（土）**　午前と夕方、本省に対する請訓案を一同で會議して打合せ発電した。

❖**一月一七日（日）**　東銀山崎〔幸一郎〕、松平〔一郎〕両氏大使館は自分と加藤君でミル・ヒルで対抗試合。又我方が買〔勝〕った。

❖**一月一八日（月）**　今日から夜はハミルトン・テレスに泊る。

❖**一月一九日（火）**　夜伊原君がセールとクローを食事に招待。その後自分と四人でブリッヂ。伊原君が一人で「完全なホ

1——日英会談は一九五四年一月一日から再開され、同月二九日に調印された。イーデン外相、バトラー蔵相、ソーニクロフト商相の三者の立場に影響するため交渉は難航したとされる（浅井良夫『ＩＭＦ８条国移行——貿易・為替自由化の政治経済史』日本経済評論社、二〇一五年、一五九～一六一頁）。

スト」振りを発揮した結果となった。

❖**一月二〇日(水)** トレヂュリーで會議。ほとんど日本から最終的な回答を出して局面は最終盤に近づいた。昼はセールに牛場君と共に招ばれた。

❖**一月二一日(木)** 午後パーシバルと會談。夜はダニエル夫妻にスキ焼に招ばれた。ダニエル君の生徒だったという四人の日本語研究家が居てこれだけのパーティで自分一人が日本人であるに不拘、ルーリング・ランゲーヂが日本語という気易さであった。食後日本の民謡のレコードを楽しんだりして面白かった。ダニエル夫妻の外、美留須(ミルス、近松の研究家)、團(ダン、義太夫の研究家)、〔ロナルド・〕ドア(日本社會学)、鬼居(オニール、謡曲の研究家)がミルトン・テレスから●の大使官邸で二三日泊る。

❖**一月二三日(土)** 英側の求めにより會議。サーペルが東アフリカの輸入数字五を二・五に変更して来た。會談最終段階のこの態度に自分は強硬に抗議した。本省に対しても全権団の立場がない。夜は新聞記者韮沢、清水の両君と會食。

❖**一月二四日(日)** 帝銀の飯野氏と一日ゴルフ。アイフィルドへ行く。

❖**一月二五日(月)** 〔ジョージ・〕セールさんが夕方シティ・オブ・ロンドンクラブで全権団のためにリセプションをやってくれた。もう會議も終了したからというふれ込みであったが我々にして見るとそんな呑気なことではない。下手をすると月末までに終らず日英支拂取極再延長ということにもなり兼ねない。

❖**一月二六日(火)** 午後トレジュリーで會議。英側が東アフリカの数字を修正したので対案は先方から出すべきだとは思ったがかくては何時になって會議が終るか見当も付かぬので自分から英本国のグレー、コットン輸入を更に百万磅増額方要求した対案を出した。先方は考慮を約したがこれでまとまらないと話しは長くなる。全く飽き〳〵して来た。夜は大使が官邸に〔アルバリー・〕ガスコイン夫妻、ロバーツ夫妻、〔ジョージ・〕クラットン等を招んで會食。和気あい〳〵たる會合であった。

❖**一月二七日(水)** 日本側の要求を容れたものと假定して事務的には話合がドン〳〵進められて居るから、會議は終了の目途がついて来た。夜アシアティクに全権団一同と館員を招待、會食。

❖**一月二八日(木)** 昼は大使の全権団送別の食事。大使にはげまされてその足で午後のトレジュリーの會合に臨む。英側は最後まで石油問題でゴタ〳〵述べ立てゝ居たが結局日本の案は全部そのまゝ呑んで二ヶ月に亙った會議は此処に満足裡に終了。自分も全くホッとした。重荷を卸して嬉しい。

❖**一月二九日(金)** 午後三時半に今度の會議を開催した場所であるトレジュリーのボード・ルームで調印式あり。大使とセルウヰン・ロイドが取極にサイン、自分とサーペルとが議定書にイニシアルを了した。終ってモードリン〔レジナルド・モードリング〕と大使との間に挨拶の交換あり。シエリーの盃を挙げて式を終へた。一同大使館へ帰って又祝杯。五時には東条〔猛猪〕、牛場、玉置〔敬三〕、平井の一行は米国行きのため飛行場へ出発。自分は六時から八時頃まで新聞記者に話をする。大風一過の観、急に淋しくなり自分も早く日本へ帰りたくなった。

❖**一月三〇日(土)** 今日の新聞は昨日の取極の報道で賑はって居り、タイムス、ガーディアン、テレグラフ等何れも社説を掲げて居る。マンチェスター、ストーク方面では反対の声明書も発出されたが一流紙の論調は概ね政府の立場に賛意を表しタイムスもイギリス産業が競争力を持てば日本の競争を気に病む必要なしとしてゐる。午後は須之部君とナショナル・ギャラリーへ行く。気が晴れ〴〵した。

❖**一月三一日(日)** 一日片附けをしたり、本省の書類を読んだり。夜は若い連中相手にハミルトン・クラブでブリッヂ。不相変寒い。

❖**二月一日(月)** 新聞は不相変一流紙を除いては日英取極をBlack Pactなりとして書き立てゝ居る。エクスプレスの如きは最近の寒さをモジって“Velly good scarves–keep out the cold–velly, velly cheap…”という題で例によって歯をむき出した日本人が職業紹介所に列を作って居る英国人失業者にスカーフを賣り付けようとして居り傍のセンヰ工場は閉鎖されて居る漫画を載せてゐる[2]。今日は自分の離英の準備をすませ荷造りもしたところへ館長符号の電信あり。大使が一時帰朝するから暫らくロンドンで代理せよとのことである。大使は二月終りに三週間位の予定で帰られるらしいから自分の帰朝は三月末——もし実現するにしても——となった。これなら最初から帰朝命令など出して人をゴタ〴〵させるテはあるまい。家族も帰したのでこれから二ヶ月の滞英も一寸淋しいけれど仕方がない。百メートルがゴールだというから走ったらば又ゴールを百メートル先きに移しこれが四、五回つゞいた形ちで一寸疲れた。

❖**二月二日(火)** 予て約束の通り須之部君と帰朝の長谷川

2——交渉は最終的に日本側提案に近い貿易額で決着した。これに対して英国野党労働党は下院で政府を追及、討議は一五時間に及んだが協定を覆すには到らなかった(浅井前掲書『IMF8条国移行』一六二頁)。

〔孝昭〕君三人でスコットランドへの旅行に出発。

❖**二月八日（月）** 役所へ出勤。今まで自分の部屋は協定関係の事ム室に使って居たので机や椅子が雑然として居たがこれがきれいに片附いてもとの様に落付いた部屋になった。然し要事は今やほとんどない。昼の食事は役所の食堂ですませ夜も一人では詰らないのでサンドウヰッチで流し込むさく漠たる食事である。

❖**二月一二日（金）** スヰスの萩原〔徹〕君に勧められ本省から電報も来たのでスヰスへ出かけることに決めた。十時の飛行機で出発の予定が今日は朝可なりの霧で飛行機は仲々飛び立たぬ。待合室は人で一杯。ヂュネーヴ行のＢＥ機はやっと十一時すぎ離陸。一時間余もすると雲上は素晴らしく快晴。遠くにアルプスかユラの山々が見へて一時頃〔ローカル・タイム二時〕にヂュネーヴ着。萩原君が出迎へてくれた。ホテル・リッシュモンドに投宿。午後は同君の紹介でＧＡＴＴの事務局長及次長のウィンダム・ホワイトとロワイヤールに會見。終って総領事館にも顔を出し又久しぶりのヂュネーヴを散歩してホテルに帰る。夜は一人でのんびりしたいところであったが萩原君にロワイヤール招宴におつき合させられ十二時まで同席したのは眠かったし迷惑であった。

❖**二月一三日（土）** 快晴　朝、ボー・リヴァジュ・ホテルの附近を散歩し五年前を偲ぶ。九時半頃壽府を発、湖水沿ひに萩原君と共にキャデラックを飛ばせる。

❖**二月一六日（火）** 午前中散歩をしたり、若干の食料品を買い求めたり。昼佐藤〔健輔〕君に御馳走になりヂュネーヴの総領事館員諸君も同席。二時少しすぎの飛行機で発〔スヰス・エア〕時差も利用し三時半にはロンドンに着いた。ガドガン・ホテルに泊る。

❖**二月二〇日（土）** 本省からアフリカに出張して来た大河原〔良雄〕君と独身の官補連三名を連れ車で旅行。

❖**二月二二日（月）** 本日から出発まで夜は週三回位の割合で芝居見物で時間を消す。

❖**二月二三日（火）** 昼は今度日本へ帰る日銀の立君と會食。

❖**二月二四日（水）** 正午、山崎君に案内されてストック・エックスチェンヂ見学。此処は最近一般に解放〔開放〕せられる様になった。昼はロード・ハンケーが主人となりユーナイテッド・サーヴィス・クラブで元老ランチ。夜は「サヴォイ」で三井船舶のコクテイル後〝Duke of York〟へ行く。

❖**二月二五日（木）** 昼　カフェ・ロイヤルで三井の進藤氏と會食。夜は今度スペインへ参事官で赴任する〔ジョン・〕ピルチャー夫妻を大使が送別のため招待さる。

❖**二月二六日（金）** 昼大使が官邸でCrowe, Sempill, Sale,

Scottの四人を招んだのに陪席。

❖**二月二七日(土)** 朝の飛行機でイタリヤ経由、一時帰朝される大使を飛行場まで見送った。夜はブリッヂ。

❖**二月二八日(日)** 東銀の山崎、松平氏等と共に久しぶりにゴルフ。ローヤル・バークシヤーへ行く。素晴らしきコース。大にエンジョイした。但自分は久しぶりなので凡失多く結局今回は三一一で大使館側が負けた。夜は東銀の御馳走になる。雪まぢりの雨が降り出してゐた。

❖**三月一日(月)** 昼〔アーサー・〕リングワルト君にコンノート・ホテルに招ばれる。今度日本へ行くという米大使館員を紹介するのが目的であった。

❖**三月二日(火)** 夕方、ノーマン・ロバーツ夫妻のコクテイル。

❖**三月四日(木)** 昼、オーユイング夫人がクラブで自分のために送別の食事。

❖**三月五日(金)** 久しぶりでヘンドンでゴルフ。少し風があったが温い春めいた日であった。山崎氏と対戦。大に当り九〇で快勝。夜は高野君夫妻に自宅に招ばれ御馳走になり、後はブリッヂ。

❖**三月六日(土)** 井口〔武夫〕、小林〔俊二〕、秋山〔光路〕の若い官補と一泊のドライヴ。

❖**三月九日(火)** 昼鈴木〔義雄〕君夫妻が〔フランシス・S・G・〕ピゴット氏を自宅に招んだのに御相伴。

❖**三月一〇日(水)** 昼はパーシヴァル君に同君のクラブへ招ばる。夜は磯田君の宅で御馳走になりブリッヂ。本日から数日ヴィクトリアのグロヴナー・ホテルに泊る。

❖**三月一一日(木)** 快晴。春らしくなった。山崎氏と九時半にヘンドンのコースで落ち合ひ午前中ゴルフ。

❖**三月一二日(金)** 今日も小春日和。ベルグレーヴのコートで今年始めてのテニスを鈴木君と組んで官補(井口、小林)を相手としてやる。大勝をはくする。天気がよいので楽しかった。

❖**三月一三日(土)** 土曜日なので賀陽〔治憲〕君と共に午後はドライヴ。

❖**三月一四日(日)** 山崎氏とセラード・クロスでゴルフ。数日前に打って変って寒い日であった。余り当らず惨敗する。夜はハミルトンで本を読んでボンヤリとすごす。これも悪からず。

❖**三月一六日(火)** 昼前のクケヤーでテニス。この頃は数日前の春暖にひきかえて厳冬の如く寒い。夕方外務省に〔W・デニス・〕アレン君を訪ねて要談。仏印状勢等で長い電報を本省に出して置いた。夜は中山君の宅に招ばれる。ダンスが始まり賑やかであった。

❖**三月一七日（水）** 加藤君とゴルフを楽しむ。

❖**三月一八日（木）** 昼シティの日本人會。その前にオックスフォードがレース・コースをひいたのをハンマースミスの橋の上から見る。

❖**三月一九日（金）** 夕方ローマからの飛行機で大使帰任さる。飛行場まで出迎へ雨の降るイヤな日であった。東京の模様を聞く。ガッカリ。昨日からカドガンに泊って居る。今日は久しぶりに夜は約束なしでゆっくりベッドにもぐり込んで本をよむ。

❖**三月二〇日（土）** 大使が登庁して来られたので東京の話を一同で聴く。午後はドライヴ。夕方は黄田〔多喜夫〕君と家族を飛行場に出迎へる。夜は金子〔美雄〕君宅でブリッヂ。

❖**三月二一日（日）** サンディ・ロッヂで一日ゴルフ。夜は伊原君に招待されて御馳走になる。ロンドンの芝居について大使館員の希望もあり感想を書き物として残して置いた。総評については主観的のものだが左の通り採点した〔略〕。これは理解力にも関係があるし米国ものは英国で観るには適当でないと思はれ少し点が辛い。夜は伊原氏邸で御馳走になりあとはブリッヂ。

❖**三月二二日（月）** 今日から黄田君を紹介の行事始まる。今日は昼、カフェ・ロイヤルでピクチュア・ポストのシリル・ジョーンズを招んで黄田君共々會食。

❖**三月二三日（火）** 午前、バイゲートでゴルフを楽しむ。昼は黄田君を紹介のため伊原君と共にリングワルト君をスコットに招んで會食。午後は外務省に〔W・デニス・〕アレン君を、商務省にパーシバル君を訪ねて黄田君を紹介。夜はアセニアムでサー・エドワード・クローの御馳走になり終って〔ジョージ・〕セール、伊原両君と共にクローさんのフラットでブリッヂ。例によって伊原君が大敗した。

❖**三月二四日（水）** 午前ゴルフ。気持よし。事務はもう全部黄田君に任した。昼はハンケー、ピゴット両氏に大使を自分がカフェ・ロイヤルに招んで黄田君を紹介のゲンロー・ランチ。

❖**三月二五日（木）** 午前加藤君とゴルフ。昼はサヴォイで商務省のパーシバル、東京から帰ったサー・ノーマン・ロバーツを黄田君に會はせるための會食。午後は黄田君から東京の事務引継を受ける。夜は大使が官邸で黄田夫妻やら自分やらのために食事をして下さる。

❖**三月二六日（金）** ウエールス旅行に出発。同行は帰朝内令のある伊達〔宗起〕君、それに帰朝の順番の来て居る秋山、堀〔新助〕の両君。天気よし。

❖**三月三〇日（火）** 午前雑務をすませ午後はハイゲートで一人でゴルフを楽しむ。

❖**三月三一日（水）** プルニエで伊原君が主人役、英側からアームストロングとサーペルとが出席。自分と黄田君も加はって自分の送別會兼黄田君の紹介をやる。彼等と會うのは日英會談以来始めてのことであった。夜は「スコット」で一等書記官以上を自分が招待。お礼の意味の食事をした。

❖**四月一日（木）** 午前中荷物を片附ける。十一時半ロンドン発クレンレーへドライヴ。ピゴット夫妻に昼飯に招ばれ三人で静かに會食。此処へは一九五一年十月に確か初めて来た。まだ陽差しがあって冬にはなって居なかった。裏山へピゴットさんに案内されてブラック・ベリーをつままれたのを覚へて居る。まだコートの附近は春にはなって居ないがそれでも庭にはダフォディルが出て居り鳥も囀ってこれからの季節の前触れをして居た。午後三時頃辞去。ピゴットさんを横に乗せてロンドンに帰る。夜はホテルで調書をよむ。

❖**四月二日（金）** 大阪商船の吉田、郵船の中島、住友銀行の六笠君等に招待されブルックスマンスパークで最後のゴルフ。生憎午後は雨が降り出し風も少し加はって春らしくなかったがそれでもエンジョイした。夜は大使がカフェ・ロイヤルで自分の送別會をやって下され館員二十五、六名全部出席してくれた。

❖**四月三日（土）** 午前大使館で大使始め館員に挨拶。最後の荷造りや計量を終へて大使官邸で夫人にも挨拶。十一時半大使館を出て伊原君と共にボート・レースを見に行く。去年は船の上で寒かったので今年は岸から見ることゝする。何時もレースは春のさきがけとして行はれるのでまだ快適な陽気とは言い難く今年も可なり薄寒く風もあった。デュークスメドーにチジックの市長が特別のエンクロージョアを作り外交団を招待して居るので其処へ出かけた。レース後、午後は御馳走になった奥さん方に挨拶廻り。夕方はホテルに帰って若干の本省調書の勉強後ホテルにて食事。ロンドン最後の夜。九時四十五分から伊原氏フラットで今日のレースのテレレコードを見せて貰った。

❖**四月四日（日）** ガドガン・ホテルを出発。雨がビショ〲降って英国らしい天気である。予定の通り九時少し前飛行場に着く。コーベットとチズマンにグッド・バイをしたとき少し胸がつまった。よく働いてくれた。飛行場には伊原夫妻、鈴木夫妻磯田夫妻の外黄田、高野、賀陽、立等余り仰々しくない見送りあり。サヨナラをしてロンドンを発。流石に感慨深し。二年半前の来任した当時を思い出す。飛行機（BEAのヴァイカウント機）は十時に離陸。高度をとる。十二時頃ラック・レマンとヂュネーヴの街が見に見へアルプスの山々が雪を戴いて眼下に展開された。天気は素晴らしい。ローマ着はローカル・タイムの二時少しすぎ。井上〔孝治郎〕公使と見原、野見山〔修一〕の諸君に出迎へられローマの街を見て井上氏の公邸に旅装を解く。ローマは成程スクーターの街である。夜は終って原田〔健〕大使官邸で御馳走になる。夜井上公邸に御厄介になる。

❖**四月五日（月）** ゆっくり寝込んだ。十時頃から行動を行〔起〕し井上氏の案内でヴァティカンを見る。伊太利語の吉浦君が午後は案内してくれてカタコムやらQuo VadisのVier Aureaの面々と寺、コロシアム、カラカラの浴場等市内見物をした。

❖**四月六日（火）** 午後五時の列車でローマに帰り、井上氏の差廻してくれた自動車で同公邸に御厄介になる。俊夫から井上氏気付で手紙が来てゐた。

❖**四月七日（水）** 午前中市中を廻り一時半から原田大使邸で館員一同も加はり會食。午後吉浦君の案内で附近を廻り夜の八時半発のSAS機に乗りこむ。寝台がとってあるので早速もぐり込む。アテネに着陸後一気にカラチへ飛ぶ。

❖**四月八日（木）** カラチ着はローカル・タイムの午後三時頃か少し早目に飛んで居る。洗面に不自由だが快適。カラチでは山形〔清〕大使が菊池〔菊地清明〕君等の館員と出迎へてくれた。少し時間もあるので大使官邸に車を走らせて簡單に食事。沙漠の熱気で驚ろいた。午後旅をつゞけカルカッタで夜になる。外へは出ずに機内で寝て居た。寝台は楽である。

❖**四月九日（金）** 暁方バンコック着。これから東京まで十時間余を一気に飛ばす。六時半離陸〔時差は二時間〕可なり長かった。機内で原稿を書く。夕方東京まで約卅分位「フジヤマ」が見へるとのアナウンスで機外を見ると夕方の空に富士山がくっきりと雲の上に姿を出して居る。日本に長く居たという独乙人の老夫婦が「日本へ着いた〳〵」と自分の手を振らんばかりに悦ぶ。自分も一寸涙がこみあげた。空から見る夜の東京は仲々に美しい。空港には家族の外〔俊夫のみ学校の都合で来れず〕奈良〔靖彦〕、橘、大森〔誠一〕のロンドン組やら経済局次長、新聞記者等が出迎へてくれた。簡単に通関、入国の手続を終へ外務省の車で家族と片瀬に着いたのは九時頃であったらうか。お祖母さまと挨拶。亡父母と出渕の写真にも帰朝の挨拶をする。

❖**四月一一日（日）** 午前中すっかり休静。但近所への挨拶廻りをすます。梅はもう観賞し得べくもないが日射しの明るいのがロンドンと違う。午後林氏〔定平〕夫妻が子供を連れてわざ〳〵訪ねて来てくれた。夕方は砂浜で子供と野球をして遊ぶ。もう旅の疲れは休まった。

❖**四月一二日（月）** 片瀬駅から例の電車で初登廰。列車の混雑は不相変。新橋駅から役所までのゴミ〳〵した見すぼらしさも昔の通り。経済局で次長や課長と挨拶。省内を廻って帰朝の挨拶。早速第一課長から始めて事務の打合を受ける。強い一日の刺戟を受けて夜は疲れてがっくり。

❖**四月一三日(火)** 登庁。勉強をつづける。昼は白洲〔次郎〕氏と會食。午後も勉強。

❖**四月一四日(水)** 午前米国大使館の〔フランク・〕ウェアリング氏と初會見。十時半頃から皇居。東宮御所等記帳やら挨拶やらに廻る。秩父宮家では妃殿下〔雍仁親王妃勢津子〕に御挨拶だけの心算が卅分以上もお話を申上げた。午後は買物をしたり銀行へ出かけたりして仲々忙し。夕方役所で約一時間新聞記者に英国の話をする

❖**四月一五日(木)** 今日は休む。二、三日つづいた雨天が上って今日は快晴。午前中家の内部を素人大工で改装。羽入氏に増築の勘定を支拂う。昼は香港から一時帰朝中の板垣〔修〕君と共に自動車で大磯に吉田首相を訪れる。芳沢〔謙吉〕駐支大使も来て居て三人総理の御接待に預る。首相は神経痛で寝巻姿ではあったが元気。窓外には八重桜が咲き乱れてゐた。

❖**四月一九日(月)** 昼間書類を読む。夜は次官の官邸に妻と共に招ばれる。相客はイランに行く門脇〔季光〕夫妻、インドから帰った川崎〔河崎一郎〕夫妻、経済局の次長になった永井〔三樹三〕夫妻、支那飯の御馳走であった。帰りは自宅まで車。

❖**四月二一日(水)** 品川駅で岩城君と落合ひ鮫洲に赴き自動車の試験を受ける。眼の検査。最初眼鏡なしで左眼が余りに近視で係官首を傾げる。所長の眼鏡を借りてやっと合格。法規の試験も特別に早く施行してくれた。丸、チョン式で一回提出したら、もう少し考へてくれとのことで突き返され苦吟の結果助け舟で合格「大変よくお出来になりました」と云はれて冷汗。夜は如水會の国際部に頼まれ如水會で西山〔勉〕駐印大使と共に講演。自分は約四十五分喋った。余り好調ではなかった気がする。

❖**四月二二日(木)** 磯野君に招待されて鳥料理を御馳走になりつゝ歓談。

❖**四月二四日(土)** 午前中役所へ出て若干の事務を果し自動車運転免状も貰って帰宅。夕方は植木屋の監督。

❖**四月二五日(日)** 午後奈良君が訪ねて来た。

❖**四月二六日(月)** 夕方、オースティンが配達された。

❖**四月二八日(水)** 吉沢、小船両君に誘はれて相模へゴルフに行く。

❖**四月二九日(木)** 十一時四十分参内。今日は天長節なので御招待があったのである。控え室は概ね衆参議員。昔は各界の人々が社會の上部を占めて居たのだらうが今は上部に居る人は衆参議員のみである様だ。幸い米国から帰って来た武内君もやって来たのでやっと話し相手が見付かった形。

控え室で一同整列して居ると陛下、東宮殿下、高松三笠両殿下が列を作って入って来られ會釈された。この辺はバッキンガムのコートに相似たり。但バッキンガムの場合クヰーンの態度は若い乍らも極めて自然で時々見知りの人を認めて立ち止って可なりの間話し込まれる。可愛相に天皇陛下はコチ〳〵で側近の人に注意されてゐるのか特定の人と立止って話をするなどゝいうことはなく機械的に左右に會釈して行く。皇太子も最前列に居た自分を確かにリコグナイズしたが「今帰ったのか」「英国はどうか」という様なこともなく通りすぎる。人間味のないことおびたゞし。

陛下の御挨拶や首相の祝辞等があり、食事は日本料理。お赤飯も出た。日本料理は刺身や吸物のみ頂いてあとは陛下退出後一人一人に配られた「折り」の中に流し込んでお土産にするのである。その物音や光景は確かに初めての人には偉観である。終って少し時間もあり芦野氏を訪ねたり、雑司ヶ谷に出渕の墓参に赴いたり。夜は五時半から首相官邸で外相のリセプションあり。久しぶりで省員や先輩にも會えて愉快であった。

❖**四月三〇日(金)** 午前自動車の仮免許証を更新するため藤沢に赴く。夜は隆と共に米大使館の〔ジュールズ・〕バッシン君に自宅に招ばれた。相客は米参事官の〔J・グラハム・〕パーソンス夫妻、〔ジェラルド・〕ヒギンス少将夫妻。自動車で帰宅は十二時。宴會をすると疲れる。

❖**五月一日(土)** 本日経済局長事務取扱が発令された。登庁。局員にも就任の挨拶をする。

❖**五月四日(火)** 昼銀座松阪屋で昭四會あり。二、三十名出席盛會。久しぶりで會った人々も少くなかった。一席喋らせられる。夜は芦田〔均〕氏邸に夫婦で招ばれる。佐藤〔喜一郎〕帝銀頭取、本田〔親男〕大毎社長、吉沢清次〔郎〕諸氏夫妻が相客。

❖**五月五日(水)休日** 昼稲村ヶ崎の正田房五郎氏宅へ行く。得一郎、英三郎《ひでさぶろう》の諸君、長の伯母さん等賑やかに集合。老夫婦を中心として會食。割合に楽しかった。午前正田貞一郎夫妻来訪、午後渡辺夫妻来訪。日本の休日は突然の来客がある。

❖**五月七日(金)** 夜外務省顧問の田中鉄三郎氏に築地「錦水」に招待された。相客は日銀の課長級の若い人達。終って東ケ崎〔潔〕ニッポン・タイムス社長の招待で歌舞伎座へ行く。混血孤子のための會合で米国人が多く米国大使〔ジョン・〕アリソン氏の顔も見へた。

❖**五月一〇日(月)** 正午、霞関會で先輩に英国の話しをする。夜は椿山荘へ招ばれる。石沢氏仲介。駐タイ大使の太田〔一郎〕君も来てゐた。

❖**五月一一日（火）** 昼、最高裁の関根〔小郷〕氏に招ばる。二時読売新聞の論説委員等に話しをする。三時から省内で米側と対しガリオア債権整理の會議あり。

❖**五月一二日（水）** 昼別府君の招待でリチャード・ストーリー君〔ジャパン、ソサエティ會員〕と會食。ロンドンを偲ぶ。

❖**五月一三日（木）** 昼、如水會で専門部同期生の會食に出る。夜は「上海酒家」でベルグラヴィア會を開催。ロンドンを偲んで歓談しきり。奈良、伊達、長谷川〔孝昭〕、橘、大森の諸君が夫人同伴で出席。この會合の勘定はロンドンにつけられることになって居るので気は楽である。

❖**五月一四日（金）** 午後ガリオアの會議あり。

❖**五月一五日（土）** 昼、自分の研修所時代の生徒、塚本〔政雄〕、大森、天羽〔民雄〕、大塚〔博比古〕、松原〔進〕君等と會食。今日は雨天であったが午後は快晴となる。家で相撲をテレヴィジョンで観る。

❖**五月一七日（月）** 夕方は総理官邸で外相のエカフェ會議〔水利〕のリセプションあり。夫婦で出席。外相夫妻がこんな會まで東京に来たのを有難がって務めるのは少し御苦労千萬の感あり。

❖**五月一八日（火）** 昼鹿島〔守之助〕夫妻に「賀壽老」に招ばる。午後は東京海上で講演。夜は〔J・E・〕チャドウィック夫妻に英〔大〕使館に招ばれた。七時四十五分からの宴會〔ブラック・タイ〕とて帰宅は自動車で十二時になってしまった。夜のお務めは閉口である。

❖**五月一九日（水）** 昼米大使に大使館に招ばれる。〔H・L・〕ブリンクリー氏を首班とする農業ミッションを招びこれに日本側要人が参加。午後日経連で講話。夜は次官が光輪閣で農業ミッションのためのコクテイル。

❖**五月二〇日（木）** 十時から十二時まで外務省に米農業使節団十二、三名を招び我方から各省係官出席。自分が司會して會議。昼は赤阪〔坂〕の「中川」で自分が滞英中自分に世話になったという実業家連が招待してくれた。

❖**五月二一日（金）** プルニエで経済局課長と夫人の懇親の會食を行う。午後二時から四十分程、霞ヶ関婦人會で講演。夜日本橋の中央クラブで四神會が自分のために歓迎會を開いてくれた。剣牛〔ケンブリッジ＝オックスフォード〕ボートレースの話しをし又終って本年のレースの映画を見る。會後学生も二、三十名居たので「長煙遠く」や「破邪の鉄骨我振れば」を合唱し久しぶりに若返った。

❖**五月二二日（土）** 昼明治乳業の佐藤氏の八芳園で會食。午後は隅田川へ行く。悪臭に驚ろいた。対抗選手の練習振りを見るためである。宮沢氏とモーターに乗りレース・コースを半分ひいた。選手の体格の貧弱なこと〻漕法の未熟なことがロンドンでレースを見ただけに殊に強く感ぜられた。

到底戦前のスタンダードに及んで居ないし英国学生の比ではない。雨の降る寒い日で川面から煙が上って居る様な日であった。

❖**五月二四日（月）** 昼米国大使館へ昼飯に招ばれる。ミセス・ヒューズとかいう婦人のお相伴である。

❖**五月二五日（火）** 午前横浜で自動車通関の手続をする。オースティンから領収証の寫しが来たので無事通関。これでやっと安心した。昼は山際〔正道〕輸出入銀行副総裁に「椿山荘」に招ばれる。午後は衆院副議長公邸で自由党外交調査會で一席喋る。夜は倉敷紡の塚田氏に「山口」に招ばる。久しぶりのゲイシャ・パーティであった。

❖**五月二六日（水）** 昼、世界経済調査會で講話。

❖**五月二七日（木）** 昼、貿易會で講話。夜は東京會館でカナダへ行く通商ミッションのコクテイルあり出席。

❖**五月二八日（金）** 昼、在京各国商務官の月例昼さん會が今日はチャドウィック氏の官邸で開催されたのに自分も出席。各国の商務関係者と顔を合せた。夜は帝国ホテルでセイロン視察団のためのコクテイルあり。

❖**五月二九日（土）** 午前米側とガリオアに関する會議。昼はロンドンから商用でやって来たロバート・ティルニーをお座敷天ぷらに招んだ。奈良君と昨日ロンドンから帰って来た秋山君もお相伴。午後霞ヶ関でテニス・コート開きあり自分は會長に推されたので顔を出した。

❖**五月三一日（月）** 昼　東京銀行へ招待された。浜口〔雄彦〕頭取や伊集院〔虎一〕副頭取も出て来て接待。午後は米大使館のリセプションやら麻生夫妻のリセプションやら。

❖**六月一日（火）** 午後首相が目黒で園遊會。外交官を招んで居た。外遊のためのお別れの會合らしい。

❖**六月二日（水）** 昼、レーマンに招ばれた。相客はブレーン夫妻。ウェアリング夫妻等　夜は伊藤忠氏がメキシコ大使を招んだのに陪席。

❖**六月三日（木）** 昼、半月會の招待あり〔3〕。

❖**六月五日（土）** 天気もよいので役所までドライヴして登庁。道はよいので楽しめる。一時間丗五分位かゝる。昼は中村嘉壽氏に二子玉川の料亭に招ばれ帰りは多摩川からドライヴして帰宅。道悪からず。ドライヴも楽し。

❖**六月七日（月）** 昼、日加通商条約の批准書を交換したのに立會う。昼食は曽て南京政府の鉄道部に勤務して居た張龍立氏と西君と田中彦蔵君を「宝屋」に招んで會食。

❖**六月八日（火）** 午後研修所で講演。午後N.H.K.で放送録音。十日の英国女王誕生日に際し英国に向け放送するというので英語で放送した。

❖**六月九日（水）** 「賀壽老」で周東〔英雄〕氏の斡旋で出光〔佐

三〕氏と會食。出光のペルシャ石油問題は仲々難かしい。午後は国聯協會が工業クラブで會合をして居るのに出席講演。

❖**六月一〇日(木)** 昼、青葉君に頼まれて富士銀行で講演。午後は英国大使館のクヰーン誕生日のリセプションに顔を出す。大変な人出であった。少し雨が降って居たゝめ庭園には出られなかった。ポルトガルの国祭日でもあるので顔を出した。夜は八時半からウェアリング君邸で食事。夫婦で招ばれた。帰宅したのは十二時になり疲れた。

❖**六月一一日(金)** 午後在米参事官で客死した松山君の遺骨が帰って来たので五反田の自宅へお線香を上げに行った。帰りは四時半頃であったがそのまゝ帰宅。

❖**六月一二日(土)** 昼は三浦文夫と磯野と三人で仲よく宝屋で會食。

❖**六月一四日(月)** 昼、塚田公太氏と食事後、経団聯で一時間程英国状勢の話をした。

❖**六月一五日(火)** 昼、河上氏と會食。夕方四時半から塚田氏夫妻に招待されて新橋演舞場へ文楽を見に行く。

❖**六月一六日(水)** 正午、開成の出身者若干名に話し

3――外務省経済局長と財界関係者の定例会合。

❖**六月一八日(金)** 昼、ウェアリング君と會食。夜は大臣官邸へ招ばれた。国會が終ったので課長連を招んだので自分も始めてのことゝて招待されたものらしい。水入らずで楽しい會合であった。

❖**六月一九日(土)** オーステインで登庁の途中、五反田の坂でオート三輪にウィングを痛められ不愉快であった。昼はＦＡＯ〔国連食糧農業機関〕から来たというカナダ人フィンという人をお座敷天ぷらに招いて會合。夜出渕〔勝〕君が渡欧のため暇乞に訪ねて来た。夜は大変な雨になった。

❖**六月二一日(月)** 昼「ときわ」で嘉納〔履正〕氏〔柔道〕の招待あり。同氏が先般渡欧した際厄介になったお礼というのである。

❖**六月二二日(火)** 夜、三信東洋軒で日本漕艇協會がケンブリッヂ・クルー歓迎の準備會を開いたのに出席。

❖**六月二四日(木)** 昼、「宝屋」でウェリング夫妻と東銀の堀江〔薫雄〕氏を招んで會食。

❖**六月二五日(金)** 夜は目黒で総理が外務省幹部を招んでくれた。面白くないことおびたゞし。

❖**六月二六日(土)** 昼 磯野君と「司」で會食。午後大平〔善梧〕君の依頼で如水會で話しをした。学者の小グループ。

❖**六月二九日(火)** 昼「盤〔般〕若苑」で白井君と會食。

❖**六月三〇日（水）** 昼、米国参事官のパーソンズ君の宅へ招ばれる。勿論相客多数あり。

❖**七月一日（木）** 昼、フィンランドの総領事の招待あり。安井〔誠一郎〕都知事が主賓であった。午後三時ガリオアの會議。

❖**七月二日（金）** 午後外務省と米大使館の対抗ゴルフ會を小金井で開催。自分は岡崎〔勝男〕大臣と組んでパーソンズ、エリクソン組と対戦。連日の雨が上って薄日のもれる日和であり、このコース仲々に楽しめた。自分はアウト四五で相当に当ったがインで全く崩れ結局日本組、大敗。ゴルフ後夜はパキスタンの代理大使の食事に招ばれた。駒場まで行った。帰りは十二時すぎになり少し疲れた。

❖**七月三日（土）** 旧赤阪〔坂〕離宮で更生保護委員の會合とかいうのがあり一時間許り講演。

❖**七月五日（月）** 昼、開成同期生の會合が日本橋の「精養軒」で自分のために開かれた。二、三十名出席。学窓を出て始めて會う珍らしい顔も二、三あった。歓談に時をすごす。楽しいものである。今日も雨。連日の雨で不愉快極りなし。夕方丸ビルの堀木〔謙三〕君の事務所で英国の話しをし、その足で隆と共に英国大使館の食事に行く。今日は岡崎夫妻が主賓であった。食後半数以上はブリッヂになり残った組は至ってつまらなく自分等は十時半辞去した。それでも帰宅は自動車なので十二時頃になってしまった。夜の宴會はつらい。

❖**七月六日（火）** 昼、八幡製鉄の島村氏と會食。午後はウェアリング君と會談。

❖**七月七日（水）** 昼、同和鉱業の小田切君がボート部の連中を招待「椿山荘」で會食。夕方は工業クラブで自分達夫妻のための日英協會のコクテイルあり。〔ヴィア・〕レドマンの挨拶があったので自分も簡單に応へた。

❖**七月八日（木）** 岩城君を同伴して特急で名古屋へ行く。名古屋着は午後二時。久しぶりの内地旅行でノンビリした。駅に陶業の関係者が出迎へてくれた。直ちに日本陶器の工場を見学。後、商工會議所で會頭に挨拶し新聞記者にも會見。夕方関係者に英国との関係を一時間程喋った。夜は宴會。「かもめ」という一流の宿屋に泊る。気持ちよし。

❖**七月九日（金）** 関係者の案内で瀬戸へ行く。瀬戸を流れる川が粘土色をして居るのも陶業町らしい。一昨年のストーク・オン・トレント訪問を思い出す。瀬戸は全市が分業で瀬戸物を作って居り小企業者が多い。模倣が不可だと言っても沢アンを喰べ下駄をはいて居る者に西洋人向けの陶器を作らせるためにはどうしても模倣させざるを得ず。然も安く模倣が出来ることが外国人バイヤーに乗ぜられ悪名のみが日本全体にかゝるのである。然し模倣を恐れて注文を断っていては商売にならぬということも事実である。難かしい。夕方名古屋に引き返し、関係者に「大勝館」に招ばれた。

❖**七月一〇日（土）** 十時名古屋発の「雲仙」で帰宅。まだ梅雨は明けない。

❖**七月一二日（月）** 目下滞日中の〔クレアンス・〕マイヤー氏一行と外務省局長連の顔合せがパーソンズ米参事官宅で行はれたのに出席。

❖**七月一三日（火）** 昼は「新橋亭」で外務省詰の経済記者が自分を招んで會食。この頃そろ〳〵招待の昼飯がなくなって来たので自前になりかけて来た。

❖**七月一六日（金）** 帝国ホテルでマイヤー氏一行と日本側局長級との會談あり。

❖**七月一七日（土）** 昼は退役の旧海軍軍人（野村〔吉三郎〕さんや左近司〔政三〕さんの顔も見へた）に英国の近況を話した。帰途ドライヴして帰ったが五反田附近で信号無視でお巡りさんに散々にしぼられた。

❖**七月一九日（月）** 昼 武内〔龍次〕君と共同でマイヤー一行と「新橋亭」という支那料理屋で會食。午后毎日新聞社に赴き新日本放送にテープで吹き込む。これは主として大阪で放送されるもので「財界夜話」という様なものらしい。新聞記者の質問に答へる形で自分が十五分ばかりマイヤーの●●借款の見透しという様なものを喋った。夜は緒方〔竹虎〕副総理が世界銀行の〔ラッセル・〕ドール氏一行を総理官邸に招んだのに陪席。この一行は引きつづき農林大臣のリセプションにも臨んだが日本人の不相変の度外れの外国人接待振りは呆れるより外はない。

❖**七月二〇日（火）** 昼、外務省の顧問會議あり。午後ウェアリング君と會見。夜は品川の外相官邸に外相がマイヤー氏の一行と財界の有力者を招んだのに列席。

❖**七月二一日（水）** 昼、東京クラブで英国帰来談を御老人の前で喋る。午後は天気もよいので早帰りして泳いだ。

❖**七月二二日（木）** 昼、丸ノ内ホテルに武内君と共に重光〔葵〕氏に招ばれたが生憎同氏は脱党騒ぎやらで多忙で顔が出せず。変な會合であった。

❖**七月二六日（月）** ゆっくり起床。隆と子供は九時の遊覧バスで市中見物に出かけ自分は十二時少し前に神戸に赴き川崎重工業に山口氏を訪ねそれから商工會議所に赴き會食。ロンドンの阿部氏がこの地の支店長なので食事に参加してくれた。食事後講演。終って車で甲陽園の「ハリ半」という料亭兼宿屋に赴く。六甲山中腹にある涼しい洒落た場所である。湯に入って少憩する程に主人役の阿部（孝）〔孝次郎〕、原〔吉平〕、堀〔文平〕、前田〔保勇〕、松本〔庄治〕という二年前のバクストン會議に出席した紡績の人々が現はれ浴衣に着かえて二年前の思い出話にふける。楽しい一時であった。八時近く辞去。京都まで車で送って貰った。

❖**七月二七日（火）** 今日はも〔む〕し蒸い。やっと夏が来た。尤も暑さで米の出来が違ふと思へば我慢せずばなるまい。十時大阪駅前で大河原〔良雄〕君と待合せ。午前中輸出入組合（綿糸布）で喋らされ、正午は棉業會館で紡績の有力者と昼食。食後又喋らされ午後は商工會議所で講演。四時から貿易協會で又一席。同じ話しをくり返してウンザリしたし顎がくたびれた。夜は大和屋に堀〔新〕（旧大阪商船の）、関〔桂三〕（東洋紡）、杉〔道助〕（會議所會頭）、塚田〔公太〕といったお歴々が二三十名集って自分の歓迎會を開いてくれた。これ等の人々がロンドンへ来られたとき多少お世話をしたことのお返しの意味があったらしい。八時頃辞去。京都ホテルへ帰る。家族の者は今日は奈良見物に出かけ夜の食事は新京極あたりでやったとのこと明日出発なのでその準備をする。

❖**七月二八日（水）** 岐阜の「いとう」に着いたのは三時半頃。倉敷紡の塚田氏の案内で倉敷紡木曽川の工場長が車を持って出迎へに出て居てくれた。直ぐ二十分程ドライヴして子供と一同 同工場を参観。羊毛から毛糸が出来るまでの過程を面白く見て帰岐。毛糸のお土産まで御馳走になる。

❖**八月三日（火）** 次官邸で新帰朝者、赴任者を交への立食あり。楽しかった。英国からは金子、堀、伊澤等の諸君が帰っている。

❖**八月五日（木）** 昼、日新化学の佐々木君に大川端の「清洲」で涼を入れ乍ら御馳走になる。夜はテイト・ホテルでセイロン公使に招ばれる。ユダヤの公使、ドミニカの公使、ビルマの総領事、などが相客で気の措けぬパーティであった。

❖**八月六日（金）** 午前、チャドウィック君来訪。意匠盗用問題やらペルシア石油問題やらで一時間余會談。午後はセイロンの公使が訪ねて来た。夕方は東京銀行開店に関するお披露のコクテイルあり。

❖**八月九日（月）** 午前、独乙経済使節団の一行（Dr.ストラックを団長とする）が挨拶に来た。

❖**八月一〇日（火）** 十時日独経済交渉第一回開催。自分から簡単に挨拶した。昼は横浜に赴き米国商工會議所に赴き昼食後二十分程喋らされた。暑い日なので早目に引きあげ海へザンブリ。英国から帰った鈴木夫人と子供さんが挨拶に来た。

❖**八月一二日（木）** 昼 正田貞一郎、得一郎、英三郎の諸氏と関東クラブで會食。午後は国會に呼ばれる。黄変米を決算委員會が追及して居り小原〔直〕法務相が槍玉に上り外務省は余り関係はなかったが右社の吉田〔賢一〕という人に知らぬことを聞かれ最初のことでもあり大分間誤〔違〕っていたり叱られたり。夕方は「光輪閣」に独乙ミッションをコクテイルに招待。

❖**八月一三日（金）** 午前中昨日のウサを晴すため水泳。夕方は北原〔秀雄〕君夫妻と中山〔賀博〕夫妻を経済局の課長夫妻のみが集って歓送迎。

❖**八月一七日（火）** 昼「灘万」で梶井氏と會食。

❖**八月二〇日（金）** 昼、自分が独乙使節団を東京會館に招いて會食。

❖**八月二四日（火）** 午前中米商務官のディール君やチャドウヰック君が訪ねて来て一寸忙しかった。

❖**八月三一日（火）** 出渕勝君と共に丸紅の社長に招ばれて昼飯。

❖**九月二日（木）** 昼は日航の柳田〔誠二郎〕氏に食事に招ばれた。

❖**九月三日（金）** 午前、セイロンの対中共使節団が日本へ立寄ったのでそれを相手として會談。夜は次官が新帰朝者、新赴任者を招んで立食したのに参加。

❖**九月四日（土）** 夜はテイト・ホテルでセイロン公使がセイロンの貿易使節団を中心とした會食に土曜の夜で迷惑乍ら自分も参加。

❖**九月六日（月）** セイロン代表団と第二回目の會議。夜はケムブリッヂ・クルーを漕艇協會が「椿山荘」にコクテイルに招んだのに出席。更にテイト・ホテルに於けるセイロン代表のコクテイルにも出席。

❖**九月七日（火）** 北沢氏夫妻に支那料理に隆と共に招ばれる。午後は参議院の通産委員會に出席。ガットの件で二、三聞かれた。

❖**九月八日（水）** 昼、田中顧問と會食。午後国會参議院の外交委員會。岡崎氏が一人で何の危な気もなくやってのける。

❖**九月九日（木）** 来邦中のビルマ、ウー・チョウ・ネンを外相官邸でコクテイルに招ぶ。

❖**九月一〇日（金）**〔ラルフ・〕ネヴィル夫婦に昼飯に招ばれる。ティリツエ夫妻の送別であった。此の数日残暑きびしく再び夏が来た観あり、今日は午後海に飛び込んだ。但台風模様で波は高し。

❖**九月一一日（土）** 昼、カナダのブリトン君に昼飯に招ばれる。

❖**九月一三日（月）** 十時から国會衆議院で外ム委員會あり。湯川〔盛夫〕君が吊し上げられたが自分には被害なし。

❖**九月一四日（火）** 昼、ヴィェト・ナムの通商団を支那飯に招待。夜はスキス公使に招ばれる。萩原君が帰朝中なので同君が主賓。公使館の屋上から月夜の東京を見る。結局台風は大したこともなく東京に通らないらしい。

❖**九月一五日（水）** 昼外相官邸でビルマの要人を外相が招んだのに陪席。

❖**九月一六日（木）** 正午、アラスカパルプに東京會館に食事に招ばれ食後アラスカの幻燈を看る。夕方チャドウィックのコクテイル。独乙〔ハインリヒ・〕ノルテのコクテイルと忙しい。

❖**九月一七日（金）** 中国大使館に昼食に招ばれた。財政部長の徐〔柏園〕という人を主賓。

❖**九月一八日（土）** 早朝に起床。可なり強い風雨となった。

❖**九月二〇日（月）** 昼半月會。夜は圭介を連れて就職依頼のため日航の重役を訪ねたり日本橋の繊維クラブで戦後始めて開かれた足利郷友會に出席したり、次官が「新山口」に萩原君を招んで居るのに参加したり、仲々に忙し。

❖**九月二一日（火）** 昼、ピーター・ラッソーとジエンキンスの両君を「宝屋」に招んで會食。ピーター・ラッソーは濠洲人で曽て出渕に随行して濠洲を旅行したことあり。夜は〔ジョン・〕ケズヰックが香港から来たのでジャーデンの支店長がコクテイルをやる。

❖**九月二二日（水）** 午前　矢田部〔保吉〕氏夫妻来訪　経済局事ム官の結婚の媒酌を頼まれた。断らうと思ったが矢田部氏が「断る程君も若くはない」との言で引受を決心。昼は外相官邸にスーダンの経済大臣〔イブラヒム・〕ムフティ氏を外相が招んだのに陪食。午後南米行の打合せ。夜は久しぶりで第二次ベルグラヴィア會會合を開く。支那料理で二テーブル廿人余の出席で賑やかであった。

❖**九月二四日（金）** 午前スーダン代表と會議。午後は小舟君に誘はれて相模へゴルフ。熱い日であった。まるで当らず百二十位も叩いたらうか。ゴルフではない。全くやる気がしない。

❖**九月二五日（土）** 午前仕事をし、大雲の成就院の法事に出。北村氏（勧銀）に御座敷天ぷらを御馳走になり、午後は病院。

❖**九月二七日（月）** 昼東京銀行で重役と會食。ブラジルに於ける第二正金の問題を聞く。

❖**九月二八日（火）** 正午東京會館で日伯協會が訪伯使節団を招んだ。沢田節蔵氏が司會し岡崎外相その他ブラジル関係者が出席。盛會であった。

❖**九月二九日（水）** 昼三浦氏の肝入りで三年前英国総選挙の際視察のため英国へ来た日本議員団の人達が瓢亭に自分を招んでくれた。牧野〔良三〕、水田〔三喜男〕、中川〔俊思〕、井手〔光治〕の諸氏。午後南米に関する事務打合せあり。夜は光輪閣で中南米大公使連が主人役となり訪伯使節団が招待された。

❖**九月三〇日（木）** 夜オランダ大使夫妻に夫婦で招ばれた。クキーン・ジュリアナのつれあいの●とかいう人の夫妻が中心。

❖**一〇月一日（金）** 岡崎外相訪伯を控へて最後の幹部會。夜は外相邸で訪伯に伴う茶會あり〔4〕。使節団と関係国大公使その他関係者出席。夜引きつゞき萩原君に招ばれて奥村、武内君等と水入らずの會合。この数日夜遅いことがつゞいて少し疲れた。

❖**一〇月二日（土）** 石黒〔四郎〕君に事務を引継いだり書類を整理したり。昼は小野幸太郎君に精進料理を馳走になる同君の病気も余りよくない様だ。まだ本当ではない。

❖**一〇月三日（日）** 外務省の運動會で一日遊ぶ。明子同伴。オースティン。午後天気が悪くなったが自分は三種目に出てエンジョイした。

❖**一〇月四日（月）** 午前庶務を整理。もう事務は石黒君に引きついだ。昼、独乙ミッションのストラック氏が自分を中心にして帝国ホテルで會食。独乙との交渉も漸く妥結に近づかんとして居る。

❖**一〇月五日（火）** 銀行へ行ったり航空會社へ荷物を送ったり忙しい。五時頃帰宅 家族と夕食を共にし自動車で七時半自宅を出る。隆が見送る。羽田は例によって大変な見送り人であった。日航機のシティ・オブ・ナラ号は十時半離陸、ウェークに向う。

❖**一〇月六日（水）－一〇月七日（木）** ウェークに着いたのは朝の八時頃であったらうか（ローカル・タイム）。灌木の生ひ茂った味気ない島である。五年前に通過したときは夜だったので何も覚へて居ない。浜辺に乗り上げて赤く錆びて居る船が諏訪丸だと聞いて廿五年前自分が初めて渡欧した思い出の船が諏訪丸であったことを思い出して感あり。少憩の後離陸ホノルヽに向う。実飛行時間六時間か七時間でローカル・タイムの午後七時頃ホノルヽ着。機上からのホノルヽの夜景は美しかった。ホノルヽ、居留民が中心となって一行のため夜食を催す。スカイ・ルームの前面には椰子の樹も見へて南国らしい。十時半離陸又今晩も飛行機内で

4――岡崎勝男外相は、ブラジルのサンパウロ市で開催される四百年祭に慶祝使節団長として出席予定であり、経済局長事務取扱であった朝海もこれに同行予定であった。現職外相による初の南米諸国訪問であり、経済提携や日本人移民問題などを協議する予定であった。

過す。スリーペレットなので寝るには不自由なし。出発前左眼に出来た「物貰ひ」が一寸うるさい。途中日附変更線を通過して六日の九時頃サン・フランシスコのゴールデンゲート上を通過。よく晴れて空気は爽快である。勝野〔康助〕総領事等に出迎へられ一行は行列を作り警官を先導にして市中へ向ふ。一行の宿舎はマーク・ホプキンスで自分の部屋から見たカリフォルニア湾の景色は美しい。ゴールデン・ゲートも近くに見える。風呂を浴び久しぶりにサバ〳〵した気分となる。十一時半大臣の新聞記者會見に立合ひ。ホテルで昼食後 午後は市中を見物。夕方五時半から向い側のフェアモント・ホテルでジャパン・ソサエティのリセプションあり。仲々に盛會であった。五年前ジュネーヴ會議の帰り此の地に立寄り世話になった一世二世数名とも會った。夜は外務省だけ総領事館員と水入らずで近くの支那町で會食。

疲れたのでグッスリ十時すぎまで寝込んで朝飯は抜きにした。昼食後(因みにリオまでの宿泊及食事は一切日本航空が負担してくれるので助かるわけだ)総領事館の自動車でゴールデン・ゲートを渡り対岸のMain woodで一、八〇〇年だという古い木を見る。此処からフェリーで渡りバークレーを見物。ベイ・ブリッヂからサンフランシスコに帰り夜は総領事の會食あり。終って又警察官の前駆を立てモーターケードを組んで飛行場へ行く。此処からシティ・オブ・キョート号である。八時半離陸。間もなくアリゾナの荒原にかゝる。グラン・キャニオンも遠くないらしく夜でなければ景色は素晴らしいであらう。夜目にも判る荒原に十日位の青白い月が照りかゞやいて凄相さを増す。

❖**一〇月八日(金)** この晩は前夜ホテルで寝すぎたせいかよく眠れずローカル・タイムの五時半(二時間時差があるから実飛行時間は八時間位になる)ニュー・オルリーンスに着く。風が生温いし椰子の木も散見されて南に来た感じがする。朝飯は佐藤領事が主人役となり約一時間半を利用しニューオルリーンスの有力者の提供する車で一同市中(古いフランス式の建物もあり米国式の新市街と対比して仲々に興味があった)を見物しミシシッピイ河岸まで出てオールドマン・リバーを見る。八時頃離陸延々たるミシシッピを下に見卸す程に海に出てキューバやジャメイカの上を飛んで一路カラカスに向う。ヴェネズエラの上空から見ると山とジャングル以外何もない様に見へる。カラカス着はローカルタイムの六時半頃(時差ニューオルリーンスと二時間半)でありもうトップリ暮れて居た。シャワーの直後らしく飛行場は水にぬれて居る。岡崎外相が降り立つと、ヴェネズエラの外相が出迎へて握手。「君ヶ代」とヴェネズエラ国歌を堵列の軍楽隊が吹奏する。閲兵をした後、車を連ねて新に作られたという道路を十二、三哩《マイル》走らせると山腹に点々とカラカスの灯りが見へる海抜九〇〇メートルの高台だ相で余り暑からず。町を入ってからマンドリッドの中央広場の様な噴水のある広場も通ったし、狭いスペイン風の道路を抜けたり散々に市中を走り廻った気持ちがして本日の夜宿舎たるTanianaco Hotelに泊る。この町は人口が百万ある相でヴェネズエラ総人口の六分ノ一が集中しているわけだ。ホテルは高台にあり点々と燈火のついた街を見下した景色はすて難い。スペイン風の小ぎたなさも眼についたが自動車（八万台あるとか）が右往左往し大建築も建ち並んで新興の気はみなぎってゐる。夜九時から平服で外相が一行をディナーに招待。外務省の要人やら上院議長が夫人同伴で集りスペイン風の住宅で食事。仲々如才ない。食事は漸く十一時頃に終り疲れた。

❖**一〇月九日（土）**　朝眼を覚す。ホテルの窓からカラカスの町が一望に収められる。高原の朝の清涼な気がする。九時ホテルを出てモーニングに威儀を正した一行は南米殊にヴェネズエラの英雄、シモンス・ボリヴァの廟に赴き岡崎氏が一同を代表し花環を捧げる。一行が廟に到着すると約一ヶ小隊の軍隊が君ヶ代を奏し花環を捧げたときはヴェネズエラの国歌が吹奏された。此処から外務省に外相を訪問。終ってホテルで着物を着がえた後、目下建設中の大学病院や三十層の高層ビルや豪華を極めたオフィサース・クラブを参観。ヴェネズエラは人口五百万にすぎないが輸出は日本よりも大きく十五億弗ある相でその九十何パーセントは石油である。消費物資はほとんど輸入に俟って居るらしくホテルの食料も飲料も家具も外国製。町を狂気の如く走って居る自動車も（その数は十五万だ相でカラカスの一つの悩みである由）ほとんど米国製である。石油を掘って儲けては道路を作ったり建物を建てたりテレヴィや自動車を買い込んでまだ黒字。外に何か買う物はないかと探してゐる形である。朝鮮事変のブームで消費景気を現出した日本と大差はないらしいが日本が恒常性のないアブク銭で景気を現出したのに対しヴェネズエラの景気は石油がありその石油を米国が買ってくれる限りつづく。兎に角同じ地球でかくも人間の生活条件が違ふのかと歎息させられる彼等の生活である。昼は大臣がホテルでリセプションを行い席上ヴェネズエラの外相に旭一〔勲一等旭日大綬章〕が授与せられた[5]。

5——南米親善訪問に際して、歴訪する七カ国の元首に大勲位菊花大綬章が贈られた（『読売新聞』一九五四年一〇月六日夕刊）。

食後岩手日報への原稿を書いて夕方になる。六時カラカスを発又一行は警察官の前駆で飛行場に赴く。飛行場まで外務大臣が見送った。八時離陸。

❖**一〇月一〇日（日）** 飛行機は真直ぐにはリオに飛ばずアマゾンの河口ロバレンに向う途中午前二時半頃赤道を通過。日本の旅客機（といっても高級クルーは米国人だし使用機も米国製だが）が兎も角尾翼に日ノ丸を画いて赤道を通過したのは戦後これが始めてではあるまいか。バレンに着はローカル・タイムの午前三時頃。一同眠い目をこすりつゝ降機。アマゾンに居る邦人の有力者が五、六十名狭い飛行場の待合室で我々を歓迎してくれ、大臣は二世のお嬢さんから花束を受けブラジル語で挨拶を受けた。日本語は通じない。食卓に出て居たアマゾンの珍らしい果物に舌づゝみを打つ。時間も二時間程あるので暁方の町を自動車で見物する。まだ暗いけれども今日はナザレのお祭りの最初の日とかで町には既に三々五々人影が見え、露店も店を開き始めて居た。アマゾン河も参観。アマゾンは全長七千キロ余で一万トン位の船が一千キロの上流まで遡れる相だ。下流にあるある三角州の如きは面積が九州以上もあるというから一寸ケタが外れて居る。

六時半離陸。朝日に照らされたアマゾン（支流）と原始林を俯瞰し乍ら最後のストレッチを平穏に飛行機は飛ぶ。そして予定の通り三時すぎリオに着陸した。伯国官憲の出迎へを受ける。在留民も来て居た。居合せたブラジル人が拍手して迎へたのも気軽であった。直ぐ車を連ねてホテル・グロリアに旅装を解く。ホテルのバルコニーには日伯旗が掲揚せられた。夜は大使の内輪の會食。大使官邸の貧弱なのにガッカリした。これではブラジル要人を招べ相もない。リオは噂さに違はずして美しい街である。海を前面に控へてプロムナードがあり高々と椰子の並木がそびえ、港は世界三美港の一つだ相であるが砂糖山が印象的である。二十層乃至五十層という様なスカイ・スクレーパーが建ち並んで居り土地が広々と使用してあるのも羨しい。但道行く人の服装は可なり貧弱であり市内電車も余り美観をそへてはいない様だ。日本人が通って珍らしいとなると電車から腰をかゞめてジロ〲見て居る。但何しに来たという悪意のある顔ではない。日本人に住みよさ相な国である。

❖**一〇月一一日（月）** 午前市中と海岸をドライヴで見物。十二時半〔ラウル・〕フェルナンデス外相を訪問。引きつゞき外相主催の昼さん會、更に〔ジェトゥリオ・ドルネレス・〕ヴァルガス自殺後副大統領から大統領に昇任したカフェ・フィリヨ大統領をカテテ宮に訪問。又市長にも敬意を表する。夜は七時から大使主催のリセプションあり。終って東銀の高橋氏の案内で青山〔青木理〕（三重県知事）、古沢〔潤一〕（日銀

理事）と共に踊り場へ行き二時すぎまで騒ぐ

❖**一〇月一二日（火）** 午前中約束がないので自由。日記を整理したり。岩手日報へ寄稿をしたり 昼飯は岡崎外相がグロリア・ホテルにフェルナンデス外相を招び返した。ブラジルの有力閣僚が出席し仲々盛會であった。午後は上下両院議長やら関係閣僚に挨拶廻り。余り忙しからず。夜は大使官邸の食事。終って又高橋氏の案内でカヴァレーへ行く。少し疲れた。

❖**一〇月一三日（水）** 九時ホテルを発。再び日航乗機で最終の目的地サン・パウロに行く。リオからサンパウロまでは約一時間位であった。飛行機は十二時頃着陸。飛行場には大変な邦人の出迎へで羽田を凌ぐものありと同僚と笑った。万歳や拍手も聞えた。州官吏の案内でHotel Esplanadaというのに旅装を解く。サンパウロも大きな町である。リオの様に美しいプロメナードはないが市街の繁栄振りは見たところリオ以上の感じである。夜は四百年祭式典委員長の招宴あり。挨拶廻りで忙し。

❖**一〇月一四日（木）** 四百年祭博覧會に日本が寄附した日本建築あり桂の離宮を模したものらしく庭園の砂利から数トンの置石まで日本から運んで来た相である。此処でサンパウロ居留民が外務大臣歓迎の茶會を開いた。會の半ばで雷鳴を伴ふ雨が降って来たゝめ数回中断せられたのは奥地百キロ二百キロというところから「お大臣」にお目にかゝりに来た人が多いだけに残念であった。そこに居たギレルモという神父さんが（日本にも昭和六年頃居り、此の地で日本人の世話をして居る相であるが）頻りに自分に日本人の団結を説いて居たが勝組負組は依然として対立して居り成程事実の認識は漸く動かし難いものとなったらしいが対立のしこりは依然残って居るというのが実情らしい。この會合後州知事の昼さん會あり州の有力者が出席。終って一同展覧會を見物。広大な敷地に各州の館、各国の館、歴史館等があり仲々興味あり。日本の出品して居る重工業品はまだ据え付が終っていなかった。夜は総領事のリセプション。

❖**一〇月一五日（金）** 午前中、小村君の案内で市中を見物しブタンタンの蛇飼育場も見物。蛇を持ちつゝ写真をとらされて一寸閉口した。同君のフラットも訪ねた。ここから気楽な日航機はすてゝエア・フランス機でモンテ・ヴィデオに行くのである。十二時頃離陸。昼飯をしたり一眠りする程に四時半頃モントに着。下を見ると土地がよく耕してあるのが眼につく。飛行場には百年前位の服装をした儀杖兵が一ヶ小隊位整列して外相が閲兵。一行はParque Hotelに旅装を解き、直ちに外相と執政府議長とに挨拶に赴く。七時半から公使館のリセプションあり。外相主賓の晩さんは十時から開催された。各国の大公使が出席。中南米の大公使が多いのでスペイン語が中心であり今更乍らその努力の大きいのに驚ろかされた。スペイン語が出来ることはフランス語以上に外交官に大切かも知れない。一時就寝。流石に疲れた。

❖**一〇月一六日(土)** 九時出発。アーティガス将軍の銅像に花環を呈する。その後市中見物。この見渡す限り一面の平野に小高い丘あり。Monte Video の名の出て来た所以の丘も見物。この国は南米のスキスといわれるが町は特に豊かに見えるというわけでもなく道行く人の服装も田舎じみて居る。気のつくことは町に人が少いことで(それでも三百万の人口中百万がモンテに集中してゐる相だが)ある。昼大隈〔信幸〕公使主催のリセプションあり。 終って午後四時出発。外相は儀杖兵をウルガイの外相と共に閲兵しペロン大統領差廻しの自家用飛行機に乗って一行四時半頃離陸したところ途中十五分位ラ・プラタ河の上空を飛んでから引返す。ブエノスの飛行場が空風で危険とのこと。逆にウルグワイに引き返し又々ホテルに逆戻り。今日は此処に泊ることとなった。

❖**一〇月一七日(日)** 飛行機は八時半離陸。海の様に広く黄色に濁ったラプラタの河を斜めに南に横断するのである。三、四十分位でアルゼンチンの陸地が見へる。茫々たる大陸だがブラジルと違い少しともこの附近はよく耕しよく放牧してある様だ。飛行機の着陸場が風の関係で急に変更された由で大久保大使等の地上出迎部隊が移動する時間をとるため数回市上を旋回し、見物が出来た。着陸は十時に近かったらうか。アルゼンチン外相の〔ジェロニモ・〕レモリーノ氏も出迎へて居た。外相の出迎へのなかったのは我々の訪問の目的地であるブラジルだけである様だ。五十粁位ドライヴして市中に入る。リオの様に摩天閣はないが落ちついた美しい町である。矢張り南米の今まで見たうちでは一番欧洲式に落ち付のある町といえよう。アルベアル・パラス・ホテルに国賓として投宿。直ぐ外相官邸に外相を訪ね挨拶。終って建国の英雄サン・マルティンの霊庁に花環を捧げる。集まって来た群集から拍手が起ったのもこの国の対日友好の気分を表はすものか。更にエヴァ〔・ペロン〕夫人胸像にも花環を捧げる。終って車を連ねて三十キロばかり走ったブルサコ協和園に日本人會主催の昼食會に臨む。日本人が此処に運動場を持って居り集まった日本人もブラジルの居留民より幸福であり、より教育がある様に見へた。羊の肉や豚の肉をフンダンに喰はされる。此処では魚よりも野菜よりも肉が安くつくのだ相だ。四時大統領官邸で大統領の謁見あり。一同大統領の部屋に招じ入れられたところ入口で気さくに一々手を握る人あり。最初は大統領の秘書かと思って居たところこれが御当人の〔ファン・〕ペロン。

二十分程岡崎氏と話をしたが、いつも笑顔をたゝえ日露戦争時分の話にも及び如才ない。首を時々左右に傾けて一寸シナを作る様に見へるのが愛嬌があり又悪く言へば女性的にも見へた。身長は六尺豊かの偉丈夫で若々しく今年五十九才とか聞いたが五十才一寸越した位にしか見へない。

今日は日曜であるが又偶然にもペロンが九年前に政権を獲得した日を記念した忠誠の日でもあり人々は今日、明日は休み。五時から大統領官邸前の広場に何萬という人が集まり大統領の演説を待つ。謁見を終った我々も大統領と同じ高いプラットフォームから儀式に参加。労働組合の委員長とかの挨拶の後ペロンが極めて雄辯に演説した。日がさんさんと輝いて少し汗ばむ程の陽気であった。内容は判らぬが時々群集は恐らく他愛のないはったりに破れる様な拍手と歓声を送る。之を鎮めつゝ話しを進める。大統領の背後には一人の男が群集に目立たぬ様に立って居り時々小声で次の演説の一節を大統領の耳にささやく。大統領は一寸それを聞いただけで相当長く喋るから大体演説の内容は熟知して居るらしい。各建物の窓という窓には見物が一杯。木にも鈴なり。見渡す限り広場を人が埋めたなかを恐らく共産党を痛罵しつゝ手振り巧みに群集を唸らせる。一寸シエクスピアの「ジュリアス・シーザ」の場面にも似て居るし〔ベニート・〕ムッソリー〔ニ〕の伊太利大衆に対する獅子吼とも相同じき型である。この群集の恐らく大部分は駆り出された群集であるかも知れぬし、成程今のうちは調子がよいがどう変るか判ったものではないという気もする。大雄辯は卅分位つゞいたであらうか。最後に折柄滞べ●中の印度副大統領と岡崎外相も紹介されて面目を施こす(?)終ってホテルで少憩後大使公邸で内輪の會食あり。帰途夜のベノスの空気に接したがチョッキがないと寒い位である。日本の十月半ばの陽気か。空気は清澄。

❖**一〇月一八日(月)** ぐっすり寝た。午前中上下両院議長やら経済長官を訪問。午後は近郊をドライヴ。夜はホテルで亜国外相主催の晩さん會あり又相互に勲章を交換して和気藹々たり。

❖**一〇月一九日(火)** 朝九時発のPan air do Brasilで出発。天気はよし。リオまで上塚〔司〕氏が同行。リオには吉田〔賢吉〕君夫妻等が出迎へてくれた。此処から一人になる。午後三時リオ発。今度の旅行は少し頭が痛く耳もガン〳〵して調子悪し、Recifeというナタール附近の一寸したブラジルの町へ着いたのは夜の八時。此処で晩飯を認め、これから海を越してアフリカのダカールに渡るのである。

❖**一〇月二〇日(水)** ダカール着は朝の五時だがローカル・タイムで八時。南から北に飛んで居るので余り時差はない。此処で少憩。朝飯後再び機上の人となり次の目的地リズボワに行く。リズボワ着は午後三時すぎ。予定の通り少憩の後出発するところであったが飛行機のプロペラ一つが動かなくなり修理したので卅分余遅れた。パリに着いたのは時差も一時間あり十時すぎて居た。河野〔達一〕君等が出迎へてくれ大使官邸へ連れて行かれ西村〔熊雄〕氏に會い 此の晩は官邸で御厄介になった。

❖**一〇月二一日(木)** 朝八時、官邸を発。切符の件で少しゴタ付いたが漸く一〇時のエア・フランスで出発し得た。一時間半かゝるが時差が一時間あるので十時半ロンドン・エア・ポート着。官補に出迎へられ、六ヶ月ぶりのロンドンでなつかしかった。直ちに事務所で大使始め一同に挨拶。昼は折柄来英中の佐藤栄作氏と共に大使に食事に招ばれた。午後はハロウズやリリー・ホワイトで買物。吉田〔茂〕総理がイタリヤから飛行機で六時に着いたので大使館員と共に出迎へに出た。大臣一行はクラリッヂェスに泊ったので自分はグロヴナー・ハウスに泊る。グロヴナーのマネージャーから部屋に花が届けられて居たのは一寸嬉しかった。

❖**一〇月二二日(金)** 朝、クラリッヂェスにリエゾンに行く。昼総理は上院でハンケー卿の食事に招ばれる。ハンケー夫妻の外、ピゴット少将、ピゴット娘(夫人はクッキー死去のため来らず)ジディ、アームストロング、クロー。ハンケー會見。我方からは大使夫妻、黄田夫妻の外自分。午前はセルフリッヂで買物をした。夕方は公邸で大使のリセプションあり。パーシヴァル、モールディング〔レジナルド・モードリング〕、センピルその他多くの人々に久しぶりで顔を合せて楽しかった。夜は黄田君の家でブリッヂ。

❖**一〇月二三日(土)** 朝ハイド・パークの中を散歩して大使館に登庁。公園内の木々はすっかり紅葉し葉が落ち出した。毎朝ハミルトン・テレスの道路を木の葉で埋められた秋を思い出す。午前十一時からクラリッヂェスで在留邦人の有力者が総理に挨拶。一時からは同ホテルで〔ロバート・〕クレーギー夫妻が総理を招んだのに自分も出席。チェンバレン夫人、ロード・テムプルウッド、ロード・ハンケー夫妻、スエーズリング夫人等々出席。和やかな昼食であった。夜、佐藤栄作氏と"Her Majesty"へ芝居を見に行く。出しものは"The Teahouse of the August Moon"で目下アメリカで好評の㐂劇。自分は勝野君に借りて飛行機上でも本を読んで楽しんだ。アメリカがデモクラシーを占領した琉球に植へ付けようとして混乱するところを皮肉、軽妙に対象として取扱ったもの。成程学校を建てるのをティ・ハウスを建てた位ゐならば笑ってすませられるが笑ってすまされない間違が未だに残って居ることを考へればこのプレイは㐂劇か悲劇か判らなくなる。

❖**一〇月二四日(日)** 十時ホテルを発キャンバレー・ヒース

で佐藤〔栄作〕、黄田、加藤〔匡夫〕、と四人でゴルフ。久しぶりでよいコースで楽しかった。自分は佐藤氏には勝ったが黄田君にも加藤君にも負けて相変らず当らず。百十近く叩いてもう自分のゴルフは此の程度に下落したらしい。十八ホールスでやめて、夕方ホテルに着。一風呂あびて大使館邸で夕食。デュネーヴから吉田総理に呼ばれた萩原君も参加。黄田君と四人で歓談した。

❖**一〇月二五日（月）**　クラリッヂェスまで散歩。午前十一時英国F.B.I.の會長外、繊維、陶器、自動車諸工業の代表が総理に會見に来たので自分が一時間程通訳した。久しぶりの通訳で少し疲れた。総理にこの際冗談とも本統〔当〕ともつかずシンガポール行を提案されたので驚愕した〔6〕。昼は大使が官邸で會食。〔アンソニー・〕イーデン、〔ピーター・〕ソーニークロスト〔ソーニークロフト〕、〔エドワード・〕クレメントデーヴィス、ハンケー、クレーギー、〔ヒュー・〕ゲイツケル等々相当な顔ぶれが集まった。午後は予定がないので大使館で仕事。午前の會談録の整理をした。夕方はランカスター・ハウスでリセプションをイーデン夫妻が催したのに出席。久しぶりで珍らしい顔触れに會い久闊を叙したものである。夜は官邸で食事後総理の演説草稿を練る。

❖**一〇月二六日（火）**　午前十時官邸で総理のプレス・インタヴューあり約四十分自分が通訳した。予期以上に穏やかでほとんど応酬もなく記者団も総理に敬意を表してゐた様である。

午後は四時から議會の委員室でインター・パーリメンタリー・ユニオンで上下両院議員に対する総理の話あり。約廿分原稿に基いて話す。この内容は自分等は余り賛成でなかった。何となれば日英同盟を想起しつゝ共産主義の脅威に対して日英提携して相当らうという内容を主眼とするもので共産主義に対する観方を米国とは全く異にする英国なので余りにも実状に即しないと思はれた。然しこれは総理の話の中心なので余り手を入れるわけには行かなかった。話声は低声であり余り冴えず。最初の十分位はほとんど何を言って居るのか判らなかった。演説中「日本軍の捕虜と

6――吉田は、シンガポールを起点に、日、英、米、仏、蘭を中心とする西側諸国が共同で大規模な反共攻勢を展開し、南方華僑を通じて中国大陸に浸透する構想を温めていた。そのため、朝海をシンガポールに派遣して、英国のマルコム・マクドナルド東南アジア総弁務官と中国問題を協議させようと考えていた（井上正也『日中国交正常化の政治史』名古屋大学出版会、二〇一〇年、一〇一～一〇五頁）。

なって虐待を受けた捕虜云々」のくだりで「ヒアヒア」と歓声が起り前途の暗澹さを思はせたが果然質問の時間に入り、労働党の議員が主として日本の労働条件の劣悪、共産主義がこわいのなら何故に労働条件を改善せぬか 日本の紡績はひどい条件下で仕事をして居る（サマスキル）何時捕虜救恤の問題を片づけるのか等々攻撃的質問が十二、三出て来た。

これに対し総理は通訳の自分にのみ低声で喋るのみでその間議場は私語が多くダレ切ってしまふし答辯も余り冴えないので恐らく多くの議員は失望したらうし又ステュピッドであると思ったかも知れぬ。然しこの間 ティーリングや〔ジュリアン・〕リズデール等の議員は全く口をかんして居た。十の中一つ位はもう少し政治面から或は経済面からさへも日本に対し理解のある言論をして総理に若干の敬意を拂ってもよかったのではあるまいかと思はれた。

六時からジャパン・ソサエティ、ジャパン・アソシエーションの合同のリセプションあり。これは内輪で楽し。夜は大使官邸で御馳走。

❖**一〇月二七日（水）** 午前十時半総理に随行して外務省に行く。イーデン外相との會見あり先方はイーデンの外〔ジェラルド・アイザックス・〕レディングと〔ジョージ・〕アレン、当方は大使と自分。約四十分位會談があったが当面の日英問題であるけれどもイーデンは成程調子は良いが下僚の書いた紙を読んで居る程度である。経済問題には触れず、日本の人口や領土の大さを聞いてビックリして居る程度であるから情けないものである。一応両者の會談が終った時分にバトラー、ソーニクロフト、〔ジョン・〕ボイド・カーペンターという連中が参加し、ガットや不正競争問題や船舶問題を論じたので少し活気づいた。但先方も遠慮し一応言分を述べた程度で総理から若干応待したが討論には至らず。十二時近くに此処を辞去。會談録は自分が記録した。一時半から十一、ダウニング街でバトラーの招宴あり。先方はバトラーの外 モールディング〔モードリング〕、〔ハロルド・〕マックミラン国防相、ソーニクロフト商相、サー・レスリー〔・トーマス〕、ローワン等出席。当方は総理の外大使と佐藤氏と自分が出た。

午後は會談録の整理に忙しく四時半頃〔アーサー・〕パーシバル氏（シンガポールで日本軍の捕虜となった）来訪。十分ばかり會談。自分はグロヴナーで着物を着かえて六時半官邸の日本人新聞記者會見に立合い八時十五分から首相官邸で〔ウィンストン・〕チャーチルの招宴あり。出席者は別表の如く。チャーチルがは態々、席を立って自分達にまで握手する努め様。七十九才とか。食事後起って「吉田氏は日本では仲々タフな人だと聞いたが外国では仲々愛嬌のある人だ」と冒頭して日英同盟まで回顧して話したので吉田さんも大恐悦の態であった。トレード、ユニオンが英国のバック・ボーンであることを強調したあたり、又各党の代表者を集めて国の一致を示したあたり仲々要点はつかんで居る様であった。例によって食後吉田氏を中心とする談話の際も「クレム」と叫んで〔クレメント・〕アトリーを引っぱって自分が席を譲ってアトリーに吉田氏と會談の機會を與へたりしてゐた。これは余りわざとらしからず羨しいことで日本では一寸真似が出来相もない。十時半散會。荷造りやらホテルの支拂で十二時すぎ就寝。

❖**一〇月二八日（木）** 八時ホテル発ウォータールー駅に着。総理の一行とサウサムプトンに向う。駅にはレディング、クレーギー、クロー、ピゴット等が見送ってゐた。クキーン・エリザベスは正午出帆。自分はヂュネーヴでガットの會議に出てから帰朝する心算で居たところ、是非一緒にアメリカに来いとのことで飛行機で後を追ふことにした。見送り後大使、館員とサウサムプトンのホテルで少憩。久しぶりの英国の汽車旅行をして午後ロンドン帰着。後始末をしたり外務省に〔W・デニス・〕アレンを訪ねたりで忙し。夜は高野〔藤吉〕君宅でブリッヂ。

❖**一〇月二九日（金）** 八時半官邸で大使がガットの會議でヂュネーヴへ行くのを見送る。十時米大使館にリングワルト君を訪ね一時間近く総理の在英話や雑談をして帰る。昼パーシバルと食事の予定であったが同君風邪のため取止め。幸い時間が出来たので買物をすませ これで買物は卒業。
　午後はトレジュリーに経済大臣のモールディング〔モードリング〕を訪ね日英の問題を卅分程話し合った。夜はサー・エドワード、クローさんの宅で御馳走になり且黄田君とコリンツも参加しブリッヂ。

❖**一〇月三〇日（土）** 午前役所で時間を消す。

❖**一〇月三一日（日）** 十一時すぎ重光君夫妻に案内されてハイステッドにロード・ハンケーを訪ね昼食を御馳走になる。オックステッドから途が判らず、一時間近くウエストしたゝめその次の日程も遅れた。三時半頃ハンケーさんの邸を辞去し、ドーキングからギルフォードを通り五時頃オーク・コテーヂに着く。薄暗かったがテニスコートや庭をなつかしく眺めたが秋の雨にぬれてしょうじょうたる感あり。夏の楽しさは偲び得べくもなかった。ピゴットさん心尽しのお茶を御馳走になり、帰途故クッキーの家に居るピゴット夫人を慰める。奥さん大分弱って居た。自分もホロリとして弱った。雨の中をロンドンに帰り夜の食事は阿部君と共に中島郵船支店長の宅で御馳走になる。

❖**一一月一日（月）** 此の数日は用もないので朝ゆっくり寝込

む。午前中大使館でブラ〲。大使館の連中に一寸気の毒の気がする。昼はパーシバアル君に黄田君の三人でジュニア・カールトン・クラブで會食。パ君の招待で気持ちは嬉しかった。夜はホテルの食堂で食事後早寝。

❖**一一月二日（火）** 午前庶務をすませ後五時大使館を出発。六時に飛行場へ着。七時離陸予定のパン・アム機は八時離陸。寝台はとらなかったがスリーパレットで隣りには相客も居なかったのでゆっくりと寝られた。途中例によってシヤノンで夕飯。ガンダーは真夜中の二時頃であった。

❖**一一月三日（水）** 時差もあってニューヨーク着は九時。北原君が出迎へてくれた。総理一行の投宿して居るピエールの近くのサン・モリッツというホテルに投宿。一泊十弗余。昼は北原君と會食。午後は沢田廉三大使と土屋〔隼〕総領事に挨拶。夜は土屋君の官邸で御馳走になりあと北原君の案内でラヂオ・シティへ行く"White X'Mas"という色付の時季ものをやって居たが楽しかった

❖**一一月四日（木）** 総理は今日ロックフェラーの別墅からニューヨークへ帰って来るというのでピエール・ホテルへ出迎へた。自分が英国から来たのを見て御機嫌であった。昼飯は陪食を仰せつかる。午後は総理に随行して国連を見学。丁度昨日安保理事會でエジプトとイスラエルが紛争を起しエジプト代表が討論中死亡したというので午後三時から総會で各国代表が弔慰演説をやって居たのでソ聯の〔アンドレイ・〕ヴィシンスキー、〔ヘンリー・カボット・〕ロッヂ、ピアソン・ディクソン（英）と云った顔ぶれが一々登壇演説をしたのが見られた。夕方はワルドルフ・アストリアで沢田大使が国聯関係者を招いてのコクテイルあり。此処で占領中日本へ来たクレーマーやエゲクヴィストに會い久かつを叙した。引きつゞきフォレン・リレーション・カウンシル〔外交問題評議会：Council on Foreign Relations〕に於て晩さん會あり。一行出席。食事後総理から二十分ばかり講演あり。講演後聴衆（六、七十名で新聞人、財界人等の名士らしい）から二、三質問が出たが何れも好意的で禮儀を尽したものであり、総理退席の際など立ち上って皆熱心に拍手を送ってゐたことは英国議會の空気とは正反対であった。ホテルへ帰ったらば十一時。眠いので閉口。

❖**一一月五日（金）** ゆっくり寝込む。別に昼は行事はない。これも呑気なことである。昼は日航の花岡氏と支那飯を喰べ食後同氏の案内で若干の買物をする。夜は七時からジャパン・ソサエティの総理歓迎リセプションがワルドルフ・アストリアに於て開催され引きつゞき八時より同ホテルの劇場の様な大食堂で片側にダイスを作りゲスト・オブ・オナーや要人が座り二階三階のバルコニーまで一杯の人で千人以上は出席して居たであらう。而もこの人々が二十弗の

會費を出して来て居るのであるから米国の対日関心が英国のそれとは比較にならぬことが痛感させられた。自分の隣にはカーディナル、〔フランシス・〕スペルマンが座って居た。この坊さんは戦後も度々日本に来た相である。今日は金曜日なので給仕人が一々客に魚にするか鶏にするか聞いて廻りスペルマンさんにも一寸脊ろから坊さんと判らぬのでこのことを聞いて「当り前のことを聞くな」という様な返事を受けて恐縮して居た。自分は少し悪いと思ったが腹も空いて居るので鶏にしたが鶏が多い様であった。快い音楽から食事が進み食後、上院外交委員長のセネター、ワイリーが一度喋り又セネター、フルブライトの一席が終ってからジャパン・ソサエティ會長〔ジョン・〕ロックフェラー三世の紹介の挨拶の後総理が二十分許り喋った。よく英語が通じないことを恐れて予め英文の書き物が會衆に配られてあった。盛會裡に散會は十時半頃であった。日本側からは井口〔貞夫〕、沢田、両大使の外、愛知〔揆一〕大臣、武内君等も来集。東京の要人此処に集まれりの観があった。

❖**一一月六日（土）** 午前用事なし。昼飯はエギキスト君夫妻に招ばれる。フィフス・アヴェニューの仲々よいフラットに住んで居る。食事をし乍ら懐旧談しばし。午後は北原君の案内でドライヴ。同君のフォレスト・ヒルス近くの家でお茶を御馳走になり、夜は沢田大使の官邸で日本食の御馳走。

❖**一一月七日（日）** 好天気。十時にホテルを引拂い影井〔梅夫〕君の自動車でワシントンへドライヴすることにした。ターンパイクの素晴らしい道路を通り（途中の大きな町は全部バイパスしてある）アナポリス附近では最近作られたという五哩の大架橋を通って米国のエンジニアリングの規模に驚きつゝ且は深まった秋の感じを賞美しつゝ夕方ワシントンに着。ショーラム・ホテルに投宿。総理一行は夕方飛行機で到着。

❖**一一月八日（月）** 武内君と米国式の朝飯を喰べてから裏道伝ひでに大使館へ散歩旁々に出かける。都會の中心だが深山へ入った様に樹木が多く而も黄葉してとても美しい。昼飯は小田部〔謙一〕君等と共にし午後国務省で余剰農産物の會議あり。自分は発言しなかったが余り愉快な會議ではなかった。夕方六時から八時まで大使公邸でリセプションあり。自分は誰も知らなかったがそれでも〔ウィリアム・〕マーカット、カーペンター、ヘーゲン夫妻、〔ボナー・〕フェラーズ等占領時代の顔なじみの人々を見出し得て懐旧談に花を咲かせた。

❖**一一月九日（火）** 午前九時大使館に集合。車を連ねてマウント・ヴァーノンに向いワシントンの墓に花環を捧げる帰途アーリントンの無名戦死者の墓に公式墓参。総理のために十九発の礼砲が鳴りひゞき、花環を捧げるとき日本国歌と米国国歌が吹奏された。陸海、マリーンから一ヶ小隊位が盛装で参列捧げ銃、アーリントンの空は秋晴れにさえかへり木々は黄色と朱に紅葉して印象的であった。日章旗を三名の旗護兵に護らせて日本人の一行は墓参を終へて帰就につく。この日章旗を敵として十年前血みどろの戦ひをした米国兵が多く眠って居ることであらうと思へば国際関係の急転のただ感慨に耐えざるものあり。昼飯はホテルですませて午後は自室で休養。夜は八時からアンダーソン・ハウスで〔ジョン・F・〕ダレス長官夫妻の招宴あり。自分の両隣りには〔ウォルター・〕ロバートソン氏夫人、商務次官夫人が座って居た。ダレス氏から戦後の日米関係をレヴューし皇室に触れ陛下のために乾杯。吉田さんが之に応えて大統領のために乾杯した。

❖**一一月一〇日(水)** 午前大使館で雑談。正午はウェアリング君がワシントン・ホテルに武内、松井その他を招んだのに自分も列席。同君は十二月初め日本へ帰任する由である。午後は會計の深田君の案内で若干のショッピングをした。八時からメイフラワーで吉田さんの宴會あり。先方から〔リチャード・〕ニクソン副大統領夫妻ワレン〔アール・ウォーレン〕大審院長夫妻〔マシュー・〕リヂウェー参謀総長夫妻等が出席。盛會であった。これで宴會外交終了。考へれば外相と共に中南米を廻ってから随分つゞいた宴會であった。

❖**一一月一一日(木)** 今日は休戦記念日で一日休み近郊をドライヴし秋色を楽しまうとしたが余剰農産物関係の會議でそれも出来ず一日大使館で會議をしたりブラ〳〵したり。夜はホテルでブリッヂ。

❖**一一月一二日(金)** 仕事なし。余剰農産物関係やゝ好転。昼渡辺〔武〕君のクラブに招待さる。午後三時サー・ロバート・スコットを英大使館に訪問。久しぶりで同君と會って三年前のロンドンを思い出す。午後郊外を自動車を駆って黄葉を楽しむ。夜はLa selle du Boisというフランス料理店で総理が館員一同を招待したのに列席。

❖**一一月一三日(土)** 午前中ゆっくり。十二時半ワシントンの飛行場から特別仕立の軍用飛行機で一行(新聞記者も含めて廿名余)出発。飛行場には〔ロバート・〕マーフィ、ロバートソン、〔ウィリアム・〕シーボルト、〔ジョン・〕アリソン等が送って居た。軍用機のこととてスチアデスは居ない。食事も簡單。平穏に航空して時差も利しつゝ九時頃サンフランシスコに着。フヰアモント・ホテルに投宿。流石に少し空腹になり支那町へ出かけて食事をした。

❖**一一月一四日(日)** コンヴォイを組んで桑港空港に着。桑港を出たのは十一時頃であった。今日から日航機。スチワーデスの一人はシティ・オブ・ナラで一緒に南米へ行った人。一行のための特別機とて至って気安くもう日本へ帰った様なもの。日本辯当「幕ノ内」が出たり、もう日本へ帰った様なもの。酒呑みには無制限に酒が出る。この飛行機はシティ・オブ・ナゴヤでまだ二往復しかして居ない新しい飛行機だ相で乗り心地は快適、七十ノットの逆風という話であったが少しもゆれず。ハワイ着は夕方七時半頃、予定より一時間遅れた。例によって一同の首にレイがかけられる。今日の宿舎ローヤル・ハワイアン・ホテルに投宿。夜はフラ・ダンスを見る。

❖**一一月一五日(月)** 午前中ダイヤモンドヘッドや市中を見物。正午総督〔ハワイ準州知事〕の〔サミュエル・〕キング夫妻が主人役となりローヤル・ハワイアン・ホテルで昼食。ハワイの有力者が出席。太平洋艦隊司令長官の〔フェリックス・〕スタンプ大将も出席した。午後三時パール・ハーバーに公式訪問する。首相の車が坂の上の司令長官官舎に着くと十九発の礼砲がとどろき渡る。一ヶ小隊程の儀杖兵も整列し首相の閲兵を受ける。音楽隊も堵列し日章旗がするすると上げられた。アーリングトンの墓地の場合と同じく十年間のうちに国際関係がかくも変るかと驚ろかされる。長官の官邸は木造ペンキ塗のお粗末なもの。自室も余り広からず、カーペットの代りにしゅろの様なお粗末なものが敷いてあるだけ。吉田首相がパールハーバーを色々な米国人に思い出さゝれたと言った様な生々しい冗談を言って一寸座が白けた。此処を辞去して夕方はまた市中を一巡。午後八時日航機に乗りこんで日本へ向う。

❖**一一月一六日(火)、一七日(水)** 時差の関係もありウェーク着は眞夜の二時頃。少しく時間を潰して三時頃出発。飛行機は速度を落しつゝ飛行。羽田着は予定の通りで九時。飛行場には閣僚その他が多数出迎へて居た。一行はコンヴォイを作って目黒に向ったが自分は此処で辞去して迎へに来た大雲夫妻と圭介と蒲田駅に向い蒲田から電車で帰宅。荷物は別に自動車で自宅に届けられ、午後は荷物の整理やら手紙の整理やらで多忙。夜は子供達と久々で一緒に食事。

❖**一一月一八日(木)** 役所へ行く。岩城君が容体が悪くなり急逝したので駒沢の同君宅へ御線香を上げに行く。最近又役所を休んで居たが眞逆こんなに悪くなるとは思はなかった。気の毒なことである。今日は車を持って来たので荷物を積んで余り暗くならぬうちに帰宅した。

❖**一一月一九日(金)** 午前午後仕事やら報告やらで忙し。岩城君の葬式にも出席。

❖**一一月二〇日(土)** 今日も昨日も雨天。昼は角谷〔清〕君の結婚のことで同君の父君やお嫁さんのお父さんと一緒に食事。

❖**一一月二二日(月)** 昼、明治製菓ビルで月曜會に出席。十年間前の官界の名士、例へば野村提督、河田烈、後藤文夫の如き人を中心とした會合であった。

❖**一一月二三日（火）** 今日は経済局角谷事務官の結婚式の媒酌人を頼まれて居るので（形式の媒酌人）二人でオースティンで東京に赴き 安藤記念教會でクリスト教式で結婚式が行はれたのに立合う。昼は帝国ホテルで披露の宴あり。自分は仲人とあって型の如く御挨拶。一寸肩がこった。結局一日がゝりであった。

❖**一一月二四日（水）** 昼チャドウィックとアラスカで會食。ロンドンの話を聞かせてやった。

❖**一一月二五日（木）** 午前ビルマ代表と米買付の會議。夕方は英大使館で折柄訪日中の英議員団のためのコクテイルがあったのに参加。此の一行の中ホロビン氏は自分も知って居る仲であり昼飯の約束をした。

❖**一一月二六日（金）** 夕方東京會館でビルマの米買付代表団を自分が招待してコクテイル。

❖**一一月二九日（月）** 昨日の暴風雨は何処のことかと云った様な快晴の初冬。

❖**一一月三〇日（火）** 昼楊雲竹君夫妻と林定平君夫妻を「宝屋」に招んで歓談しつゝ會食、面白かった。

❖**一二月一日（水）** 国會が始まった。今日は九時までに品川の外相官邸に駆けつけ来日中の英国議員団八名が岡崎外相と會見したのに立會い。自分も当面の日英間の経済問題について三、四十分喋りまくった。調子悪からず。十時半から正午まで国會。昼飯はセイロンの公使と「椿」で御座敷天ぷら。夜は外相官邸で英議員団のためのリセプションを催したのに出席。

❖**一二月二日（木）** 昼「椿」で英議員の〔イアン・〕ホロビン氏と〔J・E・〕チャドウィック君を招んで會食。ホロビン氏はランカシャー出身の議員で自分は〔ウィリアム・〕ティーリングに紹介されたし日英取極後の議會に於ける討論で同氏の公正な立論には敬服したものである。

❖**一二月三日（金）** 昼ビルマの大臣、ホーミンガン君と會食。目下米の売込のため来訪中でビルマで最年少の大臣だ相で廿六才で八年前に就任したのだ相だ。夜は日英會談が昨年本日ロンドンで開催されたことを記念して自分が主人役となり玉置、牛場、鈴木、伊原、東条、平井、中山、須部〔須之部〕の諸君を招び楽しく且つらかった一年前を想起しつゝ「宝屋」で會食した。

❖**一二月四日（土）** 昼は研修所時代の大森君のクラスの連中で在京の六人を招び會食。彼等も成長して立派な事務官になった。

❖**一二月七日（火）** 昼「宝屋」で英国大使館の日本語官補四

名と英国に在勤した外務省に居る若い事務官四、五名を自分が招待して會食、面白かった。

❖一二月八日（水） 昼東京銀行の二見〔貴知雄〕総裁〔頭取〕に食事に招ばれた。午後帝国ホテルで米大使館員とコクテイル。その後イタリヤの商務参事官にブフェに招ばれる。

❖一二月九日（木） 昼 チャドウィック君に招ばれた。P.&O.の社長のアンダーソン氏が来邦したのでこの食事。夕方はイタリヤとの通商會談が一応すんだので次官主催のコクテイル。終って麻生氏邸にも一寸顔を出して食事に参加出来ぬことを述べてから隆と共に英国大使館へ食事に行く。デニングがスペインの大使やカナダ大使を招んで居た。鳩山〔一郎〕内閣成立。外相は重光氏。

❖一二月一〇日（金） 午後イタリヤとの貿易覚書に調印（〔ブラスコ・ランザ・〕ダイエタ大使と奥村〔勝蔵〕君）。

❖一二月一一日（土） 午前エジプト通商使節団と會談。昼は奥村次官主催のエジプト使節団のため昼食會を東京會館で催したのに出席。

❖一二月一三日（月） 午前エジプトの通商使節団と會議。昼如水會で十五門會のクラスの連中と會食。夕方は帝国ホテルで岡崎前外相夫妻のリセプション。更に英大使館員ヘルプス君のリセプションにも出た。

❖一二月一四日（火） 昼 正田英三郎、得一郎両君に「竹葉」に招待され會食。夜、大学の昭和四年會の忘年會に出る。皆今が働き盛り。會社の重役といったところが多い。

❖一二月一五日（水） 昼米国から帰任のウエアリング君を「椿」に招待して會食。

❖一二月一六日（木） 午前国會に呼び出される。昼は法務庁の戦犯事務関係者に松本楼に招待される。夜は青木〔理〕三重県知事が「亀清」に南米使節団の一行を招待。岡崎氏の外、高碕〔達之助〕、伊藤、古沢といった顔ぶれ全部出席。これから年に一回十月五日（サンパウロに向け出発の日）會合を持つことに打合せた。

❖一二月一七日（金） 夕方は次官官邸に部の忘年會あり。

❖一二月一八日（土） 午後大平君の依頼で国立の大学へ行き外交官志望者五、六十名のために一席講話した。国立の冬は寒むざむとして居た。

❖一二月二〇日（月） 朝早く家を出て九時十五分の雷門発電車で足利へ行く。長雄二君も同行。素晴らしい天氣。十一時すぎ足利着。長氏宅で少憩の後足利銀行の楼上で食事。終って信用組合の二階で経済クラブ員三十名位を前にして英国の話をする。暖い日であった。

❖一二月二一日（火） 昼黄朝琴氏に日高〔信六郎〕氏も誘って會食。同君は自分が南京に居た時分外交部の職員であった。今は台湾省政府の議會議長とか。久しぶりで南京時代の會談暫し。夜は次官の新聞記者を招待したお茶の會に出てそれから帝国ホテルにビルマのボーミングワン氏のコクテイルに出て更に夜は隆と共に米大使館の宴會に出る。今日は駐日米国陸海空三軍の司令官に、旅行中のスペルマン大司教が来て居た。

❖**一二月二二日（水）** 午前中国會の予算委員會。昼は芦野氏と東京クラブで會食。

❖**一二月二三日（木）** 昼セイロン公使主催の［ジョン・］コテラワラ、セイロン首相歓迎宴がテイトホテルで催され自分も末席に参列。夕方は光輪閣で自分主催のＦＡＯのカードン氏のためのコクテイル。

❖**一二月二四日（金）** 昼新聞記者約十名を「宝屋」に招んでスキ焼をつゝき乍ら自分招待の忘年會。クリスマス・イーヴとて早く帰る。

❖**一二月二五日（土）** クリスマスだが登庁。エジプトのミッションが帰国の挨拶に来たのに応酬したりビルマの米取極に調印したり。昼はエジプト大使の東京會館に於ける招宴に出たりで忙し。

❖**一二月二六日（日）** 昭和二十九年を回顧する。二年半の英国生活を終へて日本へ帰って来た年である。一月の日英會談が成功裡に妥結したことは嬉しかった。それから淋しい一人者の生活が三月までつゞき四月早々日本で家族とレユニオンした。久しぶりの日本勤務である。公使の肩書は持って居り奥村、武内両君と共に大体本省の仕事や人事を決定するに重きをなし仕事は可なり愉快であった。夜の宴會は出ないが昼は各般の約束で結構御馳走をたべた。仕事も要領よくさばいて居る。夏の片瀬は海でエンジョイした。十月予ての計画の通り岡崎外相に随行して南米へ旅行したが始めて見る国とて此の旅行は楽しかった。吉田首相の外遊に関聯し最後の瞬間に英国へ出張を命ぜられ十日程英国に滞在したのも面白かったし仕事を愉快にやってのけた。帰国後政変あり重光外相となったが、これは全くの側近外交。本省の幹部はすっかり棚上げ。余り愉快でなくなった。さて自分の本省勤務も何時までつゞくやら。

なほ読売新聞は昭和二十九年の重大ニュースとして左の通り発表した。

（1）洞爺丸の遭難
（2）ビキニの被災
（3）陸運造船保全汚職
（4）乱斗国會
（5）近江絹糸争議
（6）二重橋事件
（7）吉田首相外遊
（8）相模湖の惨事

(9)吉田内閣去り鳩山内閣成立
(10)李徳全ら来訪

❖**一二月二七日（月）** 昼 経済局の課長連と「宝屋」でスキ焼をつつき乍ら忘年會。夕方は米国から〔クレアンス・〕マイヤー氏が公使として来任したので帝国ホテルで関係事務当局のコクテイルあり。

❖**一二月二八日（火）** 昼は「椿」に隆と共にバッシン夫妻を招いて會食。午後は山屋のおばあさんに暮の挨拶に行きそのまゝオースティンで隆と共に帰宅。今日は御用納めである。

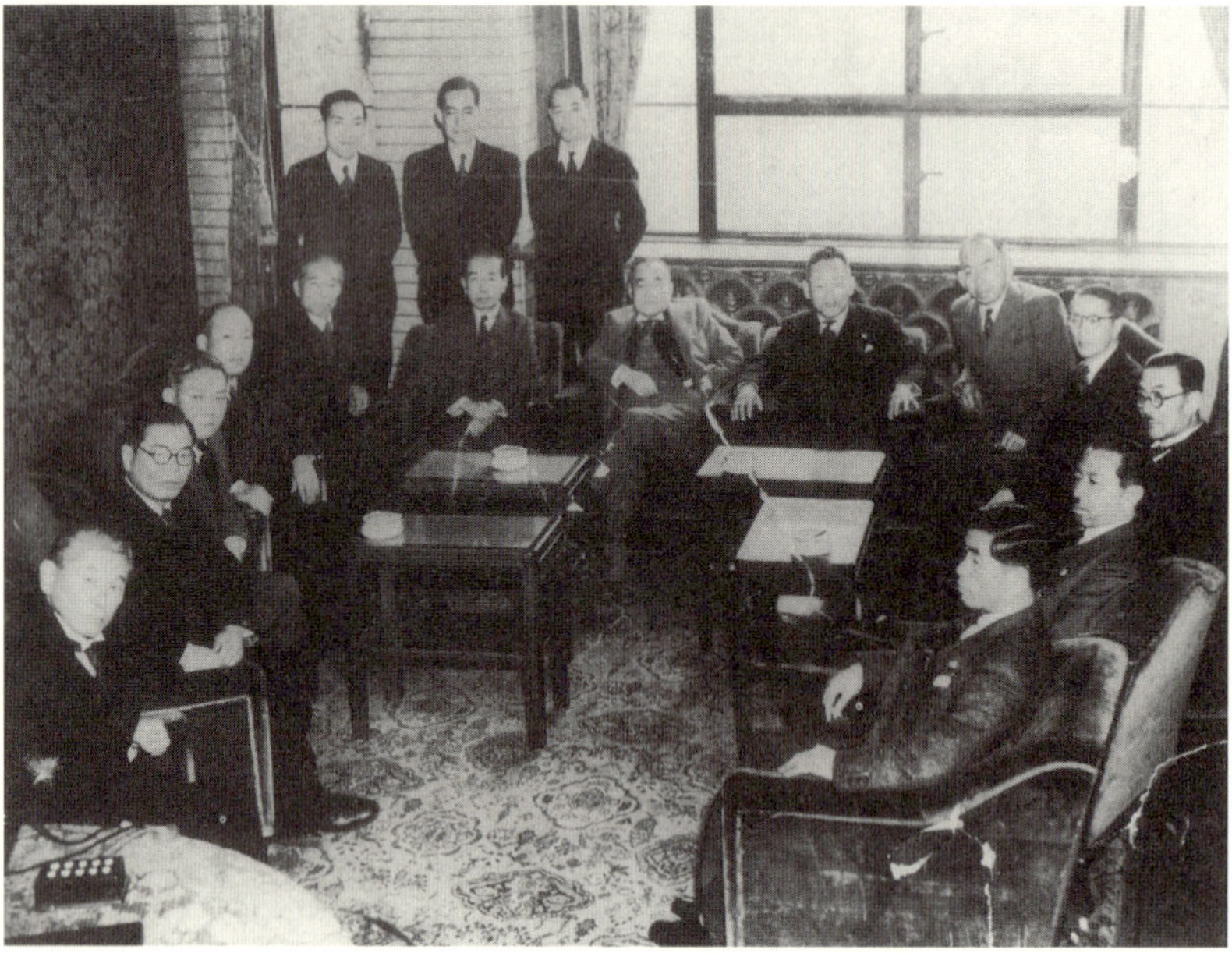

❖一九四九（昭和二四）年、第二次吉田茂内閣の閣僚たちと。中央に足を組んだ吉田首相、その右隣には厚生大臣兼副総理であった林譲治の姿も見える。後列で立っている三人が左から郡祐一内閣官房次長、佐藤栄作内閣官房長官、連絡調整中央事務局の長官であった朝海。

7／27	朝鮮戦争休戦
8／8	ソ連、水爆保有を宣言
10／1	米韓相互防衛条約調印
12／25	奄美群島日本復帰

1954（昭和29）

3／1	第五福竜丸事件
7／1	自衛隊発足
9／26	吉田茂首相、欧米訪問（〜54/11/17）
10／13	岡崎勝男外相等、ブラジル・サンパウロ市400年祭に出席
11／24	自由党鳩山派と改進党が合同して日本民主党を結成
12／10	第1次鳩山一郎内閣成立（〜55/3/19）

▲

1955

昭和30年

▼

2／8	ソ連マレンコフ首相辞任
27	第27回衆議院議員総選挙（日本民主党：185、自由党：112、社会党左派：89、社会党右派：67ほか）
3／19	第2次鳩山一郎内閣成立（〜11/22）
4／7	英首相にアンソニー・イーデン（保守党）就任（〜57/1/10）
18	インドネシアのバンドンでアジア・アフリカ会議開催
5／14	ワルシャワ条約機構結成
9／10	日本、GATTに正式加盟
10／13	右派と左派が合同し、日本社会党再統一
11／12	西ドイツ再軍備開始
14	日米原子力協定調印
15	自由党と日本民主党が合同し、自由民主党結成（保守合同）。55年体制の幕開け
22	第3次鳩山一郎内閣成立（〜56/12/23）

1956（昭和31）

1／27	東ドイツ、ワルシャワ条約機構に加盟
2／25	フルシチョフがスターリン批判
5／9	日比賠償協定締結
15	日ソ漁業条約調印
7／8	第4回参議院議員通常選挙（自由民主党：122、日本社会党：80、緑風会：31ほか）
26	エジプト、スエズ運河の国有化を宣言
10／19	日ソ共同宣言により日本とソ連の国交正常化
23	ハンガリー動乱勃発
29	第2次中東戦争（スエズ戦争）勃発
11／2[illegible]	メル[illegible]ルンオリンピック[illegible]12/8）
12[illegible]	石橋[illegible]山、自由民主党総[illegible]、石井光[illegible]

1955

❖**一月一日(土)** 風のない麗らかなお正月である。四年ぶりの日本のお正月である。国旗を掲げる。家族そろって楽しく雑煮を祝う。午前一同オースティンで鎌倉八幡様へ行く。相当な人出。海岸の道路もほとんど出来上って、ドライヴは快適。昼は年賀状の返事を書いたり。夕方は藤沢へドライヴ。子供と共に海岸でジェット・エンジンの玩具を飛ばす。夜は一同茶の間でカルタをとったりラヂオを聞いたり。平和なお正月である。

❖**一月二日(日)** 今日も快晴。近所二、三に挨拶廻り。今年は門松も立てないし挨拶も答礼をしたのみ。帰途逗子に曽禰〔益〕君を見舞ふ。夜は子供とカルタをとったり、トランプをしたり。

❖**一月四日(火)** 十時頃登庁。幹部諸君はもう出勤してゐた。今日は四時半から名刺交換會があるのだが昼神田に一寸顔を出して御馳走になりあとは早々と帰宅。

❖**一月五日(水)** 夕方丸ノ内ホテルで外相主催の外務省員の新年宴會あり。隆と共に出席。

❖**一月六日(木)** 昼はシャーヘンバーガー神父と梁瀬神父とをお座敷天ぷらに招待。夜は「星ヶ岡」に玉置〔敬三〕氏(前商工次官で現在東芝重役)に招ばれ東条〔猛猪〕・牛場〔信彦〕君等も出席。ロンドンの協定話に話がはづむ。

❖**一月一〇日(月)** 一〇日は昼〔J・E〕チャドウィックと英大使館内の同君家で會食。

❖**一月一一日(火)** 一〇日《ママ》の昼は東洋紡と日本毛織(肥田氏)の人々がロンドンで世話になった礼とて赤阪〔坂〕の料亭で御馳走をしてくれた。

❖**一月一二日(水)** ロンドンタイムスの東京特派員のハーグローヴという若い男が訪ねて来て日英関係を話す。昼は旧海軍の芝、森下、宮崎の諸君を「宝屋」に招んで會食、往時を懐古す。午後は経審に高碕〔達之助〕氏を訪ねて余剰農産物に関する対米方針につき打合す。

❖**一月一三日(木)** 昼は夫婦で楊雲竹君夫妻や林定平夫妻と支那料理を囲む。楊君の招待であった。外務省の第一次大巾人事異動が発表されて新聞は仲々賑やかである。

❖**一月一四日(金)** 昼の幹部會には久しぶりで大臣も顔を出して話がハズむ。五時半から「花蝶」で半月會のメムバースが経済局を招待してくれたのに出席。夜は瑞典《スウェーデン》公使のラーゲフェルト夫妻の招待が「光輪閣」であったのに隆と共に出席。仲々賑やかな會であった。

❖**一月一五日(土)** 成日〔人〕の日とて休み。家で一日大工や土方。三時からは茶の間で大相撲を楽しむ。春場所七日目。テレヴィジョンで見る相撲はまことに楽しいものである。

❖**一月一七日(月)** 昨夜遅かったが今日は東京會館へ十時に出席。高碕経審長官と共に余剰農産物処理の會議をする。

相手方は〔クレアレンス・〕マイヤーと〔フランク・〕ウェアリング。自分が日本側としては主として喋ったが気持ちよくやれた。昼は伊藤忠兵エさんが武内金平さんやらの一家を招待したのに自分も参加。御馳走になる。

❖**一月一八日（火）** 昼はウェアリング君の邸で會食。夜は通産省に出向いて居る外務省出身者を自分が招んだ。

❖**一月一九日（水）** 昼はタイムスの東京特派員というハーグローヴという若い記者に秋山〔光路〕、大森〔誠一〕も参加させて昼食。

❖**一月二〇日（木）** 夜五時から七時まで外相が丸ノ内ホテルに著名日本人や外交團を招いたのに主人側として出席。

❖**一月二三日（日）** 日曜だけれども国會があるので大臣の介添役に局長全部出席。但午後二時頃で見究めがついたので帰宅。本日午後国會は解散された[1]。

❖**一月二五日（火）** 昼飯は中村嘉壽氏と床次〔徳二〕政務次官とを招んで「椿」で會食。夕方は〔J・グラハム・〕パーソンス氏宅でコクテイル。

❖**一月二六日（水）** 昼はウェアリング君邸に招ばれる。同君と交渉のある局長級の人々が招ばれて居た。

❖**一月二七日（木）** 夜八時から佛国大使館参事官のデュマール君の大森の邸に招ばれる。曽禰君が同席してゐた。

❖**一月二八日（金）** 昼マイヤー氏に山王ホテルに招ばれた。御苦労様に多忙な石橋〔湛山〕通産大臣や高碕経審長官、日銀総裁新木〔栄吉〕氏も出席してゐた。

❖**一月二九日（土）** 昼は「ちらく」で伊原〔隆〕君が日英會談関係者を招んでくれた。昨年の本日日英協定がロンドンで調印されたのである。土曜日で一同ゆっくりと打とけて會食。食後は英国滞在時代伊原君の撮ったカラー・フィルムを楽しんでロンドンを偲ぶ。

❖**一月三〇日（日）** 日曜だが高碕氏が米国人を招んだのに御相伴させられた（夜「新㐂楽」で）。〔モーリス・〕ハンケー、〔ロバート・〕クレーギーが勲一等（旭）、〔エドワード・〕クロー、〔フランシス・〕ピゴットが勲一等（瑞）に叙せられたので祝いの手紙を出して置いた。

❖**一月三一日（月）** 午後チャドウヰック来省。日英會談の件で打合せた。

❖**二月一日（火）** 昼「ちらく」で三浦、小野、田中といった昔の友人と會食。小野病んで昔の面影がないのが淋しいが歓談一しきり。

1――鳩山一郎首相が正式に国会を解散したのは一月二四日午後の衆議院本会議中であった。

❖**二月二日（水）** 東京會館で奥村〔勝蔵〕、武内〔龍次〕の両君と三人で會食。最近の本省の空気を批判的に眺めて面白かった。

❖**二月三日（木）** 帝国ホテルで三浦〔文夫〕君と會い、同君の外務省復帰問題につき話した。

❖**二月九日（水）** 和夫試験第二日オースティンの威力を発揮して学校へ行く。電車なら一時間半見なければならぬが四十分で行ける。夜は新丸ビルのポールスターでロンドン會あり。〔ゲオルギー・〕マレンコフが更迭して〔ニコライ・〕ブルガーニンが総理となった旨、夜のラヂオで放送された。尚今日はLord Hore Belishaが来日したのを昼重光〔葵〕氏が三井クラブに招待したのに陪席した。

❖**二月一〇日（木）** 昼法華津〔孝太〕君と會食

❖**二月一五日（火）** 昼今度米国へ転任の五課長大畑〔哲郎〕君の送別會。夜はイスラエルの公使リントン君に夫婦で招ばれた。秩父宮妃〔勢津子〕も来て居られた。

❖**二月一六日（水）** 問題の米大使館の農業アタッシェ、ラデヂンスキー君が今度北佛印へ転任になるというので挨拶に来た。昼ロイターのコール君が来日したので招待。

❖**二月一七日（木）** 昼、石黒君と會食。同君は又ヂュネーヴへ関税交渉に行って貰うこととなった。

❖**二月一八日（金）** 日本のガット加入が又怪しくなったので今日はオランダやベルギーの商務官を呼んで申入を行ったり忙しかった。午前はマイヤーとウェアリングの両氏が来訪、余剰農産物に関し日本の希望を容れ得ない旨の回答あり。

❖**二月一九日（土）** 午後隆と和夫の先生に禮に藤沢へ出かけ帰路は焼けた「恵みの園」の養老園へ行って見たが殺風景な部屋に並べられた九十九の柩を見ては胸のつまる思いがした。

❖**二月二一日（月）** 日英取極を暫定的に三ヶ月延長する交渉が外務省で行はれ、英側はチャドウィック君が首席になって會合。

❖**二月二三日（水）** 午前、新次官に内定して居る門脇〔季光〕君に事務の報告をする。昼は秩父宮妃が隆と自分とを新築の御殿に御招び下され日本食の御馳走。相客は松平信子夫人と松平一郎氏。御殿は広い庭には一寸釣合いのとれぬ観あり。夕方は四時から日英會談があったので帰宅は平常より遅れた。

❖**二月二四日（木）** 昼タイムス特派員のハーグローヴ君に桜ヶ丘の自宅に招待された。日本家屋に住んで居る。自分一人の接待。歓談しばし。

❖**二月二五日（金）** ハーグローヴが訪ねて来たりノルウェーの公使が来たりで仲々忙し。

❖**二月二七日（日）**　薄曇りであるが暖い。此の頃は日も長くなったし春が来たと言ふ感じが強い。今日は総選挙〔2〕。午前中に支所に出かけて隆と共に投票をすます。自分は岡崎〔勝男〕氏に投票。同氏は今度は危いという声が強い。午後は海辺を自転車を飛ばせて散歩。運動不足を補うため。

❖**二月二八日（月）**　夜幹部のみ夫妻同伴で芝白金の新次官官邸に立食の會あり。奥村旧次官を送り門脇新次官就任挨拶のためである。

❖**三月一日（火）**　越ヶ谷で鴨猟あり。今日は〔ジョン・〕ハル、〔ウィリアム・〕カラハン、〔アール・〕パートリッチといった在日米陸海空の首脳者を宮内庁が招待しての鴨猟であった。天気はよく温かかった。それだけに余り大した猟はなかった。隆も同行。自分は人数の都合で網を振はなかったが隆は参加。猟後鴨のスキ焼に舌鼓みを打つ。高松宮妃〔喜久子〕殿下が中心となって居た。午後は外務省に出勤。奥村、門脇旧新次官の挨拶あり。自分は省員一同を代表して旧次官に謝辞を述べ新次官に歓迎の辞を述べた。

❖**三月二日（水）**　夕方米大使館員と月例のコクテイル。本會の中心であった武内君は今度ベルギーの大使として赴任するのでこれが最後の會合であった。

❖**三月四日（金）**　午前エカフェ會議に関する事務打合あり。最近はもう自分の転任も迫って居るので経済局の仕事はほとんどして居ない。エカフェ関係の書類をよむので大忙しである。

❖**三月五日（土）**　午前十時から十一時まで経審長官を助けて同長官の官邸でマイヤー及びウェアリングと余剰農産物問題で會合。

❖**三月六日（日）**　夕方藤沢羽鳥に岡崎氏邸を訪ねたが御夫婦とも不在。

❖**三月八日（火）**　午前エカフェ會議の打合せ。正午はパーソンス君に昼飯に招ばれた。夜は隆と共にライダー大佐のブフェ・ディナーに招ばれた。

❖**三月九日（水）**　午後日英會談の件でチャドウキック君と會談。昼はセイロン公使にテイト・ホテルに妻と共に招ばれる。自分達夫婦を特に招んでくれたものである。夜は門脇新次官と共に日石の宴會〔柳橋のうのき〕に招ばれ、途中で切り上げて七時半から米大使館の宴會に臨む。〔ハロルド・〕

2——第二七回衆議院議員総選挙。過半数には届かなかったが大勝した民主党が第一党になり、自由党は惨敗。朝海が投票した自由党の岡崎勝男（神奈川県第三区）も落選した。

スタッセンを主賓としての食事で日本側から外相、蔵相、通産相、経審長官等が出席してゐた。

❖**三月一〇日（木）**　昼は英国へ行く須ノ部〔須之部量三〕君とジャカルタから帰って来た藤崎〔萬里〕君を誘い三人で會食。夜七時から丸ノ内ホテルで重光〔葵〕外相がスタッセンのための食事。なほ今日はスタッセンが経審長官と十時から十一時半まで會談したのに通訳を買って出た。流石に少し疲れたがこういう仕事をして置くことはプラスになる。

❖**三月一一日（金）**　午前スタッセン滞日中に確めねばならぬことがあるので方針に反し米大使館にウェアリング君を訪ねた。

❖**三月一四日（月）**　午前ウェアリング君来訪。中共貿易や明日からのエカフェ會議に付打合わせた。午後エカフェの會議で乗り込んで来た事務総長の〔パラマデ・〕ロカナサン氏が訪ねて来た。夕方三菱が帰朝新任の大公使を招んで居るのに同席し、夜は隆と共に独代理大使ノルテ君の食事に招ばれた。車で帰宅したのは十一時半頃。

❖**三月一五日（火）**　エカフェの會議が大手町の産経會館の五階で開かれた〔3〕。會場は国連加盟各国の旗が並んで美しい。ロカナサンが假議長席に就き假議題を採択して議長選挙になる。自分はホスト・カントリーの代表として議長に選出されることを予想して居たところ、インドが名乗りを揚げたという情報が入って来て形勢混沌となる。會議を休會として各国協議したが意見まとまらず。開會五分位前に自分は米英、インドネシア、蘭等の諸国の代表に呼ばれ君が議長をインシストするなら各国とも支持すると言はれ言外に議長辞退が然るべしとサジェストされ、日本全権団の同僚とも協議の上、辞退の意を表しインドをプロポーズすることに打合せた。開會後インドを提案したところこれにはビルマ、パキスタン、シナ等が反対を唱へ、一寸紛糾した後、結局巧い工合に日本に落付いたのが午後の三時。これは誠に好都合であった。夕方は外相と通産相主催の各国代表のためのコクテイルが東京會館で開催された。

❖**三月一六日（水）**　午前中チェアマンの椅子に坐る。今日は冒頭、ドラフティング・コミッティの指名を議長が行ったことから選に洩れた国が騒ぎ出し約一時間もめて議長一寸あわてる。その外は無事。正午は東銀の二見〔貴知雄〕頭取に招ばれる。松本〔俊一〕大使が主賓であった。夕方濠州の小麦ミッションのコクテイルが帝国ホテルで行はれる。

❖**三月一七日（木）**　今日は日本のコテヂ・アンド・スモール・スケール・インダストリースの報告につき論議したので自分も討議の始めにイントロダクトリーの発言を行い、終りにしめくくりの発言をして一寸議長の貫録〔禄〕をつけた様な気がした。椅子に坐っても少し落付いて来た。議事の速度も満足である。

❖**三月一八日(金)** 午前エカフェ。昼は「ちらく」でクラス會。オーストリアへ行く大野〔勝巳〕、サンパウロへ行く磯野〔勇三〕、イランに行く山田〔久就〕、沖縄から帰って来た三浦〔文夫〕それに東京組の原〔馨〕と自分が参加。十三名のクラスのうち六名である。午後も會議は続行したが夕方の五時から副議長のフィリピン代表に席を譲って彼の顔も立てた。夕方椿山荘の安東〔義良〕ブラジル大使カクテイルに臨み更にカナダの小麦ミッションのカクテイルにも顔を出した。

❖**三月一九日(土)** 午前中で會議を終る。三時頃隆と共に有楽座で映画を見て六時からの松本大使私宅での御馳走に参加。大野君送別のための會であった。

❖**三月二二日(火)** 昼はインド代表部が各国首席全権を食事に招待。會議は順調に進行。夜は自分主催のコクテイル。終ってロカナサン主催の各国全権のための食事。帰宅は十一時半になった。流石に疲れた。

❖**三月二三日(水)** 昼帝国ホテルで湯川〔盛夫〕君と會食し午ら事務の引継を終へる。

❖**三月二四日(木)** 會議は十一時に開會。今日は最後の日でドラフティング・コミティのリポートを採択する段取で議長は仲々の大仕事。ソ聯代表が修正案を出したりで大分ゴネたが自分も手際よく捌いて進行せしめそれでも會議を終了したのは二時で流石にホッとした。フィリピン、パキスタン、インドの代表から議長を讃へる型の如き挨拶あり。自分がこれに応へて終幕。昼は帝国ホテルで米国代表団の連中と會食。

❖**三月二五日(金)** 午前會議の模様を本省幹部會に報告。昼はカナダの小麦代表団と正田〔得〕〔得一郎〕氏を「宝屋」に招んで會食。午後はチャドウヰックと會談したり、高碕氏と総會につき打合わせを遂げたり。

❖**三月二六日(土)** 今日は土曜日だが休む。雨が降ったり、曇ったりの天気。午前中来週から始まるエカフェ総會の書類に目を通す。夕方東京へ行く。九時からNHKのテレヴィに出てくれというので藤瀬〔五郎〕君と約十分エカフェ問題で対談。その後藤瀬君はロカナサンと又十分程対談。

3——エカフェは一九四七年に設立された国連経済社会理事会の下部組織。一九五五年三月一五日から三月二八日の間、東京において第七回産業貿易委員会および第一一回総会が開催された。二十数か国の大臣大使級が出席し、当時としては戦後日本最大の国際会議であった。産業貿易委員会では日本政府代表の朝海が議長を務めた。

自分にとってテレヴィは最初の経験であった。撮影前に化粧室で褐色のパウダーを塗って準備する。和夫も見学に連れて行った。

❖**三月二七日（日）** 久しぶりに天気となる。子供が学校を卒業したり進学したりのお祝いにオースティンで箱根の富士屋ホテルに行き食事する。夜は「椿」で来訪中のブランデン氏夫妻を招ぶ。伊原夫妻も同席。

❖**三月二八日（月）** 今日からエカフェは総會になる。二階の講堂で鳩山〔一郎〕首相の挨拶あり。コミティよりは一段上級の各国代表が集まって居るわけである。日本代表は高碕氏。引きつゞき五階の會議場で議長に高碕氏を選出。副議長はインドの推すインドネシアとフィリピンの推すパキスタンと対立して結局此の両代表が二人副議長となる。インドネシアはアスマウンが来て居るしパキスタンはカレリという商務長官が出席している。午後ロカナサンの提案を各国代表で審議。夕方は椿山荘で外相のコクテイル。但生憎の雨で戸外へは出られなかった。

❖**三月二九日（火）** 昼台湾代表の銭〔昌祚〕氏の外楊雲竹君も招いて「椿」で會食。銭君からは大籠のバナナを貰った。夕方は丸ノ内ホテルで外相が比島の賠償団を招んで居るのに顔を出す。毎日忙し。

❖**三月三〇日（水）** 此の頃のエカフェはエカフェ地域内の各国の経済状勢に関する事務局報告を中心として各国代表の演説がつゞいて居り今日は午前中二番目に発言して自分が日本の意見を述べた。卅分以上かゝると思はれた原稿だが二十二、三分で終ったので少し早口であったかも知れないと心配した。内容が極めて優秀であったので満場が傾聴して居たし自分の演説後又カクテイルの席等で「調子の高い内容でエカフェでは惜しいエコソック級である〔4〕」とか「日本の代表があんなに積極的に発言したのは始めてだ」という様なお世辞もあらうが讃辞を聞いて嬉しかった。ガレリーには隆、俊夫、明子が傍聴してゐた。終って外務省にかけつけ日英取極にサインしてチャドウィック君と公文を交換する。夜は濠洲大使館でコンモンウェルス代表者のカクテイルあり。夜は更に三浦〔文夫〕君夫妻とも會食。

❖**三月三一日（木）** 會議は各国の経済状勢の演説が終って峠を越した観あり。昼ビルマ代表と「椿」で會食。夕方はICC〔国際商業会議所〕のコクテイルから武内君の送別コクテイルに廻り更に八時からブレイン君の晩さんに隆と共に出席。帰宅は十二時をすぎる。此の頃は毎日の雨で入梅のよう。桜の花はすっかりほころびて大船の観音附近は車窓から満開の様子である。日本の桜を見るのは四年ぶり。

❖**四月一日（金）** 正午、帝国ホテルでパキスタンの代表が各国代表を招んだのに出席。會議で今日は交通問題で発言した。夕方はセイロン公使の結城〔司郎次〕新任セイロン大使送別のコクテイルに出て又光輪閣のエカフェ協會のコクテイル更に夜は隆と共に〔ダニエル・〕レヴィ佛大使の晩さんに出る。フランスに招ばれたのは始めて。秩父宮妃が主客で佐藤尚武、芦田〔均〕といった顔ぶれ。

❖**四月二日（土）** 午前中會議。吉次君と共に同君の車で帰宅。家族と共に吉次君の車二台で湘南金沢の東急車輛へ行き見学。終って家族一同吉次氏家族と共に「磯子園」というところで桜を見乍ら會食。御馳走になる。子供は大喜び。

❖**四月四日（月）** 昼　オランダの代表が各国代表を招んで食事。會議は峠を越してややダレ気味の観あり。今日も雨天。委員會と総會とで合計四週間は少し長すぎる。夕方は三井クラブで高碕代表のコクテイル。自分も主人側で並ぶ。

❖**四月五日（火）** 昼は中国大使館の商務参事官王氏夫妻に銀座飯店に招ばれて會食。席上永井三樹三君の訃報を聞く。同君が胃癌で百方療養中のことは周知なので再起は不可能とは思ったが、イザ悲報を聞くと気の毒でならない。隆と共に五反田の永井邸に赴き未亡人や堀田夫婦に悔みを述べた。夜は山王ホテルで米代表のブフェ。終って米大使が全権団を帝劇のシネラマに招待。

❖**四月六日（水）** 今日は議事がないのでゆっくり出勤。毎日新聞のN.J.B.で約十五分間「議長席から見たエカフェ」という題で放送を吹き込む。昼は永井君の告別式。終って後中国大使館のブフェに出席。午後は早く帰宅して鎌倉山の桜見物。夕方は〔ウィンストン・〕チャーチルが引退したというビッグニュースに関聯して讀賣新聞へ「チャーチル引退の空白」という寄稿を書いたり明日の総會終了の挨拶を書いたりで仲々忙し。

❖**四月七日（木）** エカフェの會議は今日で終了。正午終って各国代表の議長に対する謝辞や日本政府に対する謝辞あり。自分も十二、三分答礼の辞をユーモアたっぷりに述べた心算。終って印度代表の會食があり出席。それから外務省にかけつけてバンドン行きに備へて注射をしたり、寫真を撮ったり大忙し。三時から五時まで総理官邸で総理主催のエカフェ代表のためのリセプションあり。好天に恵まれ一同芝生の上で交歓。自分も四週間ぶりで解放された気持ちとなりノンビリ帰宅。明日の旅行の準備をする。

4――エコソックとは国連経済社会理事会（ＥＣＯＳＯＣ：United Nations Economic and Social Council）のことであり、エカフェ（ＥＣＡＦＥ：Economic Commission for Asia and the Far East）の上部機関である。

❖**四月一一日（月）** 和夫の入学式なので隆と三人オースティンを栄光に駆る。そのまま自分は横須賀から本省へドライヴ。途中車の前輪がパンクしタイヤの取替が出来ず閉口したが幸い桜木町附近だったのでガラーヂの人を頼んで取り替えた。オースティンにとっては最初の事故であった。昼はエカフェ會議に関係した川崎〔河崎一郎〕国協局長以下を招待して「新雅」で會食。夜は日経聯が帰朝大公使東京會館に招んだのに出席。

❖**四月一二日（火）** エギクイストの知り合のステルターといふお医者さんの夫婦が京都の医学大會に出席しての帰り東京に立寄ったので「椿」に招待、會食。午後は高碕氏を中心に外務省でアジア・アフリカ會議の打合せを行う〔5〕。

❖**四月一三日（水）** 昼は如水會館で斯心會を中心とした十五門會の連中が集って十七、八人クラス會兼自分の送別會をしてくれた。小船君が幹事役。自分から卅分程エカフェ會議の印象を話した。午後はチャドウキック君と會談したり、AA會議の打合せをしたり。

❖**四月一四日（木）** 午前中銀行へ行ったり、買物をしたり、床屋へ行ったりで旅行の準備。昼産経のレストランで三増君と會食。午後は若干の事務打合をして早帰り。

❖**四月一五日（金）** 午前中役所に行き挨拶をしたり最後の準備――といっても極めて簡単――をしたり。午後一旦家へ帰り、夏仕度に白靴。然し少し寒いのでレインコートを引っかけ片瀬の駅まで家族一同の見送りを受けて旅行に出発。早川からカーで羽田に着いたのは七時。例によって見送人はゴッタ返し。外相も高碕氏を見送りに来ていた。八時、シティ・オブ・ナラの日航特別機（これは南米行きのときの飛行機である）は離陸。スティワーデス二人は曽ての南米行、のときの人と同じである。九州附近に雷雲があったが離陸後一時間半位は可なりゆれて少し気持が悪くあれがもう少しつゞいたらば大事（?）を自分にとって引きおこしたかも知れない。

❖**四月一六日（土）** 四時頃（時差一時間だからローカル・タイムで三時頃）マニラに着く。眞くらで何も判らぬが卜部〔敏男〕君が出迎へてくれ一同海岸沿ひにドライヴしてホテルで一時間程少憩。再び機上の人となり暁方には早くもボルネオが下に見へる。ジャングルと強烈な日光が偲ばれる。ジャカルタに着いたのはローカル・タイム（マニラとの時差は三十分）の十時半頃であったらうか。飛行機にはインドネシアの外相その他の要人が出迎へに出て居た。強烈な太陽。一同接待場で冷い飲物を飲み乍ら汗をかく。こゝからバンドンまでは百八十キロあり。インドネシアの飛行機にのりかえて十二時出発。一時前にバンドンに着く。着いた途端に猛烈なシャワーあり閉口した。警戒のジープを先頭に立て車を連ねて夫々の宿舎に分宿。何しろ三十ケ国に近い国の代表団が集っているのでホテルには収容しきれず。日本全権団も分宿。吾々の宿は郊外の銀行の所有家屋とかいうことで、加瀬〔俊一〕、倭島〔英二〕、太田〔三郎〕、自分の四人は広い部屋ながら一部屋に追いこみである。バンドンは高地とて清涼。軽井沢の様な気がする。たゞ椰子が茂って居るのが違ふ。庭園も広く、虫がすだいて日本に居る気分もする。就寝には毛布一枚が要る程だし蚊も虫も居ないで快適である。

❖**四月一七日（日）** 昨夜は実によく寝た。美しい太陽がかゞやき鳥も啼いて朝は爽快である。十時朝飯をすませてから経済班の仕事にとりかゝる。今度の會議は経済問題が中心となり得ることが予想されるので大来〔佐武郎〕君と原稿をねる。食事は一同支那飯のまがいの様なインドネシア料理をシャツ一枚で卓を囲んでやる。ボート部の合宿の様な呑気さがある。午後はきまってシャワーがやって来る。午睡もするし水もかぶって一かど南洋式になる。附近を散歩する。カンナの様な眞紅な花が咲いて居るし猫の額の様な山地を耕して居り日本を思はせられる。

❖**四月一八日（月）** 愈々に今日から會議である。八時半までにコンコルディアという會議場に車を連ねて行く。會場には各国の国旗が並べられてあり——参加国は廿九ケ国であったが——軍隊と警官の警戒は厳重である。一同が着席して間もなく主催国のスカルノ大統領夫妻を先頭として各国の首席代表が場内に入り来り所定の席に着席する。インドの〔ジャワハルラール・〕ネールの顔も見へるし周恩来の顔も見へる。インドネシアの大統領が巧い英語で四、五十分雄辯を揮った。文章は仲々ハッタリに富み演説調であるが少し長すぎた嫌いあり。年齢は五十二、三の男で仲々精力的に見へた。次でインドネシアの首相〔アリ・〕サストラミリヨがエジプト、フィリピン、ジョルダン、支那等の代表に推されて議長席に就く。大統領の演説が終るまではインド、パキスタン、セイロン、ビルマの首相も登壇して居たが議長が選出されてから此等の人々も自国の席に就く。議

5——朝海は、一九五五年四月にアジア・アフリカ二九か国の政府代表がインドネシアに参集して開催されたA・A会議（バンドン会議）に全権公使として参加した。日本政府代表団は高碕達之助経済審議庁長官（政府代表）を中心に、代表代理の谷正之外務省顧問、加瀬俊一特命全権大使、太田三郎駐ビルマ大使、朝海、倭島英二インド公使、代表顧問の藤山愛一郎日商会頭ら三一名から構成された。

事は議事手續の点で少しもめて午前中は散會。午後は三時から再開した。各代表の演説をやり出すと長くなるので各代表とも発言は書きものとし余った時間を討論にあてようということをパキスタン以外の主催国が會議開會日の前日にとりきめた。ところがこれに対してはパキスタンやトルコが異議を唱へ自分達は正確に開會日の十八日に到着したのに開會前日のヤミ取引に拘束されるいわれはないというわけで一寸もめた。平素の面白からぬ関係の一つの表はれであらう。結局各代表希望する国は発言するということになり七、八の国を除いて演説をやることとなり高碕代表も明日日本語で加瀬〔俊一〕君が同時通訳をして一席やることとなった。

❖**四月一九日（火）**　委員會が経済と文化に分れ自分は経済委員會の日本代表とあって九時に會場（総會の席とは別）に赴く。午前中議事手續と議題で一もめもめただけで本論に入らず議事を採択して散會。此の間に本會議場で高碕代表は演説をした。午後は本會議場へ行く。シリヤの代表の話しは大したことなし。タイ代表の〔ワンワイタヤコーン・〕ワラワン殿下が立派な英語で且相当な雄辯で演説したがこれが午後の最高点か。可なり強く西欧陣営の色彩を出して居た。トルコ代表も昨日のイラク代表程ではないが反ソ的色彩をかくしては居なかった。次で発言を留保して居たCの頭文字の周恩来が満場の注目を浴びて登壇十五、六分喋ったが言いだしとしめくくりを二、三分大きな声の支那語で喋り中間の内容は若い英語の巧い支那人が喋りまくった。語調は協調的で、内容には乏しかったが要点は、（イ）国聯加入問題、台湾問題等で中共は公正に扱はれて居らぬが中共がアジア・アフリカ諸国と協調して行くことは可能と思ふ。（ロ）中共では宗教は自由であり現にこの全権団のうちにも回教徒も居る。（ハ）サヴ《マ》ーシヴ《マ》・アクティヴィティを問題にする人もあるが中国はさういう活動はやらぬ。自分等は他国の内政に干渉しないが他国が自国の内政に干渉することも許さぬ。ビルマ国境に国府軍が屯ろしたりして寧ろ内政干渉は他国がやって居るのだ。（ニ）支那の諺に「百聞は一見に如かず」ということがある。誰でも中国を視察したいという人があれば歓迎するといふ趣旨のもので演説中流石に一同シーンとして聞いたし演説が終ると強い拍手が起きた。但冒頭と會議の成功を祈るという所のみ支那語で自分が喋り爾余は通訳に英語で喋らした辺り仲々人をくったものである。五時散會。

　八時半から高碕さんに同行してネール首相を訪れ食事後、高碕さんの話の通訳をした。仲々立派な建物に住んで居る。ニコヤカにYour Excellencyという前言葉で高碕さんに話しかける。相客はジョルダンの代表二名でインド側からは外相とネールの甥というのが出席。インド人の召使がサーヴするお美《ママ》味しい西洋料理で卅前後（?）のネールのお嬢さん「インディラ・ガンジー」（この人も英語は素晴らしく上手である）というのがしきりに斡旋して居た。

食後高碕さんから自分を通訳として（一）鉄鋼業を中心とする日印協力の問題（二）ガット加入の問題（三）再軍備問題（四）対中共貿易の問題等について話し出し（尤も（四）はネールの方から切り出した）ネールは極めて明快な英語で質問に対しほとんど同席の輔佐者を顧みず細い数字まで挙げてテキパキと応酬して居たのは流石である。この人はつまらぬ話になるとソッポを向いて聞いて居ないことが明らかに看取された。食事の席上アガ・カーンの豪遊ぶりを面白く話したり、今でこそインドネシアも独立して居るが十年前まではインドネシア人の下僕は膝で歩きつゝ和蘭《オランダ》人の客の間にコクテイルをサーヴして廻らせられたものだ。周恩来は一見四十位に見へるが自分（ネール）は彼れとは一九二〇年代に會ったことがある。支那人の年齢は推測に困難である。などゝほとんど話題を絶やさなかった。同席のお嬢さんはほとんど食事には手をつけず、ネールが自分のバナナを半分に切って喰べろと勧めているあたり仲々家庭的でもあった。兎も角印象に残る相当な人物である。食事が終ったら十一時に近く、戸外は涼風がそよ吹き空も高く晴れ上りジージーという蝉の声も聞えた。報告を忘れぬうちに認めて就寝したのは十二時半であった。

❖**四月二〇日（水）** 九時から経済委員會が初まり午前中に大分能率を上げた。自分も十五、六分経済開発の問題で発言した。十二時帰館。水を浴びて一休み。午後は引きつゞき貿易発展の問題に移った。順調に進行。時々発言をして居るので起草委員會にも入った。政治問題の本會議も、文化の委員會も日本は起草委員會に入れず。

❖**四月二一日（木）** 今日は原子力の平和的利用の問題が審議された。自分は「広島で残忍なスロー・デスを［で］沢山の人が死ぬこと、長崎で硝子の破片でハリネズミの様になって男の子が死んだこと、水爆実験でも日本が最初の犠牲者であったこと」等を前提し、日本の全権がこの問題で一番発言の資格があることを述べ満場シーンと水を打った様に謹聴してくれた。タイの全権は自分の直後の発言の冒頭で日本に対し同情の意を表した。この発言は経済委員會で少し所を得て居らなかったかも知れぬが、言はなければ政治委員會等では言ふわけはなしと思い、思い切って発言した。今日で概ね仕事は終る。夜、倭島君と自動車で卌分程更に山を上ってレンバンという避暑地に赴き総領事館が確保してあるコテヂに泊まる。今までの様に部屋をシェヤーすることなく悠々と眠って楽しかった。立派なホテルである。

❖**四月二二日（金）** 毛布と厚い寝巻きを着ても暁方は涼しい位である。窓を開け放って空気を入れる。朝モヤがたゞよって陽が上りかけて居る。信州の高原の様な感じである。食事後下山。九時からの経済委員會に出る。正午は商工會議所（インドネシア）の連中と會食。午後一寸暇になったので政治委員會を傍聴して見た。コロニアリズムの問題でネールやシリア、トルコ、イラク等の代表が熱辯を揮っていた。英語も巧いし雄辯でもある。日本は谷〔正之〕さんが出て居たが例によって「機微だ機微だ」の一点張りで発言せず。やっと横からの勧めで一言モズ〳〵喋ったが喋ったら直ぐパキスタンの代表部から人がやって来てあれは何を言ったのか我々を支持したのかと聞いて来る始末。日本は問題が詰らなければクだらぬといって発言せず、大切な問題には機微なりとて発言しない。サイレント、スマイリング、スリーピングの三S。代表の面目を躍如とせしめて居る様で国威の揚らぬこと全くおびたゞしい（これで全権団の数は各国中第一）。発言をほとんどしないのは日本とゴルド・コーストだけだ相である。夜は大来〔佐武郎〕君と再びレンバンに来て泊る。

❖**四月二三日（土）** 午前午後傍聴。政治委員會の方は進みが遅い。午前は周恩来が平和七原則を論じて居た可なり熱のある調子であったが通訳が巧いけれども周の発言後間髪を入れずに喋り出さないため少しだれた。発言中、パキスタンはこうである、フィリピンはどうだ、日本の代表とも會った、トルコの代表とも食事した等、一、指摘して（然も指摘されたのは反共グループ）居たのは恐らく平和ゼスチュアの心算か。但し余りよい趣味ではないようだ。午後は南ヴィエトナムの代表がフランス語乍ら可なりの雄辯でヂュネーブ条約の問題をこの會議はとり上げる権限がないという趣旨を述べ　ヂュネーブ条約をとり持ったインドはインパーシアルであるべきにこの提案は驚ろいたと述べた。ネールはこれをつかまへてこの言葉は自分個人に対する侮辱であるのみならずインドに対するシーリアス・チャーヂである直ぐこの問題を討論するか、或はヴィエトナムの代表は発言を撤回して陳謝すべしと卓を叩き顔を嚇らめてヴィエトナムの席を睨みつけた。ヴィエナム〔ヴィエトナム〕の代表は幸にも自説を撤回せずディグニティを以て振舞い、その間議長のインドネシア総理は完全にインドの手下役をつとめたのであった。総じてネールは発言しすぎる。わずかのことでも直ぐ口を出して自分が會議の中心であることを認識せしめるに努めている様であり、南ヴィエトナムの代表を怒りとばしたのも相手を見て一芝居大国の総理の恐ろしさを示したものと見て差支あるまい。一寸不愉快な一幕であった。自分はパキスタン代表部の一人と話したのであるがネールの話し方は先生が未開野蛮の人々に説いて聞かせる感じがするのである。これでは他の国の代表を引っぱって行く徳はない。會議は今日中に終了せず。夜は倭島君と支那飯を喰ってからレンバンの山荘に泊る。

❖**四月二四日（日）** 午前、午後會議仲々もめる。自分はその間博物館（原人の模型あり）や植物園を見学。やっと六時すぎ話がついて七時から開會式の行はれたコンコルディアに一週間ぶりで戻って総會。決議を採択して各代表の五分を限りとする演説あり。ネールは例によって自分の演説に酔った格好ではるかに時間を超過。周恩来は通訳をつけたゝめ余り喋れず。但台湾問題に関し前日和平解決の声明をした関係もありネール以上に満場の注目をひく。パキスタンのアリは英語も立派だし。余り嫌味がないのでよい。〔カルロス・〕ロムロは仲々の雄辯。ライベリアの代表という黒人はゼスチュア、たっぷり。英語も巧い。但宣教師のお説教のようであった。高碕代表は枕言葉と結びだけ日本語でやり本文は加瀬〔俊一〕君が通訳した。終って近くのプリアンゲル・ホテルで主催国五ヶ国の首相が主催して各国代表を招んでのリセプション（此処のリセプションでは大統領の場合も然りであるが酒は出さぬ。食べものも質素。学ぶべきである）。総會が九時すぎに終った関係もあり一同リセプションは早々と切り上げ帰宅。ホッとした気持で就寝〔6〕。

❖**四月二五日（月）** 六時起床。七時半に高碕氏、倭島君の三人で自動車でジャカルタに出ることにした。他の一行は午後の飛行機。途中の道路よし。二、三回峠を越す。稲は苅り込んで居たり苗を植へたり様々の収穫態様。バナナの枝もたわわである。田に肥料をやらぬ相であるから恵まれた国土である。ボゴール（旧バイテンゾルグで総督の官邸のあったところ）の植物園を見学。旧総督官邸は現在は大統領の官邸で今日は大統領は周恩来とセイロンの首相をお客に呼んで居る由。此処を見物後又山へ引き返して食事。何しろ前駆に四人のM.P.の乗りこんだジープが走り背後に十二人のM.P.をのせたローリーがつくのだから大変な行列である。こんなことは生れた《ママ》始めてだし最後だらうと高碕さんは笑ふ。午後は近くの倭島君の山荘で昼寝をしたりプールで泳いだりで時間を消し、ジャカルタに着いたのは六時半。

6――バンドン会議中の四月二二日早朝に高碕代表が極秘裏に周恩来首相の宿舎を訪問、戦後初となる日中現職閣僚による直接会談が行われた。二五日には第二回会談も予定されたが、二四日に谷ら外務省幹部の反対で中止された。その際、朝海が高碕の説得に当ったようである（岡田晃『水鳥外交秘話』中央公論社、一九八三年、四二～五八頁）。

倭島君の官邸でリセプションあり。今夜は官邸に厄介になる。熱帯地の夕焼けと三ヶ月が晴れ切った空に何とも美しかった。

❖**四月二六日(火)** 昨夜は少し蒸〳〵〔し〕てよく眠れなかった。同室に太田君が居ることも影響があらう。熱帯の果物で朝食後在外事務所に行く。次でホテル・デザンドで落合い一同大統領スカルノ氏を官邸に訪問。午後は一時半に高碕、谷、倭島と自分四人で外相を訪問。約一時間賠償問題を議論。

日航機シティ・オブ・オサカで五時半離陸。涼しくなったには全くホッとした。長く居る所ではない。飛行機は十二時半マニラ着。卜部君の出迎を受けホテルで少憩の後、又旅行をつゞける。ローカル・タイムは一時半。静かな飛行。

❖**四月二七日(水)** 予定より十五分遅れて十時四十五分に羽田に着。高碕さんは新聞記者に囲まれて大騒ぎ。自分は直ちに外務省に出て次官に挨拶。昼は次官がＡＡ會議に出たジョルダンやシリアの首、外相を東京會館に招んだのに陪席したので帰宅もならず。床屋へ行ったりで時間を消し、午後は溜って居る書類を片附けたり新聞を見たりで、夜七時から重光〔葵〕外相が一行の首脳部を「山口」に招待したのに出席したので結局日本にはまだ気の早い夏服姿で自宅へ帰り着いたのは十時過ぎであった。十五日ぶりで風呂に入る。

❖**五月二日(月)** 昼欧四の堀〔新助〕君や深田君と會食しピゴット氏来日に関する打合せを行った。夜リベリア外相(バンドンからの帰路立寄)のためのリセプション。又晩さんはエジプト、レバノン、ジョルダン等の首相外相のための夕食を重光〔葵〕外相主催で丸ノ内ホテルで行ったのに出席。

❖**五月四日(水)** 帰国の英陸軍武官〔ラルフ・〕ネヴィル氏夫妻を送別のため會食。

❖**五月六日(金)** 最近は月給も下ったので三等でもみ合って通勤することとなった。夜「山口」でイエーメンの首相を谷〔正之〕さんが招んだのに出席後、十時半羽田に重光〔葵〕氏の賓客として来日したピゴット氏とジュリエットを出迎へた。松本〔俊一〕大使始め旧英大使館員の顔ぶれが見へた。ピゴットもジュリエットも出迎への人々にとりかこまれて眼が涙ぐんで居たが余程嬉しかったのだらう。ロイは「この時こそ自分の生涯の一番よい時だ」と呟いていた。

❖**五月七日(土)** 昼ホテルにピゴットを訪ね會談。

❖**五月九日(月)** 夜は大臣がピゴットとジュリエットを帝国ホテルに招んだのにブラック・タイで夫婦で参加。ピゴット旧知の友人を囲んでの水入らずの會でピゴットも興去らず。十一時近く散會。自動車で帰宅。

❖**五月一〇日(火)** 午後は少し疲れたので早帰りとし暑い日だったので本年最初の海水浴を楽しむ。少し波は高かったが水は温く快適。

❖**五月一一日(水)** 昼は舟〔船〕田中氏に招ばれ會食。午後隆と共に政務次官夫人に敬意を表し、午後は次官がピゴットさんのためのコクテイル。夜は五反田の松本大使邸でピゴットさんを中心に旧英国大使館の在勤者が集まって楽しく歓談した。

❖**五月一二日(木)** 早起床。九時前に経審長官官邸に着。マイヤー、ウェアリングと我方は高碕長官等が中心となり會談。自分は高碕さんの通訳格となる。十一時賜暇帰国のマンチェスター、ガーディアンの特派員ヘッセル・ティルトマンと會談。今日は外務省対外国人特派員のテニスの會があったが雨でお流れ。今日は夜、皇太子〔明仁〕さんがピゴットさんを招んで居られたが自分は隆のみお受けし先約であるバターフィルドのプライス氏の横浜邸へ赴く。〔エスラー・〕デニングや郵船の浅尾〔新甫〕社長夫妻も顔を出し、I.C.C.の會に来て居るサー・ジョン・ニコルソンを中心に會食。帰宅は十二時すぎた。

❖**五月一三日(金)** 午前セイロンの大蔵次官補でバンドンで知り合ったクーマラスワミ君を迎へて會議。昼英大使館でデニング氏がピゴットのための會食を催したのに夫婦で参加。夜はクーマラスワミ君と會食してから霞會館に駆け付けフィリピンとの賠償會談に参加。我方は高碕氏を中心とし比側はネリが代表。十一時まで交渉。両者主張を譲らず。帰宅したのは十二時半で連日遅いので流石に少し疲れた[7]。

❖**五月一四日(土)** 十二時三十六分上野発混んだ列車で隆と共にピゴット及ジュリエットを案内しつゝ日光に赴く。日光着は三時十九分。金谷ホテルの別館三階の素晴らしい部屋に投宿。大谷川が下に青く白く流れて居り新緑が美しい。お茶の後雨が降り出したのでホテルの傘を借りて東照宮附近を散歩。もう日が暮れて修学旅行の学生の姿は少く静か

7――日比賠償交渉は、五月六日からネリ(Felino Neri)が来日して、日本側との間で賠償の総額交渉が行われた。高碕達之助は鳩山首相から交渉を委ねられたが、重光外相から異議が出たことから、高碕が正式な政府代表ではないが事実上の賠償交渉担当者とする暫定的措置がとられた(吉川洋子『日比賠償交渉の研究』勁草書房、一九九一年、二六八～二七二頁)。

な境内を楽しむ。七時半歓談しつゝ食事。食後ジディやナニに寄せ書きをして日光に泊る。

❖**五月一五日（日）** ゆっくり起床。四人で朝飯。自分はキッパースで英国式の朝食。十時車で中禅寺に登る。天気は回復しかけて時々雲間から陽が洩れた。途中華厳の滝を見る。まだ落水量は少なかった。修学旅行の学生の数の多いのに流石日本通のピゴットさんも目を瞠る。ピゴットさんが昔夏毎に来たという西九番館を訪れる。今はミユゼアムまがいのものになって居るがピゴットさんは低徊去るに忍びず。そこへ昔世話をしたというボートマンの女房さんが子供の注文でやって来てピゴットさんと十何年ぶりかの対面。情のこもった交歓で同氏も涙ぐんでゐた。英大使館の避暑家屋も訪れた後昼食はレーク・サイド・ホテルの鱒でエンジョイし、帰路につき自分等夫婦のみ三時頃の列車で東京へ。ピゴット二人は今晩も日光泊り。

二十三日郷敏氏来翰「…あの名文には感心しました。外交官の素質と同時に立派な文化人の素質を供へて来ましたね。殊に末文の日光の老婆とピゴットとの再會の一節は小生も涙を誘われました。今後の外交官はどうしても文化人という素質は絶対に必要な要素であり……」。

❖**五月一六日（月）** 午後セイロンのクーマラスワミ大蔵次官補（A・A會議で経済委員會に代表として出席してゐた）が自分を訪ねて来たので會議。夜は隆と共に大森に芦田〔均〕氏邸を訪ねた。吉澤〔清次郎〕新インド大使の送別會。新関〔八洲太郎〕、土光〔敏夫〕、石坂〔泰三〕という財界のお歴々が夫人同伴で同席。ドライヴして帰宅。

❖**五月一七日（火）** 昼は新聞記者十名と支那飯の食卓を囲む。この頃は仕事はほとんどなし。夜は赤坂で十人會がピゴットさんを歓迎したのに自分も同席。帰宅は遅くなった。

❖**五月一八日（水）** 午前中藤山〔愛一郎〕東商會頭に頼まれてI.C.C.會議が東京會館で開かれているのに出席。昼は「宝屋」で独乙のスピンドラー君が来日中なのでノルテ君も参加してスキ焼。夜は早く引き揚げ遅い夜がつゞいたので早寝とした。

❖**五月一九日（木）** 昼は英国から一時帰国中の山崎〔幸一郎〕東銀ロンドン支店長と會食。午後は役所からオースティンでドライヴ。三時四十五分ピゴットが岐阜から大船へ着くので大船駅に出迎へ。二人をオースティンに乗せて片瀬へ案内。片瀬の自宅でお茶。附近の松井未亡人や山縣氏もピゴットの友人なので参加。六時此処から再びオースティンで大磯の吉田首相邸に赴き食事。麻生〔和子〕夫人がホステス。ハンケーの紹介したスエズ運河社長の佛人、ピコーというのも参加。初夏の大磯は仲々美しく吉田氏も機嫌よくピゴットと歓談。十時頃辞去。

❖**五月二〇日（金）** 正午Sir John Nicholsonとチャドウキックを「宝屋」に招んで會食。隆も来たが生憎チャドウキック夫人は急に不参。

❖**五月二一日（土）** 昼小泉氏がピゴットとジュリエットを自宅に招ばれたのに陪席。土曜なので自分のみ帰宅。家でリーグ戦や角力のテレヴィを楽しんだが隆はそのまゝ東京に居残り。ジュリエットが夜七時半のサスで帰英するのを見送った。

❖**五月二二日（日）** 朝の「つばめ」を横浜でつかまへてピゴットと巽両氏と西下。途中歓談したり展望車から景色を見たり楽しい旅行であった。富士山は見へなかった。途中田子ノ浦駅附近で米軍のトラックと衝突して焼けこげた二台の客車を見る。京都着は四時すぎ。国警の村井〔順〕氏が出迎へてくれた。都ホテルに投宿。「大和」という料理屋で日本食。二次會は祇園で村井氏の歓待を受けた。踊りがよかった。

❖**五月二三日（月）** 朝ホテルのプールで一泳ぎ。新緑を映したプールは清々しく爽快であった。南禅寺へも散歩。十時ホテルを発。桂離宮、西芳寺（苔寺）を見、嵐山で村井氏の招待で鰻を御馳走になり大阪に向う。途中桃山御陵を正式参拝。大阪は新大阪ホテルに泊った。夜は日英協會の歓迎會あり堀新氏が司會。自分の名前も出たのでピゴットの後に答辞を述べて置いた。

❖**五月二四日（火）** 朝新聞を見たらば自分が駐豪大使に内定したと出て居た。本人の内意も聞かぬし、アグレマンも求めないのに随分先走った話である。ピゴットにコングラチュレートされた。九時の「つばめ」で帰京の途につく。ピゴットは三時に沼津で岡部氏に迎へられ同氏の邸へ行く。

❖**五月二五日（水）** 午前中一寸役所に顔を出す。午後は家でテレヴィジョンで角力を楽しむ。

❖**五月二六日（木）** 午前上智大学に赴きFather Rietschにフランス語を習ふ打合せをした。正午東京會館で次官がブラジルの使節団（労働大臣を首班とする）が来た會食に自分も去年ブラジルへ行った関係か招待される。

❖**五月二八日（土）** 正午隆と共にピゴットとホテルで最後の會食。彼は自分の反対の勧めにも不拘、又十月に来るというその頑冥さと愚かさに自分も呆れた。彼との今までの友情がこれでアト味の悪いものとなった。午後久しぶりに隅田川へ出て明日の対東大レースに練習して居る一橋大のクルーをランチの上から視る。五時頃此処を引揚げお茶ノ水の病院に姉を見舞った後羽田にピゴットをほんとにお義理で見送る。松本全権も同じ飛行機で英国へ向け出発。

❖**五月三〇日（月）** 今日から一週間に三回上智大学のFather Rietschにフランス語會話の稽古をすることにきめた。今日は五時半から産経會館に赴き興民社主催のバンドン會議帰朝報告會に出る。高碕さんも一緒であった。自分は四十分余り喋ったが相当熱辯を揮ったし聴衆も一生懸命に聴いて居た。花環を貰う。

❖**五月三一日（火）** 昼米大使がアーネスト・リンドレー〔ニュース・ウィーク〕を昼食會に招んで居るのに自分も夫婦で陪賓に招ばれた。夜は高碕長官がインドネシアのI・C・C・関係で日本へ来た人々を招んだのに出席。二次會は浜町で水産庁長官の前谷〔重夫〕君に招ばれて會食。奈良〔靖彦〕君も一緒であった。食事後大川に舟を出し涼風を入れる。長命寺まで溯って桜餅を買ったり言問団子を買ったり清遊した。

❖**六月一日（水）** 昼富士銀行の岩佐〔凱実〕君や青葉〔翰於〕君に招ばれた。午後はオースティンを駆って多摩川の東銀コートに行き情報局対外人記者のテニス・マッチに参加。三セットばかり楽しんだ。此の頃は週に二、三回はオースティンで東京へ行く。専用車がなくなったのでこれが便利だからである。

❖**六月二日（木）** 夜、デニングが新任の西〔春彦〕大使を送るため大使館で會食したのに自分等夫婦も招ばれた。主賓は西氏夫妻やお婿さんの夫婦であり感じがよかった。雨天の夜であったがドライヴして帰宅。

❖**六月三日（金）** 午後「朝日」の企畫で地方版に「先輩と後輩の座談會」を出すというので一橋大の若い学生と「朝日」記者立會で対談。

❖**六月四日（土）** 正午来日中のPaul Roberts君〔元E・S・S・で法律関係の仕事をして居た〕を「椿」に招んで會食。夕方は片瀬赤山を和夫と共に散歩。駐濠大使は鈴木九萬と決定。呆れた話である。

❖**六月六日（月）** 正午シムラ會議から帰国した大来〔佐武郎〕君の外、宇山〔厚〕、越智〔啓介〕君等を産経會館の食堂に招んで會食。午後は例によってフランス語。

❖**六月七日（火）** 昼は前原君の肝入〔煎〕りで産経會館で関會十二年會の有志十、二三名が集り會食。午後日英會談に備へて東条、板垣〔修〕の諸氏と打合せ。

❖**六月八日（水）** 昼チャドウキック君の宅で食事。夜は南圃園で高碕長官が余剰農産物関係の事務当局を招待。この交渉が成立したことに対するお祝の會合あり。

❖**六月九日（木）** 夕方隆と共に英大使館のリセプションに行く。クヰーンの誕生日である。今年は天気もよいので芝生に出て賑やかなリセプション。日本側最高級の名士が目白押しに並んでゐた。

❖**六月一一日（土）** 昼は別府〔節彌〕君の新宅に隆と共に招ば

れる。今日は土曜だが午後から夜の十一時頃まで霞會館で日英會談に備への事務打合せを行った。雨になったがオースティンをドライヴして十二時すぎ帰宅。

❖**六月一三日(月)** 昼今度インドへ行く吉沢氏と會食。

❖**六月一四日(火)** 昼、ウェアリング君に自宅へ招ばれて食事。自分一人。歓談。夜は五時から牧野良三氏夫妻に自分等夫婦と伊原夫妻が歌舞伎座に招ばれた。尾上菊五郎劇団の六月興行で出しものは谷崎潤一郎作の「武州侯〔公〕秘話」三幕九場と梅幸の「娘道成寺」「水天宮利生深川」の三つで道成寺は梅幸が菊五郎ばりにキレイに踊り抜くが少し長い。これを十五日にブラジルの訪日旅行團に見せた相だからブラジル人には迷惑だったらう。

❖**六月一五日(水)** 昼、加瀬〔俊一〕君夫妻のお別れの會食が帝国ホテルで行はれる。夜は高碕長官の私邸で文部大臣も参加して〔クレアレンス・〕マイヤー、ウェアリングと會食。

❖**六月一六日(木)** 夜八時半から高碕、伊藤〔武雄〕(商船社長)合同の〔ナポレオン・〕ギラマンエス訪日ブラジル使節團の接待が盤若園〔般若苑〕で行はれたのに参加。久しぶりで岡崎さんにも會った。

❖**六月一七日(金)** 東劇でM.R.A.の"Vanishing Island"を見る。目下滞日中のM.R.A.関係者が上演して居るもので西洋式のスッキリした演出が人気を招んで大変な入り。但芝居はこの前ロンドンで見たM.R.A.ものの方がリアリスティクでよかった。

❖**六月二〇日(月)** 昼ガット交渉でヂュネーヴから帰った石黒〔四郎〕君と會食。午後日英會談のための準備を事務当局に於て行う。

❖**六月二一日(火)** 昼芦野氏と産経會館で會食。午後タイムスのハーグローヴ君と會見。夕方羽田空港に〔アンソニー・〕パーシバルを出迎へた。大蔵省のオギルヴィーウェッブと同行して飛行場に簡単に降り立った。同君と會ふのは八、九ヶ月振りだが相も不変。

❖**六月二三日(木)** 午前日英會談を外務省で開く[8]。今日は挨拶が中心で自分が二、三十分パーシバルを歓迎するの辞を述べた。昼は英大使館でデニング大使が自分とパーシバルを主客とした會食を行ふ。

8——朝海は六月二三日から一〇月一七日まで東京で行われた日英支払協定交渉を担当した。日本側は朝海の他、板垣修通商産業省通商局長、東条猛猪大蔵省為替局長らが、イギリス側はアンソニー・パーシヴァル商務次官補、J・E・チャドウィック参事官らが参加した。

❖**六月二五日（土）** 午後早帰りで泳ぐ。もうそろ〳〵芦子張りも出来たし今日あたりは水泳客も少なからず。夏の気分が出て来た。今日から日英會談中専用車を出してくれるので大分便利になった。それでも週に二回位までは東京へオースティンで通勤。

❖**六月二七日（月）** 九時から日英會談。貿易の数字をつめて居る。昼は東京クラブでタイムスのハーグローヴ君と會食。夜は米大使館参事官の〔ジョージ・〕モーガン君に招ばれた。

❖**六月二八日（火）** 午前九時から今日も會談。夕方は椿山荘で谷大使が英大使やパーシバルを招んでコクテイル。涼風の吹く夏の夕方であったが少し人出が多くて俗ぽかった。

❖**六月三〇日（木）** 午前、會談。仲々勉強である。夕方はパーシバルに誘はれて産経會館で會食後歌舞伎座へ松竹映画を見に行く。プリミエで岡本綺堂の「修善寺物語」。テクニカラーで仲々美しく且面白かった。日本映画も相当なものと見直した。終って銀座のライオンでビールをかたむけて日本の大衆の気分を味ひ面白かった。

❖**七月一日（金）** 午後から大臣のコリヤース誌に出す英文を訂正したりで忙しく丸ノ内ホテルにまで赴き大臣と打合せ。帰宅は十一時になってしまった。

❖**七月二日（土）** 午後丸子の東銀コートを借りて曽ての研修所の教へ子、浅尾〔新一郎〕、石井〔亨〕、秋山〔光路〕の諸君とテニス。暑かったがよい運動をして気持よく、運動のあとバルコニーで御馳走になったビールは美味しかった。美しい月の出た初夏をドライヴして帰宅。

❖**七月四日（月）** 正午森下君（今般役人を辞めてゼネラル物産に入社）と會食。日英會談はほとんど毎日。

❖**七月五日（火）** 午前中會談。夜は高碕氏の仲介で鑵詰輸出に関係ある水産界の長老連（平塚〔常次郎〕、中部〔謙吉〕等）と會食。

❖**七月六日（水）** 日英會談後昼飯は隅田河畔の料亭に英側を招待して會食。

❖**七月七日（木）** 昼スエーデン公使館に食事に招ばれた。

❖**七月八日（金）** 日英會談。先方から日本側提案に不満足であるから請訓をやり直してくれと申入れあり。一寸不愉快。午後、文化會館で求めにより〔ジョン・〕ロックフェラー氏と會談。一時〔間〕半位率直に意見の交換をした。同氏とは吉田首相に随行してニュー・ヨークに赴いた際始めて會ったが感じのよい人である。

❖**七月一一日（月）－一四日（木）** 毎日夏らしい暑さがつゞく。午後はきまって風が吹くので少し泳ぐには不都合だがほとんど毎日午後三時か四時に引き揚げて海に飛び込む。フランス語は欠かさないがファザーが夏は休みたいらしいので九月までお休み。日英會談は日本が最終的回答を行うのに時間がかゝり、このところ日英の會議はなく日本側のみの打合せがつゞく。

❖**七月一六日（土）** トーニーと富士五湖巡りの約束をした。天気よし。十時少しすぎ藤沢駅のプラットフォームでトーニーと落合い、隆、明子も同道。オースティンで小田原から宮ノ下の富士屋ホテルに向う。

❖**七月一七日（日）** 四時半頃帰宅。一時間程家でビールをもてなして雑談。外務省の自動車で東京へ送り帰した。自分はそれから海で一泳ぎ。今日は暑い日で大変な人出であったらしい。夜はテレヴィでプロレスを楽しむ。本日走行九十五哩《マイル》。

❖**七月一九日（火）** 午前から日英會談準備のための日本側會議。この頃は準備のため英側との會議にはならぬ。

昼は奥村君と産経會館で會食。今日は大臣の米雑誌への寄稿に目を通したりで、一日大忙し。

❖**七月二〇日（水）** 昼「宝屋」でパーシバルとスキ焼をつつき乍ら日本側の準備状況、その他の点につき會談。午後は早目に帰って泳ぐ。

❖**七月二一日（木）** 昼は産経會館で板垣君と會食し乍ら日英會談の作戦を練る。

❖**七月二二日（金）** 日英會談のために終日日本側打合せ。少しくたびれた。大体成案を得た。見通しは必ずしも楽観を許さない。

❖**七月二五日（月）** 今日は忙しい日であった。九時半経審長官官邸で高碕大臣がマイヤーやウェアリングと余剰農産物問題で交渉をするのに立會い、終って直ぐ狸穴にかけつけ久しぶりの日英會談。今日は日本側から妥協案を出した。昼はその足で国會に赴き経済閣僚に會議の現状を報告した。閣僚は自分の利害関係の事柄には熱心の様だが果して国家全般の利益という考慮を持って居るか疑はしかった。

❖**七月二六日（火）** 午前中、日英會談。

❖**七月二七日（水）** 十時からパーシバル君と會見。局面打開に努め昼食は同君と帝国ホテルで共にする。

❖**七月二八日（木）** 夕方東京會館の屋上で涼み乍らパーシバル君が主人となりチャドウイック夫妻、日本側は自分等二人で食事。終ってピカディリーへ映画を見に行く。演しものは「文無し横町の人々」というロンドン映画。セントポールが出て来てロンドンの下町を偲ぶ。

❖**七月二九日（金）** パーシバル君等は訓令待ちで関西へ出かけたので自分も今日は午前中は泳ぐ。午後出勤。

❖**八月二日（火）** 神田の子供を車に乗せて登庁。午後は日英會談。一時休會の前後策を講ずる。パーシバルが急に帰国の訓令を受けて日本側は驚ろいた。

❖**八月三日（水）** 昼、吉次、小舟の二君を産経會館に招んで會食、歓談。夜は九時すぎ羽田の空港にパーシバルとオギルビー・ウェッブ両君の帰英を見送る。中途半端な日英會談となって余り愉快でない。

❖**八月四日（木）** 夜今度渡欧する河野〔一郎〕農相に次官と共に招ばれる。日英會談も自分で片づけて「お土産」を持って帰りたいという心算らしい。

❖**八月五日（金）** 昼、松阪屋（銀座）で昭四會に出る。三十名位出席して盛會であった。夕方静かな海で泳ぐ。

❖**八月一二日（金）** 役所へ出て休暇中の庶務を片づける。夕方は海へ入った。

❖**八月一四日（日）** 昨夜の雨で今日は涼しい。八月の第二日曜だが今日の片瀬の人出は余り大したものではない。十時すぎオースティンで小湧谷へ行く。吉田前総理が自分が駐豪大使になり損ったのを慰問するため御馳走しようと言はれるのである。小湧谷の三井さんの結構な別荘で御機嫌のよい吉田さんに夫婦で結構な日本食を御馳走になった。三時半頃帰宅。海へ入る。夕方は水泳競技をテレビで楽しむ。

❖**八月一五日（月）** 終戦記念日。あれから十年経った。新聞も放送も終戦の回顧で賑はってゐる。正午紡績の阿部〔孝次郎〕、桜田〔武〕、原〔吉平〕といったお歴々にクラブ・カントウで昼食をし乍ら日英會談の現状を話した。

❖**八月一八日（木）** 此の頃は毎日午後二時頃切り上げて帰宅。海へ入って呑気にやってゐる。今日は祖母と隆と共にオースティンで雑司谷へ墓参。出渕勝次逝いて八年。あの日も暑い日であったが今日も暑かった。墓石に冷たい水をかける。夜尾山町の出渕家で法事の食事。

❖**八月二二日（月）－二七日（土）** 此の週は実にノンビリ。朝は十時頃登庁。昼飯の約束をすませると帰宅して海へザンブリ。但そろ〳〵秋風が吹いて来て二十六日の如き相当な大雨でもあったので子供を久しぶりに藤沢の映画を見に連れて行った。もう海岸も淋しくなった。朝夕はめっきり凌ぎよい。今週重光〔葵〕外相渡米で心理的にもいよ〳〵ノンビリ。日英會談パーシバルが月末に来日する由で来月匆々に再開のこととならう。

❖**八月二九日（月）** 午前高碕氏を役所に訪ねて日英會談の報告をした。正午は一橋大の高橋〔泰蔵〕教授と會食しつゝ外交官試験（自分は経済学の試験官）の問題について同教授の知恵を借りた。

❖**八月三〇日（火）** 昼、産経會館で塚田、久村の二君と會食しつゝ気の措けない歓談をした。

❖**八月三一日（水）** 此の頃は雨天。今日も激しい降雨なので欠勤した。

❖九月一日（木）　大震災の今年は三十三年目である。もうあの頃を知らぬ人の方が多いのだから月日の経つのは早いものである。昼、瓢亭で伊原君が滞日中のジョージ・セールを招待したのに自分も招ばれた。

❖九月六日（火）　外交官試験口述に経済学の試験官として東銀の堀江〔薫雄〕氏と共に研修所で午前午後試験をする。七日も然り。国際収支、加工貿易、海運、関税等の問題をきいた。

❖九月八日（木）　パーシバルが又東京へ帰って来たので顔合せに英大使館で大使が自分始め日本側全権団を昼飯に招んでくれた。午後から狸穴で會談。

❖九月九日（金）　今日も會談。相当進んだ。夜は「三田」で隅田川を眺め乍ら自分が伊原、鈴木〔義雄〕、奈良〔靖彦〕、橘〔敬一〕、大森〔誠一〕と四年前にロンドンに赴任したオリヂナル・メンバースを招んで当時を偲び乍ら歓談。

❖九月一〇日（土）　今日は土曜日なので英大使館で英側とテニスの試合。双方共ダブルスを四組作って総当り。自分は角谷君と組んで四勝。パーシバルも出て当りを楽しん〔で〕居た。楽しかった。

❖九月一二日（月）　今日から又昼のフランス語のレッスンを始めた。

❖九月一三日（火）　本日午後日英會談。話は大分具体的に進んだ。

❖九月一四日（水）　昼ジョーヂ・セール君を「椿」に招待して歓談。

❖九月一七日（土）　午後エーレンボッシュ神父がスペインの神父と訪ねて来た。パスポートのことで依頼あり。

❖九月一八日（日）　新聞記者が二人訪ねて来たので片瀬のゴルフ・コース・ホテルで昼食。午後は野球を見たり角力を見たりでテレビを楽しむ。

❖九月一九日（月）　昼、工業クラブで「マネージメント」誌主催の英国に関する座談會に出席。伊原氏や近本氏も出席司會は勧銀の北村氏　午後は狸穴で日英會議。夜は高碕さんが自宅に来日中のジョージ・セールを招んだのに陪食。

❖九月二〇日（火）　今日も日英會議。毎日、舷々相摩す交渉がつづけられて居るが話は大分煮つまって来た。

❖九月二一日（水）　午前日英會談。午後は参議院副議長公邸で自由党の有力者に約一時間、日英會談の話をする。

❖九月二二日（木）　午前日英會談。昼は光輪閣で輸出入銀行幹部諸氏に荒川〔昌二〕大使と共に招待さる。夜は伊原君主催でセールを迎へてのブリッヂ・パーティあり。出席。

❖九月二三日（金）　會談がないので久しぶりに早帰りしてゆっくりテレビで角力を楽しむ。

❖**九月二五日（日）** 箱根の秋色を探るべく隆、俊夫、明子と共に宮ノ下富士屋ホテルに行き昼食。食後仙石原から姥子を通り芦ノ湖に出て箱根を一廻りし夕方大磯の吉田茂氏邸に立寄る。箱根の紅葉はまだ早かったが天気がよかったしカラーフィルムを写して楽しんだ。吉田氏邸では吉田さんの誕生日が数日前にあったとのことで名刺を置いて帰ろうとしたが丁度同氏も戻られたので応接でお茶を御馳走になりお土産を頂戴して恐縮した。元気だし大変な御機嫌であった。

❖**九月二六日（月）** 明治製菓ビルで昼月曜會に出る。昔鳴らした人々の會合だがおぢいさん連中の集まりとして結局自分が喋らされた。午後パーシバルと會談。日英會談も結末の目途がついて来たのは嬉しい。

❖**九月二七日（火）** 今日は東銀のコートで英側とテニスをやる約束であったが台風来で大雨。

❖**九月二八日（水）** パーシバル等と大蔵省の斡旋で大映の試冩室で「雨月物語」を見た。怪奇なストーリー。運びも余りスローでなく面白かったし印象も受けた。夜はチャドウィック君の招待で隆と共に日比谷のホールでエルマンの演技を聞く。終ってチャドウィック君宅で晩餐の軽い御馳走になり帰宅。

❖**九月二九日（木）** 夜、パーシバルに招ばれて帝国ホテルで隆と共に御馳走になってから〔英大使館のレドワード君同席〕道を隔てた東宝劇場で“Daddy Long Legs”を見る。フレッド・アステアを中心とした英国式インタプレテーションの映画。カラーと音楽で楽しみます。

❖**九月三〇日（金）** ウェアリング君の宅で昼食。米国の石油屋さんを招んだ御相伴であった。

❖**一〇月一日（土）** 此の二、三日台風来で暴れたが今日はやっと静まった。パーシバルも不在京なので今日は自分も休んだが天気が悪く野球はお流れで一寸所在なし。

❖**一〇月三日（月）** 企劃庁長官の官邸で石橋〔湛山〕、高碕氏等相集り事務当局とコロンボ會議の打合せを行う。昼飯はタイムスのハーグローヴと會食。

❖**一〇月五日（水）** 毎日の雨。昼は米大使館で〔ジョン・〕アリソン大使が主催で〔ハーバート・〕フーヴァ〔Jr〕国務次官、〔ジョン・〕オリスター国際協力局長等を主賓とし日本側からも重光〔葵〕、石橋、高碕の諸氏が参加して食事後約一時間會談。夕方は英大使館のヘルプス君宅のコクテイル〔同君近く帰国の由〕終って帝国ホテルで外務大臣がフーヴァ氏等を迎へて食事。

❖**一〇月六日（木）** 昨日の米大使館の會談が而も誤って大々的に報道された。石橋氏の発表の由である。昼は川崎のロータリー・クラブで約廿分の講演。夜は東京會館で松永安左エ門氏に石橋氏と共に招待された。コロンボ行の壮行會だ相だが何だか訳の判らぬ宴會であった。自分はシンガポールから更にガット総會に出席のためジュネーヴに行くことゝなるらしい（高碕氏が代表である）。

❖一〇月七日（金） 午前中日英會談。夜はカナダ大使に夫婦で招ばれた。

❖一〇月八日（土） 午前中日英會談。大詰めだが又々英側から又々難題を持ち出し不愉快極まりなし。これでは何時妥結になることやら。午後は英側と玉川の東銀コートでテニス。久しぶりの晴天とてエンジョイしたがめっきり寒くなった。

❖一〇月一〇日（月） 昼経済関係の新聞記者と支那飯をたべ乍ら懇談。午後はフランス語。差当りこれが最後。午後日英會談。夕方は支那の大使館へ双十節のリセプションに出かけたが大変な混雑だし、雨は降るしで途中から引き揚げた。

❖一〇月一一日（火） 午前中暴風雨の警報が出たので隆は今日のパキスタン大使の夜の招宴は断った。ところが午後から暴風雨が収まった。宴會は帝国ホテルで秩父宮妃が出席された。

❖一〇月一三日（木） 日英會談。話がトン〳〵と進んで大詰となりホッと一息。この分では来週調印の運びとならうが自分のシンガポール行は取止める様大臣の許可を得た。

❖一〇月一六日（日） 植木屋が垣根の手入れをし始めた。午後は野球を見る。一日ノンビリ。夜英大使館のトーニーから電話あり。回訓が来たので明日中にイニシアルを了したいと連絡あり。

❖一〇月一七日（月） 午前中に日英會議。最後の會合を行う。日本が石油一を代償として三の物資を要求した点は英国は呑まなかったので一寸意外であったがその他の点は全部妥結を見て早速字句の整理に入り昼は英代表が我々を帝国ホテルに招んで會食。相互に外交的な挨拶あり。午後四時外務省で日英取極にイニシアルを了し流石にホッと重荷を卸した様な気になる。五時から三ヶ月余の間戦場たる麻布狸穴の分室で自分主催のコクテイル。トーニーは眞〔深〕夜に離陸とあって自分等は見送らぬこととし自分は七時から「産経」の依頼で同社で伊原氏と日英取極の座談會を催した。十時すぎ帰宅。

❖一〇月一八日（火） 今朝の各新聞紙は大々的に日英會談の成立を報道して居るが業界は概ね好感してゐるとして報道振りは友好的である。自分の昨夜の座談會もほとんど半面位を潰して報道されて居るし「日経」も自分の寄稿を立派な箇所に掲載して居る。正に自分の名がこれほど出ることはなかるべしと思はれた。役所で色々な跡始末。

❖一〇月一九日(水) 昼日英會談で色々苦心してくれた外務、大蔵、通商の事務当局を支那飯に招んで自分が主人役となりお礼の意味で歓談。

❖一〇月二〇日(木) 午前中国會参議院外務委員會で日英會談の報告を行った。昼は大雲を訪ねて會食。午後は旅券の準備やら外貨の入手やらで追はれて忙しかった。夜は暴風模様となったが隆と共に藤沢の「たより」という料亭で小舟夫妻、吉次夫妻の送別してくれた宴會にのぞむ。

❖一〇月二一日(金) 久しぶりに快晴。飛行機で出発するため荷物もあるので車で上京。午前は飛行準備で何彼と忙しく、午後は早帰りしてテレビで野球見物。

❖一〇月二二日(土) 高碕長官の一行と共にガットの第十回総會に出席のためヂュネーヴに赴く。夜七時半のサスで出発。此の日記帖は日本へ忘れたゝめ日本へ帰国後書いて居る。遅れて日記をつけることは感興の湧かないものである。従って自分滞欧約一ヶ月の記録はスケルトンに止めることゝする。

❖一〇月二三日(日) 一日飛行をつゞける。飛行機上でガット関係の書類を調べる。

❖一〇月二四日(月) 定刻午前八時十五分ローマ着。ローマには最近帰朝命令の出た原田〔健〕大使、アルゼンチン大使として赴任一週間前の井上〔孝治郎〕公使等が出迎へてくれた。この日は一日買物やら見物の後ローマに一泊。

❖一〇月二五日(火) ローマ発ニース経由でヂュネーヴに着。不相変のジュネーヴ。オテル・リッシモンドに萩原〔徹〕君が部屋をとってくれた。高碕氏一行は隣りのボーリバージェ〔ュ〕。ヂュネーヴの紅葉は素晴らしい。

❖一〇月二八日(金) 日本加入問題が上程された。議長はカナダの〔ダナ・〕ウィルグレス。高碕氏は自分に発言させると簡単に述べた後、自分から約十五分原稿に基いて発言。慣れぬ議場とて一寸勝手が悪かったが調子は悪くなかった心算。

❖一〇月二九日(土) 高碕氏一行と車をインター・ラーケンに走らせる。快晴。オフシーズンとてホテルはデュ・ラック外数軒しか開いて居ない。静かなデュ・ラックで一夜をすごす。

❖一一月一日(火) 夜高碕代表主催の各国代表を招んだコクテイル。終って日本側のみを招待した晩食。

❖一一月二日(水) 今日は高碕氏一行は日本へ帰るので田付〔景一〕君と共に車でチューリッヒまで見送る。途中田付夫人心尽しの握り飯を田舎の路傍で頬ばりつゝ夕方チュリッヒ発の飛行機を見送り同夜は田付君と共にホテル・シュワイツーホフに泊る。この週間、日本問題もなくその他の問題は余りに技術的すぎ、一寸処置なしという形ち。

❖**一一月六日(日)** 朝の列車でチュリッヒ。Buch経由でオーストリアに出張。ガット問題で墺外務省筋と連絡のためである。チュリッヒをすぎたらば午後になりオーストリア国境を越したらば間もなく日は暮れたがそれでも途中の素晴らしい景色を観賞し得た。飛行機を択ばず列車にしたことはよかった。観光シーズン外とて一等車は途中までほとんど独占の形。夜八時頃、オーストリアン・チロルの中心地インスブルックに着。スヰスに比べると駅前が暗い。駅附近のオイセッパ・ホテルに投宿。

❖**一一月七日(月)** 列車は午後二時頃出発するので徒歩でインスブルックの市中を見物。市中から可なりの高さまでケーブル・カーで行ける。この山から四辺を見た景色は一寸他に類が少い。天気は快晴だし、オーストリアン・チロルの山々が対面に見へ遥かにイタリヤとの国境のブレナー・パスの方向も想像される。午後の急行でウヰーンに向い、途中の景色を楽しみつゝウヰーン着は夜の十一時頃で大野〔勝巳〕君夫妻が出迎へに出てくれた。車で夜のウヰーンを一巡して貰いこの夜は同公使邸に泊る。

❖**一一月八日(火)** 一日大野君の車を借り館員の案内で市中見物。ウヰーンは美しいところである。ダニエーヴを俯瞰した丘の上の料亭で昼食。ハプスブルク王朝の盛時を語り合う。午後はオース〔ト〕リア外務省で四十分程担当の参事官ヘラーという人と會談。この外務省はメッテルニヒの主宰して居た建物と同じだ相である。夜は大野君は同行出来なかったが館員の案内で改装成ったBurg theatreで芝居見物。現代物なので話の筋は大体追へたが独乙語では一寸手が出ず。美しい劇場であった。オペラは開演間もなくで〔ジョン・F・〕ダレスもヂュネーヴの外相會議から参加した相だがこの方は切符が入手出来なかった由。劇後葡萄酒の新酒を飲みに行く。

❖**一一月九日(水)** 本日も市中見物やらショッピングで二、三時間をすごした後、飛行機でチュリッヒ経由、ヂュネーヴに帰り、又、ホテル・リッジモンドに泊る。

❖**一一月一三日(日)** 久しぶりでオネーのコースでゴルフをやる。黄田〔多喜夫〕君(目下小麦會議で滞壽中)も一緒。時々に当って面白かった。

❖**一一月一五日(火)** 日本問題が再び上程され荻原〔徹〕君が可なり長く発言した。夜、ホテル・リッジモンドで荻原君が四、五名の代表と會食したのに参加。この頃天気少しく崩れて氷の様なビーズが冷たい。紅葉も大分散ってヂュネーヴは冬模様である。

❖**一一月一七日(木)** BEA機で午後ロンドンに飛ぶ。ロンドンの飛行場は見違える様に建物が改築された。コーベットが迎へに来てくれた。西〔春彦〕大使に挨拶。此の日はドックに郵船の船が入って居りジャパン・ソサエティの有力者を招んで居るというので自分も一寸顔を出しピゴット、〔ウィリアム・〕センピル等にも會った。この日はグロヴナー・ハウスに投宿。

❖**一一月一八日(金)** 昼官邸で大使が食事を催してくれ、相客としてハンケー、ピゴット、セールの諸氏が出て来た。〔エドワード・〕クローさんは不在の由。午前大急ぎで買物をすませ午後は商務省にパーシバルを訪ね、同君立會い約四十五分、サー・エドガー・コーエンと會談。夜はパーシバル夫妻、須之部〔量三〕夫妻と自分、ジュニア・カールトン・クラブで簡単に腹ごしらへをしてロイヤル・ヘイマーケットへ行く。"Queen and the Rebels"というイタリヤ作家のもので国が共産党となり共産党がクヰーンを粛清しようとして一人の婦人をクヰーンと誤認し彼女が最後にはクヰーンらしく死んで行くという筋。判り易い筈なのに大分判らぬ會話があったのには自信を失った。芝居後自分が四人をスコットに招待。食事後ドリスのドライヴでケントのパーシバル邸に赴き一晩厄介になる。

❖**一一月一九日(土)** パーシバルと共に通勤列車でロンドンに出で同君と別れ大使館で山崎氏と落合いキャンバレー・ヒースへゴルフに行く。面白かった。夜は大使館の金沢君邸でブリッヂ。この晩はセールのフラットに泊る。

❖**一一月二〇日(日)** 日曜だがコーベットを煩し八時半ロンドン飛行場を離陸。須之部夫妻も見送りに来てくれた。ブラッセルまでは二時間であるが霧が深くて飛行機は廿分位ブラッセルの上空を廻って居た。飛行場には武内〔龍次〕君が出迎へてくれた。武内君の官邸で旅装を解いて近くのコースへ行く。よいコースだが余り当らず。晩は武内君や館員とブリッヂ。

❖**一一月二一日(月)** 天気よし武内君と車をヘーグに走らせる。ヘーグまでは三時間位かゝる。ヘーグに着いて岡本〔季正〕大使の接伴を受け自分は鈴木参事官と経済省にテッペマを訪ね約一時間會談。この日のうちにブラッセルに帰り夜は又々ブリッヂ。

❖**一一月二二日(火)** ブラッセル発ジュネーヴに飛行機で帰着。萩原〔徹〕君はパリに出張中。

❖**一一月二五日(金)** 最後の総會にも出席したし買物もすませ、荷造りも終へ金の整理もすませて悠々たり。流石にもう飽きた。

❖**一一月二七日(日)** 日曜日で昨日帰壽した萩原君に田付君も加はり三人でディヴオンヌのコースでゴルフ。天気はよかったが寒くて地面はコチ〳〵。それにウィンター・グリーンで興は削がれたが自分はインは相当に当って面白かった。ホテルで少憩の後、夜八時半チューネーヴ発サスで東京へ向う。

❖ **一一月二九日（火）** この飛行機はローマからカイロ、カラチ、バンコック、香港、東京という経路で早い。飛びに飛んで廿九日予定より少し早く夜十時半頃羽田着。顔見知りの外務省経済関係記者にとりかこまれ十分程會見。隆と明子も迎へに出てくれた。帰宅したのは一時頃。流石に少し疲れた。

❖ **一一月三〇日（水）** 午前中グッスリ寝込む。午後役所に顔を出し、挨拶出来る限りの人と挨拶。高碕長官へも顔を出した。

❖ **一二月五日（月）** 虎ノ門の共済會館で時事通信の門奈君の結婚式あり列席。

❖ **一二月六日（火）** 毎日用がないので暇。昼はロンドンで一緒だった運輸省の阿部君と大阪商船の吉田君と會食。夜は旧政務次官園田〔直〕氏と新次官森下〔国雄〕氏が幹部に挨拶のため立食。

❖ **一二月七日（水）** 今日からフランス語を再開。夜、今度帰国する由のブレイン君が英大使館内でコクテイル。

❖ **一二月八日（木）** 霞クラブの連中と會食。午後は「共同」の依頼で講話。夜は築地の「ながの」で東銀の堀江氏の宴會。今度ロンドンへ参事官で赴任する日向君が主賓。

❖ **一二月九日（金）** 今度退官して「日通」へ入った農林省の前谷君を招んで會食。

❖ **一二月一一日（日）** ローズさんと横須賀の軍港見物。終ってクラブで同君夫妻の御馳走になり帰りは鎌倉の同君宅に立寄り同君両親にも會って帰宅。

❖ **一二月一二日（月）** 昼、富士電機の和田氏に「錦水」で御馳走になる。山田〔久就〕イラン大使が主賓。

❖ **一二月一三日（火）** 昼、自分が主催で伊原、鈴木、中山〔賀博〕、加藤〔匡夫〕、藤崎〔萬里〕、奈良と産経會館の食堂で近くロンドンへ帰任の松本大使送別のための會合を開く。夜はスヰスのリセプションに出てから築地の「田川」で高碕氏の令息に御馳走になり、カラーフィルムを見せて貰う。

❖ **一二月一四日（水）** 昼はチャドウヰック君の宅で二人で會食。夜家族と「香港」で支那飯を喰べる。この頃はほとんど用なし。午前十一時頃出勤。午後は引揚げてしまうこともある。

❖ **一二月一五日（木）** パッケーヂで国連加入をする提案は国府の外モンゴール拒否で再転。更にソ聯の巧妙なやり方で結局十六ヶ国は結局加入を許され日本と外モンゴールのみが拒否された。「外務省寂として声なし」と新聞の報道である〔9〕。

❖一二月一六日（金） 工業クラブで新任国府大使の堀内〔謙介〕大使夫妻のリセプションあり。終って楊雲竹君が「福祝壽」で同大使の歓送會を催し外務省の関係局長も夫人同伴で招ばれたが楊君の斡旋に不拘、席には何とはなしに白ちゃけた空気が流れるのをどうすることも出来なかった。

❖一二月一九日（月） 夕方次官が新聞記者を立食に招んだのに陪席。

❖一二月二〇日（火） 午前マンチェスター・ガーディアンのテイルトマンと會談。昼は目下米の売込で来日中のウー・テー・スーとウー・ミヤ・トン両君を自分が「宝屋」に招んで會食。夕方は光輪閣でビルマのリセプションに出てから六時からの外務省幹部と衆参両議員をして居る外務省の先輩連との會合が丸ノ内ホテルで大臣主催で行はれたのに出席。芦田〔均〕、佐藤〔尚武〕、野村〔吉三郎〕、岡崎〔勝男〕、杉原〔荒太〕、曽禰〔益〕、小滝〔彬〕の諸氏が出席。

❖一二月二一日（水） 昼「産経會館」に自分達夫婦でエーレンボスさんとリーチさんを招びフランス語で喋ることにして會食。

❖一二月二二日（木） 昼角谷君夫妻を隆と共に東京會館に招ぶ。子供も出来たし仲人のお礼も頂戴したのでお返しの意味。午後は霞関會で先輩との會合あり。夜は東銀の二見頭取に「山口」に招ばれた。堀江、伊原、杉原、太田、清水と東銀の幹部総出の御接待で恐縮した。

❖一二月二三日（金） 昼幹部會。内閣の機構改革で貿易省設置の気配あり話題となる。

❖一二月二四日（土） 昼エカフェの會議に中国代表で出席する由の陳という人が滞京中なので董〔顕光〕大使が自分を主賓としてくれて昼食。夜はクリスマス、イーヴなので家で食事。十一時のミサに家族と共に出かける。

❖一二月二五日（日） クリスマス。高碕さんに頂いたターキーを子供と一緒に食卓を囲んで御馳走になる。天気のよい暖いクリスマス。

❖一二月二七日（火） 昼はタイムスのハーグローヴ君と「椿」で會食。雑談。午後丸ノ内のホテルで外相が召集した国會議員も交へた経済問題の會合あり。

❖一二月二八日（水） 御用納め。正午は研修所で教へた大森、天羽〔民雄〕君等のクラス生と忘年會を「宝屋」で催す。午後はフランス語の稽古はお休みとなり早目に帰宅。

❖一二月二九日（木） 休む。吉次、小舟の両君と相模で年忘れのゴルフをやる。自分は時々叩いたが総じて当り余り悪からず小舟君には三ダウンしたが吉次君には六アップした。風が強かったが天気がよかったので二ラウンドやって大に楽しんだ。

❖一二月三〇日(金)　昼「宝屋」でチャドウヰック夫妻、ウェアリング夫妻と鈴木夫妻を招んで會食。暮の街は慌しかった。今日は十九年振りの記録的な暖さで平年より十度も高かった相である。外套も要らぬ程であった。片瀬からドライヴしたがエンジョイした。

❖一二月三一日(土)　穏やかな温い大晦日。一日家の廻りを掃除。風呂を立てゝお湯をフンダンに使っての掃除。自動車も磨いた。午後は鎌倉にドライヴ。夜は十二時まで起きて一同ラヂオで除夜の鐘をきゝつゝ床に就く。今年はどちらかと言へば変化のない平凡な年であったが来年は自分も日本に居れぬかも知れぬし俊夫の大学入学もどうきまるか大切な年であり、多事を思はさられるが一同健康で幸福であることを祈らざるを得ない。

除夜の鐘つきつくしたるしじまかな

一九五五年を回顧して。本年は先づ平々凡々な年で大した変化は自分等の身上に起らなかった。特徴は外国へ二度出かけたことで、三月のエカフェ會議に議長となったのが縁のつき始めで四月はバンドン會議に高碕代表に随行して出席。十一月は再び同氏と共にヂュネーヴに赴きガットの総會に出た。東奔西走という印象を省内外の人に輿へた。経済局長を辞したので大に閑があったが夏の日英會議は苦労もしたが愉快でもあった。パーシバル君に久しぶりで合ったし旅行までも共にしたが三ヶ月余(途中一ヶ月は休んだが)に亘る交渉は楽なものではなかった。来年あたりは自分も外へ出されることにならうが要するに本年は幸に大した変化のない幸福な年であったといえよう。

三月　エカフェ會議に議長として出席
四月　経済局長を辞して審議室長となる
四月　バンドン會議に出席
五月　ピゴット来日。自分が接待役になる
六月　日英會談始まる。パーシバル来日
八月　上高地、乗鞍等へ自動車旅行
九月　日英會談妥結でホッと一息
十月　ガットの総會に出席のためヂュネーヴに出張

9――日本を含めた一八カ国を一括で国際連合に加盟させる決議案が出されていたが、中華民国がモンゴルの加盟に拒否権を発動したことで、ソ連もこれに対抗して日本の加盟に拒否権を発動し、日本の国連加盟は実現しなかった。

❖一九五三（昭和二八）年四月二八日、初外遊の途上、昭和天皇の名代としてエリザベス二世の戴冠式に出席するべく訪れた英国で、記帳のためバッキンガム宮殿に赴く皇太子（現上皇）と朝海。戦争の記憶も生々しい当時、英国の対日感情は極めて悪いものだった。

	3/19	第2次鳩山一郎内閣成立（〜11/22）
	4/7	英首相にアンソニー・イーデン（保守党）就任（〜57/1/10）
	18	インドネシアのバンドンでアジア・アフリカ会議開催
	5/14	ワルシャワ条約機構結成
	9/10	日本、GATTに正式加盟
	10/13	右派と左派が合同し、日本社会党再統一
	11/12	西ドイツ再軍備開始
	14	日米原子力協定調印
	15	自由党と日本民主党が合同し、自由民主党結成（保守合同）。55年体制の幕開け
▲	22	第3次鳩山一郎内閣成立（〜56/12/23）
1956 昭和31年 ▼	1/27	東ドイツ、ワルシャワ条約機構に加盟
	2/25	フルシチョフがスターリン批判
	5/9	日比賠償協定締結
	15	日ソ漁業条約調印
	7/8	第4回参議院議員通常選挙（自由民主党：122、日本社会党：80、緑風会：31ほか）
	26	エジプト、スエズ運河の国有化を宣言
	10/19	日ソ共同宣言により日本とソ連の国交正常化
	23	ハンガリー動乱勃発
	29	第2次中東戦争（スエズ戦争）勃発
	11/22	メルボルンオリンピック開幕（〜12/8）
	12/14	石橋湛山、自由民主党総裁公選で岸信介、石井光次郎を破る
	18	日本、国際連合に加盟
	23	石橋湛山内閣成立（〜57/2/23）
1957（昭和32）	1/11	英首相にハロルド・マクミラン（保守党）就任（〜63/10/19）
	30	ジラード事件
	2/25	第1次岸信介内閣成立（〜7/10）。ダグラス・マッカーサー2世、駐日米大使に就任（〜61/2/12）
	6/16	岸信介首相訪米（〜57/7/1）
	7/8	砂川事件
	8/27	東海村原子力研究所で臨界
	9/4	リトルロック事件（米公民権運動）
	28	外務省が初の外交青書を発表
	10/[illegible]	ソ[illegible]、世界初の人工衛[illegible]ートニク1号の打ち上[illegible]に成功（[illegible]ートニクショック[illegible]
	[illegible]	[illegible]

1 9 5 6

◆一月一日（日） 長閑な小春日和。ゆっくり雑煮を祝ふ。そのうち年賀状が配達されて、ゆっくり目を通す。今日は近所の人の外、奈良〔靖彦〕君夫妻、角谷〔清〕君夫妻等が年詞の挨拶に来た。

◆一月二日（月） 午後は曽禰〔益〕君を逗子に見舞い。又正田老夫婦を稲村ケ崎に訪ねて年始の挨拶をした。

◆一月四日（水） 初出勤。但午前中で切り上げ、上智大学へ赴きリーチさんのフランス語をやって帰宅。今日は天気がくずれて朝から雨。エカフェ會議の書類の勉強を始める。

◆一月八日（日） 天気はよいが可なり強い風。今日は大角力が始まるのでテレビを楽しみにして居たところテレビ故障でガッカリ。夜は横須賀の米海軍司令長官〔ウィリアム・〕カラハン中将が来日の〔アーサー・〕ラドフォード大将を主賓として晩さん會を開いて居るのに隆と共に招待された。カラハン中将の官邸は横須賀田戸台の旧横鎮長官官舎。此の日はラドフォード夫妻の外、〔ライマン・〕レムニッツア大将夫妻、キューター中将夫人等々駐日米軍首脳者と〔ジョン・〕アリソン、〔フランク・〕ウェアリング等大使館の連中も顔を出して仲々立派な會であった。今日から急に寒くなった。夜をオースティンで帰宅。

◆一月九日（月） 昼はガーディアンの特派員ティルトマンを「椿」に招び會食。

◆一月一〇日（火） 工業クラブでエカフェ協會の宗像氏が今年度インドへ行く日本側一行を招待會食。全権団としても最初の顔合せであった。夜は外務省幹部が夫人同伴で大臣の御招待による新年宴會をやる。場所は丸ノ内ホテル。裸か踊りの余興は余り感心しなかったし、夫人と旦那さんが別れ〳〵のグループを作って居るのも余りに日本的で曲がなかった。

◆一月一一日（水） 昼「産経會館」で上倉君、岡本君と會食。

◆一月一二日（木） 昼、〔エスラー・〕デニング大使が大使館で新任英大阪総領事〔ダドレイ・〕チーク君を主賓としての昼さん會を行ったのに出席。日本側から関係省の局長が出席していた。

◆一月一三日（金） 午後は招待〔中西君の〕で大角力五日目の勝負を見に行き、お土産を貰って帰宅。但角力はテレビで見た方がゆっくりしてゐるし面白いと思った。

◆一月一五日（日） 天気よし。今日は清水市の鑵詰業者後藤氏の招待もあるのでオースティンで隆と共に九時半片瀬を出發。清水に着いたのは二時前で後藤氏の案内で輸出用蜜柑の工場を見学。素人にも判って面白かった。

◆一月一六日（月） 夜は丸ノ内ホテルで大臣主催のアジア大公使會議出席者のためのブフェ・ディナーがあったので出席。公館長會議に出席の人々と挨拶を交した。

❖一月一八日（水）　注射をしたり、切符の手配をしたりで忙し。夜は次官が公館長會議出席者を招待したのに陪席。歓談。夜雨になったがオースティンをドライヴして帰宅。

❖一月一九日（木）　夜、通産大臣に支那飯に招ばれた。大臣が先日のコロンボ會議に出た人々を招んで居たが自分は当時同行出来なかったが特に招ばれたらしい。

❖一月二〇日（金）　インド出張の準備の最後の日とて忙しい。夜は三菱関係の人々がアジア公館長のためのコクテイルを東京會館で開いたのに出席。如水會のH組ボートの會と帝国ホテルのシエルの會（シエルのマネジァー来日）等に出席。

❖一月二一日（土）　昨夜はエア・フランスが今日定期に出航しないとの情報を聞いて気をもんだが、午前中に予定の通り飛ぶことが判ったので安心して外務省を休んで午前中、テニス・コート築造に来た人と打合せた。三時頃の列車で東京に向ひ五時半エール・フランス（三増君に頼まれた）で出發。マニラまでは可なり疲れて晩食の御馳走も余りエンジョイせず。

❖一月二二日（日）　マニラからサイゴン。朝飯はバンコックで済ました。目下季〔気〕候は快適。カルカッタ着は朝の十一時半（ローカル・タイム）で高野〔藤吉〕夫人その他館員が出迎へてくれた。カルカッタは目下涼しく日本の九月下旬頃の陽気で上衣を着ても暑くない。五、六年前欧州へ行ったとき泊ったグランド・ホテルに投宿。あの時の部屋よりはよい部屋でうるさい鳥の泣声もない。午後は総領事館員の案内で市中や港や鉄鉱石採取状況等を見学。町の中心を除いてはゴミ〴〵して汚い人の多い町である。但猛暑でないのが見付けもの。夜は高野氏夫人（高野君はまだアジア公館長會議で東京から帰って居ない）が主人で支那飯の御馳走になる。

❖一月二三日（月）　朝ボーイに五時に起されなければ寝込んでしまふところ。出發にボーイや荷物で一ゴタつきあってグランド・ホテルを出發。飛行機は七時離陸。バンガロールに直行。双発で操縦士も印度人。印度大陸に沿って南下。この飛行機は特別機とて乗って居る人はほとんど全部エカフェ出席の各国人。途中ヴイザカパタムで給油のため少憩。一時半（時差はなし）にバンガロールに着き、先着の外務省員等に出迎へられた。町は飛行場から七、八哩《マイル》のところにあり、パーク・ハウスというのに日本の全権団のみ投宿。部屋も自分で専用出来るのでバンドンの際よりも便利。宿の昼飯は早速ライス・カレー。十五、六名の団員で食卓を囲む。陽は流石に長く、六時半頃まである。空は飽くまで青く赤い花が咲いて居る。

❖一月二四日（火）　エカフェの會議（産貿委員會）は本日開會。前年の議長が新議長選任まで議長席に就くので、自分は日本代表席を離れて正面に着席。秘書長の「パラマデ・」ロカナサンと共にマイソール州のチーフ・セクレタリーを十時半に會場に出迎へる。自分が第八回産貿委員會の開會を宣して挨拶。マイソール州総理の歓迎の辞あり。十五分小憩の後新議長副議長の選任あり。副議長にアフガニスタンとヴィエトナムを選んだが、後者につき例の如くソ聯代表の反撃があり、議長一寸間誤ついて精彩を欠いたが兎も角これで新議長に席を譲って降壇。午後二、三の議題に入った後散會。夜はマイソール総理が官邸でリセプション（酒氣もなし菓子の類は不味いものであった）。又三十分ほどインドの踊りを見物。太鼓と笛と唱の抑揚が何やら日本の民謡を思はせた。今度のエカフェは昨年の日本で行はれた會議に比べて活氣がない。出席者も少く例へばセイロン代表は一日遅れたし、インドネシアの如きまだ顔も出さない。議題に対する発言も昨年は極めて活撥であったが、今度は極めて淋しい。矢張り東京で會議をするとなると人を惹くだけのミ力があるのかも知れぬ。各国代表団は極めて少人数であるが日本はリスト中に十五名位の名を連ねて第一番の人数を誇って（?）居る。尤もこの人達は多くは全くの物見遊山。何のために参加して居るのかよく判らぬ。地許のインドより人数が多いのである。

❖ **一月二五日（水）** 九時半から會議。昼はインドの代表〔K・B・〕ラル君に招待さる。午後も平々凡々の會議。夜は久しぶりで支那飯を喰いに外出。

❖ **一月二六日（木）** 今日はインドのレパブリック・デーとあって會議は休み。起床後三十分ほど近くの公園を朝飯前に散歩する。空気が清く涼しくて快適。今日はビルディングにインドの国旗が高々とひるがえって居る。全権団の半数は四台の自動車で八十哩余離れたマイソールの町を見学するためドライヴ。九時出發。道は立派。英領当時の遺産もあるが手を入れて立派にした跡も見へる。インドの田舎のドライヴも面白い。トラフィックはほとんどなくて牛車が多い。

❖ **一月二七日（金）** 今日は地域間貿易の問題やらランド・ロックド・カントリーとアフガン代表のパキスタン攻撃やらで討論は活気あり。自分も稽古の心算で原稿を用意せずに喋って見たが案外やれたと思うし又或程度のリードもとった心算である。面白し。

❖ **一月二八日（土）** 午前中アフガニスタンとパキスタンの應酬がつゞき會議は永びいたが兎も角午前中で切り上げ午後はフリー。全権団はマイソールへ出かけたり、市中の工場を見学したり。自分は一寸風邪の気味なので昼寝をした。

❖ **一月二九日（日）** 七時には宿を出て車を二台連ねてドライヴ。今日は片道百五十哩近いドライヴである。目的は寺院の見学。道は約半分程はペーヴしてあるが半分位はダート・トラックで日本の様に凸凹はないが細い砂が容赦なく自動車の内部へ舞い込んで来るので頭の先から靴先まで埃で眞黄色となり閉口した。それでも途中広大なインドの田舎をドライヴ。流石に大陸的半島である。こんな豊富な土地に住んでいる人がどうして貧しいのか不思議である。

❖**一月三〇日（月）** 昼はロカナサン氏が各国代表団首席と次席クラスを招んで會食あり。午後も討論をつゞけ、夜はドラフティング・コミティとなったが牛場〔信彦〕君に出て貰った。

❖**一月三一日（火）** 吉沢〔清次郎〕大使がデリーからやって来られたので飛行場に出迎へた。午前は起草委員會の報告が出来上らぬので本會議なし。二、三の人々と共にサンダルウッドの彫物や線香など買物に出かけた。本會議は九時四十五分に開かれ起草委員會の報告を採択してやっと第八回産貿委員會を終る。自分は議長のパキスタン代表に祝辞を呈して置いた。この頃は国際會議の稽古の心算で専ら発言に努めて居る。

❖**二月一日（水）** 今日は明日の総會に出席のため〔ジャワハルラール・〕ネール首相や〔ダグ・〕ハンマショルド氏がバンガロールに着いたので市中は大変な警戒。大會気分は漸く横溢して来た。

❖**二月二日（木）** 今日は総會開會の日。各国全権団は十時廿分に着席。十時半にネール首相とハンマショルド氏が入場。前年の議長たりし高碕〔達之助〕氏が出席しないのでパキスタンのカレリ氏が議長席に就いて開會を宣し、マイソール王の演説についてネールが演説したが喋って居るうちにコントロールがつかなくなるのが此の人のクセか自分の雄辯にみせられて約一時間も長々と原稿なしで喋ったのは一寸常識を欠いた。注目された点は中共代表が出席して居ないことを強く遺憾とした点とアジア諸国で国連に加入を許された国に祝意を表しつゝ日本と外蒙古の加入の近いことを希望した点であった。次でハンマーショルド氏が挨拶。これで午前は時間切れとなり。昼はインド代表が議長席に就いてから冒頭ソ聯代表が中共代表問題に及び遂に採決したがこれは十二対四かで破れ、次でソ聯代表は外蒙問題を議題に加へる件を主張して又ガタつき決定に至らぬまゝにマイソール王レジデンスでの商工大臣の茶會となり、次で植物園でマイソール総理主催の音楽及インドダンスのもてなしあり。これで第一日を終ったが相当に波瀾あり。

❖**二月三日（金）** 外蒙問題で午前中は一暴れ。そのうちインドの代表がこの問題をエコソックに報告するに止めると折れたところ今まで強硬論で頑張っていたソ聯代表は大慌てゞインド代表を支持したのは一寸滑稽であった。今度の會議ではソ聯は何事にもあれインドを支持するに汲々たり。一方米国もインドを支持せよとの訓令を受けて居る相で「ガンヂイに私淑してゐる」と米代表が發言したり「恐らく女副市長を有するのはバンガロールだけで各国もこれに眞似たいものだ」と述べたり、米、ソ両代表何れも劣らずインドの意を迎ふるに汲々たり。冷戦の天王山がインドにあることが判るのである。夕方はコンモンウェルス各国共同主催のリセプションあり。終ってインド芝居への招待。お面をつけてセリフはなし所作事で伴奏の鼓や鐘、何とはなしに日本のお神楽を連想せしめるものがある。筋が判らぬので一時間位で中座した。

❖**二月六日（月）** 各国のエコノミック・サーヴェイに対するオブザベーションがつゞいて居る。ソ聯代表が長々と宣伝演説をやりインドやビルマを責めてタイやフィリピンをけなしつけ、それに対し再反駁ありで昨年の東京會議よりも東西の色分けが明確化し交歓の議場にビタネスとアクリモニーの空氣が注入されている。ソ聯の代表がポーカー・フェースで「蒋介石、蒋介石」と呼びつければ、支那の代表は「俺は支那の代表だ。蒋介石とは無礼だ。君はブルガニンのクリクかフルシチョフのクリクが」と叫び又その前日のポーランドのオブザーバーの發言に言及して「オブザーバーにしては話しが長すぎた。彼は自国の産品を宣伝したがポーランドがアジアに持って来た石炭のうちには石が入っていた」と揶揄したり仲々手きびしい。そこへアフガニスタンがパキスタンと噛み合って會議は仲々進まない。朝鮮代表がソ聯代表はアウト・オブ・オーダーだと非難しつゝその發言中に日本の不当なことに簡単乍ら言及したので吉沢さんから朝鮮は他国をアウト・オブ・オーダーと言い乍ら、自国がアウト・オブ・オーダーを犯してゐると發言し間接にソ聯を支持した形となり東西相乱れての混戦であった。

❖**二月七日（火）** 前日に引きつづき討論。

❖**二月八日（水）** 昼はパキスタン代表主催の昼さん會（この頃は毎日同じ顔触れが主人になったり、客になったりして右往左往している）。夜は米国のリセプションの後インド首席代表カルマルカルが各国代表をブフェに招ぶ。

❖**二月九日（木）** 午後放送局へ行ってオール・インディアのウェーヴに乗ってエカフェ會議について放送。ロカナサンを議長格としてネール（印度）マクマホン（英）に自分の四人で合計廿分の座談會。相当巧く出来た様だ。七十ルピーの報酬のうち三十ルピーを所得税として天引くというので自分が予てからゴネていたところ、オノラリーとして一文も出さず。夜は日本側がウエスト・エンド・ホテルにエカフェ地域に国を有する代表のみを招いて白人抜きの晩食。

面白く且気の措けぬ會合であった。

❖**二月一〇日(金)** 今日は議題は一瀉千里に進んで自分も異なった議題につき三回喋った。相当顔を賣ったつもりである。夕方インドのお茶の會があった外は何も約束はなし。夜はノンビリとブリッヂ。

❖**二月一一日(土)** 一時半頃までかゝって仕事を片附け會議は火曜日たる十四日まで休會となる。起草委員會が一寸忙しいだけ。流石にホッと一息。日本の全権団もマドラスへ旅行に出かけたり、セイロンへ行く人があったりで半減した。

❖**二月一二日(日)** 一日ノンビリ。パキスタン交渉が来月から始まるのでヴェランダでゆっくり書類をよむ。このパーク・ハウス施設は余り完備していないが建物全部を日本人で独占使用出来て勝手に使用人を使い極めて気は楽。午後から夜にかけてブリッヂ。バンガロールへ来て以来勝ちつゞけて総計二百点近いプラスで終幕。九時十五分から一同で應接間で約廿分つゞいた先日の自分、ネール、マクマホン、ロカナサンの座談會の録音放送を聞く。出来は悪からず。

❖**二月一三日(月)** 昨夜遅かったが五時半には起床。軽い朝飯をすませて越智〔啓介〕君と共に飛行場に向う。ボンベイ着は十二時。林〔不二雄〕総領事が出迎へてくれる。官邸で日本食の御馳走になった後、二俣君の案内で市内見物。夜は総領事に支那飯を御馳走になる。

❖**二月一四日(火)** 昼飯は日立の竹内氏の招待でべ〔ボ〕ンベイ第一の「タヂ・マハール・ホテル」で昼食。久しぶりにおいしい西洋食であった。四時総領事に見送られてボンベイ發。飛行機は四発の国際級で七時少し前にはデリーに着。大使館の連中に出迎へられてインペリアルというホテルに投宿。インド第一のホテルだ相だ。自分の部屋は大小五、六の部屋から成って居り、これではホテル代が一寸心配。夜は大使官邸で御馳走になる。大使は居ないが夫人始め館員が接待してくれた。

❖**二月一五日(水)** 昨日のホテル代八十五ルーピーには一寸驚ろかされた。金を溝へすてた様なもの。朝八時ホテルを出て三宅夫妻の案内でアグラに向う。デリーから百二十哩余。途中は舗装してあり、左右の並木も雄大。

❖**二月一六日(木)** 夜はバンガロールから本日帰任した吉沢大使に官邸に御招待に預り食事。

❖**二月一七日(金)** デリーの大使館員に見送られて七時半エア・インディアの双發機で出発。天気はよいが朝は寒く、セーターを着てもガタ〴〵ふるえる程度。双發機はヒーターが十分でなく閉口。追風で予定より少し早く十二時前にカルカッタ着。高野〔藤吉〕総領事が出迎へてくれた。牛場君もダージリンから帰って来たので東銀・有吉支店長（エカフェでバンガローアへ来ていた）がカルカッタ・クラブで昼食に招んでくれた。食後は総領事の官邸に赴き、洗面したり、庭にチェアを出して四方八方の話をしつゝ時間を消し七時カルカッタ発のパンアム機でバンコック経由香港に向ふ。本日の泊りは機上。

❖**二月一八日（土）** 香港は少し霧で飛行機は上空を旋回して居たらしく三十分程遅れて着陸。総領事館員に出迎へられてミラマール・ホテルに落付く。午前香港島に出かけて若干の買物をすませ昼は伊関〔佑二郎〕君に支那飯に招ばれたがこれはほんとに美味しかった。午後は伊藤忠商事の支店長に九竜半島を支那国境近くまで自動車で案内して貰う。夜は同支店長の広東料理の御馳走になる。

❖**二月一九日（日）** 午前中は鶴我〔七蔵〕君に香港のピークに案内して貰いレパルス・ベイ・ホテルで昼食。午後ホテル付近を散策したりパッキングしたり。夜は官邸で伊関君に招待された。

❖**二月二〇日（月）** 朝、日航より連絡あり。日本から飛行機がないので本日欠航とのこと。一寸呆れた。最近の航空機では安全に次いでは正確性がなければ旅客はついて来ない。已むなくパンアムを角〔確〕保。ツーリストがないので越智君とは別れた。十一時、香港。飛行機は快適。サービスも可。予定の通り六時半日本着。隆子が出迎へてくれた。新聞記者とも會見を終へて帰宅したのは八時に近かった。旅装を解いてインドの土産を子供に見せる。大分仕事が溜ってゐるらしい。

❖**二月二一日（火）** 十一時頃登庁。挨拶をしたり、仕事をすませたり。午後は早目に帰宅。

❖**二月二三日（木）** 省内で課長級の連中にエカフェの印象を講話する。昼は帝国ホテルでタイムスのハーグローヴ君と食事。午後はパキスタン関係の事務打合。

❖**二月二四日（金）** 午前入院中の大臣に會議の報告をした。昼は幹部會で報告。

❖**二月二五日（土）** 土曜日だが仕事もなさ相なので一日お休み。

❖**二月二七日（月）** 工業クラブでの土田〔豊〕新エジプト大使のリセプションに出席。

❖**二月二八日（火）** 昼エカフェの解散會を「香港」でやる。賑やかにインドの會議を語る。リチャード三世の坪内〔逍遥〕氏訳と原本とを讀み始める。

❖**二月二九日（水）** 昼デルメッヂ夫人を招んで隆と三人でお座敷天ぷら。午後はパキスタン関係の打合せ會をする。

❖**三月一日（木）** 午後研修所十週年の記念日とあってリセプ

ションに顔を出した。

❖**三月五日（月）** 昼松阪屋の昭四會に顔を出す。

❖**三月六日（火）** 午後国聯協會でエカフェの話をし、夕方は隆と「トロイのヘレン」という米映画を見る。スパルタがトロイの城を攻略するシーン、大規模で流石に米国式。終って七時四十五分から英大使に招ばれているのでディナー。英国下院議員の Geoffrey Lloyd という前燃料相が主賓であった。

❖**三月七日（水）** 昼は日本貿易會で講演。

❖**三月八日（木）** 昼は丸ノ内ホテルで外相がロイド氏を招待したのに陪席。ロイド氏は〔モーリス・〕ハンケーさんの友人だ相である。午後はエカフェ協會で講演。三日たてつゞけて同じインドの話し。

❖**三月一二日（月）** 朝から冷い雨。パキスタン交渉のオスマン・アリ来日。午前中挨拶に来た。

❖**三月一三日（火）** 昼、如水會館で藤門會あり十数名出席。自分も一寸喋らせられた。夜は東京會館で隆と共に〔J・E・〕チャドウィック夫妻を招待會食。昼頃俊夫が慶應法科の第一次試験にパスしたとの情報も判ったので気持ちよく酔ふ。七時四人でチャドウィックの招待で東劇の「リチャード三世」を観に行く。今日はプリミエーで皇太子〔明仁〕も来て居られた。国際文化振興會の岡部〔長景〕氏が英語で挨拶し、デニング英大使が日本語で挨拶をして二時間四十分息も吐かせぬオリヴィエの「リチャード三世」が上映された。自分は英語も日本訳も勉強して置いたので十分に楽しめた。オリヴィエの一人舞台。尚今日は午後外務省でオスマン・アリを団長とするパキスタン通商使節団と交渉を始めた。

❖**三月一四日（水）** 午後はパキスタンとの交渉。夕方は自分が主宰のオスマン・アリのためのリセプションを霞友會館で催した。

❖**三月一五日（木）** 午前オスマン・アリと霞友會館で私的會談。昼飯は芦野氏と国際文化會館で食事。夕方は早目に帰宅。誕生日なので一寸奢る。

❖**三月一六日（金）** 午後パキスタンとの交渉。夜はパキスタン商務官ラーマン君の食事に出席。

❖**三月一七日（土）** 土曜日の午後大船のカトリック婦人會で講話。

❖**三月一八日（日）** 開成学園の卒業式。予て曽ネ〔曽祢武〕校長から講話を依頼されていたので十時までに日暮里の学園に赴く。式は十二時までかゝったが自分も廿分許り話しをした。気持ちよく喋れた。

❖**三月一九日（月）** 〔ロバート・〕クレーギー夫人が亡くなったという新聞報があったので悔み状を出して置いた。夜は高碕さんがチョーヂ・セールを招んでいるのに陪席。河野〔一郎〕農相も一寸顔を出した。

❖**三月二〇日（火）** 米国在極東大公使の會議が東京で開かれている由で米大使館でリセプションあり。帰りは自分の車が見当らず雨の降る寒い日にひどい目にあった。

❖**三月二一日（水）** 春分の日。夜はスキス公使に夫婦で招ばれているのに出席。夜は霞友會館に泊る。便所附きの洋部屋で二人で一泊千圓は安い。

❖**三月二二日（木）** 昼はパキスタンのアリ君と會食しつゝ話しを進める。大分具体化して来た。近く妥結が出来相だ。

❖**三月二三日（金）** 夕方一ッ橋大学の開放講座で講演。場所は一ッ橋講堂。

❖**三月二六日（月）** 東銀の頭取に銀行の食堂に招ばれて御馳走になる。エカフェの會議で東銀のオブザーバーが外務省の人に厄介になったからというのである。午後は霞友會館でオスマン・アリと會談。大分話しは進んだ。

❖**三月二七日（火）** 東銀の二見〔貴知雄〕氏等重役がオスマン・アリ君を「新㐂楽」に招んだのに陪席。今日は少し努めたので遅くなった。

❖**三月二八日（水）** 上倉君に「駅馬車」に招ばれた。午後はオスマン・アリ君と霞友會館で折衝。夜はアリ君のリセプションあり。リセプション後も會談をつゞけたので帰宅は十二時に近くなってしまった。

❖**四月四日（水）** 午後四時オスマン・アリ君と日パ貿易取極めに調印した。交渉は約四週間でまとまり、トントンと進んだ。日パ両国はシングル・ライセンスを基礎として貿易を進めて来たが貿易自由化の世界の趨勢に顧み日パ間の貿易も自由競争の基礎の上に行はれることゝなり。たゞ日本が一定量〔廿四万俵〕以上のパ棉を買ふ場合、一定のシングル・ライセンスを日本が獲得することとなった。先づ〱日本としても満足な取極めであり自分もホッとした。

❖**四月五日（木）** 夕方は隆と共に米大使館へ行く。アリソン氏が来日した英労働党の〔ハーバート・〕モリソンのためのリセプションを小人数で催したのに出席。夜は大臣主催のモリソンを主賓とした晩さん會が丸ノ内ホテルで催された。日本側からは陪賓として芦田〔均〕、野村〔吉三郎〕、岡崎〔勝男〕、松本〔俊一〕といったお歴々の顔が見へた。

❖**四月六日（金）** 夕方はウェアリング夫妻に招ばれているので有楽座の「ガイズ・アンド・ドル」を観に行く。折柄この映画の主役のブランドという俳優が滞日中なので挨拶あり。女性ファンが大喝采を送って居た。サミエル・ゴールドウィンの老夫婦もステーヂに顔を出した。この芝居は曽てロンドンで観たことがある。映画にすると又変った味が出るものだが少し長すぎて退屈した。終ってウェアリング君邸で晩飯。そのため辞去したのは十二時になってしまった。明日の旅行があるのでオースティンで帰宅。順調に走ったのだが横浜附近で道のクボミに激しいスピードで落ち込んだ勢いでタイヤをいためたらしく遊行寺下で遂にエンコ。眞夜中のタイヤつけかえには全く閉口した。このため帰宅は二時頃となり湯に入って就寝したのは三時に近かった。

❖**四月八日（日）** 雨である。八時半頃予定の通り出發。道は広くてよし。途中、佐久間ダムの副ともいうべき秋葉ダムを見る。此処はまだ完成して居ない。事務所の人に東京から連絡がついて居たので白ヘルメット（鉄）に雨合羽、長靴のいでたちで現場を見物。又雨の中を走らせ佐久間に着いたのは二時頃になってしまった。これから約一時間半、ダム建設所員がランドローヴァーでえん堤まで案内してくれた。堤はほゞ九分通り出来上がって居たがまだ工事中で雄大なものである。

❖**四月一〇日（火）** 昼先日のパキスタン交渉関係者を支那料理に招んで労をねぎらう。夜は伊原〔隆〕君が〔ジョージ・〕セールのために「錦水」で招宴をしたのに出席。

❖**四月一二日（木）** 昼山王ホテルで大使館の〔ジュリウス・〕バッシン君の招待で二人で懇談し乍ら食事。この頃はスッカリ用事がなくなって毎日暇。今日は住みなれた日産館から外務省はファイナンス・ビルに移り大蔵省と同居。この五階の建物の左側約四十パーセントを外務省が借りることになった。自分も五階に専用の部屋を貰う。霞ヶ関の外務省は自分が始めて月給取りになってから通ったところ故もとより印象は深いが此処には昭和四年と昭和十一年から二十年まで居た（尤も病気休勤中と戦時中都立学校に通ったこともある）約九年。田村町の日産館には終戦から今まで約十一年だが英国に二年半の在勤を除いて約八年半。ファイナンス・ビルには余り長く居れ相もない[1]。

❖**四月一三日（金）** 昼英大使に官邸に招ばれる。中共駐在の代理大使〔コン・〕オニール氏が東京へ遊びに来た機會に大使が設宴したもの。

❖**四月一六日（月）** 夜、長島君に星ヶ岡茶寮で御馳走になる。

1——外務省は戦災によって霞が関の本庁舎が焼失したため、芝区田村町の日産館を仮庁舎としてきた。その後、一九五六年四月に米軍の接収が解除された霞が関の大蔵省本庁舎（ファイナンス・ビル）に移転し、一九六〇年に旧庁舎跡に建設された新庁舎に移った。

吉次〔利二〕君も一緒。「星ヶ岡」は東急で買収。目下は支那料理をやって居る。帰りは吉次君とゆっくり雑談し乍ら帰宅。

❖**四月一八日（水）** ジョーヂ・セールが帰国するので帝国ホテルでさよならした。今日は一足飛びに夏が来た様に暑い日であった。夕方隆と産経會館で晩食後同會館の講堂で催された米空軍のバンドを聴いた。ヂエネラル・キューターの招待であった。帰りはオースティンで帰宅。

❖**四月一九日（木）** 昼は米大使館の〔ジョージ・〕モーガン君に招ばれて同君宅で二人で食事をし乍ら雑談。

❖**四月二〇日（金）** 昼は移転以来最初の幹部會あり。この頃は用なし。毎日ゆっくり登庁して午後は早く帰る。一寸申訳がない様だ。

❖**四月二一日（土）** 昼は帝国ホテルで来日したライルニー（鑵詰関係の商人）君に招ばれて食事。

❖**四月二三日（月）** 東京會館で自分がブラダーマンとウェアリングを招んで會食。ブラダマーン君はエカフェ會議でインドへ行ってから帰途、ズッと日本に居て経済関係の仕事をして居たとのこと。夜はレーマンがチャドウィック夫妻の送別會をやったのに招待される。

❖**四月二四日（火）** 東京會館で大野伴睦氏の招待で来日中の中国親善使節のためのリセプションあり。

❖**四月二五日（水）** 昼は星ヶ岡茶寮でハーグローヴ君と支那飯を食べつゝ歓談。この頃仕事はないので帰りは早い。出勤も十一時頃という呑気さ。部屋は一人部屋で至って氣楽。

❖**四月二七日（金）** 夜はノルウェーの公使がサスのマネヂャーが来日した機會にスタグで會を開いたのに招待される。帰りはオースティンで帰ったが大変な雨で苦心した。

❖**五月一日（火）** 此の頃は毎日用事なし。昼の約束すならし。至って呑気。フランス語はミッチリやってゐる。

❖**五月二日（水）** 英国の映画 Town like Alice を見る。戦争中の日本軍の暴虐行為を取扱ったもの。何時までもこんなテーマが英国人に持てるのだ。外交官が四年も五年も苦労して日英親善の御題目を唱へても二時間こんなフィルムを見せれば百日の説法何とやらに等し。夜、増子君の招待で小舟、中山、千金良の諸君と會食。

❖**五月一〇日（木）** 産経會館で沖縄から帰国中の三浦〔文夫〕君と會食。夜は大臣が丸ノ内ホテルにデヴィス・カップ日印選手と関係者を招んでコクテイルを催したのに参加。

❖**五月一一日（金）** 夜森下陵一君の招待で三井クラブで會食。

❖**五月一二日（土）** 正午から東銀の招待で程ヶ谷で外務省対東銀のゴルフ試合あり自分も参加。久しぶりで面白かったが百一叩いた。ゴルフ後横浜市内の「竹うち」というすき焼屋で御馳走あり。美味しく且楽しかった。横浜は「港まつり」だ相で食事中、花火が喧しく揚げられた。

❖**五月一六日（水）** この二、三日、初夏とも思へぬ寒さで富士山は二合目まで雪が降った相で遠くから見ると白さが濃くなって居る。夜は「金田中」で次官が賜暇帰国中の萩原〔徹〕君を中心として會食。水入らずの仲間として歓談久しく。

❖**五月一七日（木）** 今度英国へ帰るチャドウィック夫妻を招き箱根のフジヤ・ホテルで落合う。天気がよかったので同君夫妻も楽しんでくれたと思う。

❖**五月一九日（土）** 曇り。正午、吉次君の車で卒業三十週年（専門部）の大會に出席すべく箱根を越して三島から韮山の水宝閣に行く。こゝは吉次君の東急が経営して居り野口〔遵〕氏の所有して居た別荘だ相だ（水宝〔豊〕ダムの野口氏）。閑静な宿屋である。二時半頃ホテルに着。附近の山の城跡を散歩。五時頃から同期生の慰霊式あり。二百名の卒業生のうち物故者は五十余名。その他恐らくは死亡したと思はれる消息不明者が二、三十名ある。式場に掲示された人の名前を見ると三十数年前此等の人々は学校の掲示板に貼り出されて入学を許されたことを知ったその名前であることを思ふと人生の無情を感ずる。このリストの中に自分が含まれずこうして三十週年の宴會に出られることは生の㐂びである。

❖**五月二二日（火）** 昼東京會館で今度帰国する米大使館のディール君を招んで會食。

❖**五月二三日（水）** 夜は住友ビルの東京ホテルで田中彦蔵夫妻の次女米子さんが結婚したのに夫婦で招ばれた 米子嬢は自分が南京在勤中まだ四、五才であった。自分も新婦の側を代表してお祝辞を申述べる。

❖**五月二四日（木）** 昼はラーマン（パキスタン）に招ばれる。同君の邸で商務参事官の例會あり。この會合には自分が経済局長時代に一回出席したことがある。ほとんど知らぬ顔でウェアリングとチャドウィック位のもの。

❖**五月二五日（金）** 夜高碕氏令息が帰国中の萩原君を招んだのに陪食。「田川」で御馳走になる。

❖**五月二八日（月）** 英大使館のFarley Smith君がガス中毒で不慮の死を遂げた。同君は二年前の日英會談当時はまだ大蔵省に居て議事録の作成などに活躍してくれたものである。葬儀は青山の教會で行はれたので自分も哀悼の意を表した。

❖**五月二九日（火）** 昼ウェアリング君がチャドウィックの送別會を開いたのに夫婦で招ばれて行く。梅雨の晴間に美しいガーデンに出て打解けた話がつゞく。

❖**五月三〇日（水）** ホテルで工藤君（カルテックス）と會食。夜は経済局長が小汀、天羽、萬といった人々を藍亭に招んで居たのに出席。御馳走であった。

❖五月三一日（木） 毎日の雨。梅雨が早く来た形ち。毎日早帰りしてテレヴィで角力を楽しむ。

❖六月一日（金） 〔ウィリアム・〕シーボルト君が米国から来たので米大使が官邸でリセプション。終って総理官邸で外相主催の〔シドニー・〕ホランド・ニュージーランド首相のための歓迎宴あり。雨に濡れた芝生に提灯の光りが美しかった。

❖六月四日（月） 昼「星ヶ岡」でバッシン夫妻を招んで會食。夜はレッドマンに招ばれ夫婦で行く。チャドウヰックの送別の宴會であった。雨が止んで緑の芝生に出で又ランターンを吊して夏らしい宴會であったし、来る人も多く夏のタキシードで涼し相であった。

❖六月五日（火） 昼新任のエッカスレー〔オーストレリア参事官〕が挨拶に来た。同君は自分が英国へ行くときにはまだ日本に居た。夜は隆と東京會館で食事をしてから日比谷ホールへ行く。ウェアリングに招かれてロスアンゼルス・フィルハーモニック・オーケストラの演奏を聴いた。

❖六月六日（水） 昼外相が丸ノ内ホテルに来日中のシーボルト氏を歓迎しての宴會をやり野村〔吉三郎〕、新木〔栄吉〕、井口〔貞夫〕という歴代の駐米大使や外務省の幹部それに米大使始め大使館の幹部が出席。早慶戦は決勝戦で慶應が惨敗。

❖六月七日（木） 新任英大使館の公使ハーパム君が来訪。夜は目下東京で開會中のエカフェ地質学會議のリセプションに出て、七時四十五分からは英大使に夫婦で招ばれる。チャドウィックの送別のためデニングがお客さんを集めたのである。宴が終ったのは十一時すぎ、雨の中を自宅へ帰ったのは一時に近かった。今週は三度オースティンで東京へ往復した。

❖六月一一日（月） 二時半放送局に行き深田〔宏〕君と共にアナウンサーの質問に答へつゝ「英国青年の生き方考へ方」という題で約四十分録音放送した。

❖六月一二日（火） 夕方国際文化會館で外務次官が主催したエカフェ代表のためのリセプションに出席。

❖六月一三日（水） 昼タイムスのハーグローブ君に杉並の自宅に招ばれて會食。夜は高碕大臣が滞日中のロカナサンとウーニョンを招んだのに陪席。東京會館でアッサリした晩飯であった。

❖六月一四日（木） 昼新任の濠参事官エッカスレー夫妻を隆と共に「星ヶ岡」に招んで會食。同君とは自分等英国行の前に交際して居たが今度又数年振りで日本へ来たわけで歓迎を含めた會食であった。

夜はバッシン君がディール君の帰米を機會に送別のディナー。自分は十一日の録音放送があったのでディナーの前三十分放送を聞かせて貰った。

❖**六月一六日(土)** オーストレリア大使の〔アラン・〕ワット氏に招ばれて二時半から同大使官邸のテニス・コートでダブルス。コートはよく手入れされて居りクッキリと白線もひいてあり本格的である。目の覚める様に眞白なスラゼンヂャーのボールで打合うオーストレリア側はワットとエッカスレー、日本側は自分の相手は角谷君であった。ワット氏は若い時分ウインブルドンのダブルスの決勝に出た相で流石に巧いテニスをやった。エッカスレーがブレーキで角谷君が又よく当り六－四、三－六、六－四で勝った。夜は次官が「藍亭」に岡崎、奥村〔勝蔵〕夫妻、萩原〔徹〕夫妻を招んだのに自分等も招ばれて御馳走を喰べつゝ水入らずの歓談。

❖**六月二〇日(水)** 産経會館で韮沢君と會食しつゝ歓談。夕方は次官が官邸で外交官を招待してのビフェ。天気がよいので芝生に出て話し合う。

❖**六月二三日(土)** この週は梅雨にも不拘、毎日好天気。然も夏らしい日照りがつゞいた。自分は省内のテニス・大會に備へて役所のコートやら自宅のやらでテニス。顔は眞黒になる。午後三時から約一時間日比谷高校の都下英語の先生を前にして英国の話やら雑談やらをした。久しぶりの講演なので舌の運びは余り滑らかならず。

❖**六月二四日(日)** 外務省テニス大會。丸子の東銀コートを借りて行はれた。幸い午前は曇天であったが午後は晴れてコートも大分プレーし易くなった。自分は三試合やって全敗。経済局五組のうちNo.1として高松君と組んで出場したが余り香しからず。それでも経済局は二位となった〔官房が優勝〕。久しぶりで若返って楽しかった。

❖**六月二五日(月)** 昼エジプトの使節団が来て居るのでエジプト大使に目黒の官邸の昼飯に招ばれた。午後は研修所に廻り一時間半官補補に講話。

❖**六月二六日(火)** 夜は隆と共に米国公使の〔クレアレンス・〕マイヤー氏に青山の邸に招ばれた。帰りは十一時になったが横浜で自動車が又々パンクしてひどい目にあった。

❖**六月二九日(金)** 役所で外交官試験試験官が問題を決定するための打合會あり。夜は高碕さんが滞京中の萩原、倭島〔英二〕両君を「蜂竜」に招んだのに陪席。歓談して楽しかった。

❖**六月三〇日(土)** 今日は役所の若い連中を自宅のテニスに招んで居たが豪雨で駄目。

❖**七月一日(日)** 一日雨。午後車で湾岸を散車。小田急や東急のレスト・ハウスが出来上って西洗〔浜〕は見違へる様に立派になった。

❖**七月三日（火）** サガミのコースで奥村、萩原両君とゴルフ。連日の雨が今日は降らず二ラウンドして面白かった。

❖**七月四日（水）－七日（土）** この頃は連日雨。役所は早帰りして二、三回海で泳いだ。快適である。外務省は石黒〔四郎〕、島津〔久大〕の人事が内定した。三木〔武吉〕氏の死去で重光〔葵〕氏の地位が強化（?）されこれから重光人事が始まるのかも知れない。

❖**七月八日（日）** 参議院議員投票日。十時頃投票する。開票の結果神奈川県は保守党全滅。左右両社の候補者が当選して番狂はせを演じた。午後から外務省の若い連中三人を招んでテニス。晩食後はブリッヂ。

❖**七月一〇日（火）** 正午頃次官から駐比大使を受けてくれぬかとの交渉あり。自分は難色を示しつゝ考究させて呉れと答へて午後は自宅に帰り一泳ぎ。ところが夜祝電が一通舞い込んでおかしいと思って居たところ。

❖**七月一一日（水）** 翌日の朝刊は御覧の通り報道。大臣から総理に話し本決りとなり本人の内諾も何もあったものではない。自分は役所で次官に抗議しつゝ引受けざるを得なかった。サテ大役である〔2〕。

夜光輪閣でアルゼンティン大使の〔カルロス・〕キロスが外交団を招んで大宴會。自分等夫婦も招ばれた。出席の誰彼から祝辞を受ける。

❖**七月一二日（木）** リーチさんのフランス語「最後のレッスン」。一年余に亘り自分もよく勉強したし（尤も勉強した割合に進歩しなかったのは残念）同神父もよく辛抱してやってくれた。夕方は家で一泳ぎ。電車の中ではフランス語はやめてフィリピンの参考書に切り換えた。

❖**七月一四日（土）** 程ヶ谷で第一物産の重役連と外務省とのゴルフあり。今夏最初と思はれる程暑い日であった。自分は昨夜の不眠がたゝったか余り当らなかったが兎も角エンジョイした。

❖**七月一五日（日）** 昼鵠沼の秋山氏に送別に食事に招ばれた。吉次君も同席。午後はテニス。

❖**七月一六日（月）** 昼長島君の紹介で「山種」の山崎氏と「竹葉」で送別を受けた。夜は大森の芦田〔均〕氏邸に妻と同道招ばれて送別會。相客は永野〔護〕夫妻、古垣〔鉄郎〕夫妻、丹羽〔周夫〕三菱重役等々で仲々賑やかであった。芦田さんには五年前英国へ赴任の際も送別に招ばれたことあり。御好意は感謝に堪へぬ。永野氏から雄辯にヒリッピンの話を聞かされた。オースティンで帰宅。

❖**七月一七日（火）** 昼は奥村君が東京會館で島津（ニュージーランド）石黒（イラク）と共に招ばれて會食。夕方は早目に帰る。此の頃はアジア局や経済局の調書を猛烈に勉強し始めた。

❖**七月一八日（水）** 吉次君に下谷の料亭で送別の御馳走になる。ビルマへ出張する宇野君も同席。

❖**七月一九日（木）** 昼は経済局の課長と首席事務官が集まって「香港飯店」で送別會をやってくれた。夜は松本俊一氏夫妻が「しほばら」で伊原、鈴木、中山、加藤それに自分の夫妻を招んで下されロンドン時代の歓談に話が咲く。松本氏も数日中にモスクワに行く予定。

❖**七月二〇日（金）** 今日は休んで一日書類を讀む。疲れると海でザンブリ。

❖**七月二一日（土）** 役所の若い者数名を招待してテニス會。眞黒になってやった。面白し。夜ビールを飲んでから一部はブリッヂ。一部はナイター見物。健康な夏の一日。

❖**七月二三日（月）** 昼毎日新聞の知り合の記者三名と會食。夜はゼネラル物産の森下君が三井クラブに招んで送別してくれた。

❖**七月二四日（火）** 昼正田貞一郎氏が英三郎《ひでさぶろう》、得一郎両氏と共に「竹葉」で招待してくれた。親類から大使が出たと祝ってくれて嬉しかった。年齢は八十七だ相だが元気なものである。一ツ橋時代の同期生五十名のうち生き残りは同氏一人だけだ相である。午後はデパートをかけ巡って買い物をする。幸い夏なので夏物を買ふのに好都合。マニラは衣服等高い相で大に買って行く心算。夜は「福録壽」（神宮参道）で林定平君が夫妻で自分等を送別してくれた。大使の沈〔観鼎〕氏夫妻も出席。

❖**七月二五日（水）** このところ連日昼夜とも送別會で忙しい。書類は概ね讀み終ったし跡片附は著々進行して居る。ヒリピンは賠償協定に批准し批准書は二十三日に交換されたので（東京で）あとは既に求めて居るアグレマンを待つのみである。昼は日本検査會社に帝国ホテルに招ばれ（社長北代氏）午後は宇野君の案内で日野デーゼルの工場を見学。夜は「小松」で大洋の中部〔謙吉〕氏の招待あり。井口氏も同席。

❖**七月二六日（木）** 昼神田の支那料理で大雲夫婦、梅田夫人、鈴木母堂、佐久間夫人、中谷君等昔の友人を中心とした送別會あり。夜は東京會館別館で出渕勝君が祖母の古稀の祝いを行い親戚連が賑々しく参加。

2——七月一二日付の『東京新聞』、『産經時事』『下野新聞』にそれぞれ朝海が初代駐比大使に内定したとの報道がなされた。

❖**七月二七日（金）**　昼は昔の研修所貿易班の有志が送別會を開いてくれた。午後は久しぶりに早く引揚げ自宅に帰り俊夫と泳いだ。卅余度の暑さで泳ぐには快適。

❖**七月三一日（火）**　数日ぶりで登庁。マニラ大使館の人事問題をせっついたり、マニラに持って行く国産車の問題やクーラーの問題、土産物の問題やらで大忙し。その間、藤山〔愛一郎〕、津島〔寿一〕、村田〔省蔵〕といったフィリピン関係者の歴訪も今日から始めた。昼は研修生が霞友會館で送別會を開いてくれたし、夕方は三菱商事の高垣〔勝次郎〕會長や寺尾〔一郎〕君の肝入〔煎〕りで三菱関係の銀行やら會社やらのお歴々が東京會館で自分と島津ニュージーランド公使、石黒イラク公使のためのブュフェを開いてくれ仲々盛大であった。

❖**八月一日（水）**　九時に程ヶ谷のコースにオースティンを駆り三菱銀行の脇村君の招待でゴルフ。西山、加藤の両君も参加。

❖**八月二日（木）**　昼は研修生が「香港」で送別會をしてくれる　夜は北村氏（勧銀）と某赤阪で會食。その間挨拶廻り。

❖**八月三日（金）**　アグレマンも来たので今日の閣議でフィリピン大使は本決りとなった。昼浅野物産の首脳者と国際観光ホテルで會食（浅野、関根、池田の諸氏）夜は「志ほばら」で山際〔正道〕輸銀総裁が送別會を開いてくれた。

❖**八月四日（土）**　昭四會の例會日で松坂屋で會合あり。今日は自分の送別會という案内もあったためとのことで通常の倍位の三十九名という出席者あり。二、三のスピーチがあって仲々賑やか。その後自動車で井口氏と共に山田雄吉君（日軽金の重役）の案内で清水に向う。本日の宿は興津の水口屋で、山田君等の御馳走になる。

❖**八月六日（月）**　御殿場十時三十五分発の小田急のディーゼル・カーで帰京すると松田で停車したのみで十二時二十分には新宿に着いた。此処から車を走らせて霞友會館で昔の内閣情報局の石井、岸、坂田、三増といった諸君十四、五名の歓送會あり。午後は挨拶に廻ったり、人事問題で折衝したり。夜は寺田氏の招待で奈良君や堀君も加はり神楽阪〔坂〕で大騒ぎした。

❖**八月一〇日（金）**　昼は如水會で十五門會の人々が約三十名集って送別をしてくれ、夜はハーグローヴが自宅で招んでくれた。今晩は隆と共に東京に泊る。

❖**八月一一日（土）**　朝九時の「あおば」号で高碕大臣、島津ニュージランド公使夫妻、石黒イラク公使夫妻と共々那須の御用邸に赴くべく乗車。今日は土曜日であったが幸い特二〔特別二等車〕が増結されたので悠々と旅行出来た。黒磯駅には宮内省から差廻された自動車が三台来て居たのでこれに分乗。正午すぎ美しい松林の御用邸に着く。蝉（ひぐらし）の声がが聞える。広壮なお庭で野趣は掬すべきものがある。建物自体は質素なものである。一同昼食を頂いてからモーニングに着換え先づ高碕大臣の所管事項の内奏あり。二時少しすぎ先づ自分が陛下の前に進み出で大臣から「任特命全権大使」の辞令を頂き「遠路御苦労である」との御言葉を賜はった。次で島津君、石黒君。少憩の後、再び以前の順序で陛下に各別にお目にかゝり御暇乞の御挨拶をする。陛下から「日比の友好関係を深めるように。暑い所故身体に気をつける様に」と御言葉あり。自分は思はずうなづいたり又感にうたれてしまった。短いけれども印象の深い式であった。次で夫人と共に皇后様にお目にかゝった。皇后さまも涼し相な洋装。愛嬌のある御様子で「連絡御苦労です」と御言葉あり。式を終へて一同大急ぎで着物を着がへ四時少しすぎの普通列車で二等がないので三等車で上野へ向う。帰宅は九時すぎ。流石に少し疲れた。

❖**八月一三日（月）** 昼、霞クラブの各社の新聞記者十五、六名が「星ヶ岡」で送別をしてくれた。農林大臣の官邸で挨拶。河野〔一郎〕氏も仲々の機嫌であった。午後羽田から藤山〔愛一郎〕氏を団長とする日比親善使節が出発した。新大使赴任の直前にミッションの訪比も如何かと思はれたが、自分も一寸顔を出して見送った。夜は大阪商船の吉田君が中心となり送別會を開いてくれた。

❖**八月一四日（火）** 午前UPの記者にインタヴュー。昼は東銀で同行幹部の御馳走あり。夕方は勧銀の北村氏の斡せんで東京會館で比国下院議員のデュラムという人の夫妻に會ふ。「あなたはフィリピーノの様な顔色をして居るから比国で成功するだらう」とブレッシングを受けた。夜蜂竜で丸紅の市川〔忍〕社長等の送別の宴あり。出渕勝君が斡旋役であった。

❖**八月一五日（水）** 午前中は東京に約束がないので和夫と共に泳ぐ。夜は塚田公太氏が「新㐂楽」に招んでくれた。

❖**八月一六日（木）** 正午隆と共にウェアリングに招ばれた。四人の外にフィリピン大使館に行くというスミスという参事官夫妻も同席。道々フィリピンの話をウェアリングから聞いた。午後は貿易會の斡旋でフィリピン関係貿易銀行家連の注文をきく。夜三井銀行に三井クラブに招ばれ夜十時の夜行で大阪へ。

❖**八月一七日（金）** 大阪着は九時に近かった。ホテルで少憩の後、昼は棉業會館に阿部〔孝次郎〕紡績委員長が中心となり加藤、武藤〔絲治〕、塚田〔公太〕といったお歴々約三十名が参集して御馳走あり。仲々立派なお料理であり、顔ぶれも紡績界の一流の人々であった。午後商工會議所で小田原〔大造〕副會頭（會頭杉〔道助〕氏は訪比中）が司會し、自分は関係者から注文を聞く役となる。夜は「つるや」で堀、小田原、武藤等々関西財界の人々約四十名が参集して自分のための送別會あり。終って汽車の出る間の二時間を利用し住友の椎名君を案内役として東洋一を誇る「メトロ」というダンスホールに出かける。十時大阪発の夜行で帰る。今日は台風来で警報が出て大阪も可なりの風であった。

❖**八月一八日（土）** 九時頃帰宅。赴任荷物の整理をするうちに十時半頃役所の車が来たので小涌谷へ行く。吉田〔茂〕前総理に御挨拶のためである。西洋式の昼飯の御馳走になる。

❖**八月二〇日（月）** 昼は「米田中」で永野護氏が吉岡〔範武〕（カムボジヤ）、小長谷〔綽〕（ヴィエトナム）自分の三人を招び岸〔信介〕、賀屋〔興宣〕、松村〔謙三〕といったお歴々も参加して食事。夜はエッカスレー夫妻が自分等のために送別。ワット、ハーパム等の諸氏が同席。同君の邸の階上から十四夜の月を見て涼み乍ら歓談。

❖**八月二一日（火）** 昼は船田中氏に御馳走になる。夜は久しぶりに約束を作らず帰宅。ゆっくりする。

❖**八月二二日（水）** 昼は日立の竹内副社長の御馳走になり、午後は雑司ヶ谷の墓地に墓参。夜は自分等夫婦や祖母で出渕夫妻、芦野夫妻を「藍亭」に招び歓談。尚英国から持ち帰り二年余りサーヴィスしてくれたオースティンは吉次君に譲り渡した。価格は六十万圓。輸入税の問題はないとのことであった。

❖**八月二三日（木）** 大分出発が迫って忙しい。夜はフィリピンの代理大使〔ホセ・〕イムペリアル夫妻が館員と共に九段の公邸に自分等夫婦を招んでくれた。商船の伊藤〔武雄〕氏、外務省の中山〔賀博〕氏等が夫妻で出席。

❖**八月二四日（金）** 午前役所で幹部諸氏に挨拶。昼は日比協會の自分のための昼食會あり。肝腎の會長さんの村田〔省蔵〕氏は不在。午後帝国ホテルで最近フィリピンから帰った藤山〔愛一郎〕氏、永野〔護〕氏等諸氏が自分のために在比当時比側と打合せた事項を話してくれた。これは非常に参考となったので好意を謝した。夜次官官邸に昨夜逝去した次官夫人のために御線香を上げに行きお悔みを述べて来た。

❖**八月二六日（日）** 夜の食事を一同と共にし故父母の佛壇にお線香を上げて暇乞ひをし九時すぎ自宅を発。一同と車で羽田港に向ふ。羽田着は十時すぎ。既に役所の友人や親戚、実業界の人達が見送りに来て居た。それでも人数は七、八十名は居たらうか。インペリアル君も送りに来てくれたし、楊〔雲竹〕君や王君夫妻の顔も見へた。十一時半出発なので十時半頃一同と別れを告げて階下に降りたが、飛行機は整備の都合で一時間遅れるとのこと。そこで再び階上の貴賓室にとって返し、まだ居残って居た家族や出渕家の人々と冷たいものを飲み乍ら時間を消す。十二時すぎ寫眞班のフラッシュを浴び乍らシティ・オブ・トーキョーに乗る。見送り台から子供が合図の赤色懐中電燈をしきりに打ちふるのを見へた。十二時半離陸。

❖**八月二七日（月）** 沖縄で一時間少憩し、九時香港に着。総領事館員と地許の人達数名が出迎へてくれた。グロスター・ホテルという香港島側に泊る。午後買物をしたり総領事館へ顔を出したり。夜は伊関〔佑二郎〕君の宅に招ばれた。

❖**八月二八日（火）** 五時離陸のP.A.L.機（双発）で河野〔七郎〕君と共にマニラに向う。七時少しすぎマニラに着。卜部〔敏男〕代理大使や館員一同居留民に出迎へられ挨拶。比外務省の儀典局長が出迎へてゐた。飛行場でフィリピンの記者団と會見してから官邸に向う。公邸は成程建物は大使邸として如何かと思はれぬでもないが庭は立派。裏手をパシグ河が流れてゐる。館員一同が夫人同伴で待って居り自分は少憩の後一同とビッフェを共にした。十一時すぎ就寝。マニラの第一夜。案外暑くないのでホッとした。

❖**八月二九日（水）** 卜部君に誘はれてゴルフ。此処の慣習は早朝にゴルフをやるのだ相で五時半起床。六時すぎにコースに出かけて見ると、既にマニラのソサエティが大分立派な車で乗りつけて居る。ワクワクのコース。借り物のクラブ乍ら可なり当る。途中相当なシャワーに見舞はれコースは泥まみれ。十一時すぎ事務所に初登庁して館員一同に挨拶兼訓示。午後は家へ手紙を書いたり。今日の新聞に出て居る自分歓迎の模様を讀んだり。今日は暴風模様の雨で可なりムシ暑い。

❖**八月三〇日（木）** 午前約束を求めて外務省に〔カルロス・〕ガルシア外相を訪ねる。五、六分エストラダという儀典局長の部屋に待たされてから卜部君と共に部屋に入る。外相の部屋のアンテ・ルームには會見を求めるための人（然も余り風采のよくない人々）が七、八人居る。外相の部屋には寫眞班もゾロゾロ一緒に入って来て自分と外相の會話まで聞いて居る。プライヴァシーも何もあったものではない。日本の側よりも一段上手であるには驚ろいた。型の如く五、六分着任の挨拶をし握手をして辞去。夕方沈船引揚で来て居る数百名の労務者の状況を視に行く。この附近の埠頭にはこの人々が引き揚げた何万トンという屑鉄が赤錆を吹いて積まれてある。事務所の日本人の案内で沈船中から発見された遺骨に花環を捧げ線香を供へた。事務所内で引揚関係者七、八十名を前にして此等の人々が悪環境の下に日比関係のため貢献をして居ることをねぎらう言葉を述べてから、幹部の人々と日本製のビールで乾盃してお互の健康を祝した。今日も一日中雨又雨。但お蔭で涼しく夜は薄い毛布が必要な位である。

❖**八月三一日（金）**　午後一時半セイロンから帰途の三笠宮妃殿下がお通りになり一時間少憩されたので（K.L.M.）出迎へた。大使としての送り迎へ第一号。奥村君と天羽〔英二〕夫人〔美代〕が随行して居た。日ソ交渉から帰来の長谷川、乙津両君とも會ってビックリした。飛行場に来ると日本人に會うことが多いらしい。午後はゴルフ、少し遊びすぎる様だがまア暫らくブラ〱することゝしよう。

❖**九月一日（土）**　涼しい。午前出勤。午後は館員一同とゴルフ。土曜のゴルフはグリーン・フィーも高い。一回キャディ・フィーを含めて十ペソもとられそれに飲物代を入れると相当な交際費である。クラブ・ハウスのテレスで大声でワイ〱騒いで居るマニラの社交界。気は楽である。

❖**九月二日（日）**　日本人だけのコンペティション。三十余名が参加する。一寸クラブで問題になって居る相である。夜は自分が公邸で居留民を招いてリセプション。館員も含めて百人以上であったらう。生憎の雨で来られぬらしい人もあったが。

❖**九月五日（水）**　毎日平凡な日。十時頃登庁。昼は公邸で食事。夜の約束もまだ出来ない。信任状呈出の日取は依然として未定。東京で天皇が〔フェリノ・〕ネリをレシーヴするのと「双務的に」睨み合せて居るのだ相ナ。呑気でよい。午前十一時比中央銀行に総裁の〔ミゲル・〕クアデルノを訪ねる。同氏が近く日本経由米国へ行くというので敬意を表したわけである。

❖**九月六日（木）**　フィリピン人二名とゴルフの約束が出来た。五時半にティ・オフするというのである。五時前に起床。大急ぎでヒゲを剃る。外はまだ暗い。ゴルフ・クラブに着いたらやっと清々しく明け離れた。既にクアデルノ氏やら〔ホセ・〕ラウレル爺さんが来ていた。五時半スタート。寝ぼけ眼である。一ラウンドやって帰宅。一風呂浴びて朝食。十時には登庁。

❖**九月七日（金）**　十時外務省に次官のマングラプス氏を非公式に訪問。日本占領中牢屋にブチ込まれて居たそうだが、若い、英語の巧い、テキパキした青年らしい感じの男。二、三要談もして辞去。

正午エア・フランスで栗山〔茂〕判事が欧州からの帰途通過したのを飛行場に出迎へて三十分程會う。夜は所在がないので毎晩の如くブリッヂ。館員には少し気の毒と思い自制するが館員が案外熱心なのである。

❖**九月八日（土）**　今日は土曜日なので館員一同ゴルフを考へて居たが終戦以来の大雨とかで附近の通路は水浸しになりコースにも出かけぬ。官邸のラヂオが午後六時から日本からの放送が聞えるとのことで楽しみ。

❖**九月九日（日）**　夜は沈船引揚関係の運輸省の係官が交代したのを招んで公邸で食事。

❖**九月一〇日（月）**　夜はＷＨＯの會議に来て居る楠本という厚生省のお医者さんを中心として食事。九州方面が台風に襲はれたらしい。

❖**九月一一日（火）**　マラカニアンに信任状呈出。午後四時すぎ公邸に儀典課長が大統領府の副官と共に出迎へに来る。一台は大統領府差廻しの自動車で二台のポリス・エスコートをつけた。四時廿分マラカニアンに着。儀仗兵が整列して居るのを閲兵。軍楽隊が「君ヶ代」を奏する。大統領の謁見は型の如し[3]。大統領の手前六歩程のところで挨拶し、進み出て信任状を手交。又原位置に却いて用意の挨拶を讀み上げた。「フィリピンは日本にとり重要な国の一であり自分が此処へ来たのは名誉である。認証式の際陛下から日比の国交を増進せよとの言葉があった。貴政府の協力を望む」という趣旨で右に対し大統領から又挨拶を讀み上げた。大統領は六尺近い偉丈夫。眼がギョロリとして一くせありげ。精悍な顔をして居る。儀式が嫌いなのか自分がステートメントを讀み上げる間あちこちをキョロ〳〵見廻し身体をモヂ〳〵動かして、明かにこちらの言うことを聞いて居なし。又早くこんな儀式を終へたいという様子にさへ見へた。相互の挨拶交換が終って後自分が進み出て握手。次で大統領はガルシア外相に自分を紹介。ガルシアから外務次官や列席の閣僚に一々紹介され、次で自分から卜部君以下の随員を大統領に紹介した。それからシャンペンが運ばれて乾盃。下の庭で又儀仗兵のフィリピン国歌吹奏と捧げ銃を受けて十五分で儀式を終り帰邸。今晩はマニラ・ホテルのスペイン大使送別會に招ばれて居り外交団とは初対面のことになるので大急ぎで外交団長たるナンシオを儀礼訪問した。イタリヤ人でマレラさんと同じ時期にワシントンに居た相である。夜はマニラ・ホテルにガルシア外相主催の晩さん會あり。ガルシアの正面にナンシオ。ガルシアの左右に西班牙大使とイタリヤ大使。ナンシオの左右は〔ジョージ・〕クラットン（英）と濠。此処の大使は七、八名。あとは公使や代理で外交団は東京の三分ノ一位か。ワァ〳〵騒ぎ乍ら至って呑気。気取らぬところが肩のこらぬ所以か。自分は新任乍らオーストレリアの横でヴィエトナム公使の上席に据えられた。食事が終ると間もなく散會。八

3——フィリピン大統領はラモン・マグサイサイ（一九〇七〜一九五七）。抗日ゲリラ指導者としてルソン島で頭角を現し、下院議員、国防大臣を歴任し、一九五三年に大統領に当選。フク団討伐で功績を挙げた。

時に始まったものが十時少しすぎには終った。信任状呈出の日は奇しくも一月前の認証式の日であった。

❖**九月一二日(水)** 建国の志士ホセ・リサールの碑に花環を贈呈のため公式訪問。車を三台連ね、警官二台の前駆で九時四十五分現場に著。海軍の儀仗兵が整列して居り贈呈の前後に「君ヶ代」の吹奏あり。終って無名戦死者の墓に詣でる。これもルーティンの行事。日本と戦った兵士の墓であるだけに日本大使としての感慨は複雑。此の附近は昔日本の憲兵隊が比国人に「暴威」を振った町と聞くが十年前「君ヶ代」を奏でゝ居たのは日本の兵隊であらうが時移って比国の陸軍が大急ぎで荘重味も何もない「君ヶ代」を奏でゝ日本の大使を迎へる。僅かな時の経過にかくも大きな変化が起るものか。この土地で命をすてた多数の日本人の霊が胸に浮んでくるのである。

❖**九月一三日(木)** 上院議長〔エウロヒロ・〕ロドリゲス、農相〔ジュアン・〕ロドリゲス、最高裁長官〔リカルド・〕パレス、司法大臣〔ペドロ・〕ツアソンの諸君と英大使、支那大使を歴訪。比律賓の大臣連何れも人なつこく愛想もよい。午後は久しぶり(?)にワクワクでゴルフ。外務次官のマングラプスとタイの大使とが一緒であった。

❖**九月一四日(金)** 午前外務省にガルシア外相を訪ねて會談。省内を訪ねて二、三の人と挨拶。午後は〔ハイメ・〕ヘルナンデス蔵相を訪問。

❖**九月一五日(土)** 午前二、三人廻る。午後は熊谷組の人を案内としNPCのサブランというフィリピン人も案内役となり、三十粁ばかり北東のモンタルバンのダム候補地を見に行く。此の辺は山が迫り急流で日本へ来た様。フィリピンへ来て最初の田舎のドライヴ。道は悪からず。山には眞白にスゝキが穂を出して此の熱帯の国にも秋のあることを感ぜさせられる。

❖**九月一七日(月)** 午前二、三挨拶廻り。午後四時YWCAで「日本の會」あり。柔道や茶ノ湯があったあと自分も喋らされて十分程喋った。フィリピンへ来て最初の公の席での話。司會の婦人連仲々雄辯(英語)であった。

❖**九月一八日(火)** 午前九時半キャンプ・マーフィーから軍用のジープが一台迎へに来てくれて今日は国防大臣と参謀総長を公式に訪問。営門内へ入ると大砲が鳴り出す。十九發鳴る。一ヶ少隊の儀仗兵と軍楽隊が整列し「君ヶ代」の奏楽あり。自分が閲兵。終って二人に別々に會見。二人とも相当の人物と見受けられた。午後はゴルフ。

❖**九月一九日(水)** 二、三のカーテシー・コール。夜はラウレルさんが招んでくれた。下院議長をしても居るラウレルさんの長男に次、三、四男(次男は日本の士官学校で勉強。日本語出来る。法律家。四男も日本で勉強した)が参加。待つ程におぢいさんも現はれ、皆、首をたれておぢいさんの手前に行きおぢいさんのラウレルに軽く頭に手をふれて貰う。ラウレル家の挨拶だ相だ。庭の眞中に建てられた東屋の様なところで豚の丸焼きになったフィリピン料理を御馳走になる。老ラウレルとは大東亜會議のとき雄辯を聴いたことがある。仲々元気。台風がルソン島を襲ふときゝ早目に散會。

❖**九月二〇日（木）** 午前商工會議所のロレンソとゴルフ。夜は館員の飯山君が本省へ帰るので館員が公邸で水入らずの晩食。夜三時頃日ソ交渉のため松本〔俊一〕氏がマニラを通過したが自分は少し疲れたので見送りは失礼した。

❖**九月二一日（金）** 午前商工大臣を儀礼訪問したがその機會に二、三十分当面の貿易問題についても話合う。エカフェ會議で知り合ったラギオ君が色々と世話をやいてくれた。

❖**九月二二日（土）** 土曜とあって午後豪雨の中をゴルフ。物好きなものである。夜はラギヲ君に招ばれた。

❖**九月二三日（日）** 一日ゴルフ。今日は久しぶりに雨が降らず、青空が見へた。少し疲れたので四時頃から寝床にもぐり込んで部厚い新聞に目を通す。ここの新聞や日曜の附録は米国式だが仲々に面白く且有益である。

❖**九月二四日（月）** インドネシアの代理大使が帰国するというので十一時半から〔エジディオ・〕ワグノッチ僧正宅でコクテイル。この外交団は極めて小人数であり従ってまとまりも好いらしい。気軽さがある。今日は久しぶりに強い日が照りつけた。

❖**九月二五日（火）** 朝商工大臣の〔オスカー・〕レデスマと半ラウンドやる。ゴルフ・コースには朝露がしっとりと下りて気持ちがよい。大分此の頃はコースが乾いて来てよくなった。午後サント・トーマスの学生が四、五名訪ねて来た。夜は河野君と映画へ行く。空いていて気分よし。

❖**九月二六日（水）** マニラ・ホテルで次官が主催のインドネシアの代理大使のための送別會あり。外交団が例によって例の如く出席。

❖**九月二七日（木）** 夕方日本人支店長級の人とゴルフ。夜はマニラ・ホテルで日本人會が自分のための歓迎會を開いてくれた。ブッフェで七、八十名来て居たらうか。

❖**九月二八日（金）** 午前中卜部、河野〔七郎〕の両君と官邸と事務所の候補家屋を検分。官邸はニュー・マニラにある金持の家が気に入った。事務所はデュヰ・ブールバードにある二階建の建物が広いのでこれに決めたい。この二つが決まれば落付くわけである。電報が入って隆が十月一日夜マニラ着とのことである。今日はガルシア外相と會見。例により二、三本電報を出した。

❖**九月三〇日（日）** 午前日本人のゴルフ・コンペティション。昼はイスラエルの前首相〔モシェ・〕シャーレットが目下滞比中でイスラエルの名誉領事が食事をして居るのに参加。アジアの国の大公使のみが招ばれて居た。同首相立派な英語で縦横に喋りまくる。仲々面白かったし相当な人材と思はれた。これから日本へ行くのだ由。

❖ **一〇月一日（月）** 夜隆が東京からＡＦ機で来着。東京を出發したのは午後五時だった相で夜十一時半に着陸。館員が一同奥さん連れで出迎へてくれた。夜も遅いので一同とは飛行場で挨拶して公邸へ引き揚げた。色々と東京の話を聞く。

❖ **一〇月二日（火）** 午前十一時半ガルシア外相の求めによりマラカニアン宮殿で會見。賠償問題を二十分程話した[4]。會談の終り時に大統領がガルシアに用があるとて顔を出して来た。午後は隆が館員夫人をお茶に招んだ。

❖ **一〇月三日（水）** 昼は新朝鮮公使ガルシアが当地駐在の朝鮮公使を主賓として「セレクタ」で會食があった。朝鮮とは国交はないがガルシアへの義理もあり出席した。午後はリサール・メモリアル・グラウンドで前駐日大使〔ホセ・〕ヴァルガスさんの招待でテニス（ダブルス）を楽しむ。夜は隆と映画を見に行く「モビー・ディック」。

❖ **一〇月四日（木）** 十時半隆はマラカニアンで大統領夫人にお目にかゝり挨拶。夜は日本人有力商社の代表者約七、八名が自分をマニラ・ホテルの支那飯に招んでくれたが美味しかった。

❖ **一〇月五日（金）** 午後は東棉が売込んだり関係して居る紡績工場（一萬錘余のもの）や製紙工場を見学。夜は輸出入銀行の金井氏を招待。庭園に東京から飛行便でとり寄せたほゝづき提灯や岐阜提灯を飾ったのでとても美しく且日本的となった。数日に控へたリセプションのためにも好都合。

❖ **一〇月六日（土）** 午前レクトを訪問。この六かし屋のお爺さん仲々機嫌がよかった。午後ゴルフ。夜は商工會議所の會頭ロレンソ氏夫妻を招待。

❖ **一〇月八日（月）** 三時半自宅を出發。隆と共に飛行場へ行く。未明四時鳩山〔一郎〕氏一行（ソ聯行）を乗せたＳＡＳ機が着陸。鳩山氏は飛行機から降りず薫子夫人と河野〔一郎〕農相を始めとする全権団が降りて来たのを出迎へ[5]。飛行場内のレストランで簡単に朝食。五十分後再び一行は飛行をつゞけるべく離陸。夜は小野田セメントやマドリガルの人々を官邸に招いてスキ焼。

❖ **一〇月九日（火）** 夜六時半から八時まで自分新任のリセプションを行う。ガルシア外相も来てくれた。日本から飛行機便で提灯をとり寄せ庭園を綺麗に飾って人々を驚ろかした（？）が宴最中の七時すぎから雨が降り始め庭園でのパーティは取止め。大急ぎで室内へ入り提灯は半分以上濡れて使い物にならなくなってしまった。ドワイアンのブグノッチさん、外相、レクト、〔エミリオ・〕アギナルド将軍、デルガド等が目立った人々であった。九時頃お客さんが帰ったので内輪で食事。まづ〳〵一応お役が終へて一安心というところであった。

❖**一〇月一〇日(水)** 双十節で中国大使館へ行き正午トースト。夜は隆と共にイーヴニングでマニラ・ホテルへ行く。ライオンス・クラブが双十節を祝しての晩餐會を行ったのに外交団も招ばれたわけである。王君の演説もあり。至極賑やかに食事や余興あり。

❖**一〇月一一日(木)** 夕方上院議員グエンコ氏の家で茶會あり。アジア所在国の大公使が招ばれていた。夜は公邸で新聞記者のためにビッフェを行ったが二十名位来る予定が四、五名。一寸呆れた。

❖**一〇月一二日(金)** 日本から賀屋〔興宣〕、永野〔護〕の一行が到着。昼飯は公邸で内話の會食。夜は日本から川村、渡辺の両柔道家が外務省に嘱託されて柔道指導のため来比したので公邸でこの二人と警視総監ルークバーン氏、体育協會長デ・ラ・サラス氏を招いてスキ焼。

❖**一〇月一三日(土)** 八時すぎにチャーターした双發の飛行機でマニラ發。賀屋・永野氏等の一行に大使館から自分等も参加して木下商店の吉田氏の案内でカマリファノルテのララプの鉄鉱山を見に行く。マニラからラグナ湖の上空を飛んでDaetというところまで約一時間。ダエトから自動車で約一時間でララップの山へ着く。此処からは日本へ「木下」が約十万余トン送る相で大阪商船の船が一杯埠頭に横づけになって荷役して居た。椰子の樹の茂った道をドライヴしてダエトに引き返しチャーター機でマニラに帰る。夜はYWCAで行はれた柔道の會合に隆と共に出席。

❖**一〇月一四日(日)** ワクワクのコースでマニラ商工會議所対日本人のゴルフ試合あり。先方はロレンソ議長、我方は自分が引率。自分は九十五で廻った。スコアは切抜の通

4――日比賠償協定は一九五六年五月九日成立、七月二三日発効。これに伴い、日本とフィリピンとの正式国交が樹立された。

5――日ソ国交回復交渉を行うために鳩山一郎首相一行は一〇月七日にスカンディナビア航空(SAS)で羽田を発ち、最初の給油地であるマニラに到着した。その後一行はストックホルムからソ連の特別機に乗り換えて一〇月一二日にモスクワに到着、一週間の交渉の後、一〇月一九日に日ソ共同宣言を発表した。

り。我方が惨敗した。昼は懇親の會食。午後は隆と共にキャビテにヂェネラル・アギナルドを訪問〔6〕。同所で賀屋・永野両氏の一行とも落合う。アギナルド将軍は八十六才の高齢だ相だが仲々の元気。夫人（二度目）も正装して出迎へてくれた。デュウー麾下のオリンパス号から打ち發された弾痕がまだ部屋に残って居るし二階も三階も革命を物語る記念品や寫眞で飾り立てゝある。将軍の居宅自身が博物館である。将軍は態々辞去する我々を階下まで見送ってくれた。夜は官邸で日本人居留民の主な人を招いて公邸で賀屋氏一行のための會食。

❖**一〇月一五日（月）** 午前商工大臣のレデスマと會談。昼はデラサラス氏に招ばれてコロンビア・クラブで柔道教師のための會食に出席。一寸挨拶をさせられた。夜はラウレル、〔ハイメ・〕フェルナンデス（蔵相）等を招んで賀屋氏一行のための會食を催す。

❖**一〇月一六日（火）** 夕方サント・トーマス大学で柔道の會合あり出席。夜はラウレル一家を主賓として官邸でスキ焼。

❖**一〇月一七日（水）** 七時半からガルシア外相を主賓として官邸で正式のディナー・パーティを催す。外務次官始め局長級の人々を招待した。十時すぎまで庭園で歓談。十四日の月が美しかった。この頃は雨が降らぬので提灯も仲々威力を發揮して日本風情をたゞよはせる。今日まで毎日昼夜宴會がつゞいたが本日で一段落、流石にホッとした。

❖**一〇月一八日（木）** 昼、フィリピン銀行のヒゾン氏に招ばれてホテル・フィリピナスで食事。同総裁は近く日本を訪問の予定。

❖**一〇月一九日（金）** 宴會と早朝のゴルフがつゞいたためか發熱。一日休んで寝込んだ。

❖**一〇月二〇日（土）** 元気は大分回復したので夜の日本人の宴會はキャンセルせずに主人役を務めた。

❖**一〇月二一日（日）** 昼はjustice padillaに隆と共に招待された。夕方は附近を散歩。夜は約束なし。久しぶりに一日ゆっくりした日をすごす。新聞も隅から隅まで目を通した。日ソ交渉の妥結した外電が詳細に掲載されてゐるし、昨日は一九四四年レイテに〔ダグラス・〕マックアーサーが始めて足を印した日とあって〔ラモン・〕マグサイサイはタクロバンに飛んで一席ぶつ。

❖**一〇月二二日（月）** 午後ポロクラブにメキシコの代理公使マシアスに連れられて顔見世に行く。今日はクラブの委員が集る日とかで自分の入會がこの顔見世できまるわけだ。このクラブは立派だがアメリカ人が牛耳って居るらしく余り意味がない。矢張りワクワクをクラブ活動の中心にしたい。夜日本人の宴會に明日と間違へてアギナルド夫妻（財閥）が迷ひ込んで来たのは一寸エンバラシングであった。

❖**一〇月二三日（火）** 夜は上院議員のレクトを中心としてインフォーマルなスキ焼。

❖**一〇月二四日（水）** 卜部君、渡辺君（會計）が本省へ帰るので館員一同夫人同伴で官邸に招んで會食。

❖**一〇月二六日（金）** 正午ヴィエトナムの国祭日。夜オーストレリアやニュージーランドへ會議で行く牛場、堀といった人達が一寸立寄ったので官邸で食事。自分はそれからリムさんに招ばれて食事に出かける。

❖**一〇月二八日（日）** 朝海カップのトーナメント。この頃はすっかりコースが乾いて距離が出る様になり、自分は今日は八十四で二等に入った。夜は卜部君のためのブリッヂ・パーティ。

❖**一〇月二九日（月）** 昼、夜日本から来た経済人を接待。

❖**一〇月三〇日（火）** 米国の新任参事官〔ホレス・〕スミス夫妻、ＩＣＡの長ハリー・ブレン夫妻、それに近く帰国のボーリンヂャー・ヒルの諸氏を招んでスキ焼會を催した。この人達は何れも長く日本に在勤して日本のことをよく知って居る人々とて打ちとけて話しがはずんだ。ミンドロ島に潜入して居た日本兵は少尉を長として合計四名。中川〔豊吉〕君が出張して比国警察軍と協力、無事に救出してマニラに着いた。涙を流して喜んで居た相である。一応キャンプ・マーフィで取調べを受けることゝなった。

❖**一〇月三一日（水）** 夜はフィリピン外務省の課長級の人々を招んで天ぷらを中心としたブッフェでもてなす。

❖**一一月一日（木）** オール・セインツの日で今日は休み。フィリピン人は何れも展墓して故人を偲ぶ。丁度日本のお彼岸である。午後はゴルフ。余り当らず。夕方は約束もないのでノンビリ。

❖**一一月三日（土）** 文化の日、但土曜でもあるので午前中は出勤。午前ミンドロから出て来た山本〔繁一〕中尉外三名の日本兵が比側に釈放されて挨拶に来た。十一年間潜伏の苦心談を聞く。並大抵の生活力と生き抜かうとする意思の力でないことが判る。中川君に接触されるまでは万事信用出来なかった相である。夕方当地に居る卅五才以下の商社の連中約四十名を招待して日本食のブッフェを出したのに此等の人々も招待。純朴な田舎の人々である。朝鮮戦争も二つの支那も知らなかった相であるが、今はスエズの戦争ま

6――アギナルド（一八六九～一九六四）はフィリピン独立運動初期の指導者。一八九九年フィリピン共和国の樹立を宣言して初代大統領に就任したが、アメリカに敗れ隠遁を余儀なくされた。

で知らされて浮世に出たのが幸か不幸か判らなからう。

❖**一一月五日(月)**　朝、日航機でオリムピック派遣の日本チームが監督を加へて四十余名、マニラに着く。昨夜九時に羽田を出た相であるがマニラに着いたのは六時半。国内線に使う飛行機だ相で幾分小型でありスピードも鈍い。選手中には慶応のボートの選手も居たので話がはずんだ。女子も水泳の飛込選手が二名居た。

❖**一一月六日(火)**　夕方米国大使〔アルバート・〕ニューファー氏の急逝を聞いた。ハート・アタックだ相で午後三時に亡くなった由である。余り近寄り憎い大使であり自分は一昨年岡崎氏に随行して南米へ行った際始めてベースで同氏に會ったが此処では二、三回顔を合せただけ。

❖**一一月七日(水)**　午前外務省でマングラプス君に會う。十一時〔エジディオ・〕ワグノッチ僧正始め外交団が米国大使館に集まって次席の〔ホレス・〕スミス氏に弔詞を述べる。

　夜は農林大臣ロドリゲス氏夫妻を官邸に招んでスキ焼。

❖**一一月八日(木)**　九時から米大使館でヌーファー大使の告別式あり。隆と出席。遺骸に敬意を表する。昨日から三日間フィリピン及各国大公使館の旗は半旗となる。三時からユニオン・チャーチで葬儀。

❖**一一月九日(金)**　九時、外務省で葬儀あり。米代表として目下基地問題で滞比中の〔カール・〕ベンデッツエン氏の弔詞、外交団代表〔ジョージ・〕クラットン(ヌンシオ病欠)の弔詞、ガルシアの弔詞、〔ホレス・〕スミスの挨拶等あり。「主よ御前に」の讃美歌が歌はれた後、外交団も葬列を作り自動車で飛行場に赴き、一同見送り裡に特別海軍機が十一時離陸、米国へ向った。夜オリムピックの第二陣が到着。陸上の浅野氏が引率し主として陸上競技とサッカーの選手であった。

❖**一一月一〇日(土)**　ミンドロの日本兵四名救出の努力をしてくれた警察隊長カヴアル少将を兵営に公式訪問をする。営内へ入ると禮砲の發射あり、閲兵あり。軍楽隊は「君ヶ代」と「愛国行進曲」を奏でたには恐れ入った。先般来の協力に対し感謝の意を表した。

❖**一一月一一日(日)**　九時半ボニ・ファシオの記念碑を出發。プヤット上院議員に招待された人々が車を連ねてLesmoarへ行く。約四十哩位北パンパンガ州。此処で車を捨てセネターに迎へられて船で約廿分河を溯って養魚地附近の島へ着き昼食。何百人の人が集るのだから大変である。二時前此処を辞して帰宅したのは四時すぎ。暑かった。夜はゆっくり讀書。

❖**一一月一二日(月)**　夜バンク・オブ・アメリカの頭取が来た由でポロ・クラブでリセプション。夜は橋本女史のための會食。

❖一一月一三日（火）　昼外交団のビジネス會合あり。今月は自分が当番である。日本式に魚は天ぷら、肉はスキ焼風としデザートは航空荷物で取り寄せた日本の柿をサーヴし好評であった。日本式は十分に發揮された心算である。

❖一一月一四日（水）　昼、荒川昌二氏がニュージーランドへ行く途中立寄ったので會食。夜はオリンピックの第三陣（水泳が中心）が立寄ったので出迎へた。東〔龍太郎〕委員長やら水泳の安部君が居た。

❖一一月一五日（木）　十時ガルシア外相と會見。約一時間近く會談した。最近比側が發表した賠償問題と中近東問題に対する比側態度等を中心として気持ちよく會談が出来た。帰庁して十四、五頁の電信案を起案し、仕事をした気持ちになってホッとする。夜は紡績の人々とアドリガル等を食事に招待。今日は台風の余波で風あり。

❖一一月一六日（金）　尾西地区から四、五十名の毛織業者がマニラにホノルルからの帰路立寄り。十一時には大統領も會見すると言い出したので（一行中にライオンスが数名居りフィリピンのライオンスが世話をしたらしい）マラカニアンに赴き會見。マブハイの毛織物の旗を例によって献上。大統領に一々握手を求めたり寫眞をとったり大変な賑やかさであった。夜は公邸でこの人々のためのリセプション。八時半から支那大使の招待で外交団一同支那劇を見に行く。宇野君（日野）がラングーンから来て泊る。

❖一一月一七日（土）　午後宇野君を案内してゴルフ。夜はカナダの総領事がニュージーランドのコロンボ會議へ行くカナダ衛生大臣一行のためリセプションをやったのに出席。そのあと引きつゞきヌンシオのディナーあり。仲々忙し。

❖一一月一九日（月）　夜セネター・クエンコに招ばれる。

❖一一月二〇日（火）　午後米国ティームとフィリピンティム（一流）の野球試合を見にリサール野球場に行く。カメラマンが五、六人球場内で寫眞を撮るべくブラ〳〵して居るのが目ざわりであった。彼等はある時はフェア・ラインにまで入り込んで流石に役員を慌てさせてゐた。夜はマニラ鉄道のカーネル・ヴィリアの一行を招待してスキ焼。

❖一一月二一日（水）　朝三時高碕長官がニュージーランドのコロンボ會議に出席のため通過したので出迎へて歓談。夜は最近日本から帰って来たアーチビシップ・〔ルフィノ・〕サントスを主賓として大使館で正式のディナーを催す。日本へ行った数名の外、Quenco, Dalupan, Lorenzo, Legarda, Leinといった当地カトリック界、社交界の大物を招待。招待された人が全部出席するという三十名近くの大ディナーとなり仲々賑やかであった。自分からサントスさんのためにトーストし、サントスさんの答辞あり。和気藹々裡に散會。大成功の夕であった。

❖**一一月二二日(木)**　サンクスギヴィングデーで休み。午前ゴルフ。午後は久しぶりに館員とブリッヂ。

❖**一一月二三日(金)**　日本人クラブが建物を見つけ役員も決定して今日發會式を行った。夜は約束がないので隆と映画。

❖**一一月二五日(日)**　午前コンペティション。余り当らずガッカリ。夜はインドの踊りやフィリピンの音楽を見たり聞いたり。

❖**一一月二六日(月)**　夜川鉄の人々を官邸に招待。

❖**一一月二七日(火)**　朝、レデスマ氏とワクワクでゴルフ。当らず。夜は日本兵をミンドロで捜してくれた人々を官邸に招んで立食。生憎Gen. Cavalは来られなかったがミンドロから態々知事や市長もやって来てくれたのは嬉しかった。

❖**一一月二八日(水)**　日本から木工機械ミッションが来たので昼飯は木材協會のアントニオ氏宅に招ばれる。夜は支那実業家シシップ氏のフォーベス・パークの宅に夫婦で招ばれた。

❖**一一月二九日(木)**　夜木材機械ミッションが来たので官邸で比側在留日本人を含めてリセプション。

❖**一一月三〇日(金)**　午前コンペティション。午後オリムピックの帰途津島〔寿一〕氏が立寄ったので公邸へ招待、會食。

❖**一二月一日(土)**　ユーカリスティック・コングレスに出席して居るアーチビショップ・〔フランシス・〕スペルマンを主賓とする會食がマニラ・ホテルで行はれるので隆と共に出席。

❖**一二月二日(日)**　フィリピン人有段者試合が広瀬〔祐一〕六段監督の下に行はれたので二時間程出席した。

❖**一二月三日(月)**　夕方公邸でフィリピン柔道関係者(カーネル・ルックバン等)を招いて立食。

❖**一二月四日(火)**　朝レデスマ等とゴルフ。大雨のため三、四ホールスで止めざるを得なかった。台風の気味。夜はリベラルのマルコス議員夫妻とナショナリスタのデラノを招んで會食。

❖**一二月五日(水)**　夜、伊藤忠の松本氏がフィリピンに来任したのを迎へ又古河氏の帰国を送って公邸で伊藤忠関係者のみを招いて食事。

❖**一二月六日(木)**　昼マニラ・ホテルで木工機械ミッションの食事あり。自分も出席して喋らされた。夜は下院議員のデュラン夫妻を招んで居たのだが、急に所用の由で顔を一寸出しただけで引揚げた。フィリピン式エティケット。怒りもならず。

❖**一二月七日(金)**　久しぶりに客がないので夜は映画見物。

❖**一二月八日(土)**　夜イタリヤ大使のディナー。今日はパール・ハーバー十五周年とあって当地の新聞には相当大きく書き立てゝて居るものもある。

❖**一二月一一日（火）** 外交団の例月の食事。今月はヌンシオの邸で行はれた例によって和気あい〳〵。三時すぎまで歓談がつゞいた。

❖**一二月一三日（木）** 昼、日本に居るイスラエル公使リントン君が当地に立寄ったのでイスラエルの領事に招ばれて昼食。リントンの雄辯には一寸驚ろいた。

❖**一二月一六日（日）** 午後三菱と大使館と対抗ゴルフ。夜は公邸で三菱の人を招待して食事後ブリッヂやマージャン。

❖**一二月一七日（月）** 十一時外務省でガルシア外相と會談。三十分以上話した。クリスマスの挨拶も述べる。夜はWHOの職員でDr. Fangというのに夫婦で招待された。

❖**一二月一八日（火）** 夜、外務省の安藤〔吉光〕君が立寄ったので會食。公邸の木に色の豆電燈を沢山灯してクリスマスの気分を出す。大分クリスマス・カードを貰って少しく年末の感じが出た。

❖**一二月一九日（水）** マニラ・ホテルでインドネシア大使のリセプションあり。

❖**一二月二〇日（木）** 八時半キャンプ・マーフィーでアームド・フォース・デーとあって比軍陸海空三軍の分列式あり。最初のこととて隆と共に出席。ジェネラル・ヴァルガスは引退直前の式であった。陸軍長官バラオの挨拶あり。行進に軍楽隊はクリスマス・カロルを吹奏。御愛嬌であった。夜ラウレルⅢがコクテイル。終ってシャムの大使に會食に招待された。インドネシアの大使プヤット、パディリア〔弟〕等が出席していた。

❖**一二月二二日（土）** 飛行場で午後日本から帰佛のデュクレストを迎へた。

❖**一二月二三日（日）** 朝海カップ・トーナメント午前。楽し。

❖**一二月二四日（月）** クリスマス・イーヴとあって午後は休み。久しぶりでイースト・コースで館員とゴルフ。大叩きに叩いて面白からず。夜はブリッヂ。周囲は一晩中爆竹を挙げてクリスマス・イーヴの景気をつけていた。

❖**一二月二六日（水）** 夜は〔ホセ・〕ラウレルⅢ世のところへ招ばれる。親戚のみの内輪の會らしかったが我々も仲間入りしたわけである。この夜は日本の新聞を讀んで時間を消して居るうちに俊夫の飛行機（NW）が予定よりも三十分以上早くマニラに着くというので慌てゝ隆と飛行場へ駆けつける。

❖**一二月二七日（木）** 午前一時頃であった。もう俊夫は着いて居て通関手続中であった。二階の一室を俊夫にあてがう。

❖**一二月二八日（金）** 朝はパパイアを鱈腹たべて俊夫は満足相。夜は三野、今井の両君が増員になったので歓迎と忘年を兼ねて公邸で日本食の會合。十時半外務省へ出かけてガルシア外相と日比現行貿易取極を二月末まで延長する公文をサインして交換した。延長か否か大分フィリピン内部でもめたらしい。夜は俊夫も連れて映画見物。

❖**一二月三〇日（日）** 午前、ワクワクで日本人のコンペティションあり。四時からは俊夫の希望で大河原〔良雄〕、今井〔裕〕の両君を誘ってコロンビア・クラブでテニス。夜は映画とよく遊んだ。

❖**一二月三一日（月）** 昨日リサール・デーで日曜と重なったので今日は休日。昨日テニスをやり足りなかったので今日はポロ・クラブで十時近くから四セットやり流石に疲れた。夜はニュー・イエヤース・イーヴとあって爆竹が八釜しかった。これで昭和三十一年を送る。本年は国際的な大きな出来事としてはスエズの紛争、ハンガリアの反乱、日本の国連加盟等があった。自分の身上のニュースとしては何としても八月に駐比大使の任命を受けたことである。自分も東京勤務二年になるしそろ〳〵外へ出ることが予想されたし「外遊」を希望せぬでもなかったが急にフィリピンのお鉢が廻って来たのには一寸驚ろいた。然し来て見れば経済的には実に楽。お手当も相当頂けるのに衣服は夏物さへあれば足りるし、別に土産物を買うにも買う物がない。フィリピン人も交際は実に気楽。街を歩いても日本人と同じ顔付顔色の連中がゴロ〳〵して居る。気易い国である。このポストに就いてよかったと満足して居る。この経験の外に本年の一月、二月のインド旅行、四月のパキスタン交渉等が自分の本年度の仕事であった。フィリピン在勤になって急にゴルフをやり出したのも変化と云へば変化。但少しも昔より進歩しないのだから変化の甲斐はないが。家族と三人で新年を迎へる。但来月匆々隆は日本へ帰れるという気持ちで明るいらしい。

	7/8	第4回参議院議員通常選挙（自由民主党：122、日本社会党：80、緑風会：31ほか）
	26	エジプト、スエズ運河の国有化を宣言
	10/19	日ソ共同宣言により日本とソ連の国交正常化
	23	ハンガリー動乱勃発
	29	第2次中東戦争（スエズ戦争）勃発
	11/22	メルボルンオリンピック開幕（～12/8）
	12/14	石橋湛山、自由民主党総裁公選で岸信介、石井光次郎を破る
	18	日本、国際連合に加盟
▲	23	石橋湛山内閣成立（～57/2/23）
1957 昭和32年 ▼	1/11	英首相にハロルド・マクミラン（保守党）就任（～63/10/19）
	30	ジラード事件
	2/25	第1次岸信介内閣成立（～7/10）。ダグラス・マッカーサー2世、駐日米大使に就任（～61/2/12）
	6/16	岸信介首相訪米（～57/7/1）
	7/8	砂川事件
	8/27	東海村原子力研究所で臨界
	9/4	リトルロック事件（米公民権運動）
	28	外務省が初の外交青書を発表
	10/4	ソ連、世界初の人工衛星スプートニク1号の打ち上げに成功（スプートニクショック）
1958（昭和33）	1/31	米、初の人工衛星エクスプローラー1号打ち上げ
	5/2	長崎で中国国旗引降し事件発生
	22	第28回衆議院議員総選挙（自由民主党：287、日本社会党：166ほか）
	6/12	第2次岸信介内閣成立（～60/7/15）
	23	第2次台湾海峡危機（金門島砲撃事件）
	7/15	米、レバノンに出兵（～58/10/25）
	10/4	日米安保条約改定交渉開始
	11/27	皇太子明仁と正田美智子の婚約発表（ミッチーブーム）
1959（昭和34）	1/1	キューバ革命
	8	仏大統領にシャルル・ド・ゴール（新共和国連合→共和国民主連合）就任（～69/4/28）
	3/10	チベット蜂起
	4/10	[illegible]子明仁と正田美智子[illegible]
		中国[illegible]国家主席に劉少[illegible]される（～68/10/31）
	[illegible]	[illegible]

1 9 5 7

❖**一月一日（火）** フィリピンの新年。昨夜は十二時になると遠近からけたたましく爆竹を鳴らし立て寝を破られた。今朝は雨。珍らしく一日降りつゞいた。十時からリセプションで在留民が集って来た。二百名近く集まったらうか。二、三年前は五、六名だった相であるから進歩したものである。旅行者としてはバギオの学生会議に出席した学生、五、六名。大阪から来た女子バスケット・ボールのティーム。目下、マニラで開演中の廿五、六名の日本人レヴュー出演者等々であった。雑煮や数ノ子等で型の如く新年を祝い、日本国の万歳を三唱した。午後は館員の子供も来て遊ぶし我々は例によってブリッヂ。

❖**一月二日（水）** 役所は午前中で仕事を終る。明日バギオへ行かうと計画したところ、今日不意にマラカニアンの新年挨拶会が四日にあると聞いて間誤ついたが、バギオを決行することに決めた。午後はポロ・クラブで俊夫のため大河原〔良雄〕君や河野〔七郎〕君を交へてテニス。今日は昨日に比べてカラリとした晴天であったが日射しは強かった。

❖**一月七日（月）** フィリピン大学のフエスティバルに大使館も出るので自分も隆と共に出かけた。外交団も大分顔を出して居た。終って慌てゝ大使館に引き返し外務省での〔カルロス・〕ガルシア外相との約束を果すべく駆けつけたところ、フィリピン大学で握手したばかりのガルシアさん大熱を出したとのことで会へず。夜はバスケットの選手、学生会議でバギオへ来た日本人学生等を招んで日本食を御馳走した。

❖**一月八日（火）** 正午、例によってデイプロマティク・ランチ。自分は年末年始不義理したゝめ大分御無沙汰を言はれた。夜は八田嘉明氏を招待。出渕〔勝次〕ぢいさんと交友があった。

❖**一月九日（水）** 朝、ラウレル等とゴルフ。夜は約束がないので隆、俊夫と共に映画に行く。アナスタシア。

❖**一月一〇日（木）** 夜、バスケットを見に行く。日本は予想に反して香港にも破れ、第二位確保が怪しくなって来た様である。お嬢さん方もスッカリ消沈して居た。

❖**一月一一日（金）** 夜は一同でハイ・アライを見に行く。スピーデイで眼が見へ居るだけで疲れる様なゲームである。この日、予て病気のため会へなかったガルシア外相と約三十分外務省で会見。諸懸案を論じた。

❖**一月一二日（土）** 十一時頃で役所を終へ、隆、俊夫と辯当持参でタガイタイへ行く。タガイタイまでは六十キロ余なので一時間余で到着。途中、椰子林の中の一直線の道路を走らせて行くところ仲々によし。タガイタイの台地〔二千尺余りの高さで涼しい〕を上り切ったところに記念碑があり、此処に一九四五年二月何日か〔ジョセフ・〕スキングの空挺部隊が落下したと書いてある。

❖**一月一三日（日）** マリアノ・ラウレル夫婦に誘はれて隆、俊夫、大河原夫妻とモーターボートでパシグを上りラグナ湖へ行く。

❖**一月一四日（月）** 事務所で午前、コロンボプランで日本で勉強したフィリピン人の技術者六、七名に免状を渡す。更に商工省に〔オスカー・〕レデスマを訪ねて会談。夜は藤山勝彦氏を招んで会食。この頃は毎日涼しく快適。明け方は毛布を被りたい程である。月は満月らしくテレスの歓談は楽しいものである。

❖**一月一五日（火）** 午前外務省に次官を訪ねて要談。夕方は英国極東艦隊の司令官が来たというので〔ジョージ・〕クラツトンのコクテイルあり。英国大使館へ始めて行ったが庭も広く仲々立派である。夜は公邸で正式宴会。イタリア大使、タイ大使、オシアス、パディリア、ペクソン、ホヂソン（米）、アウレル（米）、ラウレルⅢ等を招んで仲々盛会。話もはずんだが食事がうまくなかったのが残念であった。

❖**一月一六日（水）** 昼、〔ホセ・〕ラウレル上院議員に新築の邸に招ばれた。自分が一寸日本へ帰るのでそのための食事で御相伴は子供三人で至って水入らず。パタンガスで作られたというナイフを貰った。今日の招待ではこの四、五月頃日本へ行きたいということに対する日本のリアクションを見るというのが一つの目的でもあったらしい。早速、東京にも電報を打って置いた。夕方、フィリピンの技術関係者を招いて公邸で八田氏を主賓としてコクテイルの会合を催した。七時半から〔ジュアン・〕カルロス氏に招ばれて同氏のケソン・シティの豪壮な邸で食事。今日は約束つゞきで流石に少し疲れた。隆も毎日引越準備やら日本行の準備やらで忙し。

❖**一月一七日（木）** 朝、〔フランク・〕ウエアリングより電話あり。但、マニラには短期間しか居れぬ由で会食の暇もなかった。朝八時バスケットの女子を招んで日本食を御馳走する。明日の飛行機で帰る由。成績は第三位（韓国一位、香港二位）だった。午後はワクワクでゴルフ・トーナメントの初日があるので見に行く。日本からは中村（寅吉）と小張〔小針春芳〕の両プロが出場[1]。夜は両君と日本人有志若干名を招いて官邸で会食。食事後芝生で手ほどきを受ける。今日のイーヴニング・ニュースに日本で大公使の異動をや

1――第五回極東オープン・ゴルフ選手権が一月一七日から二〇日までマニラで行われ、日本からは中村、小針両選手が参加していた。

るとの毎日の記事がキャリーされて居りフィリピンにはto strengthen diplomatic economic tie with the P.J. のために松本滝蔵が来ると書いてある。御挨拶少し不愉快であり数ヶ月で大使を変へるというのは面白くない。これからの自分の仕事もやり憎い。

❖**一月一八日(金)** 八時のNW機で隆と俊夫が出發したのを見送る。午前は役所の整理。何だか昨日の新聞記事によるとマニラへ帰って来ない可能性もあり相なので少し本式に整理した。午後はワクワクでゴルフを観戦。夜はロレンソとヴェラタエヴを招び、續、桝田両氏も参加し自分の司会で来るべきフローティング・フェアの打合せを行った。

❖**一月一九日(土)** 夜は公邸にマングラポス夫妻、マシアス夫妻を招んでスキ焼の後ブリッヂ。

❖**一月二〇日(日)** ベネディクト君〔砂糖屋〕の招待で一同バスを連ねて〔自分は途中に用事もあり自〔家〕用車〕パンパンガのデルカルメンへ行く。ベ君の砂糖工場を視みるためである。十時近く工場に着き甘蔗から黄ザラが出来る工程を視察。二時頃此処を辞去。四時からガールスカウトの式へ行く。日本から九名程出席して居るので出かけたわけで大統領夫人が来たが外交団は余り顔を見せなかった。六時帰宅。六時半に公邸でゴルフ・プロの中村、小張〔針〕両君を招き日本人ゴルファースを招んで天ぷらの立食。

❖**一月二一日(月)** 午前中役所で最後の整理やら仕事の話やらで忙しく。午後は二時からワクワクで日本人有志と共に中村、小張〔針〕両プロにコーチして貰う。大分参考になった。八時からヴィエトナム公使の公式ディナー。自分とインドネシア大使夫妻が来賓であった。

❖**一月二二日(火)** 午前八時のN.W.機に乗り組む。機のスチュワーデスはフィリピン人だが隆と俊夫帰日の際も一緒であった相だ。予定の時刻に離陸。天気よく機も揺れぬ。沖縄に着いたのは十二時すぎ〔但時差一時間あり〕此処で約一時間休む。沖縄はマニラより少し涼しかったがセーターは要るが上衣は要らぬ程度。上空から素晴らしく發達した道路が見へる。四時頃富士山が見へる。飛行機は三浦半島から東京湾に進入。城ヶ島が下に見へる。昼間東京に入って来たことは自分にとっては珍らしい。飛行場には〔フェリノ・〕ネリ大使が出迎へてくれた。外務省員と隆が出て来た。

❖**一月二三日(水)** 午前十時登庁。外套を着、黒い帽子を被り服装を整へて一寸嬉しい気持ち。車窓から見る田園は全くの冬景色である。役所に着くと吉沢〔清次郎〕インド、渋沢〔信一〕タイ等各国の大公使が来て久しぶりの挨拶を交す。「毎日」「産経」「共同」等が我々をタライ廻しにして十時半から昼食も大遅れで四時頃まで座談会やら、インタビューやら。岸〔信介〕新大臣にも挨拶する。夜は中州の料亭に船田中氏に招ばれて吉沢、渋沢、高野〔藤吉〕の諸君等と久しぶりにタヽミに座って勝手な議論を交した。

❖**一月二四日（木）** 午後十時から公館長会議〔2〕が開催され、岸新外相の訓示やら関係省大臣の話あり。自分も一寸發言。昼は霞関会館で一同食事後、午後再開。議事を進める。夕方は赤阪〔坂〕で新外相の出席大公使招待の晩さん会あり。日本式に「お流れ頂戴」となり仲々賑やかであった。

❖**一月二五日（金）** 会議第二日目。午前は対中共問題。午後は経済問題。午後の会議では渋沢、結城〔司郎次〕両氏の外、自分が主として發言。夕方は工業クラブでアジア協会のコクテイル。後、東京会館で三菱がブッフェのおもてなし。会場に日本式の模擬店を作って大公使をねぎらってくれた。

❖**一月二六日（土）** 公館長会議第三日最後の日。午前昨日に引きつゞきAA諸国との関係。午後は公館長より大臣への要望事項関係あり。六時から霞友会館で次官が在京外交団を招いてコクテイル。自分も久しぶりで知り合の人々に会う。終って日本人のみの懇談及立食。

❖**一月二七日（日）** 午前家でユックリ。夕方、隆と芦田〔均〕夫妻に招ばれてお宅で御馳走になる。相客は吉沢駐印大使。夜、九時四十分から昨日の大公使の録音をＮＨＫが第一で放送したのを聴く。

❖**一月二八日（月）** 午前、深川の比大使館事務所にネリ大使を訪ねて入国問題や貿易問題で約一時間半懇談。昼は村田省蔵氏司会でフィリピン協会の昼食あり。〔国際観光ホテル〕自分もフィリピンの印象を二十分程喋った。午後は外務省で打合会。夕方五時から七時まで三井クラブで三井関係有力者が大公使を招待してのコクテイルあり。終って自分は隆と共に九段のフィリピン大使館の招宴に臨む。ブラック・タイ。相客はタイ、パキスタン、エジプトの駐日大使。米国の代理大使、佐藤〔喜一郎〕三井銀行頭取等であった。

❖**一月二九日（火）** 十時ウェアリング君を米大使館に訪ねてモーニング・カフェを御馳走になる。〔クレアレンス・〕マイヤー氏も同席。歓談した。昼は輸銀の加納〔百里〕氏の招待で「藍亭」へ行く。夕方は吉沢君と会食。二次会は商工会議所が「金田中」で大公使を招んで居るのに参加。

❖**一月三〇日（水）** 午前鮫州で自動車の免状を更新。昼は永野護氏に「栄家」へ招ばれる。吉岡〔範武〕、小長谷〔綽〕両君同席。二時から三時まで青山斎場で重光〔葵〕前外相の民

2——第五回アジア太平洋公館長会議。外務省では毎年アジア各国に赴任する大公使を召集して、各国情勢の分析や意見交換を行っていた。

主党葬あり。出席弔意を表す。夕方は三浦〔文夫〕と霞友会館で会談後、高碕達之助氏の招宴に出て更に森下〔陸一〕君の宴会にも出て大騒ぎして久しぶりに楽しい思いをした。帰宅は一時頃となり流石に少しく疲れた。

❖**一月三一日（木）**　午前佐藤栄作氏を自宅に訪ねて会談。昼は築地の「田村」で佐藤三井銀行頭取の宴会に出席。午後は工業クラブで経団聯の石阪〔坂〕泰三氏が司会で財界人と大公使側との意見交換あり。自分も少し喋った。夜は硫安協会のコクテイルで一寸意見を述べさせられてから「米田中」で伊藤忠兵衛さんの招宴あり。

❖**二月一日（金）**　午前の列車で大磯で吉田〔茂〕前首相に敬意を表した。時間がなくて二十分位しか話が出来なかったが御機嫌でサインした寫真を額縁づきで頂戴した。役所へ着いてからは大臣や次官に挨拶。ＡＰ記者と会見。残務整理で大忙し。それでもやっと六時には雑務を片づけ隆と共に大雲に赴き晩食を御馳走になり歓談。マニラへ持参の土産物も買い整へた。

❖**二月四日（月）**　外務省から差廻しの自動車は六時には着。家族の者とサヨナラをする。隆と俊夫が見送ってくれた。昨日の雪まぢりの空はカラリと晴れたが相変らず寒い。羽田の空港には若干の人が見送りに来てくれた。八時半定刻にエア・フランス機は出發。富士山も遠近の山々も頂きは眞白である。機上も仲々寒い。然しそれも四、五時間たつと大分温くなりセーターを脱し、厚い靴下も穿きかえる。飛行機は予定の通りローカル・タイムの午後二時半マニラに着く。中川〔融〕君夫妻の外、新聞記者も出迎へた。新聞記者会見約二十分の後、飛行場から一應、事務所に立寄り、館員の挨拶を受け、持参の苺〔石垣苺〕をフィリピンの知人に配布してからカンタ・メザ・ハイトの新官邸に入る。引越は留守中に行はれほゞ落付いた。食事後夏服に着かえて庭を散歩。快適の陽気である。夜は荷ほどき〔転任になるかも知れぬと想定し予想以上に荷物を整理したから〕に時間がかゝる。早寝、静かな公邸である。

❖**二月五日（火）**　午前から訪客が押しかけて忙し。昼休みは公邸で絵を何処にかけるか指図したり荷物のアンパッキングで忙し。新公邸から事務所までは十分位で行けるので従来よりは五分以上セーヴ出来る。午後四時半マニラ港に赴いて三井の「赤城山丸」で着いた苗木千本を建設省のマスログ氏に自分から渡す。バギオの附近に植へる相である。

❖**二月六日（水）**　役所へラヂオの録音をとりに来たので五、六分喋った。夜、マニラ・ホテルでフローティング・フェアの総裁としての自分のリセプションあり。比側から商工大臣のレデスマ氏が出てくれ自分から一寸挨拶。夜、公邸に二宮〔謙〕シンガポール総領事を泊める。

❖**二月七日（木）** 午前十一時マラカニアンにガルシア外相を訪ね自分東京滞在中の話しをしたが後は目下、滞比中の小西「ミッション」中に含まれた旧憲兵将校に及びガルシア外相はこの男の急速な帰国を要求。各新聞は一せいに書きたてゝ折角の日比関係もテンヤワンヤの騒ぎである。怒る気もしない[3]。夜は公邸に名古屋の実業家ミッション十五、六名を招んでリセプション。この公邸は実によく出来て居るのでお客さんの賞讃の的である。庭の熱帯樹も程よく植へてあり、芝も立派。テレスで涼風に吹かれ乍らの歓談はお客を満足せしめるに十分である。今日からプールの水を替へたので飛び込んで十分程泳いだ。

❖**二月八日（金）** マニラホテルで名古屋ミッションが招んだのに出席。自分も一席喋らされた。夜は久しぶりに約束がないので岩井君と映画へ行く。

❖**二月九日（土）** ハウス・ウォーミングと自分の帰任挨拶を兼ねて在留商社の代表を公邸に招いてリセプション。歓談暫時。

❖**二月一〇日（日）** 久しぶりにワク〳〵でゴルフ。大した当りは出なかったが面白かった。ワクワクまでは新公邸から十五分乃至二十分かゝるが道路は立派。午後東銀の伊原〔隆〕氏来り公邸にお客さんとして泊る。夜は伊原氏のため東銀の人々を招いて会食。

❖**二月一一日（月）** 川鉄のお客さんを朝飯に招待。仲々忙し。昼は入札で六番札となりビンガの注文をとりそこなった間組の人々を招いて会食。午前中モレノ氏を訪ねて会談。彼の部屋には相客が多勢居てコミ入った話は出来なかった。

❖**二月一二日（火）** 久しぶりに外交ランチで外交団の人々と顔を合せた。夜は小西ミッションの人々、二、三名を招待、会食。大分物議をかもした不親善ミッションであった。

❖**二月一三日（水）** 昼、ラウエルの爺さんと会食。スペイン料理を喰べた。彼の訪日の件とマニラに日本協会を作ることについて意見を交換した。午後はゴルフ。夜は新聞記者三名を招いて会食。

❖**二月一四日（木）** 午後マラカニアンに赤十字基金募集運動の發会式があり大統領夫人が出席するので外交団も出席。

3——一月三一日に訪比した小西英雄参議院議員（自民党）を団長とする親善使節団の一員に戦時中マニラにおいてフォート・サンチャゴ憲兵隊の副隊長を務めていた元憲兵大尉が含まれていたことから、現地未亡人会や退役軍人団体などから不満が起こっていた（『読売新聞』一九五七年二月七日夕刊）。

午後夜は公邸で伊原君のための晩さん会を催した。フィリピン側は蔵相の〔ジェイミー・〕フエルナンデス、イゾン、ヒソン、マリアノ・ラウエル等であった。

❖**二月一五日（金）** 正午、伊原君がＰＡＬで香港へ出發するのを見送った。夜は〔エミリオ・〕アギナルドのお爺さんに関係商社代表二、三を加へて食事。

❖**二月一六日（土）** 昼はデュラン君にフォーベス・パークの同君宅へ招ばれた。午後はゴルフ。夕方はラウエル爺さんがラングレーのためのコクテイルを催したのに出席。外交団の外、著名の政治家、教育家等も顔を出し大統領も出席して盛大な会合であった。

❖**二月一七日（日）** 午前ワクワクでコンペティション。夜は米代理大使〔ホレス・〕スミス君がマイヤー夫妻のための会食を催したのに出席。

❖**二月一八日（月）** 昼、公邸にマイヤー夫妻を主賓とし米大使館員を招んで食事をした。マイヤー氏は日本の勤務を終へて帰国の途中。世界各地を観光するとのこと。和気藹々裡に会食。夕方はマイヤー氏の永らく勤務したスタンダード石油のマニラ支店長ラーセン氏のコクテイルに臨む。

❖**二月一九日（火）** 夜公邸にモンテリバノ、ロペス、ベネディクトという砂糖財閥の連中を招んで会食。主としてモンテさんの気焔をきく。

❖**二月二一日（木）** 午前商工省にレデスマ君を訪ねて会談。夜はオランダ公使夫妻の食事に招ばれたが相客は概ね米国人であった。同氏夫妻来月帰国予定とか。日本へ忘れて来たかブラックタイが見当らず大騒ぎしてベツのものを借りて間に合せた。

❖**二月二二日（金）** 早朝、例のグループとゴルフ。夜はラモスにフィリピン・コロンビア・クラブに招ばれた。バロン・タガログを着込んで出かけた。

❖**二月二三日（土）** 午後はゴルフ。三菱と親善試合。

❖**二月二四日（日）** 朝海カップのトーナメントあり。午前はゴルフ。午後は館員が公邸のプールへ家族連れで泳ぎに来る。夜は昨日来比した日本のテニス選手二名と学生会議で来比中の学生数名を公邸に招んで会食。

❖**二月二五日（月）** 予定より早目に午後日昌丸が入港したので副団長の伊崎氏（安宅）と船に駆けつける。船上で明日の打合せを遂げ手順を整へる。午後は五時半からリカール・グラウンドの屋内テニス・コートで日本から来て居る松岡〔功〕（ランキング五位）と小林〔要〕（七位）の試合を見に行く。三セット・マッチで二人ともストレートでフィリピンの選手に敗退。一寸ガッカリ。夜は公邸にフェアの関係者一同（百名以上）を招いて盛大なブフェを催した。船の人々もマニラが最後の寄港地で間もなく日本へ帰れるのでホッとした様子であった。

❖**二月二六日（火）** 午前十一時日昌丸に赴き、自分が挨拶。レデスマ商相が挨拶に答へ、自分がリボンを切って日昌丸のフェアが公開されることを宣言。式を終へた。ガルシア副大統領も来てくれたので自分が案内役となった。今日は三千人余の人が午後の公開の節、入場した由である。夜はマニラ・ホテルでフィリピン関係団体の歓迎宴会あり。

❖**二月二七日（水）** 夜、久保田工営の久保田〔豊〕氏が来たので公邸に招待。

❖**二月二八日（木）** 午後、テニス〔全比トーナメント〕を見に行く。小林、松岡の日本の二人は何れも順当に勝ち進んだ。夜は公邸でフローティング・フェアのお別れの会。映画も写した。此の二、三日、フェアの切符で大使館は取り囲まれる騒ぎであったが本日でフェアも終り。ホッとした。

❖**三月一日（金）** 九時半外務省に赴いて〔ラウル・〕マングラポス次官と日比支拂協定延長文書にサインした。新取極めは依然として成立せず。暫定延長のみがつゞく。その足で直ぐ埠頭に赴き抜錨の「日昌丸」を見送る。最後の日には一萬人の入船者をプロセスした相であるから大変な人気であるが新聞は例により悪口。"What too successful show"だ相である。午後テニスの観戦。夕方は車輌ミッションのためコクテイル。夜、堀内〔謙介〕大使がシンガポールから来られたのを迎へた。公邸に泊る。

❖**三月二日（土）** 堀内氏も加へて朝八時ピア五番から大統領のヨット、サンタ・マリアが出帆。外務省主催で外交団のシェフが参加してコレヒドールへの遠足である。大統領夫人、ガルシア夫妻もインフォーマルな姿で参加。船は十四、五浬《ノット》のスピードで進み十時にコレヒドールに着。船上ではその間ダンスをしたり、酒を飲んだり。コレヒドールはマニラ湾口を抱するお玉杓子形の小島で要塞はスペイン時代から認められ一七九五年にドックや病院さへもあった相である。日本軍がこの島に上ったのは一九四二年の五月四日であった。一同、ジープやバスで島を見物。最後まで日本軍に抵抗して日本軍を悩ましたというトレンチ・モルターや壁や屋根をぶち抜かれたまゝの兵営が所処にある。十二吋《インチ》砲も残って居るし一台は原型を止めぬ程に破壊されてある。塹壕も掘られたまゝだし敵か味方か知らぬが赤く錆びた鉄兜が杖にかけてあったのもいたましい。戦争—殊に敗け戦さの記憶は生々しく日本人の胸を打つ。説明の将校は一行中に自分が居るためか流石にレストレインした説明振りであったことはアプレシエートされた。全長八百呎《フィート》余のマリンタ・トンネル内には日本軍の猛攻に遭って〔ダグラス・〕マックアサーが避難した処やケソンのクオータース等も立札によってそれと知られた。此処からバターンに向ひ船上で昼食。バターンに着いてから水の透き通る様な海岸で家族連れの大公使は子供に帰ってパンツ一枚で泳ぎまくる。自分も泳いだ。三時バターンを發。一路マニラに帰着。五時過ぎマニラに着くまで船上で昼寝。流石に少し疲れたが面白かった。夜は堀内氏のため支那大使の陳君等を招んで会食。

❖**三月三日（日）** 午前中例によってゴルフ。午後はミンダナオ旅行の準備をしたり、演説原稿に目を通したり。夕方SASで北極を廻って日本へ来たノルウェー外相、スウェーデン国務相がコクテイルをとり、九時からガルシアさんが新築のマニラ・ホテル、サンバーストの間で外交団をお相伴にして此等の人々のためディナー。散会は十一時半となり眠かった。

❖**三月四日（月）** 午前七時のPALで溝口君と「毎日」の星野君を帯同してミンダナオへ旅行に向う。本日の目的地はバコロド。二時間位でバコロドへ着いた。飛行場に五、六人お嬢さんが出迎へてくれてレイを我々の首にかけてくれた。市長も出迎へた。モンテリバノ氏が配慮してつけて呉れた案内人と自動車でバコロドから自動車で約一時間のBinalBaganの砂糖工場を見に行く。道路は仲々よし。所謂ビスコムの工場である。甘蔗を何十哩《マイル》の彼方から鉄道で運んで来て此処でミルする。九千トンの砂糖を一日に処理する能力がある相である。

❖**三月五日（火）** ゆっくり休息。午前九時の飛行機でセブーに向う。

❖**三月六日（水）** 昨夜はよく寝たが一、二度、豪雨の音で目を覚した。この辺はルソン島程には乾季雨季の区別がハッキリしない由である。六時すぎゲスト・ハウスを見送られて出發。十四、五キロのシティ・バウンダリーまで警察のジープが先導してくれた。九時すぎに着いたが飛行場は雨。ヴィジビリティもよろしからず。昨日、コトバト行の飛行機が出るかどうか見込みたゝずとのこと。閉口した。幸いカガヤンの市長が警察署長と共に出迎へて居てくれ大変親切な人で自分の自動車を護衛つきでダヴァオまで送らせると申出てくれた。一同、軽い昼食をすませて十一時半頃雨をついて市長の自動車で出發。護衛は終戦後、戦争が終ったことを知らせて日本人将校、兵士を投降させたという警察署長一人と更に警官一人。前部にカーバイン銃を持って警乗する。デルモンテのパイン・アップルの工場も道路から望見された。カガヤンから三、四十キロの南にある渓谷（Impasugongの附近）は極めて壮大。戦争中、ダヴァオから上陸した米軍を迎へて日本軍が熾烈な抵抗を試みたところと憶測せられたが塹壕のあと未だに生々し。約束のカバカンの街（此処へ来てやっと電燈を見る）では待ちくたびれた中西氏（丸紅顧問）が附近の料亭で護衛の警察隊員と夜食を認めていた。自分等も昼のサンドウィッチ以外には何も喰べて居ないので腹ペコだったので此処で腹ごしらへをして再びダヴァオへ向け出發。途中一ヶ所自動車が七、八台立往生して居るヌカルミの難関があったが護衛のジープのお蔭で無事にネゴシエートした。車の中で眠り乍ら目的地のダヴァオAlo View Hotelに着いたのは何と暁方近くの四時。一先づ寝床にもぐり込む。ホテルは清潔なので気持よさ相。

❖**三月七日（木）**　七時には起床。朝食には土地の婦人会の顔役らしい人と市役所の人が挨拶に来て居て一寸喋らされた。歓迎のためか寄附を求めるためか。市役所と州庁に挨拶に行く。市役所で一行はレイを婦人からかけて貰った。三台のバイクを先頭にして丸紅の中西氏と木材のマニュエラックという人を案内にして車を走らせ先ず近くの古河プランテーションの跡を見る。此処は社宅のあと、此処は工場のあとと指さされる。古河や太田のインテレスはダバオから自動車で三十分位で行ける。広大なアバカを扱った旧工場は今や閑散として一部が利用されているにすぎないのも痛々しい。此の道からアポ山（富士山の様に美しい裾をひき昔は黒々と日本人がアバカのプランテーションを作っていた相である）にかけての景色は美しい。此処から更にダヴァオに一旦引きかへし別方向のアバカのプランテーションを見学。相当大きな工場と手引きでセン井を抜きとるのと双方を見た。アバカは最近、モザイクという風土病で病草が多く、昔の日本人栽培時代の面影はないらしい。此処から更にNARRAの入植地や山地へ行って木材の伐採状況を見、自分は時間を気にして居たのだが案内の人は案外呑気でとう〳〵五時のアポ・ホテルに於ける市長の自分のためのリセプションには二時間も遅れて市長を怒らせてしまった。自分としては計画を全部案内の人に任せてあるので何とも致し難かったのである。

❖**三月八日（金）**　午前、市庁に赴いてポラス市長に昨日の事件につき事情を説明し二時間も待たせたことには陳謝せざるを得なかった。市長も昨夜と異り快く我方の説明を容れ新聞記者に会ってくれぬかと言ふ。五、六名の新聞記者を招じ入れられて自分から説明。今日のローカルペーパーに出て居た自分が市長をスナップしたというが如きは眞相から相距ること遠いと説明。彼らも納得。市長と星野君のカメラに納って三十余で此処を辞去。三台のバイクの護衛を連ねて太田興業の跡を訪ねる。リンタルというダヴァオの郊外で此処には發電所もあり（戦時中破壊）給油施設もあり大きな日本人のコロニーが存在していた。ダヴァオ開拓の先駆者太田恭三郎氏の記念碑（大正三年三月除幕式）は荒れ果てた土地の片隅に高々と聳へて居りその傍らの慰霊塔は三角形であるが無残に部分的に打ちくだかれている。内部に日本人が貴重品を蔵匿して居ると考へた比島人の戦後の行為による。太田氏の記念碑の背面には当時の南洋協会々頭の田健次郎男の碑文があるわけだが恐らく銅板ででも出来ていたのであらう。剥ぎとられて居り僅かに前面にK.S. OHTA WHO BELIEVED IN DAVAO AND HELEPED IT TO GROW (1876-1917) と書いてあるのが読まれた。十一時の飛行機でダヴァオを發。四十五分位で数日前難航を極めたマライバライに着。小憩の後、直ちにカガヤンに飛び、此処で昼食後、セブに着いたのは二時半頃であった。今日はブツアンの飛行場が豪雨のため浸水着陸不能となったのでかく変更した。飛行場にはオスメニア氏(アトラスの支配人)が出迎へてくれた。沈船引揚の木原氏も来てくれた。キャピトル・ホテルに小憩後、自動車で市中を見物。セブは支那人が商業の実権を握った街。大学の多い学都と見た。埠頭から沈船引揚に従事して居る木原氏のランチに乗って対岸マクタン島に赴く。マクタン島に沈船の従業員が居住しているのである。現在は引揚が一時中止になっているので二、三十名しか日本人は居ない。此処で一寸挨拶をして一同の労をねぎらい。マゼランの上陸地点までバスを走らせる。マクタン島の裏手(セブーから見て)の浅い地点にマゼランは上陸を試みたのである。沈船の本部から七、八キロはある。マクタンで沈船の木原氏から男ばかりの御馳走になり馬車で暗い田舎道を渡船場に行く。此の島は所々に電気が力弱くついて居る程度。渡船場でバンカを仕度てゝ対岸のセブに帰りついたのは七時半であった。

❖**三月九日(土)** 午前中、クエンコム氏(下院外交委員長)を訪ねて敬意を表する。引きつゞきオスメニア氏の案内で州庁と市庁を訪問。何れも最高責任者不在で代理と会って交歓。昼食はオスメニア氏宅で御馳走になり一時出發。山を越してセブー島反対サイドのトレドに銅鉱山を見に行く。三時頃着。此処の鉱山は露天掘りでソリアノが三菱にも出して居る。粉末状にコンセントレートして日本へ送る。オアで送るのかと思って居たので教育された。一パーセント以下の含有量とあるからオアでは送れないわけだ。フィリピンの銅産出額は一九五五年度一六、〇〇〇トンに増加した。ミルから山の状況一亘り案内を受け四時半頃帰路に就いた。六時セブー着。本夜は日本人のみで支那飯を喰べた。

❖**三月一一日(月)** 早起き。イソン夫妻と朝食を共にし同夫妻とロペス夫妻に見送られつゝ八時すぎ離陸。機上でウト〳〵すると十時すぎにはマニラ着。中川君が出迎へてくれた。直ぐその足で登庁。溜った仕事を片附ける。午後も出勤。八時すぎまでかゝったが仕事は片附いた。

❖**三月一二日(火)** 午前、訪問客に接したり、旅行中の礼状の發出やらで忙し。十二時、ナンシアチュアでポープの誕生日とあって外交団が祝盃を挙げその足でメキシコの代理大使宅で月例のディプロマティック・ランチ。自分からダヴァオの事件を簡単に話して置いた。夕方四時からコート開き。居留民中テニスの愛好家五、六名参加。夫人連も応援に来て仲々賑やか。夜は重電機ミッションのためのブッフェ。

❖**三月一三日(水)** 午後ゴルフ。全く当らず棄権した。正午は外国貿易週間としてマニラ・ホテルのパヴィリオンでフィリピン商工会議所や外国商工会議所の共同の昼さん会あり。大統領も出席して一場の話あり。外交団も出席。大統領に対し飛入りの質問があったか二、三の人々は何れも「日本」に言及し、日本がフィリピンに於て深い関係を持って居ることを痛感した。夕方はテニスを楽しむ。

❖**三月一四日(木)** 朝四時四十分(五時少しすぎに着)のSASで隆と子供(明子と和夫)が来比したのを空港に出迎へた。三人とも元気で降り立つ。公邸に入る。子供等は公邸が立派なので嬉し相であった。殊に明子が大きくなったのに気がついた。午前中、外務省でマングラポス君と会談。日比貿易交渉が仲々進まない。夕方は和夫も加へてテニス。終って隆とフランスのコクテイルに出席後、帰宅。待ち兼ねた子供と親子四人水入らずで楽しく食卓を囲む。矢張り家族が来ると公邸が賑やか和やかになる。

❖**三月一六日(土)** 朝十一時のPAAでバンコックに行く予定が飛行機が遅れて一時四十五分に出發。家族や二、三の館員が送ってくれた。大きな飛行機とて乗心地は極めて快適。一寝入りしたり調書を読んだり、食事をしたりする程に五時間余で(時差一時間のため午後六時)バンコック着。経審の林君やバンコックの館員西堀〔正弘〕君等が出迎へてくれて最近出来たというタイ国御自慢のErawan Hotelというのに投宿。食事はタイのカレー・ライスを喰べて早寝とした。

❖**三月一七日(日)** 渋沢大使が自分の方から挨拶にやって来られて恐縮。午後十時から会議。正午は会議出席者一同で支那飯。太陽の光線はマニラ以上かと思はれる程に強い。午後は昼寝。夜は大使公邸で会議関係者一同御馳走になる。〔ラモン・〕マグサイサイ大統領飛行機事故で行方不明の情報に接する[4]。

❖**三月一八日(月)** 午前十時からホテルから車で約十五分のSala Sauti Thaiのアセムブリー・ホールで総会が開かれた。デレゲード・ラウンヂに定刻前に行くと米国のブラダマン・ディール、英のマクマオン、インドのカルマルカル、ニュージーランドのチャリス、支の銭等の顔馴染が居って挨拶を交す。エキュゼクティヴ・セクレタリーの〔パラマデ・〕ロカナサンはナクシマンと交って居る。十時開会。立派な会議場でタイ政府が国連関係会議用として作ったものだ相だが国連の総会の如くロストラムに対し対面的に各国の代表席があり馬蹄形でなく代表は發言するためには一々登壇しなければならぬ。〔プレーク・〕ピブン〔・ソンクラーム〕首相の歓迎の辞をタイ外務省が代読。議長（前年の）カルマカルからフィリピン代表に対し大統領の急逝に対し弔意の表示があり。自分が主催国に対しヴォート・オブ・サンクスをムーヴして午前中閉会。午後は二時四十五分から再開。ソ聯代表が外蒙のエカフェ参加問題を持ち出し自分は緊急動議としてアジェンダは午前の会議で採択となって居ると主張。一波欄あり。総じて今度の会議では日本は既に国連に加入して居るので中国の代表権や外蒙問題でも気兼ねせず發言や投票が出来るのでやり易い。今日は自分は三、四回發言した。夜はタイ外相のブフェ・ディナーあり。フィリピンからその後の様子も入電があったが葬儀等の日取りは決まらぬらしい。ガルシア外相は急遽オーストレリアから帰国することゝなったらしい。

❖**三月一九日（火）** 午前会議。エカフェ十周年に関する各代表の發言を終へた。昼は英国大使ゲーヂ氏に昼飯に招ばれた。七、八名の相客あり。午後から会議は例の如くEconomic Surveyに対する各国のオブザベーションに入る。自分は準備必ずしも十分ではなかったが明日午後帰任せざるを得ぬ状勢になったので（二十二日葬儀と決まる。日本から芦田〔均〕特使が来られる由）急遽午後二十分程かゝって日本のオブザベーションを読み上げた。後半少し早口となり余りよい出来ではなかった。矢張り一寸マニラが気になったからである。会議後、会議に関する感想を電文にし、自分主催で全権団に人々のために支那料理店で会食し、随員の労をねぎらって帰任の準備をする。慌しい出張となり、アンコール・ワットもお流れとなってしまったが致し方なし。

❖**三月二〇日（水）** 午前中、官補の案内で市中見物。この土地は十数年前広田〔弘毅〕ミッションの一員として来た土地だがもう大分忘れてしまった。ワット・ヴェンヂャ（マーブル・テンプル）からワット・プラケオへ廻る。ワット・プラケオは宮廷内にあり、普通は入れぬが幸い誰も咎める人がないので豪壮な寺を見学。ワット・ポーを経て対岸のトンブリにあるワット・アルンを見、塔に上って全市を展望。再び市内へ引き返し土産物を買ったり、渋沢大使に挨拶したり。昼は米支全権団の人々をホテルに招んで会食。食後大慌てゞ空港に駆けつけ四時發のK.L.M.でマニラへ帰る。飛行機は至って快適。五時間で夜十時（時差一時間あり）予定の通りマニラに着。家族や中川君が出迎へてくれた。家へ帰って一寝入りする暇もなく二十一日早朝のＳＡＳで芦田氏が卜部〔敏男〕君を連れて葬儀の特使として乗り込んで来たのを出迎へた。駐日ネリ大使も出迎へて居た。

❖**三月二一日（木）** 午前、マングラプス外務大臣代理に対し芦田特使を紹介。夕方は五時半にマラカニアンで新大統領ガルシアがヴィエトナム副大統領、芦田氏、マカヲ総督等の特使グループを引見。この外、現地の大使で特使になったクラットン、スチャリタクル、バンモンジョック等も引見された。夜は芦田氏のために公邸で会食。

❖**三月二二日（金）** マグサイサイ大統領葬儀の日。午前八時半外交団一同、英大使館に集合。勢揃いして一同車を連ね葬儀場の議会へ到着したのは八時半。終って一同葬列を作って墓所に赴き埋骨。十二時四十五分に式を終へた。今日はフィリピンは休日。夜、公邸に於て芦田さんが館員を招んで下さる。

❖**三月二三日（土）** 午後芦田氏に随行してキャヴィテにアギナルド将軍宅を訪れる。夜は在留民有力者を招ぶ。芦田氏に紹介のためである。

❖**三月二四日（日）** 一日家で子供とゆっくりした。午後は和夫とテニス。夜家族は木下サーカスを見に行く。自分はラウレル老人が芦田氏を招んだのに陪席。

❖**三月二五日（月）** 朝、芦田氏が香港向け帰国のため飛行機で出發されたのを見送る。夕方はテニス。後、家族と映画を見に行く。

❖**三月二七日（水）** 昼、第一物産の支店長桝田氏が今度印度へ行くので送別。夜は名古屋から来た陶業ミッションのためのブフェ。

❖**三月二八日（木）** 濠洲から帰国中の奈良〔靖彦〕君が立寄り一晩公邸に泊る。

❖**三月二九日（金）** 午前久しぶりでラウレル等とゴルフ。夜、溝口君のための送別会。館員一同を公邸に招ぶ。

❖**三月三〇日（土）** Ｍ.Ｒ.Ａ.で来比の星島〔二郎〕氏、Ｈ.爆弾で英国へ行く松下〔正寿〕氏を空港に出迎へる。

❖**四月二日（火）** 役所は一日から比側の執務時間に倣って八時半から十二時半までとし午後は休むことゝした。

❖**四月三日（水）** 帰国のオランダ公使メーレンス氏が訪ねて来た。午後は隆、明子と三人でタガイタガイへ出かけて

4――セブでの遊説を終えてマニラへ戻る途中マグサイサイ大統領一行が搭乗する専用機が墜落し、同大統領を含む二五名が死亡した。

タール・ヴューでお茶を飲んで来た。今日は涼しい日なので山は可なり冷えて居た。夕方、新任の深田官補も加へて三井銀行の伊藤氏を招待。

❖**四月四日（木）** 夜、ＭＲＡに出席中の加藤シズエ氏を招んで食事。

❖**四月五日（金）** 午後五時半からフィリピン・ロウ・スクールでガルシア新大統領（同校の卒業生の由）のために学位贈呈あり出席。今日は珍らしく雨が降りつゞいて涼しくテニスも出来なかった。

❖**四月六日（土）** ワクワクでモレノ等とゴルフ。珍らしく出来がよく四十三で廻る。

❖**四月八日（月）** 夜は三菱重工の重役南里〔辰次〕氏と飛行機に乗り損ねた星島氏を招んで会食。

❖**四月九日（火）** バターン・デーとあって今日はフィリピンは休み。午前十時頃執務室で駄べって居たところ大滝君が館長符号の電報を持参。自分保有の暗号で大滝君にひかしたところ「大野〔勝巳〕より 谷〔正之〕大使は近く離任の予定なるところ在米大使の後任として貴兄を起用方小生より岸総理へ推せん致したき所存であるがその場合は受諾される様、希望する。右に対する貴見を小生の含みまでに折返し回電ありたい」とあった。依って「御厚志拝謝す。当地に於ける仕事も漸く緒につきたるところにて引き揚ぐるは小生として如何にも残念なるのみならず駐米大使は最高のポスト（同時にこれにておしまいのポスト）なれば菲才その任に非ず。他に有力先輩も有之べく辞退致したき心境なり」と打って置いた。夜はＭ.Ｒ.Ａの人々二十名余を招待。

❖**四月一一日（木）** 朝七時、隆と共に空港に日本へ招待された〔ロバート・〕メンジース濠首相夫妻を出迎へに出る。首相一行は一時間余余裕があり我々と朝食を共にした。一行中には曽て日本で会談したことのあるプリムソル氏（次官補）も居たので久闊を叙した。昼は米のスミスの昼食会あり。ＭＲＡでマニラに来た何応欽将軍を招んで居たもの。今日の新聞には自分が米大使に決まったことが載って居たので列席の一同から祝辞を述べられた。午後はテニス。夜は和夫を連れて久しぶりに映画。今日、大野君から又電報。「心境は諒解にかたからざるも貴兄にとりて在米大使が最終ポストに非ることは万人の認むるところなるのみならず、小生も又貴兄の新任務達成のためには微力を尽すべきに付この際は受諾方然るべし」とあり、別に大臣から公電で「貴大使に米国駐箚を命じたきところ差支なきや御回電ありたい」と照会して来た。先づ受諾する外なかるべきか〔5〕。

❖**四月一二日（金）** 朝のブレティンに寫眞入りで国務省の言明が載って居る。こちらの受諾はテークン・フォア・グランテッドらしい。役所に日比人の新聞記者が四、五人やって来た。東京のウェアリング君から祝電が舞い込む。正午にはとう〱受諾の回電を出して置いた。

夕方はテニス。

❖**四月一三日(土)** 十二時半メトロ・アンド・ガーデン・グリルでForeign Affairs Associationsで講演。前に教育大臣をやったというManuel V. Gallegoという人が司会。レストランで部屋は広いし、扇風機はガアガアいうし騒々しい雰囲気で喋り憎いこと夥しかったが三十分近く用意の原稿を短かくしつゝ喋り、講演後、二、三の質問に答へた。午後は館員とテニス。

❖**四月一四日(日)** 午前館員とゴルフ。午後は荷物の整理をしたり、テニスをしたり。夜は和夫と映画。すっかりホリデー気分。こんなノンビリすることはあるまいと思うので徹底的に遊んだ。

❖**四月一五日(月)** 夜、クラットンとスチャリタクル二人を招んでブリッヂ。クラットンは最近、日本経由で賜暇帰国するというので招んだ次第。

❖**四月一六日(火)** 十時外務省でバンドン会議二周年というのでラヂオの録音をする。マングラポス大臣代理、インドネシア、タイ、ヴィエト・ナムの大公使が来て居た。自分も希望された通り二分間喋る。夜はヴィエトナム公使館で月例外交団会議。これで二、三カ月夏休みになるので休会するというので夜を択んだ。自分の米国赴任も話題になったので〔エジディオ・〕ワグノッチさんから挨拶あり。自分も簡単に送別の辞を述べた。和気藹々裡に十一時頃散会。よい月であった。

❖**四月一七日(水)** 午後はテニス。夜は七時十五分ＭＩＡの飛行場をＣ五七〔四七?〕の米国軍用輸送機に搭乗してクラーク・フィールドへ行く。米国の空軍少将アッカマン氏夫妻に招ばれたゝめである。タイとイタリヤの大使夫妻が一緒であった。クラークには空軍の自動車が出迎へてくれた。三十名位のパーティで終ってから又飛行機でマニラへ送り届けて貰う。飛行機で食事に出かけたのは始めてのこ

5――朝海は四月に駐米大使を命ぜられた。新聞報道によれば、二月に発足した岸内閣は駐米大使に民間人または財界人から起用して経済外交の実を上げたい考えであったが、第一候補であった松本重治国際文化会館長が病気のため辞退し、他の候補も諸般の事情から応じなかったために、中堅の朝海が駐米大使に指名された(『朝日新聞』一九五七年四月一一日)。

とだ。又日本人で戦後クラークに招ばれた人は自分が始めてゞあらう。広大な基地である。マニラに着いたのは十二時近かった。

❖**四月一八日（木）** 今日から四、五日間イースターの休暇。午前、モレノ、ガルシア、ラウレルを相手とし例会のゴルフ。最後の試合。接戦の末、十八ホールで勝負がつかず三ホールスエキストラに試合をし遂にガルシア、ラウレル組に破れた。アサカイ・カップを寄贈する。荷物を四個、船で日本へ向け發送する。夕方、日本へ一時事務打合せのため帰国中の倭島君が立寄り泊る。

❖**四月一九日（金）** 今日から館員が自分のため送別の五種競技（テニス、ゴルフ、水泳、ブリッヂ、ピンポン等）。暑い最中をゴルフ。今日はグッド・フライデーで余りプレーヤーは居なかった。

❖**四月二〇日（土）** 館長符号の電報あり。自分の発令は二十二、三日になるから天長節を終へて帰って来い、後任には湯川〔盛夫〕君を任命したいからアグレマンを求めよとのこと。さて、午後は昨日に引きつゞき四種競技をつゞける。

❖**四月二二日（月）** 午後メンジース首相が日本及タイの訪問を終へて来比したのを飛行場に夫婦で出迎へる。比側はマングラポス夫妻と軍隊も整列して盛大な見送りであった。午後七時からマニラ・ホテルで日本人会が自分のための送別会をやってくれ隆と共に出席。續氏の送別の辞あり。自分もインフォーマルに相当気楽に喋った。そして送別の辞を述べた。

❖**四月二三日（火）** 午前、ラウレル老を訪ねて辞行の挨拶。正午、飛行場に日本へ招ばれたパキスタン首相を出迎へる。昨年、自分と交渉したオスマン・アリ君が同道して居たので久闊を叙した。午後、和夫を連れてタガイタイ見物。夜はマニラ・ホテルで濠洲の代理大使主催のメンジース首相一行のためのリセプションあり。

❖**四月二四日（水）** 正午は滞比中の輸出入銀行副総裁の加納〔百里〕氏を招待、会談。夕方はテニス。夜は〔パウリノ・〕ガルシア衛生大臣夫妻に招ばれた。ラウレル夫妻やゴルフ仲間で賑やかに歓談。

❖**四月二五日（木）** 昼、米代理大使スミス君夫妻に隆と共に自宅に招ばれた。

❖**四月二六日（金）** 深田君を米大使館へ派遣してワシントンの学校の情報をとって貰う。昼、陳大使がマニラホテルで支那飯で自分等夫婦を送別してくれた。午後はデヴィス・カップのインド対フィリピンを見に行く。

❖**四月二七日（土）** 午前、役所で館員に送別の挨拶をすませ現地人見送りの裡に十一時退庁。これが比大使館事務所への最後の登庁。午前中、公邸で荷物造り。午後は日本人とゴルフ。夜は八時からハイ・アライのスカイ・ルームでマングラポス大臣代理夫妻の自分等夫妻のための送別会あり。外交団はほとんどが出席してくれて仲々賑やかであった。食後ダンス。十二時まで歓を尽した。

❖**四月二八日(日)** 午前ゴルフ。デルガドが自分を送別してくれたものでデルカド、ラウレル、スミス〔米代理〕の四人で楽しくやった。午後は昨日着任した針谷〔正之〕君も加はってテニス。夜は針谷君の歓迎晩食会を内輪で催した。

❖**四月二九日(月)** 八時半、外務省を往訪。マングラポス君に最後の辞行の挨拶を行い、引きつゞきエストラダの案内でマラカニアンにガルシア大統領を訪問、挨拶をした。ガルシアさんからフィリピン産のステッキの土産を頂くことになる相である。正午、公邸で天皇誕生日のリセプションを催す。比側から外相代理と二、三人上下両院の外交委員長、外交団はシェフのみという極めて小規模なパーティにした。これで最後のファンクションを終了。夜は邦人を招いてお赤飯で天皇陛下万歳を唱和。自分も簡単に離任の挨拶をしてマニラ最後の夜をすごす。

❖**四月三〇日(火)** 朝、最後の荷造り。使用人にも心づけをやり最後の挨拶を一同にして飛行場へ行く。飛行場にはエストラダが見送り。ワグノッチさん始め外交団一同も見送ってくれた。その他館員一同、在留民多数が賑やかに見送ってくれた。飛行機は約一時間遅れて一時半頃離陸。途中、平穏。日本へ着いたのは十時十五分すぎ。カメラマンが多数出て来た。フィリピン大使館から誰も出迎へに出て居なかったのは驚ろいた。

❖**五月一日(水)** 十一時頃ゆっくり登庁。大野君と挨拶を交し昼は大雲に出かけて会食。午後は岸総理に帰朝の挨拶。午後はゴタ〳〵と忙しく暮す。

❖**五月二日(木)** 事務打合せをしたり、来客と応接したり。昼は帝国ホテルでハーグローヴ〔タイムス〕の御馳走になる。午後は通産大臣に会ったり新聞記者に会ったり。

❖**五月三日(金)** 早朝、隆、明子、三人で自宅を出て七時半新橋駅から車で足利へ向う。足利着は十時に近く。それから田島光明寺に行く。長、大雲、長崎、朝海〔洋〕、北郷の組合の人々等が集まり法要。終って墓参。新聞記者が五、六名大分パチパチと寫眞を撮った。寺で食事。後、足利市役所に木村〔浅七〕市長を訪ね敬意を表し小生川で長家の墓にお詣り。

❖**五月四日(土)** 午前中役所で前任の谷大使と打合せ。正午は松阪屋の昭四会例会に顔を出したのち若干のショッピングをした。夕方は家で家族と共に食事。

❖**五月六日(月)** 午前十時宮中に参内。谷前駐米大使夫妻、

加瀬〔俊一〕前国連大使夫妻と待合せ夫々別々に先づ陛下に挨拶、拝謁仰せ付けられた。自分に対しては「フィリピンにては御苦労であった。新任地へ赴いたら大統領にもよろしく伝へよ。日米友好関係の増進に努める様、又、健康に気をつけて」と御言葉あり。予て侍従から自分からもお答へしてよいとのことであったので「昨年夏、西那須で認証式後、フィリピンに赴き僅か八カ月で帰国したゝめ懸案が残った。駐米大使は重任であるが全力を尽します」と御挨拶申し上げたが一寸胸がこみ上げた。三谷〔隆信〕侍従長が侍立。終って別室で隆と共に皇后陛下に御挨拶。終って自分一人で宮家を廻り秩父宮家へは隆と共に伺候して節子妃殿下にお目にかゝった。昼は日経社長と会食。午後は事務打合せやら日米協会用の原稿を作るやら。

❖**五月七日（火）**　午前十時〔ダグラス・〕マッカーサー〔Ⅱ世〕大使が訪ねて来てくれて三十分ばかり話し込んだ。十一時からニッポン放送「時の人」で自分が中心となり三人の新聞記者と会談。三十分ばかり喋りぬいた。正午からアメリカン・クラブで赴いて会食。食後自分から十分程オフ・ハンドで挨拶。午後は役所で一寸仕事をし昭和二十四年度研修生の送別会を受けた。夜は伊原君が来日中のジョージ・セールを「錦水」に招んで居るのに参加。松本、小泉といった顔ぶれで楽しかった。夜十一時放送を聞く。出来栄え悪からず。

❖**五月八日（水）**　午前中事務打合せ。正午は正田一家に昼飯に招ばれた。夕方は国際文化会館で英国に居た新聞記者諸君と一同の歓送会あり。夜は小笠原帰島問題で骨を折って居る福田篤泰君に「金竜」に招ばれた。

❖**五月九日（木）**　十時半宮城に参入。陛下に対し約四十分フィリピン事情と日比間の懸案につき御進講申し上げた。三谷、原田、宇佐美、瓜生の諸氏が傍聴して居た。極めて率直にお話し申上げた。陛下は終って約二十分位御熱心に御質問あり。色々の点をお聞きになったので張り合があった。終ってお菓子と煙草を頂戴して辞去。午後はネリが答訪に来た。四時から霞友会館で旧内閣情報局の人々が集って送別会をしてくれた。夜増子君の会に一寸顔を出し又「不動」で森下君の歓待を受けて帰宅したのは一時頃で全く疲れた。

❖**五月一〇日（金）**　朝、食事を共にしゝ、永野重雄、倉田〔主〕という人々から生産性の話を聞く。十一時クレーマー〔AP〕君のインタヴュー。案外長く三十分位かゝった。昼は「山の茶屋」で通産次官の食事。夕方は工業クラブで貿易会の会合。六時から井口氏のコクテイル。

❖**五月一一日（土）**　八時半から一時間半、マッカーサー君が岸外相を訪ねて会談したのに列席。今日は早目に帰宅。

❖**五月一二日（日）** 日曜だが曇り時々雨の天気。正午車で大磯へ行く。隆と共に吉田さんに招ばれたマッカーサー夫妻、ウェアリング夫妻も同席。新緑の大磯は仲々美しかった。荒れ模様で波の音が強く聞へた。

❖**五月一三日（月）** 朝、佐藤栄作氏を自邸に訪ねて懇談。お祝いをしてくれた。正午、日米協会が自分のためのリセプションを行ってくれた。帝国ホテルの大広間で小松〔隆〕会長夫妻と自分等夫婦が並んで日米のお客さんをレシーヴする。米国大使や〔ライマン・〕レムニッツー中将等米国の要人が顔を出したし日本側からは松野〔鶴平〕参院議長、谷、野村〔吉三郎〕、井口〔貞夫〕の前駐米大使、その他の名士が参会。夫人同伴で五、六百名の人数であったらうか。大盛会であった。食後、小松会長の挨拶の後、マ大使の挨拶、谷前大使の自分紹介、終って自分が約二十分許り概ねオフ・ハンドで講演をした。可なり気持よく喋れた心算である。この演説は英字新聞には少しセンセーショナルに取り扱はれすぎ（殊にアサヒ・イーヴニング・ニュース等）多少の反響もあった。二時半頃散会。夕方は生糸関係者が帝国ホテルでコクテイル。外交協会が日本クラブで一時間の茶会あり。小憩閑を利して本郷の小野幸太郎君宅に赴き故小野君の四十九日だ相でお線香をあげて来た。小雨の降るわびしい日であった。奥さんにも挨拶した。夜は米大使が高松宮〔宣仁〕及同妃のためのディナーを催したのに隆と共に参会。フィリピン大使や石井光次郎、小泉信三といった人々も来て居た。今夜は遅くなったので霞友会館に泊る。

❖**五月一五日（水）** 午前、岸マッカーサー会談に立ち会う〔6〕。昼は高碕さんが財界有力者を招んでくれて自分を主賓としすっぽん料理「大市」を御馳走になる。午後、永野護氏と会見。三時から四時までリーチさんに頼まれたので上智大学に赴き講堂で数百の学生に「外から見た日本」という題で一時間喋る。気持ちよく喋れた。熱心な学生であった。神父様連も感謝していた。夜は大野君が若干の局課長をお相伴にして自分のための送別をしてくれる。夜車で家へ帰ったが疲れた。体重も大分減ったらしい。

6――岸首相は政権発足直後から米国側に訪米の意向を伝えており、招聘状を受けて六月訪米の日程を決定した。その予備会談として岸首相とマッカーサー駐日大使との間で四月一〇日から六月六日まで九回にわたる協議が行われた。朝海が参加した五月一五日は第八回の予備会談であり、四月一〇日の第一回以降、日本側からポジション・ペーパーによる説明が続いたことに対して、米側から回答がなされ。沖縄、安保条約など多岐に渡る問題が議論された。

❖**五月一六日(木)** 午前中、お客さんに会ひ、ニュー・ヨーク・タイムスのトランプル特派員に会い、昼は塚田公太さんが送別会を催して下さる〔於山口〕。午後欧米局の人々と事務打合せ。経団聯が自分のために東京会館でコクテイルを催し財界の有力者が多数顔を出してくれた。矢張り駐米大使となると格が違う様である。夜は丸ノ内ホテルで栃木県出身の有力者〔湯沢、藤沼、小森、林、新井といった人々〕が集り何れもお爺さん連だが自分を中心にして行を盛んにしてくれた。嬉しかった。〔秋山孝之輔、新居善太郎、小森七郎、清水董三、林久二郎、藤沼庄平、森下国雄、湯沢三千男、小林太郎といった人々〕。夜は外相官邸に岸さんを訪ね一時間許り対米方針をきいた。

❖**五月一八日(土)** 正午は沈〔覲鼎〕大使の昼飯に夫婦で招ばれた湯川新任フィリピン大使や米大使館員が相伴であった。午後暇になったので慶法戦を悠々と観戦。今日は午前中「時ノ人」の録音をした。

❖**五月二〇日(月)** 役所へ出て最後の庶務を果し次官や局長にも挨拶。昼は隆と共にし「御木本」で御餞別品を他の必要なものに取り替へて貰ったり、夜は自宅で一同と食事を共にする。

❖**五月二一日(火)** 七時四十五分の「朝の訪問」の時間に自分の録音が聞え出す。午前中は家の片附けをしたり、森下君に夏季中家の半分を借す件で手紙を書いたり、和夫と一時間ばかりテニスをして余裕のあるところ示したり。ゆっくり昼食。午後は三時から大角力のテレヴィを楽しむ程になる。午後五時早くも二台の車が来て出かけねばならぬ時間となる。お祖母様も同乗して一同五時半自宅を出る。七時近く空港に着。手續をすませ貴賓室で見送人の挨拶を受ける。芦田、谷、日高〔信六郎〕さん等の見送りはアプレシエートした。大分、お偉方の顔が見へたが同じ時刻に別方向に神田〔博〕厚相夫妻が出發したのでその見送りに来た人も居たらしい。テレヴィジョンの台座に坐ったり、インターヴューをしたり仲々忙し。予定の通り八時盛大な見送り裡に隆と明子、和夫四人。随行は島内〔敏郎〕、岩井君で出發。平穏な飛行。五時間程飛んだらばアッツ島の近くのShemyaという航空母艦の様な島に給油のため着陸。長さ四哩程の小島で戦時中は数萬の米軍が駐屯した相であるが目下はノース・ウエスト社に米政府が十年でリースして居るとのこと。此処で一時間休憩。夜はすっかり明け放れた。日本の初冬の寒さである。再び機上の人となり、時間は全く狂い食事も多すぎてウンザリの気味あり。シアトルに着いたのは日附変更線を通ったので廿一日の午後七時。シアトルは雨であった。実飛行時間は十五時間。早いものである。空港には市長代理、総領事代理、有力邦人等が出迎へてくれた。空港でテレヴィに映りインターヴューをする。市長代理同乗の車でシアトル市内のオリムピックというホテルに投宿。ホテルで新聞記者会見の後、総領事の吉川〔重蔵〕君の案内で開催中のトレード・フェアを見に行く。色々な人に挨拶をし、何回か寫眞のためのポーズをとる。ホテルに帰り簡単に食事の後、疲れきってベッドに横はる。子供達もグッスリ寝たらしい。

❖**五月二二日（水）** 吉川総領事夫妻に見送られて八時半離陸。ユーナイテッド機で快適。二時間余平穏に南下。サンフランシスコの空港には西山〔昭〕総領事夫妻が出迎へてくれた（サンフランシスコ時間十二時すぎ）空港で例により寫眞班が寫眞をとりシアトルと違い簡単なインタビューがあった。昼食はマーク・ホプキンスで西山夫人心づくしの日本食。終って自分は少し疲れたので昼寝。家族は市中の見物に出かけた。夕方は総領事の公邸で日本人有力者と米人若干を招んでリセプションが自分等のために開かれた。その後引きつゞき館員と会食。ブリッヂをやったり、公邸の応接から明るく電燈のついたゴールデン・ゲートの橋を眺めたりで時間を消し、十一時サンフランシスコ空港を総領事夫妻に見送られて出發。

❖**五月二三日（木）** 飛行は極めて平穏であったが機内は割合は寒かった。シカゴに着いたのはローカル・タイムで八時頃であったか。此処で一人の新聞記者に録音をとられた。目下問題になって居る相馬ヶ原事件の〔ウィリアム・〕ジラードという兵士はイリノイ出身だ相で彼の事件に関し大分質問あり〔7〕。一時間後、再び旅行をつゞけワシントンに着いたのは十二時前であった。空港には例によって新聞記者の外、国務省から儀典局長〔ワイリー・〕ビュカナン、東北〔北東アジア〕局長〔ハワード・〕パーソンス、日本課長〔ジェームス・〕マーティン等出迎へ、下田〔武三〕代理大使の外館員の首脳部が夫人と共に出迎へてくれた。下田夫人から隆に花環の寄贈あり。空港で声明書を読み上げてから大使の車で大使館へ。大使館には使用人が出迎へ、各室には花が飾られ、部屋は綺麗に整理されて新しい主を迎へるに相応しかった。明子も和夫も夫々の部屋に落付く。四人でバトラーのカルロスにサーヴされ乍らしかつめらしいが、水入らずの昼食。小憩の後、階下の応接間で館員四十五、六名の大世帯に挨拶。一々紹介される。午後四時から日本人新聞記者会見を行い、引きつゞき、公邸内の使用人全部を引見する。夕方はサマータイムとて八時頃まで薄明るかった。

7――群馬県相馬が原演習場で薬きょう拾いをしていた主婦が米兵に射殺された事件。

ワシントンは仲々の暑さで東京の六月半ばすぎの陽気と思はれた。夜は荷物の整理。流石に少し疲れた。

◆**五月二四日（金）** 緑の新緑に囲まれた大使館。窓からダグウッドの花か白い花が夢の様に見える。明子の所謂「春の夢としか思へぬ」景色である。午前中、階下の事務室で下田、小田部〔謙一〕両氏から話を聞く。

◆**五月二五日（土）** 午前中執務。岸総理来米関係の打合せ。午後二時からテレヴィで野球見物。N.Y.ヤンキースとワシントン・セネタースがニューヨークでやって居た。夜はゆっくり家族と團らん。今のうちは信任状呈出の前なので割合ノンビリ。

◆**五月二七日（月）** 午後日米協会（ワシントン）の〔ジョン・〕セイヤーさんと旧総司令部リーガル・セクションの〔アルヴァ・〕カーペンターが訪ねて来て歓談。夜は館員一同を夫妻で公邸に招んでブッフェの会合を催し、着任の挨拶をした。

◆**五月二八日（火）** 午前執務。午後四時国務省に赴き儀典長に挨拶し、その案内で〔ジョン・F・〕ダレス長官に挨拶する。長官室の前の外交団のリセプション・ルームにはお爺ちゃんの相手をした〔ヘンリー・〕スティムソン国務長官の大きな額がかけてあった[8]。ダレスさんには御進講の際陛下が「よろしく」と言はれたので右を伝達。ダレスさんは謝意を表して居た。十分位ビジネスなしという約束で挨拶のみ。この爺さんでは仲々日本のことで会うことは難しからうし、日米の国力と自分との年令差から見て一寸歯が立たぬと言った感じ。夜は約束がないので家族と食事。

◆**五月二九日（水）** 午前、運動具店で若干の買物を行う。午後三時から四十五分まで国務省で高官に挨拶。〔ロバート・〕マーフィ次官補（日本に大使として居たし自分は吉田首相来米の際、会って居た）。〔トシュテン・〕カリヂァルヴィ経済担当次官補代理、大学の先生だった相だ。〔ダグラス・〕ディロン経済担当次官補、ディリードの第二番目で駐佛大使をして居た相だが若い温厚な紳士。最後に極東担当の〔ウォルター・〕ロバートソン次官補代理、好いお爺ちゃんだ。この人とは一番長く話し込んだ。この人が自分のこれからの相手になる人である。反共の斗士。この人の部屋に〔ハワード・〕ジョーンズ（昨年インドで知り合った）やパーソンスといった日本関係の人々が集まってくれた。夕方、和夫と久しぶりにテニス。周囲は金網で囲ってあるし、仲々と気持よいコートである。但館員の間にはテニス熱は余りないらしい。

◆**五月三〇日（木）** メモリアル・デーで休み。四時、隆と共に近くに住んで居るカッスル夫妻を訪ねる。カッスル夫妻は自分着任の際花を贈ってくれた。一九二九年自分が外務省へ入った当時、駐日大使をして居たのだから古いものである。吉田首相の「よろしく」を伝へた。歓談三十分余で辞去。

❖**五月三一日（金）** 昼はコスモス・クラブで在華府日本クラブのトラスティ・ボードの人々が自分を歓迎して食事の会。セーヤーさん、カッスルさんの外、昔東京のガヴァメント・セクションに居たHauge、UP記者のポーツ、マイク・マサオカといった十二、三名の顔ぶれが出席してくれた。午後三時国務省に次官の〔クリスチャン・〕ハーター氏を訪ねて挨拶旁々中共貿易問題についても言及した。午後、和夫とテニス。夜はテレヴィジョンで野球を楽しむ。

❖**六月一日（土）** 昼、ニューヨークから来た柏木〔雄介〕君、知らぬ仲でもないので隆と共に食事に招待。夜はゆっくり。

❖**六月三日（月）** 昼、前ビルマ大使をして居た由のキーという人の紹介でメトリポリタン・クラブでChaseとTrainという人と会食。この人々が自分をクラブ員にプロポーズし且セコンドしてくれる由である。感じのよい人々で殊にトレイン君はプリンストンで〔出淵〕勝君と一緒だった相で自分の義兄だと言ったら驚ろいていた。夜は同和鉱業の小田切君を泊める。

❖**六月四日（火）** 九時四十五分儀典局長のビュカナン君来訪。同氏同乗で米政府差し廻しの車でホワイト・ハウスに赴く。ホワイト・ハウスには大変な記者団で日本の大使が信任状を呈出するにしては少し大袈裟だと思っていたところ、この一時間前にジラードの裁判管轄の問題で国務長官と国防長官の共同声明が出たばかりと判明。不意を打たれて一寸驚ろいたが乞はれるまゝに記者団と会見。テレヴィジョンにも引っぱり出される始末。十時半大統領の部屋に招じ入れられた。大きな机を前にした〔ドワイト・〕アイゼンハワー大統領は自分の姿を見るや笑顔で迎ひ入れ腰を上げた。立ったまゝで自分から前任者の解任状と自分の信任状を手交。次で口上書も讀み上げることなくそのまゝ手渡し。大統領の方からも「これはルーティンだ」と言い乍ら返事をタイプしたものを渡してくれる。万事手軽で簡単である。次で腰を卸した大統領の方からジラード事件に言及。眞相が判ったので米国は裁判権を日本のためにヴェーヴしたことを述べる。態度は極めて友好的であり、終始温顔で好感がもてた。信任状の奉呈では儀式的の事項に会談が限られるわけであった。意外にも面白い話になって来た

8——朝海の岳父出淵勝次は満州事変当時の駐米大使であり、当時の国務長官がヘンリー・スティムソンであった。

のでジラード事件に次で対中共禁輸問題についても自分から發言。大統領も可なり長く意見を述べた。会見は二十分近くつゞいたであらうか。此処を辞して再び暫らく新聞記者にとり囲まれて帰館。興趣のさめぬうちに大急ぎで本省宛ての電報を認める。合計三本程打ったし、ヂラード事件と禁輸問題を取り扱った電報は十二、三頁に及んだ。この電報は本省としてもアプレシエートしてくれたと思う。昼はMilanea Hugheo婆さんを公邸に招んで食事。夕方はドワイアンのノルウエ〔ー〕の大使を訪問して後、テニスをして一汗かき晩食には異例にもビールを一ビン明けてよい気持ちとなり野球のナイターを観戦。

❖**六月五日（水）**　農務長官〔エズラ・〕ベンソン、財務長官〔ジョージ・〕ハンフレー（近く勇退を予定されている）等の人々を訪問。議会で下院外交委員長〔トマス・〕ゴルドン氏を訪ねる。同氏はイリノイ出身で目下問題になっているジラード事件で懇談。これで一本電報が出た。午後は大審院長の〔アール・〕ウォーレン氏を大審院に訪問。奥まった如何にも司法部の最高部といった感じの部屋に居た愛想のよい白髪の好紳士。カリフォルニアに居たので日本人も知って居るので話題は相当にはづんだ。お茶時とあってわざ〱お茶も御馳走してくれた。政治家だけあって流石。今日は雨。一寸疲れた。

❖**六月六日（木）**　朝から〔チャールズ・〕ウヰークス商務長官（繊維問題やら中共貿易問題やらを話したので一本電報が出た）。董〔顕光〕支那大使、カナダ大使等を訪問しまくる。此処の外交団は人数が多いので必ずしも全部コールしなくてよいらしい。昼は曽て東京に居た〔ジュリウス・〕バッシン夫妻が目下パキスタンから帰って来てゐるので食事に招待。午後は国防省の〔マンスフィールド・〕スプレーグ次官補、ＩＣＡの〔ジョン・〕ホリスター、外交団二、三名を廻る。

❖**六月七日（金）**　外交団と要人の歴訪で一日をすごす。夜はテレヴィで野球。

❖**六月八日（土）**　午前十一時から国務省にロバートソン次官補を訪ねて岸総理来米に関聯し約一時間二十分話し込んで当面の問題を論じた。仲々難かしい。その足でゴルフ。アイゼンハワーと岸さんのゴルフのお伴を仰せつかったので少しは稽古をせねばならぬというわけ。ベテスダという所で下田君等を相手にして一廻りしたが借り物のクラブではあったが案外楽しかった。夕方帰宅後、ロバートソンの会見を電報するので二十何頁かの電報を起草。然し少し楽しい気持ちになる。

❖**六月九日（日）**　午前、テニス。午後は吉田前総理への手紙やら書類を整理で忙し。兎も角日曜ではあるが忙しい一日であった。

❖**六月一〇日（月）** 議会でノーランド・ジョンソン、〔サム・〕レイバーン、〔ジョセフ・〕マーティンといった與野党の領袖に会い挨拶した。午後も若干の挨拶廻り。夜の宴会がまだ決まらないので助かる。

❖**六月一一日（火）** 和夫は午前一人でヂョーヂ・タウンのプレプへ試験を受けに行く。自分はタイ、独乙、フィリピン等の大使に挨拶をし、昼飯後二時にユニオン停車場を発、波多野君を帯同してニュー・ヨークに赴く。途中、景色を見ることが目的であったが疲れて半分位は眠ってしまう。四時間余の後、ニュー・ヨークの駅に着く。田中〔三男〕総領事夫妻が出迎へてくれた。ワルドルフ・アストリアに投宿。日本から来て居る松本〔俊一〕、沢田〔廉三〕、植村〔甲午郎〕、園田〔直〕等の人々にも顔を合せ、夜は総領事主催のユニヴァーシティ・クラブに於ける晩さん会に臨む〔日本人のみの内輪〕。満月のニューヨークの夜景をホテルの窓から眺めてこの大都会を色々に考へる。

❖**六月一二日（水）** 美味しいホテルの朝飯をすませ散歩。午前十時半総領事館で米国実業家のHerodという人に勲三等を授与する式を自分から取り行う。十一時田中君と共に市長の〔ロバート・〕ワグナー氏に敬意を表する。四十六、七才の働き盛り。イタリヤ式の顔つき、体格好をして居た。昼は〔ジョン・〕ロックフェラー〔Ⅲ世〕さんが主催で自分のためにジャパン・ソサエティ幹部約五、六十名が集ってユニヴァーシティ・クラブで昼食。ロックフェラーさんの挨拶後、自分から十七、八分答辞を述べた。午後は「寺田」に赴き若干のショッピングを行い、少し手間取ってハラ〱し乍ら、ラガルディヤの飛行場に駆けつけ飛行機でワシントンに帰る。スカイ・スクレーパーの紐育よりは樹木の多いワシントンの方が住心地はよい。

❖**六月一三日（木）** 例によって挨拶廻り。それに伴い若干の電報も出る。岸総理来米関係の書類にも目を通す。夜は英国クヰーンの誕生日とあって英大使の園遊会あり。広い英大使館の芝生で盛大な会であったが暑い日で〔華氏〕九十度以上。

❖**六月一四日（金）** 昼、帰国中のマッカーサー大使と二人で昼食を共にしつゝ懇談。夕方は儀典局長のブュカナン君が外交団をコクテイルに招んだのに出席。フィリピン大使〔カルロス・〕ロムロの夫人の我々夫婦に対する不遜な態度には驚ろき且は呆れた。もうこの人は我々と交際すべき女ではない。夜、星野直樹氏一行を公邸に招んで会食。

❖**六月一五日（土）** 午前中、自分をチェビー・チューズのクラブに入会するについてセコンドしてくれた銀行家のサッカラーという人とゴルフ。夜は松本〔俊一〕（俊）、園田〔直〕氏等を公邸に招んで会食。

❖**六月一六日（日）**　正午發のユーナイテッド機でサンフランシスコに向う。岸総理出迎へのためである。この飛行機はノン・ストップである。機上で溜って居た書類をよんだり、眠ったり、時差は三時間あるので午後六時にサンフランシスコに着いたが実際は九時間の飛行である。ネヴァダ上空の沙漠など広漠たるものである。今晩はフェア・モントに投宿。西山君に支那飯を御馳走になる。

❖**六月一七日（月）**　二、三日前のワシントンは〔華氏〕九十七度とかいう暑さで七十年振りのレコードとか伝えられ湿度が高いので正にマニラ以上と感ぜられたが当地の気候は快適。天は高く青く澄み切って秋を思はせるものがある。総理一行の飛行機は遅れて二時頃空港に着。空港には我々日本人の外にサンフランシスコ市長の〔ジョージ・〕クリストファ氏始め儀典局長のビュカナン君等が出迎へ大変な人出であった。例によってステートメントを發表したりテレヴィジョンに出たりの後、モーターケードを作ってフェアモントに赴き小憩の後、夕方はアジア・ファンデーション。World Affairs Council of Northern California, Japan Society 共同主催のリセプションあり。終って西山総領事邸でブュフェ。

❖**六月一八日（火）**　一日総理と打合せ。夜九時の大統領特別機で出發。

❖**六月一九日（水）**　大統領及大統領夫人が専用するberthが岸総理と自分に與へられ総理にはこんなことは二度とありますまいと冗談を言ったら笑って居た。一行も夫々寝台を頂く。飛行機は定刻十分前にワシントン軍用空港に着。少しく時間をウス〔エ〕ストして定時の十時に梯子が横付けされた。〔リチャード・〕ニクソン副大統領、ダレス国務長官、〔アーサー・〕ラドフォード統合幕僚長その他の米側顕官が出迎へ。空港で総理の華麗な閲兵式あり。「君ヶ代」が吹奏され十九發の礼砲が發射された。その後一行は大統領のゲスト・ハウスたるBlair Houseに赴く。十一時には次官補のロバートソン氏が表敬に来訪。駐日大使マッカーサー氏も同伴。

　十一時半、ホワイト・ハウスにアイゼンハワー大統領を訪問〔9〕。自分と松本（滝）が同席した。先方はダレス、ロバートソン、マッカーサーが同席して約一時間総理より日本の立場につき説明し大統領は終始熱心に聞いて居た。終って大統領から若干のコメントあり。直ちに食事に移り、隣接の建物に案内され、大統領自ら各室を見せてくれた。小食堂で大統領、ダレス、ロバートソン、マッカーサー、日本側は総理の外、自分と松本（滝）氏が出席し和気藹々裡に会談。

　終って一同、大急ぎで仕度を整へ大統領の自動車を

Burnning Treeのゴルフ・コースに飛ばす。約三十分かゝる。大統領と総理が後部の席に坐り自分と松本氏が補助席に坐った。大統領は上機嫌で終始我々と雑談をして居たが三十分間（即往復約一時間、大統領と話し合った日本人のグループは我々が始めてゞあらう）。コースには寫眞班、新聞記者が黒山の如く待ち構へて居た。自分は帽子がないと言ったところ大統領が自分の帽子を貸してくれた。気軽なものである。大統領から岸さんにゴルフ・クラブを一セット寄贈あり。第一番のティで大分寫眞をとられてから我々は二組に分れて出發。大統領は岸、松本、上院議員の〔プレスコット・〕ブッシュ。自分達の組はMahon、Halleckの両下院議員と国務省のマーフィー次官補であった。自分は懸念した程でもなしマーフィと余り劣らず九十五で廻れて素晴らしいコースである。第一の組は大統領・松本対総理・ブッシュの対戦で結局タイに終った相であり、自分の組もタイ。尤も誰も外部の人はこのことを信用しない。大統領は八十台で廻ったし岸さんは百前後で余りよくなかったらしい。大急ぎで此処から大使館へ帰る。これも大統領の自動車に四人詰込みで乗る。大使館の玄関口に自動車を横付けにしたが、大統領の車が日本大使館の玄関に停ったのは歴史以来始めてのことであらう。七時から自分主催のリセプション。終って日本人のみのブュフェ。自分は電報を整理したりで就寝は二時頃になった。

❖**六月二〇日（木）**　国務省会議室で国務長官司会の下に会議あり[10]。双方大人数とて一応の会議となり余り深くは立入らず。正午は上院と下院で昼飯をはさんで岸さんの約二十分の挨拶あり。演説態度もよく、内容も相当のもの。島内君の通訳も上出来で殊にマイクロフォンのついて居た下院での出来栄えは見事で演説後の破れる様な拍手もお世辞とばかりは認められなかった。昼飯はニクソン主催の筈であったが急に議事の関係で出られなくなり、〔レベレット・〕ソルトンストール上院議員が主催し上下両院議員と国務省の高官が出席。午後から引きつゞき国務省で会議。ハンフレー財務長官、ウィークス商務長官、等大物も顔を出した

9——六月一九日、岸首相とアイゼンハワー大統領の第一回会談が行われた。この会談で岸は現行の安保条約と領土問題に触れ、沖縄住民が日本人であり土地問題は放置できないと述べている。

10——六月二〇日、岸首相とダレス国務長官の四回にわたる会談が行われた。一連の会談で、防衛問題、領土問題、安保条約問題などが議論された。

が此等の人々には恐らく退屈な会議であったらう。終ってダレス長官が総理を主賓として夫人と共に日本側をパン・アメリカン・ユニオンでエンターテインした。空軍のバイオリン奏楽がよかったし、ダレスさんの挨拶も仲々立派な文章であった。ワレン最高裁判事も顔を出して居た。

❖**六月二一日(金)**　昨夜も跡始末で夜遅くなった。朝九時から国務長官室で会議。先方もロバートソン、マッカーサー外少人数。当方は総理の外は自分と石田〔博英〕官房長官、千葉〔皓〕、田中〔弘人〕。昨夜、事務当局が徹夜で作業したコミュニケの原案について逐条に総理とダレスとの間で話し始めたがダレスさんは細部に至るまでほとんど事務当局を顧みることもなく紙片も貰はず一人でやって除け、時々部厚い条約書をリファしつゝ文句まで修正〔11〕。ドラフティングが新に必要な場合は案を出してくるし、一人舞台だし、又そういう仕事を全くエンジョイして居る様に見受けられた。彼は發言する時は手許の紙片に鉛筆でドードルし乍ら心ここに非ずという様子ではあるが、適切且要領のよい發言をする。苦虫をかみつぶした様な顔はして居るが時にユーモアも忘れない。相当な人物である。話は仲々纏まらず国務長官は部屋の片隅にある直通電話で大統領と総理との会見時間の十一時を三十分ばかり延ばした。十一時半交渉が最後の点に至らぬうちに一同、ホワイト・ハウスに大統領を訪問。ダレス氏から話合経過を大統領に説明。大統領の友好的な挨拶があった後、部屋から外へ出て岸さんと二人で記念撮影。急のこととて寫眞班が間に合はず、大統領の方から「寫眞班はどこだ」と探す始末。同席の誰かゞ大統領が寫眞班を求めるのは異例のことだらうと笑っていた。此処から大急ぎでプレス・クラブに赴き立錐の余地のない様な満員の食堂で講演。午後、ヂョージタウン大学の学位を受ける。総長が学位授與の挨拶のうちでヂョーヂタウンと日本との古い関係を説き起し名誉学位を出淵勝次氏に贈ったことにも言及したのは一寸感が深かった。岸総理もあとで「出渕さんは此処で学位を貰ったのか」と言って居た。ヂョーヂタウンから再び国務省に帰り、コンミュニケも此処で無事妥結を終り国務長官と総理の間に握手の交換あり。午後四時キャッスルさん邸でお茶の会あり。夜は「メイフェア」で総理がダレス夫妻を主賓としての送別の宴あり。〔ジョン・〕スパイクマン、〔ジェームズ・〕フルブライト、〔セオドア・〕グリーン、〔アレクサンダー・〕ワイリーといった錚々たる上院の議員が顔を連ねてくれた。日本人を交へて合計百二十名余。盛会であった。自分も重荷を卸してホンとにホッとした。

❖**六月二二日(土)**　グリーン上院議員がアンダーソン・ハウスで総理のために朝食会をやってくれた。自分も出席。今度の総理来米で自分は随分忙しい思ひをしたが短期間のうちに恐らく半年もかゝるであらう程の人々と交遊を開拓し得たことは好都合であった。総理に随行してマウント・ヴァーノンに行くことは失礼してこの時間にニューヨーク等へ出張の準備をした。一時華府日本協会の昼さん会あり。セーヤーさんが司会。仲々盛会であった。自分も三分程総理に先だち喋らされたが仲々にユーモラスにやった心算である。午後三時特別機で發。空港には儀仗兵が整列し、ダレス長官とラドフォード大将が見送りに出てくれた。飛行機は双發機とて可なりゆれた。ニューヨークの空港から総理、自分夫妻、植村氏のみで自動車をTarry townのロックフェラーさんの別荘に走らせる。ロックフェラー夫妻の出迎へを受け、夜はU.S.スティールのBlover社長、First Nationalのシェパード頭取、チェーズの〔ジョン・〕マックロイ頭取といった連中が夫人同伴で来集。総理を囲んで会食。流石ロックフェラーさんで、よい顔ぶれであった。タリータウンは涼しい。庭から眺めた夕日の沈まうとするハドソン河は仲々美しかった。

❖**六月二三日(日)** 静かな村である。物音一つ聞へない。七時半に起床。ゴルフの仕度をし、ロックフェラーさんが自ら「リンカーン」を運転して五、六哩離れたロックフェラーII世邸内のゴルフ・コースに案内してくれる。素晴らしい邸宅に(岸さんがこの位程度が違へば羨しくないと笑う)専用のゴルフ・コースがあり、Pocantico Hillsと呼ばれて居る。五、六七三碼《ヤード》で長くはないがアップアンドダウンあり変化に富んだ美しいコースである。ゴルフコースを専用することは一生あるまいと笑う。自分は総理とくみ、ロックフェラーさんが植村氏と組んで楽しく遊ぶ。昼までに帰宅。食事をすませてニューヨークへ帰り、一時半にヤンキース・スタディアムに着く。今日は昨日一勝して首位に立ったヤンキースがシカゴ・ホワイト・ソックスとゲーム。本ゲームで激突するとあって座席は一杯。七万余の観衆だ相だ。休憩室でコミッショナー等が挨拶。ミセス・ステンゲルも出て来た。二時、総理が坐席からボールを投げて始球式。捕手のヨギ・ベラが受取る。寫眞班が出て来て総理とヤンキースの監督、ケーシー・ステンゲルの握手を撮る。拡声機で総理の来訪がアナウンスされる。大変な人気であった。ヤンキースはShantz、ソックスはPierceを立てゝ対戦。ヤンキースの打撃大に振い〔ハンク・〕バウワーの本塁打を含む十五、六本の安打で九対二で大勝。総理も

11——六月二一日、岸首相とダレス国務長官との第五回会談で日米共同声明ドラフトをめぐる最終合意が図られた。

乗り出しての観戦であった。野球後、Sagamore Hill (Oyster Bay, Long Island) にあるTheodore Roosevelt Associationが催す総理の植樹式に臨む。こゝに建てられた家には〔セオドア・〕ルーズベルトが住んで居た相で明治、大正年代、ルーズベルトの功績を偲んで日本人も多数訪ねて来たらしい。ストローズ会長の挨拶、総理の答辞あり。ルーズベルトのお孫さんからポーツマスに今尚残って居る調印式の行はれた建物について居る記念のプラックの模型が贈呈された。大分こゝの歓迎が熱心だったので予定より遅れてニュー・ヨークの宿であるワルドルフ・アストリアに着いたのは八時頃であったらうか。小憩後、西〔春彦〕(英)、古垣〔鉄郎〕(佛)、安東〔義良〕(伯)、松平〔康東〕(国連)、太田〔一郎〕(イタリア)、久保田〔貫一郎〕(墨)等の各大使と食事を共にしつゝ懇談。

❖**六月二四日(月)** 午前九時頃〔トマス・〕デューイが訪ねて来たので立合う。十一時半から階下のペロケ・スキートで外国新聞記者会見あり。十二時に市庁から儀典長のパタソン氏が訪ねて来てオープン・カーに総理と自分を乗せて市中をドライヴして市役所に赴く。天気はよいし、仲々気持ちのよいものである。スカイ・ラインを眺めてつく〴〵ニューヨークの巨大さを思はせられる。市長のワグナーが定刻に市庁の階段下まで総理を出迎へる。挨拶をすませて市長は総理に同乗、ホテルに帰り、十二時半からホテルで市庁主催の昼さん会あり。仲々盛会であった。午後はHarold Pratt HouseでThe Council of Foreign Relationsの簡単なリセプションの後、総理の講話あり。夜はロックフェラーさん主会の下にホテルのグランド・ボール・ルームで会食。ボール・ルームが満員になる程のお客さんで盛会を極めた。日本側は一行の外、ニューヨークに呼びつけられた大使連その他大勢。米人側の主たる人々はH. C. Sheperd (National City), Thomas Dewey, Eugene Holman (Standard Oil), George Meany (President, A.F.L), George Champion (Chase M'hattan) 等であった。ホルマン氏の若干の話の後、自分から五、六分軽く挨拶し、最後に岸さんが二十分程喋り、十時半和気藹々裡に散会。

❖**六月二五日(火)** 朝、若干の訪問客を引見したのに立合い、昼は国連本部に〔ダグ・〕ハンマーショルド事務総長を訪ねたがこれは松平〔康東〕君のシヨオで自分は随いて行くだけ。昼飯は安保理事国の代表が集まって事務総長が主人役となり接待。午後は有力新聞雑誌の首脳者との会談あり。夕方は松平君田中君両君合同のリセプションのあった後、Far East–American Council of Commerce and Industryとニューヨーク日本商工会議所合同の晩さん会あり。Foye氏が司会し、出席者が場に溢れる程の盛会であったし、首相の演説も上出来で有終の美を示した。

❖六月二六日（水） 八時ホテルを出發。ラガルディア空港に至る。空港で型の通りの挨拶を交換し九時少し遅れて（滑空路が混んで仲々飛べなかったとのこと）軍用特別機で出發。途中至って気楽に、二時間位横になってノビ〳〵と旅行しつゝ予定の通り午後五時着。着陸一時間前から時速千二百哩という米陸軍自慢の戦斗機が直ぐ我々の飛行機の窓をかすめて通りすぎた。直ぐ追い越してしまうので又戻って再び追い越す。これを二、三度くり返して歓迎の意を表していた。空港は［ノリス・］ポールソン市長、中村［茂］総領事の外、日系人多数が出迎へた。一行はアレキサンダー・ホテルに投宿。夜はBiltmore Hotelで市庁とWorld Affairs合同の歓迎会あり。客は千名に近かった相で大食堂に人が溢れた。食後、司会者のバーナード氏の外、市長、縣知事（代理キリオン）、ファイアストーンといた有力者の外、自分も一席喋らされた。この席には一九四五年日光で賠償問題で話し合った［エドウィン・］ポーレーが夫人と共に出席して居り、自分の挨拶でも同氏に言及して久闊を叙したが感無量であった。その時の名もないリエゾン・オフィサーがビク〳〵物をポーレーに聞き、そしてそれが久しく日本政府により尊い情報となって居たものだが、それが十二、三年経って大使としてポーレーと話しが出来ようとは思いも寄らなかった。十年一昔である。“much water I am under the bridge”と自分の挨拶中に述べて置いた。岸さんの演説も先づ〳〵の出来。ロスアンゼレスは人の富んだ町の美しい所ではあるが野暮ったい田舎の感は免れぬ。日本に対しこれだけの関心を示してくれたことには驚ろいた。演説後総理と我々夫婦、護衛を伴れてロスの夜景を見るため一時間ドライヴ。今日は三時間時差の関係で余計に働らいた形となりクタ〳〵に疲れた。尚、自分の今日の演説は“don't walk. ニューヨークの演説の際は（イ）large small, …（ロ）外交官のテル・ライ・アブロードであったので、重複しない様記して置く。

❖六月二七日（木） 午前中、ゆっくり。十一時に総理の記者会見あり。正午、スタットラー・ホテルで日本人商業会議所、ジャパン・ソサエティ共催の歓迎会あり。今日は昨日に増し千二百名という会食者が大食堂を埋めた。ジャパン・ソサエティのイーストマン氏が司会。自分も一席喋る。（ジオークは日英語のイエスorノーが違ふこと）。右終了後、大急ぎで車を連ねて飛行場へ。パン・アメリカン機が日章旗と星条旗とを連ねて既に待って居る。寫眞をとったり、別れの挨拶を交したり。やがて一行は機上の人となり三時半離陸。自分等はほっとして一応、ホテルへ引き揚げ。小憩の後、車でロスの町を見物。ベバリー・ヒルにある映画俳優の美しい邸宅等を見せて貰って、ホテルに帰る。ロスの町並みは京都の様に縦横に規則正しく区切れて居り芭蕉の並木が印象的である。夜は総領事館夫妻が自分等のために日本料理の御馳走あり。館員夫妻同席。

❖**六月二八日（金）** ゆっくり寝込む。十一時頃総領事館に顔を出し、十一時半にはビュカナン夫妻と共にフォックス社に赴き、監督や俳優と共に昼食。司会は監督のBuddy Adler, その他、John Wayne, Miss Mansfeld, Don Murray, Bob Stack, Miss Suzy Parker, Richard Powell, Eugene Francis, Miss Eva Marie Saintという顔触れ。〔ジョン・〕ウエインは此の秋、日本へ「タウンゼント・ハリス」を撮りに行くのだ相で話がはずんだ。食後一寸挨拶をさせられた。

午後は総領事夫人の案内でデイズニー・ランドへ行き童心に立ちかえる。仲々金をかけた大規模な遊園地である。夜は館員で約束のない人々を招んで支那料理で食事。十時半軍用特別機で儀典局長始め国務省の係官と共にワシントンへ。

❖**六月二九日（土）** 時差があったにも不拘、追風の関係か午前九時半にはワシントン軍用飛行場に着。久しぶりに帰邸。子供に会う。服装を解く暇もなく一時半からバーニング・トリーのコースでシャーマン・アダムス氏等とゴルフ。余り当らなかったが楽しかった。

❖**六月三〇日（日）** 午前中、テレスで新聞を讀んだり今日の夕方のテレヴィのための準備をしたり。午後一寸テニス。久しぶりのテニスとて一寸息がきれた。夕方は六時半からシエラトン・パーク・ホテルのWRCでテレヴィジョンに出る。これはワシントン・ポストのテレヴィの番組には★印になって居る注目の番組。ブルックスと人が調整者紹介者となり、Spivak, Thevis, Child, Mrs.Craigといった顔ぶれの新聞記者が質問。ジラード事件、中共貿易、岸訪米、沖縄問題などを応酬して居るうちにまたゝく間に時間がすぎてしまった。ジラード事件で〔ローレンス・〕スピバックに少し執拗にくい下られたのでもたついたが概ね気持よく出来た心算。

❖**七月一日（月）** 岸訪米の任務が片附いたので電信も少く追はれる様な気持もなくなった。夕方はテニス。後、フランス大使のリセプションに行く。昨日のテレヴィを見たという人が大分居たのは心強い。

❖**七月二日（火）** 昼、眞崎〔勝次〕、藤原、斉藤といった議員連を食事に招待。夜はノンビリ。何事もなく。

❖**七月三日（水）** 昼は川崎〔秀二〕代議士等を招待。午後は今度ニューヨークから帰朝の北原〔秀雄〕君が来華したのでチェビーチェズでゴルフ。夜は田中〔弘人〕参事官が帰朝するので参事官以上が夫人同伴で集まって公邸で会食。

❖**七月四日（木）** 国祭日とて休み。十時からバーニング・トリーでシャーマン・アダムスその他とゴルフ。昼を此処ですませベゼスタに廻り田中君の送別ゴルフを又十八ホールス。よく遊んだものである。夜、北原君帰る。

❖**七月五日（金）** 仕事の分量はグッと減って楽になった。夕方は筋向うのヴェネズエラの国祭日でリセプションあり。隆と共に出かけたが知り合が居なくてつまらなかった。

❖**七月六日（土）** 田中（弘）参事官帰国。今日は土曜日とて閑散。午後は久しぶりにヤンキースとセネタースのテレヴィジョンを楽しみ、あと和夫とテニス。夜は小田部君等余り顔を合さぬ連中を招いてブリッヂ。

❖**七月七日（日）** ウッドコックさんに家族と共に朝飯に招ばれる。午後はゴルフ。夕方は［ジョン・］マックルーアーの家へ招ばれ、シャーマン・アダムス夫妻とも語合って家族一同とマックさんの招待でコングレッショナル・クラブでブッフェの御馳走。美しい夕方であった。

❖**七月八日（月）** 二、三の大使を訪問。夕方はモロッコとアルゼンチンのコクテイルに出席。両方とも余り知った顔はなく、二、三十分で退去。呑気なパーティである。

❖**七月一〇日（水）** 午前、国務省にロバートソン君を訪問。国際司法裁判所の件で会談。昼は［チャールズ・］ウィルソン国防長官にペンタゴンに招ばれて会食。陸軍長官の［ウィルバー・］ブラッカー氏が同席した。白髪の難かしい顔をしたお爺さんだが至って親切。日本人から長尾鶏を貰ったとかでそのお返しを届けてくれと頼まれた。夜はワシントン駐在の日本人記者の代表者を夫人同伴で公邸に招んで会食。

❖**七月一一日（木）** 今日正午、ジラード判決が最高裁判所で八－〇で確定。行政府の主張する通りジラードを日本側に引渡すのに何等の法律的障害がないという判決であった。これで一安心した。反対の判決だが困難な外交事態が發生するところであった。夜は訪米中の保利［茂］議員の一行を公邸に招待して会食。

❖**七月一二日（金）** 十時半ハリー・カーンが訪ねて来た。午後は保利氏等を招いてチェビー・チェーズでゴルフ。夕方はパキスタン首相のためのコクテイルがパキスタンの大使館で開催されたのに出席。夜は久しぶりに宴会のない日であったがナイターを楽しむ。

❖**七月一三日（土）** 午後マーフィー君等とゴルフ。

❖**七月一四日（日）** 一時空港に保利議員の一行を見送る。午後はチェビーで・チェースのコートで和夫及アメリカ人数名とテニスを楽しむ。

❖**七月一六日（火）** 午後ラヂオを録音する。十分余りパティという婦人を相手にして喋った。午後、ロバートソン氏と会見。問題は司法裁判所の裁判官立候補の問題で米側は日本に立たれるとシナが破れて日本が当選する可能性あり。その政治的な影響を恐れて強く日本の立候補断念を要望した〔12〕。夜、私立学校の首脳者来米。ブュフェを催した。

❖**七月一七日（水）** 午後は輸出入銀行の〔サミュエル・〕ウオー君等とゴルフ。夜はタモーレン（在日農務官）が帰任するので農務省の役人数名を招き会食。

❖**七月一八日（木）** 午前、曽てバターンで日本軍と斗った米軍ヴェテラン協会の人が日本のヴェテランに書物を送りたいというのでその受領式を大使館で行った。大した人々ではないけれどもその気持は嬉しい。正午はアメリカのフィルド・サーヴィスで米国に一年留学しに来た日本の高校生三、四十名を大使館に招いてブッフェ。引きつゞき午後は精神病のお医者さんが二、三十名来華したので大使館を訪ねた。仲々忙し。この人々ワシントンの滞在は数時間にすぎず。観光バスに乗ってワシントンの精神病院へ案内しろと言ったところ運転手が外に色々観るところもあらうに精神病院へ行かなくともと驚ろいた相である。大使も入れ替りのお客さんで忙しい。

❖**七月一九日（金）** 今度帰国しキューバに転任を伝へられるウエアリング夫妻が訪ねて来てエキシム・バンクのウオー夫妻も加はり我々と昼食。歓談した。夜、シカゴから今度帰国の大隈君が訪ねて来たので食事後、ブリッヂ。同君今晩は公邸に泊る。

❖**七月二〇日（土）** 今度、Adams, Murphy, Howellという連中とチェヴィでゴルフ。楽し。

❖**七月二一日（日）** 午前中は例により書類を整理したり、新聞を讀んだり。

❖**七月二二日（月）** フィンランドやボリヴィアの大使を往訪。まだ訪問はつゞいて居る。夜はＩＭＦのコンサルテーションに来て居る人々を招待。

❖**七月二三日（火）** 昼、チェーズ・バンクのサッカラー君に招待されてクラブへ行く。同君のきも入〔煎〕りで、チェヴィの役員その他が顔を出し仲々よい会合であった。ワシントンは久しぶりに待望の雨で芝生のグリーンも漸く生色をとり戻した形。温度も下って人々もホッとした形ち。夜はチェネラル・〔ジョン・〕ハルに同氏のフラットに招ばれた。自分等を主賓にしてくれたがレムニッツー大将夫妻の外、ウェアリング、〔マリオン・〕マグルーダー、マーフィといった日本在勤者の顔ぶれで和気藹々。至って気の措けぬ会合であった。

❖**七月二五日（木）** 午後、〔マクスウェル・〕テイラー大将がフォート・マイヤーのパットン・ホールでレムニッツァ夫妻のためにコクテイルを催す。将軍相会して仲々盛大な會合であった。

❖**七月二六日（金）** 正午、ロバートソン氏を往訪。琉球の沈船引揚問題で協議。夜は邦人新聞記者に「北京」に招ばれた。

❖**七月二七日（土）** 午後マーフィ君等とゴルフ。楽し。

❖**七月二八日（日）** 今日はゴルフをしない筈であったところが急にマーフィが欠けたからとてサムに引っ張り出された。ところがマーフィは昨日我々と談笑して別れ自宅へ帰ったところ、二十六の令嬢が自室でピストル自殺を遂げているのを發見したのだ相である。気の毒なボブ。昼飯は昔、国務省に勤め結婚のとき出渕大使夫妻に来て貰ったとかいう大使館の直ぐ隣りに住んで居たとかというモンゴメリー爺さん婆さんに招ばれてマウントヴァーノンの同氏宅へ行く。直ぐ近くをポトマックが流れていて美しい場所であった。七、八人相客あり。何れも引退した老人。夜は自宅に国務次官のハーター氏とワット君を招んでブリッヂ。

❖**七月三一日（水）** この頃も依然として週に二、三人夜の大使のコールをつゞけているし、ボツ〳〵とリターン・コールがある。今日は午後はゴルフ。夕立になり、九ホールスで終った。尚二十九日の午後、隆と共にマーフィー君の宅を訪れて弔意を表し三十日の教会に於ける葬儀にも出席して同君に対する弔意を表示した。

❖**八月一日（木）** 夜、ロバートソン次官補夫妻を中心として国務省の日本関係者ジョーンズ、パーソンス、〔オーウェン・〕ザーヘレン、マーフィン、オーナーの諸氏と夫妻、それに目下帰国中の在京大使館参事官のキーガン君夫妻を招んでインフォーマル・ディナーを催す。面白かった。

❖**八月三日（土）** 午前ゴルフ。午後は参議院議員のため一時間米国事情を話し、夜はト部君夫妻が子供を連れて泊っているので同君とブリッヂ。

❖**八月四日（日）** 午前友末〔洋治〕茨城県知事を招待してゴルフ。始め様としたら雷鳴と俄か雨で三十分程雨やみを余儀なくされた。午後は静養。夕方からト部君をお客にしてブリッヂ。

12――一九五六年六月に国際司法裁判所裁判官であった徐謨が現職のまま死去し、残任期間を務める欠員補充選挙が行われることになった。日本からは元外交官の栗山茂最高裁判事が立候補したが落選し、中華民国の顧維鈞が当選した。米国は当選した顧が一九五七年一〇月の改選でも再戦されるよう日本からの立候補辞退を働きかけていた。

❖**八月五日（月）** 朝十時のイースタン機でニューオルリーンスに出發。サンフランシスコの貿易見本市がニューオルリーンスで開かれるから佐藤（日史）君の招待があったゝめである。飛行機は途中、アトランタに着。四十分程給油。ニューオルリーンスに着いたらば佐藤（日史）君の外米側は市長代理、ボートソーソリティ責任者等が出迎へていた。小憩後、領事館で新聞記者会見。五時から七時まで館員がエキシビションの披露と自分の紹介とを兼ねてリセプションを行う。エキシビションは自分の泊っているルーズヴェルト・ホテルで行はれて居るが、可なり日本趣味を出すことに成功はして居る様だがラッカーウエアや繊維品が中心でドッシリした重味はない様だ。夕方はアントアンというフランス料理屋で此の地の「日本協会」のディナー。土地が小さいだけに此処の日本協会は会員も少いらしく二十名前後の人が出席し、会長も姫路のＣＩＣに中尉で居たという若い辯護士であったが和気藹々であった。一席挨拶をさせられる。宿舎のルーズヴェルト・ホテルではInternational Suiteに泊められた。豪奢なスヰート・ルームで一泊は八十五弗《ドル》だ相である。

❖**八月六日（火）** 十時下の会場に降りて日本品展示会の開会を宣し、市長と共にランターンに火を入れる。正午はInternational Houseに地許の有力者（主として日本と商売をして居る実業家で此の港から日本へは年約九千万弗の輸出あり。日本はニュー・オルリンスの第一の顧客である）の主催したランチあり。一席喋らされた。余り出来はよくなかった。午後は佐藤領事夫妻の案内で二時半から五時まで蒸気でミシッピー河を上下し乍ら港の見学。大きな河である。各国の汽船がもやって居る。暑さは相当なもので〔華氏〕九十五度位はあったらうか。ホテルで小憩の後、夜は市長（代理のSaluisという市参事会員）主催の会食がフランス料理店で行はれ又挨拶。この方の挨拶は巧く出来た心算。夜二十何哩とか湖水を横切って作られたコース・ウェーを涼みがてら途中までドライヴした。

❖**八月七日（水）** 佐藤領事夫妻に見送られてニュー・オルリーンスを十時少し前に出發。このイースタン機は華府に直行した。

❖**八月八日（木）** 午後、新聞記者を相手にしてゴルフ。夜は愛知用水借款のため来米した浜口〔雄彦〕氏を中心にして食事。

❖**八月九日（金）** 午後、世界銀行で愛知用水七百万弗借款に関しブラック氏と浜口氏の調印したのに立合い、自分も亦政府保証の関係から調印[13]。簡単に挨拶した。夕方は今度統合参謀長を辞任したラドフォード大将のコクテイルがフォート・マックネアで行はれたのに出席し、そのあと浜口氏のコクテイルにも臨んだ。

❖**八月一一日(日)** ベテスダで鈴木君送別のためのゴルフ会。日本人の人数が多くて少し目立った。夜は坪上〔貞二〕氏がドミニカへ特使で行くというので来米。同氏を中心にして食事。

❖**八月一二日(月)** 午後坪上氏を空港に送る。

❖**八月一三日(火)** 牧君と二世の〔キャピー・〕原田君(〔ウィリアム・〕マーカット氏の秘書であった)を招んで会食。夜は我妻(栄)夫妻を招んだ。隆は本日、毛皮を買ひにニュー・ヨークへ出かけたので食事には参加出来なかった。

本日、マーキュリーのデリバリーあり。仲々立派。パワー・ブレーク、パワー・ハンドリング、ギア・チェンヂの必要のない快適の車である。

❖**八月一四日(水)** 午後役所でヴォイス・オブ・アメリカの頼みで日本向けに録音放送。約三十分終戦を頭に置きつゝ米国の印象を喋った。本日は日本では終戦記念日に相当するのでこの企画となったらしい。夜は鈴木君夫妻を送別。

❖**八月一五日(木)** 午後マーフィ君を国務省に訪ねる。先日の不幸で同君はまだ悄げて居た。気の毒であった。短期移民の問題と米国の日本品抑壓問題につき懇談して辞去した。

❖**八月一六日(金)** 正午、英国大使の〔ハロルド・〕カチア君答礼。英国人らしく気取って居ないので好感が持てる人だ。午後は「生産性」の人々若干が訪問。

❖**八月一七日(土)** タイの大使で明日離任の〔ポート・〕サラシン君とゴルフ。

❖**八月一八日(日)** 午後カワカミ、神代君等も交へてテニス。

❖**八月二〇日(火)** 正午、国務省にカリジャーヴィ君(次官補経済担当)を訪ねて敵産返還問題。南米のコンモン・マーケット問題等で情報を求め、午後二時は〔クラーレンス・〕ランドールと会談。四時半には中近東担当の〔ウィリアム・〕ラウントリー次官補を訪ねてシリアの状況を聞いた。一つ電報が出たので仲々忙しかった。

❖**八月二二日(木)** 午後明日マレー独立式典に出發するというハーター次官の部屋にハーター氏の訪問する国の大使連が集って同次官の挨拶を受けた。夜はセネター・ブッシュ、コングレスマン・メーナン氏等バーニング・トリーの友人を招待して会食。

❖**八月二三日(金)** 午前七時半、自宅を出發。一同で北部旅

13——日本政府は吉田内閣期から農林省を中心とし大規模水利改良計画に対する外資導入を推進しており、岸内閣期に愛知用水事業に世銀借款の導入が実現した。

行に出る。マーキュリーは快調でドライヴの醍醐味を満喫させてくれる。

◆**八月三〇日（金）** 九時出發、帰路に就く。途中プリンストンとフィラデルフィアに立寄り観光の後帰宅したのは六時頃。早速一風呂あびてから夜は柳田〔誠二郎〕日航社長のための主人役を務める。

◆**八月三一日（土）** 一日事務の整理をして遅れをとり戻す。午後はテニス（テニス・コートの修理が出来た）。夜は久しぶりにワシントン対ニューヨーク・ヤンキースのナイターをテレヴィで見物。

◆**九月二日（月）** マックルーアに誘はれてシャーマン等とバーニングトリーでゴルフ。当り余り悪からず。面白かった。今日はレーバー・メモリアル・デーとあって休み。これで夏が終る感じだ相である。

◆**九月三日（火）** 〔バーク・〕ヒッキンルーパー上院議員夫妻を招んで会食。

◆**九月六日（金）** ニューヨーク・ワシントン経済懇談会を二時から公邸で開催。N.y.から田中総領事始め同地の日本人代表実業家十四、五名が出席。当面の日米経済問題に関し意見を交換した。夜はその人々のための会食。

◆**九月七日（土）** 午後、大使館の懇親野球会。仲々面白かった。

◆**九月九日（月）** ボリヴィア大使答礼。中南米のコンモン・マーケットの話を聞いて本省に電報して置いたし、午後は中南米の会議から最近帰ったサムエル・ウォーを輸出入銀行に訪ねて会議の話を聞き、これも電報して置いた。

◆**九月一〇日（火）** 午前、アボストリック・デレゲートを訪問。もう二十五年も華府に居るとのこと。昼は新任の太田東銀支店長夫妻を公邸に招んで会食。午後は国務省にロバートソン君を訪ねて、約四十五分藤山〔愛一郎〕外相来米に備への会談を行った。小笠原帰島問題、東南ア開発基金問題、中共通商代表部問題等を中心にして意見を交換した。

◆**九月一一日（水）** 伊藤忠兵衛老が来米したのでチェヴィに案内。ゴルフを半ラウンドした。午後はチェヴィから国務省に赴きマーフィ君を訪ね短期労務者の問題で妥結。これも結果がよかったので電報を出して置いた。夜は伊藤忠兵衛氏一行を主賓として公邸で会食。

◆**九月一二日（木）** 昼、公邸にチェヴィの役員及自分がゴルフをやる相手方廿数名を招んで昼食。それから飛行場に出かけ、二時十五分發、デトロイトへ行く。ノンプロ野球大会に出席のためである。日本からは都市対抗に優勝した「熊谷組」が参加して居る。約二時間で、デトロイトに着く。少し揺れて気持が悪かった。デトロイトではシェラトン・キャディラック・ホテルに投宿する（波多野君も同行）。小憩の後、関係者のコクテイル。更に晩さん会あり。七、八ヶ国が参加して仲々盛会であり、各国代表のうち大使が出席して居るのは自分だけであったので自分からも挨拶を行う。

❖**九月一四日（土）** 九時五十分發飛行機で藤山外相を出迎へるべくサンフランシスコへ行く。途中、シカゴで乗換へ、サンフランシスコ着は午後四時半頃であった（時差あり）。西山総領事に出迎へられ、ホテル・マーク・ホプキンスに落付く。夜は同君等と食事を共にし公邸でブリッヂ。余りつかず面白くなかった。

❖**九月一五日（日）** ゆっくり寝た。静かな日曜。午前中日記を書いたり、東京のダグラス・マッカーサーに手紙を書いたり（デトロイトのノン・プロ前夜祭に祝電を送って来たのを褒めた）で時差のすぎるうちに西山君が迎へに来てくれ、一緒に飛行場に藤山外相一行を出迎へた。日航機は予定の通り十一時五十分到着。ホテルで小憩の後、外相と自分は西山君の案内でサンフランシスコ・エキザミナー社主催の“I am an American day”がゴールデン・ゲート・パークで開かれるのに出席。新に米国市民権を獲得した人のための会合だ相で屋外で行はれた。有名なガヴァナーのナイトや前回の岸さん出迎への時知り合ったクリストファ市長等も同席。藤山さんが簡単に挨拶した。

❖**九月一六日（月）** 朝九時頃TWA機で出發。天気よし。サーヴィスも仲々よい。途中少し揺れたところもあったが先ず〳〵で雨のニューヨークに着。一行はドレーク・ホテルに泊る。流石に少し疲れた。

❖**九月一七日（火）** 総会（第十二回）今日から始まる。前回の議長であったタイのワンワイ〔・タヤコーン〕殿下が議長席に坐る。新議長はレバノンの立候補者が辞退したのでニュージーランドのレズリー・モンロー氏と決まる。次でマレーの新加入が認められ、各国代表が祝辞を述べるため登壇（アジアの国ではラオスとカンボジアが登壇しなかった位のもの）日本は遂に登壇せず。自分も勝手に登壇するわけには行かず、これは全く姑息なことと思はれた。サイレント・デレゲーションの名を恥かしめないというのでは不本意である。昼、アジア各国の代表をランチに国聯内の食堂で藤山さんが招んだ。午後も議場で暮れた。夜は我々内輪で食事をしつゝ方針を打合せる。

❖**九月一八日（水）** 午前会議に出席。昼はアラブ各国の代表を招んで会食。会議は型の如し。今度の会議では原水爆実験禁止の問題が日本にとり大きな内政問題で日本は如何なる立場をとるかについてこれから研究するわけであるがそのヤマは藤山外相滞在中には来相もない。夕方は米代表団(ダレス氏が来て居る)がアストリアでコクテイルを催したのに出席。夜は引きつゞきリーダース・ダイジェストが実業家を招んで藤山さんのための晩さん会をSt.Regisホテルで催したのに出席。七、八十名出席してよい会であったがコーラス団が日本の歌などを合唱するうちに時間が経って肝腎の外相の挨拶が始まる頃には十一時頃となり皆眠さうであった。

❖**九月一九日(木)** 今日の総会はブラジル、米、ガーナに次いで日本が發言。藤山氏が日本語で發言したのを(約三十五分)島内君が同時通訳した。これで外相も一役終ったわけである。昼は英代表〔セルウィン・〕ロイド、ソ連代表〔アンドレイ・〕グロムイコ、米代表〔ヘンリー・〕ロッヂ等々大物を招んで会食。どうも日本は食事をたべることを外交と心得て居るらしい。連日遅い夜がつゞくので午後はホテルで昼寝。夜七時自分と米国で留学中の藤山氏令息とが藤山氏に随行してタリー・タウンに赴く。例によってロックフェラーさんの家に御厄介になる。尚ノン・プロ野球は無敗の日本が決勝で再びカナダを破り優勝したとの新聞ニュースあり。早速デトロイトに外相と共に祝電を出して置いた。

❖**九月二〇日(金)** ダリー・タウンから藤山氏、ロックフェラー氏と共に直接国連に赴く。今日はグロムイコが演説する。約一時間半喋りまくって軍縮や中近東問題に関する西欧の立場を攻撃する。昼はジャパン・ソサエティ、ファア・イースト・カウンシル共催の藤山外相歓迎会がホテル・アストリアで開かれたのに出席。夕方は国連で藤山氏主催のリセプションあり。夜は例によって打合せ会。

❖**九月二一日(土)** 昼、シャーマン・アダムスがアストリアのロッヂ(米)代表の部屋に藤山氏を招待したのに陪席(ロッヂ氏は不在)会談。午後五時ニューヨーク發飛行機でワシントンへ帰る。久しぶりの気持。一時間程休む暇もなくノンプロ野球団のための立食あり。九時半には飛行場にIMFの会議にまた一万田〔尚登〕氏一行を出迎へた。

❖**九月二二日(日)** 午前中庶務を片附け、午後は飛行場に藤山外相を館員と共に出迎へる。夜は内輪で外相のため館員のみの晩さん。

❖**九月二三日(月)** 午前中、外相を中心にして事務を打合せ、午後国務省に赴き藤山・ダレス会談[14]。先般、岸総理来米の際に会談の行はれた長官室で約二時間島ノ内〔敏郎〕君の通訳で会談。先方はダレスの外、ディロン、ロバートソン等が出席して居た。最初、藤山さんの發言中、ダレスが大欠伸を二度したには一寸閉口したが米国にして見ればこれが現実であるかも知れない。續け様の日本との会談で先方もあきたらう。小笠原問題で不満足な結論が出たのは残念であった。先方は軍事的理由で帰島には同意出来ないという。夜は公邸で外相のためのリセプション。財務長官、ダレス夫人、〔カーティス・〕ルメー（空）大将、〔アーレイ・〕バーク（海）大将等相当の人が来てくれた。

❖**九月二四日（火）** 午前、農務長官ベンソン氏を訪問。昼はマーフィ氏が主催でシェラトン・カールトンで外相のための会食あり。午後はウィルソン国防長官、ウィークス商務長官等と会談。夜はダレス氏夫妻始め国務省の人々を招いて大使館で自分等が主人役となりフォーマル・ディナー。

❖**九月二五日（水）** 昼、ジャパン・ソサエティの昼さん会がウイラード・ホテルで開催される。セーヤー氏司会。国務省からマーフィ、ロバートソン等出席。会員が百五十名位出席して居たらうか。このホテルは日本が百余年前最初にアメリカに派遣した使節の泊った宿舎だ相で日本には因縁のあるホテルだ。大臣の喋る前に五、六分自分から藤山氏紹介旁喋った。午後五時近い飛行機で外相一行はニューヨークに向け出發したので、それを見送る。夕方は六時から公邸でＩＭＦに出席中の一万田蔵相のためのリセプションを催す。金融関係者を招待したので余り藤山氏のリセプションとは重複させなかった心算であるが何としても一寸醜態であった。

❖**九月二六日（木）** 午後一万田氏がダレスに会ったのに同道。話しは三十分位であった。夕方は久しぶりに約束がないので早めに引き揚げ。夜は珍らしく家族のみの食事。

❖**九月二七日（金）** 午前、ウォルタート君来訪。戦争中日本で一緒に仕事をした。年は老ったが不相変精力的。仲々プロスペラスらしい。昼は今度エル・サルヴァドルの大使になるカリジャーヴィ夫妻を主賓として送別会を催す。夜は蔵相のための会食。主客廿四五名となり日本人のみの会として仲々賑やかであった。

❖**九月二八日（土）** ロンドンからＩＭＦ関係で出張中の山崎氏を招待してチェヴィで久しぶりのゴルフ。自分はグリップを変へた効果か距離が出始め四五、四二の八十七という始めての八十代で廻った。午後蔵相を空港に見送る。夜は久しぶりに家族と一緒に食事を囲んで水入らず。後はテレヴィ。

❖**九月三〇日（月）** 夕方財務次官ペヤードという人のリセプションに出て夜は八時からジョヂ・タウン・プレプに出か

14——藤山外相は九月の国連総会に出席した後、二三日ワシントンでダレス国務長官と会談。沖縄・小笠原問題、日中民間貿易事務所、東南アジア開発問題などを協議した。

け父兄会に出席。Father, Maherその他父兄の人々と交歓した。

◆一〇月一日（火） 十一時来訪中の河上〔丈太郎〕（社会党）氏夫妻、曽禰〔益〕、森島〔守人〕の諸氏を大審院に案内しワーレン氏と会見。午後はカシードラルでノルウエーのハーコン〔七世〕国王の葬儀に列席。夕方は予備隊創立記念日とあって三軍の代表者が大使館でリセプションを催したのに出席。

◆一〇月二日（水） 昼、ワシントン・ポスト紙の人々を招いて昼食。午後は河上氏をダレス長官に紹介。会談は二十分位で終った。ダレス氏は河上氏が懸案を並べたのを聞いた後、それは何れも政府と話し合って居ると簡単に答へたのみで立ち上がって了った。夕方は此の人々のためのリセプションを大使館で催した。

◆一〇月三日（木） 朝八時の列車でニューヨークへ向う。十一時同地に着。アストリア・ホテルでファ・イースト・カウンシルの会合があるので出席。自分ばかりでなくパキスタン、セイロン等の大使も来て居た。チェーズ・マンハッタンのマックロイ氏が司会で会食後、挨拶あり。終って日本の分科会が開かれ、日米人百名以上参加。自分も一席講演。終って質疑応答あり。日本の部会はナショナル・シティのジョンソン氏が司会した。終ってフォイ氏邸でコクテイル。此処から飛行場にかけつけて七時半飛行機でワシントンへ帰り九時帰宅。どうもニューヨークには長く居る気がしない。

◆一〇月四日（金） 昼、福井盛太氏の一行を食事に招待し、午後は久しぶりに中山伊知郎氏を案内してゴルフ。夜は社会党の河上氏一行を公邸に招んだ。

◆一〇月五日（土） 午前ゴルフ。夕方、オーストレリアの外相〔リチャード・〕ケーシー氏が来たので〔パーシ・〕スペンダー大使がコクテイルをやったのに出席した後、夜は公邸で福井（盛）、関根、三菱銀行の三浦氏等と会食。

◆一〇月六日（日） 朝から雨。尚今日はテレヴィジョンの“Youth want to know”に出る予定であったがソ聯の衛星発表で若者連はソ聯の科学者に質問することゝとなり、自分の出演は延期されて了った。一寸気を抜かれたが、話題の種の衛星では到底対抗出来ない。

◆一〇月七日（月） 河上氏夫妻一同ニューヨークに向け出發したのを隆と共に見送る。昼はウエアリング君（シドニーの総領事に転出）のための昼食会をメトロポリタン・クラブで開催。同君の友人で日本関係者の五、六名を招待した。夕方、黒板駿策君が来たので公邸にお泊めした。

◆一〇月八日（火） 昼、今度日本へ視察旅行に行くスプレーグ国防次官補の一行を公邸に招待。午後は天気がよいのでゴルフ。日が短くなったので二時に始めると余程急がないと終らない。

❖一〇月九日（水） 国務省に〔バーク・〕エルブリック次官補（政治担当）を訪ねて約四十五分間会談。先日のダレス・グロムイコ会談の内容を聴いたがよく話してくれた。夜はストーン・リッヂのファザース・クラブに出席。歓談。アメリカ人は直ぐ知り合になる。輸出入銀行総裁の古沢〔潤一〕氏公邸に泊る。

❖一〇月一〇日（木） ウワールドシリーズ最初の二、三回はテレヴィで見損ったが四回目位から欠かさず観戦。今日は最終の第七戦を午後一時からテレヴィで見る。夕方双十節と支那大使館にコクテイルに行く。千何人とか出席者があった相で大変な人出。夜は古沢氏のための会食。

❖一〇月一一日（金） 夜は御手洗辰雄氏と日本人新聞記者を招んで会食。

❖一〇月一二日（土） 秋晴れの好天気。午後はテニス。夜はタイムスの東京特派員ハーグローヴ君が帰任の途中、ワシントンに立寄ったのを招待して会食。歓談した。

❖一〇月一四日（月） 昼、慶応の塾長奥井〔復太郎〕氏一行と会食。

❖一〇月一五日（火） 昼は法務総裁の〔ハーバート・〕ブラウネル氏やスヰング移民局長官（昔、占領時代日本で勇名を馳せた）、マーカット少将、マイク・マサオカ等を招んで会食。夜はコンスティテューション・ホールの音楽会に行く。ワシントンに於ける数少ない社交の一つとあって隆と共に出かける。

❖一〇月一七日（木） スヰスとイランの大使に儀礼訪問をする。昨日ダレス長官が中近東情勢で相当思い切った發言を新聞記者に対して行ったので（ソ聯がトルコを攻撃すればソ聯領土を利用しての軍事作戦を許さず、領土のサンクチュアリティを認めぬと声明）、若干、意見の交換を行った。午後は大使館でキリスト教大学基金のための米国有力夫人によるお茶の会あり。

❖一〇月一八日（金） 昼、今度、短期間乍ら日本へ行く農務長官ベンソン氏を中心として昼さん会を大使館で催す。午後は英大使館で目下滞在中のクヰーンのためのリセプションあり。生憎天気が悪かった。例によってスマートに儀式を取り運んで居た様であった。自分は〔エディンバラ公〕フィリップ殿下に「コロネーションの時、ロンドンに在勤して居た」と話しをしたが判ったかどうか。

❖一〇月一九日（土） 夜公邸で今度帰国の根本君夫妻、曲〔壽郎〕君夫妻（防衛庁）のため送別会。

❖一〇月二〇日（日） シエラトン・パーク・ホテルで三時か

ら三時半まで"Youth wants to know"のテレヴィジョンに出席。これには二週間前に出席予定であったものがソ聯の衛星弾で変更されたもの。十名余の学生を相手にしてやりとりしたが彼等仲々インテリジェントであり自分も気持ちよく喋れた心算。夕方は飛行機に河野〔一郎〕大臣の一行を出迎へる。夜はジョンストン氏夫妻に河野大臣等に共に招待される。外に多数の相客あり。食後、試写室でエスカペードという日本を舞台とし日本の景色を見せるための映画あり。仲々面白く色彩も美しかった。

❖**一〇月二一日（月）** 昼梶井剛氏を中心として会食。午後河野氏に同行してダレス長官を国務省に訪ね、約四十五分会談。夜は公邸に河野氏一行を招待。

❖**一〇月二二日（火）** 昼は農務次官〔ベンソン長官は旅行〕を招んで河野氏のための会食。夜開発銀行の太田〔利三郎〕総裁一行のためのディナー。

❖**一〇月二三日（水）** 河野大臣と共に国務省のハーター次官、商務省にウィークス長官を訪ねる。何れも大した話はない。昼はメーフェアでロバートソン氏が河野氏を招んで食事。各省の次官補級の人々が列席してゐた。午後の飛行機で河野氏一行がニューヨークへ向け出発するので自分も大急ぎで仕度を整へ同行する。ニューヨークは自分はバークレーというホテルに泊る。夜は本省から来て居る連中を誘って支那飯を喰べタイムス・スクヤーでニュース映画を見てホテルに帰る。藤山外相も今朝着紐したからとホテルへ挨拶に行った。軍縮問題。自分はアウト・オブ・タッチで一寸会議にも参加し得ない。

❖**一〇月二四日（木）** 午前中買物に出かける。午後から俄か雨、タキシーがなくて閉口。すっかり雨に濡れ、不案内のバスに乗りつゝタイムス・スケヤーからホテルに帰る。面白くないこと夥し。夜は藤山さんが全権団一同を食事に招んで下さり水入らずで勝手な気焔を揚げた。

❖**一〇月二五日（金）** 天候回復。十時半の列車でワシントンへ向け出發。車窓から見る紅葉が実に美しかった。ワシントンへ着いてヤレ〱という気持ち。夜はシエラトン・ホテルでネーヴィ・リーグがネーヴィ・ディのディナーを催したのに出席。各国の大使も招ばれたらしいが本日はNATOの宴会とぶつかるものか大使は支那、ビルマ等の顔しか見へなかった。

❖**一〇月二七日（日）** 夕方シルク・コングレスで来た日本人に若干の外国代表も加へて公邸でリセプションを催す。

❖**一〇月二八日（月）** 昼は古賀という学者の来た機会にディリンジャー現象で有名な〔ジョン・〕ディリンジャー博士夫妻を招待。午後は国務省に赴きエルブリック次官補に会い、先般のアイゼンハワー大統領と〔ハロルド・〕マックミラン英首相との会談内容につき聴取し本省に十二、三頁の電信を書いて置いた。

❖**一〇月二九日（火）** 十時四十五分の飛行機でニューヨークに向う。アイドルワイルドの飛行場を二時に出る。ノース・ウエスト機に藤山外相一行が乗るのに合流。外相と共にシアトルに向う。機上で藤山氏と色々話しをした。シヤトル着は夜の八時すぎで雨が降って居た。武野〔義治〕総領事夫妻に出迎へられる。此処でゆっくり食事をしてから藤山氏一行を飛行場に見送り、今夜はシヤトルのオリンピックというホテルに泊る。六カ月前来任したとき泊ったホテルである。ホテルには大日章旗を掲げて歓迎してくれた。

❖**一〇月三〇日（水）** 朝シアトルの街を散歩。昼は総領事の公邸でブッフェあり。在留日本人有志が参加。話を聞く。午後新聞記者会見を行う。夜はシアトル・ジャパン・ソサエティの歓迎会が六時からサンセット・クラブで行はれカクテイルで人々に紹介されてから食事。メインテーブルには司会者のDr. Fullerの外に市長、総領事等が坐っていた。この席上、自分からジャパン・ソサエティの会長フラー氏に日章旗を寄贈し、終って約廿分挨拶を行う。出席者約二百名。

❖**一〇月三一日（木）** シアトルの総領事館員の案内で市中を見物してから此処の海軍司令官の招待でシアトル港につながるレーク・ワシントンをモーター・ボートで観光。司令官代理のトムソンという大佐（日本にも居た相である）が歓迎してくれ日米併せて二十名近いお客さんが約二時間秋の湖水を楽しむ。何れもフレンドリーな人々であった。三時半シアトルを發。ポートランドに向う。ほとんど腰を卸し終らぬうち一時間足らずでポートランドに着。今城〔登〕領事夫妻と日本人会代表に出迎へられ、今城氏宅に落着き小憩の後、市中の日本人経営の料理店で行はれた日系人主催の晩さん会に臨む。七、八十名の人達が出席して居たが一世が多く、二世三世となると日本の大使といっても余りピンと来ないらしい。ベンソンというホテルに泊る。

❖**一一月一日（金）** 十一時から日本協会の会長のデーヴィス氏（日本に占領時代に居た由）とウオマックという同協会書記の案内でポートランド・ゴルフ・コースに赴く。今城君も参加してゴルフをやったが雲一つない素晴らしい天気ですっかり陽にやけ、これから二、三日は顔がヒリ〳〵した。ゴルフ場には新聞記者もやって来て寫眞をとりこの日の夕刊には大見出しで寫眞つきでゴルフが報道されたには恐縮した。日本と貿易上の縁が深いし戦後の対日友好感は仲々強い様である。ゴルフ後ホテルに帰り小憩の後、テレヴィジョンのニュースに十分間出場。夜はベンソン・ホテルで開かれた日本協会主催の歓迎晩さん会に臨む。百人余の人が出席して居た。メーンテーブルには自分と今城夫妻の外、司会者のデーヴィス氏夫妻、市長夫妻、州知事代理のソーントン州検事総長、商業会議所会頭等が出席して居た。有力者が二、三人次ぎ〳〵に挨拶してから自分から約廿五分話しをしたが気持よく喋れた心算である。誠に友好的な会合であった。尚本日ゴルフ・コースで十二番か十三番のグリーンの近くに一人の男が立って居たが近づいて見たらばAllen Wallで驚ろいた。十二年ぶりの久闊を叙した。同君は終戦直後、大尉として日本へ来たのだが自分は一緒に北海道へ旅行して仲よくなった。彼が多忙であらうのにわざ〳〵コースまで自分と会いコングラチュレートするため来てくれた友情は誠に嬉しかった。今日のジャパン・ソサエティの講演中でこの話にも言及した。

❖**一一月二日（土）** 午前九時放送局でCapper-Johnsonという此処の大学の国際問題の教授という人と対談で約十五分間テレヴィに出演。終って今城君の案内で市中見物から更にコロンビア河に副ってドライヴしつゝ紅葉と壮大なオレゴン・トラックを観光。昨日の新聞に出て居たゝめ労働者にゴルフはどうだったと手を差し伸べられたには驚ろいた。午後五時近い飛行機で領事や日系人有力者に見送られて出發。ロスに着いたらば雨であった。中村〔茂〕総領事に出迎へられハンティングトン・シエラートン・ホテルというパサデナの宿舎に泊る。ホテルのマネジャーは福岡に居たとかで玄関口まで出迎へてくれ又、玄関には二世か、三世のお嬢さんがキモノを着飾って自分に花を贈呈。仲ゝの歓迎ぶりである。

❖**一一月三日（日）** 午前中、ゆっくり寝る。朝食後、ホテルの庭を散歩。此処から見るカリフォルニア平原の眺めも美しい。今日はすっかり雨が上って美しい青空。昼は中村君に杉〔道助〕さん（大阪商議会頭）と共に招待された後、二時頃ロスを出發。自動車でサンディエゴ市に行く。日本市長会議に出席のためである。

❖**一一月四日（月）** 八時半、日本人のみ特別室で朝飯を喰べる。日本からは五、六十名の人が顔を連ねて居る。安井〔誠一郎〕、杉、永野〔重雄〕（重）といった人々の外に広島市長や京都市会議長等地方政界の有力者が出席。十時半からホテルで会議が開かれる。日米両国歌吹奏の後、議長のDailサンチエゴ市長が開会を宣し、日本側を歓迎。日本側から安井、杉両氏の答辞あり。日本語で行はれ、イヤホーンをつけて同時通訳と洒落れて居た。次で午前中の行事として自分の演説あり。英語で二十五分位喋ったらうか。気持ちよく出来た。米側は五、六十名の市長若は市役所員で、この外に夫人等の傍聴者が二、三十名居つた。ブッフェの食事をやり日米和気藹々。但他の人々は言葉の関係で余りミックス出来なかった様である。午後は会議には出ないでサンディエゴの一世で農業をして居る村岡氏の案内で有名な動物園を見物し、更に市中を視察してから村岡氏の案内で有名な動物園を見物し、更に市中を視察してから村岡氏の農場にも立寄った。夜はクラブで盛大なディナーあり。自分も一寸挨拶させられた。

❖一一月五日(火)　九時前ホテルを出発。自動車でロスに帰り、昼飯はロスで先般日本へ行った由のドレイフェス氏夫妻に招ばれる。三時半、ウエスタン機でメキシコシティに向け出發。メキシコシティ着は十一時半(時差二時間あり)。当地に勤務して居る光藤〔俊雄〕、大倉、山野の諸君が出迎へてくれた。

❖一一月六日(水)　九時ホテルを發。大使館の山野という若い官補に案内されて市中を見物。久保田〔貫一郎〕大使(最近帰朝の命令が出た)夫妻に敬意を表してから光藤君の家で晩食を御馳走になり、終って九時からメキシコのダンスを一時間半許り見物(これは各土地の民踊で面白かった)してホテルに帰った。メキシコの印象は土地が広大であること(日本の五倍ある相である)とメキシコ・シティ以外に大きな都会のないことゝ更にメキシコ・シティの印象では成程町の中心地はヨーロッパ式で美しいが一寸場末に入ると建物も貧弱だし、町を歩く人々の服装も粗末である。アメリカと違ってこの国の富の程度の違うことが直ぐ判る。メキシコ人は白人かと想像して居たことも違った。人口の八十パーセントが色がついて居る相であるが街を行く人々の顔色は日本人以上に黒いのが少くない。日本人も全く気安に何等の差別感も感ぜずに生活して居るらしい。生活費も高くはないらしいから先づ〳〵日本人には住み易いところか。

❖一一月七日(木)　朝ホテルを光藤君等に見送られて出發。十時十五分頃出發。離陸して暫くするとピラミッドが下に見へる。海を渡ってニュー・オルリンスに着いたのは一時頃であった。佐藤領事が出迎へてくれ通関の手續をすます。英国と違い至って気楽な通関であった。此処で小憩の後、飛行機を乗り換へてワシントンに着いたのは時差の関係もあり九時すぎであった。久しぶりの帰邸。

❖一一月八日(金)　午前中、溜った仕事やら電信を片附ける。午後三時自動車で隆と共にフィラデルフィアに向う。同地で開かれている日本展覧会に出席のためである。途中から相当な雨になった。展覧会は千八百名からの人が来て居り所謂「日本ブーム」を示して居た。シエラトン・ホテルに泊る。

❖一一月九日(土)　昨日に引きかへての快晴。フィラデルフィヤの市役所に赴き市長に名刺を置いて来た。十時頃市を後にしてワシントンに帰る。萩原〔徹〕夫妻と柿坪〔正義〕君が遊びに来たので公邸に泊って貰う。

❖**一一月一〇日（日）** 萩原君とチエヴィでゴルフ。寒い日であるし風が強く全く当らず面白くなかった。夜は公邸で館員を集め萩原夫妻と柿坪君のための会食後ブリッヂ。

❖**一一月一一日（月）** 萩原君、ニューヨークに帰る。今日はヴエテランス・デーとあって休みなので下田君を誘ひゴルフ。

❖**一一月一二日（火）** 夜、永野（重）〔重雄〕夫妻と北海道知事田中〔敏文〕氏を招んで会食。

❖**一一月一三日（水）** 千葉〔晧〕君、ヴアンクーヴァーの漁業会議に出席しての帰路、立寄り。今晩は公邸に泊る。夜、公邸でブラック・タイでジャパン・ソサエティの会長始め館員を夫人同伴で招待。セーヤー夫妻やカッスルさんが出席してくれた。

❖**一一月一四日（木）** ルクセンブルクの大使に夫婦で昼飯に招ばれる。同大使は戦前日本に居たことあり日本美術品の蒐集家でもある。同席は〔ジョセフ・〕グルー夫妻。グルーさん言語は至って明晰だが歩きつきもヨボヨボだし大分年を老った。夜はカボット・コヴィルに自宅に招ばれる。

❖**一一月一五日（金）** 午前ファザー・マー（ジョージ・タウン・プレプ）来訪。ジムを作るというので寄附金を頼まれた。一寸まとまった額である。昼は岩崎隆弥、恒弥の両氏が来華したので昼食。夜はジョージ・タウンの学生が「八月十五夜の茶屋」を同大学で上演したのに招ばれる。面白かった。

❖**一一月一六日（土）** 午前、ゴルフ。午後、リンカーン・メモリアルのグラウンドで館員一同の野球。夜は小田部君送別会。

❖**一一月一七日（日）** 午前、ゴルフ。夜、成田〔勝四郎〕君がニューヨークから来て泊る。

❖**一一月一八日（月）** 正午、Democratic Women's Congress のクラブで婦人会員を相手にして日本に関する講演を約廿分やる。内容は切抜きの通り。前駐比大使のウエン夫人が自分等夫婦を紹介してくれた。夜はメトロポリタン・クラブで新入クラブ員歓迎のブラック・タイの食事あり。これも打解けた会合であった。

❖**一一月一九日（火）** ワシントンは豪雨であった。隆と共に七時四十五分發の列車でニューヨークに向う。ニューヨークはワルドルフ・アストリアに泊る。正午、National Foreign Trade Council のコンヴェンションの昼食に出席（Far East Luncheon でアメリカ、欧洲と並んで重視されていた）。議長はウエスティングハウスのノックス氏。同氏の紹介の後、約廿分日米の経済関係について喋ったが気持よく話せた心算。但發言が多すぎたのか最後に少し人が立ち出したのは自分の講演の拙き故か。午後は若干のショッピングを行い、夜は夫婦で萩原君に食事に招ばれてから芝居を見に行く。プリマス・シアターというところ。米国で芝居は最初の経験。この小屋は英国の芝居小屋と余り異ならず。但英国と違い観衆がガヤ〳〵と賑やかであった。出しものは"Romanoff and Juliet"というコメディでラヴ・オブ・スリー・カーネルスで名を挙げたPeter Ustinovが主演。米ソ両国から態度の鮮明を求められている中立国を皮肉に表現しつゝこの国に駐在して居る米大使の令嬢とソ聯大使の令息との恋をロメオとジユリエットに真似つゝ面白く展開させて行く。楽しめた。

❖**一一月二〇日(水)**　午前中、隆は買物、自分は庶務の整理。午後は波多野君を連れて外食してラディオ・シティでショウや映画の見物。夜はカウンシル最後の会合とて千二百人余の人々が会食したのに参加。今日はコカコラ輸出会社の社長でデモクラットの時代に郵政長官をして居た〔ジェームズ・〕フアレイ氏がスピーカーであった。

❖**一一月二一日(木)**　午前中、ホテルを引き拂い十一時半から日本のカメラ・ショウに出席。一寸挨拶した後、午後の列車でワシントンへ帰る。

❖**一一月二五日(月)**　今日から全米領事会議を大使館で開く。大使館の係官、本省からの係官の外、田中ニューヨーク、中村ロスアンゼレス、西山桑港、服部〔比左治〕ハワイ、武野シアトル、曽野〔明〕シカゴの各総領事、それにカナダ、メキシコからも参加して今日から三日間仲々賑やかであった。夜は沖縄問題で滞在中の渕上〔房太郎〕、高岡〔大輔〕、島〔清〕といった各代議士を招待。

❖**一一月二六日(火)**　モロッコのキングのためのリセプションに出席。夜は公邸で領事会議出席者のためのブュフエ。

❖**一一月二七日(水)**　国務省にマーフィ氏を訪ねて〔クリスチャン・〕ピノーや〔ハインリヒ・〕ブレンタノが訪米して大分動いて居るらしい欧洲の状勢を聴く。二十頁惧の電報を右会談を基礎にして情勢観測として本省へ送って置いた。これで一月位は何もしないでよからう。萩原君がカナダの領事連に会うため来たので公邸に泊める。アイクの病気が發表されて大きなニュースとなる。

❖**一一月三〇日(土)**　昼は自分が主人役で日本に長く居たルクセンブルクの大使夫妻やベルギーのシバルリー公使夫妻、その他、英米人を五、六組招んで楽しく会食。夕方は家族と共に雨もあがったので動物園やらダウンタウンのクリスマス景気やらを見物。

❖**一二月一日(日)**　館員とゴルフのコンペティションとてイ

ンディアン・スプリングのコースに行く。寒い日とて手がかぢかみ打てず。叩きに叩いた。午後は風呂に入って新聞讀みで時間をすごす。

❖**一二月二日（月）** 夕方、アドミラル・バークのコクティルに出席。夜宮崎章君が日本へ帰国の途中、立寄ったので食事。

❖**一二月五日（木）** 昨日の大雪が嘘の様に晴れてしまった。但学校は休みで明子も和夫も悠々と家に居る。夜は日本の司令官をして居たレムニッツァ大将夫妻を主賓とし日本関係の軍人を招待して会食。お客さんを送り出して外へ出ると眞白に降り積んだ雪に十五夜の月光が降りそゝいで美しい景色であった。

❖**一二月七日（土）** ゴルフを予定したが雨で措置なし。官補連を集めてブリッヂ。

❖**一二月八日（日）** 庶務の整理。クリスマス・カードの發出で午前をすごし午後はテレヴィジョン。

❖**一二月九日（月）** 昼、商務次官ウィリアムス氏やオレゴンから来たブランデンカーラ氏夫妻を食事に招待し午後四時過ぎのキャピタル機でシカゴに向う。ファーム・ビューロー・フェデレーションの講演をするためである。実飛行時間二時間二十分位でシカゴに着く。

❖**一二月一〇日（火）** 朝、ビューローの人の案内でスウキフトの工場を見に行く。ペンは広壮で家畜が沢山入って居た。この頃は工場を見せない相であるがビューローの顔で社員が一人案内についてくれる。午後二時からオペラ・ハウスの会場で喋った。千人以上入って居たらうか。ライトが眩しく自分に向けられこちらからは聴衆のリアクションが一切見へないので喋りにくかった。少し早口に喋りすぎたと思はれ余り成功ではなかった。夜は曽野君の斡旋で有力邦人一世、二世連と支那料理店で会食後談話。

❖**一二月一二日（木）** ネトーの会議が迫っているので新聞等を照会して自分の観測も交へ長文（約三十頁）の電信を本省に打って置いた。このため今日一日作業したが仕事のあとは気持ちのよいものである。

❖**一二月一四日（土）** ゆっくりした週末。アイクは昨日の飛行機でネトーの会議に出席すべくパリに向け出發した。今度の会議は重要な会議であり、ソ聯のこの会議をコンフューズせんとする努力も極めて著しい。クリスマスカードの大分日本から来たが日本人のクセに横文字で英文の挨拶であるから余り難有《ママ》くはない。

❖**一二月一六日（月）** 夜、ジャパン・ソサエティのセーヤーさんの自宅に夫婦で招待される。ロバートソン夫妻、〔カボット・〕コヴィル夫妻等が来ていた。

❖**一二月一七日（火）** ヴォイス・オブ・アメリカのため日本

向け録音放送をする。夜、ウヰークス商務長官始め商務省の首脳を夫婦でブラック・タイのディナーに招待。盛会であった。

❖**一二月一八日**(**水**) 夜、国務省の日本語の出来る役人十五、六名を招待し、こちらも若い館員を招んでスキ焼会を催す。

❖**一二月一九日**(**木**) 午後、ロバートソン君と会見し四十五分位要談。

❖**一二月二〇日**(**金**) 夜、公邸で今度帰国の大畑君夫婦のための送別晩さん会を催す。

❖**一二月二一日**(**土**) 久しぶりに温い日。午後は下田君とゴルフ。

❖**一二月二三日**(**月**) 午後、ジョーンズ君(ロバートソン休暇中)に国務省に来てくれと呼ばれ防衛分担金の問題で話合う。夜は分館でローカル・スタフの職員が招待してのクリスマスの会合あり。自分も一寸顔を出してエグノグを飲む。テレヴイジョンでアイクとダレスが約三十分間、ネトー会議の様子を国民に報告したのを聴く。それが終ってからクリスマス・カロル。静かなクリスマスではあるが、何とはなしに国際情勢は穏やかでないクリスマスである。

❖**一二月二四日**(**火**) クリスマス・イーヴとて公邸の使用人を二階に招んでクリスマスの祝いを述べ心ばかりのプレゼントを贈る。午後は休みなので下田君を誘いゴルフ。本年も愈ゝ暮れ様とする。今年も多事であった。自分はスッカリ、マニラ生活の設計をして新公邸に一、二年は落付き、その間家族は東京・マニラ間をシヤトルする心算で居たところが思いもかけず八ヶ月でマニラからワシントンに変った。本年一月はアジア公館長会議が東京で開かれて一時帰朝。それから帰任。ダヴァオ方面への旅行も面白かった。三月マグサイサイの不慮の死あり。芦田さんが東京から飛んで来る。自分もバンコックのエカフェで会議中であったが慌てゝ帰任。四月になって駐米大使を拝命。天長節のリセプシヨンを終へてからマニラを引揚げ。東京に三週間滞在。岸訪米のデッドラインがあるためこれから六月下旬までは全く忙しかった。着米匆々、岸さんが来て出迎へにサンフランシスコに出かけたり、見送りにロスに出かけたり東奔西走。夏の家族伴れの自動車旅行も始めての米国のこととて楽しかった。モーテルに泊る気分もよい。やがて秋となり藤山外相が来米したので又ウエストに出かけた。各地で講演を行い、ニューヨーク、シカゴ、ニューオルリーンズ、シヤトル、ポートランド、サンフランシスコ、ロスアンゼルスと公館の所在して居るところには六ケ月に足跡を全部印した。仕事も可なり忙しいが追はれる様なことはなく、又、面白い。来訪者も多いがこの程度なら困ることもあるまい。要するにこの半年間新しいポストで大に楽しくやって居るわけで、来年、俊夫が来米すれば家族も揃ふし、此処で少し落付けば家族の教育にも好都合だし、生活も安心である。新しい年に我々が健康であることを望むのみ。

❖**一二月二六日(木)** 正午、メトロポリタン・クラブにN.Y.タイムスの〔ジェームズ・〕レストン君と会食しつゝ「ネトー」の観測をきゝ、午後は上院にヒッキンルーパー議員を訪ねて四〇分程時局話しをし、午後四時半国務省のエルブリック次官補から三十分程ネトー〔NATO〕の話を聴取。これ等を取りまとめて二十頁ばかりの電報を出して置いたし、別に観測電をも發出して置いた。

❖**一二月二七日(金)** 夕方、マックルーア、ボードリッヂの諸君を招んでブリッヂ。此の両人仲が悪いらしくこの会合は余り成功ではなかった。

❖**一二月二八日(土)** 午前ゴルフ。夕方から公邸で家族同伴、館員の忘年会で十一時頃まで賑はった。

❖**一二月三〇日(月)** 昼、独身の新聞記者のみを招待して年越ソバを喰べる。

❖**一二月三一日(火)** 午後、ジム・サッカラとゴルフ。子供は夕方は日本人のパーティに招ばれて外出。自分達二人でテレヴィジョンを見たり、雑談をしたりで一九五七年を送る。

1957（昭和32）

1/11	英首相にハロルド・マクミラン（保守党）就任（～63/10/19）
30	ジラード事件
2/25	第1次岸信介内閣成立（～7/10）。ダグラス・マッカーサー2世、駐日米大使に就任（～61/2/12）
6/16	岸信介首相訪米（～57/7/1）
7/8	砂川事件
8/27	東海村原子力研究所で臨界
9/4	リトルロック事件（米公民権運動）
28	外務省が初の外交青書を発表
10/4	ソ連、世界初の人工衛星スプートニク1号の打ち上げに成功（スプートニクショック）

▲

1958 昭和33年

1/31	米、初の人工衛星エクスプローラー1号打ち上げ
5/2	長崎で中国国旗引降し事件発生
22	第28回衆議院議員総選挙（自由民主党：287、日本社会党：166ほか）
6/12	第2次岸信介内閣成立（～60/7/15）
23	第2次台湾海峡危機（金門島砲撃事件）
7/15	米、レバノンに出兵（～58/10/25）
10/4	日米安保条約改定交渉開始
11/27	皇太子明仁と正田美智子の婚約発表（ミッチーブーム）

▼

1959（昭和34）

1/1	キューバ革命
8	仏大統領にシャルル・ド・ゴール（新共和国連合→共和国民主連合）就任（～69/4/28）
3/10	チベット蜂起
4/10	皇太子明仁と正田美智子結婚
27	中国の国家主席に劉少奇選出される（～68/10/31）
5/11	ジュネーブで米英仏ソ4ヶ国外相会議開催（～6/20、7/13～8/5）
6/2	第5回参議院議員通常選挙（自由民主党：132、日本社会党：85、緑風会：12ほか）
8/13	在日朝鮮人帰還のための日朝協定
9/25	フルシチョフソ連首相がアイゼンハワー米大統領と会談
26	伊勢湾台風が本州に上陸
30	中ソ対立表面化
12/14	北朝鮮への帰還事業開始

1960（昭和35）

1/19	[illegible]新安保条約調印。[illegible]激化
[illegible]	日本[illegible]会党の一部が[illegible]民主社会党を結成

1 9 5 8

❖一月五日（日）　寒いのでゴルフを十一時まで延ばし少し暖かくなったので大分着込んでチェヴィで下田〔武三〕君と遊ぶ。この数日間寒さきびし。

❖一月七日（火）　此の頃は仕事は至って閑散。但夜は〔サミュエル・〕ウォー夫妻始め輸出入銀行の幹部連を食事に招待。

❖一月八日（水）　今晩はボッグス委員会の〔ヘール・〕ボッグス夫妻。〔ジョン・〕バーンズ夫妻（共、ウィスコンシン選出）、〔アントニー・〕サドラック夫妻（共、コネティカット選出）の人々と会食。貿●●大分電報の種を仕込んだ。

❖一月九日（木）　大統領が再会の議会で年頭の教書（State of the Union Message）を演説するので外交団も招待された。但ソ聯や衛星国大使は欠席して目立ったが、演説の内容があの通りでは黙って聞いても居れぬ訳なるべし。アイクは正十二時三十分全員起立裡に入場、血色もよく元気相に見えたが昨年自分が信任状を提出した当時、岸〔信介〕さんがゴルフをやった当時に比し流石に何となく老人らしい容貌になったことは争はれない。演説は四十五分位つゞいた。アイクの言語障害が医師に取沙汰されたが聞いて居るとそれを感ずることは一回もなかった。時々例へばrenewという様な言葉を言い直しては居たがこれは普通の言い直しで健康によるものではなかったらう。途中経済的な具体問題で少しモタついて疲れた様なこともあったがそれも大して目立たず最後には医学等の限られた分野に於ける米ソの協力の可能性を論じて平和への希望をつないだ。相手はバイパーティザンで十何回か拍手のため演説がインタラプトされたが、心なしか互恵通商協定の延長や経済援助をgiving awayと批判するのは当らずと主張した辺の拍手は少し物足りなかった様だ。まづ〳〵上出来の演説であったと思はれた。但十五分位滑り出しに軍事を論じた後、経済問題に入ったがそれもソ聯に対抗しての経済問題であり暫らくして又々軍事に逆戻り。演説は終始Ballistic missile, strategic Air Command, Aggression, retaliation Powerという物騒な字句に終始して国際政局の前途多難なるを思はしめられた。午後国務省に〔バーク・〕エルブリック氏を訪ねて米国の対ソ回答の内容を聴く。

❖一月一二日（日）　讀書、ドライヴ。夜はテレヴィジョン。

❖一月一四日（火）　正午輸出入銀行の副総裁スタンバウ氏外五名が今度日本へ視察旅行に行くというので公邸に食事に招待した。夜はユージン・マイヤー氏夫妻（ワシントン・ポストの所有者）に招待されて食事に行く。ルクセンブルグの大使夫妻、〔エズラ・〕ベンソン長官夫妻、〔アレクサンダー・〕ワイリー上院議員夫妻等が居て大変よい会であった。

❖一月一五日（水）　「成人の日」とあって役所は半日で午後

はシルバー・スプリングにゴルフをやりに行く。三等になった。夜はラオスの大使館でラオスの総理大臣が来ているというのでリセプションあり。一寸顔を出してから隆と二人で「ナショナル」（芝居）を見に行く。

❖**一月一六日（木）**　昼、鍋島〔直紹〕佐賀県知事を招待会食。午後はデスヴァニンの案内で日本からモーターボートの船型の部分（エンジンは米国製で取りつける）を輸入して居る商売人から模型の寄贈を受ける。

❖**一月一七日（金）**　夜儀典長〔ワイリー・〕ブュカナン君の邸で夫妻が会食を催す。テーブルが五つか六つ出来る程の大人数で、十名前後の大使の外に〔リチャード・〕ニクソン副大統領夫妻、〔ニール・〕マッケルロイ国防長官夫妻、〔ウィリアム・〕ロジャース法務総裁夫妻、アレン・ダレス夫妻、スタイルス・ブリッヂ上院議員夫妻、マーティン下院議員等が出席し大した会合であった。食後ダンスまで始まり自分等は途中で引き揚げた。

❖**一月一八日（土）**　午後ベテスダで下田君とゴルフをしたが寒い日だった。

❖**一月二一日（火）**　寒いゴルフの故か風邪をひいて了った。今日は昼、シエラトン・カールトンでウェスティング・ハウスのノックス氏に招ばれて居たが断る。そして寝込む。

❖**一月二三日（木）**　夜無理して起きてジョージタウン大学総長〔エドワード・〕ベン博士を主賓とする宴会に出席して務めたが一寸疲れた。

❖**一月二四日（金）**　午前今度世界旅行の途中日本にも立寄るというのでチェイズの総裁〔ジョン・〕マックロイ氏が訪ねて来たので会う。夕方昔、外務省や在米日本大使館で働いて居たというマックグルーという老夫妻にチェヴィ・チェーズの家に招ばれてお茶。みぞれが降り出し寒い日になった。二、三の約束があったが全部取り消して家で静養。

❖**一月二六日（日）**　十時セント・マシュースで米ソ関係の良好を望み世界の平和を祈念してのレッド・マスあり。隆と共に出席。外国大使が十名位来て居た。夜のインドの国祭日は代理に参事官にリセプションに出席して貰った。

❖**一月二七日（月）**　夜、メトロポリタン・クラブでボード・オブ・ガヴァナースが名誉会員である各国大使を招んでの会会食あり。三、四十名の大使が出席。仲々盛会であった。自分も出席。各大使に一人宛世話人がついて自分の世話人はシモンズが見てくれた。

❖**一月二八日（火）**　夜公邸で原子力委員長〔ルイス・〕ストローズ氏夫妻以下原子力委員会の人々を招いてブラック・タイのディナーを催す。〔ウィラード・〕リビー、〔ジョン・〕フローバーグという委員連も夫人と共に出席した。

❖**一月二九日（水）**　午後世界銀行に出向いて川崎製鉄が九百

万弗《ドル》の借款を行ったのを政府が保証した関係上保証状に調印する。

❖**一月三〇日（木）**　芦野氏が公正取引委員会の人々と来米したので夜公邸に招んで会食。芦野氏は約一週間公邸に泊って貰う。風邪の工合漸く少しよくなり元気回復に向う。

❖**一月三一日（金）**　昼、ブュカナン君の紹介でアイルランドの大使をして居た由のガーレット夫妻が今度日本へ観光に行くというので公邸で会食。五時、〔ウォルター・〕ロバートソン氏を国務省に訪ねて日本品の輸入制限問題でリプリゼンテーションを試みた。一連の制限運動を日本が重視して居ることをインプレスした心算である。夜は芦野氏を案内してナショナルに芝居を見に行く。出しものはIra Levinの新作、"InterLock".

❖**二月一日（土）**　今日は久しぶりでゴルフをやる心算で居たところ夜半からの雪が相当積りお流れ。午前中は昨日のロバートソンとの会見電を本省に送る。夕方は〔ジョセフ・〕グルー爺さんのお孫さんの結婚式というので近くのクラブで行はれた披露宴に臨む（リセプション）。

❖**二月四日（火）**　今度日本へ行くというGen. Cummingsという人を昼食に大使館に招待した。温厚な人。夜はセイロンの国祭日。

❖**二月五日（水）**　夜、佐ナギ〔佐薙毅〕空幕長が米空軍幕僚長ゼネラル・〔トーマス・〕ホワイトに招待されて来米したのを機にホワイト将軍がボーリング・エア・フォース・ベースで夫人同伴のディナーを催したのに自分も隆と共に出席。食後は日本へ行った空軍音楽団の演奏やら合唱やらがあって和気藹々の会合であった。

❖**二月六日（木）**　公邸で佐薙氏を主賓とし空軍の参謀副長〔カーティス・〕ルメー将軍等を招いて会食。

❖**二月八日（土）**　夜、サッカラーに招ばれて彼の家へ非公式の食事に行く。

❖**二月一〇日（月）**　昼は〔ロバート・〕マーフィ副次官とメトロポリタン・クラブで会食しつつ日本品の輸入制限傾向についてボブに説明し米側の考慮を求めた。夜は八時からホワイトハウスで外交団のための大統領夫妻の食事会あり。本夕と明夜の二つに外交団が分れて招待され、今日は奇数のグループの人々のみが出席。ドワイヤンのニカラガ大使もデコレーションをつけて出席。自分はカナダ大使の〔ノーマン・〕ロバートソン夫人の手をひいて食堂に入る。大統領夫妻が食堂に入る前一々各国大使夫妻と握手したので自分が「ゴルフをレジーユムされた由で芘ばしい」と一言、言ったけれども客年夏の岸総理とのゴルフは思い出さなかったらしい。ゴタ〳〵して居たから無理からぬ。食卓の装飾は流石に立派。食事も喰べ切れぬ程。何回かコースが出た。食後は参事官級の人々も参加して別室して陸軍のコーラス隊の合唱をきいて十一時すぎ思い思いに辞去。

❖**二月一一日（火）** 十二時半農務省に〔エズラ・〕ベンソン長官を訪ねて日本品輸入制限、殊に金属食器の輸入制限問題につき農務省の立場からの努力を申入れて置いた。午後はニューヨークから来た田辺三菱支店長と久しぶりにチェヴィでゴルフ。余り寒くなかったので楽しかった。夜は今度帰朝して朝鮮問題を主管する由の井上〔孝治郎〕前アルゼンティン大使夫妻が立寄ったので歓談。同氏夫妻は子供一人と共に公邸に宿泊。

❖**二月一二日（水）** リンカーンの誕生日。新潟県燕の金属食器輸入制限問題に関聯し燕の市長始め十人の人々がワシントンにやって来たので懇談後昼食を共にする。この問題は燕の生死に関する問題であるので騒然としたが大使館は十名もつながって来る要なしとの意見を電報して置いたわけである。幸い市長も一行の人々も物判りは相当よい様であったのは結構であった。夜はマグナッソン博士（外科の大家の由）夫妻に招ばれる。

❖**二月一三日（木）** 午後ホワイトハウスにシャーマン・アダムスを訪ねて金属食器輸入制限問題にて懇談〔1〕。三十分ばかり会ってくれたし経済顧問の〔ガブリエル・〕ハウゲ氏にも会ったらということで電話してくれたので同氏にも会った。全力は尽した心算。本省も判ってくれたらう。夜は〔ジョン・〕スパークマン氏夫妻を中心とし上院議員の〔マイケル・〕マンスフィールド夫妻も来てくれて大使館でディナー。この夜は米国人の夫妻が数が少なかったため話しが余りはずます成功ではなかったと思はれた。

❖**二月一五日（土）** 朝から雪が降り出し夜には大分降り積って今晩は十六年来の大雪となり積雪量は十二インチと發表された。生憎空軍のロヂャース中将宅に招ばれて居るのでチェインをつけて漸くボーリングの空軍基地に辿り着いたところが相客の人々は何れも雪でキャンセル。結局自分等二人がロヂャース夫妻と食事というおかしなことになってしまった。帰りは十時頃迄一組のお客さんが辿りついたのを機会に席を起って帰宅。途中は大変な雪で多くの車が立

1――一九五〇年代半ば以降、日本製品の対米輸出は急増していた。なかでも新潟県燕市が一大産地であった金属洋食器に対して、米国では輸入制限を課す運動が起こっていた。この輸入制限枠をめぐり朝海が農務省及びアダムス大統領補佐官との折衝に努めた様子が分かる。

往生して居た。

❖二月一六日（日） 雪は止む。午後から国務次官の〔クリスチャン・〕ハーターさんに招ばれて同氏邸でブリッヂ。夜の食事には隆も参加。ハーターさんからアルヂエリア問題の話を聞いたので夜遅く公邸から電報を出して置いた。

❖二月一七日（月） 今日は午後ハヴァフォードの大学へ行く予定にして居たところ（隆が共に）大雪は依然として解けず。今日は風も相当強く、政府も学校も休みとなったのでBarton学校長と打ち合せてハヴァフォード行は取止めとした。従って午後と夜は久しぶりにゆっくりした時をすごす。

❖二月一八日（火） 夜七時半からリセプション八時からのディナー（ホワイト・タイ）で旧ドワイヤンのノルウェー大使Morgenstern夫妻を各国大使夫妻で送別する。この人は確か一九三四年頃から館長（最初は公使）をして居たというから驚ろく。散会したのは十一時すぎであった。

❖二月一九日（水） 朝の列車が雪のため運行休止となり六時四十五分發の早い列車にしたので相当の早起きとなる。この列車にはプルマンはついて居なかった。途中はまだ一面の雪景色。二、三の川は泳いで渡れると思へる程厚い氷が張りつめて居た。隆同行。正午すぎ大分遅れてニューヨークに着。ドレーク・ホテルに落付き日銀の藤沢君の案内で日本人クラブで開かれた如水会会員の自分の歓迎会に出席。五、六十名の人が来て居た。多く商社の人々で昭和二十年代の卒業生が最多数。自分は單に大使としてのみならず昭和四年なので年代から言っても最古参であったのには驚ろいた。吉次〔利二〕君が商用で来て居るのにも此処で落合った。十分水入らずに歓談して三時頃散会。六時にホテルに東銀の太田氏夫妻が迎へに来てくれた。同氏の招待でメトロポリタンに「蝶々夫人」を見に行く。メトロポリタンで夕食。大分日本婦人が日本服で来て居る。今日は日本大使夫妻は焦点になるわけである。八時から開演。大したものであった。自分の席は舞台正面の桝で太田氏が日本大使が来るというので劇場側もサーヴィスしてくれたらしい。

❖二月二〇日（木） 午前の列車でワシントンへ帰る。この列車は定刻に走ってワシントンに帰着。午後は内務長官を往訪。夜はシェラトン・パーク・ホテルで開かれたNational Conference of Christian and Jewsというのに出る。内務長官に招ばれた関係で出席したのだが外国大使はフィリピン、朝鮮の外、ドワイヤン位のもの。あとは代理で出席しなくともよい会と思はれた。連日、遅い夜と早い朝がつゞいたので少し疲れた。

❖二月二一日（金） 昼は今度日本へ行く商務次官のウイリアム氏を招んで会食。夜は種谷夫妻の送別会。旅行の準備。

❖二月二二日（土） 信任状を呈出すべくヘイティへ行く。十一時半ワシントン發のナショナル機で隆と共に出發。ワシントンには雪が醜く溶け残って居た。外套は見送りの鈴木〔源吾〕君に渡す。四時近くマイアミに着。今まで空港に着くと誰か世話をしてくれるが今日は全部一人でやらねばならぬと思って居たところ、航空会社の役員が大使に敬意を表してくれ色々庶務をやってくれた。

❖**二月二三日（日）** 朝、隆は教会へ。ゆっくり朝飯をすませてからホテルを引拂い飛行場へ。中南米へ飛ぶパンナムの待合室は英語、フランス語、スペイン語各種各様の言葉と人種で騒がしい。予定の通り十二時近くに離陸。海上を飛び昼食をすませてウト〳〵すると二時すぎにはもうハイティに着いた。羽澄〔光彦〕君とキューバの福島〔茂吉〕君がハイティ外務省の儀典課員と共に出迎へてくれ差廻しの自動車第一号でHotel El Ranchoに向う。夜は案内人をつけて自分等二人と福島、羽澄君でダウン・タウンに土地のダンスを見に行く。土人のダンス。アナウンサーの女性が黒人乍ら英佛語で明快に司会して行くところ一寸奇異な感じがした。

❖**二月二四日（月）** 泊り客はホリデーとて半裸体。自分は十時に外務大臣を往訪するのでキチンと洋服を着たのが調和がとれず、おかしい位。知り合になった米人夫人にどうしてそんなにキチンとするのかと皮肉られる。十時外務省を訪問。モダーンだが安っぽい小さな建物。これなら省員も日本の外務省の一局ほども居るまい。外務大臣はBeauvoirという六十歳前後と思はれる黒人。一寸ガットの話をしたが（ハイティは日本とガット関係に入って居ない）余りピンと来なかった様だ。夕方六時から大統領夫人が隆を引見するというので今日は信任状呈出前のこととて何も行事はあるまいと予想して居たので一寸面喰い。隆は大慌てで仕度をして出かけていく。電話の連絡はとれぬ、タクシーは仲々つかまらぬ、新聞はない。で完全なお手上げホリデー。

❖**二月二五日（火）** モーニング（夏のモーニングは一昨年の葉山以来である）にトップハットで福島、羽澄の両君と共に儀典次長の案内でハイティ政府差廻しの車でパレスに行く。軍隊礼砲。ハイティの国家奏楽裡に係官に先導され控室に待つ。一寸して左右の扉が開いて自分は儀典局長と共に参入。大統領Duvalier氏に信任状を呈出。大統領は黒人であるが白髪、温顔で物静かな口調で話し出す。大学教授といったタイプの人。フランス語で明治天皇以来日本に敬意を表して居たと語り、自分は英語で（大統領は英語も出来る）両国関係の緊密化とアメリカ大陸で第二番目の古い独立国に来たことを悦ぶ旨を告げ、十五分位で辞去。帰りは軍楽隊が「君ヶ代」を奏楽。これで仕事を終へてヤレ〳〵と着物を着かえて昼食。午後はどうしたものか激しい下痢で元気なく羽澄君が下町で手に入れてくれたN.Y.タイムスを讀んですごす。午後は八時からブラック・タイでハイティの外務大臣、国務大臣、上下両院議長等を招待してホテルで会食。食卓についたがほとんど食べられず閉口した。

❖**二月二六日（水）** 昨日は福島君も羽澄君も下痢に悩まされた由。今朝は絶食。それでも十時半から英佛米の大使に挨拶に廻り十二時に商工大臣にも会って日ハ貿易関係につき懇談した。先方は砂糖工場を作って貰って日本に砂糖を輸出し決済を考へて居るらしい。午後は今迄でのハイチでの経験を一〇頁ばかりの報告にしたし新聞も讀んでゆっくりと静養。幸いに昼飯は収まったので此の分なら元気で旅行をつゞけられるらしい。

❖**二月二八日（金）** 五泊足掛け六日のハイティ滞在を終へる。宿泊費は目下観光シーズンとて二人で食事附一日七十弗であるから高い。十二時四十五分發のパンアム機で一同出發。この飛行機はトロヒリヨまで四十分しかゝらない。機上で大急ぎの昼食。ドミニカに着いたらば吉田〔賢吉〕大使夫妻、館員の外、ドミニカ国の儀典局員が出迎へてくれた。

❖**三月一日（土）** 九時大使館事ム所に顔を出す。吉田君の案内で外務省に大臣を訪問。昨日儀典局長官を出迎へしめたことに対し礼を述べ十分程懇談。

❖**三月二日（日）** 午前中吉田夫妻の案内で市中見物。公邸で簡単に昼食後、吉田夫妻と館員に見送られて飛行場を發は二時に近かった。途中、ポート・オブ・プランスに少憩の後、双發の速力の遅い飛行機でハバナに着いたのは六時すぎ。神田〔襄太郎〕大使夫妻が出迎へてくれた。ハバナの町は綺麗だ。流石に大都会である。海岸に面したEl Hotel Nacional de Cuba に投宿。

❖**三月三日（月）** 午前ホテル（このホテルは出渕〔勝次〕が駐米大使時代兼任キューバ公使として滞在。信任状を呈出した）から近くの大使館事務所に赴き神田大使に敬意を表し次で福島君の案内で市中見物。議事堂は米国のそれを模して一九二〇年代に建てられた相であるが議事堂の扉の一つに銅細工で絵が彫りこんであるがこの人物の二人の顔が反対党の人々により削りとられて居るのはキューバらしい。市中は仲々立派。アメリカ式の近代的高層建築もあるし、スペイン風の旧市街も面白し。昼はカントリー・クラブで神田夫妻に魚料理を御馳走になり椰子吹く風の下で雑談。夜はトロピカーナというカバレーへ行く。豪奢な踊りは流石に世界一を誇るユニークなものであった。

❖**三月四日（火）** 神田夫人と福島夫人に見送られ十時近くに離陸。マイアミに向う。マイアミまでは一時間足らずの平穏な飛行。此処で入国の手續をすませ飛行機を乗り換へ。

ワシントンへ着いたらば午後の五時。役所で若干の仕事をすませる余裕があった。夜は久しぶりに子供と一緒に食事。ワシントンにはまだ雪の残っているところがあった。

❖**三月五日（水）**　一瀉千里に溜って居る電信書類手紙を片附け雑誌新聞に目を通し床屋に行き忙しいこと。午後は総理特使といううるさい肩書きでワシントンに滞在中の鮎川〔義介〕氏をメイフラワー・ホテルに訪ねて敬意を表し、夜は公邸でこのお爺さんのための晩食[2]。

❖**三月六日（木）**　午前幹部会は久しぶり。午後は国務省にエルブリック氏を訪ねて米ソ関係の現状につき三十分ばかり話す。

❖**三月七日（金）**　午前八時半離陸の特別機（GE所有）でヂェネラル・エレクトリックス社の案内でスケネクタディの同社工場を見に行く。一時間廿分位で着くが途中から下に雪が見へる。本社で話しを聞いてから（社屋には日章旗を立て〻歓迎）工場内を見学。此処からは東京電力や中部電力が大分買物をして居るので歓待する。昼食には会社の首脳の外に市長やカレヂの学長やら土地の有力者も出て来て参加。相互に挨拶の交換あり。午後は研究室（研究に年三千万弗かの金を使う相である）と原子力研究所を見せて貰ったが猫に子判の観あり。手厚い歓待を謝して四時半頃此処を辞去、ワシントンに帰った。ワシントンでは本日金属食器に関する大統領の声明があった。日本は五百五十万打に年間の対米輸出を自制しその代り米は関税委員会の勧告に不拘、関税は引き上げぬことに決定を見たのでこれは大成功、ホッとした。夜、吉次君が来て泊る予定であったが風の由で来訪は延期された。

❖**三月八日（土）**　午後、久しぶりで館員とゴルフ。余り当らず。

❖**三月一〇日（月）**　鮎川氏のために公邸でリセプション。米側からは余り大した人は来なかった。

❖**三月一一日（火）**　鮎川氏を案内して午前は〔チャールズ・〕ウイークス商務長官に会い、午後はハーター国務次官に会った。

❖**三月一三日（木）**　昼、〔J・グラハム・〕パーソンス（副次官補。但ロバートソンは不在）が主人となり鮎川氏がブレア・ハウスに招ばれる。米側も局長級の人々数名が出席。今度インドネシアからチェコに転任になる〔ジョン・〕アリソンが

2――戦前日産コンツェルンの創始者であった鮎川義介は、戦後は中小企業政治連盟総裁を務めており、アメリカの日本商品輸入制限運動を緩和するために岸首相から依頼を受けて渡米していた。

顔を出して居たが口数も少ないし余り元気なく面白くもなかった。夜は〔ジョン・〕マックルーアの招待でフィルド・サーヴィスのベネフィットの"Bridge on the river K'wai"を見に行く。これより先き、早川雪舟がワシントンにやって来たので自分もつかまり四人でメトロポリタン・クラブで会食。自分等は早川氏と一緒に会場に乗りつけたので自分の心配して居たパブリシティをさけるという方針と一致しないと思はれたが幸い翌日の新聞には何も出なかった。この映画の筋は英国魂の發揮。英国のガッチリした仕事振りを日本の費用に於て観衆に植へつけるにある。前半の雪舟扮するところの斎藤大佐と日本軍の捕虜虐待は目に余るものあり。

❖**三月一四日(金)** 午後、国防長官のマッケルロイ氏をペンタゴンに訪ねて敬意を表する。愛想のよい好紳士。

❖**三月一五日(土)** 誕生日。赤飯を岩井君にたいて貰って一家で祝う。

❖**三月一七日(月)** 鈴木〔大拙〕、久松〔真一〕両博士がワシントンに来たので大使館で食事。

❖**三月一八日(火)** 午後久しぶりにゴルフ。少し寒くて春未だ浅し。「朝日」の中村君を相手にしたが割合に当った。

❖**三月一九日(水)** 午後新任ソ聯大使の〔ミハエル・〕「メンシコフ」氏が挨拶に来た。東西巨頭会談の急務を説き、ソ聯周辺の基地をソ聯は一、二時間で叩き潰して見せると凄味も利かせ日本がソ聯と国交を回復したのはright directionに進むものとオダて上げ二十分位喋って行った。

❖**三月二〇日(木)** 午後四時国務省にロバートソン氏を訪ねて(先方の求めにより)約一時間会談。日本と中共との貿易協定に関連し台湾側が中共の日本に於ける国旗掲揚に異議を唱へ出した[3]。この問題につき米政府を関心を示して来たわけである。沖縄問題についても率直に意見を交換した[4]。六時半から約一時間東京を中心としてワシントン、ニューヨーク、パリ、ロンドンを結び出先の大公使から駐在国の模様を聞くというNHKの企劃に引っぱり出された。空中状況よろしからず「モシ〱・・」で要領を得ず。話し出しても聞いて居るのやら居らぬのやら手応へなく聾に話をして居るに似たり。引きつゞき少し遅れたので言訳をし乍らアンダーソン・ハウスで開かれたCol. Hanke夫妻の招宴に臨む。ニューヨークに住んで居り浅野良三氏の親友とのこと。昨日から降り出した雪は三、四吋《インチ》積り大した量ではないと思はれたが少し重いのだ相で交通も乱れ電気も停ったところがある相でワシントンは相当の混乱。来週桜祭りというのに桜までは程遠い。

❖**三月二一日(金)** 昨夜ドミニカ吉田大使夫妻子供と共に帰朝の途次官邸に泊る。今日は春分の日とて午後は休む。夜、商務次官補ミューラー氏が友人をコングレショナル・クラブに招んだのに出席。（略）この辺は未だ大分雪が深かった。外交官は外に居なかったので面白かった。鮎川氏の出發（帰日）の時間が遅れたので十一時半、ホテルに出かけ送別して来た。

❖**三月二三日（日）** 吉田君の子供さんを午後、動物園に連れて行ったが折柄の日曜好天気で相当な人出。車をパークする所を探して居るうちに閉園に近くなってしまった。夜はパキスタンの国祭日に一寸顔を出した後、吉田夫妻をもてなす。

❖**三月二四日（月）** 夜一寸ジャパン・ソサイエティの総会に顔を出した。

❖**三月二五日（火）** 午後は桜祭りでポトマックで日本の燈籠に火入れ式がある予定であったが雨で延期された。夜はディストリクト・オヴ・コロンビアのコミッショナース三人とD.C.の有力者を公邸に招んで晩さん。仲々盛会であり先方も㐂んでくれたと思ふ。

❖**三月二六日（水）** 午後一時桜祭り決行にきまる。細雨が降って居り寒いため桜は蕾さへも見せない。大使館から警察のバイクが先導して車を連ねてポトマック河畔の燈篭に至る。式場は寒々として居たが軍楽隊も来て居り準備はよいが雨に対する手当はない。そのうち国務省からロバートソン氏もやって来る。冷たい雨の横なぐりするポトマック河畔で三十分余り式があり終って明子が燈篭の火を入れる（実際は電気のスキッチ）。明子が何遍も新聞記者に注文をつけられて閉口して居た。燈篭は井口〔貞夫〕大使が寄贈したもので一六五一年に松浦肥前守が東叡山に寄贈した歴史あり。二基寄贈されたうちの一基である。寒い日であった。大急ぎで大使館へ帰り熱い茶で身体を温める。午後は三時から各州選出のチェリー・プリンセスを大使館に招んでお茶。五十何名かの美人が付添と共に来た。眞珠の首飾りを自分からD.C.に渡す（これは二十八日に決定されるクキーン

3——一九五八年三月五日に締結された第四次日中民間貿易協定では、中国側が設置する通商代表部の国旗掲揚権を認める内容が含まれていた。そのため日本の中国政府承認につながることを恐れた台湾の国民党政権が強く反発していた。

4——米国統治下の沖縄では米軍による土地の強制収用に端を発する住民の反発が強まっていた。五七年一一月那覇市長選挙では地代の一括払いに反対して当選した瀬長亀次郎をムーア高等弁務官が布令により追放、翌五八年一月の市長選でも瀬長が推薦する兼次佐一が当選していた。

に渡される）。その外、各人に一人づゝ扇子を贈呈し又「藤娘」を投票で〔〔ジェームズ・〕イーストランド上院議員夫人が来て居たので籤を抽いて貰った〕決めた人に贈呈。これはミス・オハイオが手に入れた。

❖**三月二七日（木）** ゴードン（INS）やテーヴィス（AP）といった五、六名の日本関係外人記者に支那料理に招待され歓談。夕方はイラン大使〔帰国〕の送別会に行く。一年のうちに大分大使が変って自分の自動車の番号も着任当初の七十八番から五十六番に昇格した。

❖**三月二八日（金）** 午後、ロック・クリークのゴルフ・コースで向坊君とゴルフ。夜はシャーマン・アダムス夫妻、エルブリック〔国務省〕夫妻、ロジャース夫妻、〔ウィリアム・〕カラハン夫妻を招んで公邸で簡単に会食後、シェラトン・パーク・ホテルで九時から行はれた桜祭りのクヰーン選出のボールに行く。各州選出の美人パレードあり。最後にニクソン夫人がWheel of Fortuneを廻してメイン州のプリンセスがクヰーンと決まる。お客さんが大事な人だけに大分骨の折れた接待であった。十一時半頃途中で散会した。

❖**三月二九日（土）** 久しぶりにベテスダで大使館対日本人在留者のゴルフ試合を行ふ。夜はY.M.C.A.の斉藤氏とセーヤーさんその他を招待。

❖**三月三〇日（日）** 午後、ジェファソンメモリアルで桜祭りクヰーンの戴冠式があり自分が戴冠するので隆と共に出席。

❖**四月一日（火）** 午後、日本と中共の貿易協定に関聯し国旗の掲揚が問題となって居るので国務省にロバートソン氏を訪ねて会談。夕方はカンサー協会への寄附で「カウス・パシフィク」を見に行く。長い映画であるが楽しめた。

❖**四月七日（月）** 夜、〔マクスウェル・〕テーラー陸軍参謀総長の邸で会食あり。隆と共に出かける。外国人は自分等の外ギリシャ大使夫妻であった。

❖**四月八日（火）** 午前九時出發二泊三日の旅行の途に就く。本日はRoanoke (Virginia)が目標。

❖**四月一二日（土）** ブリスという人の金婚式がダンバートン・オークスで行はれたので隆と共に出席。

❖**四月一四日（月）** メトロポリタン・クラブで会員の有志が十一時半頃からブッフェをとりバスを連ねて本年度のベースボール開会式に出席。自分も下田君始め館員とパーソンス、マーカット、デス・ヴァニン、エヴァンスを招待。会合後、グリフィス・ステディアムに行く。これはワシントン紳士の社交の一つである。「オープニング・ゲーム」の後はセネタースは余り強くない〔の〕で紳士方も応援の熱意を失ふ」と一友人が笑って居た。大統領も出席。始球式あり。

❖**四月一五日（火）** 午後沖縄問題でロバートソンに会うた

め時間まで決めて居たところ最後の瞬間に取消しとなり、パーソンスに会ってくれといはれ一寸不愉快になる。而も明日も一日塞がって居て都合がつかぬとのこと。彼は自分を外務大臣とでも感違いして居るのではなからうか。高々次官補が二十四時間のノーティスでも外国使臣に会へぬ程「公用」で忙しいというのは理解に困難である。これで二度目のことなので少し腹が立った。

❖**四月一六日（水）** 十一時半国務省でエル・ブリック君と会見。東西巨頭会談の模様を聞く。明日辺りからモスクワで大使レベルの会議が開かれ本日この会見の直後に米国の対ソ回答も發表されたのでこの会見は機に適して居た。帰館後十五、六頁の電信を書いた。帰館前タイダル・ベーズンを隆と一廻りして満開のワシントンの桜を観賞。手入れがよいので薄紅と白の花が入り乱れて美しい。電報を書き終へてからシェラトン・パーク・ホテルのコートで〔ロバート・〕ルバロン夫妻に招ばれてテニス。よい運動になった。夜はインド大使、メータ氏の送別コクテイルに出席。

❖**四月一七日（木）** 午前九時労働省に長官の〔ジェームズ・〕ミッチェル氏をカーテシー・コール旁々、短期労働者の問題を論じて来た。午後国務省でロバートソン氏と会談、四十五分ばかり沖縄問題を論じて来た。地代一括拂停止の問題である[5]。夜は七時四十分から〔アーレイ・〕バーク海軍軍令部長を主賓としてのディナーを催す。三十人位程の主客だったので極めて賑やかであり和気藹々であった。

❖**四月一八日（金）** 大分忙しかったし今日は約束もないので今度日本へ帰る田辺、向坊両君をチェヴィ・チェーズに案内してゴルフ。

❖**四月二〇日（日）** 昼はジェネラル・アレン夫妻に招待されてチェヴィのクラブで隆と共に招ばれる。合計二十名位のパーティ。夜はアーミー・ネーヴィーのクラブに子供と共にジョンストン君夫妻に招ばれる。

❖**四月二二日（火）** 朝九時四十五分發プルマンでニューヘーヴンに向う。イエールの大学で日米関係につき講演するためである。ニューヨークから先へは初めての景色であるが工場つゞきで余り景色はよくない。夕方は教授や有志学生のコクテイルあり。終って食事。日本へ来てお馴染の水泳の〔ロバート・〕キッパス氏も顔を出した。八時半からロー・スクールの講堂で一席やった。三十分余り喋ってから約三

5――国務省は五八年一月以降、那覇市長選の結果等一連の現地事情に配慮し一括払い方式の再検討を開始した。沖縄現地では四月にモーア高等弁務官が一括払い再検討のメッセージを発表していた。

十分質問あり。色々な質問が出たが雰囲気は極めて友好的であった。

❖**四月二四日（木）** 夕方イスラエルのリセプション。夜は向坊君と田辺君のため送別の宴を催す。公邸の庭の八重桜が満開。天長節まで持てばよいが一寸無理かも知れぬ。

❖**四月二六日（土）** 午後アレン・ダレス、ルバロン夫妻、マーフィ夫人等を招んで手入れの成ったコートで楽しくテニス。桜はまだ美しくテニスコートの一部にかぶさる様。桜の下でブリッヂもやる。今日はエンバシー・トーアの日とて日本の大使館も多数の観覧者が来た。テニス後夜一寸アポストリック・デレゲートのところへブッフェに行く。この人は出渕時代から代表者として此処に居るというから大したものである。宇野数治君が来たので泊める。

❖**四月二七日（日）** 正午隆と共に空港に行く。ノース・ウェストが新鋭機を使用し今日からシアトル経由ワシントン、東京間の直通サーヴィスを始めるというので隆が飛行機のゴングへのリボンを切る。雨が降って寒い日であった。

❖**四月二九日（火）** 天皇誕生日。午前中は下田君とゴルフ。午後はブラ〳〵。リセプションは六時から八時まで。七時頃から雨が降り出し折角自分の發案に拘る提灯をとり込む始末となりゴタ〳〵した。五、六百名の人が来て用意した料理が足りなくなったらしい。

❖**四月三〇日（水）** 正午ジャパン・ソサイエティの例会がプレス・クラブで行はれ、セーヤーさんが議長、上院議員の〔アルマー・〕モンローニ氏が講演した。正午大野〔勝巳〕君〔駐英〕夫人と共に着、公邸に泊る。今晩は館員を集めて会食。

❖**五月一日（木）** 正午英国大使、オーストリア大使、レーシー氏等を夫妻で招き大野君のためにランチ。午後大野夫妻がニューヨークに向け出發したのを見送る。

❖**五月二日（金）** 正午メトロポリタン・クラブで日本へ行くというハリー・カーンと食事。午後はチェヴィで小島新一氏〔八幡製鉄〕とゴルフ。同氏は十一とかのハンディで仲々巧い。ゴルフ後、〔マージョリー・〕メリーウェザー・ポスト夫人の園遊会。豪壮な庭園には百花が咲き乱れていた。此の庭から遠くワシントンの森が障害なしに見渡されて典型的な「借景」。日本式の庭園もある。邸宅も豪壮なものであった。引きつづきイラクの国祭日リセプションに出席。夜は小島社長を主賓として公邸で食事。仲々に忙しい。

❖**五月四日（日）** 出張中の大河原〔良雄〕君がワシントンに来たので午後ゴルフに案内した。同君、公邸に泊る。

❖**五月五日（月）** 朝九時半の列車で俊夫も帯同、ニューヨークに行く。

❖**五月六日（火）** 朝、隆は買物。自分はゆっくり新聞を讀む。十時半演習で空襲警報が發令され不気味なサイレンが鳴り渡り戦時中の東京を思はせられた。間もなく解除。正午東銀の太田氏夫妻が迎へに来てくれ新緑の郊外を車を走らせて一時間。七時、隆と共にニューヨーク市主催の貿易見本市前夜の宴会に出席。〔ロバート・〕ワグナー市長、〔アヴェレル・〕ハリマン知事、各国大使も十名位顔を見せていた。食後、型の如く色々な人の挨拶があって十時半頃散会。

❖**五月七日（水）** 朝大変な雨を冒して十時半までにフェアの現場に着。昨夜と同じ様な顔ぶれで開会式が行はれた。終って日本の陳列場を参観、正午からホテルで自分主催のニューヨークに於ける日本関係の有名実業家とそれに日本人若干を加へて主客廿名余の会食を催した。

❖**五月八日（木）** 夜、大来〔佐武郎〕君夫妻を招待。

❖**五月九日（金）** 日本へ帰る時事通信の佐藤君を招待、食事。午後は新聞記者と会ったり、四時十五分から国務省でロバートソンに会ったり（アリューシャンの鮭捕獲問題）、チェコのリセプションに出たり、仲々忙しかった。夜は日米協会の小松〔隆〕氏夫妻を迎へて日系人の会食（大使館に招待）。九時半からストーンリッヂの卒業生のため父兄会が主催したダンス・パーティがコロンビア・クラブで行はれ自分もリセプション・ラインに隆と共に立たされたのに出席。若い学生がデートをつれて来て十二時までダンス。

❖**五月一〇日（土）** 午後アンドリュース・エア・ベースで米軍の飛行機のエキジビションあり。大変な雑踏で車が進まず到着したらば空軍、海軍の部が終ってしまったがそれでも陸軍の部を見た。

❖**五月一二日（月）** メトロポリタン・クラブで近く退職の農務省ガーネット君と会食。夜はアドミラル・カラハンに隆と共にアーミー・ネーヴィ・クラブに招ばる。

❖**五月一三日（火）** ミネソタの百年祭でスカンヂナビヤの要人連が来米した故か、フィランド総理のリセプション、ノルウェーの総理のためのリセプション、とつゞけて出席。それにジェネラル・コナーのリセプションにも顔を出し、引きつゞき夜は隆の級友のBogue夫人邸に晩飯に招ばれる。隆のフレンヅ時代の旧友が男は夫人をつれ、女は主人と共に出席。この人々にとっては打解けた昔語りの会合であった。

❖**五月一四日（水）** ルバロン夫妻に招ばれてシェラトンでテニス後セイロンの大使の送別リセプションに顔を出し、夜八時から自分が主人で〔アーサー・〕ラドフォード大将夫妻を主賓として晩さん。同大将が昨年末旭日大綬章を受けたお祝いの意味。主なる出席者は同大将夫妻の外、●●●

Ambassador, Sen. Humphrey; Mr. Jacobsen; Mr. Parsons; Mr. Simmons; Gen. Kritakara（シャム武官）; Gen. Hayard–Din等々。

❖**五月一五日（木）**　夜マイヤーさんの宅に晩さんに招ばれる。インフォーマル。

❖**五月一六日（金）**　日本から来た高校生（ミシガンのフリントで開かれた科学のコンテストに参加した由）三名と引率者を招び公邸で朝食。昼メトロポリタンでマーフィ氏と会食し乍ら懇談。同氏がテュニスから帰って来てから始めての会談。色々話しが出来殊に当面の佛政界に対するドゴールの進出問題についても意見が聞けて幸いであった。午後は久しぶりにゴルフ。夕方大急ぎでマーフィ会談電報を本省に出してから八時N.Y.ヤンキース対ワシントンのナイターを若い館員と子供を連れて見に行く。ヤンキースが七対二で勝ち、ワシントンは辛くも二位を保持して居るがゲーム差は四ゲームと開いた。ネット裏のよい席でハンバーガーとコカコラを喰べたり飲んだりして気楽な気持を味った。

❖**五月一八日（日）**　ロバートソン次官補のヴァジニアの自宅で同次官補管轄国の大使を招んで一時半から昼食あり。これは例年のことだ相である。十何ヶ国の大使が夫人と共に出席。自分等も十一時少し前にワシントンを出て新緑の道路を走らせてリッチモンドの同氏邸に赴く。国務省から四、五名の人が来て居た。仲々立派な家だし庭の芝生も美しく遠くに川の流れも見へる。四時頃まで居て順々に退席。家へ帰ったらば七時に近かった。

❖**五月一九日（月）**　オーストリアのチャンセラーが来たのでシェラトン・パーク・ホテルのリセプションに顔を出す。今週は夜の約束を作らず呑気。

❖**五月二〇日（火）**　今年は日米友好通商条約が出来てから百年とあってジャパン・ソサイエティとジャパン・トレード・カウンシルが共同主催でメー・フラワーで日米人有志を集めて会合を催す。セネター・〔ジェイコブ・〕ジャヴィトを主たるスピーカーとしたが自分も五、六分喋った。午後はルバロン夫妻等とテニス。面白かった。

❖**五月二一日（水）**　午後ソ聯大使に答礼。夕方は本省から来た加藤（匡）〔匡夫〕君を案内してチェヴィでゴルフをしたがテニスの疲れか全く当らず呆れたゴルフであった。

❖**五月二二日（木）**　飛行機でダラスへ行く。十時過ぎ離陸。ノン・ストップでダラスに向う。ダラス着は十二時すぎ（時差二時間あり）。ワシントンより少し暑い。ダラスのCouncil of World Affairsの年次大会に出席のためである。飛行場にはカウンシルの代表者の外、此の地で綿花を買って居る四、五名の日本商社の代表者が出迎へてくれた。飛行場でプレス・インタビューの後、ベーカー・オニールに投宿。夜はホテルの一室でコクテイルの後、七時半からディナー。国務次官のハーターさんが二十分程喋り後二十分程質疑応答あり。面白かった。質疑応答の際、自分も引っぱり出されて五、六分喋ったがこれは全く不意討の形であった。兎も角も切り抜けた。十時半就寝だが時差の関係で十二時すぎてゐたわけだ。

❖**五月二三日(金)** 午前十一時からダラスの国連協会会合あり。自分が約三十分程喋り、後質疑応答あり。司会者はナッシャーという人。婦人が多く七、八十名の人が来ていた。午後二時ホテルを引拂い一夫人のドライヴで約百哩《マイル》あるウイチタ・フォールスへ車を連ねる。この前にワシントン大使館に連絡し、日本の総選挙結果を確めたところ略《ほゞ》自民党が現状に近い議席を確保したことを知る。岸首相も藤山〔愛一郎〕外相も当選す。広漠とした草地を眞直ぐに立派な道が走って居るところを飛ばして五時半ウイチタ・フォールスのモーテルに着く。モーテルで少憩の後、十二、三哩離れたランチに行き、chuck-wagonディナーに臨む。ウイチタ・フォールの人々やランチの人々がカウボーイの姿で誇張したサザン・アクセントを使ひ乍ら一行を迎へてくれる。誰も彼も一見旧知の如く肩を叩き合って楽しい。一九四五年マイン・スイーパーで鳥羽の港に行ったことがあるという若いカウボーイが話しかけて来たし、今一人は戦争中、一年間日本語を習ったとのことで日本語で話しかけて来た。更に一人は沖縄の激戦で負傷した陸戦隊で今は保険業をして居ると話しかけて来た。自分もスケヤー・ダンスに飛び入りして一緒に踊る。十時近く一同此処を辞去してモーテルに帰る。

❖**五月二四日(土)** 飛行機が遅れて五時離陸したのでワシントンに着いたのは時差の関係もあり十一時に近かった。日本の総選挙の結果は二十三日の正午にダラスで聞いた。

❖**五月二七日(火)** 午後中村君とベテスダのコースでゴルフ。当らず。夕方はアフガニスタンのリセプションから日本人ゴルフ会の支那飯に臨む。先日大使館側が居留民に負けたゝめ大使館の方から御馳走をさせられたわけである。

❖**五月二八日(水)** 議会のロータンダでアンノウン・ソルヂャースに対する式あり。副大統領始め外交団、上下両院議員等出席。午後はブュカナンの家で外交団のためのコクティルがあったのに出席後、夜は自邸で〔ジョン・〕ロックフェラー〔Ⅲ世〕夫妻を主賓として切抜〔略〕の様なお客さんを招待して会食。仲々盛会であった。

❖**五月二九日(木)** 午後はゴルフ。天気よし。但この頃はとんと当らず。下手クソなゴルフである。夜は胃腸病学会の会議に出席のため来米中の田﨑〔勇三〕博士等を招く。

❖**五月三〇日(金)** 天気よし。午後アーリントンでアンノウン・ソルヂャースの埋葬式あり。午後は公邸に二、三のお客さんを招んでテニス。お客さんは法務総裁のロヂアース、情報局長官の〔アレン・〕ダレスと仲々の豪華版で、ダレスさんから佛国政情の電報の種もとった。

❖**五月三一日（土）**　午後アドミラル・ホーガンとゴルフ。五時半頃から子供とテニス。眞黒になって健康の初夏を楽しんだ。

❖**六月三日（火）**　原子力協定の調印が数日中に行はれるので午前日本向のテレヴィジョンに出る。午後は下田君とゴルフ。夜はトワイライトとナイトの二つの試合がセネタースとキャンザス・レティの間に行はれたので子供や岩井君を連れて観戦。午後六時から十一時すぎまでイヤになる程堪能したが二試合とも面白かった。

❖**六月四日（水）**　午後一時からストーン・リッヂの校庭でFathers Daughters Field Dayあり。明子と組んでテニスに出たが片腕のないプラットという人とそのお嬢さんに負けた。

❖**六月五日（木）**　午後、国務省で〔ダグラス・〕ディロン副次官と会見。紡績問題やら引きつゞく日本品輸入制限問題について懇談した。夕方は独乙の大統領〔テオドーア・〕ホイス氏が来て居りメイ・フラワーでリセプションがあったのに出席。後夕方は子供と共にテニス。

❖**六月六日（金）**　商務省のカーンズ君とクラブで会食、懇談。夕方四時からストーン・リッヂの明子の卒業式に出席。夜はグレネコの遊園地へ子供と一緒に出かけてディッパーなどで大騒ぎをして楽しんだ。

❖**六月七日（土）**　午後チェヴィで日立の原口氏とゴルフ。

❖**六月八日（日）**　ウッドストックの神学生ラッシュさんとグアツアノさんが公邸に立寄り、昼日本食を御馳走する。午後は三留間氏に案内で日本人の禮拝に出席。

❖**六月一〇日（火）**　午後三時半のキャピタル機で隆と共にシカゴに赴く。同地に於ける日米協会が戦後リアクティヴェートされたのに曽野〔明〕君の要請で出席するためである。飛行機は少しゆれたし五十分位遅れてシカゴに着。ワシントンより涼しいドレークに泊る。丁度独の大統領〔テオドーア・〕ホイス氏もこのホテルに泊ってゐた。曽野君公邸で内輪の会食。

❖**六月一一日（水）**　正午　Art Institute of Chicagoでリアクティヴェートされたジャパン・ソサエティの再出發の会合あり。昼食を共にす百人以上の出席者あり。戦争中の会長だったWeddellという人の骨折りで再發足が出来たとの由でウェデル氏がチェアマンにより司会。東京の日米協会の小松氏夫妻も出席。自分も食後講演をさせられた。終って午後は日本人共同墓地（Montrose）で花環を捧げサイエンス・ミウジアム等を見学の後、夜はホテル・ノース・パークで日系人一世、二世の自分等歓迎の晩さん会あり。これも百二、三十名出席して和気藹々の水入らずの会合であり、二世も当地には一万以上あり、全米第二の人口が集中して居り何れも相当に生活して居る様に見られた。

❖**六月一二日（木）** 午後十時半からプレス・クラブでトムソンというトリビューンの記者が司会し十数名の記者とプレス・コンファレンス。昼は自分と曽野君が主人役となり米国人及一世、二世をドレーク・ホテルに招待して会食。自分の挨拶ウェデル氏、ブランデーヂ（昨日日本から帰って来た由）等の挨拶あり。曽野夫妻に見送られて五時の飛行機でワシントンに帰る。ジェット機なので本を一寸讀み、夜の食事をしたと思ったらばワシントンであった。

❖**六月一三日（金）** 午前中世銀で関西電力の借款に調印。次でV. of. A.で一寸放送。昼は人と会食。午後はニューヨークの邦人実業家と大使館側との会合があったのに六時すぎまで出席仲々に忙しかった。

❖**六月一四日（土）** 午前、ニューヨークの邦人で昨夜居残った人々と大使館側とでゴルフ。

❖**六月一五日（日）** 夜曾てアイルランドの米大使をして居た由のガレット夫妻に招ばれる。立派な邸宅である。同氏夫妻は最近日本へ行って来たのでその旅行談を自分等に聞かせたいというわけである。

❖**六月一六日（月）** 朝九時国務省で原子力協定の調印をする。米側は国務省からロバートソン氏、原子力委員会からストローズ委員長が出席した。調印後両氏から準備した原稿に基き挨拶あり。こちらは準備がないので一寸あわてた。昼は日航の柳田〔誠二郎〕社長を招んで会食後、ゴルフに案内した。

❖**六月一八日（水）** 昼目下来米中の〔パウリノ・〕ガルシア衛生大臣（ニノ）夫妻を大使館に招んで会食後同大臣をゴルフに案内した。

❖**六月一九日（木）** 夕方国賓として滞米中の〔カルロス・〕ガルシア比大統領のリセプションがパン・アメリカンで行はれたのに出席。同大統領と夫人に対し久闊を叙しに出かけた。夜はエリク・ジョンストン氏の宴会と映画試写。映画は劇で見た"No Time for Sergent"で面白かった。

❖**六月二〇日（金）** 午前中沖縄から来た来米中の一行の話しを聞き今後の彼等の対米折衝について助言した〔6〕。

❖**六月二一日（土）** 国務省のホームズ・パーマース等とゴルフ。夜はケーフリツ氏夫妻の招待でポリネシアのチャリティで十五、六哩郊外の富豪の邸宅へ出かけたが生憎の雨で屋外でのブッフェは不可能であり、食事をしてゴッタ返した屋内で若干の人々と挨拶をして帰る。

❖**六月二三日（月）**　昼滞華中の石黒〔忠篤〕参院議員を招待、会食。午後は国務省でベッカー君に会ふ。夜はウキークス商務長官のジオーヂ・タウンの自邸に招ばれ会食。〔ケネス・〕キーティング、カーティスといった下院議員連が二、三名その他夫人同伴での食事。

❖**六月二四日（火）**　午後、前参謀総長をして居た〔ジョセフ・〕コリンス大将等とゴルフ。夕方はタイのリセプションから羽澄、波多野両君が今度日本へ帰るのでポロトコルの人々を支那料理に招んだのに出席。

❖**六月二五日（水）**　アフタ〔ガ〕ニスタンの総理大臣がワシントンに来たので同国大使のリセプションに出席。夏になったので外交団のうち二／三位は代理であった。夕方は更にNaval Gun Factory でアドミラル・ベーカーのリセプションがあった。この建物は古い由緒のある建物。

❖**六月二六日（木）**　昼公邸で二見〔甚郷〕知事、羽根〔盛一〕知事、橋本〔凝胤〕管長〔薬師寺〕等を招いて会食。夜はプリミエの映画 Gigi を見に行く。モーリス・シヴァリエ助演。軽妙なミュジカル。

❖**六月二七日（金）**　午前世銀で北陸電力の借款に調印。昼はクラブでロバートソン君と会食。二時半国務省にディロン次官を訪ね、電報が忙しかった。夕方ルバロン夫妻とテニス。夜は滞米中の当間〔重剛〕琉球使節団長等を公邸に招んだ。日本へ帰ってから各方面へブリーフするための資料も略々整理を終へて安心した。

❖**六月二九日（日）**　午後、日曜なので国防長官のマッケルロイ氏を招いてテニス。

❖**六月三〇日（月）**　昼、ブレア・ハウスでハーターさんが沖縄から来て居る代表団を招待。米側から〔ライマン・〕レムニッツア、ロバートソン、〔ウォルター・〕ジャッド、〔ドナルド・〕クオールス等の顔が見へ仲々鄭重なものであった。午後マーフィ氏を国務省に訪ねて一時帰国の挨拶旁々米ソ関係等の情勢をきいた。夜はアドミラル・バーク夫妻に招ばれる。相客が何れも知って居る人々だったので面白かった。

❖**七月一日（火）**　チェヴィで上田君を送別のゴルフ会をやる。眞夏らしい暑い日であった。此の頃仲々当りよし。夜は参事官以上を公邸に招いて事務打合せ傍ゝ会食。テレスで涼風を楽しみながら話し込む。蛍が飛んで仲ゝ味があった。

❖**七月二日（水）**　輪銀の加藤寛一君を昼公邸に招ぶ。午後はフィリピンのゴルフ友達、〔フロレンシオ・〕モレノ建設大臣をチェヴィに案内してゴルフ。夜は公邸に転任の上田夫妻、兼松夫妻を招ぶ。

❖**七月三日(木)** 午前国務省にレーシー君を訪ねて米ソ文化交流の話しをきく。午後は二時から暑い日盛りをN.Y.ヤンキースとセネタースの試合を見に行く。

❖**七月四日(金)** ジュライ・フォースで休み。昼は日本人新聞記者をブッフェに招んだ。東京行きの荷物を整理。午後は子供とテニス。

❖**七月五日(土)** 午前中事務。午後はルバロン、マーフィ夫人等とテニス。暑い日であった。

❖**七月六日(日)** 午後三時發のTWA機で家族や職員に見送られて出發。途中少し荒れたが先ず〳〵午後九時〔三時間時差あり〕サンフランシスコに著。西山君が出迎へてくれた。マーク・ホプキンスに泊る。

❖**七月七日(月)** ホテルで残った会議関係事務を処理。一時半日航機で羽澄官補を帯同日本へ向う。平穏ハワイに着いたのはローカルタイムの七時半で服部〔比左治〕総領事の出迎を受け同氏公邸で十時半の離陸まで打ちくつろぐ。

❖**七月八日(火)－九日(水)** 日附変更線を超して九日午前十一時半予定の通り羽田に着。例によって寫眞斑と新聞記者の出迎へを受ける。燕の市長その他が自分の名前を大書した二棹の大旗をかざして迎へてくれたには驚ろいた。ゴミ〴〵した街を外務省差廻しの車で本省に行く。カムペインの効あってか街を走る自動車の騒音の少いのに気がついた。本省で大臣と次官に挨拶。二時半総理公邸に土田〔豊〕、門脇〔季光〕、武内〔龍次〕、大江〔晃〕、自分の五大使打ちそろって挨拶に行く。四時頃から本省で新聞記者との会談やら対談やらテレヴィにまで出て自分としては会議前にこういうパブリシティをやることには反対であったが余り納得を得ず。九時頃まで食事抜きでブッつゞけにやられて少し疲れた。

❖**七月一〇日(木)** 本日十時から外務省で藤山外相司会の許に会議が始まる。門脇駐ソ、渋沢〔信一〕駐タイ、土田駐アラブ、武内駐独の外自分の五人、それに大江〔晃〕駐蘭、黄田〔多喜夫〕駐インドネシアが参加。本省局長が全部入って仲々の盛会。午前午後ソ聯問題、中共問題を中心として熱心な論議が行はれ夜は大臣の「蜂竜」での招宴あり。久しぶりの日本での日本料理であったが大して美味しいとも思はれなかった。

❖**七月一一日(金)** 会議第二日目。午前は大臣は出られず局

6――米国陸軍省の招きで沖縄立法院議長の安里積千代を団長とし当間重剛琉球政府主席が同行する訪米団がワシントンに到着した。訪米団は自治権拡大等、沖縄統治の改善を強く要請していた。

長から色々報告。午後は大臣司会で経済問題に関する会議續行。夕方次官邸でリセプション。局課長が出席したので久しぶりに歓談。夜は東銀の「新㐂楽」の会に招ばれた。

❖**七月一二日（土）** 会議第三日目。午前中会議。昼は総理官邸で総理、閣僚及党の有力者等と食事を共にしつゝ懇談。午後は車で自宅へ帰る。所々新施設が進行して居るのに気付く。戸塚のワン・マン・ロードの附近も工事して居た。祖母と一年振りで対面。家は奇れいに整頓してあった。それから今夜の会合所箱根ホテルに向う。箱根ホテルに着いたのは七時半。各大使、大臣始め本省の幹部が集合。会食後会議をつゞける。テレヴィは此処まで追ひかけて来てゐた。

❖**七月一三日（日）** 昨日に引きつゞき午前中も会議。仲々の勉強である。中共問題が論議され、日本の中共との外交関係が強くプレシュアとなって現政府に働かされて居ることに気がついた。正午で今回の会議を閉ぢ思い思いに昼食後箱根カントリー・クラブへゴルフをしに行く。自分は岸総理と土田君と組み合ひ、岸さんとは久しぶりのゴルフ。アウトは余り当らず、インも二ホールス。コースに不倣れのためロスト・ボールをしたりして百四を出してしまったが総理とのホール・マッチは勝った。ゴルフ後、奈良屋ホテルの別館で温泉にひたり、気分を味ってから岸総理招待の日本食の浴衣でうちくつろいでの宴会。大臣、次官の外、渋沢大使を除く五人が出席、歓談した。夜は箱根ホテルに泊る。

❖**七月一四日（月）** ホテルを八時半に外相に同乗して出發。途中可なり混んで居たので手間どって東京に着いたのは十一時半に近かった。早速部屋がニッポン放送のため毎日の古谷氏と対談。正午は各大使と半月会で一席喋り、引きつゞき事務打合会に臨み、これが終ってから宮中で記帳し、下江歯科でも一時間歯の治療を受け、夕方は如水会に集って居る十五門会にも十五分ばかり顔を出し、その後第一ホテルに廻り春秋会（河野一郎を中心とする派閥）に顔を出し日米関係の話しをしたが、岸批判、藤山批判が出てオかしなものであった。此処を辞去。「新㐂楽」で泉山三六主催の会に顔を出す。市川猿之助氏が一緒で歌舞伎の米国行きの話しで意見を交換。霞友会館へ帰って寝たのは十二時をすぎてゐた少し疲れた。

❖**七月一五日（火）** イラクで政変が勃發。皇太子が惨殺されたと伝へられ物情騒然。米の動きが気にかゝる。

朝防衛庁で左藤〔義詮〕新長官初め幹部に米国事情を話し引きつゞき自由党の有志代議士と懇談。正午は霞関会で先輩数氏と会食。午後は事務打合せ後一寸歯医者に行き、更に東京会館で対米貿易委員会の会合（石阪〔石坂〕〔泰三〕氏会長。足立〔正〕、植村〔甲午郎〕等の顔が見へた）に出席。話しをしてから毎日会館で午後七時から録音放送。夜は「不動」で森下〔陸一〕君と飲む。水入らずで面白かった。

❖**七月一六日（水）** 例によって日程に追はれる。午前、米国のベイルート出兵に関聯して大臣公邸で幹部会あり。自分も出席。一般の空気は米国の態度に対して極めて批判的であった。一寸驚ろく位ゐである。昼は帝国ホテルのロータリーの会合にゲスト・スピーカーとして出席。三十分程喋らされた。午後は大臣室で会議続行。中近東問題と米国の方針が議題に上る。夜は鮎川氏の宅に招ばれ家族を交へての日本式らしからぬ美味しい御馳走を楽しみ、二次会は出光氏の会に顔を出した。

❖**七月一七日（木）** 午前ロンドン・タイムスのハーグローヴ君と会談。その他多くの人が訪ねて来る。正午は帝国ホテルでジャパン・ソサエティの会合あり。自分がゲスト・スピーカー。メイン・テーブルには議長の小松氏の外、〔ダグラス・〕マッカーサー〔Ⅱ世〕夫妻、松野〔鶴平〕参院議長、左藤防衛長官等も来てゐた。自分は約三十分日米関係の現状と経済制限問題を論じ米国で喋って居るのとは逆に日本側の反省すべき論点を率直に指摘した。気持よく喋れた心算である。夜は北村氏の招宴（花蝶）に臨み、二次会は船田〔中〕氏が増原〔恵吉〕、木村（篤）〔篤太郎〕といった防衛関係者を招んで居る席に顔を出し懇談。

❖**七月一八日（金）** 十時東京發車で葉山に向う。十二時着。十二時半から御用邸で陛下の外、三谷〔隆信〕侍従長も参加。土田、門脇、武内、大江に自分の五人でインフォーマルな会食あり。食後一時半頃から三時すぎまで各国の事情につき陛下より熱心な御質問あり。アメリカについてもアイクの健康等につき御質ねがあり、門脇君の話中「万引」という言葉が出たので自分から「陛下は万引ということを御存知ですか」と尋ね大笑いとなった。此処を辞し頂戴物を頂いて栄光学園に立寄りフォス神父とヘルヴク神父に挨拶。片瀬に立寄り庶務を整理してから大磯で門脇、武内両君等と共に吉田〔茂〕さんに日本食の御馳走になる。西山、松本氏等も一緒。九時半頃まで歓談。庭に滝を下して涼しい気を入れて居た。十時少しすぎの電車で熱海に赴き、熱海で「夜行」をとらへ羽澄君を随行として大阪に赴く。

❖**七月一九日（土）** 大阪駅には吉田〔賢吉〕君が出迎へてくれた。自分と吉田、羽澄の三人はドミニカ以来の会合である。旅館で少憩の後、暇があったので羽澄君と共に日本お盆カラー映画「新撰組」を見に行く。昼は「吉兆」で吉田君が主人役となり会食。杉〔道助〕、阿部〔孝次郎〕、武藤、岡島、大屋、伊藤の諸氏が参加。会食後商工会議所で講話、且質疑応答、新聞記者会見を行う。午後は休憩後五時半から

「堺卯」で知事や市長代理を含めた大阪有力者の歓迎会あり。「銀河」で帰京。

❖**七月二〇日（日）** 朝片瀬に着く。午前中名刺に礼状を書いたりして庶務を整理。十一時頃から海で泳いだ。七月二一日（月）小舟君と同乗して車で役所に行く。朝から忙しい。聖路加にも顔を出して松本博士と会ふ。返還された聖路加を見て貰いたいというのである。昼は河上丈太郎氏夫妻に「若松」に招ばれる。午後は農林大臣と懇談。夜は松本（俊）〔俊一〕氏に招ばれ二次会は吉次君や中山（素）君と共にした。夜遅く霞友会館に泊る。

❖**七月二二日（火）** 午前中人に会ったり歯医者へ行ったり。昼は米大使館を訪れダグと二人水入らず食事をし乍ら歓談。午後も大分能率を上げて四時半歌舞伎座へ行く。松尾国蔵氏の招待で相客は石井（光）〔光次郎〕、柳田の両氏。出しものは「W氏の胸像」というので辰巳がW氏に扮して居たが二時間余。そのあとに新国劇得意の「大菩薩峠」もあったがこれは割愛して涼しい「亀清」で食事。日本の芝居、大道具、小道具は大分重厚さがあったがセリフが何としてもクドすぎることゝテンポが如何にものろい。二時間余の芝居をせめて廿分位スピードアップしたらば少しはよくなるかと思はれた。

❖**七月二三日（水）** 午前午後と歯医者に通いほとんど今日で治療を終り三万円余支拂い一寸痛し。今日は大変な暴風雨で街路樹も至るところで倒れて居た。朝、朝日講堂で週刊朝日の「対談有用」の徳川夢声と二時間ばかり喋る。昼は「丸ノ内ホテル」で湯沢、藤沼、高瀬（青山）といった同郷の人々（丸ノ内ホテルのマネジャーも栃木県人）が歓送迎会を開いてくれた。

❖**七月二四日（木）** 午前中荷造りと歯医者。昼はアメリカ局長初め事務関係者と支那料理をたべて懇談。午後は総理に挨拶したり。夕方大忙しで雑務をすませ「福田屋」で秋山、湯沢、加藤、高瀬という栃木県の先輩が自分を送別してくれる。岸首相も一寸顔を出してくれたし佐藤〔栄作〕蔵相も出席してくれた。夜十時の日航機に森下君の車で走らせて乗る。空港で新聞記者会見を行い最後まで忙しかった。

❖**七月二五日（金）**（日付変更線を通過）朝七時頃サン・フランシスコに着。西山君が出迎へてくれ同君公邸でシャワーを浴びたり顔を洗ったりでホッと一息。次の飛行機まで時間があるので西山君のクラブでゴルフをした。午後三時五十分發の飛行機でソート・レーク・シティに向う。同地には意外にも旧友バラード君が出迎へて居た。久しぶりに歓談。隆と明子、和夫は午後八時半のユーナイテッド機で間もなく到着。

❖**七月二九日（火）** ワシントン着は定刻の九時すぎ。下田君や秘書が迎へに来てくれたしマックも荷物を運んでくれたしやっと一息我家へ帰った気持。荷物を解いて土産を㐂んで貰う。午後は来米中の保利〔茂〕氏を案内してゴルフ。

❖**七月三一日**（**木**） 遅れた事務のとり返しに忙しい。

❖**八月一日**（**金**） 日本から帰って来たので〔ジョン・F・〕ダレス長官に会見を申込んで置いた。二、三日後にはブラジルに出發するという忙しい人であったが三十分さいてくれて国務省の五階の部屋で会談。ロバートソンが立会った。巨頭会談と岸総理出席の問題やら当面の日米間の問題について話合った。ロバートソンの補佐を待たずダレスさん仲々よく問題を知って居たし至って元気で健康相であった。午後は新聞記者に会ったり本省へ電報報告を書いたりで忙しかった。

❖**八月二日**（**土**） 秋山〔竜〕氏が来て居るので午後半ラウンド、ゴルフに招待。

❖**八月四日**（**月**） 昼新聞記者に支那料理を御馳走になりつゝ日本での大使会議の話し。此の頃は夜の約束は内外人共お断りしオン・デュティで。巨頭会談の待機はしなければならぬが余り忙しく働かぬことゝして居る。

❖**八月五日**（**火**）－**八月一〇日**（**日**） 至って閑散。午前中執務し、午後は用事がないのでゴルフをやるか子供と一緒に眞黒になってテニス。コートのコンディションは極めてよい。国連の安保理事会の枠内での巨頭会談も〔ニキータ・〕フルシチョフの回答でお流れとなったので岸さん来米の公算もなくなったわけである。

❖**八月一三日**（**水**） ダトサンの寄贈を受ける。ニューヨークの三菱商事の田部君とダトサンの関係者が大使館に来て自動車の鍵を受取る。午後は田部君とゴルフ。夜シカゴから曽野総領事夫妻が来たので会食。

❖**八月一四日**（**木**） 国連緊急総会（中近東問題処理のため）が開かれて居り藤山外相が来るので自分も午後の列車でニューヨークに赴く。

❖**八月一五日**（**金**） 藤山外相とホテルで朝食を共にしつゝ懇談。午前は総会に赴く。藤山外相はトルコ、サウディ・アラビアの次に發言。家族も傍聴席から聴くことが出来た。昼食は柿坪〔正義〕、卜部〔敏男〕、河野〔達一〕（レバノン公使）等が自分等家族を国連の食堂に招んでくれた。午後は家族とウオール・ストリートの附近をドライヴしてから午後四時半の列車でワシントンに帰る。矢張りワシントンは静かでよい。

❖**八月一八日**（**月**） 世銀で神戸製鋼の一千万弗借款に調印する。

❖**八月一九日**（**火**） 夕方館員一同でボール・ゲームを見に行

く。ワシントンがデトロイトに三対一で勝ったので一同御機嫌。

❖**八月二一日（木）**　午後チェヴィでシャーマン・アダムスと久しぶりにゴルフ。彼は自分の誘いを快諾してこのゴルフとなったもの。

❖**八月二三日（土）**　中近東に関する国連の緊急総会はアラブ諸国の決議が出て急に展開。昨日で閉会となり藤山外相も日本へ帰ったのでニューヨークに居た河野〔達二〕君（レバノン公使）が今日ワシントンへ遊びに来た。

❖**八月二五日（月）－二八日（木）**　太田正孝氏、アラスカパルプの笹山〔忠夫〕、牛場〔友彦〕氏、小金〔義照〕衆議院議員一行来華で接待に忙し。そのためか胃腸障害でこの二、三日全く元気なし。医師に診て貰ったが一応大したことはなさ相なので計画した旅行には行くことゝした。二十八日はペンタゴンに軍令部長バーク大将を訪ねて金門方面の情勢について約三十分話しを聞いて、本省に電報した。国務省と連絡がとれぬのでこれが台湾海峡の騒ぎに関する最初の自分の米要人との会見電報となった。これでホッとして一安心。

❖**八月二九日（金）**　身体の調子が悪いので一日ブラ〳〵。Mooreheadの近著“Russian Revolution”を讀む。

❖**九月五日（金）**　昼飯は福田〔篤泰〕代議士が小笠原問題で来て居るので一緒に会食。

❖**九月八日（月）**　夕方はギリシア大使が離任するのでコクテイルに出席。

❖**九月九日（火）**　午後、藤崎〔萬里〕君とゴルフ。十八番目のホールを四であげて辛くも一アップ。一寸嬉しかった。夜は滞在中の福田（篤）代議士と下田、藤崎三君を招んでブリッヂ。

❖**九月一〇日（水）**　午前十一時世銀で中部電力と日本鋼管の借款に調印をすませ、その後ＭＡＴＳの飛行場にかけつけてカナダから同国政府の飛行機で飛来した藤山外相一行を出迎へる。ダレスの顔が出迎人のうちに見へたのは一寸鄭重で意外であった。外相一行はそのあしでメーフラワーへ。此処で自分と昼食。午後は大使館で事務を打合せ。自分は一寸ニュージーランド大使レスリー・モンローの引退レセプションに顔を出して夜は幹部館員と大臣一行を公邸に招待、会食。

❖**九月一一日（木）**　二時から四時まで国務省で会談。先方はダレス、ロバートソン、マッカーサー、レムニッツア等。こちらは藤山外相と自分等。主として安全保障条約の問題で交渉は円満に進行。藤山氏も満足の様であった[7]。夜は一行とその他日本人を招待して公邸でブッフェ。

❖**九月一二日（金）**　午前国務省で経済問題につきディロン次

官と会議。昼はジャパン・ソサイエティのトラスティースを公邸に招んで会食。〔ジョン・〕ハル、ハウゲ氏等から挨拶。藤山さんも一言答へた。午後は三時から五時までダレスさんと会議。これで流石にホッとした。今日は大臣も滞在中の代議士一行を招待して居るので自分は暇。

❖**九月一三日（土）** 好天気。国務省のパーソンス君を招んで藤山、下田両氏と自分チェヴィでゴルフ。絶好の秋晴れとて大に楽しんだ。三時頃ワシントンを發。東京から来て居る一行にワシントンから自分と下田、島内〔敏郎〕の三人がジョインし二台の車でペンシルヴァニア州のPoconosへ行く。

❖**九月一四日（日）** 好天気。ニューヨークから大臣を迎へ来た一行も参加して近くのコースでゴルフを楽しむ。夜はブリッヂ。

❖**九月一五日（月）** 外相一行に別れを告げて九時ホテルを發、帰路に就く。マックが打つとばして〔二回警官に注意された〕二時半には帰宅。午後少し執務。

❖**九月一七日（水）** 新任エジプト大使挨拶の来訪。儀礼的と思ったが案外お喋りでお蔭げで一本電信が出る。午後は空港にマッカーサー大使を見送る。パーソンス君一人に見送られての気軽な帰任が日本の送り迎へと対照的であった。

❖**九月一八日（木）** 午前ホテルに鶴見祐輔氏を答礼に行く。午後はゴルフ。夜はホワイト大将に招待された。三三名の大将とダグラス空相、その他賑やかな会食であった。

❖**九月二〇日（土）** 午後はチェヴィでマーフィ氏と久しぶりにゴルフ。同氏は中近東に出張して居たので余りプレーする機会がなかったもの。夜はポトマック地区海軍コマンダントのベーカー少将にNaval Gun Factoryの官邸に招ばれる。ポルトガルの大使が一時間も遅参したので遅いディナーであった。

❖**九月二一日（日）** 島〔重信〕君〔スエーデン〕昨日からワシントンに来て公邸に泊る。今日は一日雨で措置なし。夜は会食後、ブリッヂ。

❖**九月二二日（月）** 好天気なので昨日出来なかったテニスのけいこ。（この土曜日に国務省外交団のテニス試合あり）を午後からやる。自分のパートナーは国務省で南米関係の

7——岸首相は一九五八年五月、東京で藤山外相、マッカーサー大使と協議した結果、安保条約改定について新条約方式で進めることで合意した。これを受けて藤山外相は九月一一日に訪米しダレス国務長官と会談、正式交渉の開始を決めた。

仕事をして居るディーンという若い男。仲々上手である。面白いダブルを相手は角谷〔清〕、神代の両君にして楽しんだ。

❖九月二五日（木） 九時半の列車でニューヨークへ行く。正午すぎアストリアに投宿。午後二時半から同ホテルで開かれたファ・イースト・カウンシルの日本部会に出席して約二十分喋った。夜は総会あり。ダレスさんが中共問題、台湾問題で三十分程講演。これはC.B.Cのネットワークでテレヴァズされた。

❖九月二六日（金） 午前九時の列車でワシントンへ帰る。夕方は六時半からトワイナイターに滞在中の大江夫妻を案内した。

❖九月二七日（土） 大江夫妻の出發を見送る。午後荒れ模様で雨さへ加はり国務省外交団のテニスはないと思ったところ召集がかゝりセント・オーバンスのコートに出席。相手のダブルスはチグハグで余り巧からずストレートで勝った。

❖九月二八日（日） 昼、シエラトン・パークのコートで第三回戦あり。秋晴れの素晴らしい天氣。今日は九－七、六－三で敗退。負け惜しみではないが勝ったとしたら到底午後の対戦はつとめきれなかったらうから惜しくない。夕方から夜にかけて村垣淡路守（遣米使節新見豊前守の副使）の日記を讀み終った。面白かった。引きつゞき〔タウンゼント・ハリス〕の日記を讀む。下田から江戸へ向ふ道中の記事殊に面白し。

❖九月二九日（月） 午後大東紡織の吉田初次郎氏を案内してゴルフ。秋晴れでエンジョイした。

❖九月三〇日（火） 国務省でマーフィ氏と会見。台湾問題に関する米の見解をきく。正午はメトロポリタンクラブでポストの主筆エスターブルック君に招ばれる。大分長い電報が書けた。

❖一〇月一日（水） 十月になった。今日は殊に寒くソロヽ暖房が欲しくなって来た。今日からヤンキースとブレーヴスのウワルードシリーズ第一戦がミルウォーキーで始まる。館員の有志も二階に上ってテレヴィを囲んで観戦。

❖一〇月二日（木） 午後の列車で隆とニューヨークへ行く。アストリアに投宿。直ぐ着物を着かへてパラマウントへ行く。N.Y.シティ・カレヂでBarbarian and Geishaという映画あり。タウンセンド〔ト・〕ハリスとお吉を主題としたもので昨年、ジョン・ウエーンが日本でロケーションしたもの。筋は他愛がないが美しい映画で楽しめた。大変な盛会で自分は入口で三回もラヂオに吹込まされた。映画の後、アスター（直ぐ隣り）でシティ・カレヂの学校Gallagher氏を中心として会食あり。今日の収益は全部シティ・カレヂに収めるのだ相である。席上、自分も簡単に挨拶した。お吉に扮した安藤〔永子〕という日本の女優も顔を出してゐた。

❖一〇月三日（金）　朝の列車でN.Y.發ワシントンへ帰る。夕方カンボヂャの〔ノロドム・〕シヤヌーク首相のリセプションがメーフラワーで行はれたのに顔を出す。

❖一〇月五日（日）　午前萩原〔徹〕君を誘いマーフィ君も加はってゴルフ。

❖一〇月六日（月）　午後は東銀の太田ニューヨーク支店長が来たのでゴルフの案内。夜は会食。

❖一〇月七日（火）　午前新任葉〔公超〕支那大使に答礼。夕方はルバロン夫妻とテニス。

❖一〇月九日（木）　ウォールドシリーズは七回戦になった。今日は遂にヤンキースがブレーヴスを六対二で破って選手権を奪回した。午後五時国務省でロバートソンと原子力協定の調印をし台湾問題についての状況を聴いた。夜稲垣〔平太郎〕氏を団長とし宮崎氏を副団長とするトレード・ミッションが空港に着いたのを出迎へた。

❖一〇月一〇日（金）　午前、午後公邸で稲垣ミッション一向との会議。夕方はブレア・ハウスで一行のためのリセプション〔主人役はトーマス・マン〕。次で自分は支那大使館の双十節のお祝いに行く。夜は稲垣ミッション一行とニューヨークから来た支店長連のためのブッフェを公邸で催す。法皇昨日薨去。

❖一〇月一一日（土）　午後稲垣ミッションの岡嶋、宮崎氏等をチェヴィに案内。

❖一〇月一二日（日）　午前中、岡島氏を案内マーフィ君も誘ってゴルフ。夕方はハーターさんとブリッヂ。

❖一〇月一三日（月）　ヂョージタウン大学でエドモンド・ウオルシュ師のHall of Nationsのデディケーションあり。大統領も出席して名誉学位を綬與されるといふので自分も出席したが外交団はほとんど出て居なかった。午後のシムポジウムにも一寸顔を出す。

❖一〇月一四日（火）　セント・マシウスで法皇のためのレキアム・マスあり。大統領も出席。各国大使も出席。昼は稲垣ミッションを商務次官のウイリアムス君が統計局に招いて会食。会食後ユニヴァクの計算器を見学。夕方は公邸で同ミッションのためリセプションを催す。

❖一〇月一五日（水）　昼ジャパン・ソサイアティがミッションのための昼さん会を催す。夕方はウッドストック・カレヂに赴いて講演。栄光に居たラッシュさんの依頼によるもの。相当気持よく喋れたし質疑応答も仲々熱心で三十分余に及んだ。帰宅は十一時すぎ。

❖一〇月一七日（金）　昼、今度パリへ転任になったサッカラー君のための送別宴を公邸で催す。マーフィ、アレン、シモンズ等々自分のゴルフ友達で水入らず楽しい会合であった。午後はD.C.のコミッショナー、ウェリングとテニス。夜は生産性のトップ・マネジメント・チームで来て居る実業界のお歴々を招待して会食。

❖一〇月一八日（土）　ロックフェラーさんのアート・ミウゼアムからフィラデルフィア市に寄贈になった日本建築と庭園の開所式が行はれるというので招待による隆と共に車で沿道の秋色をめでつゝフィラデルフィアに行く。素晴らしい天気であった。十二時から式あり。ニューヨークから田中〔三男〕君夫妻も参加、〔リチャードソン・〕ディルウオース市長、公園当局者、ロックフェラーさんに自分が夫々挨拶をし我々が入場してから直ちに一般に公開された。Belmont Park の紅葉とよく調和した立派な鎌倉時代（?）の建物で恥ずかしくないと思はれた。ブリンモア・カレヂに〔で〕勉強して居る日本のお嬢さん二人が日本服で建物を案内して感じを出す。このあと近くのレストラントで主だった人々と会食。帰途、費市のミウゼアムにも立寄って七時頃帰宅。

❖一〇月二一日（火）　午後大屋晋三氏を案内してゴルフ。夜は同氏のための宴会。

❖一〇月二二日（水）　雨。ネーヴァル・ガン・ファクトリーでアドミラル・ベーカーのリセプションあり。一寸顔を出し次でベテスダのアドミラル・フロスト（アドミラル・バークのため）のリセプションに顔を出す。仲々忙しかった。但知って居る人が居ないのでつまらなかった。正田〔美智子〕令嬢ワシントンに来り公邸に泊る。

❖一〇月二三日（木）　昼、国連の記念日でウイルコックス次官補に各国大使と共にシェラトンの食事に招ばれる。午後は日立の倉田氏、原口氏とゴルフ。夜は同氏等のため宴会。

❖一〇月二四日（金）　シルヴァ・スプリングでミセス・ヂャッヂという篤志家に会う。この人が主唱して金を集め十何台かのトラクターを北海道へ寄贈する相でそのうちの一台に自分が乗ったりして記念撮影。午後は国務省にマーフィ君を訪ねてダレス・蒋〔介石〕会談の模様をきゝ本省に電報して置いた。

❖一〇月二五日（土）　曇り。八時少しすぎワシントンを出發。ニュー・ポートの Naval War College へ講演旅行を延長し秋のニューイングランドを訪ねる。

❖一〇月二七日（月）　今日も雨。朝早く起きたので朝飯は途中ですることにして走り出した。ポートランドまで好い道。ポートランドをすぎてから朝食にし、ボストン・ターンパイクを南下。ポーツマスで日露條約調印の場所を探すわけだが措置に困って居たところ郵便屋さんが居たので車を停めて聞いたところ海軍工廠内ということが判明（よく知って居たものだと感心した)。海軍工廠は無断では入れないので入口で手續をした。日本の大使と聞いて大尉位の若い士官が出て来て案内し、構内のジョンソンと云ふコマンダント(海軍大佐)の部屋に案内、早くも新聞記者が二、三人来て寫眞をとり出したには驚ろいた。部屋に歴代のポーツマス指揮官の寫眞が飾ってあるが、一九〇四年－一九〇七年の司令官はW. W. Meedという少将であるのも興味深い。この場所から調印の行はれた建物に行く。三階建で赤煉瓦建でまだ確りして居り内部は完全に近代的に改装してある。此処に一室を構へて居るR.L. Moore, Jr.という少将に紹介され此の人々の案内でプラクのハメ込んである建物の外部を見せて貰う。内部は事務所に使用して居り調印の部屋等は原状は保存してないらしい。此処で又寫眞班が一しきり寫眞をとる。自分はセーターを着こんだ略式だし隆もその用意がなかったのに正式な格好になって一寸慌てた。今日は奇しくも日露戦争の調停役セオドア・ルーズベルトの百年目の誕生日であると少将に聞かされて驚ろいた。今年が百年祭であることは知って居たが誕生日とは知らなかった。ムース少将とジョンソン大佐の案内で車で構内を一巡。此の基地は主として潜水艦の根拠地として使はれて居る由でスケートの姉妹艦というのもドックに入って居た。この工廠はSeavey Islandに所在して居る。厚く海軍士官の厚意を謝し、ポーツマス条約のパンフレットを貰って辞去。門までジョンソン大佐が送り出してくれた。なほこのパンフレットには若干のリマークスと共に当時の興味ある寫眞が載せてあるが次の点に注意がひかれた。(イ)「このパンフレットのスナップショットにはロシアのものが多く一方的であるが当時米国はロシアにより興味を持って居たためかも知れぬ(日本の宣伝も足りなかったものと自分は思ふが)この当時の公共図書館の一方的コレクションをバランスし完全なるコレクションを持って居る人がこの地域に居るかも知れぬ」。軍人側には「マックス・」ビショップ(前駐タイ大使で目下、当大学の先生である由)、日本人士官で学生の永井一佐等が参加。一時半頃此処を辞去し、フェリーまで海軍士官の車が先導して二時のフェリーでジェームス・タウンに渡る。

❖**一〇月二九日(水)** ニューヨークへのラッシュにならぬうち七時にはモーテルを發。それでも既に可なりのトラフィックあり。ブロンクス・パークウェーは美しかった。此処を抜け、ハドソンの橋を渡ってターンパイクに入ってからは時速六十哩で能率を挙げ予定よりも早く一時には帰宅。溜って居た書類に目を通す。

❖**一〇月三〇日(木)** 午前新任スエーデン大使に答訪。夕方は引退したアドミラル・ベーカーのための分列式がガン・

ファクトリーで行はれたのに出席。夜はシモンズ氏宅で食事後映画に行く。

❖一〇月三一日（金） 夕方ロックフェラーさんが立寄りお茶をのみ乍ら会談。夜は「讀賣」の坪川君が今度日本へ帰ることになったので日本人記者夫妻を招待して公邸で会食。

❖一一月一日（土） 自衛隊の日とあって夕方大使館で三武官の名でリセプションあり。

❖一一月四日（火） 十時から公邸に葉シナ大使を訪ねて先般のダレス・蒋会談の模様をきく。同大使は右会談に同席して居た。仲々明快な説明あり。立派な大使である。今日は中間選挙の投票日であるが投票権のないD.C.は至って静かなものである。夜はテレヴィジョンで投票の模様をきく。

❖一一月五日（水） 選挙の模様が判って来た。重なところではニューヨーク州知事では新顔の〔ネルソン・〕ロックフェラーが満々たるデモクラット優勢のタイドを乗り切ってハリマンを敗った。カリフォルニアは予想の通り、〔ウィリアム・〕ノーランドも〔グッドウィン・〕ナイトも民主党に敗れた。ロックフェラーの進出とカリフォルニアの惨敗は独走の感あるニクソンを脅かすことゝなるらしい（次期大統領立候補戦に於て）。

❖一一月七日（金） グッド・サマリタンが北海道へトラックを寄贈するというのでシルバー・スプリングのトラック店へ出かけて寫眞を撮る。夕方はソ聯の国祭日とてリセプションに出かけ夜は八時からミセス・メー（メリーウェーザーポスト）の邸へコクテイルに行き九時からシェラトンで慈善のための国際ボールあり。メーさんのテーブルに招ばれる。相客にはトルコ、ドミニカ、フィリピンの大使等が居た。一時まで踊る。それでも中座したわけで仲々賑やかであった。

❖一一月九日（日） 久しぶりの秋晴れの好天気。午前中国務省のウオームズレー君とゴルフを楽しむ。

❖一一月一〇日（月） 夜は大同毛織の栗原氏等のための食事。栗原氏夫妻公邸に泊る。

❖一一月一一日（火） 今日はヴェテランス・デーでお休み。アレンや下田君と共にチェヴィでゴルフ。

❖一一月一二日（水） 午前小笠原補償の問題でロバートソン氏に会う。余りよい仕事ではない。昼は今度退官しシヤトルで銀行家になる商務次官ウイリアムス君夫妻のための送別会を公邸で催す。同君とは折角仲よくなったのに惜しい感じがする。彼も名残惜しいという挨拶をした。

❖一一月一三日（木） 今度日本へ行く文化アタッシェのBartlett夫妻とプレス・アタシェのScott夫妻を昼飯に招んだ。

❖一一月一四日(金) 明子がトリニティの連中を招んで大使館を使いコクテイル。若いときからこういう経験をするのだから日本人と違いコクテイルが板につくわけだ。十時からダンスの行はれる場所へ移動したが仲々賑やかな若い人々の会であった。自分は夜は井村〔熊男〕陸将等を招待。

❖一一月一六日(日) 池田〔勇人〕国務相を空港に朝八時頃出迎へる。午後はゴルフ。夜伊原〔隆〕氏(池田さんの一行)公邸に泊る。

❖一一月一七日(月) 午前国務省にロバートソン氏を訪ねて小笠原旧島民への補償問題で話合う。昼は欧洲担当の国務次官補で今度ポルトガルの大使に新任されたエルブリック氏と夫人を招待。国務省の連中が参加、相当賑やかなよい会合であった。午後池田氏に同行して〔ロバート・〕アンダーソン蔵相を訪問。夜はヴィエト・ナムのリセプションに出席してからサルグレーヴ・クラブに出かけてルバロン夫妻のディナーとダンスに出席。十一時すぎまで踊る。

❖一一月一八日(火) 池田さんと同行して商務省にストローズ氏を訪ねる。その後〔ウィリアム・〕カッスルさんも往訪。昼公邸で米国人を招いて池田氏を中心とした会食。夜は日本人のみの会食。

❖一一月一九日(水) 昼はブレア・ハウスでロバートソンが主人となり池田氏のための食事あり、出席。そのまゝ空港で少し時間を消して自分も五時の飛行機で角谷〔清〕君とシカゴに向う。途中で日はトップリとくれる。八時四十五分ラフィエトの飛行場に着。バッツ氏の代理者に出迎へられ今晩はユニオンに泊る。五百人位泊れる大学の付属の建物。

❖一一月二〇日(木) 朝食はユニオン内のカフテリアで大学生と一緒に喰べる。九時バッツ氏が迎へに来てくれて同行の農科の先生と共に大学の家畜試験場へ行き、御自慢の牛などを視察。大学の構内に帰って寄宿舎等も見る。立派なものである。州立であるが特に農科と工科が優れて居る由で構内も広く羨しい限り。工科の実験室も見た。十一時からオーディトリアムで講演。音の反響がよいので楽に四十分程喋った。七、八百人の学生が来て熱心に聴いてくれノートをとって居る者も見受けられた。講演後例によって若干の質問あり。ワシントンに着いたのは八時半であった。少し疲れた。

❖一一月二三日(日) 午前、マーフィさんとゴルフ。

❖一一月二四日(月) 高橋君送別のため午後チェヴィでゴルフ。夜は同君夫妻のための館員を集めて送別会。

❖一一月二五日(火) 午前九時十五分ペンタゴンにテイラー参謀総長を訪ねて同大将、最近の台湾及東南アジア訪問に関する話しを聞く。バーク君と異りひとりで喋らず時々こちらから質問せぬと話しが進行しないので工合が悪かった。

それでも台湾方面の話しとベルリンの話しと二本電報が出た。夜は八時からフォート・マックネアでマッケルロイ国防相夫妻のディナー及ダンスがあり。主だった閣僚、統合参謀本部長始め陸海空の首脳者、外交団十二、三名等ワシントン社交界のエリートを集めての会合で、軍の音楽の余興もあり盛会であったが十一時少しすぎに散会になったのは嬉しかった。

◆**一二月一日（月）**　夜ブラック・タイでボールリング・エア・フォース・ベースに行く。コーランという財務次官補のサヨナラ・ディナーでブラックとか、ガーナーとか財界の人々が出席していた。

◆**一二月二日（火）**　昼、スピンクス夫妻を公邸のスキ焼に招待する。夜はヴァン・フーテン少将のリセプションからキス大使のブッフェに廻る。

◆**一二月三日（水）**　雨は降って居たが寒くないのでゴルフ。夜はロバートソン夫妻に招ばれた。新任シナ大使葉君のための宴会らしかった。ブリス夫妻、ガーレット夫妻、クロック夫妻、ミセス・ロングウオース等々。老人「貴族」の集りでロバートソン好みではあったが仲々和やかな好い会合であった。

◆**一二月四日（木）**　久しぶりに夜約束のない日なので家族と夕食。ノンビリした。年賀状、クリスマス・カードの發送を始めた。

◆**一二月五日（金）**　十一時にヴォイス・オヴ・アメリカに吹き込む。一年を回顧し又新年への希望を述べて四、五分間話した。午後は国務省で行はれた繊維会議に出席。日本側の主張を述べた。先方は〔トーマス・〕マン次官補、〔ヘンリー・〕カーンズ次官補、その他係官大勢出席。夜はエルブリックの岳父ジョンソン夫妻の邸でエルブリック夫妻の送別のリセプションあり。内輪のよい会合であった。

◆**一二月六日（土）**　ニューヨークから島君が来たので一緒に食事。夜はブリッヂ。夜十一時頃メキシコ大統領就任慶祝使として来た一万田〔尚登〕氏、須磨〔弥吉郎〕氏の一行が空港に着いたのを出迎へた。

◆**一二月七日（日）**　寒い日であったが日本人一同シルヴァースプリングのコースでコンペティション。外国人は寒いのでほとんどやって居ない。

◆**一二月八日（月）**　昼一万田氏のため公邸で食事。夜はマーフィさんのコクティルに顔を出してから八時のオーストリアの大使の晩さんに出席。知った顔が多いので気楽であった。新任ポルトガル大使（前欧州担当次官補）エルブリック氏及夫人のための送別会と思はれた。

◆**一二月九日（火）**　夜は公邸でドワイアンのニカラガ大使を

主賓として宴会を催す。

❖ **一二月一〇日（水）** 十一時頃隆と共に車でプリンストンに向う。三時半頃俊夫の寮で俊夫を〔と〕会い、夕方はロックウッド教授の宅でお茶の会があったのに出席。日本人若干の外日本に興味のある教授連が七、八名来て居た。六時半頃からナッソー・タヴァーンでウッドロー・ウイルソン・スクールの主任教授パターソン氏夫妻が中心となり十二、三名で自分等のために晩さんを開いてくれた。カフテリヤ式で気楽な会であった。夜八時からセミナリーで自分の講演。七、八十名の小人数で部屋も小さく、座って喋ったので講演式とは一寸勝手が違った。講演後、一時間近くも質疑応答あり。気持ちよく喋れたし、インフォーマルでよい会であったと思う。

❖ **一二月一一日（木）** 朝、俊夫や外務省の研修員が訪ねて来たのでホテルで食事をすませ、プリンストンを發、寒い朝であった。夜はジェネラルロヂーヤスが日本の空軍中将を招待したのに出席（リセプション）。

❖ **一二月一二日（金）** 余り寒くもないので久しぶりにゴルフを計画したところが、国務省との綿業会談が四時にあることゝなったのでゴルフは半分で切り上げてマン氏に会う。大分渋い米側見解が出てきた。

❖ **一二月一三日（土）** 午後吉次君がニューヨークからやって来て午後市中見物。夜は食事を共にした後同君は公邸に泊る。

❖ **一二月一四日（日）** 夕方はRichard Houghという英人の書いたThe Fleet that had to Dieという本を読み終へた。これはボルティック艦隊の日本への来攻を物語ったもので伊藤正徳氏等の本が主として日本から見た海戦を詳述して居るのに対しこの本は来攻までにロヂエストウエンスキーの経験した驚ろくべき困難を手易に叙述した。コーリングの苦心、兵の志気規律の維持の苦心、艦隊のスピードと早く極東に到達させねばならぬ要請等々が描写され面白かった。この本の末尾の文献に肝腎の当事国である日本からの文献が少しも出て居ないことは一寸物足らぬ気がする。

❖ **一二月一六日（火）** 昼飯はハリー・カーンの招待でラサール・デュポアで食べる。夜はレッド・クロスのベネフィットのため濠洲大使に招ばれてシ寫会。南太平洋のフィジーやオーストレリアやニュージーランドが舞台で大スクリーン、立体的発声と仲々楽しめた映画であった。映画のあと同大使邸でブッフェのもてなしあり。

❖ **一二月一七日（水）** 午後、D.C.のコミッショナーたるウェリング氏に誘はれてペンタゴンのクラブに赴きバドミントンで一汗かく。運動不足の折柄楽しめた。

❖ **一二月一八日（木）** 夜は恒例の大統領のホワイトハウスで

の外交団のための晩さん会で今日は偶数組が招ばれたのでベルギー大使を首班とする約半数の外交団が夫人と共に出席。本年二月（前回は大統領の病気で遅れて二月になった）のこともあり自分等もスッカリ慣れて気安かった。これから宴会が始まり食堂に入らうとしたとき大統領からニュースなりと前提し米国はスプツトニク（アトラスで二トン余従来ソ聯の打上げて居たものの二倍ある由）の打上げに成功し、この巨大な人工衛星がオービットを廻り始めたと発表あり。外交団は概ね拍手してこの發表を迎へたのは一寸劇的であった。自分はキューバ大使夫人をエスコートし（隆は南亜大使と一緒に食堂に入った）食堂に入りクリスマスで飾られた食堂で晩さん。晩さん後別室でリキュール。大統領も二、三の大使に囲まれてスプツトニクの話しで御機嫌であった。血色はよい。リキュールの後ランドン・スクールの子供等の組織するコワイヤーのクリスマス・カロルあり。この頃には大使館の次席の人達や米国人も参加。これが終って別室でリセプションあり。自分等がホワイト・ハウスを辞したのは十一時すぎであった。

❖ **一二月一九日（金）** 夜、ハルさんの食事に招ばれる。ティラー、〔マリオン・〕マグルーダー、パーソンスといった日本関係者が多く気楽なパーティであった。

❖ **一二月二一日（日）** ニューヨークの新聞のストライクは依然としてつゞき今日もまだ新聞は出ない。ニュース・オヴ・ザ・ウイークを讀まざること二回に及ぶ。天気がよいので午後は一同と近くをドライヴ。ロック・クリークには氷が張りつめてあった。

❖ **一二月二三日（火）** 約束もほとんど作らず、夜は家で子供と遊んだり、テレヴィを見たりで呑気。天気も悪くないので時々ゴルフをやる。午後国務省にマーフィ君を訪ねてエジプトの話（アスワン・ダムの件）やイラクの状勢について米の意見をきいた。十二、三頁の報告を電報した。これが本年最後の仕事。夜はローカル・スタッフのクリスマス・パーティあり。別館に一寸顔を出してエグノグを御馳走になる。

❖ **一二月二五日（木）** 静かな天気のよいそして割合に温かいクリスマス。クリスマスの贈り物を使用人（九名）と交換。子供にも夫々プレゼントをする。

❖ **一二月二六日（金）** 温かい日。午前中ゴルフ。一九五八年を回顧して見る。今年は我々にとって平凡なそして無難な幸福な年であったといえる。滞米生活も板について来て国務省等にも仕事に差支へない程度の友人も出来たし必要によって議会人に会はうとしても〔ジェームズ・〕フルブライト、マンスフィールド、ジャッドの如き人々に連絡がつけ得る。リセプション等に行っても知らぬ顔ばかりという様なことはほとんどなく気安い感じである。仕事も金属食器の関税引上が燕市の死活問題なりとして大騒ぎとなり自分もシャーマン・アダムスから議会方面まで歴訪して関税引上とならぬ様努力したがこれが自分のプラスとなったことは幸いである。センヰ製品の交渉も嫌な交渉である。その他の問題（例へば安保条約の如き）は日本で交渉されるので当地は何もしないですむのは物怪の幸いである。従ってその時その時の時局大問題につき国務省、ペンタゴン、議会方面の空気を知らせることが大きな自分の仕事の一つである。金門島事件のときは相当色々な人にも会ったし、自分の意見も本省に報告してやりこれは面白かった。

　この間随分旅行もした。大体一月に一回位はジャパン・ソサイアティの發会式とか講演とかで旅行する心算であるが本年の旅行をひろって見ると左の通りになる。（イ）ニューヨーク数回　（ロ）ハイティ（マイアミ経由）　（ハ）スケネクタディ（GE）　（ニ）ウイリアムスブルグ（私費旅行）　（ホ）イエール　（ヘ）ダラス　（ト）シカゴ　（チ）日本へ一時帰朝　（リ）グランキャニオン（日本より帰途）　（ヌ）テネシー（私費旅行）　（ル）プリンストン（三回）　（ヲ）ポツマス　（ワ）フィラデルフィア　（カ）ニューポート（N・イングランド）　（ヨ）バーデュー、等々で随分旅行したものである。

❖ **一二月二七日（土）**　午前中天気がよいのでゴルフ。午後は家族とロック・クリークをドライヴ。夕方は日本から取り寄せた「人間の条件」という小説を讀む。仲々面白い。子供は此のところ毎日の様にパーティに招ばれたりして遅く帰宅。

❖ **一二月二八日（日）**　天気よし。一日家族と遊んだり、讀書したり。テレヴィを見たり。夜は下田君邸に招ばれ家族一同と奥さん御手製の支那料理を御馳走になる。

❖ **一二月三〇日（火）**　夜は六時から館員夫妻と子供で賑やかに十一時すぎまで忘年会。あと一同輪をつくってオールド・ラング・サインを歌って昭和三十三年を送る。

❖ **一二月三一日（水）**　ミセス・ヘース〔ズ〕（ヘーズ大使は本年癌でなくなった由。同大佐はGS〔民政局〕に勤務して居て自分も知り合ったが穏やかなリーズナブルな人で好きであったが残念なことをした）がワシントンへ来たというので二、三人で知人も含めて大使館でランチ。

　夜は本を讀んだり、子供と遊んだりで一九五八年を送る。

❖一九五七(昭和三二)年六月、ホワイトハウスで行われた日米首脳会談。前列左からドワイト・アイゼンハワー大統領、岸信介首相、ジョン・フォスター・ダレス国務長官。後列左端が中国嫌いで知られたウォルター・ロバートソン極東担当国務次官補、その隣が朝海。

	10／4	ソ連、世界初の人工衛星スプートニク1号の打ち上げに成功（スプートニクショック）
1958（昭和33）	1／31	米、初の人工衛星エクスプローラー1号打ち上げ
	5／2	長崎で中国国旗引降し事件発生
	22	第28回衆議院議員総選挙（自由民主党：287、日本社会党：166ほか）
	6／12	第2次岸信介内閣成立（～60/7/15）
	23	第2次台湾海峡危機（金門島砲撃事件）
	7／15	米、レバノンに出兵（～58/10/25）
	10／4	日米安保条約改定交渉開始
▲	11／27	皇太子明仁と正田美智子の婚約発表（ミッチーブーム）
1959 昭和34年	1／1	キューバ革命
	8	仏大統領にシャルル・ド・ゴール（新共和国連合→共和国民主連合）就任（～69/4/28）
	3／10	チベット蜂起
▼	4／10	皇太子明仁と正田美智子結婚
	27	中国の国家主席に劉少奇選出される（～68/10/31）
	5／11	ジュネーブで米英仏ソ4ヶ国外相会議開催（～6/20、7/13～8/5）
	6／2	第5回参議院議員通常選挙（自由民主党：132、日本社会党：85、緑風会：12ほか）
	8／13	在日朝鮮人帰還のための日朝協定
	9／25	フルシチョフソ連首相がアイゼンハワー米大統領と会談
	26	伊勢湾台風が本州に上陸
	30	中ソ対立表面化
	12／14	北朝鮮への帰還事業開始
1960（昭和35）	1／19	日米新安保条約調印。安保闘争激化
	24	日本社会党の一部が離党して民主社会党を結成
	2／13	フランスが初の核実験
	4／19	韓国で四月革命
	5／16	米英仏ソ東西首脳会談開催（～5/17）
	6／10	ハガチー事件
	15	安保闘争で全学連が国会に突入。樺美智子死亡
	19	新安保条約自然成立
	7／19	第1次池田勇人内閣成立（～12/8）
		経 力開発機構（OEC
	8	

❖**一月一日**(**木**)　一日は米国の官庁も休み。こんなに家族が揃って正月を迎へることは珍らしいと思ったので寫眞屋を招んで十時半頃家族一同の寫眞をとり、十一時から隆とリセプションに並ぶ。十二時まで挨拶を受けたが大変な人であった。雨交りの雪空であったが在留邦人の外一世、二世、日本人と結婚した米国人等も顔を出し六、七百人の人が雑煮を祝った。自分は十二時に挨拶をし一同と日本国万歳を三唱してこのよき日を壽いだ。午後は館員のお嬢さん方の美しく着飾ったのを相手にして久しぶりに百人一首を暫らくやり、後は有志館員と共にデュプリケートのブリッヂを楽しみ大騒ぎであった。

❖**一月三日**(**土**)　好天気だが一面の霜。午前中ゴルフ。夕方「人間の条件」(全六巻ある)を讀み終る。迫力のある巻を措くこと能はざる底の興味ある小説である。

❖**一月四日**(**日**)　夕方ビルマの国祭日に行く。本年最初のリセプションで賀詞をお互に交換する。夜は大使館で館員とデュプリケートのブリッヂをやる。

❖**一月五日**(**月**)　仕事始め。東京が休みなので極めて閑散。本年は新機軸を出して館員一同と記念撮影をした。

❖**一月七日**(**水**)　〔アナスタス・〕ミコヤンが滞米中で一昨日〔ジョン・F・〕ダレスとの会談も行はれたのでドイツ大使を訪ねて会談の模様をきいて来た。

❖**一月八日**(**木**)　昼、〔ウィリアム・〕カッスル前大使、〔ジェームズ・〕フルブライト上院議委員、〔ウォルター・〕ロバートソン次官補、カーン氏等を昼食に招待して会談。仲々話がはずんだ。午後は国務省に出かけ〔トーマス・〕マン次官補と会談。紡績問題に関する米側の返事があったが余り香ばしいものではなかった。今後の交渉が思いやられる。夜ワシントン・クラブで新しいセネターの〔ケネス・〕キーティング、〔ジェイコブ・〕ジャヴィト、〔ヒュー・〕スコットと云った人々のためのリセプションあり。一寸顔を出す。忙しい一日であった。

❖**一月九日**(**金**)　十二時半から議会で大統領のステート・オブ・ユニオン〔一般教書〕の演説あり。外交団も招ばれた。隆も二階の傍聴席に行く。大統領は約四十分喋ったが割合に元気の様に見受けた。

❖**一月一〇日**(**土**)　夜レパブリカンのセネタースやコングレスマンのためのリセプションがあったのでナショナル・プレス・クラブへ行く。此の頃は政治シーズンに入ったことゝ又新顔の議員(上下院を通じて百名近くが新顔になったらしい)が来たので各種の会合があるらしい。

❖**一月一一日**(**日**)　寒いのでゴルフにも行かず。午前新聞を精讀してミコヤン来米問題について約二十頁の電信を起案し、午後はテレヴィジョンを楽しむ。

❖**一月一二日（月）** 今日から全米領事会議あり。各地から領事連が集って来て十時から会議。昼はメトロポリタンでレーシー君と会食。ミコヤン問題をたづねた。午後は引つゞき領事会議。夜は公邸でビッフェ。

❖**一月一三日（火）** 会議の第二日。仲々忙しい。夜は一同は下田〔武三〕公使の招宴に臨んだので約束なし。

❖**一月一四日（水）** 午前中で会議を終り午後は希望の公館長を案内してチェヴィでゴルフ。温い日だったので楽しかった。

❖**一月一五日（木）** 正午今度エカフェの会議（バンコックで開かれる）に出席する〔ヘンリー・〕カーンズ君とその夫人を公邸に招いて會食。夜は少し疲れたので早寝。

❖**一月一六日（金）** 夜は〔J・グラハム・〕パーソンス君が今度日本へ行く〔ウィリアム・〕レオンハート君のためのコクテイルをやって居るのに出席し、更にトリニティのチャリティであるミュジカル・コメディの"Juno"というのを覧に行く（雪のため取消）。

❖**一月一八日（日）** 新聞を讀んだり午後はテレヴィジヨン。ミート・ザ・プレスが一時間ミコヤンをトロヤノフスキーの通訳で一時間放送したのが面白かった。

❖**一月一九日（月）** 夜は国防長官の〔ニール・〕マッケルロイ氏夫妻を中心としてディナーを催した。

❖**一月二一日（水）** 午後国務省に〔リヴィングストン・〕マーチャント次官補（〔バーク・〕エルブリックの後任）を訪ねてミコヤン訪米問題につき意見を聴取した。

❖**一月二二日（木）** 〔夜〕十時半からアルヂェンティンの大統領〔アルトゥーロ・〕フロンディツイ夫妻のためのリセプションがアルゼンチンの大使館で行はれたので眠い目をこすりつゝ十一時少しすぎまで顔を出した。

❖**一月二三日（金）** 夜シエラトン・パーク・ホテルの大食堂でSilver Emile Award Dinnerあり。政界言論界の人々千余名の大ディナーあり。政界のお歴々の顔も見へた。自分の隣りは〔エズラ・〕ベンソン農務長官とグッドイヤー・タイアの総裁のDe Youngという人であった。本日のお客さんは上院のリンドン・ジョンソン、下院のサム・レイバーンとジョー・マーティンの三人で、音楽も入り仲々賑やかな宴会であった。

❖**一月二四日（土）** 朝、山田雄吉（日本軽金属）君が来華。同君の長男も前夜から自分の所に泊ってゐた。午後は同君を誘ってゴルフ。俊夫来る。

❖**一月二五日（日）** 山田君ニューヨークに出發。夜は映画に行く。「ゲイシャ・ボーイ」という他愛のないものであったが面白かった。

❖**一月二七日（火）** 昼「朝日」の中村夫妻を主賓とし新聞記

者一同を招んで送別会。夜は日本から庵原〔貢〕海幕長が来たのをバークさんが招んだのに隆と共に出席。雪が大分ふり積んだ。

❖**一月二八日（水）** 雪はスッカリ上って好天気。隆と俊夫を連れてボストンに行く。同地のジャパン・ソサエティのリアクティヴェーションに出席のためである。八時出發の飛行機に十分前にテーブルに駆ケ込んで忙しい思いをした。機上でダレス長官の昨日の新聞記者会見の記事などを讀んで居るうちに九時半にはボストンに着いてしまった。飛行場には日本協会会長のコドマンという人が出迎へに来てくれ二、三の日本人（ハーヴァードで勉強してゐる）が顔を出してくれた。ポリス・カーを先頭にして雪の薄く降りつんだ通りをコンモンに面したリッツ・カールトンというホテルに行く。ホテルに米国旗と共に大きな日章旗を正面入口にかけてくれている。少憩の後、ヘンダーソンという婦人の案内で自動車で市中見物。ベーコン・ストリート、バンカー・ヒル、軍艦コンステチューション、MIT等を見学。昼はFirst National Bank of Bostonで幹部の接待を受ける。食後一同で有名なファイン・アーツのミウゼアムに行く。日本の一級の国宝が豊富に並べられて居ると思はれた。此処のクュレーターの富田という老人に案内されて一時間半許り見学。夜はハーヴァード・クラブでEast Asiatic Societyの晩さんに臨む。三十人位の少人数の集会であったがインフォーマルで気が措けなかったのが取りえ。

❖**一月二九日（木）** 朝、シェラトン・プラザに市長（〔ジョン・〕ハインズというアイルランド系だ相でアイルランド人が多いので純粋のボストニアンは文句を言う）が自分等夫婦を中心にして九時から朝飯会。それでも五、六名の人が喋ったし日本人も若干交えて七、八十名の人が出席して居た。市長の挨拶あり。又銀の椀も貰って自分も十分ばかり挨拶した。少憩後、昼はマサチューセッツ・インヴェスター・トラストの昼食がJohn Hancock Buildingで行はれたが此の会にはボストンの一流銀行家、●●業者が、実業家が二、三十名出席し、これは立派な会合であった。食後、この建物の展望台から市中を望見。午後はハーバード大学を訪れ、学長代理に挨拶し、構内を学生の案内で見物。こゝのカンパスはプリンストンと異り、余り広くない。フォグ・ミウゼアムやらハーヴァード・エンチン・インスチチュートに〔エドウィン・〕ライシヤウワー教授を訪ねたり、又、すべて硝子で出来た植物の見本室を見たりしてから、四時までにフェンウェイのEmmanuel Collegeを隆や俊夫と共に訪れた。此処には昔、隆がトリニティで教はったアンヂェラ・エリザベスという先生が居り予て話しをしてくれないかという申出があったので此の訪問となったわけ。

自分の紹介者はFather Killionで一九四九年のヂュネーヴの会議で知り合った人である。約四十分気持ちよく喋った。聴衆は五、六十名の尼僧で、この派の人々は岡山に学校を経営して居るので日本と関係がある。終ってお茶の御馳走になり、修院長等に見送られて辞去。ホテルに帰り大急ぎで着物を着かへコドマン氏の宅での晩飯会に出席。九時からはIsabella Stewart Gardener Museumに於けるジャパン・ソサエティの会合に出席。このミウゼアムの建物の中央に素晴らしい花壇あり。各室も雅趣あり。何処まで金があるのか底の知れないといったミウゼアムであった。ヴェネシア式宮殿作りで絵画彫刻織物が各室に並べてある。十時半頃まで三百名以上の人々の手を握り(半分はハーヴァードやMITの日本人学生で残余の米国人も日本に居ったことのある、又、美術愛好家の人々で大した人ではなかった様だ)それでも相当な盛会と思はれた。十二時就寝。流石にクタ〳〵に疲れた。

❖**一月三〇日(金)** 霧と少雨のボストンをコドマン氏、ヘンダソン嬢、富田氏に見送られ列車で三人でプルマンで出發。自分等は七時半ワシントンに帰着。流石に少し疲れた。

❖**一月三一日(土)** 朝飛行場に堤〔康次郎〕前衆院議長を出迎へる。〔ライマン・〕レムニッツア大将令嬢の結婚式に出たのだ相だが、大統領、副大統領、国務長官との会見を希望、困ったものなり。夜はレ大将令嬢結婚披露のコクテイルへ。

❖**二月一日(日)** 朝八時空港に賀屋〔興宣〕氏と伊原〔隆〕氏を出迎へる。早朝の出迎へがつゞく。両氏をホテルに送り込んでからは毎日曜の通りの日課で変化なし。

❖**二月三日(火)** 午前、大分大使への答礼がたまったのでノルウェーとエティオピアをすませる。夜は公邸で賀屋氏、伊原氏のための宴会。

❖**二月四日(水)** 堤氏を朝八時十五分ステーションに見送る。レムニッツア大将が見送りに来てゐた。夕方ペンタゴンでgen.〔アルヴァン・〕ウエリング(DCのコミッショナー)に誘はれてバドミントン。よい運動になった。夕方は〔リチャード・〕ニクソン副大統領の外交団のためのリセプションに出席後、セイロンのリセプションに廻る。

❖**二月五日(木)** 十一時半公邸でボーイ・スカウトのバッヂを受ける。午後は久しぶりにゴルフを楽しむ。昨日から賀屋氏と伊原氏が公邸に泊って居る。

❖**二月六日(金)** 午前国務省にロバートソン君を訪ねる。先方の要請による。問題は北太平洋の漁獲制限の問題。余り嬉しくない。夕方は子供を連れてアイスカペードへ行く。楽しかった。

❖**二月七日(土)** 朝、賀屋氏、伊原氏をステーションに見送る。夕方は土曜日なので子供を連れてハムレットを見に行く。ハムレットはJohn Nevilleで予め本を讀んで行ったが仲々難解であった。

❖二月八日（日） テレヴィジョン。ミート・ザ・プレスが二回。一回はシートー〔SEATO〕の事務総長ポート・サラシンの会見。その次は滞米中のウイリー〔・ブラント〕・ベルリン市長の会見。仲々面白かった。

❖二月一〇日（火） 夜パキスタンの武官ヘイアディン将軍に招ばれる。

❖二月一二日（木） 十一時から議会で両院合同のリンカーン五十年祭あり。大使の半数はスプリングフィルド（イリノイ）で行はれるお祭りに出席したので半数は代理。自分はこちらに出席。出張は御免を蒙った。フレデリック・マーチの朗讀とカール・サンドバーグの講演あり。

❖二月一四日（土） ダレス氏入院の結果癌の再發と診断あり。国際危機の際憂色濃し。夜は館員帰国や転任で送別の会食。

❖二月一六日（月） 午後二時の列車で柏木〔雄介〕君同伴ニューヨークに赴く。三千万弗《ドル》の借款に調印するためである。夕方ニューヨーク着。ドレークに投宿。簡単にサパーを認めてから、ウィンター・ガーデンにWest Side Storyを見に行く。動きが早く、音楽と軽妙に踊り抜くが若い人には兎も角、自分には余り面白くなかった。芝居後東銀の太田氏にサパーを御馳走になり就寝は一時頃となった。

❖二月一七日（火） 午前九時半、ウオールStのファスト・ボストンの本社に集合。三千万弗の外債（日本が廿八年ぶりでニューヨークの金融市場で公募した）と一千万弗の世銀借款に調印。〔ユージン・〕ブラックや〔ジェームズ・〕コグシャルと自分とが夫々簡単に挨拶した。正午の列車で一人でワシントンに帰る。

❖二月一八日（水） 温かく大分春めいて来た。雨模様を冒して下田君とゴルフ。同君に散々に当られて大敗。夜はネポールの国祭日とて一寸メイフラワーに顔を出して来た。

❖二月一九日（木） 夜独乙大使館に招ばれた。ピアノの演奏あり。ソアレ。

❖二月二一日（土） 珍らしく寒い日であるが正午チェヴィでゴルフ。ワイ〔シ〕ントン發七時半の夜行で隆と共にデイトナ・ビーチに赴く。講演のためである。

❖二月二二日（日） 定刻より廿分位遅れた程度でデイトナ・ビーチに着いたのは十一時少しすぎであった。駅には市長と主催者のロビンソン氏が出迎へ又、日本に長く居たことのあるフレーザーさんのお嬢さん（と云っても今はお婆さんであるが）のミセス・ホーキンスというのに出迎へられる。ホーキンスは〔ジョージ・〕セール（G）をよく知って居るという。講演はオードトリアムで行ったが余り調子はよくなかった。千人以上の人々であったらうか。主に当地に来て居る老人連が聴衆であった。
❖**二月二三日(月)**　ワシントンに着いたらば十時に近くワシントンは雨上りで空港の滑走路が水に濡れてゐた。
❖**二月二六日(木)**　夜クーリッヂ氏夫妻がS.アフリカへ行く米大使の［フィリップ・］クロー氏のための晩さんを催したのに出席。S.アフリカは余り縁がないがクーリッヂが先日のディナーに来てくれた義理があるからである。食後のベチュアナランドの土人のきりん狩りを中心とした原始生活も面白い映画であった。
❖**二月二七日(金)**　大分たまったリターン・コールスを片附ける。大分春らしい日射しになって来た。もう春はアラウンド・ザ・コーナーかと思はれる。
❖**二月二八日(土)**　階下はKEEPの会合でハウゲ夫妻が所蔵の日本の絵画骨董を列べる。仲々立派なものあり。若干大使館で本日のリセプション後も連続して借りることゝした。午後は小春日和をルバロン夫妻にコロンビア・クラブに案内されてテニス。理想的な陽気であったが、今年初めてラケットを握ったことゝて全く当らず。
❖**三月一日(日)**　午後上院議員の［プレスコット・］ブッシュ氏夫妻とゴルフ。
❖**三月二日(月)**　アドミラル・ベーカー夫妻の新宅に招ばれてコクテイル。
❖**三月三日(火)**　夜八時から公邸でチーフ・ジャスティスを主賓として宴会。大物が出席してくれて仲々の盛会であった。
❖**三月四日(水)**　夜は海軍の次官補で今度退官した［ギャリソン・］ノートンという人に招ばれる。ジョージ・タウンの古めかしいが内容は仲々立派な家であった。十一時頃から映画が始まり相になったがこれは幸い実現せず。十一時すぎ帰宅。
❖**三月五日(木)**　午後は三菱の田部氏が来たので日産の二俣［川又克二］社長も交へてチェヴィでゴルフを楽しんだ。夕方はメイフラワーで三菱のリセプション。終ってスタトラーのテニス・ディナーに出席。J. Van Allen というテニス界の有力者夫妻のテーブルに座る。二、三の大使の顔も見へた。一枚一二弗五十仙《セント》の切符でサパーを喰べ、テニスを見て残余の金は子供のデリンケンシーを防止し、子供をしてテニス・コートに立たしめるための基金に使うふのだ相である。サパーを喰べてからユーラインにプロ・テニスを見に行く。
❖**三月六日(金)**　夕方はカンボヂヤの国祭日リセプションからシェラトン・パークのガーナの国祭日リセプションに出席。次で最後のケーフリッツ夫妻のディナー。自分等夫婦はゲスト・オブ・オナーであったし出席の人々も〔エベレット・〕ダークセン、〔スペッサード・〕ホランド両上院議員、〔アーレイ・〕バーク作戦部長と仲々立派なものであった。

❖**三月八日（日）** 藤沢市とマイアミ・ビーチ市とがシスター・シティになったというので藤沢市長より電報あり。今日は昼公邸にマイアミ市長夫妻とフロリダ選出のホランドというセネター夫妻を招んで會食。続いて一同アーモリーのフラワー・ショウに赴きフロリダのスタンドの前で市長と自分とで挨拶を交換し型の如く式を挙げる。終ってから隆と共にフラワー・ショウを見学した。日曜というのに御苦労さんのことである。

❖**三月九日（月）** 一時の飛行機でノース・ウェスト機によりミネアポリスに行く。隆と藤井君が同道。飛行機は途中デトロイトに二十分程降りてミネアポリスに着いたのは四時半（時差一時間あり）であった。飛行場にはエゲクヴィスト夫妻が出迎へてくれて久かつを叙する。市長その他農業団体の関係者も出迎へてくれた。Pick Nicolletというホテルに投宿。少憩の後、ノース・ウエストの社長Nyropという人と夫人がミネアポリスクラブで主催したディナーに出席。土地の実業家で有力者らしい人々が七、八組同席した。

❖**三月一〇日（火）** 午前九時半ホテルの一室で記者会見。テレヴィジョンも三つのステーションがあり一五、六分会見。新聞記者が日本からの輸入はアメリカをハートすると言ったので、自分も少し興奮してまくし立てた。それからグレイン・エキスチェンヂを見学。何しろミネソタの輸出するソーヤ・ビーンズの八割は日本へ行くので日本の大使は優遇されてよいわけである。取引所でも自分の到着が拡声器でアナウンスされた。午前中エギキスト夫妻の案内でミネアポリスとセントポールのトゥィン・シティを視察。町の空気はドライであるがまだ仲々寒い。正午ホテルでFarm Forumの昼さん会あり。ガヴァナー・フリーマン・ピーターソン市長等も列席。トリビューン・スターのスワンという人が司会して自分が食後約三十分喋った。午後はエギキスト夫妻の案内で近郊をドライヴ。少憩の後、夜はInterlachen Clubというところでエ夫妻が中心となり、五、六十名の人（相当よい顔ぶれの様に思はれた）が集まってジャパン・ソサエティの發会式を兼ねたような晩さん会あり。和気藹々であった。会が終って外へ出たらば粉雪が少し飛んでゐた。

❖**三月一一日（水）** 八時の列車でミネアポリス出發。ミネソタのソーヤ・ビーンズもバラ積みにして河を利用しニューオルリーンスで舶洋船に積む相である。サヴァナでミシシッピーと別れ更に走りシカゴに着いたのは午後二時四十分で定刻に着いたのには驚ろいた。シカゴ総領事代理と鉄道の職員が出迎へてくれた。シカゴから空港までは総領事館の車で連絡、四時半のキャピトル機に確保が出来てワシントンに出發。ワシントン着は七時半（時差あり）で流石に一寸疲れた。

❖**三月一二日（木）** 出張から帰ると仕事が溜って忙しい。輸出入銀行の鈴木義雄君が出張して来たので昨晩は公邸に泊った。午前溜った書類やらセン丰交渉の準備で忙しい。夜はパキスタンの大将が日本へ転任になったのを主賓として日本に縁故のある人々を招んでディナー。

❖**三月一三日（金）** 紡績問題何時までも抛って置けないので午後一時間余り商務省にヘンリー・カーンズ次官補を訪ねて会談。夜は本省から小村〔康一〕君が出張して来たので若い者を集めて久しぶりでブリッヂ。暫らくやらなかったので我乍らカンの悪さに呆れる。

❖**三月一四日（土）** フィリピンからマリアノ・ラウレル夫妻が来たので昼飯に招んだ。

❖**三月一七日（火）** 昼日本に行くというセーヤーさんを中心にし大使館で会食。午後は商務省で〔ヘンリー・〕カーンズとセン丰の交渉を行ふ。大詰めにはなって来たが先方は仲々渋いことを言う。

❖**三月一八日（水）** アイルランドの大統領〔ショーン・〕オーケリー氏が来て居るのでスタットラーでリセプションあり、出席。夜はGen. Hull夫妻を中心としての会食であったが、生憎〔ジョン・〕ハルさん病気となり入院。それでも日本に縁故のある将星が集って賑やかな会合であった。adm. Russel, adm (Rea) Daspit, R.-adm. Mercer, Lt.-gen. Magruder, Maj-gen. Moore, Lt.-gen. Rogers, Brig. Gen. Lebailly, Adm. Beanuisといった顔ぶれで夫人同伴。

❖**三月一九日（木）** カナダの〔シドニー・〕スミス外相が喪くなったというので同大使館へ記帳に行く。夜は三井物産披露のリセプションがシェラトン・カールトンで行はれたのに顔を出す。尚本日の午後議会にマイノリティ・リーダーのダークセン氏を訪れて敬意を表した。

❖**三月二〇日（金）** 午後好天気。鮫島〔博一〕君の送別のためゴルフに案内。

❖**三月二三日（月）** 午後、タイダル・ベーズンで桜祭りを控へ燈籠の前で録音をした。夕方パキスタンの国祭日に一寸顔を出した。

❖**三月二四日（火）** 正午「ラ・サール・デュ・ボア」で〔ロバート・〕マーフィ氏と会食。〔ドワイト・〕アイゼンハワーと〔ハロルド・〕マックミランの会談を中心として欧州の状態を聞いた。午後はペンタゴンに新任の石田〔捨雄〕一佐を帯同してバーク大将を訪問。二十分ばかりベルリン問題を中心とする話を聞く。それから役所に帰ってマックミランの来米を中心とした観察電報を用紙に三十頁ばかり書くまくった。今日はセンヰ交渉の最終回訓も来て仲〻忙しいがこれで此の問題も国際情勢の観測も片づけて休暇に出られると思ふと楽しいものである。

❖**三月二五日（水）** 午前商務省にカーンズ次官補を訪ねて経済問題、最後の交渉、もうこれにてまとまり相なものである。昼はジャパン・ソサイエティの会がプレス・ユニオンで行はれる。セーヤーさんが日本に居るのでハウゲ氏がチェアマンとなりマーフィー次官がメイン・スピーカーであった。仲々の盛会。夕方はジョルダンのフセイン〔一世〕王のリセプションに出た後鮫島〔博一〕君の送別会。米海軍の人々が出席してゐた。

❖**三月二六日（木）** 九時半国務省にマン次官補を訪ねて紡績問題を話合う。正午までには大使の仕事を片附けたので午後、ゴルフ。可なり当った。

❖**四月五日（日）** 好い天気。午前マーフィさんとゴルフを楽しむ。午後、子供とドライヴ。桜は七分咲きとなった。

❖**四月七日（火）** 午後三時からタイダル・ベーズンで恒例の桜祭りあり。昨年は寒空に雨さへ降り桜の花は一片もなく、凍え乍らの桜祭りであったが今年のタイミングは上々、桜は満開。自分も昨年と違い外套なしで挨拶。国務省はロバートソン氏が辞任を發表したのでパーソンス氏の予定であったが彼も出張したゝめパーマー氏が挨拶。桜の花が風に吹かれて吹雪の様に乱れ飛び、プリンセスも全部出席。見物人も群衆し花吹雪の中で海軍の奏楽あり日本人の夫人連も概ね着物姿で出席。交歓した。その後自分は引きつゞきケンウッドの桜も見物したがこの花のトンネルも仲々立派である。夜はD.C.のコミッショナーを中心とし公邸でディナーを催しその後自分等はシェラトンのチェリー・ボールに一寸顔を出した。

❖**四月八日（水）** 午後四時からプリンセスが大使館に集まって茶会。自分等も挨拶をし扇子一本づゝと抽せんで人形が贈呈された。夜はセネター・ダークセンがメイフラワーでイリノイのプリンセスのためのリセプションに一寸顔をだし十時十五分からドワイヤンが外交団を集めニクソン副大統領のためのソアレあり出席。仲々社交で忙しい。ニカラガ大使館の庭のしだれ桜が電光に映えて美しかった。

❖**四月九日（木）** とう〳〵野球のシーズン。本日リーグの開幕はセネタースとボルティモア・オリオールスの対戦。自分はワシントンの日本人新聞記者全部を招待し、ホットドッグをかぢり乍ら観戦。海軍軍楽隊の奏楽あり。一時十五分に副大統領ニクソンの第一球投げ入れあり。米国旗を掲揚して一時半から試合開始。

◆**四月一〇日（金）** 皇太子の結婚とて休み。朝九時から日本人一同エベテスダのコースでコンペティション。ウヰークディとて人が居ないのが取り柄。一向に当らず。夕方は公館に日本に関係のある肩のこらぬ米国人若干を招びブッフェの後、シエラトンパークのチェリーボールに二テーブルス（十人）を確保してダンス。一時頃まで踊った。気楽なパーティ。

◆**四月一一日（土）** 雨。午後はエンバシー・トーアの人々で大使館は相当な雑踏。

◆**四月一四日（火）** 昼、飯野海運の俣野氏等を招待。午後、〔ジョン・〕ロックフェラー〔Ⅲ世〕さんが来て明年皇太子夫妻を招待する件を打合はせる[1]。夜はカウエンさんに招ばれる。我々が主賓であった。

◆**四月一六日（木）** 午後国務省にベッカー君を訪れて漁業問題で会談。午後四時半から新しく手入れしたテニス・コートで本年最初のテニスを催す。館員有志が集って賑やかにコート開き。満開の八重桜とて夫人連も顔を見せて賑やかであった。

◆**四月一七日（金）** 午後国務省にマン君を訪ねて綿業問題で話合う。大体話しはまとまった。今次の取極を来年度も有効なりとして来年は交渉をしたくないというのが残された唯一の点である[2]。

◆**四月一八日（土）** 午後米国人を招んで桜の咲き乱れたコートでテニス。夜は高碕〔達之助〕商相〔通産相〕父子ワシントンに来る。空港に出迎へ。公邸に泊って貰ふ。

◆**四月一九日（日）** 午後英国大使〔ハロルド・〕カチア君と陸軍参謀総長の〔マクスウェル・〕テイラー大将を招んで角谷〔清〕君と自分と組みテニス。三対一で破れたが仲々早いゲームで面白かった。今日は午後は雨が降り相であったが時々ポツポツやってくる程度でテニスはエンジョイ出来た。夜はカナダから高碕さんに会うためやってきた萩原〔徹〕君も参加して賑やかに食事。

◆**四月二〇日（月）** I.C.C.〔国際商業会議所〕の会議が本年はワシントンで行はれ日本からも澁澤〔敬三〕氏が団長として

1――日米協会のロックフェラーを中心に日米修交一〇〇年記念の一環としてアイゼンハワー大統領の訪日と併せて皇太子夫妻の訪米準備が始まっていた。

2――一九五五年以降、繊維製品を中心とする日米貿易摩擦が生じていた。一九五六年からは日本政府が輸出自主規制に踏切り、一九五九年も自主規制を継続していた。

相当の代表団がやってきた。今日十時半からシェラトン・パーク・ホテルで開会式あり。隆と共に出席。午後は少閑を得たので高碕令息をゴルフに案内した。夜は高碕氏のための大使館内輪の宴会。

❖**四月二一日（火）** 昼、国務省に高碕氏と同道。〔ダグラス・〕ディロン次官を訪問。昼飯はブレア・ハウスでディロンが主人役となり〔ルイス・〕ストローズ商務長官、〔ジョン・〕マッコーン原子力委員長等も同席。午後自分は国務省にマッコーン君を訪ねて紡績会談最後のしめくゝりをつけた。夜は公邸で澁澤氏を団長とするI.C.C.に出席の日本全権団（夫人も五、六人同行して居た）を招いてリセプション。終って有志を招待、セネタースとヤンキース本年初のナイターを見に行く。寒い夜で少しナイターには早かった様だ。

❖**四月二二日（水）** ウイラード・ホテルで商務省のカーンズ君が中心となり高碕氏のための朝食会あり。終って商務省でストローズ氏、カーンズ君等と会談。昼飯は議会で下院のマジョリティリーダーたる〔ジョン・〕マッコウミック氏が若干の有力議員を加へ会食。仲々賑やかであった。午後は国務省にロバートソン氏を訪ねて会談。夕方自分はショーラムにジャパン・トレード・カウンシルがI.C.C.の日本全権団を招んだのに出席。その後、ヤンキースとのナイター。これも寒い夜であったが楽しんだ。

❖**四月二三日（木）** 飛行場に高碕氏がニューヨークに帰るのを見送る。午後、大屋〔晋三〕氏をバーニング・トリーのコースに招んで（マックルーワの好意）ゴルフ。夜は隆と共にギャレットさんの宴会に招ばれた。その後ナショナル・ギャラリーのイムプレショニストの絵の展覧会初日に招ばれた。絵を見るよりも人を見に行った様なものであった。

❖**四月二四日（金）** 天長節に放送するというので天皇誕生日の挨拶五、六分のものをダウンタウンの放送局で吹き込む。十一時新しいトヨペットが二台着いたのでマネキンになり寫眞をとる。午後からI.C.C.で来たお歴々二、三を招待してチェヴィでゴルフ。夜はI.C.C.のための米側のリセプションあり。終ってナイター。セネタースとレッドソックスの対戦を観に行く。

❖**四月二五日（土）** 昼ロッククリークの豪壮なペルー大使公邸に招ばれる。今を盛りのドッグウッドの木と花とチュリップが緑の芝生に映へて美しかった。御馳走は定評のある料理で美味しかった。午後、和夫を加へ西堀父子も参加してテニス。八重桜がすっかり散って場所によっては雪の様に積って居るところもあった。

❖**四月二六日（日）** 午前空港にI.C.C.の会議で来た澁澤氏を見送る。その足でフォート・マイヤーに赴きバアン・フーテン少将等とテニス。食後はシャープ辯護士のアーリントンの邸へつつじを見に行き。今日からサマータイムとて八時近くまで薄明るし。

❖**四月二七日（月）** 午後ロートン・コリンスに誘はれブラックその他とゴルフ。よい顔ぶれで楽しかったが当らず。最後の二、三ホールは雨に降られた。

❖**四月二八日（火）** 夕方はグーゲンハイム夫妻のリセプションあり。立派な邸宅。庭園が素晴らしかったが生憎の雨。

❖**四月二九日（水）** 天皇誕生日で六時から八時までリセプション。五、六百人来た。心配した天気は回復したのでテレスに提灯を張って日本的気分を出した。

❖**五月一日（金）** 午後はアミー・ネーヴィーのコートでウエリングに招ばれてテニス。夜は八時からシエラトン・パーク・ホテルでシンフォニー・ボールあり。自分等はクレム・コンガー（ミセス・ホプキンスが主人役）に招ばれて食事をしつゝダンス。相客はアイスランド大使夫妻やクラーレンス、ドッヂ等。ワシントンの社交界のエリートが総出演でホワイト・タイで踊り抜いた。余興のモーリス・シヴァリエ（もう七十だ相である）の歌や諧謔も面白かった。自分等は少し早目に辞去したがそれでも十二時をすぎてゐた。

❖**五月二日（土）** ジョン・マックルーアに誘はれてバーニングトリーでゴルフ。

❖**五月六日（水）** 夕方ジャスティス・バートンのリセプションに出て八時からワッツ夫妻のジョーヂタウンの家にディナーに招ばれる。

❖**五月七日（木）** 午前新任アルゼンチンの駐日大使が来訪。夕方ヴァン・アレン等とテニス。暑い日でへばった。〔華氏〕九十度あった相である。夜は空軍次官の〔マルコム〕・マッキンタイヤー氏にメトロポリタン・クラブに招ばれる。相当よい顔ぶれの空軍関係者や二、三の外国大使が来ていたが八時半頃賑やかに食事を終へ、空軍コンサートにバス二台を連ねて出かける。仲々楽しかった。

❖**五月八日（金）** 昨日のコンサート（リスナー・オーディトリアムで行はれた）では国防次官Donald Quarlesと一緒であり、音楽後握手して別れたが今朝のニュースでは同次官が朝の八時半起きて来ないので運転手が起しに行ったらばベッドで死んで居たと發表されて驚ろいた。分らない人生である。昨夜まではあんなに元気であったのに。同氏は忙しいのによく我々のリセプションにも顔を出してくれたし一回大使館でもディナーに招待したことがある。

午後はブランデーヂさんとゴルフ。夜は南亜の大使に招ばれた。

❖**五月九日（土）** 午前中日本へ帰っての報告に備へて若干勉強。夜はスタットラーでWomen's National Press Clubの

Annual Dinner And Strent Playにミセス・ミラー〔ディプロマトの主筆〕に招ばれて出席。同席にはオーストレリアの大使、ルュクセンブルグの大使が居た。ギリシアの芝居にかこつけて、政治家や外交官を登場せしめて警句を發し歌を唱う。可なり面白かった。

❖五月一〇日(日) 午後セネター・ブッシュ夫妻とマンセンという婦人選手権を保持して居た人と四人でゴルフ。可なり当ったので面白かった。夜は久しぶりに約束のない日とてテレヴィジョンを見てゆっくりした。

❖五月一一日(月) 夜ノルウェーの国祭日に顔を出す。

❖五月一二日(火) 十二時議会でベルギーの王様が演説。二十分位ゐゆっくりと立派な英語で喋った。昼はエギキスト夫妻が来たので食事に招待した。一時から国防次官の〔ドナルド・〕クオールス氏の葬儀があったがこれには出席出来ず武官に代理して貰った。五時頃から暴風雨模様となる。八時から下院議員のカーティス氏に招ばれたのに出席。

❖五月一三日(水) ベルギー大使公邸でベルギー国王が外交団に接見したので出席。雨が降って出入に不便な日であった。夜は久しぶりにナイターに行く心算であったが雨のため駄目。

❖五月一四日(木) 午後ワットやキーとゴルフ。天気もよし。久しぶりに当って楽しかった。午後は本省から来てゐる大塚君を誘ってナイターに行く。ナイターには少し寒い位の日であった。ワシントンがデトロイトに負けた。

❖五月一五日(金) 夕方チェヴィの会長のプリンスさんのリセプションに一寸顔を出してからナイター。

❖五月一六日(土) 午後国務省の連中とゴルフ。

❖五月一七日(日) 夕方Judge Bazelonの新築の家へリセプションに行く。夫婦とも日本へ行ったことがない相だけれども日本の建築に興味を覚へ日本の様式をとり入れて内部装飾をしてあるのが自慢。所謂日本「ブーム」である。夕方下院の〔ローレンス〕・カーティス氏を招んで和夫も参加。テニス、カーチス片脚がないが仲ヽガッチリしたテニスをやる。

❖五月一八日(月) 午前ペンタゴンに赴き、マッケルロイ長官が今井〔久〕防衛庁次長に書籍を贈呈したのに立会う。今井氏はペンタゴンの招へいで滞在中。昼はケリー夫妻が招待。夜は葉〔公超〕支那大使がロバートソン夫妻のために支那食のディナーを催したのに参加。シートン、マーフィ、ヘンダーソン、バーク、〔アーサー・〕ラドフォード等々、仲々立派な顔ぶれの人々であった。和気あいあい。

❖五月一九日(火) 夕方マン次官補を国務省に訪ねて漁業問題を懇談。コナーさんのコクテイルに顔を出してから六時からは大使館で今井氏のために小規模のコクテイルを催しその後は同君をナイターに招待。ワシントンが首位のクリーヴランド・インディアンスに負けた。

❖**五月二〇日（水）**　夜は空軍基地のクラブでダーグラス長官が主人役となり今井氏のための晩さん会を催す。日本に関係の陸海軍の将星が顔を出した。

❖**五月二一日（木）**　午後、ベテスダでコンペティションの〔賀屋杯〕の予選をやる。暑い日であった。夜八時から公邸でロバートソン次官補夫妻を主賓とし、同じヴァジニアンであるストローズ氏夫妻や〔ウォルター・〕ジャッド、カッスル、〔エリック・〕ジョンストン氏等々を加へて賑やかに送別のディナーパーティを行ふ。テレスを利用し提灯を張って食後の歓談を行ったが大変よい会合でロバートソン君も満足したらしく十一時頃まで会がつゞいた。

❖**五月二三日（土）**　午前大分能率を上げて日本へ帰ってから〔の〕報告の資料を準備した。「日米関係の現状」「日米経済関係」「米国の経済状況」「国際情勢の展望」「米国と中共」等に項目をきめて資料を勉強した。午後パキスタン交渉で知り合ったオスマン・アリ君が訪ねて来た。その後家族も連れて国務省との対抗野球に出かける。先方はパーソンスが主将、自分は少し遅れたが二、三回二塁手として出場。二度アットバット。面白かった。昨秋は国務省の勝〔朝海カップの争奪〕。今春は十一対十かで辛くも当方が勝ち。夕方和夫も加へ西堀父子とテニスをやり始めたら雷雨。夜は小川〔平四郎〕参事官夫妻その他のための送別の会食を大使館で行う。

❖**五月二四日（日）**　午前七時四十九分ウオルター・リード・ホスピタルでダレスさんがなくなった。このニュースを日曜のこととて十時半頃まで知らず一寸コンフューズされた。島内〔敏郎〕君に起草して貰った帰国後日米協会での演説の原稿も出来上り帰国の準備は出来た。午後、西堀父子を加へ、和夫とテニス。夕方日本からロンドンへの帰路ジョージ・セールが立寄ったので夕食後、ブリッヂを催す。セール今晩泊る。セールとブリッヂ中、彼と組んで自分がハートのスラムの心算でスペードをビッドしダブルで二千何点かを失ったのは矢張りダレスさんが死んだことの自分の将来への影響を考へ頭が混乱して居たからであらう。

❖**五月二五日（月）**　セール辞去。今日は日本から皇太子の映画が着いたので当館でジャパン・ソサエティの人々をリセプションに招び終ってからジョンストン氏の好意で同氏のスティディオで映写する予定であったがダレス氏の死去に会い、キヤンセルした。藤山〔愛一郎〕さんも葬儀に参列のため明日ワシントンに来るらしい。午後暇が出来たので倉石〔忠雄〕、岡崎〔勝男〕両氏をゴルフに招待。

❖**五月二六日（火）**　十一時半に外交団はカシードラルに集ま

る。十二時ダレスの遺骸が到着。Lying in State　外交団が順々に敬意を表し、記帳をする。藤山外相もこの時刻に日本より到着。昼は倉石労働大臣を中心とし〔ジェームズ・〕オーコンネル労働次官（〔ジェームズ・〕ミッチェルは不在）やマーフィ次官を招んで会食。午後三時半国務省にマーフィ氏を訪ね寿府会談の様子をきく。引きつゞき四時からロバートソン氏を訪ね、次官補としての同氏に最後の挨拶。始めて「コー」とアドレスしたり打ちくつろいで居た。三十分程、将来の米国の対支政策やら小笠原補償問題を話合い、同氏の健康に留意されることを望んで和気あいあい裡に辞去。余り好きなオヤヂではなかったが辞任に近づくに従い頓みに親交の度を強めた。大急ぎで電報を整理し、夜はMrs. Houghtelingがチエヴィのクラブでディナーをして居るのに出席。

❖**五月二七日（水）**　ダレス氏のオフシアル・フユーネラル（国葬に次ぐ由）がカシードラルで行はれ藤山外相と共に隆と出かける。式後の行列には藤山外相のみ出席したので午後は暇。テニスをする余裕あり。夜、藤山氏のための夕食会を大使館で催す。

❖**五月二八日（木）**　藤山氏の希望で七時半に出發。八時前から朝露をふんでゴルフ。下田、小川両君参加。面白かった。昼はブレア・ハウスでパーソンス氏が主催し倉石労働相のための会食あり。自分も参加。午後三時倉石氏がミツチエルに会ったのに立会う。夕方は〔ウィリアム・〕カラハンさんのコクテイルとジョンストンのコクテイルに廻り、八時すぎからナイター（セネタース対レッドソックス）。途中で藤山大臣と共に空港に駆けつけ一行は十時半の飛行機で帰国の途についた。忙しい日であった。

❖**五月二九日（金）**　正午の飛行機が都合で一時のロス行直行飛行機と変更。午前十時半公邸で日本人新聞記者と会見。日本での報告事項の項目等を知らせる。隆と明子、主要館員に見送られてウエスターン機で出發。国務省から珍らしく〔デヴィッド・〕ベーンと〔リチャード・〕スナイダーが送りに来てゐた。ロス着は七時頃（三時間時差）蓮見〔幸雄〕君が出迎へに来てくれた。今夜の宿は「アンバサダー」で此処は二年前岸〔信介〕さん来米の際、泊ったことあり。ホテルの庭には煌々と電気をつけて柳田社長がリセプションの眞最中。八時半頃求めにより商工会議所会頭、市長、柳田氏、自分の順で挨拶。終って食事。散会して寝に就いたのは十一時頃。ワシントンなら二時の筈であるから少し疲れた。

❖**五月三〇日（土）**　蓮見君の車で空港に赴く。日航機シティ・オブ・ロスアンゼルス号に他の招待客一行と共に乗込む。予定の通り午後二時半出發。飛行機の中で書類をよむ。自分の隣席のぢいさんDennyというエーローチックス・ボードのメムバーで気の措けぬ典型的なカーネル型。ハワイに着いたのはローカル・タイムで九時頃。服部〔比左治〕君の出迎へを受け公邸で少憩の後、日航の招待によるフラダンス等を見物し、夜のワイキキの海岸をドライヴして十一時半頃飛行機は出發。

❖**六月一日（月）** 十時半空港に着。新聞記者会見を終へて片瀬の自宅に車で送って貰う。五時頃藤沢市長を庁舎に訪れてマイアミ・ビーチとの提携の挨拶を受けた後、市会議員に対し約三十分の講演とマイアミ・ビーチのスライドを見せた。

❖**六月二日（火）** 小船〔惣四郎〕君と電車で雑談し乍ら東京に行く。外務省に顔を出す。正午首相官邸に岸総理を訪ねて挨拶。午後は雨の中を歯医者に行き治療開始。記帳を終へてから五時近く東宮御所にも記帳に赴いたところ戸田〔康英〕侍従が〔明仁〕殿下と〔美智子〕妃殿下がお目にかゝるとのことで二階に招じ入れられ、十分程お話しして退去。

今日は自宅へ帰って泊る。

❖**六月三日（水）** 十時から三大使会議開催。午前は門脇〔季光〕、大野〔勝巳〕の両君が喋り午後は自分が報告。大臣の都合で早めに午後の会議を打切ったので若干の人々に会ふ余裕が出来た。夕方は歯医者通い。夜は赤阪〔坂〕の「長谷川」で大臣の招宴あり。霞友会館に泊る。

❖**六月四日（木）** 午前中会議。主として中共問題を論じ合う。自分と大野君の意見は大分違う様である。正午は思はずも約束がなくなり少閑あり。貴島〔桃隆〕君と会食し食後株式取引所を見学。丸ノ内、日本橋附近に大ビルが建てこんだことゝ、トラフィック・ジャム（特異なことは町の中心をトラック等の荷物車が走ってジャムに並んで居ることゝ、三輪車等があるため米英の様に規則正しい列にならないことである）があることであった。午後は経済問題を論じて夕方散会。大臣官邸で次官主催、課長以上出席のブッフェあり。天気もよくなったので芝生に出て久しぶりに省内の若い連中と歓談。その後は新橋の待合で伊関〔佑二郎〕、高野〔藤吉〕、藤崎〔萬里〕、の三君とブリッヂ。

❖**六月五日（金）** 午前八時に赤阪〔坂〕山王下の瓢亭で正田英《ひで》三郎《さぶろう》氏の招待あり。九十の〔正田〕貞一郎氏や〔正田〕文右衛門、〔正田〕卓治、〔正田〕得一郎の諸氏出席。賑やかな朝食会であった。午前中会議。正午は霞関会で会食。午後下江歯科から「アラスカ」の十人会に出て簡単な招待を受け、挨拶。夜は東銀の「蜂竜」の招待に臨んで堀江〔薫雄〕氏や伊原氏と懇談。その後ブリッヂ。少し勝った。

❖**六月六日（土）** 午前官邸に首相を訪ねて三大使で約二時間ばかり話をし、終って外務省で三人で共同記者会見。それから自分のみ韮沢〔嘉雄〕君と約廿五分日米経済問題を中心としてNHK対談。更に約十五分間テレヴィジョンで対談。昼飯を喰べる機会がない程の忙しさであった。午後、歯医者に立寄り自動車で片瀬に立寄り準備をしてから荷物を造り箱根行。途中廿分程大磯に立寄り吉田〔茂〕前総理に敬意を表した。箱根は雨。フジヤ・ホテルに投宿。藤山外相始め幹部の連中と食堂で会食。「山吹の間」に泊る。新婚旅行の際泊ったのはこの部屋ではなかったかと思う。

❖**六月七日（日）** 雨は上ったが曇りがち。午前中会議。十一時半ホテルを引拂い大箱根カントリークラブで首相、外相、山田〔久就〕君の四人とゴルフ。大変は霧でドライヴを打っても丸が見へず余りエンジョイできなかった。夕方卓を囲み総理を中心としてスキヤキに舌鼓をうつ。夜、自動車で帰宅片瀬泊り。

❖**六月八日（月）** 自宅でゆっくり溜まった書類等を整理し、正午頃東京に着。半月会で昼一席話し、三時から研修所で研修生に講話。四時半から外務省で有志事務官に講話というわけで喋りまくる。夜は船田〔中〕氏の招待で「川崎」で食後、三浦文夫君の自邸に赴き澁澤、田中〔彦〕と四人で呑気にブリッヂ。今晩から帝国ホテルの新館に泊る。仲々モダーンで気持がよい。

❖**六月九日（火）** ホテルの食堂で大河原〔良雄〕、中川〔融〕、岸田〔静夫〕の三人と朝食とたべつゝマニラ話。十時から十二時まで民自党《ママ》の外交調査会で三大使を招んで話しを聞くというので出席。昼は米大使館に赴きマック〔ダグラス・マッカーサーII世〕と昼食を共にしつゝ懇談（余り歓談ではなかった様だ。彼も日本人を脅かすクセが出た様である）。午後二時から五時すぎまで各種の面会人に会ふ。夕方、下江歯科で歯を抜く。麻酔のため唇がしびれたまゝで杉〔道助〕さんの招宴に赴きジェトロと〔トマス・〕デューイーの問題で懇談。次で「不動」で森下〔陸一〕君と会食。

❖**六月一〇日（水）** 宮内庁に午前十時参入。門脇、大野と三人で約夫々三十分位任国の報告をする。後三十分位陛下より熱心な御質問あり。十二時の定刻を廿分余も超過した。米国についてはダレス死去後の米国の外交政策、米国は台湾をどうする心算だらうか等の質問であった。大野に対しては「これは率直に答へて貰いたい。秩父宮妃や高松宮の話では皇太子妃の選定について英国に若干のリアクションがある相だがどうか」との質問で大野も困った様な顔をして居たが肯定して居た。宮中内部に若干のかつ藤―とまで言はざるも皇太子妃に対する釈然たらざる気持の残って居る証拠であらうし、英国の朝野がどう見て居るかを気にするに至っては一寸驚ろいた。人がどう見て居ても（假りに見て居るとして）よいではないか。又、英国を籍りてウップンを晴らさんとする遣り方は唾棄すべきである。

❖六月一一日（木）　正午賀屋さんの「新喜楽」への招宴に臨んだ後東京会館で「経団連」の会に出席。午後は二時間程本省で面会人に応接。例によって下江さんに出かけてから後、高碕大臣の「蜂竜」の招待に出であとは「不動」で森下君と懇談。

❖六月一二日（金）　朝早くホテルをチェックアウトして歯医者に赴き、その後外務省で用を足してから正午は「川崎」で船田氏と会食。午後は吉次〔利二〕、小船、山崎の三君とハーフ・ラウンド程ヶ谷のコースでゴルフ。コースはチェヴィより容易しい様である。

❖六月一三日（土）　午前下江歯科。秩父宮妃にも敬意を表し正午は議会の観光委員を前にして観光に関する自分の意見を述べた。日暮里の開成学園で会合があったので出席。十二年〔大正〕の同期の連中の歓迎を受けた。夜は外務省で最後の事務を果し帰宅して片瀬で食事。

❖六月一四日（日）　ゆっくり睡眠。午前中、新築家屋の検分。朝飯は吉次君に招ばれて歓談。夕食後八時すぎ出發。空港で少時新聞記者会見を行い十時半ロス行の日航機で帰任しようと思ったところ飛行機が遅れ一旦森下君と「不動」で待ち合せ。一時半頃再び空港に来たが出發は三時半まで延び挙句の果に今日は飛ばぬというアナウンス。帝国ホテルへ引揚げて四時から七時まで假睡《ママ》。

❖六月一五日（月）　八時半頃バスでホテルを出發。朝十時半頃約十二時間遅れて出發。このため家族とミートする手筈が大混乱を来しシャトルに電話して隆と連絡をとって貰う。一日平穏な飛行。早朝三時半にハワイに着。悪い時間であったが服部君が出迎へてくれ総領事館で二時間位眠る。七時すぎ離陸。ロスに着いたのは夕方六時すぎ。もうシャトルに行く約束に間に合う様な便はないのでスタットラー・ホテルで少憩。塚本〔政雄〕君と日米協会のイーストマン氏が出迎へてくれた。日航のもてなしで晩食後十一時すぎホテルを發。夜行でシャトルに向け出發。

❖六月二七日（土）　午前中留守中の報告をきいたり東京の様子を話したりで忙しい。午後も引きつゞき溜った公文、手紙の整理で忙しく一日をすごす。ワシントンの猛烈な暑さには閉口。

❖六月二九日（月）　今日も暑い日で〔華氏〕九十八度あった由。午前中スタフの会議あり。自分から帰国中の報告をする。正午は高山〔義三〕京都市長の一行を招待。午後三時十五分国務省にロバートソン氏を訪問。朝鮮人帰国問題について先方から米側の大なる関心を表示あり〔3〕。仲々忙しい日であった。

❖六月三〇日（火）　昼、新官補が五、六名研修を終へて一応大使館に現はれたので食事。午後四時からフォート・マイヤーで陸軍参謀総長テイラーさんのための送別分列式あり。暑い日であった。〔華氏〕九十七、八度はあったらう。然も木陰がない炎天の下で座って居るだけで汗がポト〱したゝり落ちる。式後のリセプションにも一寸顔を出して帰館。夜は久しぶりに若い官補も招んでナイター見物。セネタースとボストンの対戦であった。

❖**七月一日（水）** 午後は久しぶりにチェヴィでフランク・アレン等とゴルフ。

❖**七月二日（木）** まだ相当暑い。午後は新聞記者会見をしたり四時には新任の次官補パーソンスに挨拶に出かけたり。パーソンスとは今後月二回位会見することゝした。

❖**七月四日（土）** 午後一時間半ルバロン夫妻に招かれて俊夫と共にコロンビア・カントリー・クラブでテニス。暑い日でスッカリ疲れた。午後はテレヴィジョンでヤンキース、セネタース戦を観戦。五時半頃から又、家のコートで西堀親子とテニス。これも楽しめた。

❖**七月五日（日）** 日曜。午前中、タイムスを読む日課。

❖**七月六日（月）** 午後韓国人の北鮮帰還問題で国務省でパーソンスと会談。夕方は西堀父子とテニス。暑いが呑気で面白い。

❖**七月七日（火）** 午後二時のキャピトル機で隆と共にシカゴに赴く。インタナショナル・トレード・フェアで日本が一番多くのスペースをとった活躍をして居りジャパン・デーに出席のためである。呑気に飛行機で休養して三時五十分頃（時差あり）シカゴに着。新任の総領事小沢〔武夫〕君やフエアのグリーターのジョンソンという人に迎へられる。アンバサダー・ホテルに泊る。夜はホテルでフェアの首脳者五、六人が自分とジエトロの関係者と福岡市長等を招いてインフオーマルな会食あり。シカゴの暑さはワシントン程のことはない様である。

❖**七月八日（水）** 十時半出發。会場のNorth Pierに赴きジョンソン氏その他の案内で会場を視察。十六万立方呎《フィート》のスペースのうち日本は一万立方呎を占めて居るからスペースの上では第一位。出品も若干の機械もあり先づ先づ他に比べて遜色はないというところ。但自動車のセクションは欧洲ものが断然圧倒して居たのは已むを得まい。昼は会場に横付けになって居る和蘭《オランダ》の客船「プリンセス・アイリーン」でブッフェ。この間寫眞を撮ったり、テレヴィジョンに出たり（何れも日本向け）。食後吾妻徳穂の所謂歌舞伎踊あり。終って福岡市長の奥村〔茂敏〕氏が〔リチャード・〕デリー・シカゴ市長に山笠（対のもので価格は二百万もするし組立のため日本から三人も職人が来た相である）を贈呈したのに立会う。午後ホテルで少憩の後、五時までに再びピアに赴きルーフ・ガーデンで自分等が中心となりリセプションを行ふ。夜はジェトロ主催の会食。此のフェアに参加した日本商社の代表が出席した。

❖**七月九日（木）**　九時ホテルをチェック・アウトし十時すぎのキャピトル機でワシントンに帰る。帰宅してから少憩の後、国務省に〔クリスチャン・〕ハーターさんを訪ねる。十一日再びヂュネーヴに赴くという忙しいところを卅分会ってくれたので各般の問題を話して来た。夕方セネター・ホランドのコクティルに顔を出してから、食事もしないで球場に駆けつけトワイナイターを見る。相手はボルティモアであるがセネタースは二連敗で一同がつかり。忙しい日であった。

❖**七月一〇日（金）**　午前中、昨日のハーターさんとの会見電報を整理して發出。昼は八代氏夫妻を昼食に招待し米国人文化関係者五、六名を招んだ。マーフィさんも来てくれた。午後は暴風模様となる。但夕方は安定し雨もやんだのでナイターに行く。今日はセネタースが四本の本塁打を打って七－六でボルティモアに辛勝したので一同大喜び。

3――日本と北朝鮮の赤十字社が中心となって在日朝鮮人の北朝鮮への帰還が協議されており、八月一三日にインドのカルカッタで帰還に関する協定が結ばれた。

❖**七月一一日（土）**　午後ジェフ〔ジェームス・G・パーソンズ〕その他国務省の連中とチェヴィでゴルフ。面白かった。

❖**七月一三日（月）**　昼メトロポリタン・クラブでデスヴァニン氏と會食。この頃、閑散。夜の約束も余りないし、又、断っても居るので気楽。

❖**七月一五日（水）**　午前中メキシコ大使に答礼したりチェコの大使の来訪を受けたり。午後はゴルフ。

❖**七月一六日（木）**　昼、フィルド・サーヴィスで来て居る学生（高校生）約六十名を大使館に招んで日本食を御馳走した。日本食は一年ぶりという学生が多く皆嬉んで居た。英語の方が喋り易しい様な連中も少くなかったが左様になるものか。午後国務省にパーソンス君を訪ねて定例の会見。夜は例によってナイター。ワシントンが再び五－二でデトロイトを破ったので見物は御機嫌。

❖**七月一七日（金）**　昼、福岡市長の奥村氏等を招待。夜はナイター。

❖**七月一八日（土）**　午前は昨日帰任した下田君とシモンズの三人、ゴルフ。久しぶりの好晴で楽しかった。夜空港に三木武夫氏を出迎へた。

◆**七月一九日（日）** Chautauqua にある Chautauqua Institution というのが夏季中プログラムを組んで避暑と教養を深めて居るが、この週から始まる一週間はジャパン・ウイークとされた。依て自分も講演のため隆と俊夫と同道。九時少し前ワシントンを車で發。北に向う。

◆**七月二三日（木）** 午後三木武夫を案内して国務省にマーフィを訪ねる。夕方は数日ぶりでテニス。

◆**七月二四日（金）** 昼公邸で三木氏を中心として米側も交へて招宴。午後は平沢〔和重〕君をチェヴィへ案内。シャワーに遭ってビショ濡れになった。

◆**七月二七日（月）** 議員会議に出席の早稲田柳右衛門（衆）氏の一行を公邸に招待。会食。仲々暑い。

◆**七月二八日（火）** 公館長会議を本日から開催。本省からの派遣官も小粒だし、蓮見君は他の用事あり不参。ニューヨークの田中〔三男〕君も[redacted]とかで不参。シカゴの小沢君は留守中に議員さんが来ては申訳なしというので今日一日でシカゴへ帰るというので低調そのもの。夜公邸でブッフェを催す。

◆**七月二九日（水）** 四時、国務省にパーソンス君を訪ねて北鮮帰還問題で話合う。夜は山村〔新治郎〕団長下の代議士を空港に出迎へる。

◆**七月三〇日（木）** 夜、山村氏その他の議員を官邸で招待。本日を以て北米在外公館長会議を終了。毎日暑いことであった。

◆**七月三一日（金）** 昼、郡〔祐一〕議員の一行を公邸に招ぶ。夕方はシャワーとなり約束のテニスはお流れとなる。

◆**八月一日（土）** 午前ゴルフ。午後小柳〔勇〕参議院議員一行を空港に出迎へる。夜は此の人々のためのディナー。

◆**八月五日（水）** 午後はゴルフ。夜はグリフィス・ステディアムにナイターを見に行く。今日は教育会議に来て居る高校長五、六名を招待。皆㐂んで居た。

◆**八月六日（木）** 岸総理が欧洲、南米旅行を終へ帰国の途中ロスに立寄るので午後三時ボルティモアのフレンドシップ空港發のTW機でロスに赴く。ヂエットに乗るためこの空港を択んだ。普通の飛行機よりも一廻り大きく内部は片側に三人かけられるが普通中央の席は一種のテーブルに使って居る様である。素晴らしいスピードで滑走するが仲々離陸しない様な感じ。離陸するとグン〳〵高度をとって二万何千尺の高度に出る。音は静かであるが途中二、三度大したことはなかったが揺れた。実飛行時間は五時間でローカルタイムの午後五時少しすぎにロスの空港に着。席の工合は一等であるが余りリクラインせず寝心地はよくなかったが先づ〳〵は快適の旅行であった。蓮見君の出迎へを受けてアンバサダー・ホテルに投宿。夜は同君と会食。

❖**八月七日(金)** 午前中は用もないのでホテルでブラ〴〵。一時半、蓮見夫妻と飛行場に向う。ウエスタン機で二時半頃メキシコから岸総理の一行が到着。元気な総理の外、松本(俊)〔俊一〕、田中〔龍夫〕、大久保〔武雄〕の諸代議士その他外務省職員が一行を構成する。車を連ねてポリスのエスコートをつけてアンバサダー・ホテルに投宿。四時頃簡単、低調な新聞記者会見あり。夕方は蓮見君の公邸でブッフェ・サパーあり。一行の外、日本人居留民及一世二世の有力者が招ばれていた。

❖**八月八日(土)** 九時ホテルを發。ウイルシャー・カントリー・クラブでゴルフ。希望者が案外少く第一の組は総理と自分、案内役のイーストマンと此のクラブのメムバーのマックホースという人。天気がよくて楽しかった。余りよいコースではないがホテルから七、八分で行けるという市の中心地であるのが強味か。クラブハウスは仲々ぜい沢である。自分は四十九、総理は四十八、九ホールスで二ダウンした。総理は御機嫌。此処で昼食をすませ空港に赴く。二時半、日航機は盛んな見送り裡に出發。自分は見送りをしてから総領事公邸で夕方まで少憩。夕方はナイターを見に行く。此処から空港に送って貰って十二時半のジェット機でシカゴに直行。

❖**八月一三日(木)** 午前中溜った書類を整理。午後は夕方から久しぶりでテニス。夜は八時からセネター・スコットの宴会に出たが上院の有力者が顔を並べて仲々よい会合であった。

❖**八月一四日(金)** 素晴らしく暑い日。アイゼンハワーと〔ニキータ・〕フルシチョフの訪問交換に関連しての観測を十五、六頁の電報にして本省に報告。一寸溜って居たものを一掃した気分。夕方はノンビリとテニス。

❖**八月一五日(土)** 午前中ゴルフ。キーさんとやったが同君とは引分けたが鈴木君に散々にしてやられる。夕方六時半韓国の独立記念のリセプションに十分程顔を出す。行きたくなかったがヤング〔・ユチャン〕君が天皇誕生日には当館に来てくれた関係もあり顔を出した次第。今日は〔華氏〕九十五度を越したと思はれる暑さ。

❖**八月一六日(日)** チェヴィの会長プリンス君とその息子〔イエールに行って居る〕を招んで午後四時からテニス。

❖**八月一七日(月)** 夕方インドネシアの国祭日に顔を出す。

❖**八月一九日(水)** 昼、ハリー・カーンとラ・サール・デュボアで会食。ICAの〔ジェームズ・〕リデルバーガーとのインド〔ネ〕シアの大使も一緒であった。それから大急ぎでチェヴィに赴き、ファングボーナーやウヰリング等とゴルフ。大急ぎでゴルフの後、公邸に帰り着物を着かえてポトマックに駆けつける。マッケルロイ長官夫妻に船遊びに招ばれて居るからである。ヨット上にパイプ・インされる。少し遅れたので既に三、四十名の客が来て居た。ほとんど満月がすみ切った空に浮かんでポトマックに反射する。日中の暑さもすっかり去って涼風が心地よい。船上で晩食をしたゝめ、後は思ひ思ひにホールやデッキで歓談。出發点の波止場についたのは十一時少しすぎて居た。

❖**八月二〇日（木）** 昼パーソンスとメトロポリタンで会食。懸案を論議。夕方はテニス。暑い日であった。

❖**八月二一日（金）** 午前、西村衆院議員の一行を空港に出迎へる。夜はこの一行のための公邸での食事。本日も温度は〔華氏〕九十七、八度に昇った由で暑かった。

❖**八月二二日（土）** 午後ガードナー・パーマーの送別（今度日本へ公使となって赴任）を兼ねて国務省と懇親の対抗試合をする。先方はマーフィ、パーソンス、パーマー、〔マーシャル・〕グリーン、スナイダー。我方は自分に下田、鈴木、安川〔壮〕、島ノ内で結局パーソンスが三木カップを獲得。対抗試合では日本側惨敗。

❖**八月二三日（日）** 午前中ポトマックの司令官ヴァン・ボーデン少将等を公邸に招んでテニス。面白かった。割合にスピードのあるメンス・ダブルス。正午草葉隆円氏等参議院議員の一行を空港に出迎へる。午後は新聞を読んだり、テレヴィジョンや野球の放送。

❖**八月二四日（月）** 正午公邸で参議院議員草葉氏の一行と會食。夕方は遠藤三郎という議員が外相の特使（何の特使だか判らない。恐らく藤山派の議員が漫遊して居るものであらう）として来たというのでフレンドシップの空港に出迎へた。自分等の私用のターンパイクは数日前千八百弗で処分したので慣れるために自分がキャディラックのハンドルをとったが素晴らしい車である。夜はエリック・ジョンストン氏に誘はれブッフェと試写会。来て居る人には議員が多かった。外交団で誘はれたのは自分等夫婦のみ。題は「オン・ザ・ビーチ」というので舞台はオーストレリア。米国はアトミック・フォール・アウトで全滅。オーストレリアに難をさけた米国人の運命も日が限られて死が迫っている。陰惨極まりない映画。隣席のマーフィ夫妻が途中から退席したのはつまらないからではなく居たゝまれなくなったからであらうか。又日本の大使が招ばれたのはヒロシマの関係もあったからであらうか。

❖**八月二五日（火）** 夜は遠藤氏のため公邸で會食。

❖**八月二六日（水）** アイクは本日未明に欧洲に向け出發。未明のことゝて外交団も見送りはしなかった様である。

❖**八月二七日（木）** 夕方アーミー・ネーヴィでジェネラル・ウェリングとテニス。夜はGen. Leigh Wadeがアーミー・

ネーヴィのタウン・クラブで上院議員ホランド氏のためのディナーをやって居るのに招ばれて参加。

❖**八月二八日（金）** 夜パーソンス君の私邸に招ばれる。主客八人位のインフォーマルな会で至って気楽。但暑いには閉口した。

❖**八月三〇日（日）** 新聞讀みと午後はテニスをやったり。

❖**八月三一日（月）** 日本へ秋に行くという上院議員の〔ジョセフ・〕クラーク氏夫妻を昼公邸に招んで会食。午後はテレヴィジョンを見る。午後、マレヤのリセプションに赴いてからブレア・ハウスでマーフィが主人役となりアポストリック・デレゲートの〔エジディオ・〕ヴァグノッチさんを招待したのに出席。五、六名の関係国の大使が招ばれて居た。ヴァグノッチさんは、マニラの外交団長であったので二年半ぶりの再会見であった。

❖**九月一日（火）** 昼、プレス・クラブで日本人記者が自分と下田、島内の両君を招んでくれたのに出席。夜はチェヴィでハルさんがテイラー夫妻（メキシコの電力会社での社長になって最近メキシコ・シティに赴任する由）を主賓としてパーティを催したのに出席。

❖**九月二日（水）** 昼、パーソンスとメトロポリタンクラブで会食。午後はゴルフ。明日のヨーロッパ行の準備をする。

❖**九月三日（木）** 一時五十五分ワシントンの空港を出發。この飛行機はトーリストであるが、N.Y.でアイドルワイルドに着陸するので乗換の不便がなくこれを択む。N.Y.の空港は全部荷物の受取から乗組む手續まで一人でやる。面倒くさいものである。

❖**九月四日（金）** 二時頃（時差五時間あり）ロンドン空港に着。中川君が出迎へてくれた。チズマンが車を持って待って居た。貴賓室に通され、税関も税官吏の方がこちらに出向いて来て簡単にパーソナル・エフェクトかと聞いただけ。いつも威たけ高《ママ》がないので驚ろいた。第一印象極めてよし。進歩（?）したものである。チズマンの車で市中に赴く。英国の道路は随分よいと思ったけれどもアメリカから来ると道巾がせまく、且、脊の低い家が道路の近くまで建ち並んでせゝこましく感じられる。何と言っても車の数が少く、且、車が小さくて貧弱なので田舎へ来た感じ。ハンマー・スミスの附近やストランドの附近は道巾を広げて、トラフィックが大分緩和されて居る様である。早速、ヘンリー・プールで生地を選定し、ディナー・ジャケットを含み六着も洋服を奮發した。此処からスコットに赴き、帽子を買ふ。仲々買物に忙しい。五時頃、グロヴナー・ハウスに投宿。マネジャーとも会ったし、リフトの運転手やドアマンは知り合である。スキトの部屋をシングルと同じ値段で提供してくれたが、一泊四磅《ポンド》八志《シリング》は米国に比べて何としても安い。手を洗ってからセールの家を訪ね、此処に〔エドワード・〕クローさんとセールの友人の画に書いた様な英国人紳士（大佐）が居てブリッヂ。面白かった。自分は三十志ばかり勝った。自分が始めて英国に着いたのは一九二九年の九月の初めであったし、在外事務所長として着任したのも一九五二年の九月の初めであった。九月の英国は緑が深い。今日あたり空港ではまだ陽があたって居たが朝夕は大分涼しく、日中、空港でも〔華氏〕六十何度だった相である。

❖**九月五日（土）**　午前中、ハロッズで買い物。オーク・コテヂは昔のまゝ。〔フランシス・〕ピゴットとジユリエットに迎へられる。中川君の夫妻が子供と共に一緒に招ばれて居て、昔のまゝのチエアで樹の下でお茶を飲み乍ら寫眞を見たり、歓談をしたりで時の経つのを忘れる。六時、名残を惜しみつゝ辞去。ロンドンに帰り、この晩は一人でダッチェスに芝居を見に行く。最前列の席がとれたので一語も洩さずよく聞けよく判った。英語が巧くなった様に感ずる。ロンドンの芝居は楽しい。セッセと毎日の様に芝居に通った離英直前の一ケ月のことを思ひ出す。

❖**九月六日（日）**　朝飯は二度ともキッパーを喰べたが、うまかった。フルコースの朝飯で十志とる。昔には比べられぬが、まァ安い方であらう。十一時半チズマンが迎へに来てくれて、一時空港發パリに赴く。ロンドン・パリ間はヴアイカウント機で丁度一時間で飛んでしまう。パリの飛行場には誰も出迎へに来てくれなかったが今日は日曜ではあるし、各地から大使が来ていることとてこれも已むを得まい。結局、気安く通関し、気安くバスに乗って、更にタキシーに乗り大使館の近くのHotel Royal Monceauに着いたのは三時頃であったらう。ホテルの窓から並木が見へて静かな宿。夜は七時半公邸で古垣〔鉄郎〕氏に招ばれた。

❖**九月七日（月）**　会議は十時に始まるのに鎧戸が光線と音をさへぎって居たゝめ不覚にも十時、大使館から会議が始まると電話があったので慌てゝ起床した始末。自分だけ三十分遅れてしまった。出席者は欧洲在勤の公館長。昼一同と久闊の挨拶を交す。午後は二時半から七時半まで会議。自分も一寸發言した。八時頃から公邸で立食。後十時半から街に出てキヤバレーで五、六人の同僚と共にシャンペンを飲みつゝ歓談。任地を離れると気が楽になるものである。

❖**九月八日（火）**　今日は早起きしてゆっくり朝食。新聞にも目を通してから公邸まで五、六分歩いて会議に出席。別に大したこともなし。議題も東西会談を終ってアメリカの發言することは余り適当でないので控へ目にする。八時頃まで勉強。今日はセーヌの舟遊びと洒落て小ぎれいな川蒸気を浮べてセーヌ河から夜のパリを見物。船中でファグラや雁の料理を楽しみ酒が廻る程に歓談も盛んで楽しかった。ワシントンに居ると相手が居ないが、仲間が多いので勝手な話をしつゝ大騒ぎした。自分等のクラスは山田次官、大野駐英、倭島〔英二〕駐ベルギー、太田〔三郎〕ポーランド、磯野〔勇三〕ポルトガルと自分の計六名。クラスの現役中、原〔馨〕と広瀬〔節男〕が居ないだけ。各クラス中、最も多くの大使がこの会議に出て居たので「お盃を借りて」クラス会も始まり相互の健康を祝す。

❖**九月九日（水）** 午前中会議は終了。客側から代表として鈴木〔九萬〕（イタリヤ）、門脇（ソ連）の両君が山田、古垣の両氏に挨拶。自分は地域外から来て居る関係もあり、オン・ビハーフ・オブ・マイセルフで一寸挨拶的發言をして置いた。食事後散会。各自名残りを惜しみつゝ夫々の任地に帰る。自分は時間もあったので公邸のベランダでブリッヂで時間を潰し八時オルリー發の飛行機でロンドンに向う。下に美しいパリの灯が見へそれがなくなり一寸暗いところを通ったと思ったらまもなくロンドンの燈火である。自分より少し先きに帰って居た大野くんが態〱出迎へに来てくれたので待遇は鄭重。公邸に待って居た館員と共に二時頃までブリッヂ。公邸にご厄介になる。

❖**九月一一日（金）** 飛行機で寝込んで早朝六時アイドルワイルドに着。紐育の官補とワシントンから渡辺君が出迎へてくれて通関等万事スムースに進行。タキシーでラガルディアに赴き此処でワシントン行の飛行機に乗り換へる。ワシントン着は八時半であった。午後は昨夜到着した山田次官をゴルフに案内。同君と夕食を共にし八時半飛行場に見送ってから久しぶりにナイターを見に行く。

❖**九月一二日（土）** 午前中溜った仕事を片附け午後は土曜なのでチェヴィでパーソンス君等とゴルフ。秋晴れの快晴。空はあくまでも青く、暑からず寒からず大にエンジョイした。終って直ぐ同君主催のパーマー（今度公使として日本へ行く）のためのコクテイルに出席。三十分程居て帰邸。夜は公邸で新米の官補（これから大学へ行く）のためのディナーを催し、下田君や島内君の撮った映画も鑑賞。

❖**九月一五日（火）** 昼ジェトロの駒村〔資正〕氏が紐育からやって来たので接待。午後五時からシエラトンのコートでニール・フレザーや、〔ロイ・〕エマソンの豪洲人と〔ハム・〕リチャードソン（昨年度US.第一位）、〔ビック・〕セイシャス等のチャリティのためのテニスあり。殊にリチャードソンの正確なストロークに驚ろいた。今日はフルシチョフが正午すぎワシントンに着いた。アンドリュースの空軍基地に着き、ワシントンの市中に入ってから軍楽隊も同道し市中を行進。アイクも同乗した相であるが市中の人出は二十万といはれ鄭重乍ら極めて静粛な群衆の「歓迎ぶり」であったことが注意されたと報道されている。外交団は団長なるニカラガの大使以外余り歓迎されないと思はれる様な回章が廻って来て居たので(国務省から)自分は空港に出迎へなかった。

❖**九月一六日(水)** 昼、フルシチョフがプレス・クラブで演説し質疑応答があったのをテレヴィジョンで見て午後はバーク・サマース君とゴルフ。

❖**九月一七日(木)** 今度日本へ公使で行くパーマー君のため公邸で国務省の日本関係官若干を夫妻で招んで會食。午後はテニス夜は若い官補連にブリッヂを仕込む。

❖**九月一八日(金)** 午後商務長官の〔フレデリック・〕ミューラー氏に挨拶のため商務省を訪問。同氏とは次官時代から知り合なので気持ちよく二十分程懇談した。午後はシェラトンのコートでマッケルロイ氏等とテニス。同長官は明後日日本へ出發する相である。夜はボルティモアとのナイターを観に行く。

❖**九月一九日(土)** 三ヶ月余のノンビリした休暇を終へて俊夫は今日プリンストンに帰るといふので自分がキャディラックを運転してプリンストンまで送る。六時少しすぎ帰着。丁度ニューヨークから小林〔絹治〕政務次官が令嬢を伴れてワシントンに来て居るので晩さんに招待。

❖**九月二〇日(日)** ワシントンから二十五哩程のリースブルグ(ヴァジニア)の田舎に住んで居る国務省の〔ウィリアム・〕レーシー夫妻に昼飯に招ばれた。相客はレムニッツア夫妻やマーフィ氏、イタリヤ大使夫妻。テレスからヴァジニアの平野を望んで仲々立派な眺めである。ゆっくり食事した後帰宅したのは五時半頃であった。夜は遅れた新聞讀みに精を出す。

❖**九月二一日(月)** 正午、根本〔竜太郎〕(前官房長官)夫妻を空港に出迎へ、そのまゝ公邸で食事。夕方、杉山〔茂〕陸幕長のためレムニッツア大将がコクテイルをして居るのに一寸顔を出し、帰宅後大急ぎでホワイト・タイに着換へ軍令次長の〔ジェームズ・〕ラッセル大将の招宴に臨み、終ってネーヴィ・ボールに出席。海軍の素人演藝で売上げを募金に寄附する仕組みの由。仲々盛会であった。ラッセル夫人は此の催しのチェアマンであるから自分等が招待されたことは特筆してよいと思ふ。自分等が辞去したのは十二時すぎであった。

❖**九月二二日(火)** 夕方テイラー前参謀総長(今般退官して最近メキシコ・シティに赴任の由)を招びテニス。暑い日であった。又眞夏が引き返した様。テニスのあと大急ぎで服装を変へ杉山陸幕長がレムニッツア大将その外のためボーリング空軍基地でリセプションをやって居るのに顔を出し、そのあと杉山氏一行をナイターに案内した。セネタースがヤンキースに敗けた。杉山氏等大喜びであった。

❖**九月二三日（水）** 正午、ニューヨークから飛来の藤山外相を空港に出迎へその足で外相をチェヴィのクラブに案内しクラブで簡単に食事をしてからゴルフ。自分と藤山氏と組み下田、安川組と対戦したが敗けた。夕方、大阪商工会議所の杉さんが来たので会談。夜は藤山氏を中心とし杉さんにも参加して貰って大使館幹部を招んで公邸で食事。そのあと自分は杉氏をナイターに招待。今日は今年最後のナイターとあって何となく和気あいあい。抽びきもあり。自分も今年は随分通ったものである。グリフィス・ステディアムを出るとき一人の男が「大使。フットボールも観に来るか」と聞いたので「フットボールは判らない」と答へたところ「それでは又来年」と声をかけてくれたものである。帰邸後、今日国務省でマン君と金属食器問題等で話合った経緯を電報したりで一時近くまで勉強。藤山氏は公邸に泊る。

❖**九月二四日（木）** 午前、前商務次官のウオルター・ウイリアムが訪ねて来た。今度日本へ又出かけるという。昼は公邸で藤山さんをコ・ホーストにしてハーターさんを中心として少人数の昼さん会を催す。フルシチョフが今日西部の旅行から帰って来て明日から大統領との会談が始まるという悪い時機であったがハーターさんはよく約束を守ってくれた。引きつゞき二時半から国務省で藤山・ハーターの会談あり。自分も同行。四時頃まで一般国際情勢、安保問題、中共問題等を話したが割合に出来がよかったと思ふ。六時半から坂内〔義雄〕氏を団長とする観光使節団が来たので公邸でリセプション。米側は二流三流の人々で大したことはなかったが自分が挨拶。観光使節団の人々は大変喜んで居た。此の間フルシチョフのためのリセプションをソ連大使が催して居るのでこちらのリセプションを中座して出席したが生憎「フ」さんは姿を見せず。（疲れたので一寸引っ込んだのかも知れない）出かけて行った甲斐がなかった。観光施設団のためのリセプション後日本人のみのためブッフェを催す。ゴタ〳〵と疲れた。

❖**九月二五日（金）** 藤山氏が八時少しすぎの飛行機でニューヨークに出發したのを見送る。午後は少し昼寝。夕方七時半の飛行機で入れ替ってＩＭＦの会議に出席のため来華したのを出迎へる。そのまま佐藤〔栄作〕氏と共に坂内氏夫妻（観光使節団長）が北京飯店で大使館員も招待して居るのに出席。十一時頃帰宅忙しい日であった。

❖**九月二六日（土）** 午前、チェヴィーに佐藤蔵相を招待し太田（東銀）氏も招び鈴木君と四人でゴルフ。珍しく当らなかった。

❖**九月二七日（日）** 四時からフルシチョフがキャンプ・デービッドでアイクとの会談を終へてのプレス・インタビューをナショナル・プレス・クラブで行った。約一時間。今回は質問をソ連側でスクリーンし穏やかな質問ばかり。フルシチョフの方も怒る様な場面は見られなかった。この夜「フ」はソ連へ向け帰国。歴史的な訪問であったといえよう。夜、田付〔景一〕君と鶴岡〔千仭〕君を招いてブリッヂの後食事。二人とも夜の飛行機でニューヨークに帰った。

❖**九月二八日（月）** 佐藤蔵相を同伴して商務省にミューラー長官を訪ね挨拶。その後時間があったのでアーリントンにダレスさんの墓を見舞う。正午はマーフィが主人役となりメイフラワーで佐藤氏のための昼さん会。今日は自分はフルシチョフ訪問の影響〔インパクト〕等について二十頁余の電報を書いて大忙しであった。

❖**九月二九日（火）** セイロンの〔ソロモン・〕バンダラナイケ首相が暗殺されたので同国公使館に記帳に行く。昼、十一月初め日本へ行くというブッシュ上院議員夫妻と若干の米国人を招び又ＩＭＦの会議で来華中の佐藤〔三井〕、堀江〔東銀〕の両氏も加へて公邸で食事。夜は佐藤〔栄作〕氏のため公邸でリセプション。終って日本人のみのためブッフェを開いた。

❖**九月三〇日（水）** 今日は午後、ゴルフにお客さんを案内の公算であったが、ハリケーン来の予報もあり取止めた。日本の大災害も伝はって来たが、大変な人的、財政的の損害の様である。午後五時から十五分ばかり佐藤氏がハーターさんに会ったのに同道。今夜は約束を作らずゆっくりした。

❖**一〇月一日（木）** 佐藤氏と同道、ボルティモアのジョンス・ホプキンス大学を訪ねミルトン・アイゼンハワー氏と会う。昼食を共にしつゝ佐藤氏から主としてラテン・アメリカの話しを聞く。アイゼンハワー総長はラテン・アメリカ通とてこの会見は佐藤氏から希望があり自分が申入れたもの。アイクより余程若い、気さくな紳士。午後四時は佐藤氏と同道。国務省にパーソンス君を訪れた。同君のフルシチョフ・アイク会談に関するブリーフィングを聞く。相当長い電報にして内容を本省に報告して置いた。夜、郵政大臣の植竹〔春彦〕氏をお客にして会食。栃木県出身の参議院議員である。この晩、東銀の堀江氏夫妻公邸に泊る。

❖**一〇月二日（金）** 午前中、国務省で金属食器問題でマン君と会談。色々と話合ったが日本側の自主規制案は通らず米国の手による規制措置の実施となるらしい。昼はジャパン・ソサイエティのカウンシル・メムバースが佐藤氏を主賓としてコスモス・クラブで歓迎会。午後は情文局長の近藤〔晋一〕君と高野君を案内してゴルフ。夜は、公邸で佐藤氏のため内輪の會食をする。

❖**一〇月三日（土）** 正午、鈴木〔庸輔〕社長（島津製作所）夫妻を公邸で招宴。ニューヨークのF.E.カウンシルの会合に来らたもの。午後二時佐藤氏が列車でニューヨークへ出發したのを見送る。夕方は明子とテニス。夜は久しぶりに約束なく、テレヴィを楽しむ。

❖**一〇月五日（月）** 午前中ノンビリ。五時からロスから中継されたワールド・シリーズ第四回戦を見る。途中で切り上げて大使館に招いた百余人のお客さんの人々のためのブッフェに主人として応待。ブッフェがすんでから一同、車を連ねてキャピトルに行き、今日と明日、公演する「タカラヅカ」を観劇。全部日本式で音楽やテンポは洋式。綺麗というだけで他愛のないものであった。終って此の人々、五、六十名と大使館員、日本人新聞記者のため十二時頃からブッフェ。散会は二時頃であった。

❖**一〇月七日（水）** 八時十分のアメリカン機でニューヨークに行く。隆同伴。一時間後ラガルディヤに着。官補が三人出迎へてくれた。アストリアに投宿。ファ・イースト・アメリカ・カウンシルの会合は十二時半から開催され食事のスピーカーは新商務長官のミューラー氏であった。終って引つゞき別室で日本部会あり。ナショナル・シティのジョンソン氏が議長となりスピーカーは佐藤蔵相、自分と鈴木氏（島津製作所）の三人であり自分は十五分位気持ちよく喋れた。リマークスの後質疑応答あり。四時頃閉会。夜は七時半からディナーあり。ディロン氏がスピーカーであった。主として中共の問題を取り扱ひ、興味があった。

❖**一〇月八日（木）** 朝食は百年祭のことで打合せに来たロックフェラーさんと三人で食べ乍ら会談。皇太子夫妻が来ないと余り意味がないとのロックフェラーさんの意見であった。午前中、総領事館に田中君を訪れ見舞う。昼若い官補連三人をホテルに招んで会食。夕方五時半からプラザで佐藤蔵相のためのリセプションを催し七時ホテルに帰り隆と簡単に夕食をグリルで認めてからシューバート・シアターに"A majority of one"を見に行く。ブルックリンのジューのウイドーが国務省に勤めて居る息子夫妻の転任に伴ひ、日本へ行く。途中、〔セドリック・〕ハードウィックの扮する浅野なる日本人実業家と知り合になり、紡績会談にもインヴォルヴされることになるのであるが、此のプレーについては本夏、自分が一時帰朝の際、日米協会で演説で言及したこともあり、一度、見たいと思って居た。劇中、日本が別珍に集中して対米輸出をして居り、製品のdiversificationが出てくる辺り仲々専門的。「ゴアイサツ」と称して他人を訪問する風習や、土産物を風呂敷包みに入れてお客さんに届けるところ、羽織を着るのに一指も使はず婦人にやらせるところ等々、諷し得て仲々に妙。滑稽な悪意のない心温まるプレーであった。

❖一〇月九日（金）　十時の飛行機でワシントンに帰着。帰ったらば直ぐ郵船の児玉〔忠康〕氏のための昼食会。午後、国連に出張中の大河原君が来たので食事後ブリッヂ。

❖一〇月一〇日（土）　朝、大河原君を誘ってゴルフ。昼食はクラブ。午後は少憩の後、西堀父子も交へてテニス。よく遊んだ。夕方は中国大使館に祝詞を述べに行く。双十節である。今日もまだ夏の様に暑い。

❖一〇月一二日（月）　昼メトロポリタンでパーソンス君と会食しつゝ懇談。夜はスペインのリセプション（コロンバス・デー）からシェラトン・パークに廻る。この方は一人。White House Correspondents' Association の年次ディナーでケリー夫人（名儀は新聞記者たる夫人であるが婦人は出られない）のテーブルに招ばれた。メーン・テーブルには大統領、副大統領、閣僚の外、来米中のメキシコの大統領も出席。新聞関係者の外にボビー・ジョーンズも不自由な体乍ら出席。大統領の誕生祝として有名な Calamity Jane のパッターのレプリカを贈呈。余興も数々行はれ大変な盛会であり散会したのは十一時すぎであった。ワシントンに於ける有数な年中行事の一つである。

❖一〇月一三日（火）　午前中チェコとイスラエルの大使に答礼。昼は今度の南極会議に英国代表としてやって来た〔エスラー・〕デニングが訪ねて来た。昼はN.H.K.の吉田君、時事通信の丸山君等が日本へ帰るというので送別の会食。終ってチェヴィに山田〔泰造〕君（運輸省出身の一等書記官）を招待し送別ゴルフ。夜昭和電工の安西〔正夫〕氏一行を公邸に招ぶ。仲々忙しいことである。

❖一〇月一四日（水）　ドミニカに答礼。午後はゴルフの約束が雨天のため取り消されたので南極会議関係の書類に目を通して忙しい。夜はフィルド・サーヴィスのチャリティの映画「ポーギー・アンド・ベス」を見に行く。黒人のみの出演する映画で音楽と唱が楽しめた。

❖一〇月一五日（木）　南極会議本日より開催。内務省の建物を使用する。十二ヶ国が参加し日本は自分と下田君が代表。オーストレリアは〔リチャード・〕ケーシー外相、ニュージーランドは首相と夫々大物を代表に送って居る国もある。型の如く議長選挙が終ってから各代表の演説があり公用語（英、佛、西、露）以外の外国語で演説せざるを得ないのは自分とノルウェーのコート君であった。自分は第三回目に演説、十分余り喋った。昼はガットで日本へ行くカーンズ君外四、五名の商務省の人々を公邸に招ぶ。三時から再び会議に出席。夜はアンダーソン・ハウスでハーターさんのリセプションあり。

❖一〇月一六日(金) 午前、南極会議の総会に出席。午後は分科会に分れたので出席しなかった。夕方チェヴィで秋晴れの空でテニス。あとエチオピアの皇太子が来たので同大使館のリセプション。オーストラリアのリセプションから夜は公邸で源田〔実〕空将を中心として招待。

❖一〇月一七日(土) 午後は国務省と大使館のアサカイ・カップ争奪の野球あり。自分も出席。秋晴れの天気の下で大にスポーツを楽しむ。夕方、チャルマーズ・ロバーツのコクテイルに顔を出した。今週、来週はルーティンのコクテイルの外にアンタークティク関係のコクテイルが加はって、ほとんど毎晩のコクテイルである。夜は久しぶりに約束がなく、T.V.を楽しむ。

❖一〇月一九日(月) 昼南極会議で来て居るデニング氏と〔ノーマン・〕ブレーン君、ハンケー氏(ロード・〔モーリス・〕ハンケーの息子さん)を公邸に招待して東京話しをし乍ら旧交を温める。

夕方はノルウェーのコクテイル。南極会議参加の十二カ国が交互にコクテイルをやって居るので忙しいこと。渡辺(レフ)君夫妻が来て公邸に泊る。

❖一〇月二〇日(火) 〔ジョージ・〕マーシャル大将が死去しワシントン・ナショナル・キャシードラルにライイング・ステートして居るので午前十時同教会に行き且記帳をして来た。大使館の国旗は半旗にして掲揚。夕方は源田空将がリセプションをして居るのに出席。

❖一〇月二一日(水) カルテックスの社長ブラムステッド氏と同社のマッカイバー君をチェヴィに招いてゴルフをした。此処で着物を着かえてから南極に関する英国のリセプションに臨み、又ドーグラス空相の源田氏のためのサパーにも出席。ドーグラス氏のはジョージタウンの自宅で少人数で行はれて気持ちがよかった。

❖一〇月二二日(木) 日本へ行くという下院議員の〔チャールズ・〕ポーター氏を昼飯に招待。夜は明子がトリニティの劇に出て居るので隆と共に観に行った。明子、皆とよく交ざって楽し相であった。

❖一〇月二三日(金) 夕方は大使館で南極関係のリセプション。終って議員を二人公邸で招待。接客業仲々忙し。

❖一〇月二五日(日) 午後、英国のブレーンやハンケーの諸君を招んでテニス。

❖一〇月二六日(月) 東久邇〔盛厚〕氏夫妻昨日ニューヨークから来着。昨晩から公邸に泊って居る。夕方は隆が主催して日本に関係のある米国婦人をお茶に招んで照宮に紹介。夕方はソ連の南極会議関係リセプション。ヴィエトナムの国際日《ママ》、岡松ミッションのための佐藤君によるリセプション等に出席の後、大使館で東久邇、萩原〔吉太郎〕(北炭社長)

のためのディナーを催す。先客万来。但仕事の方は余り忙しいことはない。

❖**一〇月二七日（火）** 午前、東久邇氏夫妻はニューヨークに向け出發。午後二時から岡松〔成太郎〕君の通商使節団とニューヨークの日本人商社代表との懇談会を大使館で行ふ。夕方、ギニーの大統領が来てゐるのでメーフラワーでリセプションあり。夜は岡松氏一行のためのブッフェを公邸で催す。

❖**一〇月二八日（水）** 夕方はパーソンスが岡松ミッションをメイフラワーに招待してのリセプションに一寸顔を出し、疲れたので早寝。

❖**一〇月二九日（木）** 午前、国務省にパーソンス君を訪ねて会談。バイ・アメリカの傾向がI.C.A.のオフ・ショア・プロキュアメントに及ばぬ様にとの申入。中共に関する米ソの書翰交換の問題、北鮮帰還の問題等々であった。午後、岡松君一行の出發を見送り、夕方はIrwin（国防省）氏の宅に招待され食事後観劇。

❖**一〇月三〇日（金）** 午前中大名装束で寫眞を撮ったり福岡氏寄贈の「鏡獅子」の博多焼贈受領の寫眞を撮ったり。午後と夕方は久しぶりに約束なしに夜はノンビリ。

❖**一〇月三一日（土）** 雨降りで心配したが大したこともなく英国のノーマン・ブレーン君を誘ってゴルフ。楽しかった。

❖**一一月一日（日）** 午前、新聞讀み。午後、暖かいので明子と一寸テニス。三時からハーターさんのところでブリッヂ。七時まで楽しんだが自分は手がつかず。

❖**一一月二日（月）** 午前中、仕事を片附けたり明日の旅行の準備をしたり。午後は八幡製鉄の小島〔新一〕社長を案内してゴルフ。五時頃になると大分寒かったがエンジョイした。夕方は自衛隊の日とあって陸海空のアタッシェが大使館でリセプション。自分は此処に一寸顔を出した後、二階で小島氏と花井〔忠〕（前検事総長）氏をスキ焼をして接待した。

❖**一一月三日（火）** キャデラックを駈って隆と共にディトン（オハイオ）に赴くため出發。

❖**一一月四日（水）** 夜は六時からビルト・モア・ホテルにN.C.レヂスター社七十五周年の晩さん会に出席。仲々盛会であった。各国—といってもN.C.R.に関係の深い国の代表（領事級）から祝詞あり。自分は大使とあって殿りに二、三分挨拶した。

❖**一一月五日（木）** 七時半には朝飯をすませて出發。キャディラックでのドライヴは流石に快適である。家で食事をすまし、書類を整理。十一時にニューヨークから河野一郎氏一行が着いたので飛行場に出迎へた。

❖**一一月六日（金）** 朝、河野氏から電話あり。待遇が悪いとブー〳〵言はれた。こういう人柄の人とは胸襟を開いて話が出来ない。午後、国務省でハーター氏とパーソンス君と会談したのに立会う。ハーターさんとは三十分話しをしたが内容は何もない。ハーターさんも時間潰しで弱ったことだらう。夜は公邸で宴会。

❖**一一月七日（土）** 河野氏の一行MRAでマキノ行。雨降りで約束のテニスも出来ず。夜はシェラトンでクーリッヂ夫妻に招ばれてインタナショナル・ボールに出席。九時半頃から食事。十二時頃バザーの抽せん。これが終って一時頃自分達は引き揚げたが踊りは二時頃までつゞいた筈。昨年はスペインであったが今年はフランスがハイライトされた。

❖**一一月八日（日）** 快晴になったので英大使館でカチア君とスミス（J）夫妻とテニス。寒い日であったが結構、汗をかいた。夜は日曜で御苦労さんだったけれどベテスダのキャプテン・フラックとかいう人が保科〔善四郎〕氏その他のためのコクテイルをして居るのに一寸顔を出した。

❖**一一月九日（月）** 午前、河野氏に同行し国務省でディロン次官に会う。昼は約束なし。夜はジョンストンがスタディオで河野氏一行のため食事及映画"last angry man"というのを見せたのに参加。帰宅は十二時すぎであった。

❖**一一月一〇日（火）** 昼は富士鉄の永野〔重雄〕氏のため昼食。夜は保科代議士一行のための食事。仕事は大したことはないが御接待に追はれる。

❖**一一月一一日（水）** 休戦記念日とて休日。好い天気なので富士鉄の永野社長をチェヴィに案内してゴルフ。

午後公邸にロックフェラーさんが訪ねて来てくれて明年の百年祭に関連しアイクの日本訪問、皇太子御夫妻の来米について懇談。夜は河野氏一行四名を公邸のスキ焼に案内。食後同氏一行はワシントンを出発したので見送り。その足で自分は十時半ワシントンを發シカゴ経由シアトルに向う。シカゴで乗り換へはウト〳〵した頃の十二時少しすぎ（時差一時間）再び此処からUAL機に乗り換へて眠り乍らシアトルへ。

❖**一一月一二日（木）** 五時少しすぎシアトル着（シカゴとの時差二時間あり）空港には武野〔義治〕シアトル総領事と浦部〔勝馬〕ポートランド領事が出迎へてくれ、空港で自分は顔を洗ってからまだ暗い市中を武野君の車でドライヴ。南下した。道は立派。ユーヂンに着いたのは三時半頃であった。オレゴン大学の若い教授が途中まで日本人学生と共に出迎へてくれた。ユーヂン・ホテルに投宿。少憩の後、ウィルファという日本語の出来る若い教授の案内で近くの女子学生のフラタニティに赴き、女学生と晩飯を共にし三十分程討論。男子の学生も参加。面白かった。七時半から大学のチャンセラーが司会して、四十分程講演。流石に昨晩の不眠がたゝり疲れて余り調子よろしからず。聴衆は二、三百人居たらうか。講演後、三十分程質疑応答あり。そのあとで、Prof. Raymond F. Mikesellという人のところに二、三十名関係教授が集って自分のためのコクティルを催してくれる。日本に行ったという教授の多いのには驚ろかされた。

❖**一一月一三日(金)** 午前、近くのランバー・ミルを見学。材料は専用道路で近くの山から切り出してくるとかいうから羨しい限りである。その後、市の郊外をドライヴ。よい天気なので若干寫眞をとった。昼はホテルでユーヂンの商工会議所の会合あり。三十分程喋った。そのあと新聞記者会見やら録音やらをしてゴタ〴〵。三時からシュライヤー教授の依頼で十五分程同教授と対談したものを大学の放送局で録音。四時からProf. Baldinghという人が大学の東洋文化の教授である婦人から日本の掛物の寄贈を受けた式に立合ひ、挨拶する。日本に対する関心は深いし、待遇も手厚い。五時此処を辞去し、浦部君がドライヴしてポートランドに帰着は七時半頃であった。日本人有力者の経営して居る日本料理で夕食をしたゝめる。空腹だったので美味しかった。

❖**一一月一四日(土)** 快晴。浦部君と日米協会副会長氏の案内でフード山に行く。此処の成功者、野地氏に昨日、予告してあったので七、八名の一世の人が集ってくれて開墾の苦心やら排日の辛苦を語ってくれた。一九〇五、六年の頃来て開墾に苦心した人々で握手すると手がザラ〴〵である。大変喜んでくれて野地氏の如き昨夜は嬉しくて眠れなかったと独語してくれた誠意には胸が打たれた。此処では話を聞いて辞去する心算で居たのが魚だのおすしだのの御馳走に預り四時頃お別れを告げ一同に送られて帰路につき。

❖**一一月一五日(日)** 十二時半ポートランド始發のユニオン・パシフィックの"City of Portland"で浦部夫妻その他に見送られて出發。列車の旅は楽し。

❖**一一月一六日(月)** グリーン・リヴァに着いたのは午前八時(尤も昨夜一時間時計を進めた)。此処で本線の列車から切り離される。好い天気である。切り離されたソート・レーク行の車輌には食堂もついて居るので此処で朝食。そのうちに駅で知らせたものか、此の地に居る唯一の日系人砂原という七十位のお婆さんが訪ねて来た。伊豫の国の人だ相で、つれ合には死に別れたが今では子供が大きくなって生活には困らぬらしい。それでも戦争中の苦労(幸いにこの地で生活を許されたとのこと)等一しきり話してくれた。ピジョン・イングリッシュと日本語をチャンポンで話す。そのうち十五、六哩離れたロックスプリングという所に住んで居る一世の老人が二人(一人は鉄道に勤めて居たが今は引退。一人は床屋さんの由)が車で駆けつけてくれてロックスプリングスまで案内され支那料理を御馳走になったり日本人の墓に詣でたり。二十世紀始めには数百人の日本人が此の地の炭坑（今はさびれた）で働いて居り大分事故で死んだものだ相である。搾取されたわけである。こんな奥地で日本系の人に会うとは思はなかった。此の人々は何れも市民権を持って居る由。好意を謝して列車（ソート・レークに行くにはシティ・オブ・ロスアンゼレスに連結するのだがこの列車が一時間遅れた）の發車を待たず別れた。列車は三時半頃發。夕日を浴びつゝ例によって荒涼たる高原帯を走り、ソートレークに着いたらば日はトップリ暮れて八時に近く、ユタ大学の総長〔レイ・〕オルピン氏や大学の学生、一世の有力者等が出迎へてくれ、そのアシで一世の会合に臨み、一寸挨拶。終って日本食の御馳走になり、十時頃ユタ・ホテルに投宿。

❖**一一月一七日（火）** 目の廻る様に忙しい日。朝食がすんでから自分を世話して居るサン・フランシスコのジェトロの人とローエンフェルトを帯同してユタ大学に総長オルピン氏を訪ねて敬意を表する。大学のコンパウンドの広いことに驚ろかされる。オルピン氏と歓談してからキャンパスの見学。十一時から学生ユニオンで日本品の陳列してあるのを見て十一時講演。質疑応答もあり。十二時十五分までにユタ・ホテルに戻りロータリーと商工会議所合同の講演会に臨む。午後再び大学に引き返し日本工藝展を開会。燈篭に火入れを行う。再びユタ・ホテルに引き返し隣りのモルモンの事務所を訪れ、〔デイヴィッド・〕マッケー総長に敬意を表す。

❖**一一月一八日（水）** 早朝、ポリス・エスコートもつけてくれジエトロの人の見送りで空港に向ひ九時十五分發。ワシントンに着いたのは八時少しすぎ。一週間ぶりのワシントンである。山積した書類を切りくずしにかゝったゝめ、仕事の後も眠れず四時頃まで目が冴えた。

❖**一一月一九日（木）** 午前中、橋本（龍伍）君が訪ねて来てハーターさんとの会見をアレンヂしてくれという。用はないが五分でよいという口である。正午パーソンス君と食事を共にしつゝ頼んだ。夜は橋本〔龍伍〕君のための会食。ハーターさんとの会見が約束出来たので上機嫌であった。五分でもよいという会見である。

❖**一一月二一日（土）** 午前、ヴァン・フーテン少将を招んでテニス。三セットばかりやったところで雨が降って来た。午後、與謝野〔秀〕、田付両君がニューヨークからやって来て夜は例の通りブリッヂとなる。

❖**一一月二二日（日）** 小春日和のよう。與謝野、田付両君を案内し、それに下田君も参加してゴルフ。

❖**一一月二三日（月）** 日本では休日とあって大使館は休み。午前中、島ノ内君とベテスタでゴルフ。大使館のコンペティションに参加したからである。暖い曇天であった。午後橋本君を案内してハーターさんに十五分会う。夜今度トルコに赴任のことゝなったロヂャース中将夫妻を公邸に招び、極くインフォーマルにスキ焼パーティを催す。

❖ **一一月二四日(火)** 夜ワグノッチ大僧正(マニラに於て外交団長であった)を主賓としカトリックの米人有力者に若干のカトリック以外の人も加へてディナーを催したが、卅何人出席して多すぎる位、盛会であった。

❖ **一一月二六日(木)** サンクスギヴィングデーで昨日は俊夫がプリンストンから帰って来た。今日はチェヴィで下田君の送別を兼ね自分と安川君と組んで下田、島内と対抗。橋本君寄贈のカップを賭して自分等が勝った。とても温かなそして風のないよい日であった。夜、子供等は島内家の子供パーティに招ばれて出かける。

❖ **一一月二八日(土)** 午後、下田君とジェフ〔J・グラハム・パーソンズ〕、今度韓国へ行くグリーンの計四人でゴルフ。余り寒くなく楽しめた。夜は家族一同と食卓をかこんで感謝祭の祈りを捧げつゝ、おいしい、そして楽しい晩さん。今まで約束のため感謝祭の食事が遅れてゐたのである。

❖ **一一月二九日(日)** 昼は俊夫の注文でスキ焼き。午後は英国大使のカチヤ君に招ばれてテニス。天気はよいが寒いことも相当であった。夕方、俊夫がプリンストンに帰るのを駅まで車で送った後、その足でカラハン氏夫妻がロヂャース中将のため送別のブッフェをして居るのに出席。賜暇帰国中の〔フランク・〕ウェアリング夫妻も居たし下田君夫妻の送別ともなって居たらしい。ハル、パーソンズ等々日本関係者の水入らずの会合であった。

❖ **一一月三〇日(月)** 昼は目下シドニーから一時帰国中のウェアリング夫妻に〔サミュエル・〕ウオー(輸銀総裁)も加へて会食。友好的な昼飯であった。午後から夜、何も約束もないのでノンビリ。

❖ **一二月一日(火)** 午前、南極条約の調印式あり〔4〕。約一ヶ月半前開会式には自分が日本を代表して演説したが今日は自分は遠慮して今まで本件を主管して居た下田君に發言して貰う。調印は二人でした。夕方はマーフィ(今般辞任したが大統領に随行して旅行に出る)がリセプションをブレア・ハウスで行ったのに顔を出し、その後、Gen. Gailey(ヴァン・ホーテンの後任)のリセプション。それから帰宅。着物を着かえミューラー商務長官を主賓とする大使館のディナーを主宰した。

❖ **一二月三日(木)** 夜は東京ウイメンス・クラブの人達が御主人を帯同して大使館に集まる年次恒例の会。自分等とそれに今度帰任する下田君夫妻がリセプションの列に並んでお客さんに挨拶。お赤飯など日本式のブッフェを開いた。

❖**一二月四日(金)** 今度日本へ行ったポーター議員〔下院、民主党のマベリック、中共承認論者〕に招ばれて上院の食堂で会食。東京での〔ダグラス・〕マッカーサー〔Ⅱ世〕との喧嘩の一幕の話しを聞いた。午後はローレイ洋品店でクリスマスや来年の総理の来米を考へての土産品のショッピング。夜はノンビリとテレヴィジョン。

❖**一二月五日(土)** 午後VOAの注文でワシントンに来て居る宮城まり子さんとの対談を録音。

❖**一二月六日(日)** 午前英国大使等を招いてテニス。もうコートが大分ゆるんで来たのでこれが本年最後のテニスかも知れない。午後と夜はT.V.

❖**一二月八日(火)** 天気回復。午後はアレンが下田君をゴルフに招んだのに同道。冬らしくない暖い日であった。

❖**一二月九日(水)** 午前中アルゼンティン大使に答礼。夜は大蔵省のアプトン君夫妻のディナーに出席。十人程の少人数の会合であった。

❖**一二月一〇日(木)** 至って閑散。六時半から下田君夫妻がシエラトンパークで送別のリセプションを行ったのに出席。日本関係者が多く水入らずの会合。

❖**一二月一二日(土)** 好天気つゞきが今日は崩れて切角のゴルフ、出足を挫かれたが鈴木君と輸出入銀行のウオー君、ブッシュ君、と雨を冒してやる。幸い温い日であったのでよく当り、面白かった。夜は館員の若干を招いて下田君送別のブッフェを催す。

❖**一二月一三日(日)** 天気はよいが風が強い。午前中新聞よみ。午後も"Advice and Consent"という六百頁ばかりの政治小説の能率を上げる。

❖**一二月一四日(月)** 昼、今度日本へ行くという〔ウィルバー・〕ブラッカー陸軍長官夫妻とワシントンポストのウイギンス夫妻を招んで会食。午後、三浦文夫君が中南米の旅行を終へてワシントンに来り。今晩泊る。夜は食事を共にしてブリッヂ。

❖**一二月一五日(火)** 午前、三浦君を案内してゴルフ。暖い日で楽しめた。

❖**一二月一六日(水)** 正午、下田夫妻の送別のため国務省の連中を招んで会食。三浦君は午後帰日の途に就いた。夜は約束なし。

4——南極条約は日本、米国、英国、仏国、ソ連等の一二ヵ国により調印され一九六一年に発効した。内容は、南極地域の平和利用等。

❖一二月一七日（木） 昼、空港に下田夫妻を見送る。帰途はハリー・カーンと島内君と三人で会食。夜はワグノッチさんのディナーに招ばれたが五、六名の大使とお坊さんと若干のレイマンと三十名位の会合であった。

❖一二月一八日（金） 午前十一時国務省にマン君を訪ねて共同体・アウターセブン問題等に関する米国見解を訊ねた。午後電報書き。正午は海原〔治〕君等の送別会。夜は約束なし。

❖一二月一九日（土） 温かい日和。バーニング・トリーで〔ジョン・〕マックルーアのお客さんになってゴルフ。どうもこのコースでやると余り当らない。

❖一二月二〇日（日） 六時からヴァン・フーテン少将宅で食事（ワシントン地許の有力者が五、六組同席してゐた）食事後八時からコンスティチューション・ホールで陸軍軍楽隊のクリスマスのミュジックと歌とあり。クリスマスの気分を出す。

❖一二月二三日（水） 午後、公館別館で使用人がエグノグを飲んでクリスマスのパーティあり。一寸顔を出す。

❖一二月二四日（木） 午前中だけ一寸執務。午後は讀書。夜家族一同とセント・マシュース教会のミッドナイト・ミサに行く。今年も引退したマーフィさん（大統領の旅行に随行して最近帰ったばかり）が来てゐたので挨拶を交換した。自宅へ帰ったのは二時に近かったが紅茶を飲み乍ら一同とクリスマス・トリーを囲んでプレゼントの包を解く。

❖一二月二五日（金） クリスマス。一九五九年も楽しい年であった。我々のワシントンに於ける社交的活動も大分楽になったし、又、無理にこれ以上店を拡げる必要もないという感じだ。国務省ではダレスが五月末に死去した。これは大きなニュースで彼の世界外交に於て占めて居た地位が大きいだけにその影響は大きく、米国の対ソ外交は急激に回転して行って居る様である。連続的巨頭会談の構想などはダレスありとせば到底考へられない。ハーターさんがその後任として登場したことは自分にはやりよい。ダレスはとりつき憎かったがハーターはブリッヂ友達でもあり何となく親しみ易い。マーフィの退陣は米外交に対する損害であると共に日本の友人があの要職に居ないことは心淋しい限りである。ロバートソンが変ってパーソンスになったことは自分にとってどの位ゐ気安い感じを持てたことか。ロバートソンはアンプレディクタブルであり、自分が会見を申入れても二、三日かゝったり、時には自分の部下にリファしたり無礼であり不愉快に感じたが、ジェフはカリアの外交官であり、その点やり易く、国務省との接触が億劫でなくなった。

　主な本年の仕事としては依然経済問題で（政治問題よりは

割り切れて楽な点もある）殊に綿製品交渉をマンとカーンズを相手にしてやったが困難ではあったが今回顧すれば面白い。それ以外には余り忙しいこともなく案外ゆっくりしたペースで仕事が出来るのは有難い。日本人訪客でお偉方に会いたいという連中には手をやき、これが大きな仕事の部分でもあるが、河野一郎氏はその最も悪質なるもの。橋本龍伍もその例。年の始めの堤氏の副大統領との会見希望も寧ろ滑稽であった。

　自分の生活としては夏、ナイターの定期券を買って夜の約束がない限りせっせとナイターに通ったことも楽しい思ひ出で。あの気分はよいものである。恨めし気に空を見上げつゝ雨の熄むのを待って居たのもこの時のことである。ゴルフは週に二回位やる。年末、下田公使が三年の勤務を終へて日本へ帰ったが同君はよく自分を輔佐してくれたしゴルフ相手でもありその帰国は淋しかった。旅行は盛んにした。我々の愛車のマーキュリー・ターンパイクはオールズモビルに買ひ換へることにした（新車は鉄鋼ストライクのため未だ来ない）。

❖一九五七（昭和三二）年九月、外務大臣として初めてワシントンを訪れる藤山愛一郎氏をロサンゼルスに出迎える朝海。

4／10	皇太子明仁と正田美智子結婚
27	中国の国家主席に劉少奇選出される（～68/10/31）
5／11	ジュネーブで米英仏ソ4ヶ国外相会議開催（～6/20、7/13～8/5）
6／2	第5回参議院議員通常選挙（自由民主党：132、日本社会党：85、緑風会：12ほか）
8／13	在日朝鮮人帰還のための日朝協定
9／25	フルシチョフソ連首相がアイゼンハワー米大統領と会談
26	伊勢湾台風が本州に上陸
30	中ソ対立表面化
12／14	北朝鮮への帰還事業開始

▲

1960

昭和35年

▼

1／19	日米新安保条約調印。安保闘争激化
24	日本社会党の一部が離党して民主社会党を結成
2／13	フランスが初の核実験
4／19	韓国で四月革命
5／16	米英仏ソ東西首脳会談開催（～5/17）
6／10	ハガチー事件
15	安保闘争で全学連が国会に突入。樺美智子死亡
19	新安保条約自然成立
7／19	第1次池田勇人内閣成立（～12/8）
27	経済協力開発機構（OECD）創設
8／13	韓国大統領に尹潽善（民主党→新民党）就任（～62/3/22）
25	ローマオリンピック開幕（～9/11）
9／14	石油輸出国機構（OPEC）結成
24	皇太子夫妻が訪米（～10/17）
26	ケネディとニクソンによる米大統領選史上初のテレビ討論
10／12	日本社会党の浅沼稲次郎書記長が右翼の少年に刺殺される
11／8	米大統領選挙。ケネディがニクソンを破って当選
20	第29回衆議院議員総選挙（自由民主党：296、日本社会党：145、民主社会党：17ほか）
12／8	第2次池田勇人内閣成立（～63/12/9）
20	南ベトナム解放戦線結成
27	池田首相、所得倍増計画を発表

1961（昭和36）

1／20	米大統領にジョン・F・ケネディ（民主党）就任（～63/11/22）
4／12	ソ連、人類初の有人衛星ボストーク1号の打ち上げに成功
15	ピッグス湾事件（～4/19）

1 9 6 0

❖**一月五日（火）**　午前中タイの大使に答礼。夜は〔エベレット・〕ダークセンの誕生日を祝うリセプションがメイフラワーで開催されたのに出席。議会シーズン近し。

❖**一月六日（水）**　各地は相当の雪らしく、ワシントンも可なり寒いが、それでも午後のゴルフは楽しめた。夕方はデール・ミラーという人が〔サム・〕レイバーンのために誕生祝のリセプションをして居るのに招ばれたので三十分程顔を出す。

❖**一月七日（木）**　議会で大統領が教書を読むというので隆と共に出かける。今度の議会は大統領選挙を控へて面白い議会といわれる。大統領は十二時三十五分頃から約五十分演説したが血色もよく元気相であった。先ず先ずの出来栄え。演説は途中で何回か相手によりインタラプトされたが勿論野次などはない。今日は午前中雪が降り始めたが午後は雨になったので出入には不便であった。

❖**一月八日（金）**　午前中にビルマの大使に答礼に出かけた外、至って閑散。夜も約束なしにT.V.を楽しむ。

❖**一月九日（土）**　朝、早起きし午前中ゴルフ。少し寒い日であったが風もなく快晴でエンジヨイした。正午サルグレーヴ・クラブでスミソニアンのウオーカー氏夫妻が主催しランチ。日本の埴輪展のためである。ニューヨークからロックフェラー夫人がやって来たし地許でも〔ジェームズ・〕フルブライト、〔アール・〕ウオーレンという大物が顔を見せたには驚ろいた。三時からナショナル・ガレリーで開会式。四時公邸に帰り今度国務省を辞めた〔ロバート・〕マーフィが訪ねて来てくれて歓談。夜はT.V.

❖**一月一〇日（日）**　午後、〔プレスコット・〕ブッシュ氏夫妻とゴルフ。

❖**一月一一日（月）**　午前中パキスタンやスーダンの大使にコールを帰す。夜はギャンメル夫人のブラック・タイ・ディナーに出席した。

❖**一月一三日（水）**　午後はゴルフで一汗かく。岸〔信介〕総理来米に際しての宴会準備で頭を悩ます。人数が多いので大使館でやれず、メイ・フラワーでやることにしたが馬鹿〳〵しいことである。

❖**一月一四日（木）**　午前大使館で岸総理の着米についての打合せを行う。夜は国防省の〔ジョン・〕アーウイン氏夫妻Gen.PalmerのためにF st.クラブでディナーを催したのに招ばれた。〔トーマス・〕ゲーツ氏、〔アーレイ・〕バーク大将、〔ライマン・〕レムニッツア大将、〔リヴィングストン・〕マーチャント氏等仲々の顔ぶれであった。

❖**一月一五日（金）**　福田篤泰君から各省の局長連がワシントンに着いて挨拶にやって来た。夕方は〔J・グラハム・〕パーソンス夫妻がブレア・ハウスに極東の大使連を招いてリセプションをしたが大使連の外に知り合の顔が多く面白かった。東京から〔ダグラス・〕マッカーサー〔Ⅱ世〕君も来て居て少し話しをしたが、彼は長い東京生活ですっかり頭が大きくなり、話しをして居ても何となく不愉快であった。

❖**一月一六日(土)** 正午發の飛行機〔ピストン〕でサンフランシスコに赴く。総理の一行出迎へのためである。桑港に着は七時頃であったから、十時間余飛んだわけで随分時間がかゝる。飛行場附近のヒルトン・インというモーテルに泊る。明日の出迎へ時間が朝の六時というからである。

❖**一月一七日(日)** 六時に日航機が着いたのを出迎へる。此の一行に合流して九時に出發ワシントンに向う。ワシントン着は午後七時四十分。空港には〔リチャード・〕ニクソン副大統領、〔クリスチャン・〕ハーター長官が出迎へた。総理と官房長官と秘書官の三名は公邸に泊る。食事後一時間ばかり総理と二人で話しこんだが面白かった。

❖**一月一八日(月)** 午前中、公邸で全権団及随員の全体会議あり。昼は五、六名の少人数で総理を囲んでノーマンディ・ファームで昼食。午後二時間程少憩。夜は六時から八時までショーラムでジャパン・ソサイエティ主催のリセプションあり。終って公邸でブッフェ。

❖**一月一九日(火)** 最も忙しい日。十時半首相に同乗してホワイト・ハウスに赴く。晴れ渡ったよい日である。大使館に国旗を出させた。大統領と会見。米側はハーター、マッカーサー、パーソンス、日本側は藤山〔愛一郎〕外相と自分。我方は島内〔敏郎〕君が風邪を押して出席、通訳。大統領は血色もよく元気相であった。約一時間半会談。会談後ブレアハウスで少憩。一時から大統領官邸で昼さん。米側は国務長官の外、二、三の閣僚とジョンソン、〔エヴァレット・〕ダークセン、スピーカー等有力な上院下院の議員が出席。日本側は代議士団まで全部招待を受けて大満足らしかった。食事後三時頃から条約の調印式が官邸東側広間で行はれた[1]。日本側は総理、外相の外、石井〔光次郎〕、足立〔正〕、自分と並び米側は大統領を中心としてハーター、マッカーサー、パーソンズと並んだ。ギャラリーも作られて日米人

1――一月一九日に日米新安保条約の調印式があり、以下の文書に両国首脳が署名を行った。安保条約本文、第六条に関する交換公文、合意議事録、安保協議委員会の設置に関する往復書簡、吉田・アチソン交換公文等に関する交換公文、相互防衛援助協定に関する交換公文、日米地位協定、地位協定合意議事録、地位協定第一二条六（d）に関する交換公文、日米共同声明。

が参観。隆も出席。大統領夫人、ハーター夫人、パーソンス夫人と参観。署名する文書も多く且署名者も多数なので大統領は途中でシビレを切らし、岸首相に一八六〇年日本の使節が来たとき作られたという記念のメダルを贈呈して退屈な署名がダラ〱とつゞいて一寸だれた。その後引きつゞき国務省で岸・ハーター会談。〔ジョン・F・〕ダレスの時分と異り会談の空気は至って肌ざわりよし。夜は自分が主催してメーフラワー・ホテルで首相、外相、ハーター長官、ゲーツ長官等を招いて晩さん会。自分が挨拶をした後首相と国務長官のためトースト。首相が大統領のためトーストしてハーターさんが天皇陛下のためトーストした。散会は十時頃。

❖**一月二〇日(水)** 今日も忙しい日であった。午前十時頃総理と共に〔ウィリアム・〕カッスル前駐日大使を訪ね十分余り歓談。正午からプレス・クラブで演説。二時半再びホワイト・ハウスに赴き十五分位大統領と会談。此処で総理から大統領の来日につき招待し、大統領は訪ソの帰途六月十九日頃から二日間位日本を訪問すべしと答へ、又米側から皇太子〔明仁〕及皇太子妃〔美智子〕の来米につき招待があり〔2〕。このことは総理辞去の前、直ちにホワイト・ハウスから發表された。四時から約一時間半上院外交委員会でフルブライト氏司会の下に有力な上院議員二十五、六名が会して総理と應答あり。極めて友好的な雰囲気のもとに会合が開かれた。此処からエスコートつきで大急ぎで自動車をニクソン副大統領の私邸に飛ばしてニクソン氏と約三十分コクテイルを飲みつゝ歓談。夜は八時からアンダーソン・ハウスでハーター長官主催の晩さん会あり。空軍のミュジックも興を添へて仲々の盛会であった。夜公邸へ帰ってからもすっかり重荷を卸した形ちで十二時半まで話がはずんだ。

❖**一月二一日(木)** 八時三十分公邸を出て飛行場に向う。カナダ政府差廻しの飛行機が待って居り此処で米側代表としてマーチャント次官が挨拶。首相の答辞あり。寒い日であった。首相は外相と共に萩原〔徹〕君等が随行してカナダに飛び立った。台風一過のあとの如く学生時代の試験が終了したあとの気持でもある。午後庶務に当った館員を集めて労をねぎらい挨拶。夜は船田中氏と増原〔恵吉〕氏を招き米の軍人連を招いてリセプション。終って船田氏を中心として食事。船田氏を公邸に泊めた。

❖**一月二二日(金)** 朝八時の飛行機でニューヨークに出發した船田氏等を見送り一時間半程空港で休憩。新聞をよんで時間を潰し、九時半出發の足立氏を見送る。昼は今度帰国の毎日の枝松君夫妻、共同の大竹君夫妻の送別会を公邸で催す。

❖**一月二三日（土）** 寒い日であるが幸い天気はよかった。石井、野村〔吉三郎〕両氏をチェヴィに案内する。フルブライトとマーフィが参加して石井さんと自分の四人。大変、楽しいゴルフであった。

❖**一月二四日（日）** 新聞と〔コーデル・〕ハルのメモワールの日本関係の部分（メモアール中日本が相当の部分を占めて居る）を讀む。日米開戦直前の外交交渉仲々に興味あり。午後、天気がよいので（但寒い）新しく購ったオールヅを家族を乗せてドライヴ。夕方から夜はTVでくつろぐ。一週間前に岸首相が来米したことナイトメーアの如し。

❖**一月二五日（月）** 至って閑散。夜は俊夫に勧められて場末の映画館に上映されてゐる「七人の侍」を見に行く。日本の西部劇とて仲々面白かった。

❖**一月二六日（火）** 午前中大したことなし。夕方はインドの国祭日とてリセプションに行き又帰途クーリッジ夫妻のリセプションに出席。

❖**一月二七日（水）** 白井〔満壽雄〕君がニューヨークから遊びにやってきたので午後チェヴィでゴルフ。小雨が降ったが余り寒くないので楽しめた。夜、白井君は帰る。自分は〔ジョージ・〕デッカー参謀次長に招ばれているので隆と共に七時半からブラック・タイ・ディナーに出席。

❖**一月二八日（木）** 午前中、宇野君がニューヨークから日産車でドライヴして来て一しきり明子と共に宣伝写眞をとられる。

❖**一月二九日（金）** 午前午後五、六名の米来訪者あり。夜は六時半からメイ・フラワーでリビアのリセプションがあったので二、三十分程顔を出した。夜は約束なくノンビリT.V.

❖**二月一日（月）** 昼、渓口〔泰磨〕海将の一行を招待。渓口氏は曾て揚子江で「二見」の艦長をして居た時分会ったことがあるし、その後、終戦前東京の会議で顔を合せたこともあるので久かつを叙した。

❖**二月四日（木）** 夕方セイロンのリセプションに出席。

❖**二月五日（金）** 昼、ラッサール・デュ・ボアで商務省の〔ヘンリー・〕カーンズ君と会食。紡績問題につき意見を交換した。夜は約束なし。

❖**二月七日（日）** 午前、館員のみで楽しくゴルフ。風の強い日であった。夜はT.V.

❖**二月九日（火）** 目下、鈴木〔源吾〕君が租税交渉をして居る

2——日米修交一〇〇年を記念してアイゼンハワー大統領の訪日と皇太子夫妻の訪米が公表された。

ので昼は日本側と米側担当官（財務次官を主賓として）を招待。大使館で会食。夜はNyタイムスのアーサー・クロックの食事に招ばれて隆と共に出席。今週は夜は仲々忙しい。クロックの食後、ブリッヂ。相手をリダブって十六点も損をしパートナーに叱られる。

❖二月一〇日（水）　岸さん来米の骨休めとあって館員が午前か午後に休暇をとってベテスダでゴルフ。自分も参加したが散々のスコア。

❖二月一一日（木）　昼メトロポリタン・クラブでパーソンスと食事をしつゝ二、三の案件につき意見を交換。夕方、阿部竜五郎君がニューヨークから来て泊る。夜は〔ロバート・〕ルバロン夫妻にサルグレーヴで食事に招ばれてからUラインでプロ・テニスを見せて貰う。

❖二月一二日（金）　午後、阿部君ニューヨークに帰る。夜はマンソンさんにディナーに招ばれる。

❖二月一五日（月）　九時半の飛行機でワシントンを出發。藤井〔宏昭〕官補を帯同。飛行機に乗ったらばシカゴの越智〔啓介〕君がニューヨークから来たと言って一緒になったには驚ろいた。シカゴも相当の雪であった。小沢〔武夫〕総領事に出迎へられ飛行場から同君公邸に赴き昼食を御馳走になり二時近くに公邸を出て自動車でミルウオーキーに赴く。途中も可なりの雪らしかったが道路は除雪してあった。ミルウォーキーに赴く。途中も可なりの雪らしかったが道路は除雪してあった。ミルウォーキー・インという超モダンのモーテル式ホテルに泊る。大学の関係者がホテルに待って居て直ぐマーキエット大学に総長オドンネル氏を訪ね、二、三のファザースと懇談の後、大学の構内を案内して貰ううちに日も暮れ、ユニオンでファカルティの人々と食事。食後八時から医科の講堂で講演。終って質疑応答あり。気持ちよく喋れた。質問は半数以上東洋人からなされたが一体その人が日本人なのかシナ人なのかよく判らず応答上、一寸困った感じもした。此処からTVの放送局（ミルウォーキーでのNBCだ相である）に案内され、三人のパネル・メンバーを相手にして三十分質疑応答をする。これも調子よく喋れた心算。質問は日米新安保条約が暫く中心となったので大分警戒せざるを得なかったが漸次経済問題や百年祭が出て来たので調子を上げた。

❖二月一六日（火）　午前八時半發の飛行機でデトロイト経由、ニューヨークに向う。よい天氣。ニューヨークではロックフェラー・センターで田中〔三男〕総領事と食事を共にした後ウオール・ストリート一番でCalvin Bullock Forumに出席。五、六十名位出席したら適当と思はれる部屋に百名近くの実業家、銀行家、法律家等が出席。仲々よい顔ぶれと思はれた。時間が三十分に限られて居たので大急ぎで喋り

十二、三分の質疑応答もあって此処を辞去。五時半の列車でワシントンに帰る。流石に強行軍とて少し疲れた。

❖**二月一七日（水）** 午前中、書類を片附ける。午後は休養。夜はハート大将夫妻が今度海兵隊の司令官になったGen. Shoup夫妻を主賓としてディナーを催したのに参加。電報で皇太子夫妻の米国来は九月になり相である。安保条約批准期の関係で「政争」に捲き込まれるのをさけるのが目的の様である。日本的な考へ。又、十一月の大統領選挙を控へて全くタイミングを忘れた訪問といえよう。

❖**二月一八日（木）** 昼、埴輪展のため来米した日本人二人のため昼食。夕方ネパールの国祭日に顔を出したが大変な風雨であった。このあとカウエンさんに招ばれて先方と四人のみで食事をしてからコンスティチューション・ホールにボストン・シンフォニーを聞きに行く。モーツアルトとベートベン。

❖**二月一九日（金）** 昨日から今朝にかけての風雨物凄し。風速六十哩《マイル》余とか。雪は昨日の雨で洗はれてそろ〳〵ゴルフは出来相である。午前国務省で〔トーマス・〕マン君に会う。昼は今後日本へ行くクーリッヂ夫妻や若干の米国人を招んで会食。和やかなよい会合であったと思ふ。

❖**二月二三日（火）** 昼はルクセンブルグの大使館に招ばれた。主賓は〔エジディオ・〕ワグノッチ大僧正であった。夜は聯邦銀行の総裁〔ウィリアム・〕マーティン氏のディナーに招ばれる。皇太子ご夫妻に男子誕生のニュースをラヂオで聞いた。

❖**二月二六日（金）** 後藤〔誉之助〕君が健康勝れず不本意乍ら帰国することになったので昼公邸で送別の昼飯会を開く。

❖**二月二七日（土）** 午後、日本から来た福島信〔慎〕太郎君とハーバードで勉強してゐる加藤〔匡夫〕君を招いてゴルフ。

❖**二月二九日（月）** 夜、モーガン氏に招ばれてインフォーマルな食事。

❖**三月一日（火）** 昼、日本人新聞記者の有志をオードンネルに招んで食事。夜はマーフィ氏を主賓としてブラック・タイのディナー。

❖**三月三日（木）** 朝起きたらば大雪が降り積んでゐた。午後雪を冒してパーソンス君を国務省に訪ねて国際司法裁判所長官問題で会談。夜は郵政次官を招んで食事。

❖**三月四日（金）** 雪は熄んだが八吋《インチ》の積雪で本年冬に於ける最大の降雪量とのこと。昼は紡績関係の公聴会に来て居る人々を食事に招ぶ。

❖**三月六日（日）** 昼、メイ夫人の豪壮な邸でランチ。七、八十名のお客さんが招待されて居た。

❖**三月七日（月）** 夕方ガーナの国祭日のリセプションに顔を

出す。

❖三月八日（火）　低開發国関係会議に出席のため島〔重信〕君が東京からやって来たので空港に出迎へた。昼は同君と食事を共にした。同君、四、五日公邸に泊る。夜は〔ローレンス・〕カーティス議員〔下院〕に招ばれて食事。澁澤〔信一〕氏が査察使として来米。公邸に泊める。仲々忙しい。

❖三月九日（水）　午前中澁澤氏を中心として大使館側より報告。昼、澁澤氏をお客さんとして会食。

❖三月一〇日（木）　雪は可なり降り積んだが十時頃にはやんだ。予定の通り二時のキャピタル機でシカゴに向う。第二十三回Chicago World Trade Conferenceの最終日のディナーにメイン・スピーカーとして招待されたからである。飛行機の途中から天気の回復に気付いた。シカゴでは快晴。小沢総領事とドレーヤーという銀行家が出迎へてくれて、パーマース・ハウスという会場になって居るホテルに投宿。このホテルのプレシデンシアル・スヰートというカクティル・バーまで附いて居る部屋に泊る〔司会側の好意〕。少憩の後、ブラック・タイに着換へてからカクティル、後、ディナー。四、五百人のディナーであったらうか。まア〳〵普通の出来。

❖三月一一日（金）　小沢君や越智君に送られてミッドウェー空港發。一時半までにはワシントンに帰着。夜は澁澤氏、島君のための食事。終ってブリッヂ。

❖三月一二日（土）　朝、澁澤氏飛行機でニューヨークに出發を見送る。次で十一時頃島君も東京へ帰任した。まだ雪がとけないのでゴルフは出来ず。午後は公邸で讀書とテレヴィジョン。

❖三月一四日（月）　昼頃、増田甲子七氏がお伴を連れてワシントンに着いたので空港に出迎へ。二人とも公邸に泊める。夜は此の人々のためにディナー。

❖三月一五日（火）　誕生日だがハーヴァードに行くので祝へない。午前八時の飛行機で出發。ニューヨークで乗り換へさせられる。ボストンに着いたのは十一時で加藤匡夫君が出迎へてくれた。昨年一月ジャパン・ソサエティの發会式の際泊ったと同じホテルに投宿。昨年と同じ様にホテルは日本の国旗を出して敬意を表してくれた。午後四時からビジネス・スクールの学生百名位〔日本人学生が二、三十名ゐた〕に講演。終って、二、三十分活發な質疑応答あり。六時頃から学生主催のコクティル。夜も引きつゞき食事。終ってから加藤君の宅でブリッヂをしたり歓談したり。研修中の山下、眞野両官補も参加した。尚今日の昼はハーヴァードのLincoln Gordonという教授が二、三十名教授を集め、自分のために昼食会を催してくれＭＩＴのミリカン教授等も顔を出した。

❖**三月一六日（水）**　朝九時、加藤匡夫夫妻に見送られてボストンを列車で發。今朝早起きしたゝめ途中はウト〳〵したり新刊のDiplomatといふ本を讀んだり。ニューヨークをすぎてから段々曇り出しワシントンの近くでは可なりの雪が降り出して居た。夜は溜った書類の整理。

❖**三月一七日（木）**　昼、安川〔壮〕君のお父さんの第五郎氏がワシントンに来たので招待。夜は約束なしでくつろぐ。十一時には世銀で道路借款の調印あり。岸〔道三〕氏と〔バーク・〕ナップ氏と調印。自分は政府保証の分について署名した。

❖**三月一八日（金）**　商務省にミュラー長官を訪ね調整法二十二条問題〔3〕に関連した商務省の考慮を求め、会見の模様を電報して置いた。夜は九時半頃からジャパン・ソサエティの総会に一寸顔を出して挨拶をした。マイヤーさんが議長をして居たが大分もたついて居た様である。

❖**三月二一日（月）**　六時半から商務次官のレイ氏が今度辞任したカーンズ君夫妻のためのコクテイルを催して居るのに出席。カーンズ君の辞任は自分には痛事。大分仲がよくなったところで今秋のセンヰ会議を控へて更迭は都合が悪い。

❖**三月二二日（火）**　東洋鋼鈑の借款が出来たというので輸銀のウォー君に招ばれて昼の調印式と食事に出席。依然として寒い日。

❖**三月二三日（水）**　夕方スペインの外相のリセプションからパキスタンの国祭日に廻った。

❖**三月二九日（火）**　東銀の太田君が帰国するとのことでワシントンにやって来たので午後ゴルフに案内。夕方はチリボガの結婚のリセプションに出席の後、夜は太田君のため公邸で食事。

❖**三月三〇日（水）**　午前〔ジョン・〕ロックフェラー〔Ⅲ世〕と〔クレアレンス・〕マイヤーがやって来て皇太子来米の件につき話合う。夜は〔ダグラス・〕ディロン夫妻に招ばれてその邸でディナー。金融関係の有力者が顔を出して居た。

❖**三月三一日（木）**　昼日本人の招待。夜はＩＭＦの〔ペール・〕ジャコブソン夫妻のディナーに招ばれる。仲々夜の約束が忙しい。

❖**四月一日（金）**　夜、極東担当副次官補の〔ジョン・〕ス

3――アメリカ農業調整法第二十二条によりアメリカ産綿花を余剰農産物として輸入して製造した綿製品については特別の付加金を課そうとするもの。日米経済関係の懸案となっていた。

ティーヴス君の家に招ばれてインフォーマルの食事。此のところ毎日暖い日がつゞき、これでは桜もフェスティバルには咲くと思はれる。

❖**四月二日(土)** 十二時半、シャピロ氏に招ばれてローレルの競馬に行く。

❖**四月四日(月)** 夕方NBCのステュディオに出かけ桜祭りに関連して十分ばかりTVに出る。明朝のTVで放送されるとのこと。桜寄贈の由来から一九一二年以来の日本の変化などを聞かれるまゝに説明した。

❖**四月五日(火)** 桜祭り。昼頃、雨が降り出したので日本服を着た明子の関係で心配したが、三時の開会式頃から次第に晴れ上り、燈籠の火入れの頃はスッカリ青空となり大分寫眞を撮られた。夜は〔フレッド・〕シートン内務長官やD.C.のコミッショナースを招いて大使館でディナーパーティを催す。盛会であった。

❖**四月六日(水)** 昨日の約束を果したので一寸ノンビリした気持になったので午後はゴルフ。快晴であったがまだ寒く、桜はまだ咲き出さない。夜、ポーランドのリセプションに一寸顔を出し、八時半からルーズヴェルト・オーディトリアムで「マダム・バターフライ」があり、桜祭りの一環としてD.C.が主催し、自分等二人はパトロンになって居る関係上観劇。日本大使夫妻は注目の中心となり大切にされた。ニューヨークの決定版には比すべくもないが、日本大使のパトロネージとあっては中座も出来ず、先づは楽しめたオペラであった。

❖**四月七日(木)** 昼、シェラトンでThe Circus Saints and Sinners Clubの大会あり。今年の"Fall Guy"はHenry Cabot Lodge。フォール・ガイというのは、クラブに入会させ、その時の大会の中心人物とするものらしい。余興のジョークが続出。国連の〔ヘンリー・C・〕ロッヂをもぢったものが多かった。散々に笑って二時半頃散会。三時半から大使館で桜祭りのプリンセスのためのリセプションあり。型の如く自分の挨拶、扇子、人形等の寄贈あり。ミキモトの眞珠も贈られる。これが金曜に決定されるクヰンの所有になるわけである。夕方シカゴから小沢君夫妻が来て泊る。ワシントンへ花見に来たわけである。但夜は館員の招待に招ばれたので自分達は久しぶりに約束なしでTV。

❖**四月八日(金)** 午前中大使館に東京の米大使館員ガードナー・パーマー君が訪ねて来た。東京在勤は半年位と思はれたが夫人が神経衰弱になったゝめ転任の已むなきに至ったのだ相である。正午オードネルで三十分程パーソンス君と会談。その後、マイヤーと〔フランク・〕ウェアリングも参加して水入らずの東京パーティとなった。両君一週間位で東京経由台湾に赴く(一時出張)相である。午後は四時半国務省にディロン次官を訪ねて紡績、鉄鋼等の問題から韓国問題等を四十分程話して来た。五時半帰宅。パーソンスの電報とディロンの電報を合せて十本位書いたので八時頃夕食。今日は桜祭りのクヰンを撰ぶ日であるが西山〔昭〕君以下に任せた。

❖**四月九日（土）** 午前、チェヴィに小沢君を案内してゴルフ。敗けた。夜は小沢君を主賓とし館員夫妻を招んで会食。

❖**四月一〇日（日）** 八時半渡辺君を連れてオールズでイエールに行く。同大学のChubb fellowとして一週間学生と一緒に講義を聴いたりディスカッションをしたりするためである。天気は快適。車も快適。イエールには三時半頃に着いてしまふ。Berginsという教授の宅に泊る。お茶の席には水泳の監督〔ロバート・〕キッパス君が顔を出した。夜は学生有志二、三と此処で勉強して居る外務省の俣野〔股野景親〕君等と学生のよく来るらしい食堂で食事。夜は寝床で今日の溜った新聞にザッと目を通す。ニューヘヴンはまだ寒く、空気も冷たくて南の様に樹の芽も蕾もこれからという景色である。

❖**四月一一日（月）** 九時から十時近くまでエールの新聞の学生記者にインタヴューされる。十一時から十二時まで、〔空白〕というソ聯研究の教室で一時間ばかり自分が話をした。教授が中心となるものと思って居たがそうでなく一寸予想に反した。正午はチャブ・フェロー関係の教授連とティモティ・ドワイトの学生食堂で食事。午後一時四十五分から三時までカール・ドイッチという教授のポリティカル・サイエンスの教室でディスカッションあり。面白いが少し疲れた。夕方は買物をしたり一休みしたりの時間があった。夜はティモシ・ドワイトのファカルティの人々が集まって二、三名で会食。そのあと又自分を中心として質疑応答あり。同じことのくり返しで流石に疲れた。第一夜を終る。

❖**四月一二日（火）** 十時から十一時までウイーンスという教授の国際地理の講義。教室に日本の地図をかけ日ソ関係やら日シ関係につき話をする。十一時から十二時までポスト・グラヂュエートの生徒二、三十名と質疑応答。この方は流石に大人だけあって仲々難かしい質問が出た。自由化問題等で一寸喰い下がられた。学生のクラブで食事後二人の教授とエールのコースでゴルフ。アップ・ダウンのきつい難しいコースでくたびれたが楽しかった。夜はティモティ・ドワイトの学生とコクティルの後、例の通りカフテリヤ式に食事。七時半にはそれも終って八時半から芝居を見に行く。

❖**四月一三日（水）** Kraussという教授の国際経済の講座に出席。一時間質疑応答をする。昼はMorysという洒落た学生のクラブでポリティカル・サイエンスのファカルティと会食。午後二時間ばかりMr. YanagaとMr. Meierのゼミナールに出席。夜は自分を世話して居るBergins夫妻が若干の大学の人を招いてコクテイル。終って食事。二時間コクティルで立たされて大に疲れた。

❖**四月一四日（木）** 九時半から十時までローガンという歴史の教授の教室で喋る。丁度学生がパール・ハーバアまで講座が進んで居るところであったとのことで仲々熱心に質問が出た。十時に総長の〔アルフレッド・〕グリスウオルド氏に敬意を表して五、六分話しをする。十時半からバーギンス教授宅で教授夫人のみ三、四十名集まってお茶の会あり。自分も三十分程喋らされ後若干質疑応答あり。日本へ行ったことのある夫人も五、六名居て仲々日本に対する関心なり友好の気持は強い様に見受けられた。終って昼飯はエールのゴルフコースの食堂ですませ一時半頃からワイズマンというゴルフ・アソシエーションの会長とか云ふ人の好いお爺さんと体育会の会長をして居る先生と三人で半ラウンドゴルフ。今日は少し当ったので面白かった。四時クラブを辞しHousatonic Riverでイエールのクルーが練習して居るのを見る。終って町に帰り夜は日本人有志とモリースで食事後、日本人学生のリセプションに臨む。仲々盛会であった。

❖**四月一五日（金）** 今日は最後の日。仲々の勉強で八時から時局外交問題の講座に行く。フレッシュマンのクラスだ相だが仲々よい質問が出た。担当はRadicという教授。少憩の後十一時から一時間ヤナガ（日系）教授の「モダーン・エシア」の講座に出席。これも仲々活發な質問が出て面白かった。これでエールのプログラムを全部完了。学生食堂で食事をして一時少し前にはバーギンス教授夫妻に別れを告げてイエールを出發。この約一週間流石に少し疲れたが面白かった。米国の学生がノンビリと素直に育って居る様子や彼等の態度には深く印象づけられた。日本に対する関心も仲々に深く質問もインテリジェントで愚問は日本の総理大臣の名前を聞いた質問位のもの。矢張り日本の中共政策に関する質問と日米貿易に関する質問が一番多かった様である。丁度学生が試験を終へた様なホッとした解放された様な気持で帰路につく。ニューヨーク附近ではニュースが温度〔華氏〕八十二度と報道した程に気温が高くシャツ一枚で冷房をつけて運転。

❖**四月一六日（土）** 公邸自室から外を見るとニューイングランドとは違ひ清々しい新緑で桜の花が点々と咲いて美しい。もう初夏の気候である。午前中、萩原君を誘ってゴルフ。午後は溜って居る書類に目を通し、夜は萩原君夫妻のため食事を催す。

❖**四月一七日（日）** 午後二時からテニス・コート開きで館員有志、夫人、子供まで参加して桜の花の下で楽しくテニス。もう一重は散り始めたが八重は二、三分というところ。テニスのあと、ケーフリッツのイースターのコクテイルに一寸顔を出す。日本行の荷造りを始めた。テキサス旅行は吉田〔茂〕さんの来米等もあるので無期延期とするより外なさ相である。

❖**四月一八日（月）** アメリカン・リーグの第一戦今日始まる。昨日の〔華氏〕八十何度という陽気に引きかえ今日は可なり寒く、レイン・コートを着てもまだ寒い位ゐ。朝から相当の雨降りで風も加はり心配したが正午近く次第に晴れて一時半の試合開始頃には野球日和となった。一時十五分頃アイクが入場。始球式といっても日本の様にキャッチャーにボールを投げ込むわけではなく、雑然と並んだセネタースとレッドソックスの選手群に二個のボールをほり込むだけである。

❖**四月二〇日（水）** 午前中、富士銀の岩佐〔凱実〕君を相手にしてゴルフ。風はなし天気はよし。花は咲いて絶好のコンディションであった。午後はハート、ワット、デリミュールといった気の措けない連中をブリッヂに誘ひ、満開の八重の桜の下に机を出してカードを楽しんだ。

❖**四月二一日（木）** 正午ＮＢＣに出かけてパッティ・カヴィンのインタヴューに出席。新築のお茶室について約一五分ばかり対談した。夜は六時から自分のみワグノッチさんの館に出かける。マーフィさんが法王庁からグレゴリー勲章を授与された。大使ではニカラガ、アイルランド、イタリヤ、スペイン、独乙に自分の五名が出席。〔ジェームズ・〕ミッチェル長官、〔マイケル・〕マンスフィルド議員、ヘンダソン次官、マーチャント次官等が出席。仲々盛大なディナーが授与式の後に行はれた。

❖**四月二二日（金）** 午後、カーティス、ウェリング、ルクセンバーグ大使等を招いてテニス。天気がよいので楽しかった。夜はインドネシアの大使がバンドン会議を記念するリセプションを催したのに一寸顔を出した後、金井というお客さんを食事に招んだ後ナイターに案内。一年ぶりのナイターとてガラーヂのおやぢやゲートの切符集めに懐かし相に声をかけられたものである。

❖**四月二三日（土）** 好天気。九時から午前中、ゴルフ。クラブで着物をきかえ、隆と一緒になってチェヴィで行はれたフルブライトのお嬢さんの結婚披露式に出席。夕方は三時四十五分から佛大使館で〔シャルル・〕ドゴールのためのリセプションあり。仲々盛大であった。暑い日。今日は昼食を食べ損ったが暑いので食欲がない。夜は〔ジェームズ・〕ドグラス国防次官夫妻とケセダ氏夫妻に招ばれてメトロポリタンで隆と共に食事後リスナー・オーディトリアムで空軍の軍楽隊を聞く。忙しく遊んだり社交したりの一日であった。

❖**四月二四日（日）** 午後、マレイの大使とゴルフをやる。

❖**四月二五日（月）** 昼議会の合同会議でドゴールが喋ったのに外交団として出席。ドゴールはゆっくりしたフランス語で十五分位喋ったがほとんど原稿を見ず、態度も堂々として居た。夕方はテニス。暑さは〔華氏〕九十四、五度で相当なもの。夜は官補を連れてナイター見物に出かけ、このところ呑気。今日一橋大に寄附用のジョンソンのエンジンも含めて第一陣の日本向荷物を發送した。

❖**四月二六日（火）** 昼飯には今度商務省を辞任したカーンズ夫妻を中心として招んだ。カーンズとは自分着任以来交渉あり。殊に昨年の紡績交渉がまとまったのは彼に負ふところが多かった。これからニクソンの選挙運動をやるのだ相である。夕方、テニス。急に風が捲き起って庭の八重桜は散りに散って庭が眞白になる程であった。ベルギーの大使をして居たFolgen氏のガーデン・パーティに招ばれた。ツツヂの花が美しかった。

❖**四月二七日（水）** 天文学の権威、萩原〔雄祐〕博士が米国の学界からクレイグ・ワトソン・メダルを受領したのでその祝い旁々、米国の学者四、五名と併せて大使館に招待昼食をした。夕方五時、国務省にマン君を訪ねて要談。更にペルーでリセプションをして居るのに顔を出した。此の頃は庭が美しいので各種の人がガーデン・パーティをやり仲々に忙しい。但夜の約束は作って居ないので楽である。

❖**四月二八日（木）** ネパールの国王夫妻が日本から米国にやって来た。午後五時ネパール大使がリセプションを催したのに出席。そのあとルクセンブルグの大使等と公邸のコートでテニス。テニスがメッキリ下手になった。困ったものである。エラーが多い。

❖**四月二九日（金）**（天皇誕生日）午前中、チェヴィで館員八名でコンペティション。自分は珍らしく悪いスコアで西山君が優勝。今日は暑からず寒からず。雲のない絶好の天気で六時からのリセプションは大当りであった。

❖**四月三〇日（土）** 天長節が終ったのでホッとした気持ちで朝からゴルフ。

❖**五月二日（月）** 午後、国務省にパーソンス君を訪ねて小笠原補償問題、吉田氏来米問題につき懇談。韓国問題についても米側の意見をきいた。夕方今度帰英する由の英大使館のドラマー君のコクティルに一寸顔を出してから来米した東〔龍太郎〕東京都知事をナイターに案内した。

❖**五月三日（火）**（休日）チェヴィに来米中の「毎日」の高田

市太郎君その他を招待して楽しくゴルフ。夜は岐阜県知事の一行を公邸に食事に招んでからナイターに招待。面白いゲームで七－六でセネタースがクリーヴランドに勝った。寒い夜であった。

❖**五月四日（水）** 午前十一時にVOAが訪ねて来て此の間のチャブ・フェローの経験を十五分ばかり放送した。夕方はお茶室が完成したので監督の吉田〔栄二〕君や江守〔奈比古〕氏を招き大工も全部ブッフェに招待。大使館の関係者も参加。終って全部をナイターに案内。此の職人何れも熱心に見物。日本人は野球ずきである。セネタースが又々一点差で七－六でクリーヴランドを破り面白かった。

❖**五月五日（木）**（休日）午前中、藤井宮補送別の意味でゴルフに案内。午後、一寸書類に目を通す。この週間は休日つゞきとテキサス旅行の予定で約束を作らなかったゝめ全然呑気。夜は隆とナショナルに芝居を見に行く。

❖**五月七日（土）** 二時から六時までエンバシー・トアーで大使館はゴッタ返す。

❖**五月一〇日（火）** 昼新築のお茶室に集って設計者の江守氏にお茶室の講義を聴く。夜は須磨〔弥吉郎〕さんをナイターに案内。

❖**五月一一日（水）** 午後はカナダとオーストレリアの大使を相手にしてゴルフ。夜はナイター見物。

❖**五月一二日（木）** 夕方といっても八時十五分に「ライフ」誌の写眞班がやって来て新築のお茶室の写眞をとり江守氏がお茶をたてて自分等夫婦がパーソンス夫妻を招待するところを大規模にライトをつけて撮影した。

❖**五月一三日（金）** 午後英国大使とテニス。面白かった。夜はナイター。久しぶりでヤンキースとの対戦。

❖**五月一四日（土）** 午後ゴルフ。夜はWomen's National Press Clubのディナーあり。ケリー夫妻に招ばれた。例によって大統領候補者を中心にしてやゆする余興あり。面白かった。

❖**五月一六日（月）** 小笠原補償の法案がもたついて居るので本省から手厳しいイヤな訓令が来た関係もあり、午前議員会館に本件の主査である〔クレメント・〕ザブロッキー議員を訪ねて懇談した。今日からパリで巨頭会談が始まりラヂオでその模様を刻々ときく。〔ニキータ・〕フルシチョフが、へき頭U二飛行機のスパイ問題に関連して大統領の陳謝、将来の保障、責任者の処罰を要求し、大統領は将来は保障したがその他の条項は勿論容認せず。フルシチョフは大統領訪ソの招待を取消して、会談の前途は全く暗くなった[4]。

❖**五月一七日（火）** サミット・コンファレンスで一日中時々トランジスターをかけて情報をきく。夜はテレヴィジョンで様子を知る。遂に巨頭会談は決裂―というよりは不開催に終った。

❖**五月一八日（水）** 午後ゴルフ。レムニッツアが相手であったが彼は仲々巧い。夕方ミス・ナッシュのコクティル。夜は吉田前総理の一行がフレンドシップ空港に着いたので隆と共に出迎へに出た。吉田氏、麻生〔太賀吉〕夫妻公邸に泊る。

❖**五月一九日（木）** 午後四時半お茶室で茶席の贈呈式あり。使節団を代表して稲垣〔平太郎〕氏からプラクと目録を自分に手交あり。相互に挨拶を交換した。引きつゞき五時から吉田前総理と稲垣氏に並んで貰ひ、百年祭とお茶席開きのリセプションを催す。その後一行のための日本食のディナー。

❖**五月二〇日（金）** 昨日、日本の国会が安保条約を通過せしめたというニュースが入ったので（例によって乱闘。最後は自民党のみによる採決）〔5〕、昨日は吉田氏も上機嫌。ディナーも乾杯やら万歳やらで大賑はひであった。正午はウイラード・ホテルでジャパン・ソサエティ主催の百年祭使節団の歓迎会あり。エリク・ジョンストンが司会。ディロンと吉田さんが喋った。仲々の盛会。午後は茶室開きの第二日目のリセプションあり。その途中でブレア・ハウスで〔レイモンド・〕ヘア国務副次官主催のリセプションが吉田氏一行のために開かれたのに自分等も出席。今日サミットよりアイク、ワシントンに帰る。

❖**五月二一日（土）** 午前中富士鉄の永野〔重雄〕、せんゐの吉田両氏を案内してゴルフ。夜は吉田さんのために予て購ってあった芝居の切符があったが吉田氏も麻生夫妻も行かないので自分等に明子、官補二人と五人でナショナルに行く。

❖**五月二二日（日）** 正午、吉田氏一行ニューヨーク行の飛行機に乗って同地へ行く。此の飛行機で永野（富士鉄）、阿部（東洋紡）等のお歴々も出發するので隆と共に見送りに行く。

❖**五月二三日（月）** 雨が降ったり降らなかったりでテニスも出来ない。日本からの報道では岸内閣が安保のデモに引っかゝり難航して居るらしい。夜はサルグレーヴでウェード夫妻のディナー。七、八十名招んで居た。

❖**五月二四日（火）** 午前十一時四十五分發の飛行機で隆と共にシンシナティに行く。同地のトリニティのアラムネーの会に招ばれたからである。

❖**五月二六日（木）** 吉田さんのお供をしてホワイト・ハウスに大統領を訪ねる。十一時四十五分。吉田さんと大統領とは約二十分間、主としてサミット・コンファレス崩壊の事情、その後の見通し等につき話合ひ、日本の騒然たる状態に鑑み大統領の訪日を延期するかどうかの点にはお互に言及しなかった。夕方、副大統領の私邸にお茶に招ばれ約一時間歓談。夜は公邸で正式ディナー。米側からワーレン大審院長夫妻、フルブライト上院議員夫妻、ディロン次官夫妻等も出席し仲々盛会であった。

❖**五月二七日（金）** 日本の騒ぎにつき、岸総理より公電あり。安保条約を通さんとする政府の決意は固い様である。昼、議会でフルブライト夫妻が主人となり、吉田さんのためのランチ。〔バーク・〕ヒッキンルーパーやモンローニの顔が見えた。午後は閑が出来たので英国大使を招んでテニス。夜はメイフラワーで吉田さんが我々を御馳走して下すった。

❖**五月二八日（土）** 雨、ミゼラブルな日。十二時半、国務省にハーターさんを訪ねた吉田さんに同行。昼はブレアハウスでハーターさんが主催のランチ（男のみ）。夜は吉田さんの御希望で外食。本日で吉田氏ワシントン滞在の日程を終る。

❖**五月二九日（日）** 今日も雨。吉田氏一行十時半の飛行機でニューヨークに出發。明日、ヨーロッパに出發するとのこと。隆と空港まで見送り。島内君がニューヨークまでお供した。吉田さんも非常に鄭寧になり、愉快に接待が出来た。

午後、久しぶりにゴルフ。余り当らなかったが何となしにノンビリと出来た。

❖**五月三一日（火）** 十一時公邸で百年祭を期しての日系人の表彰式あり。夕方はスエーデン、南亜、〔オマー・〕ブラッドレー大将と三ヶ所のリセプションを廻る。

❖**六月一日（水）** E.S.S.の部長をして居た〔ウィリアム・〕マーカット少将が喪くなって今日お葬式が行はれた。夕方はイタリヤとチュニジアの国祭日で一廻り。

❖**六月二日（木）** 十二時四十五分のThe Representativeという列車でニューヨークに行く。ロックフェラーさんの招待でカブキの初日に出席のためである。ワルドルフ・アストリアに投宿の後、六時半からベックマン・プレースのロックフェラーさんのフラットに行き十四、五名のディナーあり。弟の州知事夫妻も顔を出した。終ってNew York City Centerでカブキの初日を見る。運のよいことには目下ニューヨークは俳優のストライクで芝居が一つも上演されず。三週間のカブキがお蔭で全部売り切れになったとか。

4――パリで開催中の米英仏ソ首脳会談でフルシチョフ首相が米国の高高度偵察機U－2による情報活動を非難、会談は決裂した。

5――五月二〇日未明、衆議院本会議で政府は日米新安保条約の承認を自民党単独で強行採決し、成立させた。

今日の出しものは「勧進帳」「壺阪霊験記」「籠つるべ」の三つ。「壺阪」が終ったらば満員だった客席に歯の抜けた様に空席が見受けられたのは普通のこちらの劇ではないこと。但、自分の隣りの〔ネルソン・〕ロックフェラー州知事は最後まで「大したものだ」とお世辞を言い乍ら努めて居た。何分にも紅毛へき眼のアメリカ人に黄色い顔で浄るりを語って居る様子が如何にも奇異に感ぜられたものである。終ってから楽屋で松尾国蔵氏や幹部俳優に挨拶し、その労をねぎらってホテルに帰る。

❖**六月三日(金)** 九時半の列車でワシントンに帰る。一時少しすぎワシントンに着。三時には国務省で「マン」次官補と会見、既製服問題で会談した。夕方、日本人のお客さんを食事に招んでから有志をナイターに案内。セネタースが大に振ってリーグの首位のボルティモアを四−一で降した。

❖**六月四日(土)** 午前、ルバロン夫妻とコロンビア・クラブでテニス。尚今朝のN.Y.タイムスのカブキの批評は仲々よく"It represents fanatical dedication to act…"とあった。

❖**六月五日(日)** 午後、テキサコの社長ブラムステッドをチェヴィに案内してゴルフ。

❖**六月六日(月)** 午前の事務会議ではアイクの十九日訪日の適否について館員の忌憚のない意見を聴いた。一長一短何とも意見の決め様がない。夕方は西堀〔正弘〕父子と俊夫も加はり楽しく親子テニスをやる。

❖**六月七日(火)** 午後、佐藤〔清一〕君の送別の意味も含めて同君をチェヴィに招待してゴルフ。夜は森永製菓の森永〔太平〕氏の一行を食事に招待した後ナイターに案内。俊夫も浜口君も連れて行った。

❖**六月八日(水)** 午前十時頃、練習船「日本丸」の有志二、三十名が新見豊前守が一八六〇年ホワイト・ハウスに批准書の箱を担がせて行った昔を偲び、ホワイト・ハウスからD.C.の建物まで米国の軍楽隊を先頭に立てゝ行進した。何れもその当時の服装で上下や狩衣を着用したので人目をひいた。昼はラッサール・デュ・ボアでパーソンス君と食事をしつゝ昨日の議会に於けるハーター長官や同君の安保条約に関する証言について苦労を謝し、大統領の訪日問題について隔意のない意見を交換した。夕方は「日本丸」のカデットのため大使館でブッフェ。関係の米国人も少数招んだ。その後、子供等を連れてナイターを楽しむ。

❖**六月九日(木)** 午前若干の儀礼交換を新任の大使と行う。夜はドイツの大使のディナーに招ばれた。

❖**六月一〇日(金)** 〔ジェームズ・〕ハガーティが大統領訪日準備のため日本を訪れた際のニュースが櫛の歯を引く如く入って来る。全学連の学生が同氏や駐日米大使を羽田の空港で取り囲んで一時間余り立往生せしめ侮辱を加へたのである。本日の夕刊紙は大見出しで事件を報じ、日本側に大統領を警戒する意思と能力がないならば大統領の訪日は中止さるべきであるという議論も出て来た[6]。夕方一寸テニスをしたが余り当らず。

❖**六月一一日（土）** 今日は最後のゴルフをやる心算で居たが日本の様子が険悪なので取り止めて仕事の整理や荷物の作りに半日。夕方はテニス。英国の国祭日であったが日本では一五、六万もデモが東京市中を横行しYankee, Murders, とプラカードを掲げて行進して居ては人前に顔も出せず失敬してしまった。眞珠湾で全面的に下った日本株が戦後ジワ〳〵と上げて来たものを此処で又一挙に崩壊せしめるのは実に惜しいものである。夕方はＷＴＯＰが茶室と自分等二人を寫眞にとるのというのでカラーのため小一時間ポーズさせられたが百年祭記念のお茶室も何とはなしに空々しいものとなってしまった感じ。荷物は可なり徹底して整理。再びワシントンに帰国なくとも手紙一本で措置出来る様にした。

❖**六月一二日（日）** 六時半には起床。八時少しすぎにセント・アンドリユースの空軍基地に着。アイクを見送るためである。大統領はヘリコプターで八時四十分頃到着、副大統領とハーター、ゲーツの外閣僚では〔ウィリアム・〕ロジアースの顔が見へただけ。極めて簡素な見送り。外交団長の外自分、葉〔公超〕国府大使、フィリピンの代理大使、新任の韓国大使が見送った。大統領は心なしか自分を一際認識してくれた様である。蓋し今日のタイムスもポストも大々的の日本のデモンストレーションを報道し、果して大統領の訪日が安全であるべきか何人にも危惧の念を抱かしめて居る。寫眞班も大分日本の大使を撮って居たが余り嬉しい「人気」ではない。ハーターさんに一寸日本の一部の行動について詫を言って置いたがハーターさんは例の調子で穏やかに「あなたの立場はよく判る」とほんとに同情的であった。午後はＴＶで野球を観戦したり荷作りの仕上をしたり。

❖**六月一三日（月）** 午前十時自分達四人と下田清子嬢、大使館をオールズで出發。主たる館員が見送ってくれた。明子は整列した使用人一同にも一々別れの挨拶をした。途中で俊夫と交替。プリンストンには二時前に到着。俊夫はＵストーアでキップ・アンド・ガウンを借りて尤もらしくなり。キャンパスの一隅で式あり。

❖**六月一四日（火）** 朝、プリンストンに四十分位ゐで着。今

6――来日したハガティ大統領報道官が羽田で安保改定に抗議するデモ隊に囲まれヘリコプターで脱出する事態となった。

日は曇天で雨の心配もあったが卒業式は屋外でなくディロン・ヂムで挙行。

❖**六月一五日(水)** 朝、大使館と連絡をとる。日本の様子、やゝハガーティに対する暴挙の反省が出て来た様である。大した変化のないことを確めてから一同ラヂオ・シティに行く。総領事館からの迎への車が来たので俊夫とは此処で別れ俊夫はこれからワシントンに引き返す。自分等一行四人は七時半アイドルワアルド空港發のN.W.機で出發。此の飛行機はアンカレーヂまでノン・ストップで飛ぶ。飛行場で購った新聞では全学連の学生が国会を奪ひ警官隊と衝突して死者まで生ずる騒動となり催涙ガスまで使用されたとのことでアイク訪日の前途を思ひ憮然として飛行機に乗る。旅行は至って平穏でよく眠れた。

❖**六月一六日(木)、一七日(金)** 十一、二時間飛んでアンカレーヂに着く。ローカル・タイムは午前二時頃であったが既に太陽が上ってゐた。着陸二、三十分前に外を見ると峨々たる山が見へ雪が残って居る。アンカレーヂで洗面して今日の東京着の仕度をする。温度は〔華氏〕五十度位で至って快適。待合室で飛行機の準備を待って居るとNW機の職員が東京から電報が来ましたと持って来てくれた。政府は臨時閣議でハガーティの訪日、昨日の全学連の暴挙に鑑み、アイクの訪日招待を撤回することに決めたという内容である〔7〕。暴力が勝利を得たわけであるが、自分等の旅行は今更引帰すわけには行かず継続することゝした。アイクはフィリピンで大々的の歓迎を受けて居るからフィリピンにさへも頭が上らぬわけである。飛行機は給油に手間どったのか予定より遅れて朝の五時すぎに出發。途中平穏に飛んで予定より早目に一時半には羽田の上空を旋回。型の通り通関、新聞記者会見あり。出迎へ人は至って小人数。今日は登庁する心算であったがアイクの訪日が取消されたので帰宅することゝした。

❖**六月一八日(土)** 迎への車で役所に行く。ワン・マン道路につづいて程ヶ谷から神奈川に抜ける道路は仲々立派である。米国へ出しても恥かしくなし。一時間余で役所に着く。新庁舎も引っ越したばかり。少し華奢作りであるが仲々立派。顧問室に假りの事務所を置く。総理大臣に連絡したところ午後になるとデモ隊が来るから直ぐなら会ふとのことで大急ぎで南平台に車を走らせた。もう警備の警察官が多数つめかけて物々しい。何回も取次を通してからお目にかゝる。流石に少し憔すゐして居たが思ったよりも元気でお互いに手を握ってしばし感無量であった。時局を慨嘆して話し合ううち佐藤栄作氏も顔を出して現地の模様を報告して行く。自分は二十分近くも話し込み、お互に健闘を約して辞去したが、岸さんは日本の前途を思い、後継者をきめて退きたい決意と認められた。悪口を言はれるが人柄のよい立派な政治家である。藤山外相とは電話で話しただけで会見は事務的に不都合の事情もあるので延期した。山田〔久就〕と昼食を共にし、時局を嘆いてから外務省に行く。赤旗を掲げたデモ隊がゾロ〳〵通る。今日の十二時で安保条約が自然發効するので大々的にデモを行うと計画され、警視庁の乗取りや国会襲撃も予想されては空からはヘリコプターが偵察して居る騒ぎ。夜八時半頃帰宅。十二時までTVでデモの放送があったので心配なのでスキッチを入れた。営々として積み上げた日米の友好関係に入らんとするヒゞを思ひ、又自分の今後の任務がアメリカで全く違った態度で受とられるかと思ひ、夜眠られざるものがあった。

❖**六月一九日(日)**　一日ゆっくり新築家屋を検分したり庭を見たり。五時少しすぎNHKから迎へが来てNHKに行く。中山〔伊知郎〕、福島両氏とテレヴィジョンで安保条約と今後の日米関係を中心として会談。ドウランを塗ったり日本のTVは一寸勝手が違うが日本語で話すのは何といっても気楽なものである。遅く帰宅。笠井、有田、島中等の人々から電話で自分のTV出演に対するリアクションを示して来た。

❖**六月二〇日(月)**　午前宮内庁で宇佐美〔毅〕、原田〔健〕両氏と皇太子夫妻の訪米について一時間程会談。その足で芦田〔均〕氏邸に赴き今日は故芦田〔均〕氏の一周忌とてお線香を上げて来た。午後はNBCのセシル・ブラウンがインタヴューにやって来て映画を撮るというので一時間近くゴタ〳〵した。対米放送に使う由。午後はゴタ〳〵訪客が来たので早めに片瀬に引揚げた。昨日のTV放送で大分リアクションあり。激励と同感の電話や手紙を貰い週刊誌やら新聞やらからも座談会や寄稿の申入があったがこれは概ね断った。

❖**六月二一日(火)**　正午東銀の堀江〔薫雄〕、太田氏等と会食。下田〔武三〕、島内両君も参加した。夕方は早目に帰宅。カーペットの件で打合す。ワシントンから出した荷物は未着だがその間に整理をすゝめる。

❖**六月二二日(水)**　交通ストがあるというので役所には行かず一日片瀬で片づけもの。

❖**六月二三日(木)**　八時半からニュージャパンという藤山さん系統のホテルに行く。新築で仲々立派である。「藤友会」という藤山さんの系統の代議士が集まって朝飯会を開いているところに出席。一時間近く話しをした。その後役所に

7——朝海はアイゼンハワー大統領の訪日を出迎えるため羽田へ向う途中、アンカレッジで訪日中止の決定に接した。

顔を出し、下江歯科にも出かけて義歯を調整。昼は四人程集まってマニラ会で旧交をあたゝめる。楽しかった。二時頃青山斎場で寺岡〔洪平〕イラン大使の葬儀が行はれたのに顔を出し弔意を表する。アウトスポークンのよい男であったが惜しいことをした。肺がんだった相である。夕方米人記者が訪ねて来、又、K.Rが「時の顔」という題で藤原という明大の教授（こんなのが教授かと思はれる様な人）と十分程対談。夜船田氏に「川崎」に招ばれて懇談。時局を聞いた。今日は安保条約の批准の交換が行はれたというので学生が外務省正門に座り込み、又ワッショワッショと外務省の構内を横行した。見て居てリディキュラスという言葉以外表現のし様もない。

❖**六月二四日（金）**　午前八時半から東急ビルで佐藤栄作氏の一派「周山会」の会合あり。一時間余代議士諸氏に話しをした。役所で若干の事務を処理してから「三越」に買物に行く。金が足りなくなって隣りの三井の本店で金を借りた。午後、帰宅。俊夫は夕方、アメリカから帰米。ゴミ〱した日本に驚ろく。夜は家族全部揃った一年ぶりの食事を楽しくした。

❖**六月二五日（土）**　今日は休む。二、三回役所やその他から電話がかゝって来る。午前、午後と片附けもの。午後には和夫も学校から帰って来たので一寸テニス。夜は一家団らん。

❖**六月二六日（日）**　日曜。午後一時過ぎの列車で東京に行く。聖ルカに入院。人間ドックで静養のためである。五時から十人ばかりの人間ドック入りの人達（知り合の浦島氏の顔も見へた）に看護婦からオリエンテーションの話あり。それが卅分程で終り、あとは自室で「文藝春秋」に頼まれ、この前の日曜のNHKの放送の原稿に目を通す（評判がよいので文春で再録する由）。

❖**六月二七日（月）**　レントゲンもとったり仲々忙しいが、客は来ないしディスタープする人もないので溜りに溜って居た礼状やらファン・レターを片っぱしから処理して、午後はTVで大角力（名古屋場所）を見たり、本を讀んだり楽しくやる。病院のサービスは仲々よい。但食事は肉類を摂らぬ故もあるか、可なり腹のへる種類のもの。岸さんの後継者についてはゴタついて未だに見当がつかぬらしい。

❖**六月二九日（水）**　午後は角力のナイターを見るのが楽しみである。手紙書類は全部片づけた。伊藤〔正徳〕氏の寄贈してくれた「帝国陸軍の最後」を面白く讀む。今日のジャパン・タイムスにはこの前の日曜の自分のTVの討論会が可なり詳細に報道されている。

❖**六月三〇日（木）**　後継内閣の首班、池田〔勇人〕、石井、大野〔伴睦〕の間で仲々話しがまとまらないらしく、ゴタ〱

して居る。こんな図は若い者に見せたくないものである。今日は管をのみ込んで胃液を検査したり瞳孔を開いて眼底の検査をしたり今迄のうち最もイヤな気持であった。

❖**七月一日（金）** 今日は正午から二時まで「錦水」で中央公論主催の松本重治君との対談会に出席。その後、若干の買物をしたり、床屋へ行ったり。今日は最後の夜とて食事は御馳走が出、ドック入りの患者約十名が橋本院長や主任の医師を囲んで食事をしつゝ、歓談したり質問をしたり。自分はその途中、橋本先生に案内されて河岸にあるトイスラー記念館（ポール・ラッシュが泊ってゐた）を訪ねたり、看護婦養成所を見たりした。丁度、学修生が懇親会をやって居るところであり、自分を歓迎のため「春のうららの隅田川」を合唱してくれて、こちらも挨拶をした。終って屋上から隅田川をふ瞰し涼を入れ病院に帰る。生蒸し暑い夜で寝つきが悪かった。

❖**七月三日（日）** 千客万来の日。朝、川鉄の乗添君来り、佐藤清氏来訪。吉次〔利二〕君を自分から訪ねる。午後、渡辺茂氏（渡辺官補父君）来。

❖**七月四日（月）** 家族一同（和夫を除く）を連れて上京。午後は役所で五、六人の人に会う。仲々忙しい。五時半から高輪クラブで開成会あり。四、五十名出席。水入らずで面白かった。慶應の塾長になった高村〔象平〕君も来たし、神野〔正雄〕、岩佐〔凱実〕、黒板〔駿策〕も見へ大にメートルを上げ面白かった。文藝春秋が「同級生交歓」という写眞を出して居るがそれに載せるというので写眞をとった。八時から増田甲子七氏の「新㐂楽」の会に一寸顔を出して帰宅は十一時すぎ。

❖**七月五日（火）** 新橋駅で下田君と落合ひゴミ〲した東京を横断し野田に向う。一時間余りかゝって野田にある千葉のカントリークラブでゴルフ。

❖**七月六日（水）** 茨木夫妻が訪ねて来たので役所で会い、その後タイムスのハーグローヴ、伊原〔隆〕氏等お客さんあり。昼は霞友会館で自分の研修所当時の研修生二期が合同して在京者十二、三名による会合あり。午後は紀尾井町に鮎川義介氏を訪ねたり、下江歯科に行ったりして、四時半チェネラル物産で森下〔陸一〕君の依頼で一時間ばかり講演。終って五時半から「不動」で森下君と歓談し会食。夜遅く車で帰宅、少し疲れた。

❖**七月七日（木）** 宮内庁に原田氏を訪ねて皇太子米国行きの件で打合せる。それから隆と一緒に青山の新東宮御所に皇太子夫妻を訪ね表敬。小泉〔信三〕氏や東宮大夫も立会いひ三、四十分間皇太子夫妻の御旅行について雑談的に話しをし、新御所を見せて頂いて辞去。新御所はモダーンな明るい建物であるが何となく落付かない感じ。帰途、秩父宮妃に敬意を表して昼飯はワシントン会で下田公使始めワシントンの人々と支那飯。二テーブルを囲んで歓談。午後は役所で二、三の訪問客と会ひ、夕方「田川」で高碕〔達之助〕氏親子の招宴に臨んだ。

❖**七月八日（金）** 昼「新㐂楽」で電通の森山〔喬〕氏の招宴あり。午後役所に一寸顔を出し、夜は隆とカブキ座へ行く。出しものは日米修好百年祭をあて込んだか青山圭男作の「花散る下田」。音楽を盛り込み、又、ハリスをピュリタンに扱ったところは新角度で気に入った。

❖**七月一一日（月）** 正午は新築の東急ホテルで昭四会あり。七十余名出席仲々の盛会であった。一寸挨拶をさせられた。午後、歯医者。四時から五時まで「アラスカ」で浦上氏の斡旋で十八会のメムバーの会合あり。顔を出して挨拶。引きつゞき如水会に駆けつけてボートのエンヂンの贈呈式に出席。小田切●君が開会の辞。森末次郎君が経過報告、自分の挨拶があって自分から村松部長に贈呈〔目録〕。佐藤四神会長と近藤常務理事の挨拶あり。宮沢文雄、畑弘平の両君も挨拶し、乾盃。対校選手も顔を出してくれ盛会であった。引きつゞき貴島〔桃隆〕君の案内で「亀清」で、証券関係者の慰労会に出席。藍沢〔彌八〕理事長以下小池、奥村、吉野といったお歴々が顔を出してくれた。

❖**七月一二日（火）** 午前中通産省で事務連絡。正午は工業クラブで十八日会で講演。足立、浅尾、石川、稲垣といったお歴々が顔を出して居た。夜はマッカーサー君のディナーに出席。インドネシア、イラク、ギリシア、法王庁の代表者の外、日本人では稲垣、石川、佐藤、道面といった実業界の人々が顔を見せた。自分達夫婦が主賓、マック何となく憔悴して元気がなかった。今晩は霞友会館に泊る。

❖**七月一四日（木）** 朝八時出發。隆と共に墓参に行く。新橋駅から芦野君に借りたブルーバードを運転手付で走らせる。尚今日、日本では池田氏が石井氏を退けて総裁に就任、アメリカでは〔ジョン・F・〕ケネディが民主党の大統領候補者に指名された。

❖**七月一五日（金）** 午前中、歯医者。十一時半東京出發。儀典課の青木〔襄児〕君に案内されて俊夫と共に府中の自動車免許証下附所に赴く。自分の免許証更新のためである。

❖**七月二二日（金）** 午前一寸役所で仕事をし、新任の小阪〔坂〕〔善太郎〕新外相にも挨拶。昼は隆と銀座で食事後、御木本や高島屋に廻って用を片附ける。暑い日であった。五時半「山口」に吉田前総理に招ばれた。小阪〔坂〕氏を中心として自分と那須〔皓〕氏（インド）を紹介するのが目的とのこと。外に山田、北沢〔直吉〕、白幡〔友敬〕と水入らずの会で歓談がはずんだ。

❖**七月二五日（月）** 朝、丸ノ内ホテルで野村（前大将）の依頼で一席話した。相手は旧陸海軍のお歴々。下村〔定〕、岡村〔寧次〕という様な人が見えた。十一時聖心大学にブリットさんを訪ねたが遅れてしまって相済まなかった。十二時から如水会館の経済懇談会で菅〔礼之助〕氏主催、近藤〔荒樹〕氏世話人となって自分と三菱電機の岸本氏がスピーカーとなり会合があり四、五十名出席して居た。

❖**七月二六日（火）** 午前、下江歯科。下アゴの手術が腫れて昨夜はよく眠れず。元気なし。下江さんから雑司ヶ谷の墓地に廻って、出淵〔勝次〕父の墓に詣でる。降ったり止んだりだが蒸し暑い日であった。八月十九日が命日である。正午は東京會舘で対米合同貿易委員会あり。自分が中心で話す。稲垣、足立、倉田、小島などゝいうお歴々の顔が見へたが熱っぽく腫れて居るため話し憎く、元気なし。早めに帰宅。少し熱があるので横になる。

❖**七月二七日（水）** 午前十時官邸に総理を訪問。帰任についての挨拶。その後隆と共に小山に堀田〔正昭〕氏に弔問に赴いた。七十七歳で喪くなられた。晩年は永井君に先立たれ不幸なことであった。正午は塚田公太氏の「松山」に於ける催宴に出席、歓談。午後は役所で少閑。夜は「新㐂楽」で出光〔佐三〕さんの宴会あり。

❖**七月二八日（木）** 午前歯科。昼は伊原氏夫妻が自分等二人を主賓とし鈴木夫妻、山崎夫妻、藤崎〔萬里〕夫妻（今度シアトルへ行く）を「志保原」に招待してくれ昔の英国グループとして三時近くまで歓談。此処から自分等二人車で田園調布へ赴き、小阪〔坂〕、吉次、出淵と挨拶廻り。それから自分は再び東京にとって返し椿山荘でH組の連中と会食。食事前約十五分間マイニチ・デーリー・ニュースのグリフィン君にインタヴューされたのち宮沢、小田切、林、横山、久村、塚田、●尾の諸君と昔語りしつゝ友人の噂話しに愉快な時を過す。

❖**七月二九日（金）** 午前九時から保土ヶ谷のコースに三井銀行の佐藤〔㐂〕〔喜一郎〕氏に招待されゴルフ。森下も招んで貰って三人でやる。

❖**七月三一日（日）** 午前中、薪割り、風呂たき、芝生苅りで大汗をかく。午後は子供と海岸で海水浴。相当な人出である。夜はTVでナイター。夏の健康な一日。この生活も呑気で、一寸帰任が億劫になる。

❖**八月二日（火）** 忙しい日。十時役所に一寸顔を出し十一時から十二時まで東急ホテルで毎日の枝松、名取、藤田、星野の諸君と歓談。昼はアラスカ・パルプの笹山氏に「賀壽老」に招ばれる。夕方は霞友会館でワシントン在勤の経験のある新聞記者、五、六名と懇談。引きつゞき六時から此の会館で開かれた新外相の外務省課長級以上の人達夫妻を招いてのリセプションに隆と共に出席。大分色々な人に会へて面白かった。帰りは大変な雨となり乗ってきた電車は落雷のため藤沢駅でストップ。小田急も不通。已むなくバスで帰宅。バスの停留場から歩いてビショ濡れになってしまった。ワシントンでは想像もつかない姿である。

❖**八月三日(水)** 正午「川崎」で船田氏に御馳走になりつゝ歓談。午後は暇が出来たので日劇に「夏のおどり」を見に行く。水を使って仲々上手な演出であった。夜は小阪〔坂〕外相に招ばれて多摩川べりの「土筆亭」という料亭で涼を入れつゝ歓談。自分等夫婦を主賓としてくれた。外に牛場〔信彦〕夫妻、吉次夫妻が来て楽しい会合であった。河畔の御馳走も悪くない。帰宅は十二時をすぎてしまった。

❖**八月四日(木)** 山崎〔幸〕氏に誘はれて暑い中を九時から六時頃まで二ラウンドゴルフを相模で行った。海原〔治〕君も参加。凡そ当らないゴルフで両君に大敗。昨夜の夜更かしで普通以上に悪かった。

❖**八月五日(金)** 昼山田君と弁慶橋の「清水」で会食しつゝ新外相の考へて居る人事構想をきいたが面白かった。午後は役所でアルペ神父、リーチ神父等の来訪を受け教育問題につき意見を交換。又、アメリカ局主催の事務打合会に臨み夕方は小船惣四郎君に「竹葉」で御馳走になった後日劇のショウを見せて貰った。八時半から「柳光亭」で佐藤栄作氏と二人で歓談。色々日本の様子について意見をきいた。

❖**八月八日(月)** 忙しい日。午前中銀行や下江歯科に立寄り、昼は「日経」の円城寺〔次郎〕、萬〔直次〕両氏の食事に招ばれる。午後経済局の事務打合せ会に顔を出し、午後四時から五時までクラブ関東で隆と共に正田〔英〕夫妻とお茶。それから暫らく役所で事務を整理してから夜は森下君の主催する「不動」での送別会。吉次君が同席した。車で自宅まで送って貰った。十六夜の大きな月が車窓に見え、夜ともなると流石に日中の猛暑は去って秋風が立ちこめた。

❖**八月九日(火)** 東京最後の夜。今度の帰国は色々な意味で楽しかったし、又勉強になった。最初の暴動は憂慮されたし不愉快であったがそれも収まりその後は楽しいプログラム。帰国直後のNHKのTVが思ったより以上に評判がよく、自分のプレスティーヂを上げた(?)らしいのは今後の地位を安定させるものとして慶ばしい。中央公論や文藝春秋に自分の記事が出たこともPRとして好ましいことであった。驚ろいたのは日本の建築ブーム。殊に東京にホテルが新築されて居るのに注意された。若い者の考へ方が自分等の考へ方と大きな隔たりのあることも祐子の自分のNHK放送を「伯父さんどうかしたのかと思った」という發言でも判った。その若い者の意見なるものは自由世界に通用しない馬車馬的の狭い見解であることは淋しい。自分の滞在中に岸総理が退陣して池田内閣が出現した。自分は岸さんに任命された駐米大使故、地位に恋々たる気持はないが池田内閣の対米方針は岸内閣のそれと変って居るわけでもないし、もう少し勤め上げよう。明日の帰任は新任地に新しい気持ちで赴任する様な意気ですることにしたい。楽しい二月近い休暇であった。在勤俸の支拂を受けつゝ、日本でノンビリ生活する楽しさは自分の外交官生活中今回を以て嚆矢とするし、最後とするであらう。

❖**八月一〇日（水）** 四時頃役所から車も着いたし「日通」差廻しの車も来て四時半には一同出發。空港には六時少し前着。飛行機は一時間出發が遅れたので子供等は仲間を誘って屋上で食事。役所から下田、小田部〔謙一〕、森〔治樹〕の諸君、その他は三浦〔文夫〕、森下、小松、蜂谷、伊原等の人々が極く小人数で来てくれた。親戚は顔を出してくれた。八時離陸。今までが賑やかであっただけに非常に淋しい感じがした。昨夜は時々飛行機がドスン〳〵と揺れる感じで何となく不安な気がしたが先ず〳〵平穏な飛行をつゞけ、目が覚めたらば既にアラスカの荒涼たる山の上を飛んで居た。Mt・マッキンレーが遠くに見へたと思ふと間もなくアンカレヂである。通関も簡単にすませて出迎へのアンカレヂ市長、土地の銀行家ラスムッセン氏等と握手。シアトルの総領事館から茶木〔哲之助〕君その他一名も出迎へてくれた。一二時半に着いたが五時間あるから十時間足らずで着いたのである。往路よりは余程早い感じである。ウェスターン・ホテルというのに投宿。昼はラスムッセン氏も加はりホテルのグリルで食事後、此処で手広く洗濯業をやって居る二世のジョーヂ・木村という人に車で案内されて市内見物。アンカレヂも可なり暑い相だが日中〔華氏〕七十七度程度で快適。

❖**八月一一日（木）** 九時半ホテルを出てMatanuska Valleyに木村君の車で案内して貰う。片道一時間余の道。勿論、ペーヴしてある。此の土地には寒冷地にどんな食料を育てるのがよいかを目的とし、試験的に栽培して居る研究所あり。所長さんの案内で附近を廻る。正午までにアンカレヂに引き返し、午後は再び町の見物。早目に「支那飯店」で食事をして六時半飛行場を出發。マッキンレー山を左に見つゝフエアバンクスに向ひ一時間余で同地に着。アラスカ大学の学長や土地議会の議長といった有力者四、五人に出迎へられ、学長〔ウィリアム・〕ウッズ氏の案内で今夜の宿たるトラヴェラーズ・インに泊る。

❖**八月一二日（金）** 九時半にドクター・ウッドが自分で迎へに来てくれ三人で五、六哩離れたアラスカ大学のキャンパスに行く。

❖**八月一三日（土）**　六時すぎというのにウッドさん自ら車をドライヴして我々を飛行場に送ってくれた。七時パンアメリカン機で發。途中、カナダ領のホワイトホースという谷間の町に着陸。三十分余給油。アラスカの首都ジュノーに着いたのは時差の関係もあり十二時半頃であった。飛行場に市長や此の州のセクレタリー・オブ・ステートというのがアロア・シャツで出迎へてくれた。丁度、上院議員の「アーネスト・」グルーニング氏夫妻がこれからワシントンに行くというのと出会ひ挨拶を交換した。日本の大使が来たというので一行のホテル代はコンプリメント。こんな経験は始めてゞある。少憩後、州知事に敬意を表した後、一時間許り内海をモーター・ボートを飛ばして見学。夜はコースト・ガードの「アルフレッド・」リッチモンド大将が来たのでそのリセプションをホテルに於て催したのに自分も招ばれたので一寸顔を出した。非常に友好的に取り扱はれた。

❖**八月一四日（日）**　八時半の飛行機でシトカに出發。この飛行機は水陸両用である。ジュノーでは車で走って離陸。途中、雪を残した可なりの山々を飛びこすと一時間程で木材を組んだものが海面に浮び出しアラスカ・パルプの近いことを思はせられる。着水した飛行機は岸までフロートで走り再び岸の近くで車輪を出して陸にはい上るわけである。陸にはアラスカ・パルプの米人工場長のスタイン氏と日本人幹部の福山氏が車を持って出迎へてくれた。工場に入り、福山氏の説明をきいてから見学。操業を始めてから一年位ゐ経って居る由であるが、新しい、そして新式機械を備へつけた工場と思はれたが、化せんの影響を受けて日本からの輸入注文が思った程には活發でないのが一困難であるらしい。港には日本からアンカレヂ経由で来たという山下汽船の船がパルプを授取って居た。日米協力での工場がほとんどこの地方に於ける重要産業をなして居ると思へば土地の人のこの会社に寄せる期待も大きいわけである。夜はアラスカ・パルプが社宅同様に使用して居るアパートメントに泊めてくれ、此処で自分を中心としてパルプの幹部、市長、商工会議所所長等町の顔役も夫人同伴で現はれ、ブッフェあり。流石に少し疲れた。

❖**八月一五日（月）**　ジュノーでの連絡は可なり悪かったが三時間余待つほどにPNAのシアトル行きが来たので乗る。天井から水のたれる水上機に比して旅客機は何とぜい沢に見へたことか。機は途中、アンネット・アイランドで乗客を乗せたり降ろしたりした後、一路、シアトルに向う。途中、腹工合何となく悪く元気なし。シアトルには九時頃着。ホテルはオリムピックに泊る。

❖**八月一六日（火）**　八時半のワシントン行N・W機に乗る。この飛行機は途中、スポケーンとミネアポリスに着陸、三十分位づゝ手間どりワシントンに着いたのは十時半頃〔時差あり〕であった。何年ぶりかでワシントンへ帰って来た様な気がした。飛行場には国務省からブレーン君、大使館から西山、安川、島ノ内、中沢〔明〕その他の諸君が出迎へてくれ、車の中で色々話しをきゝ乍ら公邸に着。公邸の使用人も懐かし相に出迎へてくれたので一々握手。自分の部屋も隆の部屋もきれいに塗り変へが出来て居た。住みなれた我家に二、三年ぶりで帰って来た気持。その我家に妻も子供も居ないのでとても淋しいといった気持。そういうものが胸にもれ〔り〕上って一寸眠り難い。

❖**八月一七日(水)** 昨夜時差の関係で寝つかれなかった関係もあり九時にやっと目を覚した。午前十一時すぎ空港に田中〔耕太郎〕最高裁長官と夫人を出迎へた。午後は書類の整理。三時から新聞記者会見、四時から館員との会談、仲々忙しい。幸い夜は約束なく、わびしく食事を一人ですましてから引きつゞき整理に没頭。家への長文の手紙も書いたし、溜った書類は一応全部整理してよい気持。

❖**八月一八日(木)** 午前国務省に儀典局長の〔ワイリー・〕ビュカナン君を訪ねて皇太子来米問題で話合う。ブカナン君は皇太子にホヰートランドのビュカナン大統領の墓へ来て貰いたいらしいがこれは断った。正午はパーソンス君が主催し田中最高裁長官のためのランチをメイフラワーで催したのに出席。午後はゴタ〳〵と雑務処理。まだ新聞を精讀するところまでには回復して居ない。

❖**八月一九日(金)** 正午公邸で田中長官夫妻を中心としランチを催す。米側から〔ヒューゴー・〕ブラック、〔フェリックス・〕フランクフルター、〔ポッター・〕スチュワート等の諸判事、〔ウィリアム・〕ロヂャース法務総裁等が顔を出してくれ仲々よいランチであった。午後は同長官を案内して国務省にディロン、パーソンス両氏を訪ねて表敬。夜ジャパン・ソサエティの有志が同長官を食事に招んで居たがこれは失礼して久しぶりにヤンキースのナイターを見に出かけて浩然の気(?)を養った。

❖**八月二〇日(土)** 午前九時にアレン、ガローウェイ、西山の三君と久しぶりにチェヴィでゴルフの約束をしたところ、不覚にも目を覚ましたらば九時十五分前。慌てゝカルロスに急用が出来て九時半でなければ行けぬと電話させ、大慌てゝ九時半に駆けつけ幸い一同待って居てくれたので公用の様な顔をした。何となく当らず。但インでは少し取り返した。午後空港に田中長官夫妻を見送った。夜はTV。

❖**八月二一日(日)** 午前中マーフィ君とゴルフ。今日辺りから新聞讀みも平常の通りに回復。

❖**八月二二日(月)** ディロン国務長官代理〔ハーターさんは国外出張中〕と思ひの外早く約束がとれて今日四時半から会見。

案外時間がかゝって五十分位日本の様子で自分の観察したところを話した。可なり整理して話した心算であるが途中で二度ばかりアクビをかみ殺されたには興がさめた。こんな程度の関心ではと一寸情けなくなった。本省へ電報を起草し、六時から日本人新聞記者に会って、ディロン会談の要点を話し夜は早寝したがムし暑くて仲々寝苦しい。

❖**八月二三日（火）** 昼、垣水君が日本へ帰るというので公邸で送別。夕方は館員と久しぶりにテニス。面白かった。四セットやったが大して疲れず。夜は岩井君等を連れてナイター。

❖**八月二五日（木）** 午後国務省でパーソンス君に会ひ（国務省の新館六階の仲々気持よさ相な部屋）日本の状況や新政府の方針について約一時間話し、来週米側のリアクション（アイク訪日拒否に対する）を聞くことにして別れた。夕方テニス。夜は官補を二人連れてナイター。

❖**八月三〇日（火）** 昼はメトロポリタン・クラブでデスヴァニンと食事。色々日本の話しをした。夕方はテニス。夜はナイター。

❖**八月三一日（水）** 昼メトロポリタン・クラブでパーソンス君と会ひ、今日は先日の自分の日本についての説明に対し、パーソンス君から米国のリアクションを卒直に話してくれた。大使館へ帰ってから二十頁近い電信にして本省に報告して置いた。これで一寸仕事が片づいた感じで気持がよい。

❖**九月一日（木）** 午後はゴルフに出かける。よく当った。夜はナイターもなし。約束もないので家でＴＶを楽しみつゝノンビリ。オリンピックのヴィデオ・テープを見た。水泳で日本の女子も出てきたが完敗。

❖**九月二日（金）** 午後四時十五分頃サンフランシスコからジェット機で隆がバルティモアに著〔着〕いたので出迎へた。館員代表として西山公使夫人が出迎へてくれた。夜は久しぶりに二人で淋しくない夕食。

❖**九月四日（日）** 午前マーフィ君とゴルフ。面白い。仲々よく当るし、秋晴れの快適な日であった。夜はＴＶ。

❖**九月五日（月）**（レーバー・ディ）午前今度来米した勉強官補数名を公邸の庭でお茶に招んだ。昼は下条〔康麿〕参院議員の一行を食事に招待。午後はレーバー・デーの休みを利用してのダブル・ヘッダーをグリフィス・ステヂアムに見に行く。子供が居ないので隆もお義理で同伴。

❖**九月六日（火）** 夕方パキスタンの武官（武官のドワイアン）で知り合の Gen. Hayard Din の送別のリセプションあり。顔を出す。ワシントンに帰任してから最初の社交的会合であったが余り長居はせず。

❖**九月七日（水）** 夕方川島〔正次郎〕氏がニューヨークから

やって来たのを空港に出迎へた。仕事は至って閑散。

❖**九月八日(木)**　午後安川〔壮〕君を連れてゴルフ。夕方池田総理の令嬢二人ワシントンの学校に入学のため来米。案内して来た義兄の近藤氏と共に公邸に泊る。

❖**九月九日(金)**　昼、公邸で川島氏のための食事。夕方はテニス。

❖**九月一一日(日)**　朝九時半ボルティモアの空港に小坂外相一行が到著したのを隆と共に(小坂夫人も来る)出迎へる[8]。外相及夫人は公邸に泊る。午後一時からマーチャントとパーソンスを招びチェヴィでゴルフ。自分はマーチャントと組んだ。小坂氏仲々よく当って自分の組は敗けた。最後の二、三ホールスはハリケーン・ダーナの余波で大雨となり一同ビショ濡れとなる。夜は小坂夫妻と池田令嬢等のお客さんと内輪の会食。

❖**九月一二日(月)**　忙しい日。朝食後大臣と午後の会談の打合せをする。昼はハーターさんの国務省の食堂で国務省幹部と我方と会食し二時から会議場で会談。三時からは経済問題に移りマーチャントが司会し(ディロンは出張不在)四時すぎまで話し合った。新大臣仲々要領よく、出来悪るからず。夕方は少人数でリセプション。米側出席者はハーター夫人、〔フレデリック・〕ミューラー商務長官、〔サミュエル・〕ウオー聯銀総裁等で格好がついた。その後館員幹部夫妻を交えて公邸で日本食の食事。

❖**九月一三日(火)**　午前小坂氏新聞記者会見をしたりラヂオを録音したり。昼はオドンネルに連れ出す。午後三時商務省でミューラー長官と会見してから自分と二人チェヴィでゴルフ。面白かった。夜は館員を支那飯に招待。

❖**九月一四日(水)**　仕事もすんだので小阪〔坂〕氏夫妻をゴルフに連れ出し秋晴れの快晴の下で八時半からゴルフ。昼飯を賑やかにクラブで認めて一旦帰宅。二時半近くに空港に赴きカナダ政府差廻しの飛行機で小坂外相一行はオッタワに飛んで行った。

❖**九月一六日(金)**　午前中ゴルフ。午後はテニス。西堀君が国連へ行くので送別となり七セットプレーした。自分乍ら一寸呆れる。夜はTV。

❖**九月二三日(金)**　昨日はアイクの国連の演説をTVできいたが今日はフルシチョフがやった。午後二時半大統領機コロンバイン号で隆と共にサンフランシスコに赴く。島内君も同行。米側はコンガー儀典局次長とアジア局のスエイン君その他。立派な飛行機を小人数で独占し行きとゞいた

8——小坂善太郎外相は、国連総会出席のため訪米、その後、ハーター国務長官とワシントンで会談した。

サーヴィスをエンジョイし乍ら旅行。サンフランシスコに着いたのは一二時半でローカル・タイムは九時半であった。八木〔正男〕総領事等の出迎へを受け、マーク・ホプキンスに投宿。豪奢なスヰートの部屋であるが米政府の賓客である。

❖**九月二四日(土)** 皇太子夫妻一行が日航機でサンフランシスコの空港に著いたのを出迎へる[9]。飛行機は予定より約一時間遅れて十時に著。〔ジョージ・〕クリストファー市長夫妻、自分夫妻がコンガーを先頭に立てゝ出迎へ。型通り市長の歓迎の辞、皇太子の答辞あり。コンヴォイを作ってマーク・ホプキンスに向う。天気は絶好の秋晴れであった。昼飯はゴールデン・ゲートを越してSausalitoというきれいな街で魚料理。レストランの前面にヨットが並び水上スキーが走って夏はまだサンフランシスコからは去って居ない。此処から車を連ねてMuir Woods (National Monument)へ行く。新聞寫眞班がまつはりついて少しうるさかった。此処から水族館に廻る。皇太子は大変な熱心さで水族館を見て廻る。夜はマーク・ホプキンスでディナー。デースに乗る人々は皇太子始めホワイト・タイ。

❖**九月二五日(日)** 九時ホテルを發。金門学園で御夫妻は日本語教授の実情を視察。更にそこからSigmund Stern Gloveという公園の様なところで日系人がピクニックを行って居る場所に出席。日系人の歓迎を受け、終って総領事公邸に向ひ、昼食は此処でしたゝためる。国連総会に出席の帰途の小阪〔坂〕外相夫妻も顔を出す。二時サンフランシスコを出發。コロンバイン機で四時ロスアンゼルスに到着。メリノールの女学生(主として日系人)がドラム・メーヂョレットの服装で空港に居並び大歓迎。多数の人々(主として日系人)が出迎へた。〔ノリス・〕ポールセン市長と挨拶交換の後、行列を作って宿舎に向う。ホテルはアンバサダー。少憩の後、ディズニーランドに向う。皇太子夫妻すっかり気に入ってサンタ・フェの汽車に乗ったり、潜水艦に乗ったり(これは新しい施設らしい)ゴンドラに乗ったり大喜び。自分も隆も随伴して若返る。大人にも面白い。入口から中心部まで古風な自動車を連ね、途中大変な群衆の歓迎ぶりであった。予定よりも遅くまで此処で楽しく時間をすごし、九時半頃ディズニー・ホテルで遅い晩飯をウオルト・ディズニー夫妻に御馳走になり、ホテルに帰ったのは十一時すぎ。流石に疲れた。

❖**九月二六日(月)** 九時ホテル發。リトル・トーキョウに赴く。日系人(一万人以上と伝へられた)が手に手に日米国旗をふりつゝ熱狂的に歓迎し、一行は台にのせられた皇太子夫妻に近づけぬ有様であった。此処から市参事会に赴き挨拶。此処から病院に赴き視察の後シティ・テラス公園から待機中のヘリコプター三台に分乗してウイル・ロヂャース州立公園に飛ぶ。ヘリコプターに乗ったのは最初の経験であったが何とも騒がしいもので会話は出来ない。眼下に手に取る様にロスアンヂェレスの街が見へる。テニス・コートや青々としたプールが無数に散在して居る。五十分位で公園に着。日米合同の盛大な野外のランチが始まる。我々の席はテント張り。型の如く歓迎の辞があってから午後は同じ場所でロデオを見物。面白かった。皇太子夫妻も興がのって腰を上げず、予定より三十分位遅れてカリフォルニア大学に到着。此処に二、三十分居てからホテルに帰着。少憩の後、夜は総領事公邸で内輪の会食。食事後車を連ねて空港へ。十時にはコロンバイン機で離陸。

❖**九月二七日（火）** 時間は四時間つまってワシントンに着いたのは正午。飛行機は予定の通り着。ハーターさんは国連関係でニューヨークに居り代ってマーチャント次官が出迎へ。軍代表としてバーク大将、外交団長サカサ大使等が出迎へ。閲兵式あり挨拶の交換あってオープン・カーで空港からワシントンに向う。先頭の車には皇太子とマーチャント氏、第二番目は皇太子妃とマーチャント夫人、第三番目にサカサ大使、バーク大将と自分、という工合に乗って行く。秋晴れの好天気。沿道は米、日、DCの三つの旗で飾られD.C.に入ると所々に大日章旗が飾られ沿道の人々が拍手を送る。日本語で「皇太子殿下歓迎」と書いた幕も道路の上に高々と張りめぐらされてゐた。D.C.の庁舎で歓迎の辞が述べられ日米両国歌の吹奏あり。U.S. Army Fife And Drum Corp の独立戦争時代の服装をした兵士のデモンストレーションあり。市の鍵が殿下に授与され歓迎式を終る。再びカヴアルケードを組んで人々の拍手を受けつゝゆっくりとブレーア・ハウスに到着。自分等も一旦公邸に帰り着物をかえ少憩の後、又、ブレア・ハウスに赴き、コンヴォイを作り、アーリントンへ正式参拝。廿一發の皇礼砲が秋空にとゞろいて鄭重な待遇であった。岸さんのときは裏から参拝したが本日は正面からの表敬であった。そのあしで大使館に来られ、館員一同がお目にかゝり、お茶室の検分。ブレアハウスに帰還。自分はIMFで来て居る水田〔三喜男〕蔵相のためのリセプションを行ひ[10]、途中で失礼して着物をホワイト・タイに変へ、ホワイト・ハウスに出かける。閣僚ではゲーツ、国務省からはディロンが顔を出して居た。半数以上は大統領が知人を招んだらしく自分等は知らない顔。皇太子妃は洋服でティアラをつけ仲々立

9——皇太子夫妻は九月二四日から一〇月七日まで米国を訪問、二七日にはアイゼンハワー大統領と会談した。

派であった。十一時すぎミュジカルがあってから散会。

❖**九月二八日（水）** 朝、郵政庁でサマーフイルド大臣夫妻出席、百年祭切手發行の記念式あり。殿下は出席出来たが妃殿下は身体の工合が悪く出席出来ず。来会者に失望の色が見へた。式後、スミソニアンとフリア・ガラリー（北斎の展覧会をやって居る）に立寄り、ジャパン・ソサエティ主催の船でマウント・ヴァノンに赴く会に出席。船は会員や日本びいきの人々で一杯。千人以上の人が居た相である。此処で会員に会釈され、船上で昼食。ワシントンの墓に詣でマウント・ヴァノンを見物後、自動車で帰還。四時半から大使館で自分が司会し、マーフィとエリク・ジョンストンの両氏に皇太子の手で勲章が授けられた。五時からリセプション。夜はホワイト・タイでアンダーソン・ハウスでハーターさん主催の晩さん会あり。

❖**九月二九日（木）** 国立美術館を見学の後、天気が悪いのでヘリコプターはやめ車でヴアジニア州、ミドルブルグ所在のポール・メロン所有のオーク・スプリング牧場に到着。殿下は馬を見たり、植物を見たりで楽し相。車で空港に引き返し飛行機でヴアジニアのラングレー空軍飛行場に赴く。途中機上で昼食。一時間位で着。ラングレーにある大気圏外飛行に関する各種研究施設を見たり、講義をきいたり、面白いのだらうが連日のお供で大分眠かった。飛行機が少し遅れたりして帰途は大急ぎ。七時に空港に着。大急ぎで帰宅してディナーの用意。今日は自分が殿下の訓令によるとしてディナーを催したものだがホワイト・タイで仲々盛会であった。十時半頃散會。やっと肩の重荷を卸した感じ。明日からは他人のプランに乗って行くだけ。

❖**九月三〇日（金）** 午後九時ブレア・ハウスに赴く。二十分頃出發。空港に、出迎への際と同様、マーチャント国務長官代理とバーク大将等夫妻の見送り裡に、軍隊堵列し、米空軍機でニューヨークに出發。一時間位でニューヨークに着。ロックフェラー氏、パターソン市長代理と挨拶の交換あり。車を連ねてウオルドルフ・アストリアへ。自分等は七時の行事まで一寝入り。二時間半ばかりグッスリ寝た。七時二十分から八時までジャパン・ソサエティ主催のリセプション。引きつづきディナー。約千六百の人が来た相で大食堂は一杯であった。マーフィ氏がマスター・オブ・セレモニーとなり、ロックフェラーの挨拶、皇太子の答辞があり盛会を極めた。

❖**一〇月一日（土）** 八時にホテルをワシントンから差廻させた車で出發。途中は半分位グッスリ寝込んで帰った。公邸には一時前に到着。食事をしてから鈴木君とゴルフ。快晴の秋で余り当らなかったけれど楽しかった。夜は久しぶりでゆっくりした。

❖**一〇月二日（日）**　ボンの武内〔龍次〕君が会議でワシントンにやって来たので午前中はゴルフ。午後は新聞を讀んだり。明日からの旅行の仕度をしたり。午後から夕方はブリッヂで武内君と遊ぶ。

❖**一〇月三日（月）**　午前中留守中の打合せのことで忙しく午後二時半のキャピタル機で隆と共にシカゴに飛ぶ。皇太子一行と合流するためである。予定の通りシカゴ着。ドレーク・ホテルに投宿。午後六時半から八時半までリセプション。恐らく千人以上の人がリセプションの列を通ったらう。リセプションはイリノイ州知事〔ウィリアム・〕ストラットン夫妻。シカゴ市長〔リチャード・〕デーリー夫妻、皇太子御夫妻、ウェデル夫妻、自分夫婦、小沢夫妻と居並んだ。八時半から日本人のみの内輪の食事。

❖**一〇月四日（火）**　午前の科学博物館はお供せず。ドレーク・ホテルを行列をくんで出發したのは十一時頃。オヘーア飛行場に向う。飛行場を十二時頃出發した。自分等にとっては日航機に乗るのは此処が最初であった。途中平穏な飛行。三時間の時差があるためシアトルに着いたらば未だ午後三時少しすぎ。ワシントン州知事の〔アルバート・〕ロッゼリーニ夫妻、シアトル市長〔ゴードン・〕クリントン夫妻等が出迎へ。閲兵もあって盛大な歓迎。行列をくんでオリンピック・ホテルの側面の道路を交通遮断したところ（University Plazaという）に赴き此処で約四十五分歓迎式あり。各国領事団の紹介や領事の国旗もホテルの二階から一人一人マリーンが手に持って仲々派手な歓迎であった。夜は八時からホテルの大食堂でガンディという土地の有力者が司会し知事、市長、〔ウォーレン・〕マグナッソン上院議員等が出席した大食堂がギッシリ詰まり八百名位の大ディナーあり。州知事、市長、殿下等々發言、余興あり。最後に自分が約十五分演説を行って十一時近く閉会となったが、シリ上りの歓迎で一行何れも気をよくすること一方ならず。

❖**一〇月五日（水）**　朝飯はホテルの食堂で東銀頭取の堀江氏が来て居るので三人で共にした。十時に出發。日本庭園に行かれる。日系人が盛大な歓迎。可なり大きい庭園であるがお茶室は割合にお粗末。此処からマディソン通りの乗船

10——水田三喜男蔵相はIMF・世銀総会出席のため二二日から訪米していた。水田蔵相は貿易と為替の自由化に向けIMFのヤコブソン専務理事と協議、このとき日本は既に自由化大綱を閣議決定していたが、IMFからは原材料に加えて製品の自由化を求められた。

地に赴きコースト・ガードの水雷艇でワシントン湖を走る。暑からず寒からず快適。ボーイングのモーター・ボートが前後を走って敬意を表する。三十分程でボーイングレントン工場に着。ジェット機が数機製作されて居た。ボーイング707は一機五百五十万弗《ドル》位する旨でパンアム社は三十機余持って居るというから大した金である。社長のアレンという人の案内で視察。終って昼食。二時半すぎ空港に到着して見送り裡にポートランドに向う。四十五分位でポートランドに着。此処でも〔マーク・〕ハットフヰルド知事、〔テリー・〕シュランク市長等が出迎へて仲々盛大な歓迎陣であった。此の空港は改造されて立派。空港への道路もフリーウェイで三年前始めて此処へ来た当時よりは進歩して居た。一行の泊ったシエラトン・ホテルも新築のモダン・ホテルである。ホテルで少憩の後ロイドというホテルの近くのデパートと名店街を一緒にした様な広大なショッピング・センターを見学。夜は日米合同の歓迎晩さん会がホテルで行はれ、十時には車を連ねて空港に向ひ、十時四十分一行は無事日航機に乗ってアンカレヂ経由帰国の途に就いた。一行を見送って自分等もホッと一安心。今晩は此処に投宿、ぐっすりとよく寝た。

❖**一〇月六日（木）** 浦部〔勝馬〕領事夫妻に見送られて九時發のウェスターン機でフェニックスに向う。途中サンフランシスコとロスに夫々三十分位づゝ止り且時差もあってフェニックスに着いたのは三時半であった。ポートランドで着た冬服が暑くるしく太陽の光が眼にぎらついた。〔華氏〕九十四度と機上でアナウンスされた。誰も知らぬ筈なのに土地の新聞記者らしいのが簡単にインタビューし写眞班も居た。

❖**一〇月一二日（水）** 午前中大車輪で溜った事務を処理。昼はウォールド・シリーズが第六回戦となりピッツバーグに持ち越されたのを本年、始めてTVで観戦。夕方デンマークのキングとクヰーンのためのリセプションが新築のデンマーク大使館で行はれたのに出席。夜は隆はDuel of Angelsという芝居を見に行く。自分はイエールでこの四月に見て居るので留守番。今夜の放送で浅沼稲次郎氏が暗殺されたと放送あり、驚ろいた。何時になっても進歩しない日本国民である。ワシントンは旅行から帰って見ると美しく紅葉して秋深いことを感ぜさせられた。南部の暑さから秋に戻ってアメリカの広いことを痛感させられるのである。

❖**一〇月一三日（木）** 仕事は至って閑散。昼からウォールド・シリーズ最終回戦のTV放送を観る。夜はデンマークのキングも来て居るのでデンマークのバレーあり。着物をきかえて隆と共に観に行く。デンマークのキングとアイクが観劇して居た。

❖**一〇月一五日(土)** 秋晴れの天気。チェヴィやロック・クリークの紅葉は素晴らしい。今日はゴルフをして居ると汗をかく程のインディアン・サマー。夜は醤油の浜口〔儀兵衛〕氏等のため宴会。

❖**一〇月一六日(日)** 石川一郎氏夫妻を案内してオールズを駆ってスカイラインに秋を賞でに行く。夜はドミニカから来た小長谷〔綽〕氏夫妻を空港に出迎へる。同氏夫妻公邸に泊る。

❖**一〇月一七日(月)** 午後小長谷君をゴルフに案内。よい天気。コースの紅葉美し。夜は同君夫妻を中心とする食事。そのあとブリッヂ。

❖**一〇月一八日(火)** 夕方ルバロン夫妻とテニス。夕方は今度帰国するＩＭＦの渡辺〔武〕君がファンドでリセプションを催して居るのに顔を出した。

❖**一〇月一九日(水)** 午後「朝海カップ」のコンベンション。散々に叩いた。ゴルフに非ず。夜は鈴木〔源吾〕公使夫妻の送別会。

❖**一〇月二〇日(木)** 昼ＮＷエアラインのマックヴイカー君に招ばれてメトロポリタン・クラブで会食。至って閑散。夜はＴＶ。

❖**一〇月二一日(金)** 午後〔ジョセフ・〕スキング移民局長官の依頼で同局の移民官講習所に赴き日本人研修学生二名にディプロマを渡し(米人修業生にも渡した)十五分許り講演をした。夕方コロンビア・クラブでルバロンとテニス。夜は閑散。

❖**一〇月二三日(日)** 生憎の薄曇りから小雨が降り出したが今日は大使館の運動会でPrince William Forest PK(ヴァジニアでワシントンから卌哩足らず)で行はれた。子供が大悦び。大人もラウンダーを子供とやったり。紅葉はまだ美しかった。たき火にあたり乍ら夫々持参の辯当をパクつくのも楽しいことであった。夜はＴＶ。

❖**一〇月二四日(月)** 夕方アドミラル・〔アーサー・〕ラドフォードのリセプションを終へ、ポトマックにもやって居る"Sequoia"に乗船。海軍次官補Milne夫妻の晩さんに参加。もう寒くて船遊びでもないし事実誰も甲板には出なかったが船の應接室から街の燈りを望見しつゝコクティルから食事。船は忠実にマウント・ヴァーノン近くまでクルーズしたらしい。十一時錨地に帰着。自分は主賓として迎へられ食前にエンペラーのトーストまであったので好意には感謝せざるを得なかった。

❖**一〇月二五日(火)** 昼、三浦〔和一〕ペルー大使が転任帰国するので夫妻を招待。夜は招ばれて映画「生きる」(東宝)を見に行く。筋は面白いがお通夜の酔っ拂いの場面など市役所のレッド・テープを表現するところなど余りにレペティティヴでテンポが遅く、三分ノ一位カットしたら可なりよいものにならうとさへ思はれた。

❖一〇月二六日（水） 昼、世銀の渡辺夫妻が九年の在米生活を終へて帰国するので中心として送別の食事。夕方はマレイの総理が来て居るのでマレイのリセプションあり。顔を出し次でヴィエトナムの国祭日。それからジョンストン君邸で主役五人で食事後シンフォニーをききに行く。今日は後半、Van Cliburn のピアノの演奏があった。

❖一〇月二八日（金） 午前閑散。午後四時ラオスから帰って来たパーソンス君を国務省に訪ねてラオスの情勢をきいたり、二、三要談をした。六時から外交団が新築の国務省のオーディトリアムに招ばれ国連創立十五週年の式典があった。ハーターさんの外一九五一年に第六回総会の議長とつとめたという Dr. Luis Padilla Nervo（メキシコ）の挨拶あり。

❖一〇月三一日（月） 昼、勝部君夫妻を招待。夜はラッセル、ルバロン、ディール、モーガンの夫妻を招んで食事の後、ＮＨＫの交響楽団が来ているのでコンスティチューション・ホールへ聴きに行く。

❖一一月一日（火） イラン皇帝に男子が誕生したというので大使館へ記帳に行く。正午世銀の渡辺君が九年の在米生活を終へて帰国するのを空港に見送る。夜は近くのWhiteLock氏夫妻にインフォーマルな食事に招ばれる。

❖一一月二日（水） 昼は日本へ参謀副長として赴任する〔バシル・〕リッテンハウス少将（海）夫妻を公邸に招んで会食。夕方は仲々忙しくカンボジア、リー、マーフィ、デッカー（新任陸軍参謀副長エデルマン大将紹介のため）の三つのコクティルに顔を出し、夜は妙信寺の管長（九十才の高齢だ相だが面白い、確りした人であった）のため食事。

❖一一月五日（土） 久しぶりにゴルフ。よく当り気持よし。毎日ＴＶでケネディとニクソンの選挙戦を視るが楽しい。

❖一一月六日（日） ゴルフ。夜はＴＶ。選挙戦酣は、ケネディ有利の声高し。

❖一一月八日（火） 午後二時、国務省の招待もありメリーランドの近くの選挙区（小学校のオーディトリアム）に選挙を見に行く。天気がよくて上々である。予て通報してあったものと見へ寫眞班員やＶＯＡが待ち構へて居た。メリーランドに入っても連呼するする人も居ないが選挙場にはニクソンやケネディのプラカードを掲げ派手な服装をした婦人連が散見された。選挙場内も婦人が事務を処理して至って和やか。大統領から上院議員、下院議員までボタン一つで選挙される。これなら誤記でゴタついたり箱を引っくり返して一つ二つと票を数へる必要もない。ジェット機とＴＶと選挙投票機とは全く候補者と選挙とをスピード化した。ニクソンは米全州約六万哩を飛んだし（指名以来）、ケネディは四十四州約七万五千哩を飛んだ相である。ＴＶの利用も極限に達し昨日の最終日にはケネディは午後の二時から六時まで全米の聴取者の電話質問に応じた。これに投じた共和党〔民主党〕の資金は最終日のみで四十万弗といはれる。夕方、六時頃からＴＶの前で選挙の速報をきく。他のプログラムなしで七時から引きつゞき放送。ケネディ少し優勢乍らキック・アンド・ネックの接戦で刻々変る戦況を見て居るのも面白かった。十時頃にはポピュラーヴォートでニクソンが百五十万票位離された。大勢決すと思はれたが又少しく盛り返した。たゞテキサスとニュージャージーで敗れて敗色を濃くしたところで遅くなるので寝た。

❖**一一月九日（水）**　起きての放送ではニクソンはまだ敗北をコンシードして居ないが大きな州、即ニューヨーク、ペンシルヴァニア、ミシガン、イリノイで敗れ僅かにインディアナで勝ったのみのところへテキサスとニクソンの地許のカリフォルニアがケネディに入ったので第三十五代の米国大統領はケネディときまった。四十三才の大統領は米国歴史始まって以来の若さだ相である。セオドア・ルーズベルトが四十二才で大統領になったのは選挙によらず〔ウィリアム・〕マッキンレイ暗殺のあとを承けて大統領になったので少し事情が違う。今日は誰の顔も眠む《ママ》相。イリノイの結果は今朝になっても判らなかった相である。午後ケネディの対日政策の問題で訓令が来たのでパーソンス君を国務省に訪ねて会談。夜はノンビリ。早寝。

❖**一一月一〇日（木）**　午前中マンスフィルド上院議員が会うというので議会に訪ねて所謂マンスフィルド報告について約四十分懇談した。昼は讀賣の清水君が来米したので会食。大統領選挙についての「時事通信」への寄稿を午後中かゝって書き認めて東京へ送った。

❖**一一月一一日（金）**　ヴェタランス・デイとあって休み。午前中、ゴルフ。夜はデーヴィス夫妻に招ばれた。

❖**一一月一三日（日）**　午前九時から十二時すぎまで西堀父子、角谷君等とテニス。コートの一角が霜どけで少し都合が悪かったが結構楽しめた。夕方、隆が音楽会へ出かけたので岩井君と映画を見に出かけた。秋晴れの温い日であった。

❖**一一月一四日（月）**　昼「中日」の社長与良〔ヱ〕氏を食事に招く。夜はメキシコからニューオルリンス経由で山田〔久〕君が来たのを空港に出迎へる。同君公邸に泊る。東京に於ける人事の消息をきいた。

❖**一一月一五日（火）**　八時半から山田君を誘いゴルフ。昼はブレアハウスでジエフが主催したランチあり。引きつゞき午後ハーターさんとマーチャント君に挨拶に出かけたのに同行。夜は館員も参加してブリッヂ。

❖一一月一六日（水）　朝八時半の「コングレショナル」で隆と共にニューヨークに行く。ロータリーの会合で講演の約束があるためである。温い春の様な日。外套が邪魔になる。ペンの停車場で三十分位かかってタキシーをつかまへ、ビルトモア・ホテルにチェックイン。荷物を預けてブロードウェーにJohn Wayneの主演する「アラモ」を見に行く。最終のアラモ攻撃の場面は凄惨を極めた。ジョン・ウェインは千二、三百万弗を投じたとのことである。映画一本作るのに大会社の資本金以上に金がかゝるわけである。

❖一一月一七日（木）　午前中ホテルで新聞雑誌を讀んだり隆は買物。正午、増田氏の案内で隣りのホテル、コモドールのロータリーの会合に行く。来年はロータリーの大会が日本で開かれるというので今日のランチョンは日本デーとあり、ゲスト・スピーカーに自分が招ばれたわけである。原稿をたゝんで来たゝめ折目のところが光線が当り讀みにくかったが先ず〳〵の出来。日本のデモンスレーションを説明した最初の演説であった。講演後、二時半の「レヂスレーター」でワシントンに帰る。今日も温い日。面白く有益な出張であった。

❖一一月一八日（金）　夜はハーターさんがパン・アメリカンの建物に外交団を全員招んでディナー。国務省側も幹部が接待に出て居た。二階の宴会場には十八のラウンド・テーブルがあり、これに約十名は座って居たらうから百七、八十名の主客併せての大宴会。コースが終ってからハーターさんの辞任の挨拶あり。団長のサカサが答辞を述べて十一時すぎ散会した。

❖一一月二一日（月）　昨日の日本に於ける選挙の結果が判明した。自民党二九六、社会一四五、民社一六、共産三で自民党は議席を増したが三分ノ二はとれず、社會党も議席を増し共産党が二名増した。民社は逆に完敗して交渉団体たるの資格さへも失ったことは嘆かはわしい。夜は芝居へ行く。

❖一一月二二日（火）　午前ガテマラと南アフリカにコールを返しに行く。午後は温いのでテニス。これがシーズン最後かも知れぬ。コートの横の桜に花が咲いて居るのには驚ろかされた。夕方レバノンの国祭日とあってリセプションに顔を出した。

❖一一月二三日（水）　日本の祭日とあって半日休む。午後は、吉良〔秀通〕、田中両君を送別のゴルフに案内。温い日であった。夜は両君夫妻を中心として公邸で送別会。

❖一一月二四日（木）　（感謝祭）午前からベテスダで館員のトーナメント。よく当ったが優勝には至らず。午後から館員を三人招んでブリッヂ。夜はターキーを料理して子供は居ないが食卓は賑やかにして食事。十二時までブリッヂ堪能。面白かった。

❖**一一月二五日（金）** カルテックスのブラムステッド君がワシントンに来たので午後ゴルフ。

❖**一一月二六日（土）** 午前八時四十五分ワシントン發の列車でフィラデルフィアに行く。アレン夫婦の案内でアーミー・ネーヴィのフットボールを見物に行くためである。特別列車である。同じプラットフォームに海軍軍人の特別列車が停って居たが、横腹に"Beat Army"と紙が貼りつけてあった。この列車は陸軍軍人が買い切ったものらしく、クラブ・カーの様なもの。列車はステディアムの近くに引き込まれる。十一時半頃着。四時半の特別列車でワシントンに帰り、夜はアレンの宅でブッフェを御馳走になり帰宅したが、面白かった。温く且天気であったことが何より。

❖**一一月二八日（月）** 夕方大使館でユネスコのドクター・エヴァンスに勲章〔瑞宝三等〕を授与。夜はフォート・マクネアでウイレム少将が田中〔光祐〕武官のため送別宴を催したのに出席。

❖**一一月二九日（火）** 昼ボルティモアのロータリ・クラブの会合がロード・ボルティモア・ホテルで催されたのに出席。食事後二十五分程喋った。夕方ユーゴーの国祭日のリセプションに一寸だけ顔を出す。

❖**一一月三〇日（水）** 午後ゴルフ。夜は曹洞宗の孤峯〔智璨〕禅師〔鶴見の総持寺〕のため精進料理の御馳走。

❖**一二月一日（木）** 閑散。政権交替で局外者は至って閑。今日は〔アブラハム・〕リビコフの厚生大臣任命とメンネン・ウイリアムスの国務省アフリカ担当次官補が發表された。夜は若い者を集めてブリッヂ。

❖**一二月二日（金）** 午後二時からニューヨークの支店長級の人々を集めた経済懇談会を大使館で開催。自分も一寸喋った。夜はこの人々のためブッフェ。終って有志とブリッヂ。

❖**一二月三日（土）** 田部〔三菱〕、増田〔木下〕、津久井〔東銀〕君等を案内してゴルフ。温い日であったが昨日の夜更しのためか、一向に当らず。又、昔に逆戻りの觀あり。

❖**一二月五日（月）** 昼メトロポリタンにデスバーニンに招ばれＩＭＦの鈴木〔源吾〕君も参加。会食。ケネディの父と親交がある由なので組閣の模様をきいたが面白かったので電報もして置いた。午後ＮＨＫの依頼で新年に際しての日米関係につき緒方君と対談。夕方はルバロンとタイのリセプションに顔を出してから恒例のナショナルの芝居へ行く。出しものは"The Conquering Hero"とミュジカル・コメディ。何しろ席が前列。三番目の中央なので話しがよく判るし肩のこらないミュジカル・コメディなので楽しめた。海兵隊に志願したがヘイ・フィヴァのため除隊され国へ帰るに帰られぬ男〔此の劇の主人公〕に同情して海兵隊員数名が彼をコンクアリング・ヒーローに仕たてゝ村へ帰る。此の間、グロダルカナル〔ガダルカナル〕の戦闘の場面の場面も出てくる。日本軍（？）が口に短刀らしきものを加へ、ズボンをはいて居ながらその上にフンドシ様なものをはいて居るのには笑はせられた。

❖**一二月六日（火）** 午前八時半自邸を出て山下君同乗。若泉〔敬〕という若い防衛研究官も連れてオールズでアムハーストに向う。温い好天気でドライヴをエンジョイしつゝニューヨークを通過。四時半頃ハート・フォードの近のモーテルに泊る。

❖**一二月七日（水）** 曇天。ゆっくりドライヴして十時半頃にはアムハーストに着いた。静かな大学だけの都市。正午は大学総長のPlimpton氏夫妻に総長邸に招ばれて食事。午後、キャンパス見学。附近のドライヴ。ホテルで少憩の後、Prof. Hohensteinが主催する食事がホテルであったのに出席後、八時半からチャペルで講演。終って主として日本の学生の考へ方、学生運動等について学生から質問があった。割合に気持よく喋れた。出席者は七、八名位であったらうか。静かなホテル。

❖**一二月八日（木）** 午前八時ホテルを出發。好天気。帰路に就く。夕方、六時前に帰宅。若泉〔敬〕、山下両君を食事に招びビールを飲んで解散。

❖**一二月九日（金）** 溜った仕事を片づけたり、雑誌を讀んだり。昼はメトロポリタンでパーソンス君と会食しつゝ要談を二、三片附けた。午後は電報書き。本日官〔館〕長符号電が来て、山田君から貴使の異動について新聞がスペキュレートして居るが気にしない様にとのことであったが、山田君が米国大使になるという説が出たのかもしれない。

❖**一二月一二日（月）** 雪、依然やまず。今日は官廳も休み。大使館も休業状態。但夜は予ての約束で七時からパーソンス君宅〔パーソンス君はハーター長官と欧州出張中であり夫人が接待〕でブッフェ。支那の公使、カナダ大使夫妻、キャリック未亡人等の顔が見へた。食後キャピタルへ。国務長官の任命は大分手間どって居たが〔ハリー・〕トルーマン時代の国務省極東担当次官補であったDean Rusk氏が任命された。対日平和条約に関係した人である。

❖**一二月一四日（水）** 昼ホワイト・ハウスのロバート・グレー君に招ばれホワイ・トハウスのメスで食事。相客はフィンランドとデンマークの大使であった。食後ホワイト・ハウスを見物させて貰う。夜は約束なしでノンビリ。

❖**一二月一五日（木）** 夕方は仲々忙しかった。ベルギー皇帝の結婚を祝してのリセプションが同国大使館で行はれたのに出席。その後カウエンさんのリセプションにも顔を出し帰邸。Washington-Tokyo Women's Clubのブッフェを公邸で催して居るのに出席。この会合は年に一回で婦人の会合に連れ合ひの亭主を出席させるのが狙い。九時近くまで水入らずの交歓。

❖**一二月一七日（土）**　ジャパン・ソサエティが主催してデュポンで皇太子来米の際のＵＳＩＳのカラー映画を見た。自分等が時々出てくるので面白かった。「鶴八鶴次郎」というカラー映画も上映されたがテンポが早くて仲々面白かった。午後はブリッヂ。

❖**一二月一八日（日）**　まだ雪がとけないのでゴルフは出来ず。所在なし。午前、新聞よみ。午後はロック・クリークの雪景色を隆と共に見物。夕方、商務省の次官補フィスク君のコクテイルに顔を出した。政権交替のため送別の意味であらう。夜は陸軍主催のコンスティチューション・ホールに於けるクリスマス関係の軍楽隊の音楽に出席。クリスマスの気分を出した。

❖**一二月一九日（月）**　昼、田辺繁子女史等主婦会の人々を招んで食事。夕方はシェラトンで鈴木〔源吾〕君（ＩＭＦ）のリセプションあり。夜ＴＶを見てから夜行で紐育へ行く。二時十五分の發車であるが十時半頃から乗り組んで寝れる様になってゐる。それでも列車が走り出したらば夢うつゝ乍ら気がついた。

❖**一二月二〇日（火）**　列車は卅分位遅れた。今朝、少し雪が降ったとのことでワシントンより雪景色らしい。総領事館の車で出迎へられその足でロックフェラーさんのフラットに行き同氏と食事を共にした後、池田内閣の話、ケネディの対支政策、ディーン・ラスクの話等で九時すぎまで話し込んで辞去。総領事館で少憩の後十二時からウオール街のフェデラル・リザーヴの建物に行く。世銀の責任者と対住友金属、対川鉄の借款に調印するためである。型の通り調印を終へて一時四十五分ラガルディア發の飛行機でワシントンに帰る。夕方はロムロが儀典局長のブキャナン君夫妻のためのリセプションをして居るのに一寸顔を出した。

❖**一二月二一日（水）**　夕方Berding（広報関係の次官補）がコクティル。これも送別の意味か。一寸顔を出す。今日は又雪の予報があったが幸いにほとんど降らず。

❖**一二月二二日（木）**　多忙な日であった。午前十時半商務省に長官のミューラー君を訪ねてクリスマスの挨拶と彼の更迭を遺憾とする旨の挨拶を述べる。上機嫌で二つソファを赤々と燃える爐に向け、暖をとり乍ら歓談。センヰ問題や船舶問題（トヨタが米国で購入する機械を米船で輸送する問題）につき卒直に意見を交換。交渉事も此処までくれば大したものだがあと一ヶ月で辞任は惜しい。十二時国務省にパーソンス君を訪ねて弗防衛措置に関連し日本から蔵相を招待する問題につき米国の意向を打診。昼飯はジェフ、フランク、チーフと旧東京の人々とDACORで気の措けぬ話をしつゝ喰べる。帰邸後電報の起草。四時から毎日放送に録音。引きつゞき電報の起案。六時からフィンランド大使のクリスマスのリセプション。奇麗に飾ってあって北欧らしい落ついたクリスマスの装飾であった。

❖**一二月二三日（金）** 夜ポルトガルの大使（フェルナンデス）に招ばれてディナー。

❖**一二月二四日（土）** クリスマス・イーヴで役所は休み。色々な人から花や果物のプレゼントが運び込まれる。午後は若い館員とブリッヂ。夜はTVを見てから西堀夫妻と共にセント・マシューズのミッドナイト・マスに行く。マスに行く前に数日前アイクが燈をつけたホワイト・ハウス裏手のクリスマス・トリーやFストリートの照明を見る。マスが終って帰宅したのは二時に近かった。

❖**一二月二五日（日）** クリスマス。快晴だが寒い。雪がまだ残ってゐるのでゴルフは出来ず。昼は鈴木夫妻と若い者二、三人を招んでクリスマスのランチ。そのあと日航の坂本君に貰ったレコードで「勧進帳」をきく。午後、自分等夫婦と官補二人でブリッヂを楽しむ。自分等が三十ポインツ勝った。夜はTVのクリスマスのプレゼントを見てから早寝。

❖**一二月二六日（月）** 午後加藤夫妻を招き自分等四人で夫婦ブリッヂ。和やかに遊ぶ。夜は静かにTV。但六時から三十分程カルバートソン氏の邸でクリスマスのコクテイルあり。大分、知人も来て居て歓談。

❖**一二月二七日（火）** クリスマスカード整理以外大した用事なし。正午、世銀に赴き〔ユージン・〕ブラックの部屋で第二世銀関係条約の批准書寄託を終へ調印した。

❖**一二月二八日（水）** 夜六時半からブッフェを認めた後、恒例の館員総出の大忘年会。今年も谷〔盛規〕君の総監督下に賑々しく余興「世界一周旅行」が行はれ、アフリカ土人の祭りやスペインの闘牛、パキスタンの歌等々多趣多彩。自分は借り物のキルトを着、つけひげをつけてオールド・ラング・サインを歌ひ十二時近く散会。一同和気藹々裡に歓談を尽した。夜少しく雪降る。

❖**一二月二九日（木）** 午後、官補連とブリッヂ。夕方今度沖縄のハイコミッショナーとして赴任の〔ポール・〕カラウェイ少将のリセプションに顔を出した後、自分主催の「北京」に於けるプロトコル関係者のみを招いての忘年宴会に出席。

❖**一二月三〇日（金）** 午後、官補連とノンビリ、ブリッヂを楽しむ。夜はTV。

❖ 一二月三一日(土) 午後二時ウオー(輸銀)、ボードリッチ、リチャードソンの諸氏を公邸で六時頃までブリッヂした。夜はTV。此の数日約束を作らず、年末の休暇を楽しむ。Auld lang syne!

一九六〇年を送る。日米関係に起伏の多い年であった。本年は日米国交百年に該当するので友好の気大にみなぎり、而も日米安全保障条約がこの年の一月に調印され、岸首相始め日本から多数来米。全権のなり手が多くて出先の大使までオミットされ兼ねまじき勢であったが辛くも(別に希望したわけではないが)五人のうち末席に連って調印。三月には計画して居たお茶室の資材が来着。ワシントン人があっという間に立派なお茶室が出来上がり大使館に一異彩を添へ五月にはお茶室開きに吉田元首相や稲垣氏も来集盛大にリセプションを行う。此処まではよかったが日本に於ける安保条約の審議は難航に難航を重ね、社会党の据り込み、警官導入、という騒ぎから百年祭に際してのアイク訪日がデモのため実施不可能という不祥事態にまで發展。自分はアイクの訪日を準備するため六月帰国したが(隆と共に)アンカレーヂで訪日取止めを聞く始末。

日本には一ヶ月半滞在しアイク訪日拒否に関連し放送にも出たし(此の放送は自分の名声を高めるに役立ったものと思う)座談会等にも出席した。此の間、聖路加の人間ドックに一週間入って健康に自信をつけたこともよかった。日本の滞在中は夏であったので伊豆箱根に旅行したり、片瀬の海で泳いだり、薪割りをしたり楽しかった。隆と共に新住宅に住んで見て更に必要なものも具体的に判った。新住宅が思いの外よく出来て居ることも楽しいことであった。

八月始め日本を出發、帰任。九月末には皇太子夫妻の来米を迎へたがこれも成功裡に終り自分としても一仕事した気持になる。皇太子来米前に小坂新外相夫妻がワシントンに来て、我々は初対面乍ら新外相夫妻につきよい印象を得たし、友好を結んだ心算である。十一月日本に総選挙ありたし池田首相が圧倒的勝利を得、小坂氏も留任と決まり駐米大使のステータスも安泰らしい。日本の総選挙に先立ち米国の大統領選挙あり。目のあたり見学出来てよい参考になったし、面白かった。

❖一九六〇（昭和三五）年秋、皇太子夫妻（現上皇・上皇后）の訪米に随行する朝海。この訪問は、安保騒動によって悪化していた米国世論の対日感情を好転させることに大きく貢献した。

25　ローマオリンピック開幕（～9/11）

9／14　石油輸出国機構（OPEC）結成

24　皇太子夫妻が訪米（～10/17）

26　ケネディとニクソンによる米大統領選史上初のテレビ討論

10／12　日本社会党の浅沼稲次郎書記長が右翼の少年に刺殺される

11／8　米大統領選挙。ケネディがニクソンを破って当選

20　第29回衆議院議員総選挙（自由民主党：296、日本社会党：145、民主社会党：17ほか）

12／8　第2次池田勇人内閣成立（～63/12/9）

20　南ベトナム解放戦線結成

27　池田首相、所得倍増計画を発表

1961
昭和36年

1／20　米大統領にジョン・F・ケネディ（民主党）就任（～63/11/22）

4／12　ソ連、人類初の有人衛星ボストーク1号の打ち上げに成功

15　ピッグス湾事件（～4/19）

5／5　米、初の有人宇宙飛行に成功

16　韓国で5.16軍事クーデター起こる

6／3　ケネディ米大統領とフルシチョフソ連共産党第一書記がウィーンで会談

8／13　ベルリン封鎖始まる

9／1　ベオグラードで非同盟諸国首脳会議（～9/6）

11／2　箱根にて第1回日米貿易経済合同委員会開催（～11/4）

27　公明政治連盟（公明党の前身）発足

1962
（昭和37）

7／1　第6回参議院議員通常選挙（自由民主党：142、日本社会党：66、公明政治連盟：15、民主社会党：11ほか）

10／10　中印国境紛争勃発

22　ケネディ大統領、キューバ海上を封鎖。キューバ危機始まる

11／1　ソ連、キューバ国内のミサイルを撤去

9　日中長期総合貿易に関する覚書締結（LT協定）

30　ウ・タント、国連事務総長に就任（～71/12/31）

12／3　ワシントンにて第2回日米貿易経済合同委員会開催（～12/5）

1963
（昭和38）

1／22　エリゼ条約制定

4／7　チトー、ユーゴスラヴィア社会主義共和国連邦の終身大統領に就任

6／1　山形県酒田市沖で海上保安庁初の不審船事案発生

8／15　初の全国戦没者追悼式を新宿御苑で開催

1 9 6 1

❖**一月一日（日）** 十時半から館員の正月の挨拶を受け十一時から一般の邦人及邦人と結婚して居る米人（これが可なりの人数であった）のリセプション。

❖**一月二日（月）** ラオスの内乱の状況険悪化し、北ラオスでは共産軍が勝利を占め始めたらしい。正月怱々国務省に赴いて事情を聴取してくる必要があるらしい〔1〕。昼松本重治君夫妻と会食後、午後は島内〔敏郎〕夫妻と家族ブリッヂ。夜はTV。

❖**一月三日（火）** 今日はまだ役所は休み。夜ナショナルに劇を見に行く。出しものは南北戦争を主題とした“The Andersonville Trial”で南北戦争の際Andersonvilleの俘虜収容所に約一万四千人のユニオンの軍隊が抑留せられて居たが急増する俘虜に対し食糧、給与施設が間に合はず俘虜は虐待せられて、その大部分が死んで了う。アンダーソン・トライアルは戦争後被告となった俘虜収容所所長の裁判を画いたもので被告は飽くまでも命令に従ったのみと主張し辯護士も一々検察の証拠をディスクレディットするが検察側は道義は法をアウトランクするという主張で求刑。遂に絞首刑が確立するという筋で被告の辯護士が裁判の政治的性格を指摘する捨ぜりふも日本人には興味深くきかれた。劇場は半分以下の入りでナショナルがこんなに不入りであることは始めて見たが俳優は仲々熱があり面白かった。被告と検察官、辯護士何れもよく性格を表はして好演技を見せた。

❖**一月四日（水）** 十時半国務省に〔リヴィングストン・〕マーチャント次官を訪ね約四十分間ラオス情勢に対する米国の見解を聞いた。約二十頁の電信を書いたから本省には参考になったと思ふ。昼は帰国の若松君（中日）夫妻と角谷君夫妻を中心とし公邸で送別の会食。夕方はマレー、とビルマの国祭日リセプションに十分位づゝ顔を出す。

❖**一月五日（木）** 昼国務省で新築ビルディングのデディケーションあり。隆と共に出席。国務省首脳の外、外交団が出席。ロストラムには〔クリスチャン・〕ハーター、〔ディーン・〕ラスク旧新長官の外、〔ダグラス・〕ディロン、〔チェスター・〕ボウルスの顔も見へた。ヘンダーソンが司会、ハーターの挨拶あり。終って広大な接待室や国務長官の応接室を一同ゾロ〱とつながって見学。

❖**一月六日（金）** 午後松本重治君夫妻 ニューヨークに赴く。夕方テキサスのDale Miller夫妻の〔サム・〕レイバーン氏のためのコクテイルに赴く。

❖**一月七日（土）** 昼〔ロバート・〕ルバロン夫妻がFストリート・クラブでGen. Eddleman夫妻（同大将は参謀次長）を主賓として昼食会を催したが仲々よい顔ぶれであった。三時からナショナル・ギャラリーでシヴィル・ウォアの寫生画の展覧会があったのでランチのあと出かける。画を多数集めてあり面白く見た。夜はＴＶ。

❖**一月八日（日）** 午後、ギリシア、レバノンの大使とアンドレの四人でブリッヂを楽しむ

❖**一月九日（月）** 夜ホーテリング夫妻がサルグレーヴでディナー。二、三の外国客の外、主としてワシントン在住の有力者が出て、仲々よい顔ぶれであった。ホーテリングさんはデモクラット（夫人はルーズベルトのいとこ）でデモクラット我世の春というところ。出席のポッター・スチュアート大審院判事の夫人はレパブリックとあって、行政府が変るのは面白くないとこぼしてい居た。

❖**一月一〇日（火）** 昼今度日本の大使になるというOrfaというワシントン駐在の公使の夫妻のため少人数のランチを催す。夜はGen. Whiteがローリングの空軍クラブで〔トーマス・〕ゲーツ国防長官、〔ジェームズ・〕ダグラス次官、ダッドレー〔・シャープ〕空軍長官及夫々の夫人のためのディナーを催したが外国大使若干、上院議員、軍人等百名を越したと思はれる大ディナーであり、空軍バンドによる音楽の余興もあって賑やかに散会したのは十一時に近かった。

❖**一月一一日（水）** 夕方アルゼンティンの大使が新任アルゼンティン駐日大使のためリセプションを催して居るのに一寸顔を出した。

❖**一月一二日（木）** 〔ライマン・〕レムニッツァの斡旋で滞在中の堤〔康次郎〕氏と〔ドワイト・〕アイゼンハワー大統領の会見が成立したので正午自分も同氏に同行してホワイトハウスに赴き、堤氏よりその選挙区からの（sic）アイク来日のペティション（sic）を出した。同大統領は九月頃訪日の意向を漏したので堤氏も大喜び。簡単なものである。二時半から国務省にハーター氏を訪ねたので自分も同行。始めて新築の長官室を訪問した。夜はヂェネラル・ハートのリセプションに一寸顔を出した。

❖**一月一三日（金）** 昼堤氏のための会食。午後三時〔J・グラハム・〕パーソンズ君と会見の約束であったが一寸した手違いのため十五分ばかり遅れ、時間ぎれとなってしまったので要領を得ない会見になってしまった。夕方サルグレーヴで〔オリバー・〕ゲール夫妻（国務省）の送別のリセプションあり相当な顔ぶれが出席。終ってそのまゝインフォーマルの服装でペンタゴンのゲーツ長官の部屋で行はれた食事

1——ラオス危機は発足したケネディ政権が最初に直面した軍事的危機であった。ソ連側の出方を図るためにケネディ政権はラオス情勢に強い関心を持っていた。

に出席。ゲーツ夫妻の外二、三名の外国大使、〔フレデリック・〕ミューラー長官、〔ヒュー・〕スコット議員その他共和党系の人々やペンタゴンの人達五、六十名で賑やかな晩さん。勿論ゲーツさんの送別である。自分はゲーツ夫人の横に坐った。和気あいあい。こんな仲がよくなったのに惜しいものである。終ってから空軍のミシルや海軍のトライトンの映画があり、十一時頃散会。

❖**一月一五日（日）** 朝から雨。午後高碕〔達之助〕氏及令息が空港に着いたのを出迎へる。高碕氏公邸に泊る。夜高碕氏の過般の中共視察の話を聞く。

❖**一月一六日（月）** 昼公邸で高碕氏一行のため昼食。夜約束なし。

❖**一月一七日（火）** マーチ・オブ・ダイムの宣伝も兼ね北海道の一少女でアメリカの鉄の肺寄贈に感激して千羽鶴を織った少女を米側が北海道からワシントンに招待し大統領に会はせた。小寺成子という十七才の少女だ相で、九時自分もホワイト・ハウスに出かけ小寺嬢からアイクの首に千羽鶴をかける。アイクの部屋は絵も概ね片附けられたし、本もほとんどなく家具も少くガラン洞。退任を控へた大統領らしく淋しい感じがした。午後高碕、藤山（洋）氏等をチェヴィに案内した。夕方既にワシントンに居るアフリカ大陸の大使（除、南亜）が新任のアフリカ大使七、八名のためにリセプションをやって居るので一寸顔を出してから、夜は映画スパルタカスの招待に隆と共に出席。面白かった。延々四時間の映寫。少し長すぎた。

❖**一月一八日（水）** 十時支那の大使葉〔公超〕君来訪。高碕氏に紹介し暫らく話し込んで行った。昼、ラッサール・デュポアでパーソンス君と二人で食事。ラオスの話しを聞いて電報を出して置いた。（約二十頁。参考になったと思う）駐日大使に同君がなる可能性はないらしいし、極東担当次官補としての地位も変るらしい印象を受けた。同君とは時々定例に食事をして率直に話し合いよく連絡を確立し、相互信頼も出来たのに惜しい極みである。

❖**一月一九日（木）** シェラトン・パーク・ホテルで州知事のレセプションあり。これが大統領就任式賀の第一声とあって外交団も招待されて出席。大広間に各州がブースを持って居り、此処で州知事が挨拶するしかけ。ワシントン州の〔アルバート・〕ロッセリーニ氏が皇太子〔明仁〕の歓迎会で知り合になったので一寸挨拶。Ｎｙ．の〔ネルソン・〕ロックフェラー氏は顔を見せず（民主党の会合故、さもありなん）。〔ハリー・〕トルーマンの顔を見へた。〔ジョン・Ｆ・〕ケネディと〔リンドン・〕ジョンソンが群集にもまれて居た。リセプションを終へて外へ出たらば大変な吹雪き。下が乾いて居る故か早や二、三寸降り積んで車を探すのに大骨を折った。これでは明日の就任式が思ひやられる。

❖**一月二〇日（金）**　幸いに雪は降り止んで快晴の青空。但風が強くて降り積んだ雪が舞い上る程。少し早目に家を出たので議会の所定の部屋についたのは自分がほとんど最初であった。従って一時間余待ってからロール・コールが始まり、十二時頃案内されて議会正面の広場に設けられた桟敷に行く。横前面は上院議員の席。十二時半頃から予定の通り挙式。副大統領の宣誓について大審院長の〔アール・〕ウォーレン氏が新大統領に宣誓をアドミニスターでする。大統領の就任演説は十七、八分であったらうか。此ういう機会であるから内容は兎も角として力強く音声もよく通る演説であった。式は一時間位で終ったが我々の置いてある脚の下が雪水の溜りで足が冷く、足をバタつかせる人が少くなかった。式後所定の場所に居る筈の自分の車が見付からず、止むなく同僚の大使の車でブレア・ハウスに行く。ブレア・ハウスで外交団のブッフェがあった。隆は遅れた車で一時間余経ってから着。誰の間違いか知らぬが腹がムカ〳〵した。二時半頃から行進あり。外交団の席は大統領の囲こみの隣り。ホワイト・ハウスの前面で軍隊の行進やら各州のだしやら仲々賑やかであり自分等も寫眞をとったが四時半頃陽が落ち始めると流石にシン〳〵と寒く、ケネディの太平洋戦の経験PT109を模した大だしを見てから途中で帰宅。それでも自分等は各国大使のうち遅くまで見て居た方である。夜は人数が多いので予定の会場が追加され四ヶ所でイノギュレーション・ボールあり。その前八時から九時までエリック・ジョンストン氏邸でブッフェ。九時半頃自分等の割当てられた会場Armoryに行く。アーモリーの近くから自動車遅々として進まず、結局一時間余を要して漸く雑踏の会場に到着。幸い外交団長の儀典係りに見つけられて二階のよい席に落ちついた。五、六千人の人が入って居たらうか。顔、顔、顔。十一時半頃ケネデ〔ィ〕ーが入場。眞中に通路が整理されてあり閣僚が順々に夫人と共に紹介されてケネディの坐って居る二階正面の下まで進み出る。若干の音楽や何やらがあり新大統領が十二時半頃退席したので自分等も直ぐ此処を引き揚げ。くたびれた寒い一日を終る。

❖**一月二一日（土）**　午前中高碕氏と雑談。安川〔壮〕君に帰朝命令が出てその件でも話合う。午後高碕氏一行ニューヨークに向うので公邸を出發。夕方一時間ばかり気持ちよく昼寝。流石に疲れた。夜又白いものがチラチラ降り出した。七時スタットラーにオバービー君に招ばれる。アルファルコアの会合。新大統領ケネディと新副大統領ジョンソン、前大統領トルーマン、〔アール・〕ウワーレン大審院長等お歴々が出席。多数の閣僚と七、八名の外国大使が顔を出して居た。大盛会。

❖**一月二三日（月）** 昼、ケネディの招待で就任式にやって来た細野〔軍治〕氏を招待して会合。夜はルクセンブルグのリセプションに出席。

❖**一月二四日（火）** 昼ポストの〔ロバート・〕エスタブルック君と「オドンネル」で食事をしつゝ意見を交換。二本電報を出して置いた。

❖**一月二五日（水）** 昼ハイチの大使ボンノム君に招ばれてラサール・デュポアで食事を共にしつゝハチイチ《ママ》の近況をきいた。夜はニューヨークのバレーを見に隆と共にキャピトルに行く、寒い日であった。

❖**一月二六日（木）** 午前十一時頃から雪が降り出し米側官庁は正午で休みとなったので当館もスタフは帰り出した。今まで残って居た雪に更に降り積み始めたので相当積らう。夕方インドの国祭日があったが出席をとりやめ午後は讀書。夜はＴＶを楽しむ。

❖**一月二七日（金）** 昼は沖縄問題で骨を折ってくれている〔ロジャー・〕ボールドウィン氏を昼さんに招いて会談。午後は二、三日後に控へたラスク国務長官との会談の準備で勉強に宛てた。七時からシェラトンでSilver Grillのディナーあり。業界新聞、業界紙の首脳の年次例会で毎年よい顔ぶれの人が出席。今年はAdm. Burkeにシルヴァ・クヰル・アワードが授与された。副大統領の顔も見へた。食後に"What's my Line"のJohn Dalyが主宰し七、八名のパネル・メムバーに答辯二分間たるべしという質問が行はれ、どういう風の吹き廻しか多数の出席大使中チリの大使と自分が二分づゝ予め用意した原稿に基き發言した。賑やかなディナーであった。自分の隣りは郵政長官の〔エドワード・〕デイという人。一人隔いて商務長官の〔ルーサー・〕ホッヂェス。新政府の人々とも次第になじみになって行きたいものである。

❖**一月三〇日（月）** 十二時外交団議会に集合。十二時半から上下両院に対する新大統領ケネディの演説あり。四十分余つゞいた。印象は自分が本省に書き送った次の電報で明らかである。

「（イ）議会の雰囲気は政権が若い大統領に移ったことを反映してか活気あり。希望に満ちた感じであった。

（ロ）演説の内容は一言にして云へば通り一ぺんであったといえよう。歴史に残る教書の一つであるとは言い難い。

（ハ）ケネディの演説態度は極めて事務的（これは大衆を相手とする選挙演説でないのだから適当であらう）であり、演説調になったのは最後の一節であった。新大統領は極めて明快且口早やな英語で演説を行ったが途中、言い直したり讀み違へたりしたことはほとんどなかったし四十分余演説がつづくと途中疲れ中たるみが出るものであるがその様子なく聴衆に流石に若い体力のある大統領であることを印象づけた。

（ニ）演説の冒頭に於て「前政権」と名前こそ挙げぬが過去の米国の内政の非能率及失敗を指摘した。これはこの演説が新政権の第一声故政治上止むを得なかったと思はれたが少しく長きに失したし、又聞いて居て余り気持ちのよいものでもなかった。此の辺民主党議員席から盛んに拍手が起きたが共和党議員は相手せず（但野次やインタラプションは全然なし）〔バーク・〕ヒッキンルーパー、〔ジョージ・〕エーケン、〔レベレット・〕ソルトンストール等の共和党領袖が演説の途中十何回か起った拍手のうち終始沈黙を守って居たのが注意された。

（ホ）外国政治家中演説中に名前のメンションされたものは〔ウィンストン・〕チャーチル、〔シャルル・〕ドゴール、〔ジャワハルラール・〕ネールでこの政権の親インド的感情がこういうところにも泌み出て居る感じである（ケネディが上院議員中からインド援助の急先鋒であることは御存知の通りであるが最近米印協会が当地でインド映画を公開する予定で、新大統領は夫人同伴これに出席を約したと報道せられ居り異例のこととして外交団の一話題となってゐる）。

（ヘ）演説中ほとんど満場の人々の喝采を博した箇所は二点あり（a）米国の象徴である鷲は片手に矢を持ち片手に平和のオリーブを持って居るという意味のことを言ったときと（b）国連に於ける發言力は軍隊の大小でなく自己の理念の強さ如何によってはかられるという趣旨の演説をしたときであった。

（ト）従来この際の大統領の演説に於ては相当強い対ソ攻撃があるので外交団中ソ連大使は概ね欠席するのを常としたが（本使の記憶する限り過去三年来に於てソ連大使の出席したことは一回しかない。又昨年は共産圏大使としては確かチェコ大使のみが出席してゐたと記憶する）、今回はソ連大使及共産圏大使もほとんど全部出席して居たことが注目された。新政権は対ソ言動に慎重であるから大したソ連攻撃は出来まいと高を括って居たとも思はれる。二十七日本使も出席したワシントンに於ける年中行事の一宴会で軍令部長の〔アーレイ・〕バーク大将が演説を試みたがアウトスポークンの同大将にも似合はず抽象論で共産主義の攻撃をしたに止まりその演説は意外に精彩（?）を欠いたと感じられたが、これは同大将の演説原稿が事前にホワイト・ハウスと国務省で検閲され大幅に訂正を受けたからと伝へられ、新政権の対ソ慎重ぶりが窺はれた。ケネディの演説に於てキューバ問題、米国防の整備問題、東欧の自由回復問題でソ連に言及されたが（これは問題の性質上ソ連に言及されざるを得ない）全体のソ連に対するトーンは前回本使の傍聴したアイゼンハワーの演説とは比較にならぬ程穏やかであった。外交団の先任順の関係上、偶々本使の隣りにソ連大使〔ミハエル・〕メンシコフが着席してゐたが、彼が本使に対し「よい演説だ」とつぶやいたのも新大統領に対するおせじ以上のものがあったのかも知れない。

（チ）ケネディが演説の終りの部分でソ連との科学面に於ける協力を述べたが、昨年も確か医学の面でアイゼンハワーがソ連との協力を指摘したことあり、これは一種の極り文句的になって来た感じがする。米国としてはソ連とも協力する意思ありということを内外に知らせるためであらう。

（リ）今年は外交演説の部分に於てはラテン・アメリカに対する米国の関心が強調せられたが、これも新政権が旧政権とは違うぞということを示した一面であると見られよう。

（ヌ）極東については中共、ラオスについて簡単に言及された外、注目される發言はほとんどなかった。

夜はノルウェー大使のディナーに招ばれた。相当の顔ぶれの人（〔ヒューバート・〕ハンフレー、〔ポール・〕ニーツェ等）が来て居た。彼も新政権に働きかけて居ると見へる。

❖ **一月三一日（火）** 十二時国務省で新長官ラスクと会談。初会見である。今日は日本側から見ての日米諸問題について自分から率直に同長官にブリーフすることを目的としたので概ね自分から喋った。可なり気持ちよく喋れたと思う。〔ジョン・F・〕ダレスと違ひ自分と年齢的の相違もないし、何でもお前の言うことは知って居るぞという様なダレス式の様子も見へないので取りつき易い。インテリヂエントな人として好感が持てた。四十五分位時間をとって貰って居たと思ったところ三十分位で時間ぎれとなってしまったので一般日米関係概観、中共問題で終ってしまい、再び時間を削いて会って貰うことにした。フランスの大使が別室で待って居たらしい。正午はエディンバラでの昔の友人独乙人ヘラ・シュラウベ（現在はミセス・ガイヤー）と主人を招いて公邸で会食。昔話しが一しきりはずんで楽しかった。夜リビアのリセプションに顔を出してからスタンレー・ホーンベック主催のコスモス・クラブのディナーに行く。文学、美術の関係者が五、六組顔を見せたが何れもホーンベックの友人とて老人ばかり。気は措けないがお勤めであった。

❖ **二月一日（水）** 昼曽ての在京シナ大使館公使だった旧友楊雲竹君が訪ねて来た。暫らくワシントンに居る由。昼シェラトン・カールトンで昔東洋に在勤したという極東に興味を有する人々の集会あり。自分も招ばれて食事後十二、三分喋り、その後質疑応答をした。〔クレアレンス・〕マイヤーさんが司会。割合に気持ちよく喋れた。

❖**二月二日（木）** 午後四時商務省に新長官ホッヂエスを訪ね表敬旁々約二十分間会談―というよりは主として自分から日本側の見た日米貿易関係について話した。ホッヂェスは辛棒強く聞いて呉れた。ノース・カロライナの州知事で日本の繊維品排斥の急先鋒らしかったが見たところは温厚な老紳士。帰館してから三十分程記者会見。本省に今日の会談の電報を打って置いた。

❖**二月三日（金）** 朝から雪が降って居る。今年は十何年ぶりかの記録的寒さだ相で降雪量も多いらしい。此の調子では相当に降り積まう。昼で仕事は打切りとなる。幸い今日は何も約束がないので午後は讀書。Kissinger の近著"Necessity for Choice"を讀み始めたが仲々面白い。それに日本から取寄せた若干の本も讀む。

❖**二月六日（月）** 正午国務長官を往訪。今日は前回に引きつゞき沖縄問題と日本の当面する経済問題について日本側の見解を述べた。会談後ラスク氏は同席者を全部却けて新駐日大使と噂されるハーヴァードの〔エドウィン・〕ライシャワー教授について尋ねて来た。自分もエンバラシングではあったが率直に所感を述べて来た。何としてもダレスの様な年齢差がないしダレスの様に「そんな話自分は百も承知だヨ」と言った顔付がないことは非常に話し易い所以であらう。今日はタナバタの例をひいて国務長官は日本の様な小国の大使にとってもタナバタになって貰っては困ると話したら笑って今後の連絡を密にしたいと言ってゐた。

❖**二月七日（火）** 午前中オーストレリアの大使館に記帳に行ったゞけ（総督の死去）で何も約束ない。ノンビリとした日である

❖**二月八日（水）** 又、雪。今年は寒冬異変らしい。D.C.の除雪予算はすっかり使い果して超過したとのこと。四時半ホワイト・ハウスに外交団が集合。大統領、副大統領、国務長官夫妻のリセプションあり。皆大雪を冒して参集。大使館からホワイト・ハウスまで四十分もかゝる。イースト・ルームでシャンペンが出る（ホワイト・ハウスで前例を破りコクテイルを出したというので大分保守派の人々に非難されたのでシャンペンが出たわけであらう）。外交団同志ガヤ〳〵と交歓しつゝ五時少しすぎ一人づゝ大統領夫妻等の前を通り紹介される。大統領は大使一人一人に何かしら話しかけんと努力して居た。自分も細野氏及令嬢が好遇を受けて感謝して居たことを告げたところ、一々首肯して色ヽ話しかけて来た。夫人は若いし着て居るものも余り地味でなく、何とはなしに大統領夫人としては貫禄不足の印象。リセプションの列を通って別室に行くと閣僚の夫妻や国務省の高官夫

妻が居って交歓。有益であった。ホワイト・ハウスは外観もすっかりペンキを塗り替へて（四年目毎の由）新しくなり内部の装飾も少し変って居るのが目立った。例へば〔エイブラハム・〕リンカーンの肖像が大食堂に移り、地階で見た〔カルビン・〕クーリッヂ夫人の肖像が応接間に昇格（？）されて居た。アイク夫妻の肖像が加へられている居ることも目についた。

一わたり接見が終ってからも大統領は一同のガヤついて居る大食堂に顔を出し、若手の大使連と会談。自分のところへもやって来て、先方から細野氏の来訪に関連しＰＴ・ボートの経験なども話し出し、自分からramをcollideとした日本人の表記を話したところ笑って居た。人をひきつける魅力のある人である。総じて今度の政権は新しい関係もあり努め様として居るところよく見へ、外交団に対してもこれが表はれて居る様である。リセプションの席でも国務省の高官や夫人がお高く止まらないで進んで部屋を泳ぎ廻り手持ぶさたに見へるアフリカの代表などに進んで話しかけて居た。

ケネディも七時近くまでリセプションに居たので散会は遅れる。雪のため車の手配が巧く行かないし、帰宅は七時すぎる。食事後、大森〔誠一〕君夫妻（近く帰国）を招待して居るアイスカペードに雪を冒して出かける。面白かった。

❖**二月九日（木）**　雪は熄んで快晴。明日のハイチ行の準備をする。

❖**二月一〇日（金）**　朝七時前暗いうちに出發。途中の道は案外心配したこともなく雪は概ね片づいて居た。途中でタイヤにつけて居た鎖を外してボルティモアの飛行場へ。飛行機はパンアムのジェット機。二、三日前でＴＷＡのジェットが此処の飛行場でスノー・バンクに乗り上げた相であるが相当の雪。九時無事離陸。相客中に上院議員の〔レベレット・〕ソルトンストール氏や商務次官補を辞めて悠々と南方に休暇のフィスク氏夫妻が乗って居り挨拶を交す。ジェットは動揺なく快適に飛んでサンファンまで一、六〇〇哩《マイル》を三時間で飛んで午後一時（時差一時間あり）にはサンファンに着。眩い様な陽の光り。三時間でタイヤにチエインをつけた雪の国から裸で泳いで居る夏の国へ着くわけである。カリーブ・ヒルトンに投宿。同行して居る谷〔盛規〕君が全部世話してくれるから全く楽である。ホテルの部屋から海を眺めた景色は壮大である。夜はオールド・タウンに出かけオカジオンを見乍ら気分を出しつゝスペイン料理を楽しむ。

❖**二月一一日（土）**　早起きしてレントしたフォクスワーゲンを谷君が運転して約四十分走らせてエル・ドラドーに着。朝飯をたべる。ヒルトンの附近はマイアミならば此処は差ずめパームビーチといったところ。朝食後附近を散歩し有名なゴルフコースも一寸のぞいてヒルトンに帰り、荷物をまとめて飛行場に行く。飛行機は一時頃出發。ドミニカの双發の飛行機。一時間半位でトルヒリヨ市に着。（時差一時間）。小長谷〔綽〕君夫妻が出迎へてくれた。エンバサドールに投宿。前回も此処に投宿したが気持のよいホテルである。此処で昼食後、小長谷君の案内で三人でサンド・ドミンゴ・カントリー・クラブで半ラウンドゴルを楽しむ。久しぶりでよい運動をし面白かった。ホテルへ帰り一風呂浴びて夜は公邸で御馳走になる。食後屋上のテレスで風に吹かれ乍らブーゲンビリアを見つゝ歓談。辞去したのは十一時頃であった。此の町へ来て前回よりは尚更活気のないのに気づいた。米国始め米洲の多くの国が〔ラファエル・〕トルヒリヨの独裁を好まず断交して居るのが流石にこたえて居るのであらう。ホテルに居る観光客も少い様でサンファンの雑踏に比すべくもない。食事をしつゝ小長谷君から独裁者の話を聞いたが相当手荒いものらしく自分のドミニカ支持も薄れた。ドミニカから肥へた犬が国境を越してハイチに入らうとする。食料に恵まれないやせ細ったハイチの犬が驚ろいて何故ドミニカをすてゝハイチに来るのかと尋ねたところ、食べる物には事欠かせぬが一つ思ひ切り吠へて見たいためだと答へた相である。スパイ政治や信書の検閲やら戦争直前の日本に似て居る相である。

❖**二月一二日（日）** 八時前にホテルを發。小長谷君や館員に見送られ九時頃出發のパンアム機でハイチに向う。これは四發の旧式乍ら立派な飛行機。国境の山を越すと五十分位でポート・オー・プランスに着。名誉領事のBrunnという人が出迎へる。三分一位黒い血が入って居るらしい脊の高い立派な人。フランス〔語〕を喋られて一寸間誤つく。この人と外務省の儀典係が出迎へてくれ、小さな日章旗をつけたこの人の車でPetion villeのIbolélé といふ山のホテルに投宿。ホテルの部屋から遠くポートオープランスの港と広く拓けた谷と遠くに山々が見へる。此の前のエル・ランチョよりは余程よい。昼飯前にホテルのプールで一泳ぎする。よい気持。午後ヴェランダで昼寝をしてから車でダウンタウンに行く。丁度マルディ・グラのお祭りで街は出し物で大賑はい。大分寫眞をとってからホテルに帰る。八時ホテルのヴェランダから夜景を楽しみつゝ夕食。夜遅くまで下からお祭りの太鼓が何時までも鳴りひゞいて居た。日本のお祭りの気分に相同じ。

❖**二月一三日（月）** 名誉領事のブラン君（此の人はフランス語は巧いし礼儀は正しいし脊は高し立派なフランス人である）の案内でホテルを出て十時に外務省に着く。外務大臣はBaguidyという黒人で今パレスに行って居るからというので約束した(?)十時から一時間余も待たされた。一寸どうかと思はれたが腹を立てることもなく待って居た。会談は三十分余つゞく。当方は英語。先方は佛語。大つかみの話なので大体意思は通じ先方はこちらの議論に納得が行った(?)らしい。問題は通商条約の批准と廿五条(ガット)の撤回問題。山と違い此の辺は暑い。クリストバル・コロンの像の附近には沖がゝりの二杯の観光船から上陸した観光客で賑はって居た。此処から観光大臣の事務所に行ったところ不在。私宅に赴いて会見。日本に大使として出かけ日本が大使をハイチに送らぬので匆々に引き揚げて来たという人。コンスタンという。此処で卅分余会談。とりとめのない話で余り効果はなかった。自分の訪問を予期したものか部屋に新聞記者の様な得体の知れぬ人も来て居た。ホテルで昼食後、昼寝、水泳。夕方は六時から八時までホテルに若干の有力ハイチ人を招んで涼み乍らブッフェ。外務大臣は来なかった。今日は特別の夜とてホテルは遅くまでダンスで賑はった。

❖**二月一五日(水)** 八時ホテルを出發。九時半に商相と会見の約束であったが案の定すっぽかされて九時すぎまで待てど顔を見せず、全く呆れた。名誉領事のブラン君も流石に自分に気の毒相であった。十時すぎにパンアメリカンが出發の予定であったところ二人人数が超過したとかで(どうして超過が許されたのか判らない)その調整にもたつき二、三十分遅れて十一時近くに離陸。ブラン氏と谷君、ハイチの外務省儀典課員が見送ってくれた。この飛行機は慢行でキングストンと同じくジャメイカ島のモンティゴ・ベイに少時づゝ立寄りマイアミに着いたのは三時半頃であった。空港では大使というので鄭寧に婦人の税関吏が便宜を計り斡旋してくれた。ナショナル機は五時五十分發。快適に飛んでまだ雪の残って居るワシントンに着いたのは八時五十分頃。やれやれと云ふ気持ちである。

❖**二月一六日(木)** 山積した庶務や手紙を処理。夜は安川君邸の送別コクテイルに臨んでから[ジョン・]ハルさんのブッフェに出席。流石に疲れた。

❖**二月一七日(金)** 昼。又日本へ行くというハリー・カーンと会食。夜は公邸で安川夫妻のための送別会。同君はワシントンに自分と前後して着任。よく働いてくれた。島内夫妻も帰国するので一緒に送別。同君も六年余ワシントンに在勤して最長老であった。食事後ブリッヂ。

❖**二月一八日(土)** 昼。ロックフェラー財団で日本の教育界と意見交換のため四月に日本に行くという[ジェームズ・]コナント・ハーヴァード大学総長を昼飯に招んだ。午後は此の食事で一緒になったパーソンス君との会談を本省に報告。夕方ネパールのリセプション。今日は雨降りだが一日大変な霧がたちこめてロンドンの様。

❖**二月一九日（日）** 昼隆のフレンヅの友人クラーレンス・ドッヂ君夫妻に自邸に招ばれてブッフェ。知って居る顔の人々が居た。面白かった。

❖**二月二〇日（月）** 昼、中高校の先〔生〕方でフルブライトで半年米国に来て最近日本へ帰る人々を大使館に招ぶ〔船田中氏令息の紹介〕。アメリカ人の日本に対する無知、アメリカ人が日本で想像して居るより子供に躾をするのに驚ろいた。アメリカの大学生は日本の大学生より勉強する等々。夫々実地見学談を聞かしてくれたが面白かった。

❖**二月二一日（火）** 今日發行の「タイム」誌に・・Japan's Ambassador to the U.S., Koichiro Asakai, summoned Japanese correspondents in Washington, asked them such leading questions as "Do you believe we should accept an Ambassador who is not a full and true American?" とあり。一寸不愉快。正午「ラスク」長官に急遽面会を求めアグレマンは来ないがライシャワー教授に関する米側の非公式照合に対し同意の旨答へた。午後郵政長官Day氏にカーテシー・コールをした。夜は近くに住んで居るDeweyと老夫婦のディナーに招ばれた。

❖**二月二二日（水）** ワシントン・デーとあって休み。午前、安川、島内、所〔秀雄〕の三君を送別のためチェヴィに案内してゴルフ。久しぶりのゴルフであった。全部テムポラリー・グリーンではあったが楽しめた。夕方UAR〔アラブ連合共和国〕のリセプションに顔を出したが知り合はほとんど一人も居らず五、六分で引き揚げる。

❖**二月二三日（木）** 昼日航の伊藤君を食事に招ぶ。午後は三時半から国務省に新任の次官チェスター・ボウルズ氏をカーテシー・コールして約三十分間会談。結果を本省に電報して置いた。夜は約束なしでノンビリとTV。

❖**二月二四日（金）** 午後USIAに皇太子夫妻来米の際の映画を隆と共に見に行く。仲々綺麗に撮れてゐた。

❖**二月二五日（土）** 可なりの雨が降って居たがチェヴィで鈴木君とゴルフをやる。やって居るのは我々二人の日本人だけであった。昼は日本からの来邦要人三、四名をまとめて会食。夜は六時からシエラトンで新聞記者のマンロー君に招ばれホワイトハウス詰新聞記者の大統領のための食事に出席。余興盛り沢山で仲々面白かった。大統領も最後〔十一時〕まで席に居た。

❖**二月二六日（日）** 昼〔ウォーレン・〕マグナッソン氏の昼飯に招ばれる。同氏は民主党である故景気がよいわけである。〔アドレイ・〕スティンヴンソンが此の家に泊って居る相で一緒に食事。一寸話しをした。政治家だけに仲々如才がない。家へ帰り一休みしてから〔ジョージ・〕デッカー大将のためのお茶に顔を出し更に〔ウォルター・〕リップマンのコクテイルにも廻って努めた。日曜に一廻りすると休静した気持ちにならない。

❖**二月二七日（月）** 昼N.Y.から今度チリーの大使に栄転の田中〔三男〕君のための館員若干と会食。午後は三浦文夫君（ペルー）が到着。東京から無着陸でサンフランシスコに着き、実飛行時間ボルティモアまで十四時間であったと昂奮して居た。夜は食事後ブリッヂ。

❖**二月二八日（火）** 夕方ポストのマイヤー未亡人の自邸でのコクテイルに顔を出し、夜はナショナルへ芝居を見に行く。"The Skin of our teeth"という出しもので二、三夜このショウを出し引きつづき他の二種類もワシントンで上演。この三つを併せて欧洲に持参して各国を廻るというのでラスク夫妻や欧洲の国々の大使が顔を見せて居た。第一期の氷期時代を生き延び第二期の洪水時代を生き延び第三期の大戦時代を生き延びる家族の話しであるが、話のポイントが何を言はんとして居るか一寸捕捉し難く余り面白くなかった。フロリダで上演した時は観衆が面白くないのでウオーク・アウトした相でフロリダへは休暇で来て居るので面倒臭い思考はしたくないからであらうと説明されたがこの芝居ヨーロッパで持てるかどうか一寸疑問と思はれる。

❖**三月一日（水）** 昼、兼重〔寛九郎〕博士を団長とする日本側科学者に米側著名科学者も加へ大使館でランチ。午後四時半労働省に〔アーサー・〕ゴルドバーグ労働長官を訪ねて三十分程会談。夜は三浦君とブリッヂ。

❖**三月二日（木）** 昼ブレア・ハウスで全労の滝田〔実〕君をパーソンス君が主催してランチ。鄭重なものである。明日は大統領に会う相である。午後、三浦、島内両君を誘ってゴルフ。久しぶりの快晴と温暖に恵まれ、グリーンもテムポラリーでないので大にエンジヨイした。夜は三浦君を誘ひ隆と三人で映画Exodusを見に行く。美しい映画。大作であるがジユーの宣伝の臭ひも強く、観衆は此の種の人々と思はれるのが多かった。

❖**三月三日（金）** 午後FBIを訪問。エドガー・フーヴァに挨拶した後、係官の案内で見物。終ってマリーンの訓練所たるクアンティコに車を走らせる。ワシントンから三十哩位のところにあり此処の一部をFBIが借りてrangeを持って居るからである。此処でも所長が案内してくれ数名の射撃の名手が曲射ちをしたり、●の射撃の妙技を見せてくれた。敷地が羨しく広くこれならどんな訓練でも出来よう。夕方ワシントンに帰着。島内参事官夫妻の送別コクテイルに顔を出す。

❖**三月四日（土）** 昼、ラーマンという未亡人にデュポン・

サークルに招ばれて食事。小人数。これに先ち十一時議会に集合。正面の広場で百年前を記念してリンカーンの大統領就任のコンメモレーション・セレモニーあり。〔カール・〕サンドバーグのアドレスあり快晴で快かった。自分は隆と共に出席。外交団は概ね夫人を同伴せず十名位顔を見せて居た。リンカーンにはJohn C. Collisonという人が扮して寫眞のリンカーンによく似て居た。就任式を行った台も一八六一年の大きさに模し壇上の人々も出来得る限り史実に則った由。一月のほんものの就任式の寒さに引きかへポカ〳〵と小春日和であった。「リンカーン夫妻」が二台の古くさい馬車でウイラードに向け出發するのを見送って散会。夜はジャコブソン氏夫妻のディナーに出席。

❖三月五日（日）〔ロバート・〕マーフィ君と久しぶりにゴルフ。温かくて面白かった。午後は新聞よみとTV。

❖三月六日（月）昼メトロポリタン・クラブでパーソンス君と食事。新政権の対中共政策等について尋ねた。午後は電報を書く。夕方は約束なし。

❖三月七日（火）午後ニューヨークから支店長連六名を招待。チェヴイでゴルフ（自分は三名しか招べないのでガローウェーに三名招んで貰ふ形式をとった）天気はよし風はなし楽しかった。夕方はデッカー大将が陸幕将の杉田〔一次〕陸将のためのリセプシヨンを行って居るのに顔を出してから公邸で前記六名のためディナー。六名とも十時の飛行機でN．y．へ帰った。

❖三月八日（水）昨日に変った雨天。夕方デッカー大将が新任の陸軍長官のためにリセプシヨンを行ったのに三十分程出席。夜はゆっくり。

❖三月九日（木）昼杉田陸将を中心とし米側の将官若干名も招んで大使館でランチを催す。和気靄々。夜は帰国の大森君夫妻を中心として館員若干を加へディナー。

❖三月一〇日（金）正午国務省に〔ジョージ・〕ボール次官（経済担当）を訪ね懸案の諸問題につき申入れる。綿製品交渉に入りたいことと既製服のボイコット問題について申入れ懇談。温厚なよい人らしい。ワシントンの辯護士で民主党員。午後は会談の電報を五、六本出す。

❖三月一一日（土）午後快晴のコースでゴルフ。夕方は少し疲れて昼寝。夜、guardianのディナーにヘイドンという記者（Hella Schraubeの知人）に招ばれて出席。

❖三月一二日（日）今日も快天気。ジェフとゴルフの約束をして居たがラオスの情勢悪化で彼は朝から国務省に引っぱり出されて仕事とのことでとう〳〵キヤンセル。

❖三月一三日（月）何も用事なし、暇。夜はナシヨナルへ行く“Carnival”というミユジックもので満員の盛況。賑やかなうちペーソスもあり面白かった。

❖**三月一四日（火）** 夜〔ジョセフ・〕クラーク上院議員夫妻に招ばれて隆と共に食事に出かけあとブリッヂ。

❖**三月一五日（水）** 誕生日。満五十五才となったわけ。会社で平社員ならばこれにて停年。午後ナイジエリアとスヰスにリターン・コールをした午後ジョンD.が訪ねて来て池田〔勇人〕総理来米の日程につき話合う。夜は若い館員を招んで赤飯をたべ、ブリッヂ

❖**三月一六日（木）** 午前世銀で九州電力の千二百万弗《ドル》の借款に調印。午後は新聞記者を案内してチェヴィでゴルフ。夜は約束なし。

❖**三月一七日（金）** 明日からオクラホマに出張するので留守中の仕事の打合せをした以外大したこともなし。

❖**三月一八日（土）** オクラホマ出身のセネター・〔アルマー・〕モンロニーに頼まれてalvaという田舎に行く。

❖**三月二一日（火）** 曇天。幸い雨は降らず。八時すぎモーテルを發フォート・リーヴンウォースへ行く。三十哩余。フォートの入口にはMPの車が待って居て先導してくれた。生憎司令官は不在だったが副司令官のブリガディアー・ヂェネラルが招じ入れてくれ挨拶。此処で勉強して居る日本人将校四人も挨拶に来た。十一時案内のリップレー大佐の好意を謝し〔ウィリアム・〕マドックス少佐夫人〔来栖〔三郎〕氏令嬢〕にも面会を約して車を走らせ、起伏の多いミゾーリの道路を走る程に予定よりも早く四時にはカントンに着。Culve Hallという女学生の寄宿舎に泊ることゝなり。夜は教授と学生有志等と共に食事。

❖**三月二二日（水）** 女学生の寄宿舎で朝早くガタついて眼がさめたがまアまアよく眠った方。八時学生一同と一緒の部屋で食事。新聞記者会見をしたりするうちに十時の定刻となり雨天体操場の様にアクースティックスの悪いところで四十分ばかり喋った。聴衆の咳が邪魔だったが割合に気持ちよく喋れた。但、聴衆ハほとんど学生のみで五、六百名は居たと思はれるから全校の生徒か。余りリアクションがなく笑ふこともなかったのは一寸意外。十一時頃からカルヴァ・ホールでリセプションあり。学生の有志と握手、会談。十二時フアカルティの人々と小食卓を囲んで一時前に此処を辞去。天気は不相変曇天。百三十哩程よく耕された中西部の典型的な田舎を走って予定より早く四時前にコロンビアに着。タイガー・ホテルに投宿。ホテルには米国旗と共に大日章旗が掲げられてあった。此の大学は中西部最古の大学で一八三九年に始められた由。ジヤーナリズムと農業で有名。夜Dear English市長、副知事等に婦人も加はり食事後八時から講演。気持ちよく喋れた。講演後の質問は「ライシャワーが経済問題に経験なしとの理由で日本が同氏の就任に反対とのことだが事実か」「国連に対する日

本の方針、その協力態様」「経済繁栄を享有して居るらしいが未開發国援助を増加するか」「共産主義の日本に於ける将来の勢力」「将来米大統領や副大統領が訪日出来るか」。

❖**三月二三日（木）** 午前中大学のカンパスを見物。一九二六年時の松平〔恆雄〕大使が寄贈したという石燈籠も見た。これは時の日米協会（東京）から〔タウンゼント・〕ハリスの深川の公使館にあったものを寄贈したものらしいがどうして此の大学の新聞学科に贈られたものであるかは判らない。十時半頃コロンビアを出發。二時半頃セントルイスの空港に着きレント・カーを返還。三時半離陸予定の飛行機は故障で欠航。五時半となる。因みに今回の飛行の費用は相手方の好意によって宿泊したり運んで貰ったので正確を欠くが概ね次の通り。尚アルヴアとカントンでのオノラリウムは何れも強羅の孤児院に送金して貰った。

❖**三月二四日（金）** 溜って居る新聞雑誌書類に目を通して大忙し。昼はキューバに赴任の都村〔新次郎〕君夫妻と会食。夜は約束なしで少しくのんびり。

❖**三月二五日（土）** 午前フアングボーナー君等とゴルフ。夕方ギリシアの国祭日とて同国大使館に顔を出し、夜は国連の代表として来て居る福島〔慎太郎〕君、宮崎〔章〕君を招んで会食。

❖**三月二六日（日）** 今日は午前国務省のパーソンス君と送別のゴルフをする心算であったがラオス問題で大統領が英の〔ハロルド・〕マックミランと協議のためキーウエストに飛んだのでその待機のためか取消しとなる。午後鈴木君と二人でゴルフ。好天気なので隆もコースを歩いた。

❖**三月二七日（月）** 午前世銀の副総裁〔バーク・〕ナップ君が訪ねて来た。日本へ始めて行って歓待を受けたというので礼に来た。夜はマリーンの司令官〔デイヴィッド・〕シュープ大将のディナーに招ばれる。

❖**三月二八日（火）** 十一時国務省に呼ばれて経済担当次官補の〔エドウィン・〕マーチィン君に会う。日本の自動車に対する物品税が差別待遇的になるというので抗議を受け、自分からは既製服問題で逆に抗議。余り面白い会見ではなかった。昼日本人新聞記者十名ばかりエジア・ファンデーションの金で来米したのを大使館に招待。午後三時パーソンス君を国務省に訪ねてラオス問題についての状況を聴く。〔アンドレイ・〕グロムイコが昨日大統領に会って居るからその結果も聞きたかったし、シートー〔ＳＥＡＴＯ〕会議の模様も聞いた。同君は三十一日まで次官補として執務。後任は来月十四日来任の由。同君とはよく連絡がとれ仕事が円滑に運んだし、すべて問題を率直にとり上げ得たことは愉快であり、これが次官補としての自分との最後の会見であったので握手して別れた。

❖三月二九日（水） 十時半からフォート・マックネイアのインダストリアル・カレヂの講堂で少佐から大佐級の陸海空軍武官若干の文官に日米関係の講演を行い質疑応答に終止したが気持ちよかった。昼食を御馳走になる。夜はレー・ヘンリーさんに招ばれる。ポトマックの桜は此の数日の暖かさで八分の咲きと見受けられた。

❖三月三〇日（木） 午前中日本行を予想し若干の買物。モーター附の芝刈り機も買った。

❖三月三一日（金） イースターを控へてのグッドフライデー。午後は休んで館員とゴルフをと考へて居たが雨のため出来ず。

❖四月一日（土） ヴァジニアのQuanticoでマリーンの柔道大会あり。自分にも招待が来たので優勝カップ（日本から取り寄せ「柔能制剛」と彫った）を寄贈。隆と共に本部に出かけて食事の招待に預った。マリーンは最大級の敬意を表してくれ〔エドワード・〕スネデッカー中将自ら出迎へ軍楽隊をして日米国歌を吹奏せしめ、自分は約一ヶ中隊のマリーンを閲兵。礼砲十九發を發射して大変な歓迎であった。此の頃から天候回復。校長のスネデッカー中将邸で婦人を加へ昼食の後、二時からラーソン・ヂムで試合あり。審判は三人の中二人は日本の有段者。全米のマリーンの柔道大会として三、四十名の選手は概ね有段者（昨年の選手権保持者は二段ときいた）たゝみの代りにゴムを敷いてあり見た目に美しく又埃がたゝずに清潔である。四時過ぎまで観戦。日本大使盃（東京から取り寄せ「柔能制剛」と日本語で彫った）のを優勝チームに自分から手交。マリーンの車で大使館まで見送られた。

❖四月二日（日） 日曜日。開成時代の友人影山君夫妻が昨日から泊って居る。今日はラオスに関するソ連の回答が英米側になされたので新聞はそれで一杯。午後マーフィとゴルフ。夜はT.V.。

❖四月三日（月） 昼は新任の金山〔政英〕総領事を招んで会食。夜は約束なし。夕方ロイターのワルトン・コール夫妻が訪ねて来たのでお茶。

❖四月四日（火） 午後二時半から桜祭り。桜は満開であと二、三日すると散り始める程であったが可なり寒い日。幸い天気は薄曇りから日が射し始める。プリンセスが仲々到着しないので三十分位ゐ寒いところに待たされる。今年は次のプログラムでも判る様に顔ぶれ一新。内務長官も〔スチュワート・〕ユーダール。コミッショナーの古顔はマックラフリンのみ。池田首相の令嬢〔池田〕紀子嬢が日本服で灯入れをした。夜はリスナーで「ミカド」が上演されたので隆と共に出席。

◆**四月五日（水）**　昨日タイダル・ベーズンで寒い風に吹かれた故か風邪をひいて少し頭が痛い。然し夜は大使館でチェリー・ブラッサム関係者のため盛大なディナーを催した。内相の〔スチュワート・〕ユドール氏夫妻と三人のコミッショナーを中心とし卅数名を招んで仲々賑やかにやれたと思う。

◆**四月六日（木）**　午前国務省でライシャワー新任大使の宣誓式があり出席。祝辞を述べて来た。午後三時半から大使館でチェリー・プリンセスのためお茶会を催す。夜は約束なし。T.V.を見て早寝。

◆**四月七日（金）**　興銀の中山素平君の招待で会食（昼）。輸銀の関係者も出席して居た。午後日本へ送りつけるため若干の買物。夜は約束なし。

◆**四月八日（土）**　午後、N.y.から吉次〔利二〕君がやって来たし萩原〔徹〕君もカナダからやって来たので三人で春光を浴びつゝゴルフ。自分はよく当ったので楽しかった。夜公邸には吉次君と中山君が泊り同窓生水入らずで相語らひ、両君とも公邸に泊って貰った。

◆**四月九日（日）**　日曜、午前、吉次、萩原君とゴルフ。ひどく当らず。午後は雨になり丁度よい運動が出来た。午後吉次君N.y.へ辞去。夜シカゴの越智〔啓介〕君夫妻が来て泊る。千客万来。

◆**四月一〇日（月）**　十一時半F.st.クラブで立食の後バスを連ねて野球見物。これはフロイドエーカーさんの招待。大分知った顔ぶれが居た。今日はメーヂャー・リーグの第一試合とて大統領の始球式で試合が始まる。気遣はれた天気は回復して寒いけれども雨は降らず。

◆**四月一一日（火）**　昼は大屋（晋）〔晋三〕氏夫人が二、三人家族同伴でN.y.からドライヴして来たのを公邸に招んで会食。元気な夫人。五時から労働省にゴールドバーグ長官を訪ね既製服問題で一時間余懇談。米側はボイコットは取り下げるが自分の言ふことゝ米代表が日本で聞いて来たことでは相違があるというのである。帰宅後匆々に仕度して八時から新駐日大使ライシヤワー氏夫妻のためのディナーの主人となる。チェスター・ボールズや〔ジョン・〕ロックフェラー〔Ⅲ世〕が顔を出してくれたので格好がついた。

◆**四月一二日（水）**　午後十一時半の列車でニューヨークから河野〔一郎〕氏一行が到着したのを出迎へ。昼は公邸で食事。宿泊の用意をして居たが泊らなかったので夜は悠々。雨のため最初のナイターはお流れ。

◆**四月一三日（木）**　昼河野氏一行のため公邸で昼食会を催す。夕方は約束なしで静養。

◆**四月一四日（金）**　割合に閑散。五時半求めにより国務省にボール次官を往訪。貿易自由化のスピードを早めて貰いたいと申入れられた。帰館後大急ぎで電報を起草し、夜は久しぶりのナイター。今日はセネタースはクリーヴランドと対戦。夕風がソヨと吹いて快適の日であった。ビールを飲み、南京豆をかぢりつゝ観戦。三―二でセネタースが勝ったのでいよ〳〵御機嫌で一夜をすごした。

❖**四月一五日(土)** 午後十時半河野氏一行を飛行場に見送り、一時十五分には佐藤(㐂)〔喜一郎〕氏を団長とする経済使節団の一行を駅に出迎へる。午後は鈴木君とゴルフ。隆も一緒に散歩。夜は使節団のため公邸でディナー。

❖**四月一六日(日)** 十一時半から佐藤(㐂)、小坂〔徳三郎〕、五島〔昇〕の諸氏を連れ出してチェヴィでゴルフ。二十七ホールスやってくたびれたが大にエンジョイした。夜はT.V.

❖**四月一七日(月)** 午前中大使館で経済ミッションの人々と打合せ。正午はヒルトンでミーニー氏(CIOAFL会長)主催の使節団のためのランチに顔を出し(引きつゞいての討論会にはワザと中座)、午後三時半から国務省でラスク長官と使節団との会見。引きつゞきボール次官との会見にも立会う。主として佐藤氏が英語で發言したが内容もインテリジェントであるし、英語も相当よく、年輩だけに態度もよく上出来であった。引きつゞきシエラトン・カールトンでボール次官の一行のためのリセプションあり。尤も自分はこれに顔を出す前にMiss Lioussalのコクテイル(有力なセネタースが顔を揃へて居た)、ギリシア首相のためのコクテイル等に顔を出し忙しかった。ボール次官のコクテイルで労働長官から既製服のボイコットは取止められたと通報あり。吉報である。

❖**四月一八日(火)** 今日は使節団の日程が余り自分に関係がないのでゴルフに出かけて大急ぎの一廻り。夜は前駐日大使で今度ベルギーに赴任する〔ダグラス・〕マッカーサー〔Ⅱ世〕君夫妻を主賓として大使館でブラック・タイ・ディナーを催した。

❖**四月一九日(水)** 午前農務省に〔オーヴィル・〕フリーマン長官を経済使節団に同行して往訪。三十分ほど会談があったのにつき合う。昼はメイフラワーでジャパン・ソサエティの歓迎の昼さん会あり。午後三時財務省での会見では一行をディロン氏に紹介したのみで引き揚げた。夜は約束なし。

❖**四月二〇日(木)** 午前中の経済ミッションの労働長官との会見がキューバ問題のため臨時閣議あり労相が会見不能となったので自分も同行せず。今日は比較的閑散。夕方韓国のリセプションとイスラエルの国祭日に顔を出してから北京飯店で佐藤氏が大使館側のため接待したのに出席。

❖**四月二一日(金)** 午前中の経済使節団の大使館との会見はキューバ問題で大統領多忙のためか三時に変更。それも少時間ということになった。自分が一同をホワイト・ハウスに案内。閣議室で待って居るところへ飄然と隣室から然も一人で現はれて来て自分から一々紹介がすんだ後、日米経済関係の緊密性を説いた後「確か繊維品の対米輸入につき日本が自主規制をして居るうちに香港が対米輸出を増大したチャートが出来て居る筈だ」と述べ、自分の部屋からチャートを持ち出して来たのには一同殊に東洋紡の阿部〔孝次郎〕さんはビックリ且感激。大統領は暫らく一人で喋ってから又一々の人々と簡単乍ら会話を交し如才のないところを見せたが巧まず誠意を見せてくれたのと、このキューバ問題で多忙の時間を削いてくれたのとで（大統領は睡眠不足か眼が赤かった）一同大に満足。ホワイトハウスの外に出て見れば寫眞班が待ち構へて居るし申分なし。夕方は商務長官を訪ねて三十分程会談。夜は使節団来米を理由としホッヂェス夫妻を主賓としての大使館のディナー。米側は主賓の外Gudeman（商務次官），Labouisse（ＩＣＡ長官），Martin（国務次官補），Linder（輸銀総裁），Bernstein（商務次官補）等が出席してくれ、日本側（佐藤、植村、井上、桜井、阿部、道面、小坂、五島）夫妻はこういう正式ディナーになれないと思い心配したがまづ〳〵成功裡に賑やかにやれた。

❖**四月二二日（土）**　午前中佐藤氏等を招待してチェヴィでゴルフ。夕方はケーラー氏に招ばれて食事後ユーラインでプロテニスを観戦。

❖**四月二三日（日）**　ジエフの送別ゴルフをチェヴィでやる。快晴でゴルフ日和。公邸の八重桜も天長節を待たず満開となり素晴らしい。夜はＴＶ。

❖**四月二四日（月）**　好天気。すっかり初夏になった。使節団も居ないし閑散。夜の約束もなし。但夕方三十分程St Louis夫妻のコクテイルに顔を出した。

❖**四月二五日（火）**　久しぶりで何の約束もないので午前中肖像寫眞を撮りにハリス・ユーウィングに行く。ワシントンへ来てから始めての寫眞だから豪遊してもよいと思ふ。日本金にすると馬鹿らしいが。夕方は久しぶりでルバロン夫妻とシエラトンのコートでテニス。

❖**四月二六日（水）**　午後今度日本の大使に転ずるセイロン大使のグネワルディン君が訪ねて来た。夕方マリーンのグリーン中将のリセプションに顔を出してから八時からの公邸のパーソンス夫妻の送別会を主催。最後の瞬間に〔トーマス・〕ホワイト大将夫妻とジョンソン（夫人は出）が欠席したので席次は全く混乱。パーソンス夫妻とパーソンス母堂、パーソンス令嬢（ミセス・ライオシス）の外、〔ダニエル・〕イノウエ議員夫妻、〔ルイス・〕ストローズ、ジョンソン（夫人のみ）、フイスク、〔クレアレンス・〕マイヤー、〔フランク・〕ウエアリング、カー、ジョーダン、〔ジョージ・〕モーガン等日本関係者が多く出席。水入らずで面白かった。

❖**四月二七日（木）** 正午国鉄の十河〔信二〕総裁が来て居るので――借款調印のため――公邸で会食。午後はゴルフ。春には珍らしい寒い日であった。コースの桜とダグウッドの花が美しい。緑の芝生も目にしみる様に青くなった。ゴルフ後引きつゞきクラブで行はれたレズリー・モンローさんの送別のコクテイルに出席し又ショーラムの「トゴ」の国祭日リセプションに出席してから帰邸。夕食に今日着いた川島〔正次郎〕、赤城〔宗徳〕両氏を招待してからナイターに案内した。

❖**四月二八日（金）** 午後夕立あり。ロック・クリークの春景色を撮りに出かけたが目的を達せず。夕方はパーソンス夫妻が送別を兼ね且後任の〔ウォルター・〕マツコノイー次官補夫妻を紹介してのリセプションをブレア・ハウスで催したのに顔を出す。

❖**四月二九日（土）** 天皇誕生日。午前ゴルフ。午後気遣はれた天気も大丈夫らしい。昨年の天長節にはサマー・タイムとなって居たし、八重桜もすっかり散って居たが今年はまだ桜が可なり残って居るしサマー・タイムになる最後の日とて提灯の威力も發揮し相だ。六時からリセプション。八時まで。これで各種の行事も終りホッと一息。四月は忙しい社交月であった。

❖**五月一日（月）** 昼商務省のバーンスタイン君とオドンネルで会食。これは顔つなぎのため。午後はアイクの訪日取止め問題で求めによりマツコノギー君を国務省に訪ねたが同君ラオス問題で急に手が塞がったとかで〔ジョン・〕スティヴス君と不得要領の会談となって了ひ釈然たらず。夜は約束なし。寒くてヒーターをたく陽気である。

❖**五月二日（火）** 午後世銀で国鉄の八千万弗の借款保証に署名。十河氏が国鉄のため署名した。午後はガリオア問題で国務省のボール次官と会見の約束があったところ、これも先方の都合で取消された。この頃国務省失礼がつゞいて一寸不愉快。午後天気がよいので〔ハロルド・〕カチア英大使とテニス。全く当らず。よい運動にはなったが我乍ら呆れたテニス。夕方デモクラットのFoleyという人のところに顔出し。夜はナイター。

❖**五月三日（水）（休日）** 午前一寸仕事をし午後はニューヨーク支店長級で如水会員を六人チエヴィに招んでゴルフ。快晴の初夏であった。但テニスで筋肉が痛く全く当らず。ゴルフのあとルバロンと又テニス。これも醜態なゲーム。夜はナイターと今日は徹底的にスポーツをやつたり見たりで一日をすごした。

❖**五月四日（木）** 快晴で旅行には快適。午後十一時まで手紙等につき命令してから十一時にオールズで隆と共に出發。先ずアナポリスを目指す。時間が余ったのでユックリ、ドライヴして四時にはソールスベリーに到着。Wicomico Hotelに投宿。ソールスベリーはメリーランド二番目の港だ相であるが品のよい静かな町。六時十五分からロータリーの会合あり。自分は七時少しすぎから三十分ばかり話し講演後、夜目乍ら美しく咲いた郊外のダッグウッドを見せて貰いティーチャース・カレヂの学長ウイリスという人(ロータリアン)の家で主催され少人数の会合に顔を出し十時過頃まで集まった人々と意見を交換した。今日の走行哩数百四十五哩。

❖**五月六日(土)** 旅行最後の日は雨。八時少しすぎモーテルを發。ジェームス・タウンの観光。ジェームス・タウンからリッチモンド経由。ワシントンには一時半に帰着。少憩したり電報を讀んだりしてから夕方オーストリア大使令嬢の結婚式。オーストレリアのコーラル・シーを記念してのリセプションに出席。オーストレリアの会は事件が事件だけに毎年欠席して居たものだが今年は〔ハワード・〕ビールから特に手紙で出てくれとの要請もあり、一寸顔を出した次第。

❖**五月七日(日)** 午前中新聞讀み。午後鈴木君とゴルフ。時々シャワーの天候であったが面白かった。

❖**五月八日(月)** 十二時十五分国務省にボール次官を往訪。ガリオア問題で約三十分会談[2]。正午はメイフラワー・ホテルでチーフ・フランクの例会の外にヂェフの代りにマツコノギー君を入れ四人で会食。この会合は楽しいし有益なので継續させたい。夕方イタリアの大使〔マンリオ・〕ブロジオ君の送別(パリに行く由)のコクテイルあり。夜はメリーランド大学のジム(一万二千人を収容し得る相で立派なものだ)に日本の体操ティームが来て全米ティームと競技したのに出席。日本も米もオリンピックティムだけに立派であった。運びがもたついたため帰宅したのは一時であった。今日はアメリカのスペース・キャプスールに乗って居たシエパードがワシントンに来て大歓迎を受けた。

❖**五月九日(火)** 午後今度帰朝の谷、杉原〔真一〕君両君をチェヴィに招待してゴルフ。夜はインド大使の送別レセプ

2――ガリオア・エロアは第二次大戦後の占領地に対して救済と復興のために支出された資金である。日本向けは一九億ドルとされていた。この返済をめぐって日米間で見解の相違が見られたが、一九六二年九月日米債務返済協定発効で解決した。

ションとチェコの国祭日リセプションに顔を出してから公邸で谷夫妻、杉原君のため送別会。あと、ブリッヂ。

❖**五月一〇日（水）** 夜テキサス出身の下院議員〔クラーク・〕トムソン氏に食事に招ばれる。ヒゲを剃りつゝ唇に一寸カミソリを当て小さな疵なのだが血がとまらず。ディナー中気になって余り元気がなかった。

❖**五月一一日（木）** 午後〔ロートン・〕コリンス大将とゴルフの約束をしたが雨天のため出来ず。夕方はラオスのリセプション。デッカー大将のガーデン・パーティ等に顔を出す。

❖**五月一二日（金）** 約束なくノンビリ。夕方はナイター見物。セネタース弱し今日も敗退。リーグのドン尻り。

❖**五月一三日（土）** 小雨まぢりであったが午前中ゴルフ。夕方、日本行に関連し、少しく勉強。夜は官補連とブリッヂ。

❖**五月一四日（日）** 日曜。今日も曇天であったが午前中日本行きに備への勉強をし、午後鈴木君とゴルフ。隆も一緒にコースを散歩。健康な半日であった。

❖**五月一五日（月）** オーストレリア大使のハワード・ビール君に招ばれメトロポリタン・クラブで会食、歓談した。日本帰朝に備へて経済問題についての準備は終ったがまだ政治問題が勉強してない。

❖**五月一六日（火）** 夕方ジャパン・ソサエティの新入会員の希望があり、公邸で簡単なリセプション。

❖**五月一七日（水）** 午前中帰朝に備へて会議。午後は好天気の下、西堀〔正弘〕君と共にゴルフを楽しみ、夕方又一仕事。夜はポトマックの海軍司令官のロビンス少将に招ばれた。

❖**五月一八日（木）** 午前午後訪客や他の仕事を断って帰朝の際の報告準備。夕方には終ってホッと一息。七時半頃ボードリッヂのコクテイルに出てからカウエンさんのBTディナーに出席。

❖**五月一九日（金）** 昼支那大使館の楊雲竹君夫妻を公邸に招んで会食。午後労働長官と既製服問題で会談。余り愉快な会見ではなかった。夜は泊って居る萩原君を交へてブリッヂ。

❖**五月二〇日（土）** 午前八時から萩原君を加へゴルフ。此の頃仲々よく当る。正午までに終り十二時半空港に大野伴睦氏一行を出迎へる。夕方萩原君帰る。夜は大野〔伴睦〕氏一行のため公邸でディナー。

❖**五月二一日（日）** 午後国務省と対抗年次ソフトボール大会を催したのに参加。大使館最後に大に振って勝つ。夕方から九時頃まで大野氏一行の福田〔篤泰〕君が急に来なくなったので隆が参加してブリッヂ。当らず、面白くなかった。

❖**五月二二日（月）** 今日は余り忙しくない日。昼も夜も約束なし。東京行きの荷造りをする。大使館の工事も始まり、毎日ブルドーザーが地階を作るための土堀りで仲々騒がしい。

❖**五月二三日（火）** 正午、国務省にラスク長官を訪ね三十分ばかり中共問題、ガリオア問題、総理来米問題（議題）等につき会談。先方から主として話をして貰って見解を明かにして貰うことが目的。一時半からチェヴイに〔ジョン・〕マックルーアを招んで居るので車の中でホットドッグをかぢってからゴルフ。夕方加藤〔匡夫〕君が書いてくれた会談電報に筆を入れ、八時からセイロン大使夫妻（今度駐日大使に任命された）を主賓としたディナーの主人をする。これで暫らくディナーは止め。池田総理が来たとき一回（形式的には総理が主人役）やって、あとは秋までお休み（主人役としては）。

❖**五月二四日（水）** 昼今度帰国の館員青木〔猪次郎〕夫妻、飯田〔藤次〕夫妻を昼飯に招待。午後三時商務省にバーンスタイン次官補を訪ねて当面の経済問題につき約三十分意見を交換。夕方カナダのリセプションに顔を出した外、夜は約束なし。荷造りも出来た。夜ＴＶで「オール・クワィエト・オン・ザ・ウエスタン・フロント」の古映画を見て昔の感銘を新にした。この映画は確か英国で官補時代に見たもの。

❖**五月二五日（木）** 十時少し前公邸を出發。十一時ボルティモアの空港からアメリカン機でロスアンゼレスに向う。快適なジエット機。日本へ行くデスヴアニン君が同行。実飛行時間四時間四十分で早くもロスアンゼレス着。蓮見〔幸雄〕君に出迎へられてアンバサダー・ホテルに投宿。夜は此のホテルで催された日米協会のディナーに出席。十分という予てからの司会者の注文（おかしな注文である）でもあり余り不得要領とならぬ様十五分位喋った。今日は午後ゆっくりしたので昼寝もしたし、日本で報告する案件の勉強もした。夜の会合は三百名程出て居たが客種は見て直ぐ判る程に低く自分の演説のあと二、三の余興があったので演説を短くして貰いたい理由も判った。

❖**五月二六日（金）** 午前中ホテルの自室で日本で報告する書類について目を通す。十一時半ヒルトン・ホテルに赴きWorld affairs Council の有志のコクテイル。終って十二時から食事。相当の人出で食堂は満員であった。一時少し前から約三十分日米問題について講演。気もちよく喋れた。秀れた聴衆であることは話して居て判った。講演後蓮見君の公邸で仕事をし、附近のパブリック・コースでゴルフ。ゴルフ後大急ぎで晩飯の御馳走になり飛行場へ。パンアム機（ジェット）でハワイに飛ぶ。予定の通り九時半出發。

❖**五月二八日（日）** 快適な飛行。ハワイではローカル・タイム十一時（午後）すぎて居たのに針谷〔正之〕君が出迎へてくれた。此処で一時間半少憩の後再び旅行をつゞけ途中ウエークで三十分程給油のため着陸した以外は何の変化もなく、東京では一日飛んで日曜となり予定より卅分も早く六時には着。勝さんと明子が大慌てゞ飛んで来た相で、これから勝さんの車で一旦自宅に行く。此処でお祖母様や俊夫や和夫とも一年ぶりで対面。一寸荷物を整理してから勝さんに藤沢の駅まで送って貰い此処で武内〔龍次〕君の車に同乗して箱根へ。新緑の箱根、仲々美し。仙石原の箱根観光ホテルに首相及外相その他が集って会議をするというのである。着いて匆々二十分ばかり記者会見してから十時から会議。首相、外相の外官房長官の外、岡崎〔勝男〕、大野〔勝巳〕、自分といった顔ぶれ。午後は二時から五時まで訪米議題について検討。主として中国問題が一番時間がかゝった。夜は一寸武内君等とブリッヂをしたり、一同とホテルの屋上でスキ焼を喰べたりして交歓。霧が出て来たし風の吹き荒れるホテルを七時半頃出發。疲れ切って武内君の車に送って貰ひ帰宅。子供と話し合って今日出た自分のTVニュースなどを見乍ら就寝。

❖**五月二九日（月）** 午前中手紙を整理したり荷物を片づけたり。正午高島屋へ出かけるべく地下鉄に乗ったところ本日デパートは休日と判明。役所に出かけ安川君の部屋を本拠として庶務整理。今日は大変な大風であり然もムシ暑く不愉快な日であった。夜は岡崎、大野の両氏と共に小坂さんの「田川」での招宴に出席し学者犬の余興など見て居たゝめ帰宅は十二時に近かった。

❖**五月三〇日（火）** 午前中高島屋に出かけてシヤツを作ったり家具やTVを買ったり、ワシントンへの買物をしたり。その後神保町に立寄り、役所にも顔を出して夕方帰宅。子供と一緒に食事をした。

❖**五月三一日（水）** 正午外務省で訪米に関する事務的打合せあり。午後高島屋でショッピング。夕方「柳光亭」で佐藤栄作氏と会談。

❖**六月一日（木）** 朝早起きして四谷信濃町の池田総理私邸を訪ねて池田夫人に表敬。昼はライシャワー大使夫妻に招ばれて米大使館で会食。午後三時すぎから首相官邸で首相を囲んで第二次訪米打合せ会あり。夜は「中国飯店」でワシントン会を開き一二、三名出席。

❖**六月二日（金）** 忙しい日であった。午前十時岸〔信介〕前総理をニュージャパンの同氏事務室に訪ね卅分程会談。この秋にワシントンを訪れたいとのことであった。十一時外務省に来た吉田〔茂〕前総理を訪ねて挨拶及懇談。正午は海運クラブで●●氏始め海運関係者と懇談。二時半から衆参自由党〔自民党〕の外交委員会で四十分ばかり話しをしてから役所に帰り事務打合せをし、紡績の代表等と会ったり大忙し。夜は「山口」で佐藤〔㐂〕、石坂〔泰三〕氏等先般の経済使節団の代表五、六名が自分のため招宴を開いてくれ二次会は「不動」で森下〔陸一〕君に招ばれ帰宅は十二時をすぎて倒れるが如くベッドに横になる。

❖**六月四日（日）** 吉次君の車で十時に程ヶ谷に行き小坂外相と弟さんの四人でゴルフを楽しむ。グリーンの調子や距離が判らず、おまけに旅の疲れで全く当らなかったが面白かった。午後帰宅。子供とテニス。

❖**六月五日（月）** 忙しい日であった。十時から約十一時まで皇居で陛下に御進講。中共問題、日米経済問題、ケネディ新政権の印象等を中心として約四十分程喋り、二十分近く御質問があったが仲々熱心な質問で、中共は持たざる国であるとの話であったが果して左様か、アイクの訪日再取消の事情等々、五、六の質問あり。十一時から約卅分程浦上氏の依頼で東急ホテルに顔を出し十五、六名の経済人と挨拶交換。昼「川崎」で船田〔中〕氏と食事をしつゝ（柳田氏同席）日本の政界話しをきく。其処から聖心大学に赴き、マザー・ブリットの依頼で女子大学生五、六百名を前にして国際問題随感といった様な講話を四、五十分程したが質問する学生が一人も居なかったことはアメリカの講演と違った点であり、司会者が壇上に居ないことも自分のヒッコミをオークワードにした。此処から東宮御所で皇太子とミチ〔美智〕子妃に挨拶。帰途首相官邸に立寄り池田総理に帰任の挨拶。夜は武内君の公邸に二テーブルのブリッヂが成立。支那飯を御馳走になってから自分の組は土屋〔隼〕、島〔重信〕、伊関〔佑二郎〕の四人で始まり、自分は手が大について五十何ポイントかアップ。車で十二時半頃家に着いた。

❖**六月六日（火）** 午前小舟君と落合って横浜駅から保土ヶ谷のコースへ。水上〔達三〕（三井物産社長）、中山（興銀副頭取）それに小舟、吉次、自分と五人でゆっくりゴルフ。天気がよくて楽しかった。自分はよく当り水上君にはワンダウンしたが小丹、吉次の両君には勝った。午後帰宅。夕方新しく買ったダットサンで海岸を走らせる。年々海岸が立派になり俗ぽくなる。夜は子供一同と食卓を囲む。

❖**六月七日（水）** 午前九時出發の日航機は遅れて夕方となり更に遅れて十時になると予告されたので午前中物置の整理をしたり戸棚や額を片附け不要品を燃したり。アメリカから持参のガソリン芝刈機で芝を苅ったり、夕方和夫は数学の勉強に行く。俊夫も試験勉強とあってお祖母様と明子が見送りに同行してくれた。七時半自宅を出て、九時近くに羽田着。貴賓室で少憩。大雲、出渕、栗原、阿部の外、外務省員若干、友人若干見送りのうちに十時出發。今日働いた故かよく眠った。

❖**六月八日（木）** 日附変更線を通過。平穏な飛行。此の飛行機は内外人を百余名満載して居るとのことで明方ウエーク島へガソリン補給のため立寄り、次でハワイへ。ハワイ着はローカル・タイムの一時頃であった。針谷総領事に出迎へられ総領事館に立寄る。新築の立派な建物である。此処で昼食して居ると飛行機は又々遅れるとのことにユーナイテッドにきりかへて三時半同機でハワイ發。ロスアンゼレス着はローカル・タイムで夜の十一時。此処で再びＡＡ機に乗りついで夜行でシカゴ経由ボルティモアに着いたのは九時半頃であり流石に疲れた。十日ぶりに帰邸。隆の出迎へを受け、午前中事務打合せ。午後三時半頃ロツクフエラーさんの訪問を受ける。夜は早寝。疲れきってグッスリ眠った。ジェットの飛行は楽であるがほとんど二晩ベッドに寝ず。時間も常に狂うので疲れる。

❖**六月九日（金）** 正午国務省にマツコノギー君を訪ねて池田訪米に関連しての議題のトーキング・ペーパーを渡す。午後三時記者団と会見。夕方は七時からダブル・ヘッダーのナイターを見に行く。

❖**六月一〇日（土）** 午前中儀典局長の〔アンジアー・〕デューク君が訪ねて来て池田訪米問題で打合せ。正午からチエヴィでゴルフ。久しぶりの感じ。疲れが抜けぬ故か、当らず。

❖**六月一一日（日）** 午前例により新聞讀みを復活。午後、好天気（夏らしい暑い日）であるので隆を誘ってゴルフ。日曜とて混んで居たがゆっくり楽しむ。割合に当った。

❖**六月一二日（月）** 午後二、三人の訪客があった外至って閑散。午後五時ルバロン夫妻に誘はれてシエラトンでテニス。

❖**六月一三日（火）** 午前九時国務省に赴き会議。先方はマツコノギー次官補が中心となり帰国中のライシャワー氏も参加し十二、三名出席。当方も五、六人引き連れて格好をつけた。一時間半程主として政治問題につき意見を交換。池田訪米のスペード・ウワークをした。午後から夕方はこの会談の電報書き。

❖**六月一四日（水）** 午前ニューヨーク市長代理のパタソン氏が訪ねて来て自分にニューヨーク市の鍵を贈呈してくれた。東京と姉妹都市の提携が出来た機会に日本の大使に敬意を表したいとのこと。午後暑い日盛りをゴルフ。

❖**六月一五日（木）** 午前ドワイアンの公邸で外交団の会合あり。ラスク長官も顔を見せた。百人に近い外交団なので新任の大使が相互にコールを交換するのを、この会合で間に合はせ様というのであるが、知らぬ大使とは仲々顔なじみになれず旧顔は旧顔とのみ話合うから此の方法果して上策なりや否や。昼クラブで今度ＤＡＣ〔開発援助グループ〕の儀長になったリデルバーガー君と会食。午後は総理来米に備へての準備や勉強で忙し。

❖**六月一六日（金）** 昼、野村〔吉三郎〕前大将が来て居るので公邸に招び若干の米軍人も参加して貰って会食。夜は目下ワシントンで開かれて居る地方自治体会議に出席して居る市長、県会議長、それに若干の米国市長も招んでコクテイル。

❖**六月一七日(土)** 午前十時半国務省に赴きラスク長官と約三十分会談。中共、韓国、沖縄の諸問題。センヰ、日航ニューヨーク乗入、ボナー法案等の経済問題につき話合った。帰館後、簡単に新聞記者会見をしてから岡崎氏をゴルフに案内。ゴルフ最近全く当らず。夕方〔ジェームズ・〕ラツセル大将のコクテイルの顔を出してから、夜はチエヴイでフランク・アレンの誕生のディナーがあったのに出席。

❖**六月一八日(日)** 午前中例の如く新聞をヴエランダで讀む。二時半MATSから大統領機でコンガー君と共にロスアンゼレスに赴く。この飛行機はピストンであるため時々ガタついてジエットの様には快適でないし時間も九時間もかゝった。ロスアンゼレスでは蓮見君に迎へられてアンバサダー・ホテルに投宿。

❖**六月一九日(月)** 朝予定の通り七時半に日航機が入るというので六時前に起床。六時半には蓮見君、コンガー君等と空港に赴く。〔ノリス・〕ポールソン市長も出迎へに出た(この市長落選して最近、更代する)空港からアンバサダー・ホテルに赴く。少憩の後昼は市とワールド・アフェアス・カウンシル共同の歓迎会がビルトモア・ホテルで行はれたのに一行は出席。午後はホテルで一休み。夕食は蓮見君夫妻が主人で日本料理店で賑やかに認め、九時十五分發大統領専用機でワシントンに向う[3]。

❖**六月二〇日(火)** 無事平穏に飛行して時差もあり好天気のワシントンに着いたのは予定の通りで九時。副大統領のリンドン・ジョンソンと国務長官、統幕長等が出迎へ。型の如く首相の閲兵あり。閲兵後車を連ねてブレア・ハウスに向う。少憩の後、十時半から十二時までホワイト・ハウスで会談。先方は大統領の外ラスク長官、ボール次官、マツコノギー次官補、ライシャワー大使等出席。当方首相の外、外相、自分、宮沢〔喜一〕、島、島内。大統領はまだクラッチがないと歩けない。寫眞班の寫眞がすんでから大統領〔室〕の一隅に設けられたソファに日米相対して坐り大統領は中央のロツキングチエアに腰をかけ極めて打くつろいだ態度で話合った。大統領室の絵画等は恐らくケネディの私

3――池田首相は六月一九日にワシントンに到着し、二〇日にケネディ大統領と第一回首脳会談、二一日には大統領の私用ヨット、ハニー・フィッツ号上で第二回首脳会談を行った。

物であらうと思はれる船の画となり、アイゼンハワー時代とは様子が違う。核実験問題、中共問題、韓国問題等を話合う。正午、ブレア・ハウスに引揚げ。昼は副大統領主催のランチがシエラトン・カールトンで行はれ主として上下両院の領袖が顔を出して居た。午後は四時から六時近くまで国務省で池田・ラスク会談。終ってショーラムのジャパン・ソサエティのリセプションあり。夜は大使館で日本人のみの水入らずの日本食。

❖**六月二一日（水）** 忙しい日であった。十時から十二時まで国務省で小坂外相がラスク長官と会談したのに立会う。一時からホワイト・ハウスで大統領夫妻が池田首相夫妻のためランチ。出色はアイゼンハワー前大統領夫妻が出席したことで大変なパブリシティが與へられた。前大統領は血色もよく元気らしかったし夫人も大統領夫人当時より美しい位。自分の隣りにはワーレン夫人、ディロン夫人が座った。食後の大統領の即席の挨拶も上々の出来。終ってブレア・ハウスで少憩の後、ポトマックのヨット遊びが三時から始まる。日米会談の参加者たる男子のみ"Honey Fitz"号に搭乗。五、六名の婦人は別のヨットでケネディ夫人がもてなした。生憎今日は雨天でヨットのデツクは雨除けをせざる得なかったので船遊び自身は余り楽しいものではなかったが元来船上の会談が目的であり、大体この目的は達成した。総理は大統領と二人別室で話合い、外相や自分等はラスク長官その他と別の部屋で平行的に会談。五時にヨットはWashington Channel Landingに帰着。夜はラスク長官夫妻主催の晩さん会が国務省の楼上で行はれた。九十名前後の人々が集まったとのこと。

❖**六月二二日（木）** 今日は総理滞在最後の日とて大統領に辞行の挨拶に行く予定のところ大統領が急に發熱したとのことで、約束は全部取り消された。午前中自分は小坂氏と同行して国務省に赴き総理も大統領の代りに国務長官に挨拶してこれで三日間の会談を終る。正午はプレス・クラブのランチ。総理に対する質問もカインドあり返事も仲々よかったので一安心。午後は上下両院を夫々歴訪。四時半から大使館でサミュエル・ウォー氏に旭日の二等を贈呈したのに総理に出席して貰い、総理は引きつゞき記者会見。自分は少憩。総理夫妻を主人役とするお礼のディナーは八時から大使館で開催。大統領は来られなかったが大統領夫人は出てくれ副大統領、国務長官、その他若干の閣僚、上下両院の有力議員等々参加し盛会であったが相当気骨は折れた。総理と外相は羽織袴で出席。皆が茶室を見て居る間に大急ぎで應接を整理しニューヨークから招んだ藤間流の師匠に「娘道成寺」と「くろかみ」を十分位踊って貰い、散会は十一時少しすぎであった。

❖**六月二三日（金）** 今日も幸に快晴。総理はホワイト・ハウスにケネディを見舞って辞行の挨拶。特別機は九時半ラスク長官見送り、軍隊堵列のうちに離陸。一時間してニューヨークに着。岡崎氏や金山君が出迎へ、米側はパタソン氏が市長代理として出迎へた。一同車を連ねてワルドルフ・アストリアに投宿。三十五階のスヰトの部屋で自分等も米政府の賓客として滞在。少憩の後ジャパン・ソサエテイその他共催の昼飯会がホテルで行はれたのに出席。千余名が出席して盛会であった。午後総理がコロンビア大学で学位を授与されたのに参加。六時からグレーシー・マンションで市長が総理のためのリセプションを催す。夕食は隆と共に大急ぎでホテルで認めてからブロードウエイでミュジカル・コメディ“Unsinkable Molly Brown”というのを見る。ミゾーリの田舎娘が金持の若者と結婚したが仲々社交界に受入れられぬ、ヨーロッパに行ったり紆余曲折あって、元の田舎で目出度しとなるのだが変化があって面白かった。

❖**六月二四日（土）** 雨天であったが正午頃には晴れた。十時半頃首相一行がタリータウンに赴いたのを見送ってから二人でラヂオ・シティに赴く。映画はフレッド・アステアの“The Pleasure of His Company”というカラーでサラッとした映画であった。昼飯はホテルでチットで食事（国務省の費用）。その後は昼寝。夜は国連代表部と総領事館合同のブッフェあり。総理は出なかったが外相始め出席。要するに今日は呑気な一日で日本では朝海さんどんなに忙しいと思って居るだらうか。

❖**六月二五日（日）** ゆっくり起床。別に用事なし。自室で隆と朝食。一時にパターソンが出迎へに来て車を連ねてアイドルワイルドへ。カナダ政府差廻しの飛行機は二時に離陸。自分等はそれを見送った後パタソン氏の好意で昼食の御馳走になり、ラガルディアに赴き、此処を三時半に出發したアメリカン機でワシントンに帰り、ホッと一息。呑気な夜をすごす。やれ〳〵疲れたことであった。

❖**六月二六日（月）** 庶務を大急ぎで整理し十一時半国務省でボール次官と十五分程センヰ問題で会談し、正午はニューヨークへ日航機乗入問題で会談中の航空局長等をランチに招ぶ。午後は骨休めの意味で西山（昭）、加藤、西堀と四人で水入らずのゴルフ。自分がチェヴィに招待した。

❖**六月二七日（火）** 八時自宅を發。隆と共にカナダ旅行に出かける。

❖**七月三日（月）** 溜った庶務を整理。池田台風のあとは大した仕事もないので直ぐ追付いた。夜は久しぶりでナイターを見に行く。暑い日とて屋外での野球見物は楽しいものであった。セネタースがボストンに六－三で勝った。

❖**七月五日（水）**　午後二時隆がチェヴィで始めてレッスンをとったのに同行。自分もドライヴアをボール二籠たゝいて来た。よい稽古になる。午後四時十五分労働省にゴルドバーグ長官を訪ねて既製服問題につき二十分程会談して来た。夜はナイター見物。十時でこれをきり上げ、十時三十分空港着の池田〔正之輔〕国務相（西村熊雄氏も同行）を出迎へた。

❖**七月六日（木）**　昼伊藤忠の社長越後〔正一〕氏を招待。夕方は滞在中の池田国務相のため科学関係者を招いてリセプション。あと食事。むし暑い降ったり照ったりの陽気であった。

❖**七月七日（金）**　午前国務省に儀典局長のデューク君を訪ねて池田来米に際しての米側手配につき謝意を表した。昼は今度日本へ行く在日米軍司令官〔ジェイコブ〕スマート中将のため簡単なランチ。夜、池田国務省《ママ》に同行してチエスター・ボーウルズ次官を国務省に訪ね、序でに自分の用も果して来た。夜、池田氏一行を簡単に夜食に招んでから、ナイターに案内。

❖**七月八日（土）**　午後、安部〔安倍晋太郎〕代議士等を招待してゴルフ。此の頃練習の結果、ドライヴァが当り出した。夕方は上院議員〔トーマス・〕キユツケル氏のコクテイルに招ばれたので顔を出す

❖**七月九日（日）**　好天気なのでハル大将夫妻とゴルフ。隆は同行したがプレイはせず歩いただけ。二、三日前からサマー・プレヴィレヂがエクステンドされたので今日のコースの混雑は今までに見たこともない程であった。七時までコースに釘づけ。夜、ビールを飲んでからＴＶ。

❖**七月一〇日（月）**　午後国務省の日本課長〔リチャード・〕スナイダー君が今回配置変へとなったので慰労の意味でチェヴィでゴルフ。夜は帰国館員の送別会。

❖**七月一一日（火）**　昼は訪問中の代議士を招待、会食。昼休み一寸チェヴィに隆と一緒に練習に行く。午後はオール・スターのボールゲームがサンフランシスコからＴＶ放送されたのを見る。延長戦となりナショナル・リーグが四－三で勝つ。今日、東京から自分が保土ヶ谷Ｃ．Ｃ．のメムバーにエレクトされたとの通知あり五十万円の入會金を早速支拂はねばならない。

❖**七月一二日（水）**　午前中仕事。午後はニューヨークの如水会員がやって来てゴルフ。今度は四人しか参加しなかった。自分はパットが悪かったが大体よく当って一等賞。自分の出した小カップの外、目覚し時計（廿四弗）も入手。夕方パキスタンのアユーブ・カーン大統領のリセプションに一寸顔を出し、〔ペール・〕ヤコブソンのコクテイルを廻り夜八時からソルヂァースホームでGen. and Mrs. Haislip のディ

ナーあり。出席。

❖**七月一三日（木）** 昼アメリカン・フィールド・サーヴィスの子供達が百名近く三台のバスで大使館にやって来て食事を御馳走をする。多くの子供が日本語が口をついて出ないのには驚ろいた。夕方カーンス（・ヘンリー）君が来て夕食を共にし隆と三名でナイターに行く心算であったのが生憎の夕立となりナイターは取消されたの食事後同君と駄べって時間を消したが気の合った友達なので楽しかった。

❖**七月一四日（金）** 昼デスヴァニンの叙勲（二等）を祝して彼とメトロポリタン・クラブで会食。午後はそのまゝスペイン大使とゴルフ。此の頃よく当る。六時クラブに隆が迎へに来てくれて一緒にベテスダのケーラー氏宅に赴き少人数で夕食。食事後九時半頃から十八、九哩離れたポトマックという町の附近ポログラウンドに行きポロを見物。三人づゝに分れて競技するがスピードあり、スリルあり仲々面白かった。帰宅したらば十一時半。

❖**七月一五日（土）** 好天気。〔華氏〕九十何度の暑い日だったがゴルフを楽しむ。夜はモンローニ上院議員のディナーに招ばれる。

❖**七月一六日（日）** 午後鈴木君とゴルフ。夜は約束なし。

❖**七月一七日（月）** 新館との通路が地下道となりこのため旧館の地階を打ち抜くので大変な音を立て暑さは暑し。余り仕事にならない。昼、楊雲竹君夫妻と大使館で食事後同君の案内でナショナルギャラリーの中国展を見に行く。門外不出の逸品を台湾から米軍艦で護送して持って来たゞけに立派なもの。日本の美術の貧弱さを歎ぜしめる様な作品が並べられて居るものと思はれた。夕方チェヴィで隆と共に三十分練習。今日も暑い日であった。

❖**七月一八日（火）** 昼、稲垣三井支店長を招待して会食。夕方チェヴィでけいこ。此の頃はこの味を覚へた。よい練習になるし運動にもなる。夜ヤンキースが来て居るのでナイター見物。此の日日本の内閣改造の報道あり。外相は小坂氏留任ときまった由。これで新外相が再び秋に米国務省に御挨拶に来るエンバラスメントはなくなったわけだ。

❖**七月一九日（水）** 午後チェヴィでゴルフ。よく当る。午後空港に堀内〔一雄〕衆院外交委員長夫妻を出迎へる。夜はF st.クラブでケリー氏夫妻の招宴に出席。上院議員多数出席。仲々よい会合であった。

❖**七月二〇日（木）** 昼公邸で堀内〔一雄〕氏夫妻を招んで会食。午後は四時に今度前例のない三期継続して作戦部長を勤め上げたバーク大将を招んで夫人や同大将の友人二、三十名を前にして同大将に旭日一等を授與する式を行い、あとシヤンペンでこの行事を祝った。夜は赴任の途中滞在中の田付〔景一〕君（ブラジル）と今度転任になった広瀬〔節男〕君（ヴエネズエラ）一家のため会食。そのあとブリッヂ。

❖**七月二一日（金）** 仕事は至って閑散。午前中広瀬、田付両氏とも引揚げたので午後はゴルフ。暑い日でパットするとき帽子のひさしから汗がポトポト垂れる。この頃は半日休暇にして盛んにゴルフ。眞黒になって健康を楽しむ。夜は約束なしでノンビリ。

❖**七月二二日（土）** 午前青木〔猪次郎〕君を送別のためチェヴィに招んだ。暑い日だが大にエンジョイした。夕方は商務次官補のバーンスタイン君夫妻に招ばれ六時半頃からラルフというジョーヂタウンにある洒落た家で夫妻三組でコクテイルを飲んでからコングレス・クラブに行く。今日はSafariをモーティヴにした騒ぎでインフォーマルな服装をした人々が屋外に机を並べプールサイドで食事をしつゝダンス。自分もシャツ一枚で出から踊ったり、土人の踊りを見たり。十一時すぎまで歓談を尽して帰宅。面白かった。

❖**七月二四日（月）** 昼帰国の柏木〔雄介〕君夫妻のため送別の宴。夕方、チェヴィで隆と共に稽古。夜は官補連とブリッヂ。

❖**七月二五日（火）** 午後国務省にマツコノギー君を訪ねて外蒙承認問題、中共加盟問題について米の見解をきく〔4〕。国府の存在する国連には中共は加盟しまいとの見透しで、中共を国連に入れることを認めるが中共にこれを拒否させてオーナスを中共に負はせるというのが池田さんの来た当時の米国の説明であったが、国府に騒がれ、議会の猛反対に会ってこの方針は変へたらしい。昼は議員一行と会食。午後は午前の電報を整理。夕方再び国務省にボール次官を訪ねて国際センヰ会議に関する日本の希望を申入れる。夕方八時からマリーンの司令官官邸の美しく飾られた庭でバーク大将のための送別リセプションあり。隆と共に出席引きつづき庭つづきの練兵場で閲兵式あり。気遣かはれた夕立の恐れもなくなり空には十四日位の満月がかゝる。練兵場の芝生はフラッドライトに照されて●●の様である。赤い制服をきた海兵音楽隊と黒の上衣白のズボンをつけた兵隊の分列式が始まる。光線を調整して照明された絵の様である。最後に照明を全然消して月の光りばかりとし、静かなTapsが吹かれて四十二年海軍生活を送ったバーク大将が送別された。帰邸後直ちにＴＶを入れて十時からのケネディの放送を聴く。期待と憂慮を以って聞かれた演説であった。

❖**七月二六日（水）** 昼又々代議士の接待。午後は柏木君送別のゴルフ。夜は静養。

❖**七月二七日（木）** 昼は約束なしと思って居たところハリー・カーン君に招ばれてラ・サール・デュポアで美味しい昼飯。午後三時半新築中の大使館事務所の定礎式あり。

自分の名前を刻み込んだ石に自分がセメントを塗り式を終る。式後シャンペンを抜いて祝う。旧大使館は昭和の始め出渕〔勝次〕が作り新館は自分の時代に作られる。奇しき縁であらうか。夜はベテスダ・ホスピタルの海軍士官のメスホールでバークさんの送別の夕食会あり。スタッグ。主催は〔ジョン・〕コナリー海軍長官。コクテイルでは大部陸海軍人と交歓した。席は廿余の小テーブル。自分のテーブルは余り面白い顔ぶれではなかった。食後バーク大将一代記のフィルムが映写され、これが同大将に寄贈されたが、カミカゼ撃滅のところなども出て来て少しくエンバラスされたが仕方あるまい。散会したのは十一時頃。

❖**八月一一日（金）** 午前中事務を大急ぎで整理。午後は出張中の岸田〔文武〕君（通産省）をゴルフに案内。夕方は約束なし。

❖**八月一四日（月）** 至って平穏。涼しい秋晴れの様な天気。夕方チェヴィへ稽古に行き夜はプロトコルの人々を連れてナイターへ（ロス・アンゼレスと対戦）。

❖**八月一五日（火）** 午後ゴルフ。夕方東京から出張して居る岸田君（通産省）を連れてナイター見物。

❖**八月一六日（水）** 昼、今度繊維会議で日本へ行く関係者四人を公邸に招んで会食。午後も閑散。夕方、セント・オーバンスのコートでテニスを楽しむ。夜は球場に行かずTVで野球を楽しむ。楽しい夏。

❖**八月一七日（木）** 昼、楊雲竹夫妻に「北京」に招ばれる。午後「毎日」の連中をゴルフに招ぶ。

❖**八月一八日（金）** 昼ベルギーの万国議員会議出席のため十名前後の代議士が来たので公邸で夜食後ナイターに案内。

❖**八月一九日（土）** 朝住友銀行の六笠六郎N．y．支店長来りオールズを検分。二千五百弗で賣渡した。但一ヶ月毎に百弗づゝ減価し（但二千弗が最小限度）一年以内何時にても自分が買戻せる条件である。午後は久しぶりにキーさんとゴルフ。カナダ大使夫妻も参加して自分は大に当り八十四のレコードを樹立した。嬉しい。よく当ったことゝ幸運による。

❖**八月二一日（月）** 昼、原田〔明〕君夫妻のため送別のランチ。引きつゞきチェヴィで同君のため送別のゴルフをやった。

4——台湾の国民党政権は、モンゴル人民共和国（以下、外蒙）を中国領土とみなし、外蒙の国連加盟に反対していた。しかし、ソ連が外蒙とモーリタニアの国連加盟をパッケージ・ディールにする方針を示したことを受けて、米国はアフリカ諸国の台湾支持票を固めるために、国民党政権に外蒙国連加盟への拒否権発動を控えるよう説得していた。

雨は熄んだが涼しい。夜はTV。

❖八月二二日（火）　昼、衆議院議員の千葉〔三郎〕氏（MRA）を昼飯に招待。午後はテニス。

❖八月二三日（水）　閑散。夜は久しぶりのブラック・タイでチェヴィのクラブに行く。カロル・モーガンが英国大使夫妻（今度転任して本省の次官になる由）の送別会を行ったのに出席。食事後ダンス。

❖八月二五日（金）　午前、ゴールドバーグ長官を往訪。既製服問題で三十分程会談。夕方六時半から国務長官応接室でフルブライト奨学資金対日供与十年の記念式を行ふ。国務長官と自分の挨拶の後、〔ジェームズ・〕フルブライト議員の挨拶あり。終って長官室でシエリーを飲んで散会。夜官補連とブリッヂ。徹頭徹尾手がつかなかった。

❖八月二八日（月）　閑散。夕方チェヴィで隆と共に練習。夜アドミラル・ウィジントンの邸に招ばれた。保科〔善四郎〕氏が来て居るため同氏が招ばれたわけ。

❖八月二九日（火）　夕方英国大使に招ばれてテニス。夜は保科氏を食事に招んでからナイターに案内。

❖八月三一日（木）　午後韓国大使カーテシー・コールで来訪。韓国大使との交歓は始めてのこと。日本の士官学校で勉強したとのことで日本語は日本人と変らず。昼、マツコノギー君とMクラブで食事を共にしつゝ仕事の話し。夜は八時半からチェヴィでバーンスタイン君夫妻と食事。今日はクラブはテレス・ダンスの日であった。屋外で虫の音をききつゝ夏の夜を楽しむ。

❖九月一日（金）　昼今度国務省を辞めてカリフォルニアに引退するといふウエアリング夫妻を招び、〔ウィリアム・〕カラハン、モーガン、スティヴス夫妻等も招んで会食。夕方チェヴイで練習。夜はナイター見物。

❖九月五日（火）　昼、ボール次官に招ばれて国務省の同氏室附属の食堂で補佐官の一人と三人で食事を共にしつゝ当面の経済問題につき懇談した。目下東京で交渉中の日米紡績問題が出たことも勿論である。夜は目下公邸に滞在中の堀江〔薫雄〕令嬢と友人を連れてキャプトルで観劇。

❖九月六日（水）　本省から米国の核爆發実験再開に対する抗議を行う様に訓令あり。五時半国務省にマツコノギー君を訪ねてこれを執行。夜は大貫（朝）〔朝治〕君が来たので食事に招ぶ。

❖九月八日（金）　昼、渡辺（武）夫妻がウキーンに於けるIMFの会議に出席の途中ワシントンに来たので会食。夕方、スティーヴス君が新任のCNO〔海軍作戦部長〕の〔ジョージ・〕アンダーソン大将のためのコクテイルを自宅で催したのに出席。夜は大谷〔藤之助〕参院議員夫妻を公邸に泊めた。

❖九月九日(土) 秋晴れの好天気。午前ゴルフ。東京に於ける日米紡績交渉を話したらしい。夜ガローウエイ君に招ばれる。日本に勤務したことのある退役の将軍連が五、六組来てゐて昔語りに花を咲かせ、気の措けない人々なので楽しかった。

❖九月一〇日(日) 午前中大谷氏夫妻辞去。新聞を片づけて午後シヤトルから来た藤崎君をゴルフに招待。

❖九月一一日(月) 今日から在米領事会議が大使館事務所で開かれる。本省から中川〔融〕、奈良〔靖彦〕、有田〔圭輔〕の諸君が出席。熱心に討議がつゞけられる。昼は米赤十字の〔アルフレッド・〕グランサー大将が日赤の視察団員をアーミー・ネーヴィ・クラブに招待したのに出席。夜は公邸で領事のためブッフェ。その後ブリッヂ。四テーブルも成立。和気藹々で楽しかった。

❖九月一二日(火) 午前中領事会議に出席。十二時四十五分国務省に求めによりマッコノギー君を訪ねる。米側から日本の核爆發実験抗議に対する回答が手交された。午後引きつづいて領事会議に出席。夜は越智、塚本〔政雄〕の両君をナイターに案内。

❖九月一三日(水) 午前中に領事会議は終了。自分から終りの挨拶を述べる。午後はダウンタウンに買物に出かけ、夕方チェヴィで稽古。夜隆を連れてナイター見物。

❖九月一四日(木) 午後から会議に来て居る領事団を案内して三組でチェヴィでコンペティション。自分は一等を獲得したが自分のカツプなので辞退して柱時計を二等賞として獲得。夜はナショナルへ行く。

❖九月一五日(金) 七時前に起床。八時半ボルテモア出發のユーナイテッドのジエット機でシカゴに向ひシカゴで乗り換へてサン・フランシスコに向う。桑港着はローカル・タイムの十二時。総領事が迎へに来てくれてゐてその足で直ぐ小坂氏一行の居るサン・フランシスコ・ゴルフ・クラブでゴルフ。紹介の米人二人と六名でゴルフをしたが自分は散々の当り。おまけにバンカーの多いコースとあって百を切れぬ醜態で小坂氏に敗退。夜はセント・フランシス・ホテルに投宿。丁度此の地で実業家の会議あり。石坂、田代、青木、水上といったお歴々が来て居たのでこの人々と外相等一行と賑やかにホテルの一室で会食。時差の関係もあり疲れた。

❖九月一六日(土) 外相の一行と共に八時頃ホテルを出發。外相は九時ニューヨークに、自分は九時五分發のユーナイテッドのジエットでシアトルに向う。ノンストップで一時間廿分位飛ぶ。このルートは自分が赴任したとき子供と共に飛んだ道で当時はピストンであったゝめ可なり時間がかゝった記憶あり。シアトルの空港には藤崎君が出迎へてくれオリムピツクホテルに鞄を置いてからシアトル・ゴルフ・クラブに赴き此処でグリーンという銀行家で九十二才とかいうゴルファ及トッパーという退役軍人に世話をして貰いゴルフ。幸いメンバーで一人ゴルフをやらうという人も参加して自分の外、藤崎、福田の四人。天気はよし。快適の温度なので楽しんだ。このコースはサンフランシスコ程にバンカーがないので面白かった。九十二〔コースのパーは七十二〕で藤崎君から二アップして三弗貰う。

❖**九月一七日（日）** 藤崎邸で夕食を御馳走になり十時の飛行機が十一時となり飛行場で一時間余待たされたが十一時のジェット機でシアトル發。ポートランドに着いたのは十二時近く。主催者側のSchrunkポートランド市長、浦部〔勝馬〕夫妻等が出迎へてくれて飛行場で市長から市の鍵を貰う。Multnomahホテルに投宿。ホテルは日米市長会議とて日本の旗等で飾られてあった。

❖**九月一八日（月）** 十時から会議が開催される。〔ゴードン・〕クリントン・シアトル市長が議長となり議事を進め、〔マーク・〕ハットフキルド・オレゴン州知事の演説。東〔龍太郎〕知事の答辞等の後、自分が三十分程講演をしたが同時通訳なので横に居る通訳者の日本語が耳についてうるさかった。昼は食事後国務省のマツコノギー君の講演あり。これは同時通訳でないので時間がかかりだれ気味となり気の毒であった。午後は自室で一休み。夜は州知事のリセプション。引きつゞいて会食。全部ホテルで行はれたので行動上は便利であった。田中彦蔵君が日本から来て居たので交歓。夜十一時のジェット機でシカゴ経由ワシントンへ帰る。

❖**九月一九日（火）** シカゴで夜が明けた。ジェット機は混んで居なかったので横の座席のバーをとり除いて横になったが何といっても疲れた。尚書きおくれたが昨日の日米市長会議の開会に先ちクリントン市長が国連事務総長の〔ダグ・〕ハンマーショルド氏がアフリカで飛行機事故のため死んだことを報告し一分間の黙祷を捧げたのは印象的であった。

❖**九月二〇日（水）** ハリケーン来の警報頻りであるが一寸雨が降って居る程度で大したことはないらしい。夕方ペルーの大統領が来て居るのでリセプションあり出席。夜はF st.クラブにポストのディクソン氏に招ばれて食事に行く。

❖**九月二一日（木）** 正午は英国大使館のカチア君が今度本省の次官に転任になるので主賓として招待。ポースト・マスター・ジェネラルや陸軍長官も顔を出したので仲々立派なランチになった。夜は陸軍参謀次長の〔クライド・〕エデルマン大将夫妻に招ばれてブラックタイのディナー。Ft.レヴンウォースで会ったマドックス少佐夫妻〔夫人は来栖令嬢〕

も今度ワシントンへ転勤したとかで顔を見せていた。

❖**九月二二日（金）** 昼石坂氏のため昼食。午後ゴルフ。どうしたのか全く当らず。秋晴れのよい天気であった

❖**九月二三日（土）** 午前ゴルフ。午後は対国務省の野球に出席。かくしゃくたるところを見せる。国務省に九－二かで大敗。夜はＴＶ。

❖**九月二五日（月）** 十一時半から約卌分国連で行はれたケネディの演説の放送ありＴＶできく。午後は日本行を予想して若干の買物で忙し。夕方独大使に招ばれて今度帰国の同館次席のクラップ君夫妻のためのコクテイルに顔を出す。

❖**九月二六日（火）** 昼参議院の野元〔本〕〔品吉〕氏等を招待。夜約束なし。

❖**九月二七日（水）** 午前十時半頃空港に岸前首相夫妻の一行を出迎へる。同氏夫妻は公邸に泊って頂く。その他、福田〔赳〕〔赳夫〕夫妻、坊〔秀男〕氏等も来た。昼は〔ジョン・〕スパークマン、ブッシュ、レムニッツア、ハル、〔アーサー・〕ラドフオード、等々日本関係者を公邸に招き和気藹々の会食。午後は岸さんを中心とし〔プレスコット・〕ブッシュ、マーフィの四人でゴルフを楽しんだ。秋晴れで余り暑くなく楽しんだ。

❖**九月二八日（木）** 午前中岸氏一行の男子のみゲッティスバーグに赴きアイクと会見したので昼は自分が婦人を連れ出しオードンネルで食事をした。午後は新聞記者会見等あり。夕方日米協会のリセプションあり。八時からは公邸で岸氏一行を中心とし日本人のみのディナー。

❖**九月二九日（金）** 岸氏一行がボルチモアから出發したので自分のみ空港に見送る。午前十一時に出發。昼はメトロポリタン・クラブでロックフェラーと雑談し乍ら会食。夕方はチェヴィへ隆と共に稽古に行く。夜は久しぶりに約束なし。

❖**九月三〇日（土）** 午前中ゴルフ。秋晴れの天気。午後館長符号電あり。貴使の帰朝は十月二十五日頃。米側閣僚が夫人同伴でもあり貴使も夫人を帯同帰国し差支なしとのこと。隆これを聞いて大に張り切る。午後はショッピング。船便の準備に精を出す。

❖**一〇月一日（日）** マーフィ君とゴルフ。此の頃当り後退。今日はフットボールがＴＶであるとかでコースはガラ空き。秋晴れの日。午後は荷造り。近くのドライヴ

❖**一〇月二日（月）** 雨。午前中に荷造り完了。午後にはフェデラルの車がとりに来て七日ボルチモア出發のノーフォーク丸で發送の運びとなる。夕方ギニーとナイゼリアの国祭日に駆ヶ足で顔を出して八時半からナショナルの芝居を見に行く。

❖**一〇月三日(火)** 午後小雨であったが国務省極東部の連中をチェヴィに招んで大使館と対抗ゴルフ。大して降らなかったので面白かった。

❖**一〇月五日(木)** 午後一時からウワールド・シリーズの第二戦をT.V.で観る。レッヅが六―二で勝った。夕方メイフラワー・ホテルにスーダンの元首が来たというので同国大使がリセプションを催したのに出席。夜はプレス・クラブでMrs.Gwen Terasakiのためのリセプションあり。彼女とは久しぶりで会った。上海で会った娘はもう廿九に成長して結婚して子供が三人居る由。此処で賑やかにブツフェ。その後我々三、四組が列を作り隣りのキャピタルに乗り込む。"Bridge to the sun"のプレミエーとあって音楽隊も出動。派手なもの。自分が駐米大使として故寺崎〔英成〕君の夫人と映画館に乗り込むとは廿年前誰が予想したらうか。映画中に出渕〔勝次〕大使が出てくる。頭の禿げたのが似て居るが英語はほんものより上手。大使館のリセプションがあったり、パール・ハーバーで大使館員がバスに乗って集結させられたりのシーンあり。此のシーンは大使館でロケーションしたもの。自分は寺崎夫妻を知って居るし、此等の事件も身近かに感じて居たので面白かつた。

❖**一〇月九日(月)** 昼のお客さんのうちに中松潤之助氏夫妻あり。久しぶりであった。午後は三時半から国務省で約一時間アレキス・ジョンソン副次官と会談。主として最近の大統領、国務長官の〔アンドレイ・〕グロムイコとの会談を中心として米の方針をきいたが仲々よく話してくれ本省宛に二十数頁の電報を夜八時までかゝって起草ファイルして置いた。仕事をした様な感じがして何となく嬉しい。

❖**一〇月一〇日(火)** 夕方双十節でシナ大使館に顔を出す。

❖**一〇月一一日(水)** 夕方st.オーバンで久しぶりにゴルフ。この週末にディプロマティックのテニス・トーナメントがあるのに備への練習。西堀君等館員と三セットしたが疲れた。

❖**一〇月一二日(木)** 午後ルバロン夫妻、ルクセンブルク大使とコロンビアでテニス。夕方はコロンバス・デーとあってスペインの大使館のリセプションあり。夜、渡辺操君来り泊る。

❖**一〇月一三日(金)** 午後は岩佐〔凱実〕(富士銀)、高畑〔誠一〕(日商)、渡辺〔操〕の諸氏を案内してゴルフ。夜は輸出入銀行の〔ハロルド・〕リンダー氏が住友(金)の広田〔寿一〕夫妻を招んで居るのに同席。

❖**一〇月一四日(土)** 午前中、国務省と外交団のテニスに参加。大使では自分、ルクセンブルク、アフガニスタンの三大使が出場。自分はフークという国務省の若い書記官と組んで彼のお蔭げで六―一、九―七で勝ったところでシヤワー。午後は何も出来ず家に引きこもり。夜は広田夫妻（住金）、稲垣〔平太郎〕氏等を招いて会食。

❖一〇月一五日（日）　夜はパナマからチエッコへ大使として赴任の三宅〔喜二郎〕君夫妻が立寄ったので公邸に招んで館員と共に食事。

❖一〇月一七日（火）　午前事務所でＵＳＩＡが皇太子夫妻来米の際のアルバムを自分に呈上してくれる。午後は二時間程自分の帰朝に備へて経済問題の研究。夜は十時からフインランドの大使館で大統領が来たというのでソアレあり。ホワイト・タイ。

❖一〇月一八日（水）　午前十時ホワイト・ハウスの別館に最高経済顧問のHellen氏を訪ね、同氏夫妻が日米閣僚会議に出席の件で二十分程話合う。十一時半から如水会月例ゴルフ。素晴らしい秋晴れで楽しんだ。そのまゝクラブから渡辺君を伴ふ車でフィラデルフィアへ。スワスモア・カレヂで講演のためである。六時半頃キャデラックでデラウエア橋の近くのTreemont Motel Ct.というのに泊る。

❖一〇月一九日（木）　朝八時に出發。濛々の霧である。燈火を点けてゆっくり走ったがそれでも九時にはカレヂに着いてしまったので附近をドライヴして時間を消し、十時に学長の〔コートニー・〕スミス氏（四十少し越した位の若い人）に挨拶。十時から十一時近くまで禮拝堂で日米関係を話す。コレクションという週一回の全学生（九百余名）の会合だ相だである。話しの面白い箇所毎に笑声が起りリアクションがあって張合があり気持ちよく喋れた。講演後、約一時間別室で学生の質問に答へたが仲々インテリジェントな立派な質問が出た。その後、教授と会食。一時頃此処を辞し、美しいキャンパスを渡辺君と共に寫眞を撮り乍ら散歩。

❖一〇月二〇日（金）　今日は台風の余波で曇り。正午、邦人新聞記者でワシントンに駐在して居る人々二十余名を招待。午後はチェヴィで一打ち。夕方はライベリアの大統領のためのコクテイルを失礼して買物の整理と夜はＴＶでマクベスを観る。

❖一〇月二一日（土）　ゴルフの約束が成立して居たが一日雨のためお流れ。午前中日米閣僚会議関係の書類に目を通したり、荷物の整理をしたり、何とも所在ない日であった。午後は〔ジョージ・〕ケナンの新著“Russia and West”を讀んだが（五十頁ばかり）面白し。夜はＴＶ。

❖一〇月二二日（日）　天気が回復したので午前中気の合った連中でチェヴィでゴルフ。夜はアラビア石油の山下太郎氏夫妻を招待。

❖一〇月二三日（月）　午前中、ユーダール内務長官、ホッヂズ商務長官を歴訪。日本行きにつき会談したが何れも敬意を表する程度。午後はラスク国務長官と十五分ばかり会う。

大した話はなし。日米経済会議に関連しての話である。夜は約束なし。閑散。

❖一〇月二四日(火) 昼隆は日本行の閣僚夫人に(既に出發したフリーマン夫人を除く)と〔アレクシス・〕ジョンソン、マッコーギー夫人等を招んでレーディス・ランチ。食事後は日本の新聞記者が隆をインターヴューする騒ぎ。自分は二階で悠々と雑誌讀み。好天気なので四時にルバロンとテニス。夜は堀内(謙)〔謙介〕氏等を公邸に招んで食事。

❖一〇月二五日(水) 午前十時、ゴールドバーグ労働長官を訪ねて日本行につき懇談。正午は丸ノ内ホテル支配人小林氏等のため昼食。午前にオールズの一九六二年の新車が到着。必要書類に調印して用が済んだのは好都合であった。四時出發。六時ボールティモア着のTWAのジェット機でシカゴに赴きシカゴでノース・ウェストに乗り換へる。ノース・ウェストの人々の世話で何の苦労もなし。待合室でMr.フォードといって紹介された若い男がヤンキースのホワイティ・フォードであることを告げられて驚ろく。飛行機は八時半頃離陸。アンカレーヂに向う。実飛行時間は六時間位でアンカレヂに着く。夏来たときと異り、飛行場には雪が降り積んで居て外套を着て居ない自分には寒く感じた。アンカレヂは夜の十一時頃出發。日附変更線を越して二十七日の未明二時半頃東京に着く。意外にも俊夫と明子が出迎へてくれた。役所の人々の世話で簡単に通関もすんで二台の車で帰宅。荷物を解いたり二階から降りて来た和夫も交へて雑談して居るうちに夜が明ける。我々としてもワシントン時間ではまだ正午を廻った程度であるし機中で一休みして居るので眠くない。隆とそのまゝ荷物の整理。二、三度役所から電話がかゝって来た程度で閑散。夕方家族一同でダットサンであれ模様の鎌倉辻堂の海岸を散車。夜は一家団らんで食卓を囲む。楽しいものである。

❖一〇月二八日(土) 昨夜は時差の関係もあってか八時頃眠くなり就寝したが二時には眼が覚めてしまって閉口した。早朝起床。俊夫にダットサンで辻堂まで送って貰い一等車に腰かけ東京から地下鉄で霞ヶ関に赴き武内君に挨拶。求めにより新聞記者(思い上がった無礼なタイプのもの二、三あり。不愉快)と会見。昼食は加藤君と魚河岸の「江戸銀」というところで新鮮な魚でスシを楽しむ。午後土曜というので大混雑の裡を鎌倉経由で帰宅。雨にぬれた。米閣僚を迎へてオレガオレガと宣伝に焦る人々の話しを聞くだけでもう沢山の気持。

❖一〇月三一日(火) 今日は役所で借り上げてくれた国際の「ベンツ」が早朝六時半に片瀬に来たので明日の箱根行きの荷物を積み隆と東京行き。佐藤氏(栄)夫妻に敬意を表し、東宮御所、秩父宮邸、池田首相夫人と順々に用を足し、外務省で明日の米側閣僚空港着に関連しプロトコルのブリーフを受け、銀座に出て百貨店で買物。正午は築地の「錦水」で武内次官夫妻の招待に出席。四人で歓談。その後田園調布に小坂外相夫人を訪ね表敬。大分能率をあげたので三時半には帰宅。流石に疲れた。

❖**一一月一日（水）** 幸いに曇天乍ら温く雨は降り相もなし。八時半頃もう車がやって来たが九時半頃隆と共に羽田に向け出發。大変なトラックで仲々進まず。二時間位かゝって羽田に着。米陸軍機は定刻正午に到着。ラスク夫妻、ホッヂェス夫妻、ユードール夫妻、ゴールドバーグ夫妻、〔ヘンリー・〕フアウラー夫妻、〔ウォルター・〕ヘラー夫妻と降り立って来て、小坂外相夫妻、ライシャワー米大使夫妻、自分等夫婦の三組でこのお客さんを手分けて日本の閣僚に紹介。佐藤通商相夫妻、藤山〔愛一郎〕夫妻、水田〔三喜男〕夫妻、福永〔健司〕氏、大平〔正芳〕夫妻等の人々が並んで出迎へた。羽田でコンボオイを組み最初の車にラスク、ライシャワーが乗り、次の車に小坂、自分と乗り込んで以下夫妻、車を連ねる。東海道を走る。途中、ラスクの車と小坂氏の車のみ大磯に立寄り、ラスク氏は吉田氏とも旧知の間柄なので暫く会談。シャンペンを挙げて健康を祝し此処を辞去。再びコンボイを組んで箱根の山に登り箱根観光ホテルに四時少し前に到着。ホテルは報道陣、警戒陣で大変な人だかり。少憩の後七時から内山〔岩太郎〕知事のリセプションあり。これに三十分程顔を出してから小坂夫妻がラスク夫妻を近くの邸でスキ焼に招待したのにライシャワー夫妻と自分等夫婦が陪席して歓談。箱根の夜は報道陣と警戒陣と共に更ける。夜も外套が要らぬ程の温さ。

❖**一一月二日（木）** 今日から会議が始まる〔5〕。一同が心配して居た天気は上々。ホテルの我々の部屋の前面の湖水に陽が映へる。朝食は食堂で日米交歓しつゝすませる。十時からホテルで開会。先方七閣僚（ヘラーは閣僚並み）、我方七閣僚（官房長官を含め）とテーブルをへだてゝ相対し背後に外務省と国務省以外は一人づゝの補佐官がつく。正午カウンターパートのランチあり。総理がラスク長官と会談したので小坂さんは相手を失ったので我々と食堂でたべる。午後も引きつゞき会議。日米の片貿易はバイラテラルの見地から見るべきものと米側は主張。それに加へてフアウラー

5——池田・ケネディ会談で正式決定された日米貿易経済合同委員会の第一回会合が一一月二日から四日まで箱根で開かれた。

が米側は資本を流入して居るから日本側は大した赤字とならぬと大蔵省的見解を述べたところから議論が白熱し、日本側佐藤、河野の両氏が相当激しい語調で發言。一寸面白い場面があった。七時ホテルを出て富士屋ホテルで外相が日米をブラック・タイのディナに招んだのに出席。今日は夫人連は別行動で米側婦人と我方閣僚夫人に隆も参加して芦ノ湖巡りをやったり宮ノ下のシオツピングをしたりで楽しかったらしい。

❖**一一月三日(金)** 今日は婦人連は八時半出發。湯本發の電車で東京に赴き東京での約束を果す。会議は九時から始まり昨日に引きつゞいての論議。正午は小坂さんがカウンターパートのラスクさんをつかまへて嬉し相。近くの別墅で天ぷらを喰べつゝ懇談。これには武内君、ライシャワー君、自分等が同席。午後の会議直前に大名行列が箱根町の有志によって組織されこのホテルにもやって来た。かなり大規模なもので面白いと思はれたが生憎猛烈な霧で寫眞にはなり相もなかった。今日は一日小雨と霧で山はほとんど見えない程。夜は米側がスタグで小涌園ホテルで日本側を招待。米側が響の部屋に日本食で招待。余興も飛び出したり、和気あいあいであった。

❖**一一月四日(土)** 午前中会議終了。小坂さんやラスク氏は記者会見などで大忙し。こちらはノンビリ。昼は強羅の環翠楼〔旧岩崎別邸〕で総理主催のスタグの送別会あり。天ぷらとスキ焼。この席からラスクは京城行で匆々に辞去。三時頃一同散会。此処に行事を終へる。今回の会議は忙しい米の主要閣僚を二、三日間日本問題のみで罐詰めとしイヤという程日本の主張を聞かせた点にあらう。自分も四時頃荷物をまとめて一人で霧の深い紅葉がこの二、三日間にメッキリ濃くなった窓外を見乍ら、余り会議場では働かなかったがそれでも流石にホッとした気持で七時前に帰宅。

❖**一一月五日(日)** 小坂さんに誘はれて程ヶ谷で十時半からゴルフ。快晴。伊関君も参加。但自分は余り当らず。ゴルフを終ったら隆が車に乗って迎へに来てくれ夕方の米大使館のブツフェに臨む。ラスク、フリーマンを除いて各閣僚夫人と此処でサヨナラをする。一行は横田で韓国から帰ってくるラスク長官夫妻に合流するわけ。これで閣僚会議の全プログラムを終へてヤレ〳〵。八時頃車で帰宅。

❖**一一月六日(月)** 午前中はノンビリ。片づけ物をしたり、書類の整理をしたり。今日も小雨模様で日本の秋晴れを満きつ出来ない。午後登庁。一寸連絡をしてから午後四時NETに赴き日米経済閣僚会議を中心として美濃部〔亮〕〔亮吉〕氏と十五分間対談。これはこの夜十一時十五分に放送された。

❖**一一月七日(火)** 午前開發基金の柳田〔誠二郎〕氏に会う。

其処から如水会館の昭四会に行く。四、五十名の同窓生出席。歓談する。

❖一一月一〇日（金）　十時半頃登庁。大公使室で二、三の訪客に会う。昼は若松、小山両君に鶏料理の御馳走になる。夕方霞友会館でワシントンに在勤して居た日本人新聞記者十数名が自分及帰国中の下田〔武三〕駐白大使を囲んで茶会。夜は「不動」で森下（陸）君の宴会あり。歓談。

❖一一月一一日（土）　夕方東京へ一同で出かけ（和夫のみ欠）新橋「中国飯店」で堀江氏（東銀）の招待あり。令嬢がこの間ワシントンへ行って世話になったことのお礼である由。美味しかった

❖一一月一三日（月）　朝早く出渕母及隆と共に東京行。十時からイグナシオ教会で正田貞一郎氏の葬儀あり。列席。久しぶりの親戚の顔も見られた。式後銀座に廻り一寸用を足して外務省に赴く。午後は若干の人に会ひ、四時半から大正海上の村瀬〔逸三〕氏の肝入りで「クラブ関東」で三井物産の幹部と懇談。夜は約束なしで帰宅。

❖一一月一四日（火）　昼海運クラブで海運関係者（山縣氏）が中心となり自分のために歓迎会を開催してくれ七、八十名出席。盛大であった。午後首相官邸。森下君、五島（昇）氏等を廻り四時半から六時半までの工業クラブに於ける故松平恆雄氏追憶の会に出席。發起人として吉田茂氏、遺族として松平（信）〔信子〕未亡人、外務省代表として芳沢〔謙吉〕氏、宮内庁代表として白根〔松介〕氏、参議院代表として佐藤（尚）〔尚武〕氏、会津関係者代表として町野（武馬）氏の挨拶あり。自分もほとんど終戦以来始めてと思はれる様な外務省先輩に会い何れも此の人々が年を老って居るのを見て感無量。外務関係者では恐らく自分より下のクラスの人はほとんど出席して居ないと思はれた。夜は椿山荘で四神会の歓迎会あり。宮沢、横山、細田、塚田、林、久村、水越、深瀬、阿部（竜）の連中が出席。校歌を唄い賑やかに会食。寒い日で外套なしで寒かった。

❖一一月一五日（水）　昼は赤坂で船田氏に御馳走になる。

❖一一月一六日（木）　隆を「三越」に送って十一時東京發国立に向う。小金井で乗換に手間取って一橋大学に着いたのは十二時半頃。大平〔善梧〕君の斡旋で四、五十名の学生に講話して辞去。天気がよいので楽しかった。車で外務省に送られ外務省で残務を処理して買い物を満載して車で帰宅。

❖一一月二一日（火）　午後、隆と和夫の数学の先生の家へ挨拶にダトサンで出かけ万年筆を置いて来た。帰路、藤沢から七里ヶ浜方面をドライヴ。七里ヶ浜の山を崩して土地分譲が行はれてゐる。午後、荷物の片づけ。今日の出發の用意。額やスコンスの整理などで忙しく、ＴＶで角力を観戦し、家族の者一同とお別れの食事をして七時半には出發。

十時羽田發のNW機でアンカレヂ経由帰任の途につく。尚昨日、本省からの電話で運転手のマックが心臓麻痺で死去したとの報あり。身近に働いてくれてゐた人だけに哀悼にたえない。彼とはボルチモアの空港で別れたのが最後となった。空港へは祖母、隆、和夫が見送ってくれた。外には外務省から有田君、その他は出渕、大雲等。五、六名の簡単な見送りでNW機は予定の通り午後十時に出發。急に淋しくなってしまった。アンカレヂで約一時間泊った後、自分は予定を変更してN.y.に一気に飛ぶこととして手續をすませ十一時すぎ同地に向け出發。今日は昼間が短く直ぐ夜になる。飛行は快適。N.y.でイースタン機に乗りかえワシントンに着いたのは午前二時。渡辺君が出迎へてくれ三週間ぶりに公邸入り。ギルバートやヂェニーが迎へてくれた。自分を出迎へた運転手がマックでなかったことは悲しいことであった。東京からNy.まで実飛行時間十三時間位で飛ばしてしまう速さ。人間の方が調節をつけきれぬうちに米国へ着くわけである。

❖ **一一月二二日(水)** 幸い夜昼とり違へることなくして午前十時近くまで寝込む。例により溜った公私の書類をドン〱整理。夕方までには一応追いつく。早速、家へも手紙を出す。

❖ **一一月二六日(日)** 温い晩秋の日。午前中ゴルフを楽しむ。午後野村証券の奥村〔綱雄〕氏が来たので総理の特使というふれ込みでもあり空港に出迎へる。夜はTV。

❖ **一一月二七日(月)** 今朝の新聞に国務省のリシャフルが報じられた。C. Bowlesが退きBallが二位になることは予定された通りであるがマッコノギーが更迭されて〔アヴェレル・〕ハリマンが極東を担当するというのは驚ろきのニュース。折角マッコノギーと知り合になったのに、又遣り直しではこちらも大変である。ハリマンとは二、三回会った程度であるが余り感じのよい人ではない。午前中館員の会議で自分から日本の印象を話した。午後は三時から邦人記者との会見。四時から国務省にマッコノギー君を訪ねて農業調整法二十二条問題につき申入を行った後、同君の転任を遺憾とする旨も話した。

❖ **一一月二八日(火)** 風は強いが晩秋らしからぬ温い日。至って閑散。夜は公邸に野村證券の奥村綱雄氏の一行を招んで食事。

❖ **一一月二九日(水)** 少し風があり寒かったが午後二時間ばかりチェヴィでテニス。午前中、世銀で道路借款四千万弗の調印があり。ナップ氏と自分が調印。この金は目下建設中の神戸、名古屋間四レーンの高速道路建設に使用される。夜はノンビリTV。

❖一二月一日（金）　閑散。夜はオーストレリアの大使に招ばれる。〔ローレンス・〕マッキンタイヤーという同国の駐日大使が来てゐるのでそのためのディナーだ相である。仲々よさ相な人柄の大使。その外アレキス・ジョンソン、ジョン・スティヴスの夫妻等が居て面白いパーティであった。

❖一二月二日（土）　午前中ゴルフ。夕方ワグノッチさんのリセプションに顔を出した。勿論お坊さんが多かったがそれでも五、六人知り合も見つけ出し二十分程居た。夜はＴＶでノンビリ。

❖一二月四日（月）　今日も小春日和。何時までつゞくか此の陽気。夜は米国オリムピック委員会がウヰラードでディナーを催し六四年の会合が日本で行はれるというので自分も招待され、一言挨拶する。一九六三年にパンアメリカンのゲームがブラジルで行はれるというのでブラジル大使館の参事官が来て居たし、六四年のウインター・スポーツはインスブルックで行はれるというのでオーストリアの大使も来て居た。この二人の外に六四年の主催国たる日本の代表として自分の三人が簡単に挨拶。主たるスピーカーは空軍のカーティス・ルメイ大将であった。

❖一二月五日（火）　午後二時からニューヨークの支店長連と大使館側との経済懇談会あり。自分から最近の日米貿易委員会の印象等を話した後、現地支店長側からも活發に意見や実情の開陳あり。自分としても非常に参考になった。今日はタイのリセプションがあったが一寸顔を出したのみで、この懇談会出席者のための公邸に於けるブッフェの会に出て交歓した。

❖一二月七日（木）　パールハーバーの記念日。最近パール・ハーバー攻撃の週刊誌や放送が少くない。

❖一二月八日（金）　十時半「毎日」が来て年末の日本向挨拶を録音。ＶＯＡも同じ様なことをやる。十時半カンサーの研究基金五千弗余の北海道大学への寄附を受領。午後はインドとセイロンの新大使のコールあり。夜はワシントン・トーキョー・ウィメンス・クラブの主人を同伴しその大使館でのブッフェあり。ブッフェのあと五、六日ＮＢＣでＴＶ放送した日本に関する映画を約一時間上映。日本のヴァイタリティが示されてゐて面白かった。

❖一二月九日（土）　午前中幸いにゴルフが出来たが丁度終った頃から雪となった。午後はジョンソンとテニスの約束をしたがこれでは駄目。夜はブリッヂ。

❖一二月一〇日（日）　ゆっくり新聞を讀み午後もノンビリ。但六時出發のデトロイト直行の飛行機が雪のため遅れるとあって五時出發に切り替へたので四時公邸發。途中ピッツバーグとクリーヴランドに寄るのでデトロイト着は八時すぎ。エディソン社のシスラーという社長が出迎へてくれ、経済クラブの確保したシエラトン・キャディラックに泊る。夜就寝前ホテルの前の通りをクリスマスの飾りを見乍ら散歩。寒かった。

❖一二月一一日（月） 午前中はゆっくり。アメリカのホテルらしくもなく暖房がきかなかった。十一時からヴエタランス・メモリアル・ビルディングで三十分程若い人々の質問に答へ、十一時半からデトロイトの経済界の有力者と三十分リセプション。十二時から昼食。Walker L. Cisler という Detroit Edison's Company の President で最近日本から旅行で帰って来たという人が自分の紹介をしてくれ約三十分話しをした。二、三百人の人が集まり盛会であった。四時半 Willow Run というやさしい名の飛行場を出發、ワシントンへは六時半頃着いた。ワシントンは雨でスッカリ雪はけされて居た。講演料三百弗を頂いた上、ホテル代は先方のカーテシーとあって鄭重なものであった。

❖一二月一二日（火） 雨だが温い日。午前ポルトガルの大使に答礼した以外ほとんど用事なし。六時から国務省の八階で新旧アシスタント・セクレタリーの挨拶あり。関係国の大使や代理をハリマンとマツコノギー両氏が招んだもの。ボール長官代理（ラスクは目下欧州出張中）や国務省の要人が出て来たので顔つなぎとなった。

❖一二月一三日（水） 天気となった代りにメッキリ寒くなる。三時国務省に新任のハリマン次官補を訪ね、主として紡績賦課金問題で日本側の関心を伝へた。老人なので声を大きくして喋らないと聞へないらしい。頭はしっかりして居る様であるが、何の程度日本問題に関心を持ち、日米の経済問題に興味を持って居るか疑問である。一九〇五年ポーツマス条約の直後で日本の民衆が屈辱条約にいきり立って居た時分、有名なおやぢさんの〔エドワード・〕ハリマンと東京に居た由。夜、鹿島守之助氏夫妻一行を公邸に招待。

❖一二月一四日（木） 夜、ジョージ・モーガン夫妻が新任副次官の〔ジョージ・〕マッギー氏のためB.T.ディナーを催したのに招ばれて出席。

❖一二月一九日（火） 昼日経の川俣君を招ぶ。夜は国務省の八階でラスク主催のディプロマティック・ディナー。八時からホワイト・タイ。年末であり今まで各国大使に招ばれていたものをまとめてお返しした感じ。今日は二回に分けた招待の二回目。自分のテーブルにはファウラー・ハミルトン（AID）夫妻が主人役となり黒人国の大使夫妻やラトビアの代理夫妻で面白くないテーブルであること限りなし。十一時すぎ散会。

❖一二月二〇日（水） 十一時商務省にホッヂェス長官を訪ねて約三十分紡績賦課金問題、ヂルコニウム・リストアップの問題、ウィルトン・カーペット輸入問題等につき申入れた。同長官日本から帰って来ての最初の会見とてコーヒーを出して歓待してくれた。会談の内容の方は余り香しからず。帰って来てから新聞記者と会う。昼は租税交渉がまとまったので関係者を招んで食事。ファウラーさんも来てくれるわけであったが同氏夫人のお母さんが喪くなった相で急に欠席。午後商務長官との会談電報を書き、夜はマックルーアが自分等を主賓としたブッフェを催して居るのに出席。五、六十名のお客であった。クリスマス気分みなぎる。

❖**一二月二一日（木）**　正午は国務省極東部の連中が大使館をMクラブに招待。先般のゴルフで負けたゝめお返し。四時国務省にボール次官を訪ね紡績問題で約三十分懇談的に申入れた。これで本年の主な仕事が終りノンビリ。夜は使用人に対するクリスマス・プレゼントを用意したり、TVを見たり。夜の宴会の約束もないしホッヂェス、ボールに会ったしこれで正月五、六日迄休暇というもの。悪くない。

❖**一二月二二日（金）**　少し寒いが天気悪からず。N.y.から福島（慎太郎）君が来たのでチェヴィに案内。久しぶり（?）のゴルフ。面白かった。

❖**一二月二三日（土）**　午後は雪に変るという予報だったので大急ぎで館員のみで十時からゴルフ。十二時国務省側が来る前に半ラウンドやり終り、十二時から国務省極東部と対抗試合をしたがこれは半ラウンドで雪のため取止めとなったので自分等としては一ラウンド出来たわけで先見の明。大した雪にはなり相もなかった。ボールを二個雪のため失う。

一九六一年を回顧する。米国では共和党から政権が民主党に移ったので、今まで開拓した人事関係がすっかり変わって新しい努力を必要とさせられた。ケネディ新大統領の下、ラスク長官とも知り合いにならねばならぬし経済関係のボール次官とも接触を保たねばならない。大体関係の閣僚とも此の一年間に顔つなぎが出来た。殊に後述の日米閣僚の箱根会議がこのために役に立った。極東担当の次官補は親交のあったパーソンス君からマッコノギー氏になり次第に連絡を深めたところで年末「マ」氏からハリマン氏になったのは一寸した打撃。駐日大使も一寸ゴタゴタしたが結局ライシャワー氏が就任。マッカーサーは四年余の日本に於ける任務を終へてベルギーに転任した。

この年池田首相の来米あり。打合せのため自分は二週間程一時帰国。六月には池田さんがやって来た。このときケネディとの話で日米閣僚会議が成立。十一月初め五閣僚が日本へやって来て箱根会談となったので自分も隆と共に再び一時帰朝。三週間余滞在し、隆はこの機会に一ヶ月半日本に居り十二月中旬帰米した。この帰国は子供との顔つなぎになったし家屋関係の手入れも大分進行して能率を上げた。自分の在米もあと一年位と見当をつけ、秋の一時帰朝の際その意思を次官の武内君にも話したから大体その心算で行動したい。

自分のワシントン滞在も既に四年半となり外交団のリストでは大使中十一番目に居る。早いものである。社交的行事は少しペースを落した。仕事も大して忙しからず。例により輸入制限関係の経済問題の仕事が中心である。本年中の旅行は(イ)ハイチ旅行　(ロ)オクラホマ旅行(三月)　(ハ)イースタン・シーボード旅行(五月)　(ニ)カナダ旅行(六月)　(ホ)コロラド夏季旅行(八月)あり。何れも楽しい思出につゞられた。コロラド旅行を終へて八月下旬オールズを住友銀行の六笠〔六郎〕君に譲り、十月オールズの新車を入手した。この車調子よし。要するに本年も健康に恵まれ家族の者も幸福で日米に分れて居ることが一つの物足りなさであるが先づ〳〵というところで新年を迎へるわけである。(国際の公的事件については漫画参照)。ゴルフは本年夏頃から練習の甲斐があって●●八十台のスコアを出し最低八十三という記録も出た。

❖ **一二月二五日(月)**　クリスマス。九時すぎまで寝込んで遅い朝食。薄日が射して居るが兎も角ホワイト・クリスマス。十一時半使用人が集まったので地階へ赴き心ばかりの我々のプレゼントを呈上。記念撮影をしたり。午後独身の官補を三人招んでブリッヂ。夜はクリスマスの御馳走をする。

❖ **一二月二七日(水)**　昼、今度、米国課長として帰国する西堀君と夫人を招び若干の館員も加へて送別会。夜は約束なし。

❖ **一二月二八日(木)**　年末の休暇を利しゴルフと思ったところ夜半から又雪。折角とけた雪が又積ってしまった。午前中ギニーの大使にコールを返した。今日で役所は御用納め。夜は恒例の館員夫妻を招待しての忘年会。今年は小学生級の子供にも参加を許されたので賑やかであったが余興は谷君の様なプロモーターが居ないので「任意」となり昨年の様に全館員を挙げての大規模なものではなかった。それでもゲームや福引きで十一時頃まで賑はい一九六一年を送った。福引きはプロトコルの渡辺君が考へたものだ相で、今年は〔ニキータ・〕フルシチョフや吉田さん、池田さんまで日本大使館の忘年会をきゝ伝へて電報と共に福引の景品を贈ってくれた相で、フルシチョフはスリッパ(机を叩いても穿いてもよい由)、吉田さんはサンフランシスコ平和条約での演説原稿を書いた紙にもぢってトイレット・ペーパー、所得倍増で国民に米を喰って貰いたいとあって池田さんから米袋という「景品の寄贈あり」。大使館員夫人からとして尻に敷く坐ぶとんも「寄贈」された。これは仲々の着想。面白かった。自分は少し風邪気であったが隆と共に最後まで努めた。

❖**一二月三〇日（土）** 天気はよいが寒さはつゞく。雪がとけないので朝のゴルフはとり消しとなる。午前中若干のメイルを整理。夜本省から綿製品賦課金問題に関する電報が来たので大畑〔哲郎〕君（他の諸君は休暇でワシントンに居ない）を招んで返電を起草。夜はＴＶ。

❖**一二月三一日（日）** 夜は年越しソバをたべＴＶを見て寝に就く。一九六二年が健康をそして平和な年であることを祈りつゝ、但この年自分は駐米大使を辞め長い外交官生活を終ることになる公算大。

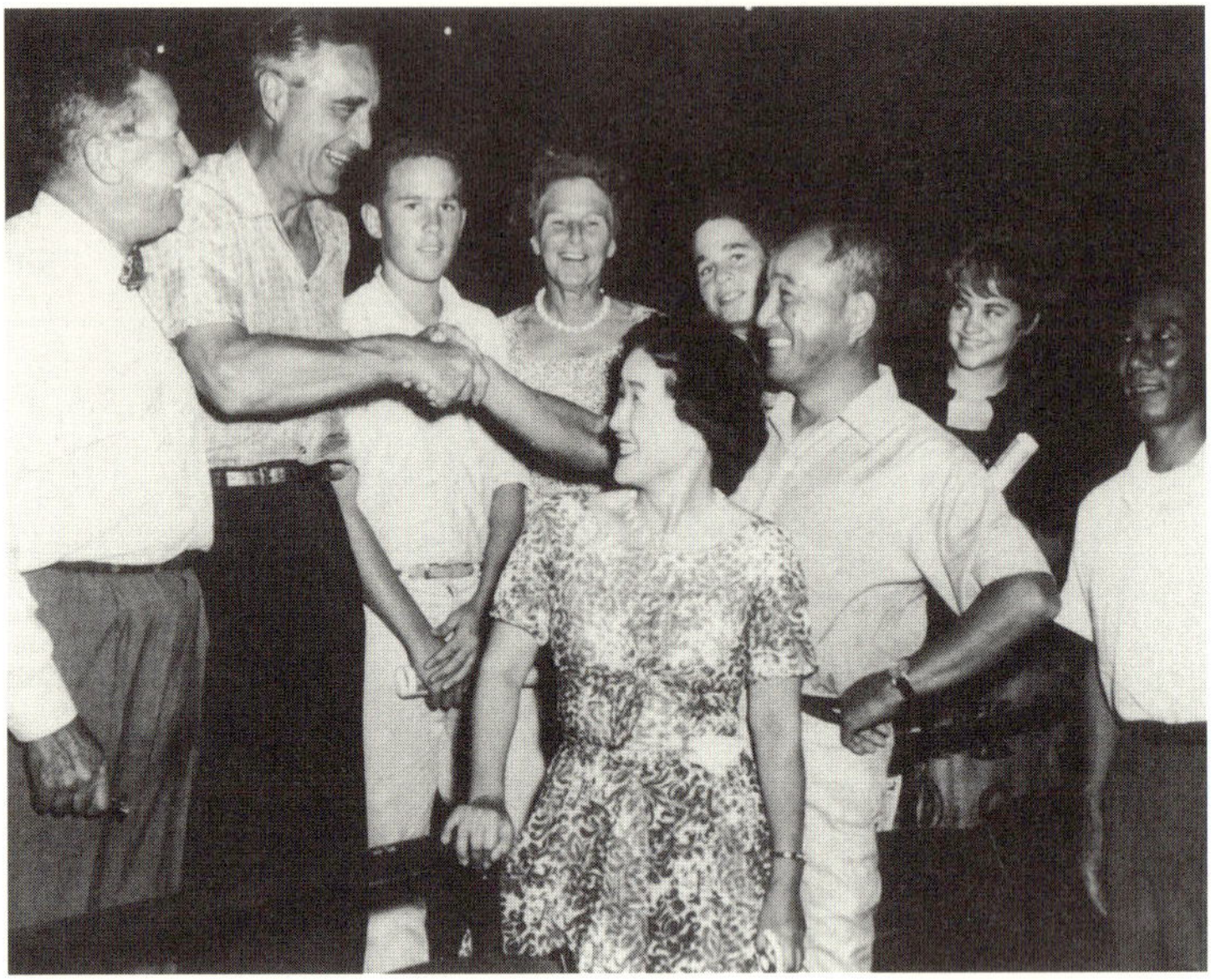

❖一九六一（昭和三六）年、ワシントンのグリフィス球場で共和党のプレスコット・ブッシュ上院議員と握手をする朝海。議員の右に立つ少年が後に第四一代米国大統領となるジョージ・H・W・ブッシュである。議員と朝海は共にワシントンを本拠地としていたセネタース（後にテキサスに移転しレンジャーズとなる）を応援していたが、同球団は弱小チームであった。

1961（昭和36）

1／20	米大統領にジョン・F・ケネディ（民主党）就任（〜63/11/22）
4／12	ソ連、人類初の有人衛星ボストーク1号の打ち上げに成功
15	ピッグス湾事件（〜4/19）
5／5	米、初の有人宇宙飛行に成功
16	韓国で5.16軍事クーデター起こる
6／3	ケネディ米大統領とフルシチョフソ連共産党第一書記がウィーンで会談
8／13	ベルリン封鎖始まる
9／1	ベオグラードで非同盟諸国首脳会議（〜9/6）
11／2	箱根にて第1回日米貿易経済合同委員会開催（〜11/4）
27	公明政治連盟（公明党の前身）発足

▲

1962
昭和37年

▼

7／1	第6回参議院議員通常選挙（自由民主党：142、日本社会党：66、公明政治連盟：15、民主社会党：11ほか）
10／10	中印国境紛争勃発
22	ケネディ大統領、キューバ海上を封鎖。キューバ危機始まる
11／1	ソ連、キューバ国内のミサイルを撤去
9	日中長期総合貿易に関する覚書締結（LT協定）
30	ウ・タント、国連事務総長に就任（〜71/12/31）
12／3	ワシントンにて第2回日米貿易経済合同委員会開催（〜12/5）

1963（昭和38）

1／22	エリゼ条約制定
4／7	チトー、ユーゴスラヴィア社会主義共和国連邦の終身大統領に就任
6／1	山形県酒田市沖で海上保安庁初の不審船事案発生
8／15	初の全国戦没者追悼式を新宿御苑で開催
28	ワシントン大行進
10／16	西独首相にルートヴィヒ・エアハルト（キリスト教民主同盟）就任（〜66/12/1）
19	英首相にダグラス・ヒューム（保守党）就任（〜64/10/16）
11／21	第30回衆議院議員総選挙（自由民主党283、日本社会党144、社会民主党23ほか）
22	ケネディ大統領暗殺。リンドン・ジョンソン副大統領が昇格（〜69/1/20）
12／9	第3次池田勇人内閣成立（〜64/11/9）
17	韓国大統領に朴正熙（民主共和党）就任（〜79/10/26）

1964

1／[illegible]	中[illegible]人民共和国とフランス[illegible]国交樹立
[illegible]	[illegible]事件

1 9 6 2

❖**一月一日(月)** 恒例の通り十時半から十一時までに館員の年賀を受け十一時から十二時半まで日本人、日系米人を中心としたリセプション。雑煮と正月のお料理を出す。五、六百人はきたらうか。天気は気遣はれたが予報の通り少くとも午前中は雨も雪も降らず出入には都合がよかった。午後館員幹部及夫人と食事後ブリッヂ。又大敗。夜はＴＶでのんびりしたお正月。料理人の計算では七百名乃至八百名のお客だった由。

❖**一月四日(木)** 十一時公邸前で館員一同と恒例の記念撮影。天気のよい温い日であった。十一時半から外交団長の公邸で大使連の顔合せあり。同僚大使の外、〔ディーン・〕ラスク長官、〔ダグラス・〕ディロン、〔アーサー・〕ゴールドバーグ各長官の外、〔ジェームス・〕フルブライト、〔ヒューバート・〕ハムフレイ等の顔も見へた。昼はＭクラブで今度日本へ行く〔ジョン・〕マックルーア君と会食。夕方ビルマのリセプションに一寸顔を出してから夜は芝居を見に行く。

❖**一月八日(月)** 昼公邸で先日箱根会議に出席した各省の補佐官(大使館府からはFeldman, Hatcher。国務省からはLindleyの如き)を招んでスキ焼会を催す。今度文化会議で日本へ行く〔アーサー・〕シュレジンガー氏も参加。

❖**一月九日(火)** 午前今度当地から日本の大使として転出するギリシヤの〔アレクシス・〕リアティス君がコールして来た。昼は今度極東担当次官補を辞めた〔ウォルター・〕マッコノギー君夫妻とアフガニスタンへ大使として転出する〔ジョン・〕スティーヴス君夫妻その他〔アレクシス・〕ジョンソン夫妻、〔クレアレンス・〕マイヤー、〔ジョージ・〕モーガン夫妻等を招んで昼飯。夕方はデールミラー夫妻が副大統領夫妻を主賓として恒例のリセプションを催したのに一寸顔を出した。

❖**一月一〇日(水)** 午前中東京へ行く米参事官、コンゴ(ブラザヴィル)大使、ルーマニア公使等がカーテシー・コールに来て繁昌。夜、雪も熄んだのでナショナル・シンフォニーへ行く。指揮者は有名なPierre Monteux。

❖**一月一一日(木)** 十二時半から議会で大統領の教書演説あり。隆と共に早目に出發。大統領の演説は約五十五分つづいた。極めて事務的な演説。共産国に対し国名を挙げて攻撃することがなかった点、アトランチック・コンミニティやラ米に言及したが極東問題はほとんど出なかったこと等々が印象に残った。事務的な演説であって感動的なものではなかった。

❖**一月一三日(土)** 土曜の夕方であったがメキシコ大使に招ばれて同大使館でのメキシコの音楽と唱の会に行く。副大統領夫妻も来て居て隣国の親しさを見せて居た。

❖**一月一五日(月)** (成人の日とて役所は半舷上陸)十一時にＣ

BSに出かけて日本の音楽についてのカラーTVの前座として約五分喋る。TVの機械の上方に大きなタイプで自分の喋ることが書いてあり然るべき速度で回転して居るのでそれを見乍ら(見詰め乍らではまづい)喋って恰も原稿なしで喋って居るかの如き体裁になるわけである。五時からTVで大統領の記者会見あり。これを聴いてから、〔カルロス・〕ロムロ比大使の送別リセプションに顔を出す。彼は政変に伴い大使を辞しマニラ大学の総長となる由。夜は芝居に行く。出しものは“The Best Man”(a new play by Gore Vidal)で「アドヴァイス・アンド・コンセント」が当ったのでその真似と思はれる節もあるが面白かった。米国大統領選挙で民主党の指名運動を舞台とする。前大統領の下で国務長官として居たラッセルと上院議員のカントウエルが指名を争う。前者は曲ったことが嫌いで固い一方、夫人との関係は表面を繕っては居るが全く冷い。カントウエルは目的のために手段を択ばぬ政治家。夫人との関係は前者の場合とは全く違った様子を示す。この二人が候補者の指名を争い前大統領のエンドースメントを求めるが大統領は去就を明らかにしない。然し大統領は人に知らせぬ持病あり。去就を明らかにせぬうち入院してしまう。カントウエルはラッセルがメンタリーに狂人に近いという医師の証明書をふりかざすし、ラッセルは心ならずもカントウエルが軍に居った当時のホモセキジュアルな記録を入手してこれに対抗。そのうち大統領は病院で死去。ラッセル、カントウエル何れも適当な候補に非ずと言い遺したと伝へられ、ラッセル、カントウエル間に裏取引が行はれる。カントウエルはラッセルに副大統領の地位をオファーし、ラッセルはデッドロックを打開するため競争から下りることを宣言してカントウエルを喜ばせるがラッセルが下りたのはカントウエルを支持するがために非ずしてその獲票全部を第二の微力な候補者に譲るためであったのである。この芝居、政治的なので面白かった。モデルは誰か知らないが前大統領は〔ハリー・〕トルーマンに模したのかも知れない。「国務長官はアメリカ人の眼では外国人に等しい」とか「お前は〔スチュワート・〕オルソップの記事を読みすぎて居る」とか名文句が出て面白かった。

❖**一月一九日(金)** 雪の降る予報が出たので午前〔オーヴィル・〕フリーマン農務長官と会見がすんだ後大急ぎでゴルフ。

❖**一月二〇日(土)** 夜はadm.マーサー夫妻が今度アフガニスタンへ大使として転出のスティーヴス君及夫人をアーミー・ネーヴイ・クラブに招んだのに出席。バンドがありダンスも踊ってインフォーマルで楽しかった。

❖**一月二三日(火)** 昼ニューヨークから駒村〔資正〕氏が出て来て〔トマス・〕デューイ事務所問題につき打合せ。その後食事を共にする。夜は〔ライマン・〕レムニッツアが林〔敬三〕統幕議長を招んで居るのに招ばれた。新しい官邸がフォート・マイヤーの内に出来、この一月移転したばかりの由。三軍の有力者が十二、三名顔を見せ、主客併せて二十名余のディナー（スタグ）。水入らずで和気藹々でよかった。

❖**一月二四日（水）** 夜は今度新駐日大使として転出のLiatisギリシア大使夫妻を主賓として大使館でディナーを催した。食事後先般NBCがTV放送した（二時間に亘り）East is Westという最近の日本を描いた映画（カラー）を一同に見せた。十一時散会（お客さんの顔ぶれは新聞切抜の通り）。

❖**一月二五日（木）** 林統幕長の来米を機に公邸で軍人達を招きランチ。レムニッツア、〔ジョージ・〕デッカー、〔ディヴィッド・〕シュープという各大将や日本に在勤したことのある将軍、提督連が多数来てくれて盛会であった。極東軍の地位が低くなると共に日本と米軍首脳との関係が将来薄れてくるかも知れないことは確かに日米関係のため好ましいことではない。

❖**一月二六日（金）** 午前肥料問題で〔ファウラー・〕ハミルトン長官と会見。国務省の旧ディロン次官の部屋であった。AID資金による肥料買付の減少を心配する日本側の気持を伝へる。昼はA・Nクラブでアレン君が御馳走。リッグスという退役の提督が日本へ遊びに行くので此の人も加はって歓談。夜はインドの国祭日とギリシア大使のサヨナラ・リセプション。

❖**一月二七日（土）** 温い日。午前中ゴルフ。夜は下院議員の〔エドウィン・〕アデアにブッフェに自宅に招ばれる。

❖**一月二九日（月）** 昼今度日本へ行くロバート・ケネディ夫妻を主賓として大使館でランチ。主賓がよいのでフリーマン夫妻、〔ジョージ・〕ボール夫妻、ヘール・ボッグス夫妻、〔ハロルド・〕リンダー夫妻と一流どころが全部出席。自分は綿花賦課金問題でケネディと懇談。この賦課金がかゝることは"highly unlikely"という貴重な情報を入手した。有益なランチ。

❖**一月三〇日（火）** 午前中シナ大使の蒋〔廷黻〕君が来訪したり、ルーマニア公使に答礼したりで一寸忙しかったが午後は閑散。風の強い寒い日。

❖**二月一日（木）** 九時サウヂアラビアの大使がマイアミで療養中のキングの訓令だとして来訪。オイル問題で申入あり。十時には海兵隊のシュープ大将を訪ね、同大将の蒐集して居る徳利を前にして写真を撮る。十一時半オームスビー・ゴア氏を答礼のため訪問。新築の英大使館は仲々立派である。午後から粉雪が降り出したがボルティモアの空港にケネディ（R）夫妻の日本行を見送る。夜はハリマン次官補の私邸でディナーがあったのに出席。シナとタイの大使も招ばれてゐた。

❖**二月二日（金）** 昼は大森〔実〕（毎日）君の送別会で十名ばかり新聞記者を「ブラッキー」に招んで会食。夜は約束なし。

❖**二月四日（日）** 雪もとけたのでコロンビアで〔ロバート・〕ルバロン夫妻とホワイト・ハウスの〔マイヤー・〕フェルドマンの四人で久しぶりのテニス。温いので楽しめた。隆も同行。ムーヴィを写す。夕方セイロンの国祭日のリセプションに一寸顔を出してからパールメスタのコクテイルに立寄り。あとTV。

❖**二月五日（月）** 今日も温い日。夜は下院議員の〔ピーター・〕フリーリングハウゼン〔Ⅱ世〕氏夫妻にヂョージ・タウンの自宅に招ばれる。小人数のディナーでテキサスのセネターの〔ジョン・〕タワー氏夫妻も来て居た。三十六才とかで終戦のとき数ヶ月海軍軍人として日本に居たとのこと。

❖**二月六日（火）** 又寒くなったが好天気。昼日本へ帰る石坂〔誠一〕君夫妻のため送別会。午後はゴルフ。大森君（毎日）を送別。夕方は旅行の準備。

❖**二月一〇日（土）** メキシコはメキシコ・シティを見たのでは判らないし、面白くもないことがつく〴〵判った。メキシコ市の美しい通りは田舎のハイウェイは東京や日本の道路は及ばない。然し田舎の人々の服装、子供の様子、中小都会の繁栄の模様等は日本の方が一段上の様だ。要してメキシコ・シティはメキシコ全体とは凡そ懸け離れた存在と思はれ、他の中南米諸国程ではないにしても此の国も亦貧富の差を如何に縮めるかが大きな問題であることは確かだ。

❖**二月一四日（水）** 平穏に八時半ワシントン着。八日間の旅行を終る。今日、マイアミの空港で飛行機待ちの際見たNY．タイムスにはホワイト・ハウスの庭園で〔ジョン・F・〕ケネディ夫人が馬そりに乗って雪の上を滑って居るのを見てやれ〳〵と思ったがもう雪はほとんど消へて〔華氏〕四十度を越す程度の温度であった。

❖**二月一五日（木）** 溜った書類に目を通して大慌し。国●夫人が家庭の事情でブレーク・ダウンしてしまったのでプロトコルも能率が上らない。昼はジュネーヴの繊維会議から帰国途中の奈良〔靖彦〕君と会食。夜は約束なし。

❖**二月一六日（金）** 雪。一週間前にはメキシコで暑かったことが夢のよう。昼はフェデラル・リザーヴ・B．に行き総裁の〔ウィリアム・〕マーチン君と会食。

❖**二月一七日（土）** 十二時国務省にボール次官を訪ねてOrganization for Asia Economic Co-operation の問題、綿花賦課金問題等で会談。十二時十五分からトワイニング・コート・ステーブルスで「ディプロマト」のセント・ルーイス夫妻がブランチを催したのに出席。百名以上のお客さん、然も二時になっても食事が終へず。先約のある隆は閉口。夜は公邸で綿花問題の公聴会に来て居る日本の業界の人若干を招んで会食。

❖**二月二〇日（火）** Astronaut John Glenn がマーキュリー・スペースキャプスュールで打揚に成功。地球を三周。七八、〇〇〇哩《マイル》を廻って無事着陸。米国待望のニュースである。

❖**二月二一日（水）** 午前中、ハリマン次官補に会見の筈だったが明後日に延期となり一寸拍子抜け。午後から雪が降って来た。夜はレー・ヘンレー夫妻に招ばれる。

❖**二月二二日（木）** ジョージ・ワシントン・デイで役所は休みなのでゴルフ。コースにはまだ所々に雪が溜って居たが何となくもやもやした空気で春はもう曲り角まで来て居る感じ。夜は Women's National Press Club がスタトラー・ヒルトンで会合を催したのに出席。アドライ・スチーヴンソンがスピーカーでその外、本年一月着任した大使夫妻四、五組とプレス・クラブの役員がデイスに坐って居た。

❖**二月二三日（金）** 午前十一時半、ハリマン氏を国務省に訪ね小笠原〔墓参〕問題、沖縄問題、ヴィエトナム問題で三十分余話し合う。夜は約束なし。明日の出發準備。

❖**二月二八日（水）** 夕方ケネディ（R）夫妻がMATSのターミナルに着いたので隆と共に出迎へた。エセルが明子に会ったと言ってくれた。夜は隆と共に音楽会へ行く。Gilels のピアノ。Emil Gilels はソ連の有名なピアニストで米ソ文化交換プログラムで米国を巡って居るらしい。

❖**三月一日（木）** 十時半シナ大使蒋氏に会う。十一時ミネソタ州の桜祭り。プリンセスの候補者七、八名来訪。一緒に写真を撮り正午は全労の滝田〔実〕氏を招んで会食。夜はアースキンさんに招ばれる。今日は〔ジョン・〕グレン中佐がニューヨーク市でティカー・テープの歓迎を受けたが、折柄アメリカン機の七〇七ジェットがロスアンゼレス向に出發、直後墜落。約百名が全滅したとのニュースが伝はり悲喜交々の形ちである。

❖**三月二日（金）** 本省から米国の核実験反対の池田親書（〔ジョン・F・〕ケネディから〔エドウィン・〕ライシャワーを通じ、池田〔勇人〕首相に書簡が出されたものゝ返事）が着いたので大統領と会見の肚を決め、至急ホワイト・ハウスに申入れる一方国務省からも連絡して貰って十二時半に来てくれとのこと。大統領は気さくに迎へ入れてくれ池田さんの手紙を手交。日本の立場につき自分から若干説明、その節大統領からロバート・ケネディ訪日の際の歓迎ぶりにつき礼の言葉あり〔1〕。ロバートから沖縄問題についても報告を受けたと話しがあったので、此の機会に自分から沖縄問題にも言及し、又綿花賦課金問題に触れたところ大統領は関税委員会の答申前故決定的なことは言へぬが日本側は余り心配しなくともよいという非常にアシュアリングな言明があった。会見を二十分で終へ帰館。早速本省宛至急電報を起草。四時半日本人新聞記者と会見。夜は久しぶりで若い者を相手にブリッヂ。

❖**三月五日（月）** 昼はメイ・フラワーで日立の倉田〔主税〕氏を団長とする生産性のトップマネヂメントの人々をＮＢＫで招んだのに出席。割合によい顔ぶれの人が来て居た（米側）。自分も即席で二、三分喋らされる。夜は隆の学友Eleanor Boque夫妻にチェヴィの家に招ばれる。

今日ゴルフの相手のスペイン大使Mariano De Yturralde Orbegoso君が手術の経過思はしからず死去したとのニュースあり。イサベラ未亡人が気の毒である。ボーグさんのところの食事を終へて外へ出たらば雪がドシ〳〵降って居る。春はライオンの如くに去って行くらしい。

❖**三月六日（火）** 午前中フィリピン大使が来訪。人柄のよい人。経済界出身の由。ディロン夫人が訪ねて来て此の秋のインターナショナル・ボールはサルコート・トウ・ジャパンにしたいとて相談あり。昼は生産性の倉田氏一行を招待。午後から雪が相当はげしくなる。夜はバイヤーズ中将夫妻に八時からチュヴィに招ばれたので出かける。可なりの雪。

❖**三月七日（水）** 午前十時半からセント・マシュースで喪くなったスペイン大使のためのマスあり。外交団多数出席。本日夜米空軍機でミリタリー・オナーを以てスペインに送りとゞけられる由。雪は熄んで陽が出て来た。可なり積って居たけれど流石に春とてドン〳〵とけ始めた。夜倉田氏等主催の「スタットラー」のリセプションに顔を出してからオランダ大使のディナーに出席。

❖**三月八日（木）** 昼は国務省の副次官補〔エドワード・〕ライス君等極東関係の事務当局者と館員を交へ二十五名位で大使館でスキ焼をつつく。昼は久しぶりに宴会のない日とてノンビリした。

❖**三月九日（金）**午前日本へ文化関係の公使として赴任するFahz〔Fahs〕という人が挨拶に来た。日本語が出来る由。二十数回日本へ行ったとのこと。今日は大した仕事なし。午後は来週の移転をひかえ新事ム所の検分に行く。大使室も仲々立派に出来た。六時半マツコノギー夫妻のための送別リセプションがパキスタン大使館で行はれたのに一寸顔を

1――ロバート・ケネディ司法長官は一九六二年二月に日本を訪問している。この時、学生を含む広い分野の人々と意見交換して、大統領へ報告したとされている。

出す。

❖**三月一〇日（土）** 昨日雨が降って大分雪をとかしたが何分にも相当の雪降りだったので今日はゴルフは出来ず。午前中新築の事務所に引越し。若干の装飾品やら寫真立てやらを新大使室に飾ったが大使室は仲々立派である。あと何ヶ月此処で仕事が出来るか判らないが。午後はゴルフが出来ないのでメキシコ旅行やコロラド旅行の映画を映しつゝ録音テープを吹き込んで整理。結構忙しかった。

❖**三月一二日（月）** 新築の事務所に初登庁。公邸から一寸でも出ることは公私が明瞭となり公邸のプライヴァシイが確保されて嬉しい。プロトコルの部屋が隣室であることも便利である。大体午前中この部屋で執務し、午後は概ね公邸。但、四時頃から一寸事務所に顔を出すことにする心算。昼Mクラブでアレキス・ジョンソン君と会食しつゝ壽府に於ける軍縮問題の見透し、沖縄問題、ヴィエトナムの情勢等につき話しをきゝ帰宅後十頁ばかり電報を書く。引きつゞき引越しを終了。夜はコングレッショルで六時半から〔ウォーレス・〕ベネット上院議員夫妻〔ユタR〕と食事をした後芝居に招待された。

❖**三月一三日（火）** 毎年一回この時季に公用車のタグナムバーが変更になるが自分は9番となった。来任の時78であったから、五年のうちに随分進んだものである。夜はオーストレリアのビールに招ばれる。同国から副首相のMcEwenという人が来たので主賓であったがラスク夫人も来て仲々立派な会であった。

❖**三月一四日（水）** 午後NHKの緒方君送別を兼ねてゴルフ。

❖**三月一五日（木）** 誕生日。出渕勝より祝電あり。明子も卒業した由。二、三の人から祝電があった。昼公邸で誕生祝と事務所新築を兼ねて赤飯を館員一同にふるまう。午後から夕方久しぶりに約束なし。

❖**三月一六日（金）** ウォア・カレヂとインダストリアル・カレヂの学生〔軍や国務省の佐官級の人々を再教育する〕三百名位を前にして四十分喋った。聴衆がよいだけに気持ちよく喋れたし、その後の約二十分間の質疑も仲々立派であり好意的で楽しかった[2]。ポトマック河畔にも春の色が動いて居る。夜はマニラで館員だった岸田〔静夫〕君を招んでブリッヂ。

❖**三月二一日（水）** 〔春分ノ日〕今日はゴルフの予定であったが一日雨。役所は休みであったがどうもならず退屈の一日であった。夕方〔ジョン・〕タワース上院議員〔テキサスR〕のコクテイルに一寸顔を出してから隆とナショナル・シンフォニイに行く。今日の昼は岩井君母におはぎを作って貰った。夜の音楽は独逸人のピアニストRichter-Haaserという人。

❖**三月二二日（木）** 仕事は至って閑散。昼ジョン・マックルーアに誘はれ独乙料理を喰べに行き彼の日本行の話を聞く。夜は国務省のオーディトリアムでマリアン・アンダーソンの歌をきく。ブラック・タイ。

❖**三月二六日（月）** 午前桜祭のD.C.委員等来訪。今年のプリンセスを決めるホイールを自分に廻して貰いたいとのこと。受諾。昼、病気回復のデスヴァニーンと「ブラッキー」で会食。夜ルバロン夫妻とサルグレーヴで会食の後ナショナルへ行く。

❖**三月二七日（火）** 昼、中南米への貿易使節としてアメリカへ廻って来た寺尾一郎君その他のためランチ。それより先き九時半からアーリングトンタワーで講演。国務省の中堅層や陸海軍の佐官級の人が構成して居るForeign Service Instituteである。人数は二、三十名でゼミナール式。講演してから質疑応答。十一時頃まで居たが聴衆は極めて好意的なので気持がよかった。夜は郵政長官Edward Day夫妻が食料関係のエックスポジションで大阪に行くというので主賓として招待。その外にもFowler（財務）Gudeman（商務）Hamilton（AID）, Lippman, Hunsberger等も夫妻で招んで久しぶりの公邸のB.T.ディナーであった。

❖**三月二九日（木）** 昼はポスト社に赴く。社主の〔フィリップ・〕グレアム、主筆の〔ジェームズ・〕ウィギンスその他二、三の論説委員と昼食を共にした後、先般のカーペット、ガラスの関税引上に関連して自分から約二十分程経済問題に関する日本の立場を説明して来た。夜はレバノンの大使のディナーに出席。コミで大した印象は受けなかった。

❖**三月三〇日（金）** 午前農務省に赴き学童給食ミルク購入の契約にフリーマン長官と共にサインする。午後附近のテニス・コートを視察して大使館テニス・コート構築の参考にする。四時からフォート・マイヤーで参謀次長Gen. Eddleman引退のパレードあり。隆と共に出席してよい天気だったので写真をとって来た。夜はアレンのばあさんにプロッドされて致し方なくマリオット・モーテルのイケバナ・インターナショナルの全米総会に出席。忙しい夜が

2――朝海の回想によれば、この講演で米国の対中政策転換が日本に事前予告なく行われるという予感を披露したという。この講演が英「エコノミスト」で報道され、その後ジョンソン駐日大使の回顧録で取り上げられ「朝海の悪夢」として知られることとなった。U・アレクシス・ジョンソン（増田弘訳）『ジョンソン米大使の日本回想』草思社、一九八九年、二八五頁。

つゞく。

❖**三月三一日（土）** 午前中ゴルフ。正午隆と加藤夫妻、桜祭りでサラトガの学校からやって来た小坂令嬢の計五名でローレルの競馬に招待される。シャピロ氏の手厚い接待で昼飯後、五、六番レースを見、チェリー・ブラッサムのパースのかゝった勝者に自分から御木本寄贈の馬蹄型に飾った真珠を贈呈。夕方から雨となり一同少しく早目に帰宅。夜は〔ウィリアム・〕カラハンさん夫妻にA・N・クラブ（タウン）に招ばれた

❖**四月一日（日）** 夕方セント・ルイス氏が来訪中の大屋〔晋三〕（晋）夫妻のためコクテイルをして居るのに已むなく一寸顔を出す。

❖**四月二日（月）** 午後は来訪中の大屋（晋）夫妻と伊藤忠の伊藤氏を招びゴルフ。割合に寒い日であった。夜は大屋氏夫妻をファガソン氏が招んで居るのに同席。ブラック・タイ。共和党関係の名士が顔をつらねて仲々よい顔ぶれであった。

❖**四月三日（火）** 桜祭り。少し寒いが天気は上々。例によりコンヴォイを作り二時半大使館を出発。三時からタイダル・ベーズンで式あり。桜は赤らんで居たがまだ咲いたものはない。あと一週間で満開というところか。夜は大屋夫妻を公邸に招んで少人数の宴会。

❖**四月四日（水）** 一時すぎシエラトンP．ホテルに赴き桜祭りのファッションショウで小坂嬢をエスコートする。メイン・テーブルには副大統領夫人、〔アール・〕ワーレン夫人、ラスク夫人等お歴々と並んで隆が坐ってゐた。各州のプリンセス（グワム、ポルトリコ、D.C.の外本年は日本も加はって五十四名）は概ね各州のセネタースがエスコートしチェット・ハントレー夫妻の紹介で夫々中央のパッセーヂをフラットライトを浴び乍ら通過。仲々晴れがましいものであった。テキサス（リンドン・ジョンソンのエスコート）、テネシー（〔キャリー・〕キーフォファのエスコート）と日本のプリンセスに一番拍手が揚った相である（隆の言）。日本は最後とあって自分等二人は殿り。夜は八時から〔スチュワート・〕ユードル内務長官夫妻を主賓としハリマン次官補、D.Cの三人のコミッショナースその他桜祭り関係者を招いてディナー。食事後外務省とICAが作った「七ツノ宝」を見せた。

❖**四月五日（木）** 正午A&N・クラブで〔ジョン・〕ハルさんの夫妻が御木本〔美隆〕夫妻を中心に招んで居るのに出席。日本で御木本の眞珠を見に行った軍関係の人々が多数顔を見せて知り合同志の気の措けない会合であった。午後三時から公邸で恒例のプリンセスのためのリセプション。御木本氏夫妻が記念品を贈呈。リンドン・ジョンソンの夫人も

一寸顔を出した。夕方フランクリン・ハートさんのリセプションに顔を出し、その後隆は谷口嬢を音楽に連れて行ったが自分は約束なしでノンビリした。

❖**四月六日（金）**　午後小閑を利しゴルフ。七時からブッフェを催しその後シエラトンP.ホテルに三テーブル確保し、十五カップルスで桜祭り掉尾のボール。自分はプリンセス中からクキーンを選定するという大役を仰せつかり輪を廻すこととなる。十時から十一時まで状況はTV放送される。一々各州のプリンセスの紹介があってから自分は壇上に招び出されローガン委員長の司会でWheel of fortuneを強く廻す。仲々とまらない。この間がサスペンスである。やがて止ったところはコロラドと思はれたのでローガン氏が一寸早まって壇上のミス・コロラドを択び出したところ一度コロラドに止った針は惰勢で少しく逆戻りしたと思はれたら次のロード・アイランドに止ってしまった。ローガン氏は慌てゝコロラドを下げてロード・アイランドのお嬢さんを択み出した。コロラド嬢には誠に気の毒であった。今年のプリ〔ンセスは〕御木本や毎日が日本へ招ぶことになって居る。皮肉にもロード・アイランド嬢はテキスタイルで常に反日の言論をして居る上院議員〔ジョン・〕パストーリの娘。目下ストーン・リッヂで勉強して居る高校生だ相である。昂奮のため身体がふるえて居た。自分はこのお嬢さんと二人だけで満場注視のうちに一踊りする。長いクキーンの裾に気をつけ乍ら踊るのも仲々骨の折れたものである。このあと若干の踊りをして老人組は十一時半頃引揚げ。若者組はまだ居残ってゐた。

❖**四月七日（土）**　昨日のコロラドのプリンセスは気の毒とあって二人クキーンと決め二人とも日本へ旅行することになった由である。

❖**四月八日（日）**　午前中桜見物の一世二世連が三台のバスを連ねて大使館の見学に来たのに一寸挨拶。谷口嬢（東洋紡谷口氏令嬢）小坂嬢何れも夫々バスと飛行機で北へ帰ったので台風一過。

❖**四月九日（月）**　午後二時からメージャー・リーグの開幕とあって一時前に公邸を出たが途中の混雑物凄く新設のステディアムに着いたときは丁度、大統領がボールを投げこんで居るところであった。新築のステディアムは仲々立派。今日は四万四千三百八十三名の有料入場者があった相でこれはワシントンに於けるスポーツ行事入場者の新記録だ相である。大統領、副大統領の外、若干の閣僚や知り合の上院議員の顔も見へた。自分達はネット裏から観戦。盛んに写眞を撮ったがネットが邪魔な〔ので〕巧くとれたか疑はしい。

❖**四月一一日（水）**　今日は雨。明後日大統領に招ばれて海軍の演習を観に行くのでレインコートその他若干の買物をしに出かけた。昼は隆は公邸で帰国のカナダ大使の夫人を主賓とし二十名ばかりのレーディスのパーティを催して居た。仲々よい顔ぶれが集まった。夜は食事後インタナショナル・ネイボーアス・クラブが今日は旦那さんを同行しての会合とあってチリーの大使館に赴き、ピアノを聴いてからダンスとサパー。それでも我々は十一時前には引き揚げられた。

❖**四月一二日（木）**　毎日の雨でタイダル・ベーズンへカラー・スライドを写しに行くことが出来ない。夜ガリソン・ノートンさんに招ばれる。

❖**四月一三日（金）**　昼公邸で高柳〔賢三〕氏夫妻のための食事を催してから連日の雨が漸く上ったので隆と共にタイダル・ベーズンで桜を写す。もう大分散りかけてこの日曜まで持つか持たぬかのところ。その足でMATに着いたのは三時十五分すぎ。同僚の外交官と案内のマリーン将校に引率されて海軍機でノーフォークへ飛ぶ。風が強いのか飛行機は大分揺れとう〳〵自分は嘔吐を催し危く便所に駆け込んで醜態はさけ得たが五十分間全く元気なし。ノーフォークの飛行場にヘリコプターが待って居て我々七、八名の大使は行道を共にしU.S.S. Forrestalに向う。五、六分飛んでフォレスタルの甲板に着。そのうち副大統領もヘリコプターで飛来。甲板上は大変な風で敬礼をして居るマリーンの帽子が吹きとばされる程。自分には「アカキ」というテキサスから来たという二世か三世の少佐がエスコートとしてつき、世話をしてくれる。巨大な航空母艦である。少し落ついてから艦長や係の将校の演習や軍艦に関する説明がある。その後七時半wardroom oneで艦長の招宴あり。副大統領も出席。挨拶の辞あり。外交団からペルーの大使が挨拶をした。その後艦橋に出る。大変な風で寒いが厚いコートを貸して頭をスッポリ被ったので凌げる。月明を浴びて艦は快速で南下して演習地のノース・カロライナ沖に向って居る。ジェット機がカタパルトで次ぎ〳〵に発出する。そのうち後尾では飛び出した飛行機が着艦する。百五六十哩のスピードで花火を散らして着艦したものが飛行機の後尾のフックと鋼索とが喰み合って一瞬にして止まる。そのうち上空を照明弾を落して写真撮影をする飛行機が飛ぶ。仲々面白い。十時頃まで上甲板で見学して居間に引とる。居間は追込みかと思ったところ自分の部屋としてCap. R.W. Mehleという参謀長の部屋が当てがはれた。広い應接間附で寝室も可なり広く洗面所もゆとりあり。居住性に富んで居るのには驚ろかされた。

❖**四月一四日（土）**　食堂では天気は判らないが快晴とのこと。食事をすませて飛行機のハンガー等を見学。飛行機発着の下の甲板が巨大な工場になって居るわけである。風が強くて寒いのでガラスで囲はれたコントロール室から寫眞を撮る。何時の間にかエンタープライズとフォレスタルの二空母は背ろに多数の駆逐艦を従へ、これが一列になって水平線にまで連なって居り堂々の艦隊陣が出来て居る。そのうち九時頃大統領の乗って居る重巡ノーサムプトンがこの両陣列の中央を廿一發の礼砲の発射を受け乍ら逆に走って行く。十時すぎには演習が始まり、フォレスタルの甲板も出發着陸の飛行機で忙しくなり潜水艦も姿を見せ、駆逐艦や飛行機から潜水艦攻撃のロケットや爆雷も發射される。息もつかせぬ行動のうち一時となり一行は艦長その他に見送られてフォレスタルの甲板からヒリコプターに分乗して海兵隊の上陸作戦を見るべくOnslow Beachに赴く。片面を傾斜させた自動車《トラック》を走らせ乍ら整列したマリーンを閲兵し乍ら演習場に着。この辺は一面の白砂の浜で敵前上陸には絶好の地点。大統領も来米中のペルシアのシャーも米三軍の首脳も顔を見せて居た。此処には桟敷が設けられて居てこゝから観戦。既に沖合には三十数隻の艦隊が集結。間もなく飛行機による上陸地点の爆撃から始まり、第一波第二波第三波と違った兵器による上陸作戦が始まる。沖縄や硫黄島を思はせられたがこれでは上陸されて敗けるのも致し方なし。よく連携のとれた攻撃ぶりを約一時間観戦。此処から又ヒリコプターでBogue Fieldという海兵隊が短い滑走路から離着陸をする訓練をする飛行場を視察。再びここからチェリー・ポイントというところにヒリコプター。此処で大統領機を見送ってから各国大使(約四十名位居たらしい)軍用機に分乗してワシントンへ帰る。自分は七時二十分頃空港着。公邸に帰り大急ぎで仕度をしてからファウラーさんのディナーにB.T.で出席。帰宅は十一時半頃となり流石に疲れた。

❖**四月一五日(日)** 午前中溜ったものを処理。十一時頃出發。ヴァジニアのカルペッパー附近にある〔ルイス・〕ストローズさんの農場にドライヴ。まだ此の辺は早春で木は青い芽を出して居なかったが広大な農地。此処の邸宅でゆっくりと昼食。気楽な会合であった。四時頃辞去。

❖**四月一六日(月)** 日本の漁船がアラスカの米「領海」内で拿捕された由で本省から事情照会の電報あり。これがゴタつくとイースターの休暇が飛んでしまうかも知れない。それ以外閑散。

❖**四月一七日(火)** 漁船拿捕問題の経過を注視する外別に用事なし。夜はカウエン夫妻が〔マクスウェル・〕ティラー大将夫妻を主賓としたディナーを催したのに出席。

❖**四月一九日(木)** 今日から南方にイースター旅行の計画であったがアラスカ漁船問題もあり取消すことゝした。午後

〔スチュワート・〕ユードール長官と電話連絡。休暇の予定にして居たので夜は暫らく約束なし。

❖**四月二四日（火）** 今日はゴルフをやらぬ予定で居たところ誘いがかゝり大忙し。午前中ホワイト・ハウスでフェルドマン君と会見。綿花調整金問題で大統領が自分に対し三月二日「もうこの問題は心配しなくともよろしい」と確言したが東京ではその後心配になって来たと見へ再確認を求めて来たのでフェルドマンに会ったわけだが大変よい返事がとれた。午後ゴルフ。最中、迎へが来て大忙しで国務省に駆けつけ核実験問題でジョンソン副次官に申入を行う。その後記者会見。慌てゝゴルフへ行くときカメラを落して傷〔つ〕けたりテンヤワンヤの一日。今日のゴルフは一寸無理であった。

❖**四月二五日（水）** 核爆發実験問題で本省からも電報が舞い込むが昨日で当方としての措置は終った。イースターの休暇を利して旅行を考へて居たが出かけなくてよかった。昼元宮内庁長官の田島〔道治〕氏を食事に招ぶ。その後隆と共にヘーンズ・ポイントで眞盛りの八重桜を見に行く。公邸の桜も目下満開。何とも「物凄い」美しさである。この分なら天長節まで桜が持ち相である。毎日の暑さで新緑が何時のまにか美しい。春のワシントンは豪華である。夜CNOのアドミラル・〔ジョージ・〕アンダソンが中山〔定義〕海将のためにディナーを催して居るのに招ばれる。〔ロスウェル・〕ギルパトリック夫妻、ハリマン夫妻、〔チャールズ・〕グリフィン夫妻等の顔が見へ小人数ではあるがよい宴会であった。

❖**四月二六日（木）** 好天気。ワシントンの春はこれ程までに美しいと思はなかったが此の頃殊に美しさを感ずる。もう任期の終りの故か。寒い冬が急に春となり又忽ちにして夏となるため（本日部屋に冷房がついた）桜から間もなく八重桜となりほとんど同時にマグノリアやつつじやダッグウッドが百花繚乱として咲き乱れるこの豪華さ。昼中山海将のためランチ。作戦部長のアンダソン大将、シュープ大将、〔アーレイ・〕バーク前作戦部長等の要人が十二、三名出席してくれた。二時からはアンダソン大将の提唱で同大将とグリフィン中将、自分に中山氏の四人でゴルフを楽しむ。夜はナショナルの芝居。今日"The Guns of August"（by Barbara W. Tuchman）を讀み終る。四百頁余の本で第二次戦争勃發直前の状勢とVon Kluckの独乙軍が怒濤の如くベルギーからフランスに侵入してマルヌの戦に破れるまでの一九一四年九月始めまでの戦争の模様を豊富な文献に頼って流麗な筆で記述してあり面白かった。戦争の記述もさることと乍ら戦争に至るまでの各国外交官の行動や参謀本部の動き、ベルギーの中立を侵犯するときの外交交渉の模様など殊に興味あり。最近読んだ本のうち一番面白かった。

❖**四月二七日（金）** 昼Mクラブで人権協会の〔ロジャー・〕ボールドウキン氏と食事をし乍ら沖縄問題につき話合う。夜は公邸に官房の若い人々を招き食事後、ナイター見物。今日はNY．ヤンキースとの対戦であった。

❖**四月二九日（日）** 今日の天長節は日曜とあってリセプションは廿日にくり下げた。午後ゴルフ。夕方シャワーあり。但間もなく上ったのでポトマック地区の海軍指揮官〔トーマス・〕ロビンス少将に招ばれてウェポンスファクトリーに藤とつつじの花を見に行く。

❖**四月三〇日（月）** 午前執務。午後館員とゴルフ。夕方六時から八時までリセプション。まだ八重桜が三分位残って居た。ダッグウッドとツツジは美しい。〔華氏〕八十度を越す温度。提灯を吊って気分を出す。二十九日からサマー・タイムとあって八時でも暗くならなかった。好天気。盛会であった。

❖**五月一日（火）** 昨日の疲れで余り元気なし。昼防衛研修所の佐伯〔喜一〕という所長と会食。夜はチェスター・ボウルス氏夫妻に招ばれてヂョージタウンの私邸に行く。アジア・アフリカの大使連で余り面白い会ではなかった。

❖**五月二日（水）** 此の二、三日はメッキリ涼しくワシントンらしく暑さ寒さが入り交る。午後六時から八時までホワイト・ハウスの外交団のためのリセプションあり。大統領夫妻が七時半頃まで接待。カロライン〔・ケネディ〕が二階から下りる階段のところで通りすぎる。外交団に手をふって居るあたり巧まずして仲々愛嬌があった。ホワイト・ハウスのつつじ満開。

❖**五月三日（木）** 日本では休みだが吉田〔茂〕前総理一行の来訪で休みもならず。午後空港に一行を出迎へる。同氏の外麻生〔太賀吉〕氏夫妻、小金〔義照〕、北沢〔直吉〕、愛知〔揆一〕の三議員その他の人数で吉田氏と麻生夫妻は公邸に泊って貰うことゝした。三時国務省にハリマン氏を訪ねてアラスカでつかまった日本漁船問題で抗議をし、核爆發問題で申入れを行ふ。大急ぎで大使館に帰り吉田氏に同行してホワイト・ハウスで大統領に四時半から十五分ばかり会見。大した話はなし。小憩の後、夜はジョーヂタウンのハリマンさんの自邸に吉田氏麻生夫妻と共に招ばれる。ロバート・ケネディ夫妻、〔ジョン・〕スパークマン上院議員夫妻、〔アルバート・〕ゴーア上院議員夫妻、〔モーリス・〕ニューバーガー上院議員、ジェームス・レストン夫妻等仲々立派な顔ぶれ。

❖**五月四日（金）** 午前十一時半前国務長官〔ディーン・〕アチソン氏とデトロイトの〔クラーレンス・〕ドッヂ氏に勲一等

〔旭〕の授与式を行ふ。吉田前首相が立会う。その後公邸で自分主催のランチ〔スタグ〕。〔ジェームズ・〕フルブライト、ボール、ティラー、ジョンソン、ハル、〔ロバート・〕マーフィその他日本関係の朝野の名士が参加して盛会であった。夜、吉田氏麻生夫妻はアチソンに招ばれ自分達は公邸で同行の代議士を接待。

❖**五月五日（土）** 小金、北沢代議士を誘ってゴルフ。夕方はジャパン・ソサエティがカールトンで吉田氏のためにリセプションを催したのに出席。

❖**五月六日（日）** 午後カナダから来た牛場〔信彦〕君を招んでゴルフ。夜はカールトンで吉田前首相が館員幹部を夫妻招待して下さってディナー。和気あいあい。楽しかった。これで吉田〔茂〕氏ワシントンの日程を終へる。

❖**五月七日（月）** 吉田氏一行は十二時半發NYへ帰ったので見送る。台風一過ホッとした形。午後は昼寝。夜は藤田官補の日本行送別のため若い連中を招んで食事後ブリッヂ。

❖**五月九日（水）** 隆はインターナショナルN．クラブの人々とバスでアナポリス行。アンダソン大将の招待の由。チェコの国祭日に一寸顔を出してから電信課その他官房の人々と食事をしてからナイター見物。

❖**五月一〇日（木）** 午後National Bank of Washingtonの会長Wallerという人にメンバー・ゲスト・トーナメントにバーニング・トリーに招待された。夜ノルウェーの総理大臣のリセプションが全国の大使館で行はれたがこれは失敬する。

❖**五月一一日（金）** 午前国務省で小麦協定の議定書に署名してくる。午後、チェヴィで一寸稽古。夕方、ラオスの国祭日リセプション。このところ閑散。

❖**五月一三日（日）** 早目に十一時出發。Andrews Air Force BaseのArmed Forces Dayに隆と渡辺官補同道で行く。寒い薄曇りの日。一時から四時まで空海陸の夫々のショウが行はれた。

❖**五月一四日（月）** ラオスの情勢が険悪となって来たのでハリマン氏に会見を求めたが明日になってしまった。昼は大使館事務所の建築で約一年半ワシントンに滞在して居た塚本君が近く帰国するので労をねぎらって食事。あとチェヴィで練習。夜はパール・メスタさんのディナー。主賓はEthel Mermanという女優でコール・ミイ・マダムの主役をつとめた俳優の由。散漫な寫眞班のウロ〳〵したつまらぬディナーであった。もう夜の会食もそろ〳〵切り詰める予定。

❖**五月一五日（火）** ラオスの形勢険悪でタイに米軍が派遣されたと今日正午ホワイト・ハウスの發表がある。午後空港に河野〔一郎〕氏一行を出迎へる。昨日朝からハリマンに会見を求めて来たがシートー〔SEATO〕の大使との会見やらで忙しいとかで会へず。プレスした結果やっと六時半会って下すった。こちらも少しムかついて居たから質問はしないし先方もくたびれて日本など構って居れぬのであらう。正午の新聞發表の内容を一寸敷衍して十五分位で砂をかむ様な会見を終る。日本には協議をする気のないことは当然として通報する気持にもならぬのが現実かも知れない。甚だしくディスアポイントさせられた。

❖**五月一六日（水）** 昼河野氏一行のため公邸でランチ。午後三時半国務省でラスク氏との会見に立会った後、ボルティモアの空港に見送る。夕方韓国の新政権成立一週年記念のリセプションに出席。

❖**五月一七日（木）** 午前二時東京とテレタイプの連絡をして居た金沢〔正雄〕君に起こされる。米軍機が日本に無通告でタイに飛んで居るというので日本側は心配して居るのである。少し昂奮したゝめとう〳〵眠れず。八時から幹部会を召集。東京への返電も起案。大急ぎで停車場へ隆と駆けつけて十時發プルマンでNYへ。列車の中で一眠りした。食事もすませ、NYに着。島内〔直史〕君と須磨〔未千秋〕君が出迎へてくれドレークに投宿。五時十五分Council on Foreign Relationsに赴き一寸お茶を御馳走になってから三十分から四十分間講演。出席者は四、五十名位。気持ちよく喋れた。

❖**五月一八日（金）** 四時半のロッグレッショナルでワシントンに帰る。ワシントンはムッとする様な暑さであった。この講演にNY総領事館の依頼によるものであったが総領事は初めから終りまで顔を出さず甚だしく非礼と思はれた。

❖**五月二〇日（日）** 日曜。今日はチェヴィにコンペティションがあるし午後三時内山〔岩太郎〕氏等縣知事の一行も着くのでゴルフはやらず一行を飛行場に出迎へる。夜は一行のためのディナーを大使館で催す。暑い日であった。勿論〔華氏〕九十度以上。食後テレスに出て涼み乍らお客さんをもてなす。

❖**五月二一日（月）** 午前十時からNational Science Foundationで第二回日米科学委員会開催され自分も出席。首相の祝詞を讀んだ後簡単に挨拶。中座して十一時四十五分ホワイト・ハウスで内山知事一行を大統領に紹介。夕方はラスク長官が知事・科学委員会のためのリセプションを国務省で催したのに出席。ひきつゞきシエラトン・カールトンでハリマン次官補が知事のため催宴。

❖**五月二二日（火）** 昼は副大統領が国務省の接客室で科学委員会の代表を招んだのに出席。午後ゴルフの稽古。隆と一打ち。夕方は科学委員の人々のため公邸でリセプションを催してから日本人のみ日本食のブッフェ。此の頃は食事のあとテレスで風に当るのが快い様に夏の気候となった。

❖**五月二三日（水）** 五年前の今日隆と明子、和夫とでワシントンに着。下田〔武三〕代理大使夫妻と〔ワイリー・〕ブュカナンに出迎へられたのを思い出す。公邸のサーヴァンツに御馳走をした。又当時空港に出迎へてくれた下田君に手紙を出して置いた。午後新聞記者とゴルフ。夕方はワシントン・トーキョー・ウィメンス・クラブがFt.マックネアで一七八〇年ワシントン時代の服装をした軍楽隊が特にこのクラブの人々のため行進するのを見物。その後将校クラブでブッフェ。日本の友人の集りなので気が措けず和気藹々であった。

❖**五月二四日（木）** 科学会議に来て居る日本の代表と同行してホワイト・ハウスに赴き大統領と会見。この頃大統領と会うことがつゞく。今日で科学会議は終了。夕方公邸で簡単な食事をしてから一同をナイターに案内した。シャワーのためゲームの開始が三十分余り遅れて一行の和達〔清夫〕博士が皆からからかわれる。一同楽しんでくれたと思う。雨の上ったあとのすがすがしいナイト・ゲームであった。

❖**五月二五日（金）** 正午、隆は米人を招いて公邸で婦人のブリッヂ会。夕方ジョルダンの国祭日に一寸顔を出してシエラトンのジャパン・ソサエティに顔を出す。今年になって始めて白のブラック・タイを着る。ジャパン・ソサエティは百四、五十名の出席。余り出はよくないが夫婦で会費を拂ふとなると考へさせられるのであらう。食事後〔カボット・〕コヴィル君の司會で自分が約四十分日米経済関係を中心として喋った。割合気持ちよく喋れた心算である。

❖**五月二六日（土）** クラブで食事後リンカーン・メモリアルの附近の広場で国務省と恒例の野球。二十何対五位の点で大敗。引きつゞき夕方公邸で佛教センター関係者のためにリセプションあり。

❖**五月二七日（日）** 午前ゴルフ。夕方アフガニスタンの国祭日（日曜だのに気が利かぬ）に一寸顔を出してから商務次官〔エドワード・〕グッドマン君邸で夜のブッフェ。

❖**五月二八日（月）** 閑散。隆が〔ルーサー・〕ホッヂェス夫人に頼まれて午後商務省へ観光関係の会合に出かけただけ。

❖**五月二九日（火）** 閑散。午後チェヴィでプラクティス。夕方南亜連邦の国祭日リセプションに顔を出してからバーク・サマースさんのディナーに招ばれたのに出席。客は〔バリー・〕ゴールドウォーター上院議員始め共和系の人々。こった料理。場所はロックヴィルで深山幽谷のよう。

❖**五月三〇日（水）** メモリアル・デイ。珍しくスタートをとらねばゴルフが出来ない日。午前ゴルフ。約束なしでのんびりした日。但原爆実験について抗議の訓令が本省から来て一寸うんざり。

❖**五月三一日（木）** 午後ゴルフ。夕方三井物産の新関〔八洲太郎〕会長が夫人と共に来訪。匆々ＮＹへ引き返すというので食事の時間なし。自分等は引きつゞきadm. Carneyのリセプションに出席してから隆の学友リボリア・ヂェンティルを空港に出迎へた。リボリアとフランシス・アハーンの二人公邸に泊る。トリニティ卒業二十五周年の大会に夫々オルランドとシンシナティからやって来たもの。

❖**六月一日（金）** 昼は〔フランシス・〕アハーンと〔リボリア・〕ヂェンティリ、それに我々二人でオドンネルで食事。夜原子力委員会の〔ロバート・〕ウィルソン委員がオルニイで兼重〔寛九郎〕氏を食事に招んで居るのに同席。外の芝生でコクテイル。一時間位歓談後、部屋で食事。

❖**六月四日（月）** 夕方国務省の招待で来て居る日本人地方紙関係者を公邸にブッフェに招ぶ。

❖**六月五日（火）** 午前クェートの新任大使来訪。信任状提出後匆々に来たわけである。隆は今日はヴァジニアのストローズさんのファームに出かける。夜ゴム会議関係者を公邸に招待。

❖**六月六日（水）** 正午チェヴィで一打ち。夕方、フリーリング・ハウゼン〔共和・下院〕氏のジョーヂタウンの庭でお嬢さんのためのリセプションがあったのに顔を出してからフオンテンブラン氏邸に招ばれ映画の前のブッフェを御馳走になってからトランス・ルックスへ“advise and consent”を見に行く。小説で讀んだが映画も仲々面白かった。

❖**六月八日（金）** 昼、チェヴィで隆と稽古。夕方英大使館でクヰーン誕生日祝日のリセプションがあったのに一寸顔を出してからワシントン駐在日本人記者一同を公邸に招待。簡単に食事をしてからナイターに案内。

❖**六月一〇日（日）** 午後「毎日」の工藤新一郎氏を案内してゴルフ。夕方隆と「散車」。夜約束なし。

❖**六月一一日（月）** 閑散。夜トルコの大使がパリに転任になるというのでこの大使とは余り交友はなかったが〔ウォーレン・〕マグナッソンさんの宴会へ行く途中、一寸顔を出した。ほとんど知った顔がなくつまらない会。マグナソンさんの会はよい会であった。

❖**六月一二日（火）** 昼。公邸で野田〔卯〕〔卯一〕議員と坂〔阪〕田〔泰二〕専賣局総裁のためランチを催す。夜ウォーナーに“El Cid”の封切を見に行く。三時間余の大作。美しいカラーの歴史的チャンバラ映画。ベンハーを凌がんとする野心作だ相である。

❖**六月一三日（水）** 午後今度帰朝命令の出た山下君をチェヴィに案内。若い連中とゴルフ。夕方パナマの大統領が来て居るのでパナマ大使館に顔を出す。

❖**六月一四日（木）** 午前八時半に大使館を出て九時半から

ナマでNBCから"● Corner"という放送をする自分が七、八分隆が五、六分喋らされた。昼アレンに招ばれてA&Nクラブで食事。新任のスペイン大使〔ゴルファ〕を紹介するのが目的だったらしい。午後チェヴィで一打ち。明日からの旅行の準備。夜は研修を終へてワシントンに来た官補四名その他を誘ってナイターに案内。

❖**六月一五日（金）** 午前九時半頃出發、イエールに向う。明日のイエール、ハーヴァードのボートレースを見物のためである。

❖**六月一八日（月）** 午前中「毎日」の石塚君に「ボートレース」の記事を手交。昼は木内君と二、三の新聞記者を「ブラッキー」に招待食事を共にする。夕方はヘレン・シウサットさんのコクテイルに一寸顔を出す。

❖**六月一九日（火）** 正午中野〔電信〕関根〔文書〕両君夫妻のための送別を公邸でした。午後今度日本へ赴任をする〔ジョン・〕エマソンという公使が挨拶に訪ねて来た。五時十五分のシカゴ行UA機でワシントンを出發。飛行機に乗り込んだところ天候険悪となり夕立。稲妻も伴って飛行機は二時間近くもエンコした挙句、取消となり他のUA機に乗換。二時間余も遅れたゝめシカゴ着はシカゴ時間の九時近くになる。総領事館員に出迎へられてニッカーボッカー・ホテルに投宿。

❖**六月二〇日（水）** 十時から小沢〔武夫〕君司会の総領事会議に出席。今日は第三日目で小沢〔シカゴ〕、金山〔政英〕〔N.Y.〕、瓜生〔復男〕〔ロスアンゼレス〕、山中〔俊夫〕〔桑港〕、藤崎〔萬里〕〔シアトル〕、浦部〔勝馬〕〔ポートランド〕、松尾〔隆男〕〔N.オルリーンズ〕、青木〔ヤスハル〕〔ヒューストン〕の諸君の外、大使館から加藤〔匡夫〕君本省から竹内〔春海〕、中山〔賀博〕の両君等出席。自分は最終日とあってワシントン在勤五年間の日米関係随想を述べた。その後若干の事務があって第三日の本日で会議は終了。総領事夫人のお料理を御馳走になってから二時半頃から程遠からぬTam O' Shanterというコースへ行く。夜は在留邦人の招待で「中ノ家」というところでワイ〳〵騒ぎ乍ら会食。

❖**六月二二日（金）** 眠かった。午前中仕事を片づける。正午日本陶器の佐伯〔卯四郎〕氏夫妻を公邸に招待。夜は出張中の外務省の竹内、中山両君と館員を食事に招んで後歓談。

❖**六月二三日（土）** ハリマンさんに国務省に食事に招ばれたので已むなく午前のゴルフは取止め。三時からチェヴィ。夕方大急ぎで帰宅。B.T.に着換へてからルクセンブルグのリセプションに顔を出した後八時から再びチェヴィで〔アーサー・〕ラドフォードさんの食事に隆と共に出席。暑いがクラブの食事。快適。ハリマンさんのところでは食事後自分とNJの大使が居残りを求められ同氏から金門方面に於ける中共軍集結の情報を聞いた。「タイ出兵のとき少し日米間に連絡が悪かったから・・・」と一言してくれたし、今までのワダカマリ一掃の感。これではゴルフも当るというもの。鈴木〔源吾〕君を相手にして三十九と四十一計八〇という驚異的スコアを出し同君を六ダウンせしめた。嬉しい日。

❖**六月二四日（日）** 午後〔プレスコット・〕ブッシュ夫妻とゴルフを楽しむ。

❖**六月二八日（木）** 昼菊地君夫妻が日本へ帰るので送別の食事。午後スエーデンの大使をして居る〔J・グラハム・〕パーソンス君が訪ねて来て一時間程、夜の芝生に椅子を並べ冷いお茶を飲み乍ら歓談。同君も一年余見ないうちに大分白がが殖へたことに気がつく。夜チェヴィに今度イランへ行くことになった〔ガブリエル・〕ハウゲ夫妻を中心とし、ロヂャース、モーガン、ディールの夫婦を招んで夕方のチェヴィの景色を楽しみつゝブッフェ（仲々おいしかった）。その後テレス・ダンス。十一時すぎ散会。仲々夏の接待としては気が利いて居たと思う。

❖**六月二九日（金）** 午後邵毓麟君（トルコの大使）が訪ねて来て庭でお茶を飲み乍ら久闊を叙し一時間ばかり歓談。夕方篠原、赤谷〔源一〕、矢野〔智雄〕の諸君と始めてコートを使用。三セット程テニスを楽しんだ。少しコートの後ろが狭いという批評があるがまづまづ立派なコート。夜はシュープさんに招ばれてマリーンのトワイライト・パレードを一時間ばかり見る。涼しい夜で楽しかった。

❖**七月三日（火）** 昼、平沢（和）〔和重〕君を公邸に招んで食事後二時前公邸發カールの運転で隆と赤谷君同道。ペンシルヴァニアのHersheyに赴く。雨天であったが道路がよいので四時半にはHotel Hersheyに着く。こゝはチョコレートの町。ホテルは小高い丘にあるスペイン風の建物。庭園も美しい。此処に全米の知事が集って会議中で明日はフィラデルフィアに赴きインデペンデンス・ホールで大統領がアドレスする相である。何の関係か此の会議の事務局から日本の大使にハーシーに於ける会議の最終日に講演して貰いたいと注文があったわけである。ビジネス・ミーティングが遅れてそのため公園内のエリーナで行はれたステート・ディナーも遅れて八時半頃となる。自分はパウエル知事とロード・アイランドの知事の中間に座って食事。自分のアドレスは時間が遅れて居るという自覚、従って自分の原稿は少し長すぎるという自覚、ライトを眞正面から浴びて聴衆のリアクションが全然見へないこと等々のため非常に早くなってしまった。自分乍ら余り上出来とは思はれず。殊にマイクロフォンが大きな部屋に反響して要するに講演には不向きの環境であった。出席者はN・Yの〔ネルソン・〕ロックフェラー始め錚々たる人々。大した会合であった。一九〇八年に第一回の会合をワシントンD・C・で開いてから本年は五四回の会合。

❖**七月五日（木）** 夜は今度イギリスへ行く福田〔勝〕君夫妻をチェヴィに招き、〔ヘンリー・〕ファウラ次官、カー、ラッセルドア、ウェルネケ、の夫妻も招待。夕涼みの後ブッフェ及テレスダンス。十一時半頃散会。毎晩遅いので少し疲れた。

❖**七月一七日（火）** 公私の懸案一気に処理。夕方は新任の山下〔武利〕君〔財務〕を加へ和夫とテニス。更に六時半からゴンザレスのためのリセプションに出席。ガードナ・マルロイという昔のテニス・プレヤーにも会った。

❖**七月一八日（水）** 昼、ラサール・デュ・ボアで〔ハリー・〕カーンと食事。夕方はゴンザレスとのテニスで何とはなしに気になって居たが五時半頃から雷鳴を伴ふ降雨のためテニス試合は取消しとなり何となく惜しい様なホッとした様な気持ち。

❖**七月一九日（木）** 十一時少し前大使館を發MATSに赴く。此処で第三軍司令官のLt. Gen. Trapnell夫妻に出迎へられ同中将の専用機に乗りアラバマのレッドストーン・アーセナルに行く。金沢〔正雄〕君の外三人のディフェンスアタッシェ同行。隆と和夫も同伴した。実飛行時間三時間程でローカル・タイムの十二時半、ハンツヴィルの空港に着。市長夫妻も出迎へてくれた。軍差廻しのモーターケードで我々の宿舎たるサハラというモーテルに旅装を解き少憩の後又隊伍を組んでアーセナルに向う。アーセナルには日本国旗をたて自分のため十九發の礼砲も發射され、閲兵も行った。日本の自衛隊員四十名余が卒業する由でこの人々も整列して居た。それが終り男組はUS. Army guided Missile School Complexを見学、説明を聞き、婦人連は校長のCol. MacPhersonの夫人のお茶に出席。一時間余で見学を終り三台のヒリコプターを連ねて約三十分飛んでGuntersville Damを見学。このダムはTVAが北アラバマに作ったものでテネシー河の航行し得る部分約六百五十哩の略中間にある。此処に約一時間居て再びヒリコプターを連ねてアーセナルに帰る。アーセナルから日章旗を飜した自分の車を先頭に再びサハラモーテルに引き返す。モーテルには"Welcome to His Excellency Koichiro Asakai"と広告を出してあった。モーテルのプールで館員と共に一泳ぎ。夜はオフィサース・オープン・メスでリセプションの後ディナーあり。軍関係者の外市長始め市の人々も多数出席して居た。時差の関係もあり流石に夜十時頃はガックリと疲れた。

❖**七月二〇日（金）** 朝九時モーテルを發マックファソン校長の事務所に赴き先づ学校の模様等につきブリーフを受けた後、卒業式に臨む。卒業生のうち半数以上が日本人学生で約四十名。上は二佐から下は下士官までのクラスが含まれて居た。日本人学生中にはオナースチューデントも少からず。卒業証書は自分から日本学生に一々手交。最後の国歌ではシナ、デンマーク、ドイツ、日本、和蘭《オランダ》、アメリカと六カ国の国歌を吹奏。此等の国の学生が卒業したからである。式後オフィサース・メスで小人数のランチ。その後Electromagnetic Labを見学。パーシング・ミシルやレーダーに映った目標を如何に捕捉するか等々の見学。それからMarshall Space Flight Centre（NASA）に赴いてフォン・ブラウン博士にも会って若干の説明を受ける。暑い最中とて流石に疲れたし眠くもなった。三時頃一行は見送りの人に別れを告げ陸軍機に乗る。時差もありワシントンに着いたらば夜の8時であった。

❖**七月二二日（日）** 午前中新聞に目を通す。正午に隆と共に出發。ボルティモア空港に赴きNW機で一時すぎ出發。この飛行機はヂェットであるが途中デトロイト、ミネアポリス、ポートランドに寄ってシアトルに行くので時間がかゝり所要時間は八時間余。シアトルのローカルタイム六時半に空港に着。藤崎君始め一世居留民代表等に出迎へられる。市から日米国旗をボンネットに立てた車が提供されオリムピックに投宿。

❖**七月二三日（月）** 午前十時にホテルを出て覧展〔展覧〕会に向う。ガンディ氏夫妻（ガンディ氏は大会の総裁）に出迎へられ型の如く新聞記者会見。終ってプラザに赴きジャパン・ウヰークの開会の式に出席。〔アルバート・〕ロッセリーニ知事、〔ゴードン・〕クリントン市長等も顔を出して居た。此の後日本館を一巡。スペース・ニードル（此の展覧会の象徴である）の頂上がレストランになって居りシアトル市、郊外、展覧会場が一望に収められ一時間余で円型のレストランが一巡することになって居る。此処に上って食事をするには三時間位は待たねばならぬ相である。午後はアメリカの出品して居る呼びものの科学館に行く。面白くて判る人には見切れないと思はれるが素人にはサッパリ。一日で大方能率を上げたし一日で沢山というところ。ホテルで少憩の後、夜はブラック・タイにして再びガンディさんの私邸に招ばれ食事後八時半からの展覧会の「文楽」に出席。壽三番叟、壺坂霊験記、道行初音ノ旅の三本。切符は売切れ。自分等には面白かったが最後の出し物は余程解説しないと無理。

❖**七月二四日（火）** 夕方「ブッシュ」で藤崎君主催のリセプションあり。引きつゞき在シアトルの日本商社支店長等が支那料理に自分を招んでくれ食事後、自分から約一時間話しをして十時半頃ホテルに帰る。

❖**七月二六日（木）** 藤崎夫妻その他に見送られて八時五十分の飛行機〔NW〕でスポケンに向う。

❖**八月二日（木）** 八時からチェヴィでブッフェ・ダンス。泊って居る大平〔善梧〕君も同道した。

❖**八月三日（金）** 夜は約束なし。滞在の大平君も外食でノンビリ。

❖**八月五日（日）** 夜は大平君のためにブリッヂ。

❖**八月六日（月）** 午前十時半国務省に新任の次官補〔経済相当〕を訪ねて挨拶。陶器関税引上問題、船舶書類強制召喚問題、綿製品問題等について懇談した。〔グリフィス・〕ジョンソンという五十を越したと思はれる感じのよい紳士。夜は「セコイア」でギルパトリック国防次官がその招待した門叶〔宗雄〕防衛庁次官のため船遊びと夕食会を催したのに出席。ディロン夫妻や二、三の下院議員も来て居た。マウント・バーノンの近くまで遡江。

❖**八月七日（火）** 昼は防衛庁の戸叶〔門叶宗雄〕次官のため日本人のみのランチ。

❖**八月八日（水）** 正午国務省でラスク長官が十数名の大使を昼食に招んで食事。ハリマン〔極東〕、〔フィリップス・〕タルボット〔近東〕の両次官補同席。食事後ベルリン問題、核実験問題、ラオス問題等々につき約二十分ラスクが我々にブリーフしてくれたので帰館して早速東京へ電報して置いた。夜は約束なし。ラヂオで野球の放送を聞き乍ら眠ってしまった。

❖**八月九日（木）** 昼若干の国務省関係者〔日本で公使をして居た〔ウィリアム・〕レンハート、韓国のシャルヂェをして居た〔マーシャル・〕グリーン、休暇でワシントンへ来て居る〔フランク・〕ウェアリング等々〕を招んで簡単な昼食。

❖**八月一一日（土）** 午前ゴルフ。午後はノンビリ。夕方農業関係の石井という人を招んで食事後ナイターに案内。

❖**八月一三日（月）** 夜スヰスへ帰任の木村〔四郎七〕君のため公邸でディナー。木村君はそのまゝ公邸泊り。木村君から今次の外務大異動で自分が次官にならないかという武内〔龍次〕君のメッセーヂをきいた。自分の米国退陣も愈々近しというところか。

❖**八月一四日（火）** 泊って居た木村君と朝食を共にした後同君は市中見物をしてからマウントバーノンに赴き二時すぎ空港へ行く。ワシントンは官補時代に居たので二十何年ぶりとか。自分は午後は官補の山下君を送別のためゴルフ。

❖**八月一五日（水）** 今日も午後はゴルフ。このところ午後連日ゴルフだがワシントンでも休暇をとって居る心算故良心はクリーア。夜は一人で〔アルマー・〕モンローニ上院議員邸にディナーに行く。インフォーマル。庭にプールを作り食堂を改造したり大変立派になった。プールに照明をつけプールサイドに食卓を設けて食事。仲々よかった。

❖**八月二〇日(月)** 暑い日。最高三時に〔華氏〕九十九度になった相である。午後ウェアリングとアレキス・ジョンソンと三人で食事。食事後国務省にG・ジョンソンを訪ねて繊維問題につき米側が一方的輸入差留めをしない様交渉。本省に打電して回訓を求めた。夜隆子と明子はナショナルに「カーニヴァル」を見に行く。自分は和夫と映画見物。今日は隆子の誕生日Happy birthday to you!

❖**八月二一日(火)** 午前中綿製品問題に関し本省から回訓あり。見透しもついたので午後はゴルフ。子供達は今日は加藤〔匡夫〕参事官宅に招ばれてダンスの会があるので遅くなる。

❖**八月二二日(水)** 今日も夏らしい天気。午前中、和夫帰国につき荷造りの手伝い。午後はモーガン、ブラウン、グリーンの諸君とメンス・ダブルスを楽しむ。三セットやってふらふらになる。

❖**八月二七日(月)** 昼日本電気社長渡辺〔斌衡〕氏及夫人を公邸に招待。その他閑散。夕方はテニス。此の頃約束を作らず楽しい。

❖**八月三〇日(木)** 午後今度ハーヴァードへ行く大河原〔良雄〕君をゴルフに案内。夏も終りとはいえ暑い日であった。よく当る。夕方今度転任の独逸大使Grewe君の送別リセプションに一寸顔を出し夜は大河原君夫妻のためディナー。あとブリッヂ。

❖**八月三一日(金)** 夕方はテニス。これで八月も終る。近年で最も乾燥した八月であった相である。夜、セネタースがエンゼルスと対戦したのを渡辺、松本両君を連れて見物。涼風が吹いて快い夏の夜であった。ダブル・ヘッダーとて帰宅は十二時に近かった。

❖**九月一日(土)** 久しぶりでマーフィさんとゴルフ。暑い日で最後にはフラ〱する程でコースも二時頃はガラ空き。よく当った。

❖**九月五日(水)** 午後今度ドミニカの大使になった小沢シカゴ総領事をゴルフに案内面白かった。生憎最後の二ホールスは夕立に降られる。大使館へ帰ったらばホワイト・ハウスのフェルドマン君が電話を待ち兼ねて居た。綿花賦課金に関する関税委員会の報告が明日發表されるというので内容(3対2で賦課金却下)を知らせてくれたわけ。好意を謝し早速東京へ電報して置いた。夜小沢君夫妻と館員夫妻を招んで公邸で食事後ブリッヂ。面白かった。

❖**九月六日（木）** 大分涼しくなった。快適の秋晴れ。夕方五時国務省にボール次官を訪ね韓国問題に関する総理から大統領宛の書簡を伝達。船会社に関するグランド・ジュリーによる召喚問題等につき申入れた。

❖**九月七日（金）** 午後秋晴れの空でテニス。当らず。夕方一寸ブラジルのリセプションに顔を出す。夜英国の参事官として転任の藤崎君家族がワシントンに来り公邸に泊る。

❖**九月八日（土）** 午前藤崎君を案内してチェヴィでゴルフ。夕方バークさんがコングレッショナルC・クラブの附近の自宅でリセプションを催したのに顔を出す。知合が多くて面白かった。夜は藤崎君のためのディナー。そのあとブリッヂ。

❖**九月九日（日）** 今日は三時からホワイトハウスのフェルドマン、〔マクジョージ・〕バンディ夫妻を招んでテニス。

❖**九月一一日（火）** 秋晴れ。午後ゴルフ。夜はローランス少将〔情報〕が石田〔捨雄〕一佐の送別会を催したのに出席。小人数の気の措けない宴会であった。

❖**九月一二日（水）** 快晴。午後国務省にＡＩＤのハミルトン長官を訪ね〔先方の要請による〕会談。夕方はテニス。

❖**九月一三日（木）** 午後三時半ボルティモア發の飛行機で隆に見送られて明子と西へ向ったが飛行機は一時間半程遅れたゝめ空港でボンヤリ。ロスアンゼレスはローカル・タイムの十一時頃着。瓜生君夫妻に出迎へられてパサデナの同氏公邸に泊めて貰う。今日はワシントンもシカゴも〔華氏〕九十度位の温度で残火の暑さであった。

❖**九月一四日（金）** 午前中内海〔清一〕領事の案内でパラマウントのステュディオを見た。丁度ニューカレドニアを舞台とした芝劇を撮影中。リー・マーヴィンも居て握手。ボナンザも撮影中で主役の俳優と握手。食堂で幹部と昼食を共にした後辞去。総領事館の車でディズニー・ランドへ。此処では総領事館が連絡してくれてホステスがついてくれ、無料で色々な施設を廻る。明子も楽し相であった。二年前来たときと変った点はモノレイルの出現であった。六時頃此処を出發帰路につき途中のヘンリー・カーンのランチで晩さんを御馳走になる。広大な土地を占め豊かなファーニッシングをした家で遠くに街の灯を望む。行いすました実業家の家と思はれ、こんな生活がして見たいと一寸羨しくなる。庭にはプールもあった。十時半頃まで歓談。パサデナに帰ったらば十一時すぎ。疲れ切って床に就く。

❖**九月一五日（土）** 瓜生夫妻の案内でサン・ペドロのマリーンランドへ行く。三十分程いるかやおっとせいの芸当を見てから飛行場へ。自分は十二時半のウエスタン機でサンフランシスコ経由。シアトルに向うので明子と別れる。明子の日航機は同日三時すぎに出發の筈。彼女もワシントン滞在をエンジョイしてくれたと思うし、彼女の生涯にも有意義であったことを希望する。シヤトル着は三時半。二ヶ月前此処で明子と落合ったが早いものである。高杉〔登〕新任総領事が出迎へてくれた。〔大平正芳〕外相一行の飛行機（NW）は一時間後に着。出迎へた後車を連ねてオリムピックに向い、八時からブッシュ・ガーデンの宴会。十時半頃ホテルに帰る。自分は外相の部屋で約十五分会見。

（イ）駐米大使の職は三年以下では意味がないが五年以上となっても新鮮味を欠いて適当でない。

（ロ）自分は在任五年を超したし大平人事を容易にするためにも辞任したい。

（ハ）但辞めることを急ぐわけでなく殊に本年十二月の日米閣僚会議は日本側閣僚は全部新顔故、継続性維持のためにも自分が出席することがよいと思う。依てその後本省の都合のよい早い機会に辞めて貰いたい。

（ニ）後任の大使につき意見を述べさせて貰へるなら武内君が人物識見力量等から見て極めて望ましいと思う、

という趣旨を申入れた。

同外相は今まで忙しくて考へる暇がなかった外務首脳の人事故総理とも相談して決めたいが御気持は判ったとのことであった。これで一応矢は弦を離れた。米国を去るまではまだ三、四ヶ月はあらうが今後は「オールを流して」行くことにならざるを得まい。

❖**九月一六日（日）** 今日外相の一行はフェアに赴きその後レーニアに行くので自分は単独行動をとることゝし幸いプロのコンペティションがブロードモーアのコース（先日藤崎君に案内された）で行はれるというので三菱商事の臼井という若い社員の案内で出かける。〔アーノルド・〕パーマー、〔ジャック・〕ニコラウス、〔ゲーリー・〕プレーヤーその他著名のプロが参加して居り此の連中のドライヴやパッティングを見て今更乍らに感心。ニコラウスが優勝した。その後臼井君の家で少憩の後空港附近のヒルトン・インで一同と合流。夕食を認めてから一同と共にNWのヂェット機でN.Yに直行。夜の十一時に出て翌朝のN.Y.タイム六時半には着くが実飛行時間は四時間半。早いものである。

❖**九月一七日（月）** 八時半發のナショナル機でN.Y.まで出迎へてくれた渡辺君と共に搭乗。ワシントンへ帰る。ワシントンは雨なので小坂（徳）〔徳三郎〕夫妻とのゴルフはお流れとなりたりと思い、昼食に誘ったところ食後天候回復。夫妻ともゴルフをやりたいらしいのでチェヴィに案内した。小坂夫人は有名なプレイヤーとて時に自分もアウト・ドライヴされる始末。幸いに天気は回復したので夫妻とも㐂んでくれたと思う。夜は懸案の整理。

❖**九月一八日（火）** 朝シェラトン・ホテルに田中〔角栄〕蔵相

を訪ねて挨拶。此処でＩＭＦが会議をして居る。昼はＲ・ケネディ夫妻が小坂夫妻をマックレーンの自邸に招んで居るのに陪席。天気がよくて美しい郊外であった。広々とした芝生にテニスコートがあったり、馬が放されてあったり。ニューフロンティアのグループ二十名位出席。テレスに食卓を出して会食。夕方はＩＭＦ関係のリセプションを自分が催し田中蔵相を中心とし、八時頃から日本人のためのブッフェを催す。

❖**九月二〇日（木）** 午後フィリピンで代理大使をして居たHorace Smith君夫妻が訪ねて来て歓談。もう国務省は辞めて実業界に居る由。夕方秋晴れの空でテニス。その後コロンビア大使の送別リセプションに一寸顔を出す。

❖**九月二一日（金）** 米議会が対外援助の予算を大幅に削ったゝめ沖縄関係の新規予算も削られ日本が一寸騒ぎ出し訓令も来たので午後四時国務省にハリマン氏を訪れ日本の関心につき申入れた。二、三本電報を出す。夜は田中蔵相を中心として男のみの内輪のディナー。

❖**九月二二日（土）** 秋晴れ。午前ゴルフ。夜十一時Ｎ.Ｙ.から大平〔正芳〕外相着出迎へ。公邸に泊る。

❖**九月二三日（日）** 午後雨で折角計画したゴルフは駄目かと思はれたが十一時頃から天候回復。一行をチェヴィに案内してゴルフ。雨が止んだので楽しかった。夕方自分から約一時間日米関係について「御進講」。夜館員一同と共に公邸で食事後九時の飛行機で自分も同行して一行とＮ.Ｙ.へ。Ｎ.Ｙ.はドレークに泊る。

❖**九月二四日（月）** 正午ラスクがハリマン、〔ジョセフ・〕イエーガーを帯同、ドレークに来訪。大臣と会談。ラスクは伯林《ベルリン》問題と食事中キューバ問題につき積極的に話し出したが韓国問題、沖縄問題、経済問題についても我方の話を聞くだけで殊に韓国問題についてさへ交渉の現状を先方から聞かうともしなかった。此の辺に日米関係の一方的なところがあることをマザ〳〵と見せつけられた。これが現実であらう。自分は大臣（此の日夜ヨーロッパ向け出發）に午後別れを告げ、六時イースターンのシャトル機でＮ.Ｙ.發ワシントンへ帰った。

❖**九月二五日（火）** 午後Ｎ.Ｙ.から来た福島〔慎太郎〕君とゴルフ。午前中ケネディ司法長官を訪問。グランドデュリーによる日本船会社代表起訴問題につき要請。事務室を日本からの贈り物や子供の絵で飾り立てた変った様子であった。

❖**九月二七日（木）** 今日も雨で石田海一佐の送別ゴルフお流れとなる。夜はＡアンドＮクラブでハービソン夫妻のＢ.Ｔ.ディナーに出席。久しぶりのブラック・タイで本日から黒服を着る。

❖**九月二八日（金）** 午後国務省にハリマン氏を訪ね再び沖縄

問題。チェンバレン修正案（援助の金で自動車を買う場合は米国で買うことを規定）、三井在ロンドン書類召喚問題等につき交渉。大分時間がかゝり大急ぎで帰館。その後デッカー大将引退のパレードがFt.マックネアで行はれたのに出席。パレード後のリセプションにも顔を出し、ティラー大将とレムニッツァ大将共催のリセプションにも顔を出した（アンダーソン・ハウス）。大使館には吉次〔利二〕君と渡辺〔操〕君が来て居て食事を共にし歓談。両君とも公邸に泊る。

❖**九月二九日（土）**　吉次・渡辺両君を案内して久しぶりの秋晴を楽しみつゝゴルフ。三時に二人ともN.Y.へ帰ったのを見送る。

❖**九月三〇日（日）**　夜N.Y.からやって来た下河辺〔三史〕氏をもてなす。

❖**一〇月一日（月）**　秋晴れ。昼Mクラブで今度日本へ遊びに行くという〔ウィリアム・〕シーボルド君と食事。午後ナショナル・リーグで同率になったドヂャースとヂャイアンツのプレイオフ第一回戦をTVで途中まで見て夕方はテニス。商務次官夫人のグッドマンとルバロン夫妻でミックスド・ダブルス。天気がよいので楽しめた。夜はナショナルへ行く。"The President"とミュジカル・プレイ"Call me madame"を書いたHoward LindsayとRussel Crouseの本によるコメディ。大統領とその夫人と長男と長女を中心にしたホワイト・ハウスの生活から大統領一家の外国旅行（日本を描写したか鏡獅子や土蜘蛛のメークアップも一寸現はれる）あり。任期満ちて大統領は退任。奥さんはスーパーマーケットで買物をしたり、人目につかぬ生活を楽しむが大統領は少しく退屈。そこへ州の上院議員が死んだので州知事が残った議員の任期を前大統領を任命して努めさせようとするが前大統領は州知事のパロキアルな見解と意見合はず結局これを受けない。コーラスの中で「このプレイはトルーマンでもアイゼンハワーでもケネディでもない」と断るが兎に角楽しめたミュジックもの。批評家の評判は余りよくなかったがまづまづと云へる。

❖**一〇月三日（水）**　昼栃木縣の縣会議員五、六名を公邸に招待会食。四時から例によってTVで野球を楽しんだが五時に国務省の〔ロバート・〕フェアリー君の宅に赴き新築のテニス・コートでテニス。夜は約束なし。この頃夜の約束がほとんどなくなって呑気である。

❖**一〇月五日（金）**　夜は東海銀行頭取の鈴木〔享市〕という人を団長とする経済使節団のためにディナー。

❖**一〇月七日（日）**　夜は十時半頃ボルティモアの空港に小坂〔善太郎〕前外相が来たのを出迎へた。ポルトリコのピースコーアの会議に出席する由。公邸に泊る。

❖一〇月八日（月） 好天気なので小坂氏を案内してゴルフ。まだ少し腰が痛いのでほんとの当りが出せない。夜は小坂氏その他を中心として公邸でディナー。久しぶりの洋食とした。

❖一〇月九日（火） 朝早く小坂氏は出發。昼は不動産関係の実業家のために公邸でランチを催す。

❖一〇月一〇日（水） 夕方、シナ大使館の国祭日リセプションに顔を出す。

❖一〇月一一日（木） 午後石田一佐送別のためゴルフ。夏のように温いよい日であった。夜全く約束なしなのでのんびり。

❖一〇月一二日（金） コロンバス・デイ。正午は代議士の接待。午後は帰国に備へて早手廻しのショッピング。夕方スペイン大使のコロンバス・デイのリセプションに顔を出す。

❖一〇月一三日（土） 午前ゴルフ。小春日和。午後クリスチャンU・のリセプションが大使館にあり。隆はラスク夫人等も来たので忙しかったらしい。夜小坂氏がボルティモアに着き渡辺君が出迎へ。公邸泊り。

❖一〇月一四日（日） 午前一時間ばかりフィツヂェラルド氏のコートでテニス。午後は小坂氏を案内してチェヴィでゴルフ。面白かった。

❖一〇月一五日（月） 午前国務省で小坂氏がハリマン氏に会見したのに同行。午後チェヴィでハル君とゴルフ。ホーガンとバイヤースは忘れたのか不参。

❖一〇月一六日（火） 九時ワシントン發のシャトル機で溝口〔道郎〕君を帯同N.Y.へ行く。空港にBanker's Trustの人が出迎へてくれダウンタウンの同社に赴き、十二時から同社のアドヴァイゾリー・コミティの人々三十名位を前にして約三十分喋り質疑応答を行った。講演という形式張ったものでないだけに却ってやりにくかった。佐藤栄作氏の一行は此の晩ヨーロッパからN.Y.に着いたが自分は出迎へには行かなかった。

❖一〇月一七日（水） 七時に起床。増田氏の運転手に送られて空港に着。此処で佐藤栄作氏の一行と挨拶。同じ飛行機でワシントンに向う。十時すぎワシントン着。佐藤氏夫妻と北沢夫人は公邸に泊る。他はショーラム。十時半佐藤氏と同行してディロンに会う。一時ショーラムでホッヂェス長官夫妻がランチを催し箱根会議に出た人々が同伴か若は夫人のみで出席。仲々賑やかであった。午後五時ラスクと会見。夜は公邸で日本人のみのディナー。歌が出たりで仲々賑やか。

❖一〇月一八日（木） 午前中佐藤〔栄作〕氏夫妻はゆっくり。正午ホワイトハウスに佐藤氏と同行。ケネディ佐藤会談あり。昼国務省でハリマン氏のランチ。午後此等の会談要領を自分が起草して本省へ電報。夕方議運の議員四名を空港に出迎へた後、夜は公邸で佐藤氏夫妻と子供さん二名のためスキ焼。

❖**一〇月一九日（金）** 午前法務省にケネディ長官を訪問。これは挨拶程度。昼公邸で自分が主催した佐藤氏夫妻、ホッチェス夫妻を中心とした内外人のランチあり。午後少閑があったので佐藤、橋本〔登美三郎〕両氏を案内してゴルフを半ラウンド。天気がよかった。夜佐藤氏夫妻が館員をノーマンディ・ファームに招待。自分等はメー夫人に招ばれてブッフェ後ダニー・ケーの指揮するコンサート。コンサートの後シンフォニー・ボールに出席。盛会であったので自分等も一時頃まで引っぱられた。

❖**一〇月二〇日（土）** 十一時四十五分の列車で佐藤氏一行は出發するのでそれ以前同氏に同行して〔エドワード〕デー郵政長官の所に一寸顔を出す。駅で一行を送った後昼は議員さんのための昼食。それがすんでやれやれ。隆とチェヴィで稽古した後ロック・クリークの秋色を観賞。

❖**一〇月二二日（月）** 昼青木一男氏を招待。午後国務省に招ばれる。同盟国大使及中南米諸国の大使が集りボール次官からブリーフィングあり。キューバ問題であった[3]。六時半から約三十分ブリーフィングあり。七時からの大統領のTV放送をこの会議室で聞いて散会。大急ぎで大使館に帰り自分は電報を起草。隆のみ国務省で行はれたアイザック・スターンの演奏会に出かけ自分は一時間余遅れて合流。この演奏会は国連を支援するためのものであったが今日のキューバ問題發表で顔を出さぬ大使の方が多かった。演奏会後のリセプションには十分程顔を出したのみで帰宅。

今夜本省宛に起草した電報は次の如し、

「（一）此の数日来のワシントンの空気は極めて緊張し居り何等か外交問題にてホワイト・ハウスより重大發表があるべしと予想せられ、たゞその内容が主としてベルリン問題かキューバ問題であるか様々に推測せられていたがベルリンについては別に新しい情勢の展開もないので恐らくキューバ問題について何等かの重大政策決定が發表される

3――キューバ・ミサイル危機は、一九六二年一〇月一六日にキューバに核ミサイル基地が設置されていることがケネディ大統領に報告された時から始まった。そして、同月二二日午後七時から大統領のTV演説によってキューバの海上封鎖措置が発表される。日記ではTV演説に先立って国務省が各国大使を招き、ボール次官からの説明が行われたことで、緊迫感が広がった様子が分かる。

に非ずやと想像せられた。

ホワイトハウス、国務省方面の本件發表までの秘密厳守はよく実行せられたが尋常でない空気は随所に観取された。例へば大統領は選挙運動のため北部を遊説中であったものが「風邪」のため急遽ワシントンに帰り、副大統領も「風邪」のためハワイより引き返し、昨二十一日は日曜に不拘、軍及国務省の首脳は何れも出勤。但何人が出勤執務して居るかは新聞記者も知り得ぬ様注意が拂はれてゐた。又十八日、本使が佐藤〔栄作〕氏と同行してホワイト・ハウスに赴いた際、大統領は約一時間会見を遅らせるの已むなきに至り、その際ホワイトハウスの陸軍武官は本使に対し会見の遅れた理由を新聞記者に聞かれたならばルーティン事項処理のため遅れたと説明ありたしと要請した事件もあった(このため一部日本新聞記者には日本側を一時間も待たせたことは非礼であると述べたものもあったが米側は約一時間遅れると最初から我方に予告し、此のまゝホワイト・ハウスで待つか、午後新に約束を作るか我方に任せたわけ故非礼の問題は起らぬと思う為念)。
(二)此る雰囲気にて推移せる後二十二日正午国務省より当館に対し重大問題につき説明致したきにつき午後六時十五分国務省に大使のみ参集ありたしと連絡あり。指定の場所は国務省の会議室で国務省員が国務省玄関に各国大使を出迎へエスコートしその国務省員自身が会議室の入口では身分証明書を示さなければ内部に入れぬ程の警戒ぶりであった。召集せられたのは鉄のカーテン内部の代表者を除いた大使達であった(中立国の大使は別に八時からブリーフがあった由)。国務省側からボール次官と法律顧問の外〔エドウィン・〕マーチン次官補(ラ米担当)が中央に着席して居たことから召集せられた各国大使は本日の問題がキューバ問題であることを米国の發言前に予想させられたわけである。
(三)先づボール次官が沈痛な面持で書き物にリファしつゝ慎重に「キューバの武装は主として防衛的なものと思って居たところが攻撃的武器が導入せられて居ることが判明した。一週間前米軍が空中偵察を行った結果移動性のあるMRBMの存在して居ることが判明したが、この後更に偵察に努めたところ二、二〇〇哩の射程距離を持つミシルも存在して居ることが確認せられた。事態は極めて重大である」という趣旨を述べローヂャー・ヒルスマンを紹介し彼が更にボールの言を次の通り敷衍した(略)。
次でボール次官が再び「此処に集って頂いた大使の代表する国に対しては夫々駐箚の米国大使から出来れば元首に事情の重大性を説明する様訓令が發出された。又、これから行はれる大統領のTV放送の内容はドブリューニンソ連大使にもワシントンで通報されフルシチョフ首相に内容の伝達方が要請されて居る。只今御説明したキューバの脅威は単に米国に対する脅威であるに止まらず、ラテンアメリカ諸国は勿論、米国が対共産主戦防衛の中心国である関係上自由国家全体に対する脅威でもある」と結論を述べ丁度七時になったのでホワイト・ハウスからTV放送された大統領の本問題に関する演説を聴視した後極めてグリムな雰囲気のうちに本会議は解散された」。

❖**一〇月二三日(火)** 昼チェヴィで一寸稽古。気のせいかゴルフアの姿もまばら。夕方一寸テニス。夜TVでキューバの様子に耳を傾ける。ポートランドの浦部君が来て泊る。今度セネガルに転任になる。

❖**一〇月二四日(水)** 朝新聞を読むのに時間がかゝる。キューバ問題で要〔重〕要な記事が出るからである。午後今度ドミニカへ赴任する小沢大使夫妻が来て泊る。このところホテル・アンバサドール千客万来の形ち。夜封鎖線にソ連船が引っかゝったかどうか、ドラマティックな緊張した気持でラヂオをかけ耳を傾け乍ら小沢君や館員とブリッヂ。

❖**一〇月二五日(木)** 本省から電報あり。キューバ問題で池田親書をケネディ大統領にとり次ぐべし。出来得れば大統領に直接伝達せよとのことで、ホワイト・ハウスに申入れたが、案の定お断りで結局ハリマンさんに会う。午後小沢、浦部両君を案内してゴルフ。夕方は今度引退したラックナー大将のための送別リセプションがFt.マックネアであったのに一寸顔を出す

❖**一〇月二六日(金)** 小沢君夫妻と浦部君午前N.Y.へ向け出發。昼は来訪議員を招待食事。夕方セント・オーバンスのコートでテニス。夕方ヴィエト・ナムの国祭日のリセプションに一寸顔を出す。

❖**一〇月二七日(土)** 〔ニキータ・〕フルシチョフがキューバの基地とトルコの基地を交換的に放棄する提案をしたのをホワイト・ハウスは直ちに却下の声明をした。午前中ゴルフ。此の頃全く当らず。旧態に戻った観あり。午後二時からガイ・メーソン・フィールドで対国務省ソフト・ボールの試合あり、寒いがよく日のあたる日で一時間半程楽しむ。先方はハリマンも二インニング位出場。かくしゃくたるところを見せた。今日はN.Y州の北でさへも降雪があった相で寒い日であった。夜はD'oyly Carteを見にナショナルに行く。

❖**一〇月二八日(日)** 昨日の夜でサマー・タイムは終了。午後ゴルフ。正午頃、フルシチョフがキューバのミシル〔ミサイル〕基地撤去に同意したと報じられ、ケネディも一週間ぶりでホワイト・ハウスを離れ、グレンオラに赴いたとのことで事態は大分緩和した様である。夜のんびりとTV。

❖**一〇月二九日(月)** ガーデン・クラブのカウンターパートの日本側が目下来米中で今日はギャレット夫妻のランチに

招ばれる。麻生夫妻が此処に泊って居る由。夜は此の人々のため米側がブッフェを催したのに出席。

❖**一〇月三〇日(火)** 昼又々代議士さんの接待。夜七時半からガーデン・クラブの関係者と来訪中の日本側(二十名位)を招んで公邸でブッフェ。今夜は米側に催し物あり。余り大した人は来なかった。雨。サマー・タイムもなくなりめっきり秋から冬めいて来た。キューバ問題をレヴューした電報を出して置いた。

❖**一一月一日(木)** 昼。スタットラーでSaints and Sinnersの年中行事あり。招ばれる。今年のフォール・ガイはラスク国務長官。仲々面白かった。夜はハート大将夫妻のディナーに招ばれる。久しぶりのB.T.ディナー。余り久しぶりなので少しく億劫。

❖**一一月三日(土)** 雨。午前予定のテニスはお流れとなる。昼オリムピックのローズ中将が近代五種競技の藤井という人をA.アンドN.クラブに招んだのに陪席。最近竹田〔恒徳〕氏が来るということであったが取消しとなった由。午後は官補の黒岩君と福田君を招んでブリッヂ。その後寄せ鍋で食事後又ブリッヂ四ラウンドやった。面白かった。

❖**一一月四日(日)** 十一時からマーフィさんとゴルフ。同氏は最近日本へ行って帰ってきた。ゴルフ少しも当らず。夜はTV。今日の「スター」紙に隆の寫眞がグラヴィア版に一頁大きく出て居た。インターナショナル・ボールのための広告。

❖**一一月五日(月)** 雨。時々雨に白いものさへ交る天気。昼代議士の接待。午後、夜閑散。今日のポストに武内がワシントンへ来る記事が出て居た。ジャパン・タイムスよりの転載として"・・・may soon be named Japanese ambassador to the United States. Takeuchi would succeed K. Asakai who wants to retire, the paper said."

❖**一一月六日(火)** 昼グレン・シーボルグ(原子力委員長)が来訪中の駒形〔作次〕という原子力委員をメイフラワーに招んだのに陪席。今日午前中はコスタ・リカ、トルコ、ドイツの三大使に答礼したが時局柄キューバ問題で意見を交換し電報を出して置いた。今日は中間選挙の日とて映画から帰ってTVのスキッチを捻った。焦点はニューヨークのロックフェラーか何の程度勝つか、ミシガンの〔ジョージ・〕ロムニーが当選するか、ペンシルヴァニアの〔リチャードソン・〕ディルウィースと〔ウィリアム・〕スクラントンの対戦、カリフォルニアの〔パット・〕ブラウンと〔リチャード・〕ニクソンの対戦等である。一時頃まで隆とTVを聴視。

❖**一一月七日(水)** 選挙の結果が判る。ロックフェラー、ロムニー、スクラントン等何れも当選。注目されたニクソンはブラウンに破れたらしいがこの朝はまだ敗北をコンシードして居ないとのこと。午後温いので一寸テニス。今日日本から着いた「朝日」には〔三日附〕武内君が駐米大使に、島〔重信〕君が外務次官になることを伝え末尾に「・・・なお、朝海駐米大使は外務省を退き、民間商社に転出する意向であるとつたえられる」と報道された。もういよ〳〵長くないネ。

❖**一一月八日（木）** 午後二時永野〔重雄〕氏夫妻の一行がＡＡ機で空港に着いたのを出迎へる。夫妻と長男及〔永野〕鉄三の四人は公邸に泊る。午後永野氏は勝部君と共に世銀と輸銀へ挨拶廻り。夫人は隆がロック・クリークに案内。

❖**一一月一〇日（土）** 午後一寸空港に代議士を出迎へてから七時までブリッヂ。七時頃からホワイト・タイに着物をきかえ、ディロン財務長官の邸へコクテイル。その後車を連ねてシェラトン・パークのインターナショナル・ボールへ。本年のボールは日本をアナーしたもので自分等は半年以上前から寄附その他につき米側関係者と打合せて居たもの。会場正面の端に朱塗りの大鳥居を飾り菊花を施し、天井に外務省から送って来た大提灯を吊るし、壁に土佐絵式の馬の絵をかけ先づ〳〵の出来栄え。但チャンスを賣ったりのメイド連の日本娘姿は行きすぎて却って奇怪味の方が強く出てしまった。賑やかに踊り隆とディロン夫人、フィッシャー夫人、トレーン夫人の四人がくぢを抽いて賞品の当選者をきめたり仲々賑やかで帰宅は一時半頃になった。皆のお歴々から日本難有《ママ》うなど〻礼を言はれ、アテンションの中心となり引退の花道となったわけ。自分としては華やか乍ら一寸淋しい気持ち。日本からの新聞が自分の引退を報じ、そのうち退官してから貿易商社に入る由と述べて居るので今日館長符号で「自分の転任が報道されて居るが日本の現状に顧みこれは致し方ないにしても自分としては余り釈然としない。殊に退官後商社に入るという点は事実にも反するし、あたかも自分が在官中に商社とデイールして居る様な印象を一般に與へ自分の本意に反する。適当の時に可然く正誤ありたい」という趣旨を電報して置いた。

❖**一一月一一日（日）** 第一次大戦休戦記念日で大使館には国旗を掲げて居るものもある。午前コロンビア・クラブでルバロン夫妻とフェルドマンと四人でテニス。昼大急ぎで公邸へ帰り代議士一行を招待。

❖**一一月一三日（火）** 午前仕事の溜まって居るのを片附ける〔昨日は当地は休み〕。正午頃日本行きを予想し、ゴルフ・クラブを買ってくる。午後軍用飛行場へ今度米国国防長官の招待で来訪した志賀〔健次郎〕長官を出迎へる。夜は〔ロバート・〕マックナマラ国防相が同氏を主賓としてスタグ・ディナーを催したのに出席。

❖**一一月一四日（水）** 正午マックナマラ国防長官を主賓とし志賀長官を副としてランチを大使館で催した。同長官も㐂んでくれた。マックナマラ氏が自分の横に居たので会談の結果を本省に電報〔キューバ問題〕。夜は海軍長官のKroth氏がセコイア号に志賀長官を招んだのに隆と共に招ばれる。空が晴れ月も少し遅くなって出て来たので先づ〳〵。米側もよくもてなしてくれた。主人の外アンダーソン大将〔海〕、〔カーティス・〕ルメー大将〔空〕等の顔も見へた。帰宅は割合早く十時頃。

❖**一一月一五日（木）** 秋晴れの日。温い。赤谷君と共にオールズで十一時半ワシントンを發プリンストンへ向う。同大学が木金の両日The New Japan: Prospects and Promiseというコンファレンスを開いて居り、主班のM. B. Jansenという教授に招ばれたゝめである。途中で昼食を認めプリンストンへ着いたのは四時すぎ。Lowrie Houseという迎賓館に泊る。六時少しすぎ〔マリウス・〕ジャンセン氏が迎へに来てくれ、ナッソー・インで六時半からリセプション。その後食事。終って自分が三十分程講演した。聴衆は五、六十名。〔ウィリアム・〕ロックウッド、〔ロバート・〕ビュートー、〔ウォーレン・〕ハンスバーガーといった学者、Dean Brown（〔出渕〕勝を知って居る由）その他経済人。意識してゆっくり喋ったので赤谷君に賞められた。

❖**一一月一六日（金）** 今日も快晴の天気。九時頃Lowrie Houseを出て大学で二、三寫真を撮ってから帰路につく。赤谷君は本日も残って講義をしたので自分一人でドライヴ。快適。西山〔昭〕君も今日一時帰国。夜車で三井銀行の佐藤〔喜一郎〕会長夫妻が来たのでホテル・アンバサードールに御宿泊願い、会食。病気が治って帰任した神代君と夫人も招んだ。仲々会談がにぎやかであった。

❖**一一月一七日（土）** 午前、佐藤氏を招待してチェヴィでゴルフ。

❖**一一月一八日（日）** 朝飯八時に代議士二人接待。今日は雨のため折角のゴルフは駄目。午後も自宅。夜民間の経済会議に来て居る人々二十余名を公邸に招待。佐藤氏が団長二十余名で賑やかな会であった。

❖**一一月一九日（月）** 昨日の雨はす〔っかり〕上って快適の旅行〔日〕和。朝の新聞とメイルに目を通してから十時頃隆と共に出發。

❖**一一月二〇日（火）** 昼前に今日、カウンシルでとってくれたリッツ・カールトンに着。ボストンに来る毎に泊るホテルで大日章旗をホテルの入口に飾ってゐてくれた。ホテルで昼食後、ゆっくり静養。午後五時からフォリン・アフェアス・カウンシルで講演あり。老婦人が多かったがそれでも百名位出席してゐた。講演後リセプション。若干の人の手を握り七時半頃からベーコンst.でブラッドレー夫妻のディナーの接待あり。見るからに裕かなボストンの旧家を思はせる家。十二、三組の相客あり。賑やかに食卓を囲み自分等は九時半頃辞去。流石に一寸疲れた。

❖一一月二一日（水） 十時少しすぎにウォア・カレヂ〔米海軍大学校〕に着。十一時から一時間近く喋った。恐らくこれが米国で最後の講演となろうと思はれたので気持ちよく熱が入って喋れた。校長さんはB.L. Austinという中将。此処に来て居る大佐の日本人学生とも会う。校長さんの官邸で昼食を御馳走になりフェリーで見送って貰って副官と別れ南下。一時間ばかり夜走して今日はブリッヂ・ポートのモーテルに泊る。昨日（午前中）と本日の合計走行哩数三百七十哩。

❖一一月二二日（木） 八時出發雨がシトシト降って面白くない天気だったがN.J.ターンパイクに出た頃から雲がきれ昼頃から快晴となりドライヴをエンジョイしつゝ三時半頃には帰宅。走行約三百二十哩。これでボストンへの往復約千哩の恐らくアメリカ最後の長距離旅行を終る。今日はサンクスギヴィング・デーであるが隆と二人なので特に七面鳥は喰べず簡単な日本食卓を二人で囲む。溜った書類や日本の新聞に目を通して夜はTV。

❖一一月二三日（金） 十二月に始まる閣僚会議のための準備書類に目を通して大分能率を挙げた。夜は約束なし。

❖一一月二四日（土） 午前ボストンから来ている大河原君をゴルフに誘う。暖い日。夜ロヂャース中将（空）の自宅に食事に招ばれる。

❖一一月二六日（月） 十一時から国務省で日米加ソ四国のオットセイ条約に基く会議あり。一寸顔を出す。午後は日米閣僚会議の宴会の件で館員と打合せ。夜約束なし。

❖一一月二九日（木） 午後六時少しすぎ新しいダレス・インターナショナル空港からTW機でサンフランシスコへ向う。流石に此の空港立派でありヂェット機は飛行場の沖に着陸して居るのにラウンヂ・カーで運ばれて搭乗。これならば雨天でも濡れる心配はない。

❖一一月三〇日（金） 流石に昨夜は今朝のことが気にかゝりよく眠れなかったが六時半（といってもワシントン・タイムでは九時半）には山中君が迎へに来て空港に閣僚及夫人の一行を出迎へる。マーク・ホプキンスに投宿。正午閣僚の内外人新聞記者会見あり。昼食は山中君夫妻の案内でフランシスコという料亭で魚料理。その後近くをドライヴ。夜のリセプションは五、六分顔を出しただけで失礼して夜は日本食を一行と賑やかにたべて十時には長い一日を終る。

❖一二月一日（土） TWA機は九時半、山中総領事夫妻に送

られてサンフランシスコを出發。機上はボンヤリとして過し平穏な旅行。ダレス国際空港に着いたらば日はトップリと暮れてゐた。此処で待機して居た軍用機に乗り換へる。随員の多くは此処からワシントンに向うし一部は此処から参加。五十分程飛んでパトリック・ヘンリー空港に着。Colonial Williamsburg Inc. の役員に出迎へられてウィリアムスバーグインに投宿。隆も合流。夜、米側の接待あり。その後リセプション・センターで往時を偲ぶ映画を見てホテルに帰り静かなウィリアムスバーグの一夜を送る。

❖**一二月二日（日）**　快晴。小春日和の如く暖し。一行の幹部は三台の馬車に分乗して市中を巡り、議事堂総督邸、工芸品展示室等を見学。正午からバセット・ホールで〔ジョン・〕ロックフェラー三世主催の歓迎リセプションあり。その後同氏主催のランチがクリスティアナ・キャンベルス・タバーンで催された。三時十分米軍特別機で空港發。四時にワシントンに着。ラスク長官始めカウンターパートの出迎へを受け型の通り挨拶交換あり。一同車を連ねてショーラムに落付く。七時半から自分等が主催して閣僚と首席随員のみ大使館の晩さんに招待。仲々賑やかであった。

❖**一二月三日（月）**　九時半から国務省で会議が始まる〔4〕。ラスク・大平の両氏から国際情勢の説明あり。最初の議題は日米の経済成長の問題で宮沢〔喜一〕、〔ウォルター・〕ヘラーの發言。正午は大統領が昼食に招んでくれる。午後から再開。六時半から国務省でラスク夫妻のリセプション。その後、公邸で自分等がブッフェを催す。

❖**一二月四日（火）**　会議第二日。今日は貿易問題に入ったので米側の〔エドワード・〕グッダマン次官（ホッヂェス長官は海外旅行中）と我方福田〔一〕商相との間に応酬あり。面白かった。午さんはカウンターパート・ランチで国務長官の食堂で米側長官の外ボール次官、ハリマン次官補、ライシャワー大使。日本側は外相の外、武内君と自分が出席。忌憚なく意見交換。インドなどは平常偉ら相なことを言って居たから少しなぐられた方が薬になると相当荒い議論を自分と武内君と展開。インドから帰ったばかりのハリマンさんには少しくお気の毒であつた。午後も会議を再開。夕方は「ショーラム」で「ジャパン・ソサエティ」の会合あり。夜はブレアハウスでラスク長官夫妻主催の晩さん会。米側もよく努める。

❖**一二月五日（水）**　午前中で和気あいあい裡に会議を終ったがコンミュニケの採択が遅れたゝめ四時半に一寸会合して第二回日米経済閣僚会議は終幕となる。自分は三十分程暇があつたので大平大臣とドライヴし乍ら今後の方針について協議。

（一）アメリカに対する関係からも外務省の顧問というこ

とで暫らく外務省との連絡を持つ。

(二) 後任は武内君で引継の時機は武内君と自分で話合う。

(三) 帰国後も米国人の来訪者をもてなす要あるべく何とか考へて貰いたし。

等々話しあった。外相は自分の今後の待遇についても希望があれば申出て貰いたいと述べたが差当りは希望はないが日本へ帰って心境が変るかも知れないからその節は又話を聞いて貰いたいと述べて置いた。

夜一寸タイの国祭日に顔を出して八時から日本側のお返しのディナーあり。米側は閣僚及夫人全部出席。首席随員も出たし去年日本へ行ったゴールドバーグ最高裁判事夫妻も出席。日本側は今日日本へ帰った田中蔵相夫妻以外全部出席。これでやれ〳〵というところ。

❖**一二月六日(木)** 八時半ショーラムに赴き夫々の時間で出發する閣僚を見送る。外相と農相は十時半にダレス国際空港を出發するので見送った(隆は夫人連をワシントン空港に見送る)。雨が吹雪に変って寒い天気。昨日までの小春日和が嘘の様である。大風一過。午前中庶務を片附け。午後は一寸昼寝。四時から武内君と今後のことで話合い、四時半からブリッヂ。面白かつた。

❖**一二月七日(金)** パール・ハーバー・デイ。仕事も一寸気抜けの体。隆は昼はブリッヂの会へ行きのんびり。夜も約束なし。

❖**一二月八日(土)** 快晴であるが前々日の雪がまだチェヴィには残って居たゝめゴルフをやったが余り面白からず。午後日産の宇野君来り泊る。夜石川一郎氏夫妻を招待。

❖**一二月九日(日)** 午前中宇野君とゴルフ。ゴルフを終へたら粉雪が降り出して来た。夜は宇野君とスキ焼を囲んで歓談。

❖**一二月一〇日(月)** 昼、〔グレン・〕シーボーグさんが石川一郎氏を招んだのに陪食。余り面白い会合ではなく今回はお断りしてもよかった。夜は招待されたので隆と共にマーゴ・フォンテーヌのバレーを見に行く。

❖**一二月一一日(火)** 隆は昼はパール・メスタさんに招ばれて食事に行く。午後は岩田蒼明(日本陶器社長)君がやって来て夜は泊る。今日は午後から雪が降り出して夕方の退庁時には裏のロック・クリークにはスロー・ダウンした車が長蛇の列を作る。

4——第二回日米貿易経済合同委員会は一二月三日から五日までワシントンで開かれた。外相は一九六二年七月の内閣改造で小坂善太郎から大平正芳に交代していた。

❖**一二月一二日（水）** 雪はすっかり上つて快晴、但寒し。岩田〔蒼明〕君は朝N.Y.へ帰る。午後自分のみ若干のショッピングを行う。暮の街は寒いけれども多数の買物客で賑はってゐた。午後隆はインターナショナル・Cの会合でマックレーンのE〔エドワード〕・ケネディ夫人の邸へ行く。夕方六時半チリ大統領〔ホルヘ・〕アレサンドリ氏が来て居りパンアメリカンでリセプションがあったのに出席。夜はサルグレーヴでルバロン夫妻がホッヂェス商相夫妻を主賓としてディナーを催したのに出席。

❖**一二月一三日（木）** 寒い日。午後隆とクリスマスの買物をすべく町へ行く。夜はワシントン・トーキョウ・ウィメンス・クラブのため大使館でブッフェを催す。盛会であったが多数の人々に直接間接に離任を惜しむ挨拶をされた。

❖**一二月一四日（金）** 今日も依然寒い日。午後国務省にハリマン氏を訪ねてソ連に油送パイプを賣る問題で話合ふ。午後は隆と共に買物。夕方チェヴィでウィジントン少将夫妻がクリスマスのリセプションを催したのに出席。知り合が多くて楽しかった。

❖**一二月一六日（日）** 午後ベテスダのインドア・テニスコートでテニスを一時間やる。Dr.〔ジャネット・〕トラベール、〔ジョン・〕パウエル氏、大統領夫人の秘書〔レティシア・〕ボードリッヂの三人に誘はれた。インドア・テニスで勝手が違ったが一時間程よい運動となった。夜はTV。

❖**一二月一七日（月）** 至って閑散。夜はナショナルへ。出しものは“A Shot in the dark”というパリで三年かランした探偵的コメディ。

❖**一二月一八日（火）** 暖い日なので誘はれるまゝにチェヴィでカロル・モーガン君等とテニス。午後三時からWRC－TV（NBC）で約十分間TVで日本の話をする。来年一月五日に放送するとのこと。割合に出来がよかったと思う。ゆっくり喋った。

❖**一二月一九日（水）** 午後ハルさんとゴルフ。寒くなくグリーンも本グリーンなので楽しめた。夜は約束なし。

❖**一二月二〇日（木）** 印刷のストライクが一週間つゞいて（N.Y.で）N.Y.タイムスが来ないこと久しいので朝は新聞を讀む時間がセーヴされている。今日入手した時事通信で次官の更代が一月、駐米大使が三月か四月に交代と伝へられ自分の民間会社入りが又報道された。一寸面白くない。隆は毎日クリスマスの贈り物で忙しい。現金なもので今年は余り日本商社からの贈り物はない。夜八時から国務省でホワイト・タイのディナー。現在ワシントンには百十何名かの大使か代理大使が居るので此のクリスマスパーティも二つに分けられ昨日第一回のディナーがあり、今日は二回目。外交団長のサカサ君は昨日も今日も出席。テーブルは十五の小テーブルに分たれラスクや国務省の次官補級の人々が主人役となって居る。自分のテーブルはアフリカ担当のメンネン・ウィリアム夫妻の外ＯＡＳに来て居るというチリーの大使夫妻。自分の隣りはフランス語しか出来ないモロッコ大使の夫人というわけで全くつまらないパーティであった。余興の音楽も昨年の学生のコーラスの様に印象的でなく、要するに年一回の御座なりのつまらぬディナーであった。

❖**一二月二一日（金）** 朝から雪。相当に降り積む。十二時雪を冒してドワイアンの召集した外交団の顔合せに出席。大体の大使が顔を見せて居たので出席してよかつた。夕方コールターさんのクリスマスのリセプションに出席。デッカー大将（最近引退。近くハルさんの後を襲って化学協会会長になる由）夫妻を中心としたもの。知り合が多勢居て愉快に雑談。

❖**一二月二二日（土）** 午後から快晴。雪が解け始まる。夕方向ふ側のマッコーミック未亡人邸（旧大使館分館）に招ばれたので一寸顔を出し、隆と共に家がきれいに修繕されたことを賞めて来た。

さて昭和三十七年も暮れんとするので回顧して見よう。

本年の私生活も至って平穏。隆も自分も健康。自分の生活も楽しく本年ローリンス・カレヂでＬＬＤの学位を受けたし（二月）、面白い旅行としてはメキシコ旅行（二月）、大統領の賓客としてのノーフォーク沖の海軍演習参観（四月）、セント・ローレンス水路航行（七月）、バンフ旅行等々であった。社交界での活躍も余り苦にならずクヰーンが二人出来てしまった四月の桜祭りも去ること乍ら、十一月十日の日本を中心としたインタナショナル・ボールの最後には隆が中心となり盛んに新聞に寫眞が出て引退の花道が立派に出来上った。

自分は本年で在米五年となったので新外相の大平氏が九月に国連の会合に出席のためシアトルに着いたのを同地に出迎へた後更迭の申出をした。三十四年の外交官生活を打切ることは自分としては何としても淋しい極みであったが家庭を長く放置するわけにも行かず、対米関係、対本省関係でもこの辺が更代時と見究めをつけて申出をしたわけである。案外アッサリと受けられて来年匆々には離米のことゝなるであらう。

此の年新築の大使館事務所に移ったので執務も快適。私生活以外の事件としては十月キューバ問題で米ソが対立、核戦争の瀬戸際に当面して一時どうなるかと憂慮されたことが一番大きな問題であった。

❖**一二月二三日（日）** 日の当る静かな日曜。但雪のためゴルフは出来ない。今日から日本に六年居たというＡ.Ｐ.の

James Cary の近著"Japan Today, Reluctant Ally"を讀み始める。夕方商務省のヒックマン・プライス君のコクテイルに顔を出してからGen. Haislipのクリスマス・パーティのディナーに行く。三十名位ゐの楽しいパーティ。大使としては自分の外ポルトガルが招ばれていた。食事の後クリスマス・カロルを合唱。自分も知って居るメロディとて皆と声を合せ十二時近くまで歓を尽した。

❖**一二月二四日（月）** クリスマス・イーヴとて使用人一同とクリスマスのプレゼントを交換。大分荷物を片づけたりして居るので自分からこれで最後の我々のクリスマスである、二月か三月に帰国すると挨拶して置いた。クリスマス・トリーを背景にして寫眞をとり、幸に天気もよいので戸外で使用人一同とも寫眞をとる。食事後八時頃金沢夫妻が来て四人でブリッヂ。十一時半まで遊んであとSt.シーユースの深夜のミサに行く。余り寒くないが大通り以外は雪のため凍りついて滑る程であった。

❖**一二月二五日（火）** クリスマス。昨夜のミサのため九時半頃起床したら雪がしん〱と降り積んで居た。ホワイト・クリスマスである。雪は降るしロック・クリークの道路もほとんどトラフィックがない。静かな一日。Xマスプレゼントを開けてチョコレート類を整理して日本への小包を作ったりクリスマスの音楽をきいたり、本を讀んだりで静かな感謝の一日を送る。

❖**一二月二六日（水）** 今日の新聞によれば昨日の積雪は七吋《インチ》に及び此の時季に於けるレコードであった由。仕事は閑散。午後はウォーナーにマーロン・ブランド主演の"Mutiny on the Bounty"を見に行く。三時間余のカラー大作で面白かった。

❖**一二月二七日（木）** 閑散。雪はまだ〱消えない。さしものクリスマス・カードも本日あたりから来なくなった。午後隆とベルへ銀製品を買いに行く。夕方［チャールズ・］グリフィンさん（海軍）のコクテイルに一寸顔を出す。

❖**一二月二八日（金）** 閑散。夜は六時頃から館員一同家族の恒例の忘年会。石原、溝口、渡辺、福田の諸君が中心となり進行せしめて居た。大臣の未来を野次った「混沌」仲々面白かった。十時半頃「蛍ノ光」を唱って賑やかに散会。

	[illegible]	[illegible]
	27	公明政治連盟（公明党の前身）発足
1962（昭和37）	7／1	第6回参議院議員通常選挙（自由民主党：142、日本社会党：66、公明政治連盟：15、民主社会党：11ほか）
	10／10	中印国境紛争勃発
	22	ケネディ大統領、キューバ海上を封鎖。キューバ危機始まる
	11／1	ソ連、キューバ国内のミサイルを撤去
	9	日中長期総合貿易に関する覚書締結（LT協定）
	30	ウ・タント、国連事務総長に就任（～71/12/31）
▲	12／3	ワシントンにて第2回日米貿易経済合同委員会開催（～12/5）
1963 昭和38年 ▼	1／22	エリゼ条約制定
	4／7	チトー、ユーゴスラヴィア社会主義共和国連邦の終身大統領に就任
	6／1	山形県酒田市沖で海上保安庁初の不審船事案発生
	8／15	初の全国戦没者追悼式を新宿御苑で開催
	28	ワシントン大行進
	10／16	西独首相にルートヴィヒ・エアハルト（キリスト教民主同盟）就任（～66/12/1）
	19	英首相にダグラス・ヒューム（保守党）就任（～64/10/16）
	11／21	第30回衆議院議員総選挙（自由民主党283、日本社会党144、社会民主党23ほか）
	22	ケネディ大統領暗殺。リンドン・ジョンソン副大統領が昇格（～69/1/20）
	12／9	第3次池田勇人内閣成立（～64/11/9）
	17	韓国大統領に朴正熙（民主共和党）就任（～79/10/26）
1964（昭和39）	1／27	中華人民共和国とフランスが国交樹立
	3／21	ライシャワー事件
	4／1	日本人の海外観光渡航自由化
	28	日本、OECDに正式加盟
	5／28	パレスチナ解放機構（PLO）設立
	6／3	韓国で朴大統領を批判する大規模デモが発生し、ソウル市に戒厳令布告
	22	日米航空交渉開始
	10／1	東海道新幹線（東京－新大阪間）開業
	10	東京オリンピック開幕（～10/24）
		ソ連[illegible]高指導者にレオニ[illegible]ド・ブレジネフ就任（～82/11/[illegible]
		[illegible]

1963

❖**一月一日（火）** 快晴。風の強いとても寒い日がつゞく。隆は伊藤神父と早朝教会へ。〔永野〕鉄三も加はり四人で雑煮を祝った後十時半から館員の年賀を受け、十一時半から一般のリセプション。今年は寒くて道路が凍って居た故か昨年より百名位少いと思はれた。正午の食事を終へ午後ブリッヂ。八時頃まで遊び空港まで見送り。

❖**一月三日（木）** 今日は一寸出勤したが電報もなし。又館員はまだ休み。夜はエリク・ジョンストンがジャパン・ソサエティのT.メンバースをディナーに招んで居るのに出席。ディナーの恒例により映画を見せてくれた。"To Kill a Mockingbird"の映画化で舞台は一九三〇年代のアラバマ。面白かった。

❖**一月四日（金）** 閑散。依然寒し。七時から一寸ビルマの国祭日に顔を出して来た。

❖**一月五日（土）** よい天気だがまだゴルフは見込みなし。午後二時から館員が集まり公邸で盛大なブリッヂ大会。午後六時ブリッヂを中断してＮＢＣの"A moment with"のプログラムに自分が出たのを聴視する。割合によく喋って居たが眉毛のたれ下って居るのは已むを得ないにしても老けて居るのに今更乍ら驚ろかされた。晩食になるまで溝口〔道郎〕君の肝入〔煎〕りでデュプリケート。実力が判って面白かった。自分は隆と組んで十組中九番目位ゐ。段々慣れる内に面白くなって来た。食後は恒例のラバー・ゲームに移ったが十二時まで歓を尽くした。

❖**一月六日（日）** ドンヨリと雪催いの日。午後隆は荷物を三階に集中して引越し準備。自分もそれを手伝ったり昼寝をしたり。夜はT.V.。

❖**一月七日（月）** まだ仕事は閑散。本省からの電信も多からず。夜国務省のオーディトリアムに隆と共に行く。英国から来たシェクスピア劇団の"Hollow Crown"という出しもの。大変な出席者で自分等は最後列となり、聴きとり憎く、全く面白くなかった。

❖**一月八日（火）** 閑散。Alistair Horneという英国人の近著"The Price of Glory: Verdun 1916"という本を読み始めた。面白いのでドンドン進む。

❖**一月九日（水）** 閑散。此の頃めっきり用なし。午後は概ね公邸で読書。

❖**一月一一日（金）** 閑散。午後讀書。夜ＴＶ。

❖**一月一二日（土）** 午後官補を招んでブリッヂ。

❖**一月一四日（月）** 正午隆と共に議会に行く。大統領の演説は十二時半から始まり約四十五分。大分メチュアして来たので余り叫ばず態度も堂々、立派な演説であったが内容は一言にして言へば租税演説といえよう。外交問題は比較的従。共産圏に対する外交方針にはキューバの成功もあり、自信の程を示してゐた様に見へた。

❖一月一五日（火） 日本の祝日とて休む。午前十一時半から久しぶりにチェヴィで館員と共にゴルフ。

❖一月一六日（水） 閑散。ジャメイカの大使が挨拶に来ただけ。

❖一月一七日（木） 昼アーミー・ネーヴィ・Tクラブでワシントン・トーキョー婦人会あり。隆が感謝の印しに品物を貰うというので自分はサープライズとして招待を受け、隆にも知らさず一寸顔を出して一同を驚ろかし、自分もネクタイ入れの鞄を頂戴し、挨拶をさせられた。

❖一月一八日（金） 新聞ストライクはN.Y.でまだつゞいて居るので朝の新聞よみは比較的簡単。仕事は閑散。夜はTVを楽しむ。

❖一月一九日（土） 昼飯松平〔一郎〕氏（東銀）がN.Y.からやって来るのを待って居たが珍らしい東海岸のフォグで飛行機が飛ばず。結局夜の宴会となり、久しぶりでロンドンの話やら故松平〔恒雄〕大使の話しで話しがはずむ。

❖一月二三日（水） 午後松本君（財務）を誘い又最近日本の休暇から帰って来たフランクも加はりゴルフ。夜はチャールズ・ギヴ夫妻に自宅に招ばれた。八時頃からみぞれが降り出しパーティから帰る時分にはやんで居たが今夜から明日にかけてワシントンは廿世紀になって二番目の寒さの由。風速三十何哩《マイル》で何とも冬らしい気候。

❖一月二四日（木） 昼ミス・ホイットコックのアパートメントに隆と共に招ばれる。ジョーンス夫妻とオサリヴァン夫人も出席。簡単に昼食を共にしつゝ懇談。お別れの会の心算か。夕方リビアの国祭日リセプションに顔を出す。

❖一月二六日（土） 寒い日であったがゴルフ。夜はラッセル・ドーア夫妻と共にCクラブでフォーク・ダンス。雪が降って相当積ったのでカールに運転させた。ダンスは仲々面白く十一時すぎまで歓を尽した。

❖一月二八日（月） 昼漁業交渉で日本へ行くパウツキー水産庁長官、〔ウィリアム・〕ヘリントン補佐官等内務省と国務省の係官連を公邸に招んで会食。

❖一月二九日（火） 昼日本へ行くというユタ大学総長のOlpin氏が訪ねて来たので少人数で会食。午後三時国務省に〔ジョージ・〕ボール次官を訪ね綿製品問題、毛製品問題、英国のコンモン・マーケット加入問題等につき申入れたり話をきいてきたり。大使館へ帰ってからも發電で忙しかった。綿製品問題については二ヶ月の交渉期間があるが日本側は米の遷延戦術にかゝって時間を空費して居ると日本側が批判されて居り一寸、不愉快。夜八時から久しぶりに正式のディナー・パーティ。オランダの大使夫妻を主賓とし〔ジェームズ・〕フルブライト上院議員夫妻、近く日本へ行く〔ロスウェル・〕ギルパトリック次官夫妻、〔アレクシス・〕ジョンソン副次官夫妻(国務省)等一流の人々が出てくれ盛会であった。何とはなしに自分等が近く帰国することが話題となり半分送別会となってしまった形。尤も我々もその心算で此の人々を招んだわけではあった。

❖**一月三〇日(水)** 午前中昨日の宴会での会話を基礎としてコンモンマーケット問題、綿製品問題でも電報を出し仲々忙しい。それから大急ぎで支度。小雪の降る中を飛行場に向ったのは午後二時半。ピッツバーグに向う。同地に着いたのは四時少しすぎ(三時ワシントン離陸)。ボイドという銀行の副支配人に出迎へられ隆と赤谷〔源一〕君の三人ペン・シェラトン・ホテルに泊る。豪勢な部屋に案内された。こんな部屋に泊ることはこれから生涯ないだらうと笑う。六時半ホテルを出てボイド君に案内されてPittsburgh National Bank会長のFrank Agnew氏の宅で地もとの経済界の有力者連とコクテイル。その後附近のカントリー・クラブで自分等を歓迎の会食。十時半頃散会。ピッツバーグは雪は降って居ないが郊外は眞白。ワシントンより寒い。

❖**一月三一日(木)** 雪はやんで快晴。八時半ボイド氏が迎へに来てくれて車で約卅分のJones & Laughlin Steel Cmp. (Aliquippa plant)を見せて貰う。主として罐詰用のプレート製作を約一時間半見学。(隆は別)昼までにホテルに帰り十二時からホテルで行はれたWorld Trade Councilの昼食。William F. Hugginsという人の司会で百名位の主として経済人を前にして卅分余喋った。これが最後の講演と思ったので気持ちよく気を入れて喋った心算。昼食後T.V.のステュディオで十分の単独会見と卅分の会見(三人の記者に対す)を行う。夜はHenry J. Heinz氏がDuquesne Clubで自分のため土地の有力経済人を約廿名程集めてディナー。

❖**二月一日(金)** ホテルにボイド氏が来てくれた。その前に食堂で偶然今度日本へ一時帰国の増田(昇)氏と会って暫らく歓談。十時半頃離陸。十一時半頃ボルティモアに着。此処から車でワシントンへ帰る。ワシントンも未だ白いものが降り積んで居た。少し風邪で微熱あり。事務所へは行かず。公邸で書類に目を通す。

❖**二月二日(土)** 幸いにして一晩寝たらば元気回復。一日ドンヨリと曇った日。夕方商務省の〔ヒックマン・〕プライス君が退官したので〔ジェームズ・〕ラヴという若い紡績業者が後任となった関係のコクテイルあり。目下綿製品問題で日米交渉中の関係もあり一寸顔を出した。

❖**二月三日(日)** TVでパームスプリングスで行はれて居るプロのゴルフ・ターナメント中継を楽しむ。夜ものんびり。

❖**二月五日(火)** 午後ウィスコンシンの通りのGEで買物。

ディッシュ・ウオッシャー等、電気機具を五、六品約千弗《ドル》の買物をして直接運送屋に届けさせることゝした。

❖**二月六日（水）** 午前役所でCub Scoutから記章の寄贈を受ける。午後は思ひがけずもゴルフが出来た。夜隆と渡辺君の三人でアイスカペードを見に行った。

❖**二月七日（木）** 夜インフォーマルで隆と共にウイジントン少将（海）夫妻に招ばれる。自分等の送別のため。プライド少将夫妻、グロヴナー氏夫妻が一緒で気の措けないパーティであった。

❖**二月八日（金）** 二、三日来考へて居た〔シャルル・〕ドゴールのＥＣＣ〔ＥＥＣ〔欧州経済共同体〕〕への英国拒否問題と米国の関係を講じた長文の電報を館員諸君の意見も聞き若干修正して本日發電。ドゴールの措置は自由国家の団結を破るものではあるが米国の盟邦の立場や感情を考へぬやり方も若干の責任はあるという構想を具体例を引いて論じたもの。相当の反響が本省にてあらうかも知れない。午後商務省に〔エドワード・〕グッダマン次官を訪ねて相互に辞任の挨拶を交換する。彼は銀行業に復帰する由。後任の〔フランクリン・〕ルーズベルト〔Jr.〕については全くの政治的任命なりとして余りよく言って居なかった。綿製品と毛製品問題を論じて電報を出して置いた。本日自分の更迭の予告と武内〔龍次〕君を後任とするからアグレマンを求めよとの電報が着いた。

❖**二月一〇日（日）** チェヴィでゴルフ。夜は日曜であったが今後退官する商務次官Gudeman君の夫妻に招ばれてジョージ・タウンのレストランで会食。〔ロバート・〕ルバロン夫妻も一緒。知り合になった商務省の人がドン〳〵変るのでこちらも変るから構はないものゝ一寸淋しい。後任は兎角の評のあるルーズベルトJr.全くの政治任命らしい。

❖**二月一二日（火）** 昼ウオールst.ジャーナルの事務所で支局長他数名に日米経済問題を話し食事後意見の交換をする。有益であった。夜は公邸で〔ウィリアム・〕シーボルト夫妻を中心としてディナー。シーボルトが勲一（旭）を貰ったことに対する祝ひであるが自分としては送別の心算で人選した。同氏夫妻の外、Gen. Haslip, Mr. Waugh, Gen. Byers, Adm. Callaghan, Adm. Mercer, Mr. Johnston, Mr. Myers, Mr. Coville等を夫人と共に招んだ。

❖**二月一三日（水）** 夜インタナショナル・ネイーバーズ・Cが夫人同伴でデンマークの大使館で会合を持つ。八時半に始まってブッフェが開かれたのは十時に近く余興はVictor Borgeのピアノ。散会は十一時をすぎてゐた。

❖**二月一四日（木）** 夜、メリーランドのCole Field Houseにてプロのテニスあり。官補連と一緒に食事をしてから観に行く。面白かった。

❖二月一五日（金）　昼隆はトリニティの会合に出かけて行く。サヨナラの心算。

❖二月一六日（土）　午前食事中電信課より課員が十五日附で自分に帰朝命令が出た電報を持って来た。一寸気ぜわしい感じ。今日はゴルフの約束をして居り快晴でもあったが寒くてチェヴィの雪がとけぬ由で取消し。午後荷物の整理。夜はTV。

❖二月一八日（月）　今日の定例のスタフ会議で一同に自分に帰朝命令が出たことにつき挨拶をした。その他大したことなし。昼は〔ウィリアム・〕カラハンさんにAアンドN（タウン）クラブに招ばれた。送別。日本関係の退役軍人夫妻が多勢出席。気楽な会であった。

❖二月一九日（火）　雨の予報であったが午前中は雪交り。昼、〔ジョン・〕マックルーアに招ばれて二人で食事。自分の送別であった。夕方は約束なし。

❖二月二〇日（水）　大分温かくなった。雪どけを冒して午後ゴルフ。夜は東京から来た鈴木〔義雄〕夫妻のためディナー。鈴木夫妻はハウス・ゲスト。

❖二月二一日（木）　隆がひどい肩の痛みで起床もならず。食事もせずに寝込む。鈴木夫妻は昼食後辞去。夜六時半からホワイト・ハウスで外交団のためのリセプションがあったが隆は出かけられず。自分のみ出席。

❖二月二二日（金）　ワシントンの日とて休み。寒い日を冒して午後、ゴルフ。自分のみ六時からAアンドNクラブの〔ジョン・〕ハルさんの自分等のためのリセプションに臨む。隆は今日もアバナシー医師に診て貰ったが背中が痛くて欠席。皆にどうしたどうしたときかれた。

❖二月二三日（土）　今日本省より電報あり。自分の帰国の方法が許可された［1］。

❖二月二五日（月）　昼、自分は邦人記者に送別に招ばれる。隆は公邸でレディス・ランチ。身体はまだ痛むらしいが兎に角主人役が務まったらしいので安心。此のランチの顔ぶれは、Dean Rusk; Robert McNamara; Robert Kennedy; Luther Hodges; Michael Mansfield; Sherman Cooper; Frank Lausche; Clifford Davis; Hale Boggs; Peter Frelinghuysen; George Ball; Maxwell Taylor; David Shoup; Angier Duke; John Coulter; Lewis Strauss; Leigh Wade; George Hart; Douglas Whitelock; Dale Magnuson各夫人といった飛びきりの豪華版であった。自分の昼の新聞記者による送別もウィラードの隣りの“Occidental”で行はれ気楽で面白かった。夜は隆が行けないので渡辺君と共にローレンス・オブ・アレビアの試寫會を見に行く。面白かった。九時頃始まって十二時半頃まで映寫。大作であった。沙漠の映画が美しかった。

❖**二月二六日(火)** 十一時公邸でRoger Baldwin氏(人権協会の会長で沖縄問題で色々心配してくれた)に勲二等(旭)を授与し同氏の親戚友人七、八組を招いた〔2〕。この叙勲は自分が強く本省にリコメンドしてものであり自分としても嬉しかった。正午はボーリングA・F・ベースの将校クラブでローヂャース中将夫妻の送別宴あり。テーブルその他のデコレーション、仲々配慮のあとが見へて嬉しかった。相客二、三十名は何れも日本関係の軍人さんであった。午後三時住友の堀田〔庄三〕氏の来訪を受け、夕方はラオスの大使館で〔サバン・〕バッタナ殿下のためのリセプションあり一寸顔を出した。夜カウエンさんが自邸で自分のために送別ディナーを催してくれた相客は、Archibi《ママ》shop, Vagnocci; Mr. and Mrs. Carney; Dr. and Mrs. Carmichael; Mr. and Mrs. Folger; Dr. and Mrs. Per Jacobsson; Mr. Baker といった顔ぶれで話がはずんで面白かった。送別と辞行の挨拶の交換あり。結局辞去したのは十一時をすぎて居た。

❖**二月二七日(水)** 昼、住友銀行の頭取堀田氏を主賓としてランチを考へて居たところ同氏が急に病気となり、取止めるわけにも行かず主賓なしで自分が送別のためランチを行ったことに切りかえ挨拶をした。外国人として〔ハロルド・〕リンダー輸銀総裁、〔バーク・〕ナップ世銀副総裁の外トレザイス、コルトン、ディール、ドール等を招んだ。夜はナシヨナルへ最後の観劇。隆は自重して行かなかったので福田官補を連れて行く。出しものは"Mary, Mary"というコメディ式人情話し。

❖**二月二八日(木)** 昼モーガン夫妻に自邸に招ばれる。国務省のRice, Trezise, Jager夫妻の他財務省のDiehl夫妻も来て居た。隆余り元気なし。夜は〔チャールズ・〕グリフィン中将が送別宴を催してくれる。

❖**三月一日(金)** 久しぶりに約束がないので午前中を新聞記者を誘ってゴルフ。午後住友の堀田氏(総理親友の由)が出發するのでメイフラワーまで見送った。夜も久しぶりに約束なしで自邸でゆっくりした。

1――朝海はワシントンDCから米大陸を東西へ横断してロサンゼルスから船で帰国した。

2――ロジャー・ボールドウィンは国際人権協会会長。沖縄土地問題について一九五四年三月、日本人権協会へ書翰を送ったことがきっかけとなり、翌五五年一月の朝日新聞報道につながった。その後も沖縄について人権問題として注意喚起を続けていた。

❖**三月二日(土)** 午前綿製品問題で自分がボールと話合うべきや否や、話し合うとしたならば早くしないと時間ぎれとなるという趣旨の請訓を出した。

❖**三月三日(日)** 十一時半から一時間半チェヴィで山下君等とテニス。温い日であった。テニス愛好者の自分のための送別の心算。昼はチーフ・マイヤーの自邸で自分のための送別ランチあり。ハル夫妻とカラハン夫妻が相客であった。夜は約束なし。今日はほんとの小春日和であった。

❖**三月四日(月)** 十一時四十分發の列車で隆と共に渡辺君を帯同してN.Y.へ行く。車中では眠ったり自動車旅行の哩数を調べたり。N.Y.では松井〔明〕大使夫妻、総領事が出迎へてくれワルドルフ・アストリアに投宿。スヰートの仲々きれいな部屋。小憩の後五時半からジャパン・ソサエティの送別のコクテイルに顔を出す。会場に椅子を並べて講演会様になっていたのには一寸驚ろいた。〔ジョン・〕ロックフェラー〔Ⅲ世〕夫人が顔を見せてくれた〔「ロ」氏は東南ア旅行中の由〕。難かしい話は後任者に任せるとして(イ)自分のマニラで駐米大使の命令を受けた心境(ロ)信任状呈出のときジラード事件の最中であった(ハ)日本では日本を批判し米国では米を批判した(ニ)長期在勤その他色々な記録を作った等々二十分余に亘り昔話しをした。引きつゞきN.Y.日本商業会議所(会頭は三菱商事の田部〔文一郎〕君)と日本クラブ(会長は三井物産の稲垣〔登〕君)と共催の送別会があり、両者から記念品を贈呈される。自分が両社の名誉会長を兼ねて居る関係からである。松井君と金山〔政英〕君の挨拶の後、自分がワシントン在勤六年にして感ありということで約二十分喋った。出席者は日本商社銀行等の代表約七十名で誠意のこもった温い送別会であった。ホテルには十時頃帰る。隆は松井夫人に芝居に案内された。岡崎〔勝男〕夫人は病気で思はしくないとのこと。

❖**三月五日(火)** 午前中渡辺君をつれてラヂオ・シティで映画とショウを見物。昼は松井君主催の男のみの午さん会。隆は岡崎公邸で松井夫人主催の午さん会(岡崎夫人は健康勝れず)。自分は午後はホテルで休息。尚ホテルは二日間正面に大日章旗を樹てゝ歓迎の意を示してくれたしスヰートの部屋も確かに半額位に割引いた値段であった。

❖**三月六日(水)** 雨と濃い霧のN.Y.の朝であった。九時少し前に総領事館から迎への車が来る。大使館へ帰ったらば綿製品問題に関する回訓がついて居た。自分は綿製品交渉の現在の行き詰りを打開するため、先づ実質的に昨年度同様の輸出水準を維持するということで妥結を遂げそれからプリンシプルの問題に移って行くという考へで土曜日に請訓したものである。回訓に思いの外手間取ったところを見ると色々議論されたものと見へるが結局自分の提案は容れられずターンダウンされた。がっかりしてしまった。今日の三時半からボールと人拂いまでさせて妥結を心がけて居たが、三時半会見。自分は実は一案があったがこの案は通らなかった、依って本日の会見も余り意味なしと前提して本省の回訓のみ事務的に話しをして約十五分で会見を終り、これが最後の会見であるのでサヨナラの挨拶もした。自分は彼を尊敬し好きであった。国務省でほんとにサヨナラをしたいのは彼ぐらゐのもの。帰館してスタフの諸君と相談し簡単に本省宛報告の電報を出す。夜はオーストレリアの大使(Sir Howard Beale)が自分等のため送別会を催してくれる。Under Secretary Ball; Deputy Secretary of Defense Gilpatrick; Senator Cooper; Former Secretary Herter; Vice Chief of N.O. Adm. Ricketts; Mr. Rice; Mr. Blake Clark といった人々が夫人同伴で出席。よい会合であった。自分も十分以上送別の挨拶をした。

❖**三月七日(木)** 午前外交団長のセヴィリア・サカサ氏を公邸に訪ねて離任の挨拶をする。それからセーヤーさん夫妻を自邸に往訪。隆と共に十分程会談。正午は韓国大使丁〔一権〕さん夫妻に同国公邸に招ばれて韓国料理を御馳走。相互に四、五名の幹部館員夫妻が出席。日本語が通用するので至って気楽な楽しい会食であった。午後〔ウィリアム・〕カッスル前駐日大使夫妻に名刺を置いて来た。病気なので会見は御遠慮。六時からコヴィル夫妻のコクテイルに顔を出し七時半から館員中参事官以上が夫妻でチェヴィに一部をとって自分等のために送別の宴を張ってくれた。西山〔昭〕、山下〔武利〕、加藤〔匡夫〕、長谷川〔善彦〕、大畑〔哲郎〕、赤谷、金沢〔正雄〕の七夫妻が出て歓談。大分「さよなら」の哀傷が出て来た。

❖**三月八日(金)** 久しぶりに約束がないので午後ゴルフ。夜は今日は一等書記官級の人々(スタグ)が加藤君の家に集って自分のために送別会を催してくれた。水入らずで盛大。食事後ブリッヂ等をして歓を尽し、自邸へ帰って来たらば一時に近かった。尚今日電報で加藤君が経済局次長となるため四月下旬日本へ帰るべしと伝へられた。ワシントン大使館の変貌急なり。

❖**三月九日(土)** 如水会トーナメント。常連が九時にはワシントンへ着。十時からゴルフ。自分は40+38という驚異的なスコア(Tグリーン)で一等となり有終の美を飾る。

❖**三月一〇日(日)** よい天気だが可なり風強く大使館員の自分送別のトーナメントを決行。予選で若干落伍し本日はフォアサム五組(自分、西山、鈴木の外、アレンとホーガンに依頼)。Tグリーンであったが楽しかった。自分は昨日の当りは出ず五等。ゴルフ後、大使館でスキ焼。皆、大喜びで水入らずの会。夕方四時バーニー夫妻(Rowland Burnstain)が子供と共に来訪。自分の帰国をきゝ挨拶に来てくれた。前に商務次官補をして居た男で隆に指輪時計を夫人がくれた。気持は嬉しい。一時間位歓談。夜は約束なしで日曜のTVを楽しむ。

❖**三月一一日(月)**　一時少し前国務省に赴き儀典局長の〔アンジア・〕デュークに直接離任の挨拶。一時少し前〔ディーン・〕ラスクに挨拶。十分程会見。そのまゝラスクにエスコートされて八階の宴会室に赴き〔アヴェレル・〕ハリマンの自分のための送別宴に出た。出席者は、Rusk; R. Kennedy; Hicken Looper; Ball; Sauer (exim.bank); Johnson, R; Johnson, G; Duke; Trezise; Yager; Fearey といった顔ぶれ。ハリマンから挨拶があったが形式的なもの。お互に名残り惜しい気持など全然出ず。つまらぬランチであった。今日は昨日に引きかへて雪がチラ〳〵降り出しそれが午後には相当に積った。早春というか冬の陽気。四時からホワイト・ハウスに辞行の挨拶を述べに行く。十五分ばかり話した。用件としては自分から綿製品問題が懸案となって居ることを話し大統領からは韓国問題につき言及された。大統領の部屋を出たらば新聞記者にとりかこまれたので今日はゆっくり話しをしVOAのマイクにも喋った。公邸に帰り日本人記者と会見をした後お別れの意味で酒を出して約一時間歓談。それから本省に電報。夜はHerle夫妻の送別会に臨む。自分の外レバノン大使、〔カール・〕マント上院議員、〔アーネスト・〕グルーニング上院議員、ルバロン氏等が夫妻で招ばれて居た。楽しいがサッドな気持のしたパーティであった。雪はやんで雨となって居た。

❖**三月一二日(火)**　天候は回復したがゴルフは出来ないのでゴルフの友人連がAアンドN.C.でランチをしてくれた。会する者、アレン、レイエンス、カラハン、ホーガン、ガロウェー、ディッキンソンの六人。午後六時から七時半までサヨナラリセプション。何回も顔を合せて居る現役の人々はお気の毒故遠慮。新聞記者も敬遠。ごく内輪にした。外交団も四、五名招んだのみ。但知り合いのみで楽しかった。

❖**三月一三日(水)**　九時半から館員とゴルフ。霧の様な雨があったがすぐやんで楽しかった。昼飯は公邸で認め、荷物の整理。四時半商務省に赴き、〔ルーサー・〕ホッヂス長官のお茶。綿製品や毛製品の話しもして来た。五時半から事務所でローカル・スタッフに離任の挨拶。六時半からVOAの録音あり。七時から館員夫妻を招んで送別のブッフェ。席上一同からの(公使も下も一緒に同額の金を出してくれた由)銀の容器を貰う。「蛍の光」りをうたって散会。別れは悲しいものである。

❖**三月一四日(木)**　午前中残った荷片附けで多忙。床屋にまで行く。午後チェヴィで常連とゴルフ。午後役所で一同に挨拶。書類に最後のサインをしたり可なり忙しかった。夜はTVを見る程の余裕があった。

❖**三月一五日（金）**　誕生日。流石に最後の夜とて今朝は早く目が覚めてしまった。昨夜のうちに主なる荷物は自動車のトランクに詰めたが船で荷物を出してから続々と嬉しいお餞別を頂いたりしたゝめカルトンの荷物が三、四個も出来たり結局トランクからはみ出したのでバック・シートにシーツを敷いて此処に鞄を満載。すっかり重くなる。九時半頃電信課から二、三本電報を持ってくる。一は台北の木村〔四郎七〕大使から離任見舞。大山嬢から誕生日の祝電。アラスカ大のウィルソン総長から学位を受けるためアラスカに日本からでも来て欲しいという電報。ベルギーの「ダグラス・」マッカーサー〔Ⅱ世〕君からも出発直前に離任を惜しむ旨の手紙に接して此等の処置で忙しい。十時十五分前にサロンに降りて行くともう全館員が夫人と共に見舞に来てくれて居た。一々挨拶。韓国大使が見送りに来てくれたのには恐縮。但国務省は儀典局長が代理をよこすと言って置き乍ら（これも失礼な話）十時には代理さへも来らず不相変の非礼ぶりを見せた。国務省は最後まで余り好感が持てなかった。十時一同に送られてカールの運転するキャディラックで出門。出門のとき又、ふり返って再び来ることのないであらう住みなれた大使館に別れを告げた。館員一同も手をふってくれた。思へば楽しい六ヶ年であった。イオージマの銅像のある辺のサイドウェーにオールズを引き入れて十五分位前に荷物を満載したエリクの運転する車が待って居た。此処で乗り換へ二人の運転手に分かれて自前となりドライヴ。オールズは二、三月前にすっかり整備したので快調。今日は快晴とて楽しかった。ワシントンを去るのは淋しかったが普段の旅行と違い全く責任のないノンビリした気持。ワシントンの仕事やディナー・パーティが遠い昔の様な気がする。昼飯はスカイ・ラインの山の中で持参の海苔巻で隆と楽しくすませその後曽遊の地 national bridge でも小憩の後快調に飛ばせて三十分程夜走。予定よりも能率を上げて午後七時ブリストルに着。ホリデイ・インに投宿。

❖**三月二七日（水）**　鳥の囀る音で眼が覚めたが実によく眠れた。午前中、隆はヘアー・ドレッサーへ。自分は公邸の庭で新聞に眼を通したり。昼は瓜生〔復男〕君は仕事があるので夫人に案内されて海岸の近くの洒落たレストランで食事。午後は休息。夜、館員夫妻も招ばれてブッフェの食事後、八時半瓜生夫妻に見送られてロングビーチへ行く。「ブルックリン」丸は既に入港して居た。瓜生夫妻や荷物を積んでくれた館員に別れを告げる。岩井君も既に乗り込んで居た。船は九千総頓余。速力は二十ノット出せる。ディーゼル優秀新造船。我々の船室も可なり大きく新しいだけに気持がよい。隆も御満足。荷物は隣室が明いて居るので此処に入れて置く。夜は夜半、我々の寝ているうちに出港したことは気がついたがあとはよく寝て居て判らず。

❖**四月一〇日(水)** そのうちに寝についたが暫くして船が急に静かな水面を走って居ることに気がついて目が覚めた。窓から外を見ると陸の燈火が見へて居る。船は恐らく東京湾を航行中なのであらう。時計を見たらば一時半であったので、又、寝出したが流石に昂奮して眠られず。五時には起床。隆も起きる。船は既に港外に假泊してゐた。近くに五、六隻の日本船、外国船が投錨してゐる。はるぐ〱も来つるかなの感じがほんとにする。ワシントンを出てから廿五日。アメリカ大陸の広さも痛感したが太平洋の大さが身に沁みた。「やっと国へ着いた」という気持。夜が明けて見ると遥かに眞白に雪の降った富士が遠望される。八、九年前飛行機で三年ぶりに英国から帰ったときも富士が見へて感慨を深めたことであった。

八時頃から水先案内人が乗ったり検疫官が乗り込んだりして船は静かに港内へ入って行く。税関のランチから走る本船のタラップに身軽に移乗して来る人があったので誰かと思ったところ伊原隆氏(横浜銀行頭取)であったのに驚ろいた。西堀〔正弘〕米課長も打ち合せの通りやって来て十分程最近の日米関係についてブリーフを受ける。入管のランチで隆と共に入陸。陸には祖母、俊夫、明子、和夫の外、朝海(乾)〔乾三郎〕、三浦〔文夫〕(この両人はランチで本船へ来たのには驚ろいた)出渕、鈴木夫人、村瀬、永野夫人、河野七郎等々若干の人が出迎へてくれた。子供等は何れも元気。

❖**四月一一日(木)** 挨拶廻りで追はれた日。大に能率を上げた。九時少し前、隆と共に外務省差廻しの車で出發。悪路にひしめく自動車に今更乍ら驚ろくと共に田園調布に出渕氏を訪ねる(多摩川の清流がすっかり黒くなり悪臭を立て丶居るには驚ろいた)。次で佐藤(栄作)、岸、堀江、伊原と廻り時間になったので予ての隆の念願であるすしを魚河岸で喰べた。食後は皇居の記帳。秩父宮家の記帳(日本で栄位を貰った〔カルロス・P・〕ロムロが来てゐた)。皇太子御殿の記帳をすませる。皇太子は引見を許してくれ十分ばかりお話しをした。皇居では新機軸を出して記帳の本旨を貫き名前のみ書いて来ようとしたところ、立会のフロックコートの人に「帰朝に付奉伺、天機」と書くのだと鄭寧に指図されて「壮図」成らず。此処から首相私邸、外相私邸に立寄り、外務省への帰路、大雲にも寄り四時すぎ本省に着。外相に帰国の挨拶。四時半から三十分程霞クラブの記者団と会見。

五時半頃から十分ばかりTVに出演。夜は島〔重信〕君が一時帰国中の萩原〔徹〕、大野〔勝巳〕両君を招んで居るのに参加。「新山口」で久しぶりの日本食を御馳走になる。荷物は全部無事通関。ウィスキーまで課税されずにすんだのは幸運。荷物がどっと着いて足の踏み場もない。

❖**四月一二日（金）** 午前中、荷物の整理。正午は岸〔信介〕さんに「はん居」という料亭で御馳走になる。美味しかった。萩原、大野の両君と一緒。両君とも任国外相の来日で一時帰朝して居るもの。

午後、外務省の要請でNETで約十五分共同の大竹君（ワシントンの特派員もしてゐた）と「駐米六年の回顧」という題で会談。気持ちよく話せた。夜は「吉兆」で水谷〔水上達三〕三井社長と会食。吉次、小船両君も一緒で楽しかった。美味しい料理。水谷〔水上〕君は明日、米国へ出張する由。

❖**四月一六日（火）** 午前、整理。夜は赤阪〔坂〕の「中川」で外相が帰朝大使を招んだのに出席。お客としては自分の外、井口〔貞夫〕氏が出席。帰国の大使をオフィシアルとして招ぶのに藝者パーティは如何かと思はれるが日本の現実か。

❖**四月一八日（木）** 十時半首相官邸に池田〔勇人〕総理を訪問。帰朝の挨拶を行う。何の質問もなし。談話中、地方選挙の模様を側近に聞いたり扉口さへも送り出さず。六年も勤めた自国の大使への礼儀は少しもなかった様である。そのあと、永楽ビルに大同海運社長の土居氏を訪ねて便宜供与に対して謝意を表示。昼は東銀に俊夫を訪ねてすしに連れ出して談話。彼の仕事場を始めて見た。午後帰宅。

❖**四月一九日（金）** 佐藤栄作が会いたいというので自分のみ同氏邸に立寄り。昼は隆と共に高島屋の食堂で会食。午後、役所に赴き幹部会で米国事情の報告。三時半から東京会館別館で毎日「エコノミスト」の山本進記者の質問に答へて対談。可なり忙しい日であった。

❖**四月二〇日（土）** 朝十時NHKの人々四名が来て「朝の訪問」の録音をした。その後、家の片附け。大分能率が上った。夕方、始めて日本で車〔ダットサン〕を運転してお祖母様と隆と共に大磯に赴く。六時大磯着。富士と海を左右に眺めた結構な新邸を拝見。吉田〔茂〕さんに日本食の御馳走になり八時半辞去。今日、ワシントンの渡辺君からカラー・スライドの現像が着。夜、映寫。グランド・キャニオンやヨセミテ渓谷仲々よく撮れてゐた。新聞でイエールの〔アルフレッド・〕グリスウォルド総長の死去、渡辺君の通信で英大使館レッドワード君の死去を知る。

❖**四月二四日（水）** 十一時から「福田屋」で中央公論のため座談会を大森〔毎日〕君と約一時間半やりその後、食事。新橋駅で隆をピックアップしてから三時前に皇居に参入。先づ自分が陛下に拝謁。次で自分と隆と二人で皇后様に拝謁。その後、自分から約四十五分米国について御進講。終って十五分位陛下より御質問あり。キューバ問題、韓国問題、罷業問題等についてであった。その後、五反田の渡辺操君邸に廻り急逝した同君についてお悔みを未亡人に述べて来た。

❖**四月二六日（金）** 朝TBSが「現代の顔」で自分のインタヴューを八分ばかり出した。正午、隆と共に東京に赴き、米大使とライシャワー夫人に表敬。

❖**四月二七日（土）** 船田〔中〕氏が〔エドウィン・〕ライシャワー大使夫妻や〔ジェイコブ・〕スマート中将を歌舞伎座の赤坂おどりに招んで居るのに隆と共に午後二時半から出席。京鹿子娘道成寺のきれいなところを見せて貰い中座。自分は赤阪〔坂〕の「宝屋」で座談会に出席。段々日本的になって行く。

❖**四月二九日（月）** 天皇誕生日のためモーニングを着て東京へ行く。乾門から参入。三階の控室で待つ。概ね議員。大使は自分とイラクへ行く八木〔正男〕君のみ。例によって一同の集って居るところへ天皇が皇太子その他と入って来て一同は無言で頭を下げ、天皇も軽く会釈して無言。何となく奇異の感がした。自分の参入の番号は35。これが最後の祝賀。去年までワシントンで自分が中心となって祝賀のリセプションを催して居たのが夢の如く思い出される。

食卓についた人数は二百名から三百名位か。例によって吸物、温物等には手をつけるが天皇が座を立つと空折りが配られ、これに料理をつめ、白いハンケチで包んで散会。東京發一時八分の列車に乗れた。夕方は出渕一家来談。食事を共にして賑やか。

❖**四月三〇日（火）** 今日は休む。昨日、和夫に買はせたペイントでテニス・コートの金網のうち残す部分のみを塗る。午前中一杯かゝった。青いペイントの飛沫をかぶってとるのに大騒ぎした。

吉田茂書翰

凡例

一　本書に収めた書翰は、すべて吉田茂元首相から朝海浩一郎駐米大使に宛てたものである。

二　書翰の配列は、年月日順とした。年次の記載のないものは、内容等から推定して〔　〕で明記した。

三　掲載にあたっての方針は以下の通りである。

①　漢字は原則として新字とした。

②　干係、成効等の慣用的表記はそのままとした。

③　仮名遣いは原則として原文を尊重したが、現代仮名遣いに改めた箇所もある。

④　読みやすさを考慮して、適宜読点を補った。

⑤　脱字や誤記のほか、必要に応じて〔　〕で編者注を付した。

解題

吉田茂書翰（朝海浩一郎宛）

河野康子

吉田茂から朝海浩一郎宛の書翰一〇通は、ご子息の朝海和夫大使が保管されており、朝海浩一郎日記の翻刻作業中に朝海和夫大使からご提供を頂いた。きっかけとなったのは讀賣新聞の前田啓介記者の朝海和夫邸訪問である。朝海日記に興味を持たれた前田記者が朝海和夫大使邸を訪問した際、書翰の話題になったという。その後、前田記者に河野が同行して朝海邸を再度訪問し、書翰の封筒もご提供頂いた。ここに翻刻したのは、その一〇通の書翰である。一〇通の書翰は一九五七年七月一五日に始まり一九六二年七月一日までの日付となっている。つまり朝海が駐米大使であった時代の約六年間とほぼ重なっており岸内閣期から池田内閣期の前半までである。

ところで吉田茂の書翰は、周知のように既に二冊出版されている。吉田茂記念事業財団編『吉田茂書翰』（中央公論社、一九九四年）と柴田紳一編『吉田茂書翰　追補』（中央公論新社、二〇一一年）である。これら二冊に採録された吉田書翰が合計で一四〇四通にのぼることを考えれば、今回、公開された吉田書翰はわずか一〇通に過ぎない。そうした意味では今回の吉田書翰の情報量がかなり限定的であることは否定できない。とは言え一〇通の吉田書翰には次のような特徴がある。それは岸内閣から池田内閣にかけて戦後外交が大きく変動する時期に吉田が何を考えていたか、を知る上での一助となることではないだろうか。既に公開済みの吉田書翰のなかに、この時期（一九五七年から六二年）の多数の書翰があるが、これらの書翰と今回公開された書翰を併せて検討することで、吉田茂に対する理解が一層深まることが予想されよう。さらに、これらの書翰と駐米大使時代の朝海日記を総合的に読み込む作業を通して日本政治外交史に新たな光を当てることも期待されている。一〇通の書翰が、今後活用されることを願っている。

吉田茂書翰　朝海浩一郎宛

一） 昭和〔三二〕年七月一五日付

去六月十日付御書大統領会談等逐一の御書難有候、岸訪米〔1〕の成果小生ハ百五十点と評価放送の処内閣改組〔2〕ハマイナス百五十点、悪追放、反共の看板の下ニイヤハヤ、小生岸後援を標榜せる所の進退谷《きわ》まり申候、首相ニハ帰朝未た面会せす、兼て岸訪米を助けられた御礼とし而十七日午餐ニマツクワサー大使〔3〕及スミス司令官と共ニ首相を招置候ニ付明後日承は〔り〕首相モ来ることと存候、其節委細の成行を詳ニすへしと存候、成行如何ニ拘らす外交ニ於てハ政府を助けて行くより仕方なし、四苦八苦ニ候、何レ国内政治甚た混沌と致外交嘸《さぞ》かし困難と御察し致候得共、為国家耐忍御努力希望候カッスル大使〔4〕ニモ返事出状可致筈の処、岸首相と会談後多少見据でモつきた上ニてと存居候、宜敷御伝声願上候

令夫人へよろしく、御自愛是祈候

敬具

吉田　茂

朝貝〔海〕大使閣下

七月十五日

二） 昭和〔三二〕年九月二五日付

拝啓　小生誕辰之為御祝電被下御懇情奉深謝候、岸首相訪米以来続々訪客相続御繁忙御察致候、内外状勢落付なきかニ見、神武以来の景気か忽ち不景気となりフラン切下けポンドの不安定、アイクの人気落つとか斯くてハ在外使臣モ余り御愉快ニモ無之かと御懸念申候、此間誕辰祝ニモあるましくと自粛の心

構の処、友人の厚意御祝を受くる間ニ自分モ何となく御目出度相成大ニ愉快ニ御祝致候、東京から麻生一家かバスで乗込来るなとと申す景気御想像可被下候、十年回想〔5〕モ意外の売行第二巻出来近日外務鄭〔ソカ〕ノウにて拝送の筈、御自愛是祈上候、御礼の為一書如此候

敬具

吉田　茂

九月二十五日

朝貝〔海〕大使閣下

1——第一次岸訪米は昭和三二年六月一九日から二一日の日程で行われ、岸首相がアイゼンハワー大統領、ダレス国務長官などと会談、安保条約、領土、経済問題などを議題とした。

2——岸内閣改造について吉田は「河野〔一郎〕、砂田〔重政〕輩ニ聴従して河野の入閣、蔵相〔池田勇人〕の地位を動かす如き挙ニ出るに於てハ、之ハ俗論に動かされ悪に組するものとし而吾々同志ハ遂ニ協力出来さるに至るへしと岸〔信介〕派に申通置候」(『吉田茂書翰』昭和三二年七月二日付林譲治宛書翰、五二八頁)と書いていた。

3——ダグラス・マッカーサー二世は昭和三一年一二月四日から昭和三六年三月一二日まで駐日大使。

4——ウイリアム・カッスル駐日大使について、朝海浩一郎日記には「カッスル夫妻を訪ねる。(略)吉田首相の「よろしく」を伝えた。」(昭和三二年五月三〇日条)との記載がある。カッスルは昭和四年一二月から昭和五年五月まで駐日大使。

5——『回想十年』はもともと全四巻の形で、昭和三二年から三三年にかけて、新潮社から刊行された。

三）昭和〔三三〕年三月七日付

拝啓　其後意外の御不沙汰ニ候、絶へす新刊書御送被下難有候、おかけニて勉強仕候、何卒今月モよろしく御願申候、尚又御入用のモのハ御遠慮なく御申越願申候、扨而岸内閣モ漸ク不評、悪口の的ニなり居気の毒ニ候、夫れモ余りソツかなき故か将又余り人気を気ニするせいか、首相ニハ遠慮なく出会の毎ニ注意致居候得共性分ニてモ可有之忠告モ效〔効〕なきかニ見候、何レ海外の空気モ何卒勉めて耳ニ入るようニ願申候、外相〔6〕モよき人のようニ候得共余ニ言ひ過きてモ迷惑と存し岸ほとニハハツキリ忠告モ致さす、又出会の機会モ無之、唯々心配するのハ余リ日本の政局か動揺するかニ見へてハ日米干係よろしからすと懸念致候、公債発行ハ成效〔功〕と存し喜居候、相当内部の御苦心可有之ありしこと存候得共上出来と存候、日本よりの御客モ多く御面倒と存候得共御忍耐を切望致候、何かと御厚意ニ対し何か御入用のモのあらハ御遠慮なく御申越願申候、手紙を書くつモりニて意外の御疎情、御わひかた〳〵〔おわびかたがた〕一書敬呈仕候、御自重是祈上候

敬具

三月七日

吉田　茂

朝海大使閣下

四）昭和三三年一二月二一日付

封表　消印　33・12・22

封裏　記載なし

拝復　再三の御書その都度難有拝読致候、何卒参考ニなるような資料時々御送願上候、極東ニ住込こと〔ママ〕むと全く世界より遠かり心細く存候、何レ小生私見別紙産経ニ寄書御一読願候、岸内閣の内外政、余りニ巧みニすぎて却而信を内外ニ失するなきやと懸念致候余り此寄稿となれる次第ニ有之、意のあるところ御推読被下度候

岸氏ニ対し政界ニ多少の誤解モ出来信望、信頼感動揺[7]、此際勇断以て世間の誤解一掃するの要ありと存、首相ニハ内々注意忠告を試み、他面自民党の知友ニハ此際ツマラヌトリツクをして笑を残さゞる様と忠告し、民主政治ニ副ふような行動ニ終始する様希望シ、かげながら努力中ニ候、何とかよい結果を来たすやうニと聊祈居候、先ハ御便の印まて一書敬呈仕候、御自愛の上よき来年を迎らるゝ様ニと奉祈候

敬具

十二月二十一日

吉田　茂

朝貝〔海〕大使閣下

6——昭和三二年七月一〇日、藤山愛一郎が外相に就任していた。

7——昭和三三年一〇月、安保条約改訂交渉が始まった後、警察官職務執行法改正案の国会審議が野党の反発を呼び、岸は一一月には改正を断念する結果となった。

五）昭和三四年三月二九日付

封表　消印　34・3・30

封裏　記載なし

拝啓　絶へす新聞書物など御送被下御心懸けられ其厚情奉深謝候、扨而当方よりモ何かと思ひなからツイツイ等閑ニ附し恐入候、何かと御入用のモのあらハ御申越被下度、吉田財閥お払の方ハ御心配なく御申越被下度候、扨又国内政治甚た面白からす岸首相の不評判到底久しき堪へす、而かモ未たに政局収拾の方途なくして職ニ居るハ党の為将又更ニ国家の為ならすと懸念仕候、小生ハ率直ニ意見開陳致候得共首相の決心を促かすニ足らぬハ遺憾と申すよりハ懸念ニ堪へす、安保条約改定ヲ忘てハ何の為なるや不能知、人気取から出でたる気まくれと存せられ候、当今の問題ハ対共産ニてその禍既ニ我国ニ及ひ居、総評、全学連、社会党其毒の浸潤日ニ甚しきニ当局ハ安閑として内政、選挙ニ投《〔没〕》頭他を顧みるニ遑《〔いとま〕》なきモのゝ如く危乎哉〳〵と可申候、而かモ首相南米より西欧訪問何の為なる事やも知らす、須らく日本政府ハ米英政府の対共政策の一方面を受持、亜細亜諸邦を率いてソビエット中共の攻勢防御ニ出すへきであり、斯くする事ニよりて日米一層親善を加ふへきである、政府の内外政策を明亮《〔瞭〕》ニしてこそ内閣強化し国運を開く所以と信候、共産勢力一たび根を下さハ全国赤化ハ容易なるへき第二世界戦争の当初軍部の勢力全国を風靡せる昔を考へ棘然たらさるを得す候

手紙を〳〵と存候間に無性今日ニ至候、通信の印ニ私見を述御一考を促かし候、御自愛是祈候

敬具

三月二十九日

吉田　茂

朝海老兄
侍史

六） 昭和〔三四〕年一一月一二日付

拝復　度々御書難有候、マアフキー氏辞職〔8〕残念ニ候、日米国交上モ在任の望ましく候処、昨今の新聞ニハ大統領近東旅行ニ随行とモあり、御会の節ニハ日米国交上御在任を希望すとの愚意御伝願上候、小生月末濠州、ニユーヂーラント視察旅行ニ上リ候、此等未見の地一巡致度宿願を達し帰途東南亜細亜をモ見物致候筈、帰朝の上委細後便縷述可致、一応御返しまて、御自重是祈候

敬具

十一月十二日

吉田　茂

朝海大使閣下

8――ロバート・マーフィは昭和二七年八月から二八年四月まで戦後の初代駐日大使。その後、国務次官補、国務次官を経て昭和三四年一二月に引退した。

七）昭和〔三四〕年一一月一九日

拝啓　絶す貴信難有候、我国の近状ハ訪米者より常ニ御聞取と存候、小生ニ来年日米開交百年〔9〕ニGood Will Missionとして出懸ろと申す人モ有之遊意動かさるに非す、その前兼々宿願の壕州、New Zealand及東南亜細亜を一見したく近日出懸年末帰朝の予定ニ候、従て年末クリスマス祝モ在米諸友ニ欠くかと存候、よろしく御伝被下度、殊ニGrew夫人〔10〕死去の趣少しモ知らす多分夏中箱根行等ニて聞きモらし候事と存候、不取敢弔文起草中何卒グルー氏〔11〕ニよろしく御伝願候、仝夫人は愚妻と頗る懇意ニ致居聞かなかつ〔た〕ではすまぬ間柄、申訳次第モ無く篤と御見舞願上候

不取敢要用耳《のみ》、御自愛是祈候

敬具

十一月十九日

吉田　茂

朝海大使閣下

侍史

八）昭和〔三四〕年一一月二〇日付

拝復　時々御通信其都度難有拝読、マーフイ氏辞任誠ニ可惜、何卒小生の所感御伝被下宜敷御伝声可被下候、小生今般思立濠州方面一巡仕り年末帰朝の予定ニ候、向寒之砌御自重可被下候

敬具

十一月二十日

吉田　茂

朝海大使閣下

九）　昭和三六年十月一五日付

封表　消印61・X・17

封裏　記載なし

拝復　其後慮外なる御疎情御免可被下候、Cacrin〔ママ〕大使会談誠ニ愉快ニ候、旧知の人との事なるか実ハ永年前ニて記臆〔憶〕無之候得共人柄よろしく永く我国の友人と致度存候、今度近日御帰朝之砌拝晤相楽しみ申候、書外拝青万縷不得已御返しまで

御自愛是祈候　　　　敬具

十月十五日　　　　吉田　茂

朝海大使閣下

9――日米修交通商条約の批准書交換から一〇〇年を記念して、昭和三五年に皇太子御夫妻の訪米、アイゼンハワー大統領の訪日が予定されていた。

10――ジョセフ・C・グルー夫人のアリスは昭和三四年八月没。

11――ジョセフ・C・グルーは昭和七年六月から一六年の日米開戦まで駐日大使。

一〇）昭和〔三七〕年七月一日付

拝啓　過般貴地ニてハ大変御厄介ニ相成奉深謝候〔12〕、無恙帰朝、帰朝匆々参議院選挙〔13〕と相成彼此の間ニ御礼モ遅延御免るし被下度候、参議院選挙モ無事池田政権モ安定、之れからハ高姿勢ニて大ニシカツリ〔シツカリ〕やらるゝこと期待致候
何卒貴夫人へモ宜敷御伝声可被下候
閣下ニモ御自愛是祈候、不取敢御礼まて

匆々敬具

七月一日

吉田　茂

朝海大使閣下

12——吉田茂は麻生太賀吉夫妻等と共に昭和三七年五月三日から七日にかけてワシントンを訪問した。朝海浩一郎日記には同じ日付で吉田訪米の記述がある。

13——昭和三七年七月一日に第六回参議院議員選挙がおこなわれた。

あとがき

河野康子

朝海浩一郎日記の存在については渡邉昭夫先生(東京大学)から教えて頂いて以来、興味を持っていた。朝海和夫大使をご紹介下さった渡邉昭夫先生にはお礼を申し上げたい。その年(二〇一三年)秋の国際政治学会で、既に日記の一部を閲覧していた村上友章先生(流通科学大学)とお会いした際、翻刻をやってみようという話になり、井上正也先生(成蹊大学)、白鳥潤一郎先生(放送大学)が参加して下さることになった。四名で朝海浩一郎日記研究会を立上げ、二〇一三年一二月に初会合、打合せを行った。翌二〇一四年一月には朝海浩一郎邸(神奈川県片瀬)に伺って日記その他の史料をお預かりした。史料の提供に快く応じて下さった朝海和夫大使には、心より感謝している。そこで同年三月から日記の翻刻・読み合わせを始めたのである。朝海浩一郎日記研究会による日記翻刻作業は順調に進んだ。しかしとりまとめ役の私の怠慢のせいで、翻刻の完成には予想外の時間が掛かってしまった。村上先生、井上先生、白鳥先生には重ね重ねお詫びしなければならない。加えて出版へ向けた取り組みと工夫に時間が掛かった。史料の翻刻というのは相当に知的な労力の要る作業だったのである。

ようやく二〇一八年に入り千倉書房の神谷竜介さんが前向きに検討して下さることになった。この時は文字通り肩の荷を下ろして安堵したことを覚えている。とは言え出版へ向けた具体的な準備も予想外の時間がかかった。出版事情の厳しいなか踏み切って下さり、出版への助言を惜しまなかった神谷さんには幾重にもお礼を申し上げたい。朝海日記翻刻の作業中に吉田茂の朝海宛書翰が発掘されたことも幸いだった。前田啓介記者には心より感謝したい。前田記者を御紹介下さった武田知己先生（大東文化大学）にも御礼を申し上げたい。吉田茂書翰はクセの強いペン字で書かれており翻刻は難しかった。そこで黒沢文貴先生（東京女子大学）に御願いし、全面的なご協力を頂いてようやく翻刻が完成した。感謝の言葉もない程ありがたいことだった。こうした経緯を経て、ようやく朝海日記と吉田書翰の出版が実現したことに対して今は、深い感慨を覚えている。この日記と書翰が日本政治外交史研究に少しでも役立つ機会があれば望外の幸せである。

二〇一九年三月三一日

❖一九六一（昭和三六）年五月二〇日、ホワイトハウスで日米首脳会談が行われた。前列はジョン・F・ケネディ大統領と池田勇人首相。後列は左から朝海、ディーン・ラスク国務長官、小坂善太郎外相、エドウィン・ライシャワー駐日大使。

571, 576, 591, 598, 602, 604, 608, 612, 614, 626
ラッセル，ジェームス・S・（James Russell） 462, 514
ラドフォード，アーサー・（Arthur Radford） 310, 370, 373, 380, 411, 448, 513, 594
リーチ，バーナード・（Bernard Leach） 187
リッジウェー，マシュー・（Matthew Ridgway） 268
リップマン，ウォルター・（Walter Lippmann） 536
リングワルト，アーサー・（Arthur Ringwalt） 151, 158, 164, 177, 181, 191, 202, 204, 221-222, 241-242
ルーズベルト・Jr，フランクリン・D・（Franklin D. Roosevelt, Jr） 099, 106, 621
ルバロン，ロバート・（Robert LeBaron） 409-412, 416-417, 425, 429, 441, 454, 482, 494, 513-514, 517, 524, 543-544, 550, 562, 564, 579, 583, 603, 609, 614, 621, 626
ルメイ，カーチス・E・（Curtis LeMay） 569
レイバーン，サム・（Sam Rayburn） 369, 437, 478, 524
レオンハート，ウィリアム・（William Leonhart） 437
レストン，ジェームス・B・（James Reston） 396, 589
レムニッツァー，ライマン・（Lyman Lemnitzer） 310, 363, 378, 394, 416, 422, 439, 462, 478, 492, 525, 561, 578, 603
ロイヤル，ケネス・（Kenneth Royall） 077
ロカナサン，パラマデ・（Palamadi Lokanathan） 280-282, 313-315, 322, 356
ロジャース，ウィリアム・P・（William Rogers） 399, 401, 472, 505, 595, 611
ロスチャイルド，アンソニー・グスタフ・ド・（Anthony Gustav de Rothschild） 151
ロックフェラー，ネルソン・A・（Nelson Rockefeller） 428, 494, 510, 519, 526, 561, 596, 608
ロックフェラー3世，ジョン・D・（John Rockefeller III） 267, 296, 369, 373-374, 384, 413, 426, 428, 445, 465, 469, 485, 493, 612, 624
ロッジ・Jr，ヘンリー・C・（Henry Cabot Lodge Jr.） 266, 384, 486
ロバーツ，N・S・（N. S. Roberts） 148
ロバートソン，ウォルター・（Walter Robertson） 268, 366, 368, 370, 372, 377, 379, 382, 384-385, 388, 394-395, 400, 405-409, 411-412, 415-416, 421-422, 425, 428-430, 436, 439, 446, 448-450, 453, 474
ロムニー，ジョージ・W・（George Romney） 608
ロムロ，カルロス・P・（Carlos Romulo，カルロスで統一） 289, 369, 519, 577, 628

ワ行

我妻栄（Sakae WAGATSUMA） 381
倭島英二（Eiji WAJIMA） 025, 042, 111, 227, 285, 287, 289-290, 323, 360, 461
早稲田柳右衛門（Ryuemon WASEDA） 456
和田博雄（Hiroo WADA） 005, 035, 045
渡辺武（Takeshi WATANABE） 007, 018-019, 142, 206, 268, 513-514, 558
渡辺斌衡（Toshihide WATANABE） 599
ワンワイタヤコーン・ワラワン（Wan Waithayakon） 286, 383

美濃部亮吉（Ryokichi MINOBE） 566
宮城まり子（Mariko MIYAGI） 473
三宅喜二郎（Kijiro MIYAKE） 563
宮崎章（Akira MIYAZAKI） 206, 394, 539
宮沢喜一（Kiichi MIYAZAWA） 551, 612
ミューラー，フレデリック・H・（Frederick Mueller） 407, 462, 464-465, 472, 507, 519, 526
武藤絲治（Itoji MUTO） 141, 145, 189-190, 327-328, 419
村井順（Jun MURAI） 293
村田省蔵（Shozo MURATA） 133, 326, 328, 347
メンジース，ロバート・ゴードン・（Robert Menzies） 143-144, 358, 360
モードリング，レジナルド・（Reginald Maudling，モールディング） 230-232, 239, 262, 264-265
森治樹（Haruki MORI） 146, 503
森下国雄（Kunio MORISHITA） 305, 364
守島伍郎（Goro MORISHIMA） 038
森島守人（Morito MORISHIMA） 386
モリソン，ハーバート・（Herbert Morrison） 162, 175, 200, 318
森永太平（Tahei MORINAGA） 494

ヤ行

八木正男（Masao YAGI） 206, 508, 630
矢口麓蔵（Rokuzo YAGUCHI） 044, 176
安井誠一郎（Seiichiro YASUI） 250, 390
安川壮（Takeshi YASUKAWA） 458, 463, 472, 485, 505, 507, 527, 534-535, 548
柳宗悦（Muneyoshi YANAGI） 187-188
柳田誠二郎（Seijiro TANAGITA） 026, 188, 253, 382, 415, 420, 450, 549, 566
山際正道（Masamichi YAMAGIWA） 248, 326
山下太郎（Taro YAMASHITA） 563
山田久就（Hisanari YAMADA） 025, 281, 305, 452, 461, 497, 500, 502, 515, 518
山中俊夫（Toshio YAMANAKA） 192, 594, 611
山村新治郎（Shinjiro YAMAMURA） 456
山本繁一（Shigekazu YAMAMOTO） 337
ヤンガー，ケネス・（Kenneth Younger） 162, 231
結城司郎次（Shiroji YUKI） 155, 176, 199, 283, 347
湯川盛夫（Morio YUKAWA） 169, 205, 230, 253, 281, 360, 364
湯沢三千男（Michio YUZAWA） 364, 420
楊雲竹（Yang Yunzhu） 270, 276, 282, 306, 530, 546, 555, 557
葉公超（Yeh Kong-chao） 425, 448, 495, 526
與謝野秀（Shigeru YOSANO） 045, 056, 064, 155, 176, 194, 471, 517
吉岡範武（Noritake YOSHIOKA） 328, 347
芳澤謙吉（Kenkichi YOSHIZAWA） 114, 245, 567
吉沢清次郎（Seijiro YOSHIZAWA） 045, 049-051, 053, 058, 064, 066, 069, 072, 077, 123, 125, 245-246, 295, 313-315, 346-347
吉田茂（Shigeru YOSHIDA） 004-007, 010, 012, 025, 031-033, 064-066, 069-072, 074, 077, 095, 112-113, 116-117, 120, 125, 131, 140, 146, 152, 169, 179, 195, 203, 234, 245, 262-265, 268-269, 272-273, 292, 296, 298, 300, 328, 348, 363, 366-368, 381, 419, 452, 479, 489-490, 492-493, 500, 521, 548, 565, 567, 572, 589-590, 629, 633-634, 636-644, 646
吉武恵市（Eichi YOSHITAKE） 026, 031-032, 067, 077
米窪満亮（Mitsusuke YONEKUBO） 041

ラ行

ライシャワー，エドウィン・O・（Edwin Reischauer） 531, 535, 538, 541, 548, 550-551, 565-566, 571, 580, 612, 630
ラウレル，ホセ・（José Laurel） 330, 332-333, 336, 341, 344-345, 357, 360-361
ラスク，ディヴィッド・ディーン・（David Rusk） 015, 519, 524, 528, 530-531, 535-536, 542, 547, 550-553, 563, 565-566, 570-

前谷重夫（Shigeo MAETANI） 294, 305
マギー，ジョージ・C・（John Magee） 570
牧野良三（Ryozo MAKINO） 158, 160, 254, 295
マグサイサイ，ラモン・（Ramón Magsaysay） 331, 336, 355, 357, 195
マグナッソン，ウォーレン・G・（Warren Magnuson） 511, 535, 593
マクナマラ，ロバート・S・（Robert McNamara） 609-610
マクミラン，M・ハロルド・（M. Harold Macmillan, マックミラン）264, 388, 443, 539
マコーミック，ジョン・W・（John McCormack） 446
マコーン，ジョン・（John McCone） 446
マサオカ，マイク・マサル・（Mike Masaru Masaoka） 367, 387
増田甲子七（Kaneshichi MASUDA） 109, 199-200, 484, 499
益谷秀次（Shuji MASUTANI） 146
増原恵吉（Keikichi MASUHARA） 419, 480
町野武馬（Takema MACHINO） 567
松井明（Akira MATSUI） 058, 070, 114, 128, 207, 212, 214, 216, 218-219, 268, 624
マッカーサー，ダグラス・（Douglas MacArthur） 008, 025, 033, 038, 060, 127, 139
マッカーサー2世，ダグラス・（Douglas MacArthur II） 011, 362-363, 369-370, 372, 383, 419, 422-423, 452, 473, 479, 500, 542, 571, 627, 638
マックスウェル・ファイフ，デイヴィッド・（David Maxwell Fyfe） 204
マツコノイー，ウォルター・E・（Walter McConaughy） 544-545, 550-551, 556, 558, 560, 568, 570-571, 581
マッシグリ，ルネ・（René Massigli） 180
松下正寿（Masatoshi MATSUSHITA） 357
松平一郎（Ichiro MATSUDAIRA） 184, 187, 192, 202, 225, 227, 237, 241, 278, 619
松平康東（Koto MATSUDAIRA） 374
松平恒雄（Tsuneo MATSUDAIRA） 022, 026, 028, 032, 037-038, 044, 049, 058-059, 076, 095, 109, 114, 131, 176, 236, 539, 567, 619
松平康昌（Yasumasa MATSUDAIRA） 169-171
松永安左エ門（Yasuzaemon MATSUNAGA） 301
松野鶴平（Tsuruhei MATSUNO） 363, 419
松村謙三（Kenzo MATSUMURA） 328
松本重治（Shigeharu MATSUMOTO） 359, 499, 524, 599
松本俊一（Shunichi MATSUMOTO） 010, 182-195, 214, 217, 280-281, 290-291, 293, 305, 318, 325, 333, 369, 420, 457
松本滝蔵（Takizo MATSUMOTO） 059, 346, 370-371
マリク，ヤコフ・（Yakov Malik） 217
マレンコフ，ゲオルギー・（Georgy Malenkov） 202, 278
マン，トーマス・C・（Thomas Mann） 425, 430, 436, 483
マンスフィールド，マイケル・J・（Michael Mansfield） 401, 432, 489, 515
三浦文夫（Fumio MIURA） 025, 028, 032-033, 036, 125, 128, 131, 142, 145, 249, 254　, 277-278, 281-282, 320, 248, 452, 473, 503, 536, 628
三笠宮崇仁（MIKASANOMIYA） 123
三笠宮妃百合子（YURIKO） 123, 330
三木武夫（Takeo MIKI） 226, 455-456
三木武吉（Bukichi MIKI） 324
御木本美隆（Yoshitaka MIKIMOTO） 584
ミコヤン，アナスタス・（Anastas Mikoyan） 436-437
水上達三（Tatsuzo MIZUKAMI） 549, 559, 629
水田三喜男（Mikio MIZUTA） 158, 254, 509, 511, 565
三谷隆信（Takanobu MITANI） 009, 141, 207, 212-213, 218-219, 362, 419
御手洗辰雄（Tatsuo MITARAI） 387
ミッチェル，ジャームス・P・（James Mitchell） 409, 450, 489

572, 606-607
フルブライト，ジェームス・(James Fulbright) 267, 372, 432, 436, 480-481, 489, 493, 558, 576, 590, 619
別府節彌(Setsuya BEPPU) 061, 063, 139, 181, 247, 295
ベバン，アナイリン・(Aneurin Bevan，ビバン) 175, 193, 226
ヘリングトン，W・C・(William Herrington，ヘリントン) 121, 130-132, 136
ペロン，ファン・(Juan Perón) 260-261
ヘンダソン，ネヴィル・(Nevile Henderson) 170
ペンフィルド，ジェームス・(James Penfield，ペンフキルド) 151, 164
ホイットニー，コートニー・(Courtney Whitney，ウィトネー／ホイットネー) 007, 031, 067-070, 078
法眼晋作(Shinsaku HOGEN) 115
ボウルズ，チェスター・(Chester Bowles) 535
ホーコン7世(Haakon VII) 386
ボートン，ヒュー・(Hugh Borton) 028
ボーランド，フレデリック・ヘンリー・(Frederick Boland) 181
ボーランド，ジョン・P・(John Boland) 031-033
ボール，ジョージ・(George Ball) 016, 537, 541-542, 544-545, 551, 553, 556, 558, 570-571, 578-579, 590, 600, 605-606, 612, 619, 624-625
ボール，マクマホン・(Macmahon Ball) 023, 029-030, 034-035, 038, 041
ボールドウィン，ロジャー・N・(Roger Baldwin) 528, 589, 623
ポーレー・Sr，エドウィン・W・(Edwin Pauley) 023, 375
ホーンベック，スタンレー・(Stanley Hornbeck) 530
法華津孝太(Kota HOKETSU) 045, 278
星島二郎(Niro HOSHISHIMA) 022, 079, 226, 357-358
保科善四郎(Zenshiro HOSHINA) 469, 558
星野直樹(Naoki HOSHINO) 369
細野軍治(Gunji HOSONO) 528, 531-532
ホッジズ，ルーサー・H・(Luther Hodges) 563
ボッシュ，フランツ・(Franz Bosch) 178
堀田庄三(Shozo HOTTA) 623
堀田正昭(Masaaki HOTTA) 038, 283, 501
保利茂(Shigeru HORI) 377, 421
堀文平(Bunpei HORI) 189, 251
堀内一雄(Kazuo HORIUCHI) 555
堀江薫雄(Shigeo HORIE) 144, 161, 249, 299, 305-306, 451, 464, 497, 511, 558, 567, 628
ホリスター，ジョン・B・(John Hollister，オリスター) 368
堀内謙介(Kensuke HORINOUCHI) 038, 306, 351-352, 564
ホワイト，ウィンダム・(Eric Wyndham White) 240
本田親男(Chikao HONDA) 182, 246
ボンド，ナイルス・(Niles Bond) 145

マ 行

マーカット，ウィリアム・(William Marquat，マーケット) 024-025, 027, 034, 042, 049-050, 052-053, 055, 057, 060, 064, 066, 068, 074, 078, 142, 206, 267, 381, 387, 408, 493
マーシャル，ジョージ・(George Marshall) 024, 217, 467
マーティン，ウィリアム・M・(William Martin) 483
マーティン・Jr，ジョセフ・W・(Joseph Martin) 369, 399, 437
マーフィ，ロバート・(Robert Murphy) 268, 366, 371, 377-379, 381-382, 385, 393, 400, 412, 416, 423-426, 429-430, 432, 443-444, 448, 450, 455-456, 458-459, 462, 464, 472, 474, 478, 481, 483, 489, 505-506, 510, 514, 537, 540, 561, 590, 599, 608, 641
前尾繁三郎(Shigesaburo MAEO) 156

ハンキー，モーリス・(Baron Hankey，ハンケー) 199
バンディ，マクジョージ・(McGeorge Bundy) 600
坂内義雄(Yoshio BANNAI) 463
ハンフリー，ジョージ・M・(George Humphrey) 368, 371
ハンフリー，ヒューバート・H・(Hubert Humphrey) 530, 576
東久邇盛厚(Morihiro HIGASHIKUNI) 114-115, 467-468
ピゴット，フランシス・S・G・(Francis S. G. Piggott) 153-154, 161, 163-165, 169-171, 175, 177-179, 181-188, 190-194, 198-204, 214-216, 221-223, 225-229, 234, 241-243, 262, 265, 277, 290-293, 304, 307, 460
日高信六郎(Shinrokuro HIDAKA) 077, 143, 271, 364
ビドー，ジョルジュ・(Georges Bidault) 217
ピノー，クリスチャン・(Christian Pineau) 393
ピブンソンクラーム，プレーク・(Plaek Phibunsongkhram) 356
ビュートー，ロバート・(Robert Butow) 610
ビュカナン・Jr，ワイリー・T・(Wiley Buchanan) 365, 367, 370, 376, 505
平沢和重(Kazushige HIRASAWA) 137, 226, 456, 595
平塚常次郎(Tsunejiro HIRATSUKA) 296
ヒルズマン，ロジャー・(Roger Hilsman) 606
ピルチャー，ジョン・(John Pilcher) 168-169, 171, 176, 179-180, 185-186, 188-189, 192-195, 198-201, 216, 219, 224-225, 228, 232-233, 240
広川弘禅(Kozen HIROKAWA) 079
広田弘毅(Koki HIROTA) 356
ファイス，ハーバート・(Herbert Feis) 052
ファウラー，ヘンリー・H・(Henry Fowler) 570-571, 578, 587
フィアリー，ロバート・A・(Robert Fearey) 603
(エディンバラ公)フィリップ(Prince Philip) 387
フィン，リチャード・(Richard Finn) 052, 056, 059-060, 063, 069, 115, 125
フーヴァー，ハーバート・(Herbert Hoover) 071, 078
フーヴァー，エドガー・(J. Edgar Hoover) 536
フーヴァー・Jr，ハーバート・(Herbert Hoover Jr.) 300
フェラーズ，ボナー・(Bonner Fellers) 267
フェルナンデス，ラウル・(Raul Fernandes) 258-259
深田宏(Hiroshi FUKADA) 199, 268, 290, 322, 358, 360
福島慎太郎(Shintaro FUKUSHIMA) 042, 483, 539, 571, 602
福田篤泰(Tokuyasu FUKUDA) 043, 077, 138, 362, 422, 478, 546
福田一(Hajime FUKUDA) 612
福永健司(Kenji FUKUNAGA) 565
藤崎萬里(Masato FUJISAKI) 178, 191, 201-202, 204-205, 216, 220-221, 223, 225-228, 280, 305, 422, 451, 501, 559-560, 594, 597-598, 600-601
藤山愛一郎(Aiichiro FUJIYAMA) 003, 014, 194, 285, 292, 326-328, 382-385, 388-389, 395, 413, 417-418, 421-423, 449-450, 452, 458, 463, 479, 497, 565, 639
フセイン1世(Hussein of Jordan) 444
ブッシュ，プレスコット・(Prescott Bush) 371, 381, 441, 448, 464, 478, 561, 595
船田中(Naka FUNADA) 328, 419, 452-453, 480, 498, 502, 535, 549, 567, 630
ブラウン，フォン・(Wernher von Braun) 597
ブラック，ヒューゴー・(Hugo Black) 505
ブラック，ユージン・(Eugene Black) 013, 380, 430, 440, 520
ブラント，ウィリー・(Willy Brandt) 440
ブルガーニン，ニコライ・A・(Nikolai Bulganin) 278
古垣鉄郎(Tetsuro FURUGAKI) 324, 374, 460-461
フルシチョフ，ニキータ・S・(Nikita Khrushchev) 017, 314, 421, 457, 461-464, 491, 493, 507,

ニクラス，ジャック・(Jack Nicklaus) 601
西春彦(Haruhiko NISHI) 183, 294, 304, 374, 464
西尾末廣(Suehiro NISHIO) 064-065
西堀正弘(Masahiro NISHIBORI) 355, 446, 449, 454, 466, 494, 507, 515, 520, 546, 553, 562, 572, 628
西村熊雄(Kumao NISHIMURA) 045, 125, 146, 223, 262, 458, 554
西山昭(Akira NISHIYAMA) 143, 149, 326, 365, 370, 383, 393, 417, 419-420, 487, 490, 505, 553, 610, 625
ニッツェ，ポール・(Paul Nitze) 530
二宮謙(Ken NIMIYA) 349
ネリ，フェリノ・(Felino Neri) 291, 330, 346-347, 357, 362
ネルー，ジャワハルラール・(Jawaharlal Nehru，ネルー) 011, 015, 219, 285-289, 313-315, 529
ノーマン，ハーバート・(Herbert Norman) 044
ノーランド，ウィリアム・F・(William Knowland) 428
野田卯一(Uichi NODA) 593
野村吉三郎(Kichisaburo NOMURA) 251, 270, 306, 318, 322, 363, 481, 500, 550
ノルテ，ハインリヒ・(Heinrich Northe) 254, 280, 292

ハ 行

バーク，アーレイ・A・(Arleigh Burke) 385, 394, 409, 416, 422, 426, 438, 442-443, 448, 478, 509-510, 529, 555-557, 588, 600
パーシヴァル，アンソニー・(Anthony Percival，パーシバル) 010, 158, 164-165, 169, 182, 185, 187, 191-192, 221-223, 227, 231-232, 236-238, 241-242, 262, 265, 295-300, 304, 307
パーシバル，アーサー・(Arthur Percival) 264
パーソンズ，J・グラハム・(J. Graham Parsons) 250-251, 455, 472, 479, 525
ハーター，クリスチャン・A・(Christian Herter) 367, 379, 381, 388, 402, 405, 413, 416, 425, 455, 463-464, 466, 468-469, 471-472, 474, 479-480, 493-495, 505, 507, 509-510, 514-516, 518, 524-525
バーンズ，ジェイムズ・(James Byrnes) 048-049, 052, 398
ハガティ，ジェームス・C・(James Hagert) 014, 495
萩原吉太郎(Kichitaro HAGIWARA) 467
萩原徹(Toru HAGIWARA) 057, 079, 155, 176, 181, 190, 199, 240, 254-255, 263, 302-304, 321, 323-324, 391-393, 425, 445, 480, 488, 541, 546, 629
橋本凝胤(Gyoin HASHIMOTO) 416
橋本登美三郎(Tomisaburo HASHIMOTO) 605
橋本龍伍(Ryogo HASHIMOTO) 007, 074, 109, 471-472, 475
波多野敬雄(Yoshio HATANO) 369, 382, 393, 416
八田嘉明(Yoshiaki HATTA) 344-345
鳩山一郎(Ichiro HATOYAMA) 010, 271, 273, 277, 282, 291, 334-335
ハマーショルド，ダグ・(Dag Hammarskjöld) 313
濱口儀兵衛(Gihei HAMAGUCHI) 513
浜田庄司(Shoji HAMADA) 187-188
早川雪舟(Sesshu HAYAKAWA) 406
林敬三(Keizo HAYASHI) 578
林譲治(Joji HAYASHI) 141, 146, 637
原馨(Kaoru HARA) 025, 281, 461
原吉平(Kichihei HARA) 141, 189, 251, 298
原田明(Akira HARADA) 557
ハリマン，W・アヴェレル・(W. Averell Harriman) 016, 411, 428, 568, 570-571, 578, 580, 584, 588-591, 594, 598, 602, 604, 607, 612, 614, 626
針谷正之(Masayuki HARIYA) 361, 547, 550
ハル，コーデル・(Cordell Hul) 481
ハル，ジョン・E・(John Hull) 279, 371, 423, 432, 443, 459, 472, 534, 554, 561, 584, 590, 604, 614-615, 622, 624

鄭天錫（Zheng Tianxi） 219, 222-223
ティーリング，ウィリアム・
（Luke William Teeling，ディーリング） 151, 153-154, 158, 162, 174, 179, 181-182, 186, 193, 199, 264, 270
ディズニー，ウォルト・（Walt Disney） 508
テイラー，マクスウェル・D・（Maxwell Taylor） 378, 429, 445, 454, 459, 462
ティルトマン，ヘッセル・（Hubert Hessell Tiltman） 144, 291, 310
ディロン，ダグラス・C・（C. Douglas Dillon） 366, 384, 414, 416, 422, 446, 465, 469, 485, 487, 492-493, 505-507, 509, 524, 542, 576, 598, 604, 609
手島冷志（Reishi TEJIMA） 128, 144
デッカー，ジョージ・H・（George Decker） 481, 514, 537, 546, 578, 603
デニング，エスラー・（Esler Denning） 271, 291, 294-295, 310, 317, 322, 466-467
出淵勝次（Katsuji DEBUCHI） 024-025, 030-032, 034-038, 045, 051, 062, 067, 095, 106, 147, 244, 246, 254, 298, 344, 367, 372, 379, 404, 501, 557, 562
出淵勝（Masaru DEBUCHI） 023, 038, 062, 077, 110, 129, 147, 249, 253, 325, 327-328, 367, 549, 568, 582, 610, 628
デューイ，トマス・E・（Thomas Dewey） 374, 452, 577
寺岡洪平（Kohei TERAOKA） 176, 223, 498
寺崎太郎（Taro TERASAKI） 024
寺崎英成（Hidenari TERASAKI） 562
寺崎グエン（Gwen Terasaki） 562
照宮（東久邇成子）（TERUNOMIYA） 114-115, 128, 467
ド・ラ・マー，アーサー・（Arthur de la Mare） 143, 145
ドイッチュ，カール・（Karl Deutsch） 487
トインビー，アーノルド・（Arnold Toynbee） 201
董顕光（Tung Hsien-kuang） 306, 368
堂森芳夫（Yoshio DONOMORI） 177-178, 182
当間重剛（Jugo TOUMA） 416-417
門叶宗雄（Muneo TOGA） 598
徳川家正（Iemasa TOKUGAWA） 050, 144, 170
徳川夢声（Musei TOKUGAWA） 219, 420
徳川頼貞（Yorisada TOKUGAWA） 170
土光敏夫（Toshio DOKO） 292
ド・ゴール，シャルル・（Charles de Gaulle） 015, 412, 489-490, 529, 621
床次徳二（Tokuji TOKONAMI） 277
ドッジ，ジョセフ・（Joseph Dodge） 079-080, 447
トルーマン，ハリー・（Harry Truman） 139, 518, 526-527, 577, 603
トルヒーヨ，ラファエル・（Rafael Trujillo） 533
ドレーパー，ウイリアム・（William Draper） 006, 052

ナ行

永井三樹三（Mikizo NAGAI） 064, 216, 223, 229, 245, 283
中川融（Toru NAKAGAWA） 125, 348, 452, 459-460, 559
永野重雄（Shigeo NAGANO） 221-222, 362, 390, 392, 469, 492, 609
永野護（Mamoru NAGANO） 324, 328, 335-336, 347, 363
中部謙吉（Kenkichi NAKABE） 296, 325
中村寅吉（Torakichi NAKAMURA） 345-346
中山伊知郎（Ichiro NAKAYAMA） 222, 386, 497
中山素平（Sohei NAKAYAMA） 133, 420, 541, 549
中山正善（Masayoshi NAKAYAMA） 156
中山賀博（Yoshihiro NAKAYAMA） 253, 305, 328, 594
那須晧（Shiroshi NASU） 500
鍋島直紹（Naoaki NABESHIMA） 399
成田勝四郎（Katsushiro NARITA） 099, 111, 392
新関八洲太郎（Yasutaro NIIZEKI） 292, 592
ニクソン，リチャード・（Richard Nixon） 268, 370-371, 399, 428, 439, 444, 479-480, 490, 514-515, 608

センピル，ウィリアム・(William Sempill，セムピル) 154, 163, 168, 171, 178, 185, 191, 200, 202, 212, 262, 304
ソーニークロフト，ピーター・(Peter Thorneycroft) 237, 263-264
十河信二(Shinji SOGO) 544
曾禰益(Eki SONE) 048, 055, 126, 175, 222, 276, 306, 310, 386
曽野明(Akira SONO) 393-394, 414-415, 421
園田直(Sunao SONODA) 305, 369

タ行

ダイエタ，ブラスコ・ランザ・(Blasco d'Ajeta) 271
醍醐敏郎(Toshiro DAIGO) 165
大正天皇(YOSHIHITO) 128
高垣勝次郎(Katsujiro TAKAGAKI) 326
高碕達之助(Tatsunosuke TAKASAKI) 011, 271, 276-277, 281-287, 289-291, 294-302, 305-307, 313, 318, 322-323, 326-327, 339, 348, 363, 445-446, 453, 500, 526-527
高瀬傳(Den TAKASE) 112, 420
高野藤吉(Tokichi TAKANO) 228-229, 241, 243, 265, 311, 315, 347, 451, 464
高松宮宣仁(TAKAMATSUNOMIYA) 055, 058, 363, 452
高松宮妃喜久子(KIKUKO) 056, 058, 279, 363
滝田実(Minoru TAKITA) 536, 580
竹内春海(Harumi TAKEUCHI) 594
武内龍次(Ryuji TAKEUCHI) 016, 141-143, 206, 224, 245, 251, 255, 267-268, 272, 278-279, 282, 304, 417, 419, 511, 548-549, 564-566, 572, 598, 601, 608-609, 612-613, 621
竹田恒徳(Tsunenori TAKEDA) 171, 608
田島道治(Michiji TAJIMA) 588
田付景一(Keiichi TATSUKE) 045, 064, 109, 122, 128, 143, 176, 216, 302-304, 464, 471, 555-556
田中伊三次(Isaji TANAKA) 130
田中角栄(Kakuei TANAKA) 601-602, 613
田中耕太郎(Kotaro TANAKA) 146, 505
田中龍夫(Tatsuo TANAKA) 067, 114, 457
田中三男(Mitsuo TANAKA) 369, 393, 426, 456, 465, 482, 516, 536
谷正之(Masayuki TANI) 145, 153, 285, 288-290, 296, 358, 361-364
谷盛規(Moriki TANI) 520, 532, 534, 545
タフト，ロバート・(Robert Taft) 106
タルボット，フィリップス・(Phillips Talbot) 598
ダレス，ジョン・F・(John F. Dulles) 012-013, 015, 206, 268, 303, 366, 370-373, 383-388, 395, 421-424, 426, 428, 436, 438, 440, 449-450, 452, 464, 474, 480, 530-531, 637
ダレス，アレン・W・(Allen Dulles) 399, 410, 414
秩父宮雍仁(CHICHIBUNOMIYA) 153, 198
秩父宮妃勢津子(SETSUKO) 245, 278, 283, 301, 452-453, 499
千葉皓(Ko CHIBA) 012, 115, 136, 147, 372, 392
千葉三郎(Saburo CHIBA) 558
チャーチル，ウィンストン・(Winston Churchill) 015, 059, 160, 173, 175, 180, 210-211, 222, 264, 283, 529
チューター・イード(Chuter Ede) 210
張群(Chang Chun) 062-063
張龍立(Zhang Longli) 248
丁一権(Jeong Ilgwon) 625
陳博生(Chen Bosheng) 027
塚田公太(Kota TSUKADA) 133, 145, 248-249, 252, 298, 327, 364, 501, 567
塚本政雄(Masao TSUKAMOTO) 144, 247, 453, 559, 590
津島寿一(Juichi TSUSHIMA) 326, 340
土田豊(Yutaka TSUCHIDA) 228, 316, 417-419
土屋隼(Jun TSUCHIYA) 266, 549
堤康次郎(Yasujiro TSUTSUMI) 439, 475, 525
都留重人(Shigeto TSURU) 005, 045, 189
鶴岡千仭(Senjin TSURUOKA) 464
鶴見祐輔(Yusuke TSURUMI) 423

499-500, 503, 567, 592
下村定(Sadamu SHIMOMURA) 501
ジャッド，ウォルター・(Walter Judd) 416, 432, 449
ジャンセン，マリウス・B・(Marius Jansen) 610
朱世明(Zhu Shiming) 027, 031
周恩来(Zhou Enlai) 011, 285-289
シュレジンジャー，アーサー・(Arthur Schlesinger) 576
徐柏園(Xu Baiyuan) 254
ショウ，パトリック・(Patrick Shaw) 043, 050, 112-113
邵毓麟(Shao Yulin) 063, 595
蒋介石(Chiang Kai-shek) 159, 314, 426, 428
商震(Shang Chen) 031, 043, 063
蒋廷黻(Chiang Ting-fu) 578, 580
正田英三郎(Hidesaburo SHODA) 078-079, 140, 252, 271, 325, 451, 502
昭和天皇(HIROHITO) 009, 032, 071, 110, 115, 193, 199, 204, 246, 303, 630
ジョージ6世(George VI) 156, 171-175, 195
ジョンストン，チャールズ・(Charles Johnston) 150
ジョンソン，U・アレクシス・(U. Alexis Johnson) 016, 067, 562, 564, 569, 576, 582-583, 588, 590, 599, 620
ジョンソン，リンドン・(Lyndon Johnson) 437, 479, 526-527, 551, 584
ジラード，ウィリアム・S・(William Girard) 012, 365, 367-368, 376-377, 624
白洲次郎(Jiro SHIRASU) 028-029, 035, 048, 056, 079, 123, 125, 147, 201-202, 245
白根松介(Matsusuke SHIRANE) 567
白幡友敬(Tomoyoshi SHIRAHATA) 500
沈覲鼎(Shen Chin-ting) 026, 031, 063, 080, 325, 364
菅礼之助(Reinosuke SUGA) 501
スカルノ(Sukarno) 285, 290
杉道助(Michisuke SUGI) 194, 252, 327, 390, 419, 452
杉原荒太(Arata SUGIHARA) 126, 190
杉山茂(Shigeru SUGIYAMA) 462-463
スコット，ロバート・(Robert Scott) 150-151, 153, 156, 168-169, 171, 174, 177, 180-182, 186, 191-193, 195, 198, 200
鈴木源吾(Gengo SUZUKI) 403, 481, 513, 517, 519-520, 535, 539, 542, 545-546, 555, 595
鈴木大拙(Daisetsu SUZUKI) 406
鈴木九萬(Tadakatsu SUZUKI) 034, 294, 461
スターリン，ヨシフ・(Joseph Stalin) 202, 234
スタッセン，ハロルド・E・(Harold Stassen) 279-280
スタンプ，フェリックス・(Felix Stump) 269
スティーブンソン，アドレー・(Adlai Stevenson) 580
スティムソン，ヘンリー・L・(Henry Stimson) 366-367
周東英雄(Hideo SUTO) 067, 079, 121, 125, 129-132, 134, 147, 248
スナイダー，リチャード・L・(Richard Sneider) 014, 450, 458, 554
須之部量三(Ryozo SUNOBE) 236, 239, 270, 280, 304
スパークマン，ジョン・ジャクソン・(John Sparkman) 401, 561, 589
スプレーグ，マンスフィールド・D・(Mansfield Sprague) 368, 386
スペルマン，フランシス・(Francis Spellman) 057, 267, 272, 340
須磨未千秋(Michiaki SUMA) 057
須磨弥吉郎(Yakichiro SUMA) 022, 143, 430, 491
セール，ジョージ・(George Sale) 161, 168-171, 174, 184, 186, 191, 194-195, 202, 204-205, 223-224, 237-238, 242, 299, 304, 318-320, 362, 440, 449, 460
関屋貞三郎(Teizaburo SEKIYA) 022-023, 080, 125-126
膳桂之助(Keinosuke ZEN) 005, 022-025, 045, 110, 144
銭昌祚(Qian Changzuo) 282, 355

526, 565, 549, 563, 628, 630, 643
皇太子妃美智子(MICHIKO) 079, 426, 451, 480, 549
河野一郎(Ichiro KONO) 298, 318, 327, 334, 388, 468-469, 475, 541-542, 566, 590-591, 637
河野七郎(Shichiro KONO) 143, 329, 333, 344, 628
コーエン, セオドア・(Theodore Cohen) 031-032, 063
郡祐一(Yuichi KOORI) 456
ゴールドウォーター, バリー・M・(Barry Goldwater) 592
小金義照(Yoshiteru KOGANE) 422, 589-590
小坂善太郎(Zentaro KOSAKA) 003, 507, 521, 548-549, 552, 555, 559, 565-566, 603-604, 613
小坂徳三郎(Tokusaburo KOSAKA) 542-543, 601-602
小滝彬(Akira KOTAKI) 182, 306
コテラワラ, ジョン・(John Kotelawala) 272
後藤誉之助(Yonosuke GOTO) 483
小長谷綽(Yutaka KONAGAYA) 328, 347, 513, 533
コナリー, ジョン・(John Connally) 557
小針春芳(Haruyoshi KOBARI) 345
小松隆(Takashi KOMATSU) 363, 411, 413, 419
駒村資正(Sukemasa KOMAMURA) 461, 577
小峯柳多(Ryuta KOMINE) 077
近藤晋一(Shinichi KONDO) 048, 051, 464

サ 行

斉木千九郎(Senkuro SAIKI) 136
斉藤惣一(Soichi SAITO) 174, 408
佐伯卯四郎(Ushirou SAEKI) 594
佐伯喜一(Kiichi SAEKI) 589
阪田泰二(Taiji SAKATA) 593
桜田武(Takeshi SAKURADA) 009, 141, 189-190, 298
笹山忠夫(Tadao SASAYAMA) 422, 501
サストロアミジョヨ, アリ・(Ali Sastroamidjojo) 285
佐多忠隆(Tadataka SATA) 178, 182
佐藤栄作(Eisaku SATO) 007, 012, 065-066, 068-069, 074-075, 079, 109, 144, 262-264, 348, 363, 420, 463-465, 496, 498, 502, 548, 564-566, 604-606, 628-629
佐藤喜一郎(Kiichiro SATO) 246, 347-348, 464, 501, 542-543, 549, 610
左藤義詮(Gisen SATO) 418-419
佐藤尚武(Naotake SATO) 032, 037-038, 045, 051, 059, 062, 092, 147, 283, 306, 567
佐薙毅(Takeshi SANAGI) 400
シーボーグ, グレン・T・(Glenn Seaborg) 613
シーボルト, ウィリアム・(William Sebald) 042, 044, 048, 050-051, 055, 058-059, 066, 144, 148, 181, 268, 322, 621
志賀健次郎(Kenjiro SHIGA) 609-610
志賀直哉(Naoya SHIGA) 186-187
重光葵(Mamoru SHIGEMITSU) 010-011, 143, 153, 156, 251, 265, 271-272, 278, 280, 290-291, 298, 300, 324, 347
幣原喜重郎(Kijuro SHIDEHARA) 023, 026, 038, 131
シハヌーク, ノロドム・(Norodom Sihanouk) 425
渋沢敬三(Keizo SHIBUSAWA) 133, 185
渋沢信一(Shinichi SHIBUSAWA) 077, 346-347, 355-356, 417-418
島重信(Shigenobu SHIMA) 198, 423, 484, 549, 609, 629
島津忠承(Tadatsugu SHIMADU) 080
島津久大(Hisanaga SHIMADU) 115, 206-207, 324, 326-327
島内敏郎(Toshiro SHIMANOUCHI) 364, 371, 384, 423, 449, 459, 461, 472, 474, 479, 493, 497, 507, 524, 534-536, 551
清水董三(Tozo SHIMIZU) 364
下田武三(Takezo SHIMODA) 155, 176, 181, 365-366, 368, 392, 395, 398-399, 408, 410, 412, 420, 422-423, 428, 433, 437, 440, 450, 455, 458-459, 461, 463, 466, 471-473, 475, 497,

川島正次郎（Shojiro KAWASHIMA） 506-507, 544
川又克二（Katsuji KAWAMATA） 441
ガンジー，インディラ・（Indira Gandhi） 287
神田博（Hiroshi KANDA） 364
岸信介（Nobusuke KISHI） 003, 011-015, 346-347, 358-359, 361-364, 366, 368-376, 381, 383-384, 395, 398, 400, 405, 413, 418, 420-421, 423, 450-451, 456-457, 478, 480-482, 492-493, 496, 498, 503, 509, 521, 548, 561, 628-629, 633, 636-640
北沢直吉（Naokichi KITAZAWA） 077, 500, 589-590
北原秀雄（Hideo KITAHARA） 053, 143, 146, 155, 253, 266-267, 376-377
木村四郎七（Shiroshichi KIMURA） 109, 148, 598, 627
木村篤太郎（Tokutaro KIMURA） 022, 048, 143, 419
キャッスル，ウィリアム・R・（William Castle） 372
キャラウェイ，ポール・W・（Paul Caraway） 520
ギルパトリック，ロスウェル・L・（Roswell Gilpatric） 588, 598, 620
キレン，ジェームス・（James Killen） 031-032, 050, 053
草葉隆円（Ryuen KUSABA） 458
久原房之助（Fusanosuke KUHARA） 130
久保田貫一郎（Kanichiro KUBOTA） 125, 374, 391
倉石忠雄（Tadao KURAISHI） 076-077, 449-450
倉田主税（Chikara KURATA） 362, 426, 501, 581
クラットン，ジョージ・（George Clutton） 141, 145, 147-148, 189, 201, 229, 238, 331, 338, 357, 359
グリーン，マーシャル・（Marshall Green） 051-052, 107, 458, 472, 598-599
栗山茂（Shigeru KURIYAMA） 330, 379
グルー，ジョセフ・（Joseph Grew，グリュー） 051, 107, 392, 400, 642
来栖三郎（Saburo KURUSU） 030
栗栖赳夫（Takeo KURUSU） 051-053, 063-065
クルックシャンク，ハリー・（Harry Crookshank） 193
クレーギー，ロバート・（Robert Craigie） 091-092, 094-096, 171, 180-181, 183, 191, 198, 203, 209, 212, 219, 227-228, 262-263, 265, 277
クレメントデーヴィス，エドワード・（Edward Clement Davies） 162, 263
クロー，エトワード・（Edward Crowe） 153-154, 161, 163, 170-171, 174, 179, 186, 190-191, 195, 198, 200, 202, 204, 209, 212, 223, 227-228, 237, 242, 262, 265, 277, 304, 460
グロムイコ，アンドレイ・A・（Andrei Gromyko） 384, 387, 539, 562
ゲイツケル，ヒュー・（Hugh Gaitskell） 263
ケーシー，リチャード・（Richard Casey） 386, 466
ゲーツ・Jr，トーマス・S・（Thomas Gates） 478, 480, 495, 509, 525-526
ケーディス，チャールズ・（Charles Kades） 007, 070, 104
ケズウィック，ジョン・（John Keswick） 254
ケナン，ジョージ・（George Kennan） 006, 051, 563
ケネディ，キャロライン・（Caroline Kennedy） 589
ケネディ，ジョン・F・（John F. Kennedy） 003, 015-016, 500, 514-515, 517, 519, 525-530, 532, 549, 551, 553, 556, 561, 565, 571, 580, 604, 607
源田実（Minoru GENDA） 467
小泉信三（Shinzo KOIZUMI） 145, 215-216, 219, 221, 293, 362-363, 499
黄朝琴（HUANG Chaoqing） 271
香淳皇后（NAGAKO） 110, 327, 362, 630
神田襄太郎（Jotaro KANDA） 404
皇太子明仁（AKIHITO） 009-010, 014-015, 192-193, 198-204, 207-209, 214-219, 224, 234, 246, 291, 317, 445, 449, 465, 469, 480-481, 483, 485, 497, 499, 505, 508-509, 519, 521,

大久保武雄(Takeo OKUBO) 457
太田一郎(Ichiro OTA) 026-027, 045, 077, 079-080, 117, 246, 374
太田三郎(Saburo OTA) 025, 028, 285, 290, 461
太田利三郎(Risaburo OTA) 388
大鷹正(Tadashi OTAKA) 144
大野勝巳(Katsumi ONO) 011, 025, 045, 079, 133, 147, 281, 303, 358, 361, 363, 410, 451-452, 461, 548, 629
大野伴睦(Banboku ONO) 320, 498, 546
大平善梧(Zengo OHIRA) 056, 113, 249, 271, 567, 598, 601-602
大平正芳(Masayoshi OHIRA) 016, 565, 612-613, 615
大森実(Minoru OMORI) 579, 629
大屋晋三(Shinzo OYA) 225, 419, 426, 446, 541, 584
岡崎勝男(Katsuo OKAZAKI) 010, 027, 032, 045, 049, 064-065, 076-077, 079-080, 250, 253-257, 259, 261, 270-272, 279, 295, 306, 318, 338, 449, 548, 551, 553
岡部長景(Nagakage OKABE) 317
岡村寧次(Yasuji OKAMURA) 501
小川平四郎(Heishiro OGAWA) 449-450
奥村勝蔵(Katsuzo OKUMURA) 025, 027, 032-033, 255, 271-272, 278-279, 297, 323-324, 330
奥村綱雄(Tsunao OKUMURA) 568
小沢武夫(Takeo OZAWA) 454, 456, 482, 484, 486-487, 511, 594, 599, 607
小島新一(Arakazu OJIMA) 410, 468, 501
小田部謙一(Kenichi OTABE) 267, 366, 377, 392, 503
オルソップ, スチュワート・(Stewart Alsop) 577

カ 行

何応欽(He Ying-qin) 146, 358
カーン, アユーブ・(Ayub Khan) 554
カーン, ハリー・(Harry Kern) 377, 410, 431, 436, 457, 474, 534, 556, 596
加賀山之雄(Yukio KAGAYAMA) 161
柿坪正義(Masayoshi KAKITSUBO) 140, 391-392, 421
梶井剛(Takeshi KAJII) 253, 388
鹿島守之助(Morinosuke KAJIMA) 023, 051, 142, 247, 570
柏木雄介(Yusuke KASHIWAGI) 367, 440, 556
ガスコイン, アルバリー・(Alvary Gascoigne) 057, 113, 229, 238
加瀬俊一(Shunichi KASE) 045, 236
加瀬俊一(Toshikazu KASE) 144, 158, 285-286, 289, 295, 362
片山哲(Tetsu KATAYAMA) 005-006, 031-033, 036, 050, 053, 071, 076
カチア, ハロルド・A・(Harold Caccia) 381, 445, 469, 544, 560
勝部俊男(Toshio KATSUBE) 028, 050, 063, 143, 222, 514, 609
加藤匡夫(Tadao KATO) 142, 229, 236, 263, 305, 412, 483-485, 547, 594, 599
門脇季光(Suemitsu KADOWAKI) 245, 278-279, 417, 419, 451-452, 461
金沢正雄(Masao KANAZAWA) 304, 591, 596, 616, 625
金山政英(Masahide KANAYAMA) 540, 553, 594, 624
兼重寛九郎(Kankuro KANESHIGE) 536
樺山資英(Sukehide KABAYAMA) 027
上村伸一(Shinichi KAMIMURA) 077, 146, 206, 215
賀屋興宣(Okinori KAYA) 328, 335-336, 439, 449, 453
ガルシア, カルロス・P・(Carlos Garcia) 329, 331-334, 336, 338-339, 341-342, 344, 349, 351-352, 356-358, 360-361, 415
河合良成(Yoshinari KAWAI) 024, 224
河上丈太郎(Jotaro KAWAKAMI) 222, 386, 420
河崎一郎(Ichiro KAWASAKI) 245, 284
川崎秀二(Hideji KAWASAKI) 226, 376

石黒四郎(Shiro ISHIGURO) 049, 115, 122, 138, 255, 278, 295, 324, 326-327
石黒忠篤(Tadaastu ISHIGURO) 224, 416
石坂泰三(Taizo ISHIZAKA) 292, 549, 559, 561
石田博英(Hirohide ISHIDA) 012, 372
石橋湛山(Tanzan ISHIBASHI) 024, 277, 300-301
泉山三六(Sanroku IZUMIYAMA) 122, 418
伊関佑二郎(Yujiro ISEKI) 316, 329, 451, 549, 566
磯野勇三(Yuzo ISONO) 025, 028, 049, 057, 153, 245, 249, 281, 461
板垣修(Osamu ITAGAKI) 057-058, 245, 294-295, 297
市川猿之助(Ennosuke ICHIKAWA) 418
一万田尚登(Hisato ICHIMADA) 051, 384-385, 430
出光佐三(Sazo IDEMITSU) 248, 419, 501
伊藤武雄(Takeo ITO) 200-201, 295, 328
伊藤忠兵衛(Chube ITO) 248, 277, 348, 382, 584
伊藤正徳(Masanori ITO) 431, 498
稲垣平太郎(Heitaro INAGAKI) 125, 425, 492, 500-501, 521, 563
井上孝治郎(Kojiro INOUE) 176, 243-244, 302, 401
イノウエ，ダニエル・(Daniel Inouye) 543
庵原貢(Mitsugu IHARA) 438
今井久(Hisashi IMAI) 448-449
井村熊男(Kumao IMURA) 429
岩佐凱実(Yoshizane IWASA) 190, 294, 489, 499, 562
岩崎隆弥(Takaya IWASAKI) 392
岩田蒼明(Somei IWATA) 613
ヴィシンスキー，アンドレイ・(Andrey Vyshinsky) 266
ウィリアムス，ジャスティン・(Justin Williams) 007, 056, 070-071
ウィルソン，チャールズ・E・(Charles Wilson) 377, 385
ウィロビー，チャールズ・(Charles Willoughby) 006, 068
ウェアリング，フランク・(Frank Waring) 245, 248-251, 268, 277-280, 291, 295, 297, 300, 307, 310, 318-322, 327, 347, 359, 363, 378, 472, 486, 598-599
ウェイン，ジョン・(John Wayne) 516
植竹春彦(Haruhiko UETAKE) 464
植原悦二郎(Etsujiro UEHARA) 071, 079
植村甲午郎(Kogoro UEMURA) 369, 373, 419, 543
ウオー，サミュエル・C・(Samuel Waugh) 378, 382, 398, 472-473, 485, 507, 520, 552
ウォーレン，アール・(Earl Warren，ワレン) 368, 527
牛場信彦(Nobuhiko USHIBA) 230, 232, 236-239, 270, 276, 313, 337, 502, 590
内山岩太郎(Iwataro UCHIYAMA) 033, 064, 565, 591
内海清一(Seiichi UTSUMI) 600
宇山厚(Atsushi UYAMA) 294
卜部敏男(Toshio URABE) 284, 290, 329, 331, 333, 337, 357, 379, 421
瓜生復男(Fukuo URYU) 594, 600, 627
エヴァ・ペロン，マリア(María Eva Perón) 260
越後正一(Masakazu ECHIGO) 554
エマソン，ジョン・K・(John Emmerson) 594
エリザベス・ボーズ・ライアン (Elizabeth Bowes-Lyon，エリザベス皇太后) 172
エリザベス2世(Elizabeth II，エリザベス女王) 172-175, 179, 184, 186, 198, 208, 212-213, 217-219, 228, 246, 249, 294, 369, 387, 593
エリサリデ，ジョアキン・M・ (Joaguin Elizalde) 219
円城寺次郎(Jiro ENJOJI) 502
遠藤三郎(Saburo ENDO) 458
黄田多喜夫(Takio OUDA) 036, 150, 242-243, 262-263, 265-266, 303, 417
大河原良雄(Yoshio OGAWARA) 008, 074, 136, 240, 252, 342, 344-345, 410, 452, 466, 599, 611
大来佐武郎(Saburo OKITA) 285, 288, 294, 411

人名索引

ア行

アーウィン2世，ジョン・N・（John Irwin） 478
アイケルバーガー，ロバート・（Robert Eichelberger） 031
アイゼンハワー，ドワイト・（Dwight Eisenhower） 003, 012, 014, 191, 367-368, 370-371, 388, 443, 445, 457, 481, 497, 509, 525, 530, 552, 603, 637, 643
青木一男（Kazuo AOKI） 605
赤城宗徳（Munenori AKAGI） 544
赤谷源一（Genichi AKATANI） 595, 610, 620, 625
アギナルド，エミリオ・（Emilio Aguinaldo） 335
浅尾新甫（Shinsuke ASAO） 171-172, 174, 200, 291, 500
浅沼稲次郎（Inejiro ASANUMA） 512
浅野良三（Ryozo ASANO） 406
芦田均（Hitoshi ASHIDA） 005-006, 033-036, 051, 053, 057, 064-066, 072, 146, 226, 246, 283, 292, 306, 318, 324, 347, 356-357, 364, 395, 497
東龍太郎（Ryotaro AZUMA） 339, 490, 560
麻生和子（Kazuko ASO） 248, 292, 492, 589-590, 607, 637, 644
麻生太賀吉（Takakichi ASO） 007, 075, 077, 248, 271, 492, 589-590, 607, 637, 644
足立正（Tadashi ADACHI） 479-480, 500-501
アダムス，シャーマン・（Sherman Adams） 376-377, 384, 401, 408, 422, 433
アチソン，ジョージ・（George Atcheson） 022-025, 027-029, 035-036
アトリー，クリメント・（Clement Attlee） 186, 210-211, 222, 226, 265
阿部孝次郎（Kojiro ABE） 141, 190, 327, 419, 543
安倍晋太郎（Shintaro ABE） 554
天羽英二（Eiji AMO） 131, 144, 147, 330
天羽民雄（Tamio AMO） 247, 306
鮎川義介（Gisuke AYUKAWA） 405, 407, 419, 499
新木栄吉（Eikichi ARAKI） 277, 322
荒畑寒村（Kanson ARAHATA） 140
アリソン，ジョン・（John Allison） 048, 108, 246, 268, 300, 310, 318, 405
有田圭輔（Keisuke ARITA） 568
有田八郎（Hachiro ARITA） 022, 038, 095, 145, 225, 497
アレン，ジョージ・（George Allen） 193, 218, 225, 264
アンダーソン，F・シード・（F. Sheed Anderson, アンダソン） 159, 178, 222
安藤吉光（Yoshimitsu ANDO） 341
安東義良（Yoshiro ANDO） 036, 281, 374
イーデン，アンソニー・（Anthony Eden） 171, 177, 179, 200, 210, 222, 237, 263-264
井口貞夫（Sadao IGUCHI） 077, 128, 137, 139, 143, 148, 267, 322, 325-326, 362-363, 407, 629
池田成彬（Shigeaki IKEDA） 112, 120, 125, 130
池田勇人（Hayato IKEDA） 003, 015-016, 146, 228, 429, 498, 500, 503, 507, 519, 521, 538, 540, 547, 549, 551-552, 556, 565, 571-572, 580, 607, 629, 633, 637, 644
池田正之輔（Masanosuke IKEDA） 554
石井光次郎（Mitsujiro ISHII） 146, 363, 420, 479, 481, 498, 500
石川一郎（Ichiro ISHIKAWA） 500, 513, 613

[編著者略歴]

河野康子（こうの・やすこ）

法政大学名誉教授、外務省外交史料館『日本外交文書』編纂委員

一九四六年生まれ。津田塾大学学芸学部卒業。東京都立大学大学院社会科学研究科博士課程満期退学。法学博士（東京都立大学）。東京都立大学法学部助手、法政大学法学部教授などを経て二〇一七年より現職。専門は日本政治史、日本政治外交史、日米関係論。単著に『沖縄返還をめぐる政治と外交』（東京大学出版会）、『戦後と高度成長の終焉』（講談社）、共編著に『自民党政治の源流』（吉田書店）などがある。

村上友章（むらかみ・ともあき）

流通科学大学経済学部准教授

一九七四年生まれ。一九九七年神戸大学法学部卒業。二〇〇四年同大学院国際協力研究科博士課程修了。博士（政治学）。立命館大学ポストドクトラルフェロー、三重大学教養教育機構特任准教授などを経て二〇一八年より現職。主要論文に「『国境の海』とナショナリズム――日ソ間昆布採取協定と高碕達之助」『国際政治』一七〇号、「自衛隊の災害派遣の史的展開」『国際安全保障』四一巻二号などがある。

井上正也（いのうえ・まさや）

成蹊大学法学部教授

一九七九年生まれ。二〇〇二年神戸大学法学部卒業。二〇〇九年同大学院法学研究科博士後期課程修了。博士（政治学）。神戸大学大学院法学研究科専任講師、香川大学法学部准教授、成蹊大学法学部准教授を経て二〇一七年より現職。単著に『日中国交正常化の政治史』（名古屋大学出版会）、共編書に中島敏次郎『外交証言録 日米安保・沖縄返還・天安門事件』（岩波書店）、『ＬＴ・ＭＴ貿易関係資料』（ゆまに書房）などがある。

白鳥潤一郎（しらとり・じゅんいちろう）

放送大学教養学部准教授

一九八三年生まれ。二〇〇六年慶應義塾大学法学部卒業。二〇一三年同大学院法学研究科政治学専攻後期博士課程修了。博士（法学）。北海道大学大学院法学研究科講師、立教大学法学部助教などを経て二〇一八年より現職。単著に『「経済大国」日本の外交』（千倉書房）、共編書に折田正樹『外交証言録 湾岸戦争・普天間問題・イラク戦争』（岩波書店）、国廣道彦『回想「経済大国」時代の日本外交――アメリカ・中国・インドネシア』（吉田書店）などがある。

朝《あさ》海《かい》浩《こう》一《いち》郎《ろう》日記

二〇一九年一〇月二五日　初版第一刷発行

編著者　河野康子／村上友章／井上正也／白鳥潤一郎

発行者　千倉成示

発行所　株式会社　千倉書房
〒一〇四－〇〇三一　東京都中央区京橋二－四－一二
電話　〇三－三二七三－三九三一（代表）
https://www.chikura.co.jp/

印刷・製本　精文堂印刷株式会社

造本装丁　米谷豪

ISBN 978-4-8051-1182-6 C3031

叢書
21世紀の国際環境と日本

001
同盟の相剋
水本義彦 著
比類なき二国間関係と呼ばれた英米同盟は、なぜ戦後インドシナを巡って対立したのか。超大国との同盟が抱える試練とは。
❖A5判／本体 三八〇〇円＋税／978-4-8051-0936-6

002
武力行使の政治学
多湖淳 著
単独主義か、多角主義か。超大国アメリカの行動形態を左右するのは如何なる要素か。計量分析と事例研究から解き明かす。
❖A5判／本体 四二〇〇円＋税／978-4-8051-0937-3

003
首相政治の制度分析
待鳥聡史 著
選挙制度改革、官邸機能改革、政権交代を経て「日本政治」は如何に変貌したのか。二〇一二年度サントリー学芸賞受賞。
❖A5判／本体 三九〇〇円＋税／978-4-8051-0993-9

004
人口・資源・領土
春名展生 著
人口の増加と植民地の獲得を背景に、日本の「国際政治学」が歩んだ近代科学としての壮大、かつ痛切な道のりを描く。
❖A5判／本体 四二〇〇円＋税／978-4-8051-1066-9

表示価格は二〇一九年一〇月現在

千倉書房

叢書 21世紀の国際環境と日本

005
「経済大国」日本の外交
白鳥潤一郎 著
石油危機に直面した資源小国が選択した先進国間協調という外交戦略の実像。二〇一六年度サントリー学芸賞受賞。
❖A5判／本体 四五〇〇円＋税／978-4-8051-1067-6

006
冷戦の終焉と日本外交
若月秀和 著
貿易摩擦、歴史認識問題、そして冷戦の終焉へ。一九八〇年代の日本外交の達成と蹉跌から、いま我々は何を学ぶべきか考える。
❖A5判／本体 七〇〇〇円＋税／978-4-8051-1113-0

007
ドル防衛と日米関係
高橋和宏 著
国際経済秩序が動揺を見せる60年代、高度成長に邁進する日本は貿易自由化や沖縄返還をめぐって米国とせめぎあう。
❖A5判／本体 三八〇〇円＋税／978-4-8051-1141-3

表示価格は二〇一九年一〇月現在

千倉書房

外交的思考

北岡伸一 著

外交の基礎は冷静な現状分析と歴史の振り返りである。確かな歴史認識に裏打ちされた国際政治への洞察を読む。

❖四六判／本体 一八〇〇円＋税／978-4-8051-0986-1

日本は衰退するのか

五百旗頭真 著

悲観してはならないが楽観も許されない。国際社会で厳しい舵取りを迫られる日本に、歴史という揺るぎない指針を示す。

❖四六判／本体 二四〇〇円＋税／978-4-8051-1049-2

外交感覚

高坂正堯 著

日本を代表する外交史家が30年近くにわたって書き続けた外交時評を合本して復刊。中西寛と細谷雄一の解説・解題を付す。

❖A5判変型／本体 四五〇〇円＋税／978-4-8051-1094-2

千倉書房

表示価格は二〇一九年一〇月現在